독서심리학

독서 교육의 이론과 실제를 위한

독서심리학

폴라 J. 슈와넨플루겔 · 낸시 플래너건 냅 지음

서혁 · 윤준채 · 이소라 · 류수경 · 오은하 · 편지윤

윤희성 · 변은지 · 한지수 옮김

사회평론아카데미

옮긴이 서문

바야흐로 독서의 대중화 시대이다. 디지털 시대를 맞이하여 독서와 책을 소개하는 영상이 넘쳐나고 있다. 독서를 궁극적으로 인간과 세계를 읽기 위한 것이라고 볼 때, 이는 바람직한 현상이다. 책 한 권, 한 권이 세상을 읽는 렌즈가 될 수 있기 때문이다.

세상을, 우주를 좀 더 명확히 보기 위해서는 다양한 크기와 재질의 정밀한 렌즈가 필요하다. 그 모든 것이 모여서 결국은 우주를 읽을 수 있는 더 큰 하나의 렌즈가 될 것이기 때문이다. 독서(읽기)라는 작은 우주를 이해하기 위해서도 수많은 렌즈가 필요할 것이다. 거기에는 보이지 않는 것을 볼 수 있는 마음의 렌즈까지 포함될 수 있어야 할 것이다.

이 책은 폴라 슈와넨플루겔(Paula J. Schwanenflugel)과 낸시 플래너건 냅(Nancy Flanagan Knapp)의 *The Psychology of Reading — Theory and Applications*(2016)를 번역한 것이다. 이 책의 원저자들은 독서의 과정과 독서 학습을 이해하고 실천할 수 있는 두 개의 렌즈를 깎고 다듬었다. 그것은 독서를 바라보는 심리학과 교육학이라는 두 개의 렌즈이다. 이 두 개의 렌즈를 겹쳤을 때 시야의 넓이와 깊이를 조절하는 것은 렌즈 자체에 있는 것이 아니라 렌즈를 다루는 독서 연구자 혹은 독서 교육 실천가로서의 독자의 몫이 더 클 것이다.

범박하게 말하자면 독서(읽기) 현상은 인지와 정서의 두 축을 가진다고 할 수 있다. 다만 그 둘은 서로 분리되어 있는 것이 아니라 하나의 기둥에 가깝다. 이 번역서의 제목을 '독서심리학'이라고 붙이는 데 옮긴이들은 주저하며 염려가 적지 않았다. 그럼에도 불구하고 원제에 충실하기로 하였다. 독서와 읽기 행위는 인간의 인지적 과정과 마음을 읽어 내는 중요한 부분이 되었고, 독서심리학은 그 연구에 일정 부분 충실해 온 것이 사실이기 때문이다. 그러한 결과가 또한 상당 부분 읽기 교육과 독서 연구에 중요한 밑거름이 되어 온 것도 사실이다. 그런 점에서 독서심리학은 독서(읽기)와 심리, 그리고 교육, 인간에 대한 이해에 모두 접맥되어 있다.

이 책은 가정 문식성(literacy), 아동 읽기 발달, 발생적 문식성, 단어 읽기, 능숙한 단어 읽기, 읽기 유창성, 어휘, 독해(읽기 이해) 모형, 독해의 구성 요소, 읽기 동기, 제2 언어와 읽기 학습(언어적 차이와 읽기 학습), 독서가 인지·정서·사회성 발달에 주는 혜택(독서의 사회심리학적 혜택) 등 매우 다양한 주제와 내용으로 구성되어 있다. 따라서 이 책은 독서 이론가와 연구자, 독서 교육 실천가들에게 모두 중요한 기반이 될 수 있다.

옮긴이들은 원저자들의 의도를 충분히 살리면서 최대한 한국어 사용 독자들이 쉽게 읽을 수 있도록 번역에 주의를 기울였다. 먼저 전체적인 책의 내용을 소개하는 서론을 1장으로 배치하였다. 또한 각 장의 말미에 한국의 국어과 교육과정 관련 내용들을 추가하였다. 이는 해당 내용들이 국어과 교육과정과 어떻게 관련되는지를 보여 주고, 특히 미국의 공통 핵심 성취기준(CCSS, Common Core State Standards)과도 비교함으로써 그 차이를 살필 수 있게 하기 위함이다. 아울러 옮긴이들은 이 책의 마지막 장으로 읽기 평가와 관련된 내용을 추가함으로써 독서(읽기) 교육의 전반적인 내용을 소개하고 다룰 수 있는 전문 교재로 사용할 수 있도록 의도하였다. 이로써 원서는 모두 11장 체제였으나 번역서는 13장 체제가 되었다. 학부나 대학원 또는 독서전문가 과정에서 한 학기 강의로 운영하기 적절한 분량이다.

이 번역서가 나오기까지 실로 많은 분들의 도움이 있었다. 무엇보다도 국어교육학회의 '국어교육번역총서' 발간에 물심양면으로 지원해 주신 (주)사회평론아카데미의 윤철호 사장님과 고하영 대표님, 그리고 편집부의 노고에 감사드린다. 옮긴이들은 2년여에 걸친 스터디와 세미나, 워크숍을 하면서 용어와 번역 내용들을 검토하고 결정하였다. 그럼에도 수정 보완이 필요한 부분이 있다면 독자들의 의견을 겸허하게 듣고 수용하고자 한다.

2021년 8월
옮긴이 일동

차례

10 읽기 동기 389

서론

독서심리학 연구는 다양한 분야에 걸쳐 있다. 이 책은 사고, 학습, 언어, 그리고 독서와 독서 교육에 관심을 갖는 사람들을 위한 것이다. 저자들은 이 책이 독서와 관련된 일을 하는 독자에게 다양한 전문성을 제공해 줄 것이라 믿어 의심치 않는다. 즉, 인지심리학자, 교육심리학자, 독서 교사와 독서 치료사(진단사), 검사도구 개발자, 학교심리학자는 물론 언어병리학자, 제2 언어 읽기 지도 전문가, 응용언어학자, 심리학자 등 모든 전문가들의 전문성 향상에 크게 기여할 것이다.

　독서의 과정과 독서 학습은 최근 100년 이상 심리학자들의 마음을 사로잡았는데, 그 이유 중의 하나는 읽기(와 쓰기)가 말하기보다 언어와 사고에 관한 영속적이고 분석 가능한 자료를 제공해 주기 때문이다. 문어 문식성(written literacy)은 현대 사회에서 잘 살아 나가기 위해서는 필수적인 것으로 그 중요성이 커져 왔으며, 그에 따라 끊임없는 교육적 노력의 초점으로 대두되었다. 교육자(educators)는 때때로 심리학자가 내놓은 읽기에 관한 이론들의 가설적 특성과 전문 용어에 싫증을 내기도 해 왔다. 그러나 교육자는 독서의 과정에 대한 탐구를 위해서는 물론이거니와 살아가면서 적절히 읽는 법을 배우지 않을 수 없는 많은 아동을 도와주기 위해서 꾸

준히 심리학에 의존해 왔다.

이 책의 저자들은 독서의 심리학을 두 개의 렌즈로 바라보고자 했다. 그 하나는 정신 과정에 관심을 갖는 심리학자의 관점이며 다른 하나는 실질적으로 도움을 줄 수 있는 교육자의 관점이 그것이다. 저자들은 학자들의 독서에 관한 다양한 개념은 물론 독서 학습의 과정에서 학생들을 지원할 수 있는 아이디어도 참고하였다. 저자들은 독서의 과정이나 독서 학습에 대한 특정 이론을 홍보하려는 것이 아니며, 읽기 수업이나 교육적 실천과 관련한 특정 방안을 추천하고자 하는 것도 아니다. 저자들은 독서심리학에 내재된 독서 발달 과정에 대한 독자의 기본적 이해가 깊어지기를 바랄 뿐이다. 즉, 매년 읽기로 고군분투하는 많은 학생에게 도움을 줄 수 있도록 독서 연구자나 실천가인 독자들에게 독서에 대한 이해를 마련해 주고자 하는 것이다. 아울러 이 책에서는 독서심리학의 연구 성과가 교육적 실천과 표준은 물론 그 효과를 측정하기 위해 개발된 평가에 어떻게 기여해 왔고 또 기여할 수 있는지에 대해서도 논의를 진행한다.

1. 왜 심리학자들은 독서에 대해 알아야 하는가

최소한 최근 1세기 동안, 심리학자는 읽기와 독서 연구를 인간이 사고하고 학습하는 방법을 들여다볼 수 있는 창(窓)으로 간주해 왔다. 교육심리학자의 창시자로 불리는 에드워드 손다이크(Edward Thorndike)는 읽기를 추리(reasoning)라고 기술하면서, "읽기는 매우 정교한 절차"라는 점을 지적하며,[1] "설명문이나 논증문을 읽는 것은 …… 아마도 더 높은 수준의 사고에서 일어나는 아이디어의 조직 및 분석 활동과 관련된다."[2]라고 주장한 바 있다.[3] 그로부터 60년 후, 그의 아들이자 자력으로 유명한 교육학자가 된 로버트 손다이크(Robert Thorndike)는 "적어도 해독 기능(decoding skills)이 완성된 후의 읽기 수행은 명확히 전문화된 일련의 기능이라기보다는 오히려 독자의 사고와 추리의 과정을 나타내는 지표(indicator)이다."[4]라고 주장한 바 있다. 에드워드 손다이크는 그 후로도 계속 독서심리학 분야에 자신의 발자취를 남겼으며, 이를 바탕으로 심리학자들은 읽기연구에 크나큰 기여를 했을 뿐만 아니라, 인간 정신 과정에 대한 중요한이론들을 개발하고 검사하기 위한 읽기 기반 과제들을 더욱 자주 이용해왔다. 여기에는 주의(attention),[5] 기억(memory),[6] 상위인지(metacognition),[7]부수적(우연적) 학습(incidental learning),[8] 과제 지속성(task persistence)[9] 등의 연구가 포함된다.

그렇지만 읽기는 단지 사고의 창(窓)만은 아니다. 즉, 읽기는 사고를형성할 뿐만 아니라 사고의 기초가 되는 뇌 구조(brain architecture)를 형성한다는 증거가 늘어나고 있다. 역사학자, 사회학자 그리고 인류학자는 문자 사회와 문자 이전의 사회의 분명한 차이를 역사적으로나 현대적 측면모두에서 오랜 세월 동안 관찰해 왔다.[10] 오늘날, 과학자들은 새로운 신경영상(neuroimaging) 방법을 사용하여 독서가 두뇌 자체에 미치는 긍정적효과를 밝혀내기 시작하고 있다.[11] 이는 "아동의 읽기 과정을 밝혀내게 된다면, 우리는 아동의 발달에 매우 중요한 광범위한 정보처리의 효과성도밝혀낼 수 있을 것"[12]이라는 로버트 손다이크의 40년 묵은 희망에 대한 증거를 제공하고 있다. 결국 쉽게 읽고 이해하는 능력은 현대 사회를 살아가는 데 점점 더 필수적인 능력이 되고 있다. 미숙한 독자들은 학교에서 뒤처지고[13] 결국은 여러 국면에서 불리한 처지에 놓이게 된다. 예를 들면 건강 문식성이 낮아 건강이 더욱 나빠진다거나,[14] 투옥률이 높다거나,[15] 우울증에 쉽게 빠지고, 자살 충동이 월등히 높아진다.[16] 12장에서, 저자들은 독서에 관한 매우 상세한 잠재적인 심리적, 사회적, 인지적 장점에 대해 검토한다. 그러나 여기에 인용된 증거들은 적절한 읽기 기능들이 현대 사회에서 정신적, 심리적으로 건강한 삶(well-being)을 살아가는 데 중요한 기여를 한다는 점을 보여 주는 데 충분하다.

2. 왜 독서 교사들은 심리학에 대해 알아야 하는가

우리는 독서에 관여하는 정신적 과정의 기저에 대한 심리학적 논쟁을 기다리다 지칠 수도 있다. 아동에게 읽기를 가르치는 일에 착수하여 단지 "무엇이 효과적인가?"만 알아내면 안 되는가? 저자들은 사람들이 더 잘 읽을 수 있도록 해 주는 효과적인 방법만 알아서는 충분하지 않다는 점에 대해 논하고자 한다. 이론(학문)과 실천 두 부분 모두에서, 특정 이론이나 중재(intervention)가 왜, 어떻게, 누구에게 효과적인지를 이해하는 것은 매우 중요하다. 그리고 심리학은 그러한 이해에 도달할 수는 있는 현명한 하나의 길(지적 경로)에 해당한다. 이것을 이해하지 못하면, 모두 기존의 연구 성과들에 대한 오독과 오용에 빠지기 쉬울 뿐만 아니라 결국은 득보다는 실이 더 많아진다. 예컨대, 아동이 집에서 읽기와 쓰기에 대한 개념을 배우면 유치원에 가서 더 잘 학습할 수 있다는 연구 결과를 무심코 적용했다가는,[*] 심리학자 데버라 스티펙(Deborah Stipek)이 말한, 유아 교실(prekindergarten class)에서 3~4세 아동이 플래시카드를 외우고 학습지를 푸느라 엄청난 시간을 소비한 채 **반복 훈련하다 죽는(drill and kill)**[17] 꼴이 되기 십상이다. 아동 발달에 대해 더 잘 이해하면, 만연해 있는 이러한 방법이 아동의 인지와 동기 발달에 부정적 영향을 미치게 될 것이라는 사실을 알고 피할 수 있다.

아울러 로버트 콜(Robert Cole)은 모든 학생에게 효과적인 그 어떤 전략이나 접근법이란 없다고 지적한 바 있다.[18] 학생과 교사 모두 사전지식,

....

[*]   이 문제에 대한 구체적인 내용은 2장과 3장 참조.

기능, 재능, 자원, 흥미, 가치는 물론 심지어는 어떤 교수 전략에 대한 특정 사고방식까지 너무도 다양해서 모든 학생에게 효과적인 방법이란 없다. 그렇다고 해서 사람들이 어떻게 읽고 독서 학습을 하는지에 대해 우리가 아무것도 알지 못한다는 의미는 아니다. 의학 분야에서 인체의 신비를 점차 밝혀내듯이, 심리학자들도 읽기 학습을 하는 학생들의 요구와 읽기의 바탕이 되는 정신적 과정의 연구를 계속해 왔다. 그런데 의학 분야에서도 모든 환자에게 들어맞는 하나의(one-size-fits-all) 의학적 치료 방법은 없다는 인식이 점차 커지고 있다. 즉, 동일한 약이나 동일한 복용량의 치료법이 어떤 사람에게는 효과적이더라도 어떤 사람에게는 효과적이지 않거나 오히려 심각한 부작용을 일으킬 수도 있다. 의사는 환자에 따라 어떤 약과 처방이 효과적일지 신속하게 판단하고 조정할 전문 지식으로 점철된 인체생리학을 폭넓게 이해하여 조합할 능력을 갖추고 있기 때문에 진정한 전문가인 것이다. 마찬가지로, 교육 전문가는 교실 수업에서 교육적 연구 성과를 맹목적으로 적용할 수 없다는 점을 잘 알고 있다. 즉, 전문가라면, 사람들이 사고하고 학습하는 방법은 물론 특정 학생에게 필요한 가장 효과적인 방법을 적용할 구체적인 교육과정 지식을 폭넓게 이해하고 있어야 한다.

3. 독서와 관련된 주요 두 심리학파: '인지적 정보처리'와 '구성주의'

이 책을 읽는 독자라면, 특히 독서나 독서 학습과 관련하여 심리학에서 사고(thought)에 대한 두 학파의 이론을 일반적인 배경지식의 차원에서 이해할 필요가 있다. 이미 교육심리학을 수강한 학생들이라면 대부분의 내용을 쉽게 이해하겠지만, 미수강생이거나 새롭게 공부하고자 하는 학생들이라면 다음 두 학파의 주요 이론 요약이 도움이 될 것이다. 우리는 이 두 사고 학파들의 주요 이론들을 읽기 그 자체에 어떻게 적용할 수 있는지를 설명하고자 한다.

3.1. 인지적 정보처리

인지적 정보처리 이론(들)은, 최소한 우리가 논의하는 고전적 버전의 경우, 인간의 사고 과정 모형으로서 컴퓨터에 초점을 맞추고 있다. 이러한 접근법은 읽기와 같은 복잡한 인지적 과정을 훨씬 단순하게 분해함으로써 더 큰 처리 과정으로부터 다소 독립적인 연구가 가능하도록 한다. 1950년대에 행동주의에 대항한 인지 혁명이 촉발된 바 있는데, 여기에는 버러스 스키너(Burrhus Skinner)의 『언어 행동(*Verbal Behavior*)』(1957)에 대한 놈 촘스키(Noam Chomsky)의 엄청난 비판[19]을 포함한다. 정보처리나 그 뒤를 이은 인지과학은 오늘날 독서심리학 연구의 주요 두 패러다임 중 하나로 남아 있다.

초기 정보처리 이론에서는 인간 정신은, 마치 컴퓨터의 서로 다른 부분들과 흡사하게, 서로 다른 기능(function)들로 구성되는 것으로 보았다. 학자들마다 약간 다른 정보처리 모형을 사용하기는 하나 주요 부분과 작동 방식에 대한 생각은 매우 단순하다. 다음 [그림 1-1]에서 정보처리 이론의 다양한 요소들을 참고할 수 있다.

감각등록기(sensory register, 감각입력, 감각기억)는 모든 정보가 정신 속으로 들어오는 게이트웨이(출입구)이다. 컴퓨터에서 감각기억은 키보드, 마우스, 모뎀, 디스크 드라이브와 같은 입력 장치와 연결된다. 인간의 감각기억은 시각, 청각, 촉각, 미각, 후각으로 이루어진 감각기관을 통해 정보를 받아들인다. 이러한 감각기억이 엄청난 양의 정보를 받아들이지만 감각 자극으로 만들어진 인상은 매우 순간적이어서 작업기억으로 전달되지

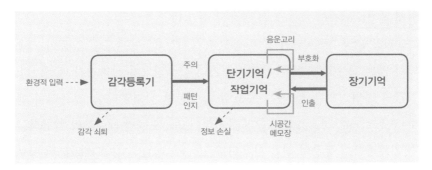

[그림 1-1] 표준 정보처리 모형

않는 한 불과 몇 초 또는 몇 밀리세컨드* 동안만 감각에 의존한다. 텍스트
로부터 영상(그래픽) 입력이 처리되는 곳이 바로 감각등록기이다.

　　감각기억은 작업기억에서 다루는 것보다 훨씬 많은 정보를 받아들일
수 있기 때문에, 주의는 감각기억으로부터 작업기억으로 전달되는 정보를
통제한다. 주의 돌리기(directing attention)는 컴퓨터의 경우 다른 프로그램
이나 화면을 가져오기 위해 버튼만 누르면 되지만, 인간의 주의는 훨씬 더
복잡하다. 즉, 어떤 주의 패턴은 감각기억 그 자체로부터 비롯된다. 즉, 커
다란 소음, 예상치 못한 움직임, 자동적으로 우리의 주의를 끄는 위험한
자극 등이 이에 해당한다. 인간의 신경체계는 생존을 위해 그러한 자극에
주의를 기울이도록 타고난 것(hardwired)이다. 또 다른 한편으로는 어떤
자극은 현재 관여하고 있는 작업기억과 관련되기 때문에 주의를 끌기도
한다. (예를 들어, 흥미로운 소설을 읽기 시작했다면, 소설 읽기에 주의를 집중하여
다른 외부 자극은 차단하게 된다.) 또는 기쁘거나 화가 났던 과거의 장기기억
과 관련되었기 때문일 수도 있다. (예를 들어, 군중 속에서 자신의 친구나 원수의
얼굴을 금방 찾아내기도 한다.) 결국, 수업에서 배우는 교과서에서 특정 정보
를 찾는 것과 같이, 우리는 어떤 자극에 대해서 신중하게 주의를 집중하는

....

* 　1,000분의 1초.

실행 제어(executive control)를 활용할 수 있다.

작업기억은 종종 단기기억이라고도 불리는데, 이는 주의 집중이 지속되지 않는 한 20~30초 이내에 작업기억에서 정보가 사라지기 때문이다. 인간의 작업기업은 한 가지 중요한 차이점만 제외한다면, 컴퓨터의 램(RAM, Random Access Memory)과 유사하다. 즉, 오늘날 대부분의 컴퓨터는 수 기가바이트 용량의 램을 사용하고 있는데, 이는 수십억 바이트의 정보를 동시에 처리할 수 있다. 그러나 인간의 작업기억 '데스크톱'으로는 겨우 5~9개의 독립된 정보만 동시에 처리할 수 있을 뿐이다. 이러한 차이가 바로 컴퓨터가 인간보다 훨씬 더 빠르게 계산할 수 있는 이유의 하나이다. (물론 그렇다 하더라도 주지하다시피 인간은 또 다른 장점을 가지고 있다.)

인간은 작업기억의 심각한 한계 문제를 처리하기 위해 여러 개의 다른 처리 과정을 활용한다. 가장 단순한 것 중의 하나는 유지형 시연(maintenance rehearsal)인데, 이는 정보를 기억 속에 잡아 두기 위해 계속해서 되풀이하고 반복하는 것이다. (찾은 전화번호로 바로 전화를 할 때, 그 전화번호를 잊지 않기 위해 여러 차례 반복해 말해 본 경험은 누구에게나 있을 것이다.) 우리가 읽으면서 이해한 바를 바로 새롭게 구성해 나가기 위해서는 작업기억이 필요하다. 우리는 책을 읽으면서 수많은 등장인물과 장소를 만나지만 그것 모두를 작업기억에 담아 둘 수는 없다. 그로 인해 글을 읽으면서 만나는 대명사가 어떤 등장인물 혹은 어떤 장소를 가리키는지를 알기 어려운데, 이때 우리는 작업기억의 한계를 깨닫게 된다. 아동이 글 속의 긴 단어를 발음하기 위하여 그것의 소리들을 연결하려고 할 때에도 작업기업에서 어려움을 보일 수 있다.

아마도 작업기억에서 최대의 공간-저장 기능(function)은 자동성(automaticity)일 것이다. 우리가 일단 어떤 것을 잘하는 방법을 배우고 나면, 작업기억이 거의 소요되지 않을 정도까지 해낸다. 즉, 자동적으로 인출해 낸다. 자동성이 없다면, 우리는 운전은 물론 책 읽기, 걷기, 말하기 등 일상생활과 관련된 복잡한 활동을 결코 할 수 없다. 자동성이 없다면, 우리는 말 그대로 걸으면서 껌을 씹을 수 없다. 독서에서 자동성은 중심 개념으로서, 이를 바탕으로 우리의 많은 활동이 작동하게 된다. 우리는 단어를 신속하게 인지하고, 문장 내의 문법적 관계를 신속하게 해석하고, 읽으면서 해석 중인 글(텍스트)에 사용된 우리의 경험으로부터 관련된 정보를 신속하게 인출해 낸다.

또한 종종 **중앙집행기**(중앙관리자, central executive)라고도 불리는 우리의 작업기억의 주요 부분은 최소한 두 개의 하위 구성 요소로 이루어진 것으로 보인다. 즉, **음운고리**(phonological loop)와 **시공간 메모장**(visual-spatial scratchpad)*이 그것이다. 음운고리는 말소리와 단어를 포착하고 (반복) 시연하는 것으로 이는 분명 단어 해독(decoding)과 관련된다. 또한 시공간 메모장은 시각적 이미지가 간단히 저장 처리되는 곳이다. 이 두 요소는 읽기 행위에 매우 중요하다.

장기기억은 컴퓨터의 하드 드라이브와 같지만, 인간이 월등히 유리하다. 무엇보다도 컴퓨터 하드 드라이브가 얼마나 크건 간에 인간의 장기기억에 비할 바가 아니다. 둘째, 모든 정보는 원래 작업기억에서 처리가 된 다음에 장기기억으로 저장되는데, 이는 마치 컴퓨터에서 램을 거쳐 하드 드라이브에 저장되는 것과 같다. 그런데 인간의 장기기억 속 정보는 컴퓨터의 위계적(hierarchical) 저장 방식과는 다르다. 그 대신에 정보는 조직화되고 상호연결되며, 교차연결되면서도 끊임없이 변화하는 네트워크 형태로 저장된다. 인간의 장기기억에 담긴 정보는, 독자가 글을 읽어 나가면서 글의 의미가 전개되고 독해(읽기 이해)가 진행되는 동안 계속 집중적으로 활용된다.

실행 제어(executive control)는 목표를 선택하고 그 목표에 도달하기

....

* 　작업기억 모형 구성 요소 중 하나로 시각/공간 정보를 조작하고 유지하는 데 관여한다.

위한 전략을 결정하는 정신의 한 부분이다. 실행 제어 기능을 강화해 주는 중요한 기능이 바로 **상위인지**(초인지)*인데, 인간의 사고를 통제하고 성찰하는 능력이다. 어린 아동은 그리 상위인지적이지 않다. 그들은 자신이 아는지 모르는지, 최선의 학습 방법은 무엇인지 잘 알지 못한다. 그들은 글을 읽을 때 전략적인 것에 익숙하지 않다. 사람은 나이가 들면서 자신의 학습과 사고를 성찰하고, 자신의 이해(understanding) 정도를 더 잘 점검(monitoring)할 수 있게 된다. 예컨대 우리가 글을 읽으면서 무언가 이해했을 때를 알고, 또 더 잘 이해하기 위해 언제 되돌아가서 다시 읽어야 할지를 안다. 상위인지적 성찰이 중요하기 때문에 훌륭한 독서 교사는 아동에게 다양한 자료를 읽힐 뿐만 아니라 그에 대해 성찰하고 토의하도록 가르친다. 아동이 상위인지적 학습자가 될수록 자신들이 획득한 정보와 기능을 더 잘 이용하고 추가해 나간다.

　오늘날 인지심리학자들 중에 앞에서 서술한 정보처리 이론의 고전적 버전을 신봉하는 사람은 많지 않다. 과거 수십 년간의 인지심리학 연구를 통해 알게 된 분명하고도 중요한 교훈 한 가지는, 우리가 앞에서 설명한 것보다도 훨씬 더 인지는 상호작용적이며 덜 단계적이라는 점이다. 그러나 우리는 여전히 사고를 컴퓨터에 비유하는 잔재들을 볼 수 있는데, 읽기에 대한 인지주의 이론들을 검증하기 위해 현재에도 컴퓨터 모형화를 사용하고 있는 것이 그것이다. 이 책을 통해서 독자들은 읽기 연구에서 사고의 정보처리 모형이 얼마나 중요한지 알게 될 것이다. 이러한 접근법에서 생성된 개념들(즉, 주의, 작업기억, 자동화, 장기기억, 의미망, 상위인지)은 독서 과

....
*　'자신의 인지 또는 사고에 관한 지식'과 '자신의 인지 또는 사고에 관한 조절, 조정'의 두 가지 측면을 포함하는 인지를 말한다. 전자는 자신의 사고상태와 내용, 능력에 대해 알고 있는 지식(상위인지적 지식)을 말하며, 후자는 문제해결 과정에 있어 계획하고, 적절한 전략을 선택·사용하고, 과정을 점검·통제하고, 결과를 반성·평가하는 사고기능(상위인지적 기능)을 말한다(『교육심리학용어사전』, 2000).

정에서 초기 단어 읽기를 설명할 때 반복적으로 나올 것이다. 독서심리학에 대한 인지과학적 접근이 매우 학제적이어서 심리학뿐만 아니라 인공지능, 인지신경과학, 언어학, 교육학의 분야에서 이론적 토대를 찾고자 한다는 것을 알게 될 것이다.

인지적 정보처리 접근 방법은 읽기를 가르치는 교사가 특별한 국면을 이해하도록 안내해 주었다는 점에서 상당 부분 유용한 것이 사실이다. 그것은 특정 아동이 지니고 있을지도 모르는 문제점을 통찰하게 해 주었다. 아울러 다음과 같은 많은 질문에 답하는 데도 도움을 주었다.

"우리 반 아동들은 이 책을 읽는 데 필요한 지식을 장기기억 속에 가지고 있을까?"
"이 아동의 단어 읽기는 작업기억 용량을 잡아먹지 않고, 글 이해를 방해하지 않을 정도로 충분히 단어 읽기가 자동화되어 있고 정확한가?"
"이 아동이 글자에 소리를 잘 대응시킬 수 있도록, 음운고리가 관여하는 말소리 인식 과정과 시연 과정은 잘 작동되고 있는가?"

3.2. 구성주의

구성주의(constructivism)의 이론적 틀은 인간을 환경 조건의 수동적 수용자나 단순한 정보 수용자, 처리자로 보지 않고, 스스로는 물론 그들의 사회에서 지식을 선택하고 창조해 나가는 존재로 본다. 학습에서 학습자의 적극적인 역할과 공동체 및 그 문화에서 사람들과의 상호작용의 강력한 영향을 강조하는 구성주의 심리학은 오늘날의 학습과 독서심리학을 지배하는 또 하나의 주요 패러다임이다.

장 피아제(Jean Piaget)는 흔히 구성주의의 아버지로 통한다. 그 이유는 피아제가 인간은 단지 자극에 반응하거나 정보를 흡수하는 존재가 아니라는 생각을 구체화한 최초의 심리학자 중 한 명이기 때문이다. 즉, 인간은 세상에 적응할 수 있도록 지식을 구성하고자 함으로써 의도적으로 학습하는 존재라는 것이다.[20] 피아제는 인간은 스키마(scheme 또는 schema)*를 형성함으로써 배운다고 믿었는데, 스키마는 사고하고 말하고 기대된 행동을 수행하는 조직화된 지식의 구조이다. 피아제에 의하면, 학습 동기는 **불균형**(disequilibrium)한 느낌에 대한 반응에서 발생한다. 즉, 불균형이란 우리의 현재 스키마가 우리 주변의 세상 문제를 해결하는 데 적절하지 못하다고 느끼는 감각을 말한다. 예컨대, 책을 읽는 도중에 정보를 **동화하고자**(assimilate) 시도할 때, 즉 해당 정보를 우리의 기존 생각과 동화시키고자 하나 동화가 충분히 잘 이루어지지 않으면 불균형을 느낄 수 있다. 이는 우리가 깜짝 놀랄 만하거나 예상치 못한, 그리고 우리가 이미 알고 있거나 믿는 바와 반대되는 책에서 무언가를 읽을 때 발생할 수 있다. 우리는 어떤 생각들은 잘 동화하지만, 또 다른 것은 우리에게 **조절**(accommodation)을 강요하거나 우리의 스키마를 바꾸거나 갱신하도록 하여 불균형에 이르기도 한다. 만약 우리가 독자로서 너무 많은 불균형을 경험한다면, 즉 우리가 직면한 상황에 대해 우리의 스키마가 이해시켜 줄 수 없을 정도로 거리가 있다면, 우리는 동화되거나 조절되지 못하고 오히려 새로운 지식 전체를 거부하거나 무시하게 된다는 것을 아는 것이 매우 중요하다. 이렇게 거부하거나 무시하는 반응은 아동이 아무런 지식 기반도 없는 텍스트를 읽어야 할 때 자주 발생한다. 구성주의 이론에 따르면, 인간은 이전에 획득된 스키마 위에 나머지 지식들을 창조하기 위해 동화와 조절을 사용한다.

....

* 피아제가 말한 'scheme' 또는 'schema'를 일반적으로 '도식'이라고 번역하기도 한다. 이 책에서는 '스키마'로 통일한다. 스키마 이론에 대한 보다 상세한 논의는 이 책의 8장을 참고하기 바란다.

피아제는 또한 아동이 사고와 학습 방식에서 네 가지의 뚜렷한 발달 단계를 거쳐 성장하는 것으로 보았다.[21] 즉, 얼마나 잘 교육되는가와 상관없이, 아동이 그들의 현재의 발달 단계로부터 너무 벗어난 것을 학습할 수 없다고 보는 것이다. 피아제의 이론에 따르면, 영아들은 대략 2세까지는 감각운동기(sensorimotor stage)에 속한다. 그들은 주로 자신들의 환경 내에 있는 대상들과 직접적으로 상호작용함으로써 스키마를 발전시킨다. 즉, 이들은 새로운 사물을 상상하거나 타인들의 지식으로부터 스키마를 발전시켜 나가지 못한다.

이 단계의 마지막에 이뤄지는 한 가지 인지적 성취는 대상 영속성(object permanence)이다. 즉, 영아는 대상이 시각적 요소나 소리로 직접 지각할 수 없을 때에도 대상이 계속 존재한다는 것은 약 8개월 시기에 처음 인식하게 된다. 대상 영속성은 대상에 대한 정신적 표상을 형성하는 능력을 발전시켰다는 것을 알려 주기 때문에 중요하다. 정신적 표상을 만들어 내고 이용하는 것은 영아로 하여금 그들의 구체적 경험을 언어를 통해 상징적으로 표상할 수 있게 해 준다. 영아는 이제 발음된 단어와 표상하는 대상 사이에 상징적 관계를 포착하여 대상을 정신적으로 표상하는 데 단어를 부착할 수 있게 된다. 이러한 능력은 어휘 발달에 매우 중요한데, 이는 단계의 마지막 시기까지 급속히 확장된다.

대략 2세에서 6, 7세까지 아동은 대부분 전조작기(preoperational stage) 단계에 놓인다. 이 단계의 아동은 자신이 경험한 대상과 사람에 대해 정신적으로 표상을 하게 되지만, 그러한 표상에 대해 아직 정신적으로 다루거나 조작하지는 못한다. (그래서 전-이라는 접두사가 붙은 것이다.) 이러한 제약 때문에 사물이 다양한 범주에 놓일 수 있다는 점을 인식하는 데는 어려움이 있다. [예컨대, 스팟(Spot, 얼룩이)은 개이면서 동물이고 달마티안이기도 하다.] 또한 이때의 아동은 두 개 이상의 사물을 연속적으로 배치하는 데 전형적인 어려움을 겪는다. 즉, 이 시기의 아동은 A가 B보다 먼저 발생하고, B가

C보다 먼저 발생했다는 것을 인식하지만, 결국 A가 C보다 일찍 발생했다는 것을 이해하는 데는 어려움이 있다. 결국 전조작기 단계의 아동은 자기중심적(egocentric)이어서 다른 사람의 관점을 받아들이는 데 어려움이 있다. 그래서 이 시기의 아동은 이야기에서 등장인물의 행동을 안내하는 심리적 목표, 감정, 의도 등을 상상하는 데 어려움이 있다. 이러한 모든 제약은 아동의 독해에 영향을 미친다. 즉, 이야기에 나오는 단어를 모두 안다 하더라도 아동은 적절한 추론을 통한 도출이나 자신과 다른 등장인물의 이해, 어떤 논리적 순서에 따라 이야기의 사건을 기억하는 데도 어려움이 있다.

6, 7세 무렵이 되면, 대부분의 아동은 **구체적 조작기**(stage of concrete operations)로 들어가는데, 이는 아동이 구성한 거대한 정신적 표상을 이제 정신적으로 조작할 수 있다는 것을 의미한다. 이제 아동은 정신적으로 이동하며, 모양을 바꾸고, 비교하고, 분리하거나 표상을 다시 결합할 수도 있다. 그러나 이는 여전히 아동이 직접 보고, 만지고, 수행하고, 경험한 것들로, 주로 구체적 대상에 국한된다. 구체적 조작기 아동은 아직 추상적인 사고나 가설적 사고를 잘하지 못한다. 즉, 구체적 대상물이 없는(예: 정의의 개념, χ 값 등) 사물이나, 사실과 모순되는 가정된 상황(예: 네 눈이 세 개라면 어떨까?)에 대한 사고에 어려움이 있다. 구체적 조작기의 아동의 어휘는 아직 대부분 구체적 항목을 반영하고 있다. 아동의 독해는 아마도 그들의 경험과 잘 어울리는 구체적 개념을 다루는 텍스트에서 우수할 것이다.

12세 무렵에는 **형식적 조작기**(formal operations stage)가 시작된다. 이때 아동은 사물과 아이디어, 사건, 실제 경험의 외적 가능성 등의 정신적 표상을 형성하기 시작한다. 이러한 새로운 표상을 통해서 기존에 알지 못했던 환경을 가설적으로 추론하기 시작한다. 그리고 더욱 추상적이고 연역적인 추론을 할 수 있게 되며, 매우 다양하고도 복잡한 요인을 이용하여 아이디어를 발전시켜 나가고 상황에 대한 결론을 도출해 내기도 한다.

아울러 이들의 사고는 직접적이고 구체적인 경험에 덜 의존한다. 즉, 이제 구체적 경험은 주로 그러한 경험에 대한 사고를 확인하거나 논박하는 수단으로 작용한다. 이는 더 높은 수준의 학습에서 성공하거나 과학적으로 추론하기 위해서 필요한 사고의 유형이다. 청소년은 그러한 추상적 관념들을 포함한 텍스트와 의미 있는 상호작용을 할 수 있다. 추상적인 개념을 나타내는 어휘가 소나기처럼 쏟아지고, 그들의 경험 밖의 텍스트를 읽을 때도 예전과 같은 어려움은 더 이상 없어진다.

그런데 여기서 중요한 점은 이러한 연령 구분과 단계가 절대적인 것은 아니라는 점이다. 즉, 아동은 성장함에 따라 점차 다른 사람과 어울리게 되면서, 그 누구도 모든 지식 영역에서 동시에 같은 단계에 놓이지는 않는다. 우리는 우리가 좀 더 많이 경험한 분야에서 더 발전하기 쉽다. 그래서 열 살짜리 체스 명수는 수학이나 읽기가 아닌 체스에서 형식적 조작기로 일찍이 이동했을 수 있다. 반면에 체스를 한 번도 해 보지 않은 성인의 경우 마치 구체적 조작기의 아동처럼 게임을 배우기 시작하게 될 것이다.[22] 사실, 피아제 자신은 많은 사람이 일반적인 방법으로는 형식적 조작기에 결코 이르지 못할 것이라는 점에 주목했다. 구성주의자의 관점에서 보자면, 독서는 인간을 지적으로 만드는 활동의 일종이다.

레프 비고츠키(Lev Vygotsky)는 구성주의 이론에 공헌한 또 다른 주요 사상가이다. 그가 창안한 이론은 종종 **사회적 구성주의**(social constructivism)라고 불리는데, 독서심리학에서 최근에 주목을 받고 있다. 피아제는 학습자들이 자신의 세상을 이해하기 위해서 개인의 시도로 발생하는 학습을 강조한 반면에, 비고츠키는 학습의 사회적 본질을 훨씬 더 강조했다.[23] 비고츠키는 인간과 동물 모두가 할 수 있는 학습의 기본 유형에는 그다지 흥미를 갖지 않았다. 그러나 인간에게만 독특한 언어와 문화 같은, 비고츠키 자신이 스스로 명명한, **고등 정신 기능**(higher mental function)에 관심을 보였다. 그는 이 고등 정신 기능은 부모, 손위 형제, 교사 등 더 **지적인 타자**(more knowledgeable other)와 함께하는 사회적 상호작용 활동에 참여함으로써 자연스럽게 배울 수 있을 것으로 믿었다. 학습자와 더 지적인 타자는 함께 일하거나 놀이를 하면서 자신들이 하는 것에 대해 이야기를 나눈다. 그리고 더 지적인 타자가 사용하는 언어 패턴과 단어가 학습자에게 내재화되고, 마침내 개념과 사고로 발전된다. 집에서 엄마와 아기가 이야기책을 읽는 동안의 상호작용*은 이러한 학습 경험의 가장 흔한 예이다.

비고츠키[24]는 또한 인간 언어와 사고를 가능하게 하는 **문화적 도구**(cultural tool)의 중요성을 강조하였다. 어떤 문화에서든 제공된 문화적 도구는 해당 문화에서 인간의 사고과정을 가능케도 하고 제한하기도 한다. 언어는, 여기서는 관련성의 문화적 도구로서, 사고를 가능하게 할 수도 있고 제한할 수도 있다. 예컨대, 언어는 공간적 관계를 포착(확보)하는 방식에 따라 다르다. 호주의 원주민 언어 구구 이미티르(Guugu Ymithirr)에서는 공간적 관계를 설명할 때 명확한 방향(북, 남, 동, 서)을 사용한다, 반면에 영어에서는 상대적인 위치(~앞에, ~뒤에, ~왼쪽에, ~오른쪽에)를 나타내는 표현을 사용한다. 명확한 방향 개념을 사용하는 것은 영어 화자와 비교했을 때 개방 공간에서 찾거나 행동하기가 훨씬 수월하다.[25] 더 최근에 개발된 문화적 도구인 인터넷은 우리 모두에게 적절한 컴퓨터, 광대역 연결망, 독서 능력을 제공해 주는데, 이는 20년 전만 해도 꿈도 못 꿨던 지식과 사고에의 접근을 가능케 해 준다.

근접발달영역(ZPD, Zone of Proximal Development)은 대부분의 교육자에게 아마도 가장 널리 알려진 비고츠키 학파의 이론일 것이다. 근접발달영역이란 아동 또는 학습자가 스스로 할 수 있는 것과 더 지적인 타자로부터 최대한의 도움을 받아서 할 수 있는 것 사이의 심리적 '거리'를 말한다. 이 심리적 근접발달영역은 이상적인 교수-학습 수준으로 여겨진다.

....
* 2장에서 자세히 다룬다.

즉, 아동이 남의 도움을 받지 않고도 스스로 할 수 있는 것을 가르치는 것은 시간 낭비이다. 또한 아동이 할 수도 없고 이해할 수도 없는 것을 가르치려는 것도 아무리 많은 도움을 준다고 한들 쓸모없는 일이다. 비고츠키는 근접발달영역 내에서 이루어지는 이러한 종류의 보조 학습을 정신발달의 주요 원천으로 보았다. 피아제 학파에서는 아동에게 단어가 지시하는 개념에 대해 강력한 정신적 표상을 계발시켜 준 후에라야만 새로운 단어를 학습할 수 있다고 말할 것이다. 반면에 비고츠키 이론에서는 아동이 어른이나 손위 형제로부터 단어를 듣고 그 의미를 구성하려고 노력함으로써 개념 그 자체는 발전될 수 있다고 제안한다. 어휘나 심지어 지능지수(IQ)에 대한 독서의 효과는 비고츠키식의 계발에 기여할 것이다.

비고츠키 학파 학습이론의 주요 파생물은 **인지적 도제**(cognitive apprenticeship)의 개념이다.[26] 일부 인지적 도제는, 아동이 어른들이 부르는 노래를 따라 하면서 노래를 배우는 것처럼 매우 자연스럽게 발생한다. 그러나 아동은 교실 환경 내에서 매우 효과적으로 배치될 수도 있다. 인지적 도제에서 학습자는 **실제 과제**, 즉 즉석 학습 상황을 넘어 어떤 실질적인 이익이나 목적이 있는 과제를 수행하기 위해 더 지적인 타자(동료, 교사)와 함께 공부한다. 더 지적인 타자들은 학습자들이(또는 학습자가) 아직 하기 어려운 과제의 일부를 해 줌으로써 과제에 **비계**(scaffold)를 놓는다. 더 지적인 타자는 학습자들을 위해 과제의 어려운 부분에서 **모범**을 보인다. 이 모범은 어떤 행동이나 절차를 실제로 보여 주는 것처럼 물리적인 것일 수도 있다. 또는 교사가 자신의 생각, 질문을 말로 설명하는 사고구술(think-aloud)을 할 때나 학생들 앞에서 수행할 과제를 결정할 때처럼 정신적인 것일 수도 있다. 더 지적인 타자는 각 과정의 단계마다 중요한 요소를 상기시키거나 질문함으로써 학습자를 안내한다. 그러나 점차 학습자가 과제를 충분히 수행할 만큼 능숙해지면 비계나 모범(본보기), 안내(코칭)를 점점 줄여 간다. 전 과정을 통해서, 더 지적인 타자는 학습자가 하고 있는 활동과 학습자들에게 대화나 쓰기를 통해 그들의 아이디어, 질문 그리고 새로운 학습을 분석하고 성찰하도록 격려해 준다. 마지막으로 이제 능숙해진 학습자가 과제를 수행할 새로운 방식을 탐색해서 자신만의 새로운 지식을 창출하도록 격려한다. 대부분의 초등학교 교실에서 실시되고 있는 짝 읽기(partner reading)는 이러한 인지적 도제 학습의 가장 기본적인 형태의 하나이다.

나중에 비고츠키의 추종자들은 모든 인간의 지식은 사회적 구성의 결과일 뿐이어서 (우리 모두가 속한) 문화 안에서 살고 있는 사람들은 지식의 '진리'를 평가할 수 없다고 주장했다. 왜냐하면 현실을 직접 볼 수 없어 문화적 사고의 '렌즈'를 통해 해석하기 때문이다.[27] 좀 더 온건한 사회 구성주의자들은 외부 현실이 제약은 하더라도 문화를 구성하는 지식까지 결정짓지는 않는다고 믿는다. 왜냐하면 그런 지식은 문화가 살아남도록 현실에 맞아야 하기 때문이다[예: '눈(snow)'에 관한 다양한 단어]. 그러나 그들도 서로 다른 문화가 현실에 잘 맞는 매우 다른 지식을 구성할 수 있다는 것을 알고 있다.[28] 예를 들어, 문화는 수 세기 동안 서로 다른 목적에서 매우 다양한 의복 스타일을 발전시켜 왔다. 각 문화는 다른 문화나 다른 시대의 낯선 의복 스타일과는 달리 자신들의 의복 스타일이 제대로 된―즉, 가장 적절하고 건전하며 아름다운―스타일이라고 굳게 믿어 왔다. 뉴질랜드의 마오리족이 그랬듯이, 장식으로 얼굴에 일부러 상처를 낸다는 생각은 어떠한가? 빅토리아 시대에 미국과 유럽에서는 긴 치마와 버슬*이 여성 패션의 첨단으로 여겨지지 않았던가? 그러나 분명, 중국에서 일반화된 어린 여성의 전족 관습처럼 장기적으로 인간에게 해롭기 때문에 특정 의복 문화가 잘못됐다는 지적도 가능하다. 온건한 사회 구성주의자들은 어떤 일을 할 때 옳은 것도 많지만 정말 틀린 것도 있다는 점을 사람들

....
*   bustle. 치마를 부풀리게 하는 틀.

이 알아야 한다고 말한다. 이런 생각은 지난 세기 우리의 학교에서 격렬했던, 최고의 독서 지도법이 무엇이냐를 둘러싸고 지속된 논쟁, 즉 '읽기 전쟁(reading war)'[29]을 해결하는 데 직접적인 영향을 미친다. 아울러 거의 대부분의 표준화 검사에서처럼 독해 지문이나 시 해석에서 정답은 하나라고 가정하는 시험들에도 마찬가지다.

4. 이 책의 구성과 방향

이 책에서는 독서심리학의 다양한 주제와 관련해 진행되어 온 대부분의 논쟁에 대해 확고한 입장을 취하지도 않았고, 특정 심리학파의 관점 하나만을 기술하지도 않았다. 그 대신에 다양한 관점과 가설에 대해 균형 잡힌 증거를 보여 주고자 한다. 우리는 다수의 참고문헌을 제시하는데, 이는 특정 이론, 논쟁, 결론에 대한 증거를 제공하는 참고문헌을 독자가 찾아 읽도록 하기 위해서다. 또한 독자가 스스로 결론을 도출해 낼 수 있도록 주요 추가 자료를 포함시켰다. 이 책은 전반적으로 심리학적 연구나 발달연구, 교육연구 성과들을 강조하고는 있지만, 내용 이해에 도움이 될 수 있는 직접적이고도 밀접한 관련이 있는 다른 분야들의 근거도 가져왔다. 특히 독해의 기반이 되는 신경심리학의 새로운 흥미로운 근거를 체계적으로 포함하고자 노력했다.

이 책은 단언컨대 읽기 및 읽기 학습에 대한 발달적 측면에 초점을 두고자 한다. 이 책의 내용은 독서 학습에 관심을 갖는 모든 교육자와 심리학자 그리고 실무자에게 반향을 불러일으킬 것이라 믿는다. 각 장마다 교실 수업 사례를 제시했는데, 주제와 관련된 문제를 안은 아동과 그 문제점을 이해하고 접근법을 결정하는 교사를 보여 주려는 것이다. 우리는 독자가 궁금해할 질문도 잘 안다. 이 사례 연구에는 잘 알려지고 실재하는 아동이나 교사가 나오진 않는다. 대신, 수년간 독서심리학을 이해하는 데 특히 도움이 되었던 다양한 아동과 교사가 등장한다.

독서심리학은 효과적인 읽기 지도는 물론 실제 교육과 관련한 문식성 교육과정과 평가 기준을 마련하는 데도 많은 시사점을 제공해 준다. 이 책을 통해서 저자들은 독서심리학 연구가 교육에 주는 시사점 그리고 학생들의 읽기 학습 발달에 필요한 내용과 강조점에 어떤 변화를 주는지에 대한 정보를 제공한다. 아울러 독서심리학 연구와 밀접하게 연관된 교수법의 사례도 제공한다. 또한 읽기 학습과 관련하여 가장 최근의 국가 표준, 특히 공통 핵심 성취기준(CCSS, Common Core State Standards)도 조사했는데, '공통 핵심 성취기준과의 연계' 부분에서 이를 다룬다. 읽기 학습의 발달 과정에 대해 우리가 알고 있는 것과 표준(성취기준)의 일관성도 평가한다. 컴퓨터 보조 수업(CAI, computer-assisted instruction)과 디지털 텍스트 읽기와 관련되는 쟁점은 몇 개의 테크놀로지 도구상자로 소개한다. 저자들은 또한 적절한 평가 관행 전반의 발전을 위해 독서심리학으로부터 시사점을 도출한다. 독서심리학은 읽기를 구성하는 근본적 구조의 핵심 차원, 읽기와 관련된 심리적 과정, 그리고 문제 해결의 함의를 밝힘으로써 검사도구 개발자들에게도 많은 시사점을 제공한다.

가정과 독서

연지는 월요일 아침에 신이 나서 잠에서 깨었어요. 내일이 네 번째 생일이거든요. 도저히 더 이상 기다릴 수가 없을 지경이에요. 연지는 아침밥을 먹으면서 제일 좋아하는 '세서미 스트리트' 비디오 한 편을 보았어요. 그러고서 유치원에 가는 길에 생일 선물로 무엇을 갖고 싶은지 엄마에게 말했어요. 연지는 '모험가 도라의 집'을 갖고 싶고, 강아지도 정말 갖고 싶었어요. 그런데 엄마는 아파트에서는 절대 강아지를 키울 수 없다고 했어요. 그 대신에 강아지에 대한 책을 갖게 될지도 몰라요. 유치원에서 연지는 친구 본희, 상희와 함께 모퉁이에서 놀았어요. 그리고 동화 작가 선생님이 오셔서 옛날이야기 두 편을 들려주셨는데 정말 재밌었어요. 유치원을 마치고 연지는 엄마랑 슈퍼에 갔어요. 연지는 엄마한테 유치원에서 들었던 옛날이야기를 하나 해 드렸어요. 엄마는 한참을 깔깔 웃으셨어요. 연지가 어찌나 얘기를 재밌게 잘했는지 엄마는 연지가 제일 좋아하는 과자를 사 주셨어요. 집으로 가는 길에 연지는 맥도날드 가게 앞에서 또 멈췄어요. 그런데 엄마는 저녁 먹을 시간에 또 늦겠다며 멈추지 않고 계속 걸으셨어요. 저녁을 먹고 나서 연지는 언니랑 잠깐 놀았어요. 그리고 잠자기 전에 엄마는 연지에게 『도라의 깜짝 생일 파티』를 읽어 주셨어요.[1] 연지는 최대한 빨리 잠이 들었어요. 그래야 생일이 금방 올 테니까요.

가정에 대한 이야기로 독서심리학에 대한 논의를 시작하고자 한다. 모든 학습이 그러하듯이, 읽기 학습 역시 가정에서 시작되기 때문이다. 린다 베이커(Linda Baker)와 그 동료들이 지적했듯이, "아동은 읽기 쓰기가 가능한 문식 사회에서 양육될 때 유아기부터 지속적으로 문식성을 습득하는 과정에 놓이게 된다."[2] 현대 사회의 거의 모든 가정에서 부모는 자녀에게 인쇄물을 가지고 암시적으로 그리고 때로는 명시적으로 읽기를 가르친다. 관련 자료에는 책뿐만 아니라 잡지, 신문, 계산서, 편지, 상표, 광고, 쿠폰,[3] 그리고 페이스북이나 쇼핑 사이트, 온라인 뉴스와 같은 디지털 텍스트 등이 모두 포함된다.[4] 아동은 이미 유치원에 들어가기 오래전부터 인쇄물의 의미와 사용법을 학습할 뿐 아니라 읽기의 토대가 되는 구어와 인지적 기능도 학습한다. 이를 통해 아동의 읽기 기능과 태도가 어떻게 발달하는지 이해할 수 있다. 이것이 바로 우리의 논의가 가정에서부터 시작되어야만 하는 이유이다.

1. 구어 발달과 읽기

무엇보다도 읽기는 언어 기반 활동이며, 아동의 구어 발달은 그들의 읽기 학습을 선행하고 동반하면서 읽기 학습에 커다란 영향을 미치는 것으로 알려져 왔다.[5] 예를 들어, 유치원생을 대상으로 수행한 데이비드 디킨슨(David Dickinsonn)과 캐서린 스노(Catherine Snow)의 연구에 따르면, 듣기 능력이 더 좋고 맥락 없이도 주어진 단어를 더 잘 아는 유치원생은 자모 인식, 세 개의 자모로 이루어진 간단한 단어 읽기, 그리고 심지어 초기 창안적 철자 쓰기(invented spelling)*와 같은 발생적 문식 기능이 더 뛰어났다.[6] 또한 프로마 로스(Froma Roth)와 데버라 스피스(Deborah Speece), 데이비드 쿠퍼(David Cooper)는 공립학교의 다양한 아동 집단을 대상으로 한 소규모 종단 연구를 실시하였고, 그 결과 유치원생의 구어 발달이 2년 후 2학년이 되었을 때의 독해(읽기 이해) 능력, 특히 어휘와 서사 구조 지식에 영향을 미치는 구체적인 요인임을 밝혀냈다.[7] 일반적인 통사론적 지식(영어 문장이 어떻게 결합되며 어떤 종류의 단어가 어느 위치에 적절한가?)은 한 단어 읽기와 연구에 참여한 3개 학년 모든 학생의 독해에 영향을 미치는 것으로 보인다. 그 이후에 미국 아동보건 및 인간개발 연구소(NICHD, National Institute of Child Health and Human Development)의 조기 육아 연구 네트워크(Early Childcare Research Network)는 1,000명 이상의 아동을 대상으로 광범위한 연구를 수행하였는데, 연구자들은 유치원 입학 전 아동의 듣기 능력과 말하기 능력을 포함한 구어 능력이 초등학교 1학년 때의 단어 인지 능력 및 3학년 때의 독해 능력과 매우 관련성이 크다는 것을 확인하였다.[8] 또한 레이철 더럼(Rachel Durham) 외는 어휘, 듣기 능력, 문법/

....

*   아동의 쓰기 발달 과정에서 아동이 철자나 글자를 자기 나름대로 새롭게 만들어 쓰는 행위 또는 그러한 철자.

통사 능력을 포함해 유치원에 입학하는 아동의 구어 능력을 측정하였다.[9] 연구 결과에 따르면, 구어 능력은 초등학생의 읽기 성취에 직접적이고 긍정적인 영향을 주는 것으로 밝혀졌다. 확실히 구어 능력은 아동의 읽기 성공에 중요한 요소이다.

그런데 이러한 구어 능력은 어디에서 오는 것일까? 아동의 구어 발달이나 그것에 영향을 미치는 요인에 대한 완전한 논의는 이 책의 범위를 벗어난다. 왜냐하면 건강이나 정서적인 행복, 일반 인지 발달 등과 같은 다양한 요인이 구어 발달에 영향을 미칠 수 있기 때문이다. 구체적인 요인 몇 가지는 이 책에서 토론할 가치가 있는데, 왜냐하면 구어 발달뿐만 아니라 차후의 읽기 발달에도 영향을 미치기 때문이다.

1.1. 대화의 양과 질

어린 아동의 구어 발달과 이후의 문식 발달에 가장 중요한 영향을 미치는 것은 가정에서 아동이 대화에 참여하고 듣는 활동이다. 당연히 아동은 언어를 이해하고 사용함으로써 학습하지만, 그러한 기회는 가정에 따라 매우 큰 차이가 있다. 예컨대 셜리 브라이스 히스(Shirley Brice Heath)는 저소득층 주거단지에 거주하는 젊은 미혼모에 대한 사례 연구를 수행했다.[10] 히스의 500시간 이상의 녹음 자료와 연구 노트에 따르면, 젊은 싱글맘은 유치원 자녀 세 명 중 한 명에게는 딱 18회만 먼저 말을 걸었다. 그 외에는 간단히 지시하거나 자녀의 행위나 의도를 묻는 게 전부였다. 또한 엄마와 자녀의 대화에서 '4회 이상의 대화 교대가 이루어진 것은 14회뿐'이었다.[11] 이것이 단지 하나의 사례에 불과한 것은 아니다. 베티 하트(Betty Hart)와 토드 리슬리(Todd Risley)는 42가구의 양부모 가정을 대상으로 집중적인 가정 내(in-home) 연구를 수행하였다.[12] 42가구 중 13가구의 부모는 전문직 종사자, 23가구의 부모는 노동자였고, 나머지 6가구의 부모는 생활보호 대상자였다. 연구 결과에 따르면, 생활보호 대상자 가정 부모의 수입은 대부분 복지 프로그램에 의존하고 있었으며, 이들은 매일 대화에서 시간당 평균 616개의 단어만 말하였다. 반면에 전문직 종사자 부모는 시간당 평균 2,153개의 단어를 말하였는데, 이 수치는 생활보호 대상자 가정 부모보다 세 배 이상 많은 것이다. 노동자 가정의 부모는 시간당 평균 1,251개의 단어를 말하는 것으로 나타났다. 가정 내 아동의 말하기에서도 3세까지는 같은 양상을 보여 주었다. 즉, 부모가 1일 평균 시간당 단어를 적게 말할수록 자녀는 훨씬 더 적은 수의 단어를 사용하였고, 이들 자녀는 사용할 단어를 많이 알지 못했고 결국 3학년이 되었을 때는 독해력에서 유의미하게 낮은 점수를 받았다.[13] 말하자면 3세쯤에는 "아동이 사용하는 단어의 86~98%는 부모가 사용하는 단어로 이루어진다."[14]

보다 최근의 연구는 가정에서 이루어지는 대화 양의 차이가 항상 가정의 사회경제적 지위(SES, socioeconomic status)와 관련되는 것은 아니라고 제안한다. 실제로 많은 저소득 가정은 자녀와 상당히 복잡한 수준의 언어를 사용하는데, 이는 누적 효과를 가질 수 있다. 에이드리아나 와이스리더(Adriana Weisleder)와 앤 퍼날드(Anne Fernald)는 스페인어를 사용하는 19개월 된 아동의 일상 대화를 녹음했는데, 주로 사회경제적 지위가 낮은 가정의 아동으로, 이들이 2세가 될 때까지 지속된 연구 결과는 다음과 같다.[15]

유아가 접하는 성인의 말하기 양에는 커다란 차이가 있었다. 10시간 동안의 말하기에서 2,000단어 미만에서 약 2만 9,000단어까지 이르는 차이를 보여 주었다. …… 유아에게 직접 말한 것만 고려해도 이 차이는 실로 대단한 것이다. 한 가정의 경우, 아이 돌보미가 유아에게 1만 2,000단어 이상을 말한 반면, 다른 가정의 경우 유아에게 직접 말한 것 중에서 유아가 종일 들은 단어는 단지 670단어에 불과한 것으로 나타났다.[16]

흥미롭게도 아동이 엿들은 단어의 수는 언어 발달에 영향을 미치지 않는 것으로 보인다. 즉, 직접 나눈 대화를 더 많이 들은 아동만이 대화에서 더 많은 어휘를 사용하였는데, 이는 그러한 아동의 표현 어휘 능력이 더 좋음을 보여 준다.

순수한 대화의 양뿐 아니라 대화의 질 역시 아동의 언어 발달에 중요한 영향을 미쳤다. 앞에서 서술한 하트와 리슬리의 연구가 시사하듯이,[17] 부모가 새롭거나 흔치 않은 단어를 많이 사용할수록 아동의 어휘 발달에 기여했다. 이는 좀 더 복잡하고 흔치 않은 문장 구조를 규칙적으로 사용하는 것이 아동의 통사와 문법적 지식을 확장하는 데 도움을 준다는 연구[18]와도 일치한다. 와이스리더와 퍼날드의 연구[19]가 보여 주듯이 부모가 대화 도중에 아동에게 주의 깊게 반응하고 호응하는 것도 중요하다. 즉, 부모가 자녀와의 대화에 긍정적으로 참여하며 개방적인(open-ended) 질문을 하고 흥미로운 반응을 보이는 것이 아동의 언어 발달에 특히 도움이 된다.[20]

분명한 것은 대화 습관은 집집마다 큰 차이가 있지만, 이러한 차이가 가정의 사회경제적 지위에 의해서 항상 예측 가능한 것은 아니라는 점이다. 결국, 어린 아동이 우연히 듣는 대화의 양과 질, 특히 그 과정에서 직접적으로 관여하는 대화의 양과 질이 아동의 구어 발달에 강력한 영향을 미친다. 부모가 자녀의 언어 발달을 위해서 할 수 있는 최고의 방법 중 한 가지는 단지 자녀와 대화를 하는 것이다. 가능하면 이른 시기에 자주 흥미로운 모든 것에 대해 이야기를 나누는 것이다.

1.2. 초기 구어 능력에 영향을 미치는 기타 가정 요인

부모와 자녀의 대화만큼 연구가 많이 되었거나 어쩌면 영향이 크지 않더라도 또 다른 가정 환경 요인 역시 아동의 인지 발달과 구어 발달에 영향을 미치고 궁극적으로는 읽기에 영향을 미친다. 경험은 아동의 인지 발달과 언어 발달에 매우 중요한 요인으로 오래전부터 인식되어 왔다.[21] 취학 전 아동에게 경험이란 많은 대화뿐만 아니라 다양한 사물과 장난감을 가지고 활발하게 놀고, 더 많은 지식을 가진 사람과 함께 활동에 참여하는 기회를 가지며, 가정 밖에서 다양한 체험을 한다는 것을 의미한다.[22]

가정 환경 자극 척도(HOME Inventory, Home Observation for Measurement of the Environment Inventory)[23]는 아마도 가정 환경에서 아동을 대상으로 이러한 유형의 지원과 자극을 측정할 수 있는 가장 잘 알려진 검사 도구일 것이다. 대략적으로 50개의 매우 간단한 관찰 문항과 면담 문항으로 구성되어 있으며, 지난 수십 년 동안 여러 연구에서 사용되었던 이 척도는 아동의 초기 발달에 미치는 요인이 무엇인지 분명하게 보여 준다.[24] 이 척도가 측정한 요소 가운데 두 가지, 즉 장난감과 학습 자료 및 다양한 체험이 차후 아동의 읽기 능력에 특별히 영향을 미치는 것으로 밝혀졌다.[25] 가정 환경 자극 척도에 관한 좀 더 구체적인 내용은 [글상자 1-1]을 참고하라.

아동의 텔레비전 시청 시간과 시청 유형 또한 아동 발달에 영향을 미치는 것으로 보인다. 1950년대와 1960년대의 초기 연구들은 텔레비전 시청 그 자체가 발달이나 읽기에 미치는 영향을 발견하지 못했다.[26] 하지만 좀 더 최근의 연구에 따르면 긴 텔레비전 시청 시간, 특히 하루에 4시간 이상 혹은 주당 10시간 이상의 텔레비전 시청 시간은 낮은 읽기 준비도, 저조한 성적과 관련이 있었다. 이는 아마도 텔레비전을 보는 데 많은 시간을 소비하느라 보다 가치 있는 다른 활동을 못하였기 때문일 것이다.[27]

존 라이트(John Wright)와 그 동료들은 저·중소득 가정 출신 236명의 아동을 대상으로 수행한 좀 더 세밀한 연구에서 아동의 텔레비전 시청 시간과 프로그램의 종류를 측정하기 위하여 부모가 기록한 텔레비전 일기와 면담법을 사용하였다.[28] 그들은 미취학 아동이 주당 평균 23.5시간 텔레비전을 시청하였으며, 그중 단 두 시간 〈세서미 스트리트(Sesame

가정 환경 자극 척도

1960년대 초에 시러큐스 대학의 조기학습 프로젝트를 담당했던 베티 콜드웰(Bettye Caldwell)과 그 동료들은 소외된 아동의 발달에 기여할 최초의 주간 보육시설 하나를 설립했다. 이 프로그램은 후에 헤드 스타트 프로그램(Head Start Program)* 에 영감을 준 것의 하나가 되었다.[29] 그들은 연구의 일환으로 가정 환경에서 미취학 아동이 이용하는 지원 수준과 자극 수준을 측정할 방법이 필요해서 가정 자극 척도(Inventory of Home Stimulation)[30]를 개발했다. 이것이 1970년대에 개정되어 가정 환경 측정 관찰 척도인 가정 환경 자극(HOME) 척도로 발전하였다.[31]

가정 환경 자극 척도는 45~90분 동안의 가정 방문을 바탕으로 자료를 수집하는 상대적으로 간단한 측정도구인데, 평가자는 아동과 아동 돌보미 간의 자연스러운 상호작용을 관찰하고 아동의 생활 속 대상이나 사건에 대해 돌보미와 이야기한다. 이러한 관찰과 반구조화된 면담법(semistructured interview)을 바탕으로 평가자는 약 50개의 예/아니요 문항에 답하는데, 부모의 반응, 학습 자료, 경험의 다양성 등 6~8개의 하위 척도에서 높은 신뢰도(알파 계수와 평가자 간 일치도 〉.90)를 보여 준다. 가정 환경 자극 척도는 아동의 가정 환경과 발달 잠재력을 측정하는 가장 널리 알려진 도구로서 미국을 비롯하여 세계적으로 문자 그대로 수백 편의 연구와 중재 프로그램에서 사용되어 왔다. 이는 상대적으로 사용하기가 편리할 뿐만 아니라 서로 다른 아동 모집단에서도 타당도가 입증되었기 때문이다. 현재 출생 후부터 15세까지의 아동을 위한 네 가지 버전의 척도와 장애 아동의 환경을 평가하는 데 적합한 버전, 그리고 가정이나 가정적 분위기에서 비부모(부모가 아닌 사람)에 의한 육아의 질을 평가하는 데 사용하는 버전이 있다. 가정 환경 자극 척도의 구입이나 사용 방법과 관련한 자세한 정보나 주요 논문에 대한 참고문헌은 가정 환경 자극 척도 웹 사이트에서 찾을 수 있다.

Street)〉, 〈리딩 레인보우(Reading Rainbow)〉와 같은 아동에게 유익한 프로그램을 본 것으로 나타났다. 이와 같은 유익한 프로그램을 더 많이 시청한 2, 3세 아동은 그것을 덜 본 아동에 비해서 발생적 문식성 검사에서 높은 점수를 받았다. 반면에 만화나 일반 시청자용 프로그램을 더 많이 본 아동

....

* 미국 보건복지부에서 저소득층 아동과 그 가족에게 제공하는 무료 조기교육 프로그램으로, 대상은 주로 취학 이전의 아동이며 내용으로는 유아교육, 건강, 영양 등을 포함한다.

은 훨씬 낮은 점수를 받았다. 만화나 일반 시청자용 프로그램을 더 많이 본 4~5세 아동 역시 5세 때에 실시한 초기 읽기 성취도 평가에서 낮은 점수를 받았다.

1.3. 문화와 언어

결국 아동은 단어, 의미, 구문과 같은 언어 요소를 가정에서 배울 뿐 아니라 나이가 들수록 더 복잡한 언어 패턴과 언어의 목적을 배운다. 즉, 아동은 질문하고 대답하는 방법, 이야기를 하는 방법, 다양한 목적을 달성하기 위해 언어를 사용하는 방법도 배운다. 그들은 다양한 관계와 지위를 가진 사람에게 이야기하는 법과, 언어의 어떤 유형이나 양상이 문화적으로 가치가 있거나 없는지를 배운다. 이러한 유형의 언어 학습은 나중에 아동의 읽기 및 학업 성취도에 영향을 미치며, 실제로 평생 동안 구어와 문어 사용에 영향을 미친다.[32] 문화기술적 전통의 다양한 연구[33]는 모든 문화적 집단에서 "풍부하고 다양한 문식성과 언어활동은 매일매일 아동의 삶이라는 옷감에 씨줄과 날줄처럼 구조화되어 반영된다."라는 것을 증명하고 있다.[34] 그러나 이러한 언어 사용 패턴은 서로 다른 문화적 집단 간에는 크게 다를 수 있으며, 심지어는 공식적으로 '같은' 언어를 사용하는 사람들에게서도 다를 수 있다.

이와 관련하여 가장 널리 알려지고 많이 인용되는 대표적인 연구 중의 하나가 바로 히스의 연구이다.[35] 그녀는 캐롤라이나 피드몬트 지역에 위치한 한 학교를 중심으로 몇 킬로미터 떨어져 있는 서로 다른 세 개의 지역 공동체를 10년 동안 연구했다. 아프리카계 미국인 노동자 계급이 주로 거주하는 트랙톤 지역의 언어생활에 대한 그녀의 서술은, 아동이 전형적인 주류의 언어 패턴과는 상당히 다르지만 유용하고도 능숙한 방식으로 언어 사용법을 학습하면서 성장할 수 있다는 것을 명확히 보여 준다.

트랙톤에서는 많은 언어 학습이 야외 모임이나 현관 앞, 교회 및 지역 공동체에서 여러 가족 구성원과 여러 연령대의 사람들이 서로 교류하면서 일어났다. 중류층 유럽계 미국인 부모와는 달리 이 지역 어른들은 아동들에 대해 이야기할 때 조절하거나 검열하지 않는다. 또한 아동에게 중요한 발언에 집중하라고 요구하기보다는 대체로 아동에 대한 어른들의 대화를 아동이 적극적으로 들으며 그 대화에서 배우고 있다고 가정한다. 아동에게 내려진 지시는 "당장 서둘러", "코트 입어"와 같이 대부분 명령이었다. 이는 중류층 환경에서 흔히 부드럽게 명령하는 간접적인 진술(예: "이제 조용히 할 시간이네")이나 유사 의문문(pseudo-question, 예: "이제 코트를 입어야 할 거라고 생각하지 않니?")과는 다른 양상을 보여 준다.

이 지역 성인은 아동에게 중류층에서 흔한, '학교에서 사용하는 유형'의 질문을 하는 경향이 없었다. 또한 "네 코는 어디 있지?", "네 곰 인형은 무슨 색깔이야?"와 같이 아동이 자신들의 지식을 뽐낼 수 있는 질문도 하지 않았다. 대신에 실제적인 질문을 하였다. 즉, "뭐 마시고 싶어?"와 같이 스스로 답을 알지 못하는 질문이나, "(이웃집 차 바퀴에 펑크 난 것을 가리키며) 저게 뭐야?"와 같은 개방적 질문을 던진다. 아울러 "제이크 삼촌 집에서 무슨 일이 있었지?"와 같은 질문은 안목이 높은 청중에게 종종 극적인 과장이나 유머를 섞어 농담이나 이야기를 하도록 요구하는 질문이 될 수 있다. 이러한 개방적이고 발산적인 질문은 언어 발달과 인지 발달에 유익할 수 있지만, 트랙톤 지역 아동은 학교에서 교사가 던지는 좀 더 수렴적인(convergent) 질문을 이해하지 못했다. 또한 교사가 학급을 운영할 때 사용하는 '더 부드러운 지시(예: "코트 좀 걸어 줄 수 있을까?")를 이해할 줄 몰랐다. 결과적으로 이 아동들은 종종 덜 협력적이고 능력이 뒤지는 것처럼 보였으며, 학교생활을 잘하지 못했다. 그러나 사실상 이들이 결코 능력이 뒤지는 것은 아니었다. 그들은 교실에서 사용하는 백인 중류층의 전형적인 언어 패턴을 단지 잘 이해하지 못할 뿐이었다. 또 다른 연구자들은 미국 원주민,[36] 하와이 사람들,[37] 히스패닉계 미국인[38]을 비롯하여 미국의 많은 비주류 문화 집단 출신의 아동에게서도 유사한 현상이 나타남을 발견하였다.

2. 초기 읽기 발달에 영향을 미치는 가정 문식성 요인

지금까지 논의한 일반적인 언어 발달과 인지 발달뿐만 아니라 아동의 실제적인 읽기 능력 발달 또한 가정에서 시작된다. 특히 읽기와 직접적으로 관련된 무수한 자료와 활동 및 다음과 같은 기회를 통하여 아동의 읽기 능력이 발달한다.[39]

1. 문식 자료에 친숙해질 수 있는 기회
2. 다른 사람의 문식 활동을 관찰할 수 있는 기회
3. 스스로 문식 행위를 해 볼 수 있는 기회
4. 다른 사람과 공동으로 문식 활동에 참여할 수 있는 기회
5. 공동으로 문식 과제에 참여할 때 가족 구성원이 사용하는 문식 전략을 배울 수 있는 기회

2.1. 인쇄물에 대한 노출과 성인의 모델

집 안에 책, 특히 어린이 책이 가득한 가정에서 자란 아동은 책을 접할 기회가 적은 또래에 비해 훨씬 더 쉽게 읽기를 배우고, 마침내는 훨씬 더 쉽게 읽는다는 사실은 오래전부터 학자와 교사에게 널리 알려져 있었다. 실제로, 최근에 머라이어 에번스(Mariah Evans)와 조너선 켈리(Jonathan Kelly), 조애너 시코라(Joanna Sikora)는 42개국의 국제 학업성취도 평가

(PISA, Program for International Student Assessment)[*] 자료를 바탕으로, 책을 더 많이 소장한 가정의 학생이 읽기 영역에서 더 높은 성취를 보였음을 발견하였다.[40] 이런 효과는 부모의 학력이나 직업, 재산과 관계없이, 선진국이건 개발도상국이건 간에 모든 나라에서 공통적으로 나타났다. 사실상 가정 도서관(home library)의 크기는 가정의 다른 요인보다 학생의 읽기 성취도와 밀접한 관계를 가지고 있는 것으로 나타났다.

물론 책이 다는 아니다. 아동은 잡지나 신문, 편지 및 보드게임 등 다양한 읽기 자료를 가정에서 접한다.[41] 전반적으로 인쇄물에 더 많이 노출되는 미취학 아동일수록 문어 텍스트의 목적과 기능을 더 잘 이해하는 경향이 있다. 가족 구성원이 단지 책과 잡지를 읽거나 텔레비전 시청을 위해 『TV 가이드』를 보거나, 보드게임 규칙을 읽는 가정 환경에서 사는 것만으로도 아동은 문어와 그것의 기능에 대한 지식 구성을 시작할 수 있다.[42] 그러나 빅토리아 퍼셀-게이츠(Victoria Purcell-Gates) 외가 밝혀낸 바에 따르면, 아동이 단지 부모의 독서를 관찰만 하는 것이 아니라 읽기 관련 활동에 부모와 직접 참여할 때 훨씬 더 많은 것을 얻는다.[43] 그리고 지금까지 연구된 바에 따르면 그 최상의 방법은 '(부모와 자녀가) 함께 책을 읽는 것'이다.

2.2. 함께 책 읽기

가족과 함께 책 읽기를 생각하면 대부분은 잠자기 전에 이야기책을 읽어 주는 엄마나 아빠의 모습을 떠올릴 것이다. 실제로 기존의 많은 연구

....

[*] 경제협력개발기구(OECD) 소속 국가 및 참여를 희망하는 국가의 만 15세 학생을 대상으로 3년마다 읽기, 수학, 과학 영역 등의 학업 성취도 검사를 통해 학력의 변화를 비교 연구하는 국제 프로그램을 말한다.

에서 함께 책 읽기는 어린 아동의 읽기 발달에 매우 강력하고도 긍정적인 영향을 미치는 것으로 밝혀졌다.[44] 리처드 앤더슨(Richard Anderson) 외는 자신들이 작성한 매우 영향력 있는 보고서 「독자의 나라 되기(Becoming a Nation of Readers)」에서 "읽기의 궁극적인 성공에 필요한 지식을 쌓기 위해 무엇보다 가장 중요한 활동은 아동에게 큰 소리로 책을 읽어 주는 것"[45]임을 밝혔다. 이러한 결론을 받아들이지 않는 일부 학자들[46]에도 불구하고, 에이드리아나 버스(Adriana Bus) 외의 메타분석에 따르면 함께 책 읽기는 세계 여러 나라에서 사회경제적 지위에 관계없이 유의미한 효과가 있음을 확인했다.[47] 즉, "부모와 자녀의 이야기책 함께 읽기가 읽기의 궁극적 성공에 필요한 지식을 발달시키는 가장 중요한 활동의 하나인가 아닌가에 대한 의문에 명확하고도 확실한 답"[48]을 제공한 것이다.

앞에서 우리는 함께 책 읽기에 대해 설명하면서 소리 내어 읽기(reading aloud)라는 용어 대신에, 의도적으로 함께 책 읽기(shared book reading)라는 용어를 사용하였다. 이는 부모가 자녀에게 이야기책을 그냥 읽어 줄 때보다는 부모와 자녀가 상호작용하면서 함께 책을 읽을 때 더 많이 배운다는 좋은 증거가 있기 때문이다. 즉, 성인 독자가 개방적 질문을 하거나 그림을 가리키고 중요하거나 흥미 있는 지점을 갖고 대화하기 위해 책 읽기를 중단하는 것이 아동에게 도움이 된다는 것이다. 성인이 책 읽는 속도와 상호작용을 조절해야 읽기 활동에 참여하는 아동의 능력을 극대화할 수 있다.[49] 상호작용의 정서적인 질 또한 중요하다. 즉, 읽기 과정에서 부모의 따뜻하고 긍정적인 상호작용을 경험한 아동이 더 차갑거나 교정적인 경험을 한 아동보다 더 많은 혜택을 입는다.[50] 다시 말해, 가정 내 함께 책 읽기의 질은 그 양만큼이나 중요하다.

다음은 버스와 마리누스 반 아이젠도른(Marinus van IJzendoorn)의 연구에서 엄마가 3세 아동에게 『더들리와 딸기 셰이크(Dudly and Strawbery Shakes)』[51]를 읽어 주는 따뜻하고 상호작용적인 함께 책 읽기의 사례이다.[52]

엄마 ("더들리가 거대한 딸기를 보고 있어요"라는 문장을 읽는다. 잎사귀 뒤로 자고 있는 개 삽화가 보인다.)

아동 근데, 그건 개잖아. (가리키면서)

엄마 아, 대문에 붙은 '개조심'에 그 개구나. (여기서 엄마는 방금 전 삽화를 가리키며 이야기한다.)

엄마 ("더들리가 그 딸기[사실은 개의 코]를 먹기로 결심했어요"라는 문장을 읽는다.)

아동 오, 이제 어떻게 되는 거지? (엄마에게 안기면서)

엄마 (아이를 팔로 감싸안으며) 글쎄, 엄마는 잘 모르겠는데. 근데 개는 아직도 잔다. 재밌지! 그지?

아동 재밌어.

엄마 그래. 더들리는 …… (개의 코를 가리키며) 그게 딸기인 줄 아나 봐. (페이지를 넘겨 계속 읽는다.)

함께 책 읽기의 경험은 다양한 방식으로 아동의 읽기 발달을 강화한다. 규칙적으로 상호작용하는 함께 책 읽기를 경험한 아동은 이해 어휘력과 표현 어휘력이 훨씬 더 커진다.[53]* 헬렌 레이크스(Helen Raikes)와 동료들은 저소득층 엄마와 생후 3세까지의 자녀 2,581명을 대상으로 함께 책 읽기를 연구하였다.[54] 연구 결과에 따르면, 엄마가 자녀에게 생후 1년 동안 매일 책을 읽어 준 경우 아동은 생후 14개월에서 24개월 되는 시점에서 이해 어휘와 표현 어휘가 훨씬 더 늘어났으며 24개월에는 인지 발달 역시 더

....
* 일상적으로 직접 사용하지는 못하지만 듣거나 읽어서 그 의미나 용법을 이해하는 어휘를 '이해 어휘' 또는 '수용 어휘(receptive vocabulary)'라 한다. 반면에 말로 하거나 글로 쓸 때 직접 사용하는 어휘를 '표현 어휘', '사용 어휘' 또는 '생산 어휘(productive vocabulary)'라고 한다. 일반적으로 표현 어휘는 이해 어휘의 3분의 1 정도로 추정된다(『한국어교육학사전』, 2014).

좋았다. 36개월까지는, 영어 화자인 아동이 엄마와 3년간 매일 함께 책 읽기를 한 경우와 스페인어 화자인 아동이 엄마와 딱 1년간 매일 함께 책 읽기를 한 경우 모두 언어 발달과 인지 발달에서 더 높은 점수를 얻었다.

앞에서 언급했듯이, 언어 발달과 인지 발달이 좋으면 아동의 읽기 발달에 유리하다. 모니크 세니컬(Monique Sénéchal)과 조-앤 르페브(Jo-Anne LeFevre)가 168명의 아동과 그 가족에 대한 5년 동안의 종단 연구를 통해 이를 직접 입증한 바 있다.[55] 이들은 돌보미와 함께 책 읽기를 한 아이가 1학년에 올라가 더 풍부한 어휘력과 더 좋은 듣기 능력을 보여 주었으며 3학년 때는 독해력도 더 좋다는 사실을 발견하였다.

언어 능력 외에도 아동의 초기 읽기 발달은 인쇄물에 대한 기본적인 개념의 이해에 달려 있다. 퍼셀-게이츠와 카린 달(Karin Dahl)은 아동이 발달해야 할 가장 기본적인 개념을 큰 그림(big picture)이라고 불렀는데,[56] 이것은 인쇄물은 언어를 뜻하며 의미를 전달하기 위한 것이라는 사실을 아는 것을 말한다. 앞서 논의한 바와 같이, 대부분의 아동은 규칙적으로 가정에서 다양한 인쇄물이 사용되는 걸 보면서 이러한 개념을 이해하기 시작한다. 그러나 아동들이 읽기를 시작하기 전에 배워야 할 책이나 인쇄물과 관련된 구체적인 관습들이 더 있는데, 이는 함께 책 읽기를 통해서 가장 잘 발달되는 것으로 보인다. 마리 클레이(Marie Clay)는 유아가 함께 책 읽기 경험을 통해 이런 인쇄물에 대한 개념을 발달시켰음을 확인하고, 책을 들고 있는 아동에게 쉽게 적용 가능한 평가법을 개발했다.[57] 이러한 개념 및 관련 질문의 예는 [표 2-1]에서 볼 수 있다. 공식적인 읽기 지도 전에 함께 책 읽기를 통해서 이러한 개념을 발달시키지 않은 아동은 읽기 곤란이나 실패 위험이 커진다.

문어 사용역(written register)*에 대한 친숙성은 상대적으로 읽기 학습

....

* 　언어 사용역(register)은 언어가 사용되는 상황에 따라 달라지는 변이를 말한다. 상황과 맥

[표 2-1] 함께 책 읽기를 통해 획득된 인쇄물에 대한 개념[58]

개념	질문
책의 구성 요소	• 이 책을 바르게 잡는 방법을 보여 주세요. • 책의 앞면은 어디인가요? • 책의 뒷면은 어디인가요? • 책의 제목은 어디에 있나요?
인쇄물의 의미와 방향성	• 어디서부터 읽기 시작하는지 손가락으로 가리켜 보세요. • (첫 단어 뒤에서) 내가 이어서 읽어야 할 곳은 어딘지 가리켜 보세요. • (첫 줄 끝에서) 이제 어디로 가야 하지? • (페이지 끝부분에서) 이다음에는 어디를 읽어야 하지?
글자(낱자)와 낱말	• 낱말(단어) 하나를 가리켜 보세요. • 낱말의 첫 글자(낱자)를 가리켜 보세요. • 낱말의 마지막 글자(낱자)를 가리켜 보세요. • 내가 읽는 낱말을 가리켜 보세요.
대문자	• 대문자를 가리켜 보세요. • 소문자(또는 대문자가 아닌 글자)를 가리켜 보세요.
문장 부호 (평가자가 마침표, 물음표, 느낌표를 가리키고 물을 때마다)	• 이것은 이름이 무엇인가요? 또는 이것은 무엇인가요?

에 어려움을 겪는 아동과 읽기를 쉽게 배우는 아동을 구별해 주는 또 다른 질적 판단 기준이 된다. 우리가 일상의 구어적 의사소통(oral register, 구어 사용역)에 사용하는 언어는 인쇄물(문어 사용역)에 사용하는 언어와 상당히 다르며, 심지어는 표준어나 주류 방언을 주로 사용하는 가정의 언어와도 상당히 다르다. 구어와 문어는 확실히 그 구조와 사용 방식이 중첩되고 경계 역시 희미하다. 즉, 연설은 좀 더 문어 사용역과 같은 언어를 사용하는 반면에 서사적인 소설은 그 어떤 쓰기보다도, 특히 문어 대화보다도

....

락에 따라 같은 사람이라도 언어를 사용할 때 말투나 단어 선택, 억양 등이 달라질 수 있다. 이처럼 상황에 따라 달라지는 언어 사용 방식을 '사용역'이라고 한다.

훨씬 더 구어 사용역에 가깝다.[59] 그러나 여기에는 몇 가지의 차이가 있다. 퍼셀-게이츠는 월리스 체이프(Wallace Chafe)의 연구[60]에 근거하여 문어로 된 '이야기책'에서 일반적으로 구어 서사와 다른 점 열다섯 가지를 확인하였다.[61] 문어는 훨씬 더 넓고 더 문학적인 어휘를 사용하는 경향이 있다. 예를 들면, 문어에서는 '들어오다' 대신에 '입실하다'를 사용하거나, '싸우다' 대신에 '전투하다'를 사용한다. 또 일반적으로 문어에서는 "나는 ~라고 생각한다", "나는 ~라고 느낀다", "나는 ~라고 안다"와 같은 사례에서 대명사 '나'를 잘 사용하지 않는다. 왜냐하면 사람들은 서로 다른 시간과 맥락에서 글(문어)을 읽기 때문에 탈맥락화가 필수적이다. 반면에 구어(말)는 종종 현장의 맥락에서 암묵적으로 대상을 가리키게 된다. 예를 들어, 구어로 지시하는 경우 "저기 저 집에서 돌아서 가세요"와 같이 말하지만 문어로 지시하는 경우 "오크가에서 좌회전하세요"가 훨씬 더 명시적이다. 결국 문어는 일반적으로 구와 절의 연결이 많아서 문장 구조가 더 복잡하며, 적은 수의 단어 속에 더 많은 의미가 담겨 있다. 예를 들어 화자는 "여름에 우리는 해변에 자주 갔다. 우리 온 가족이 가서, 우리는 수영도 하고, 수영을 한 다음에는 아이스크림을 먹었다. 우리는 머무르면서 노을을 보고, 그러고 나서는 집으로 간다."와 같이 말한다. 반면에 필자는 대체로 이 모든 문장을 한 문장으로 압축하여 "우리 가족은 해변에 갈 때면, 보통 하루 종일 수영을 한 다음 귀가하기 전에 노을을 보면서 아이스크림을 사 먹곤 했다."와 같이 표현한다. 퍼셀-게이츠는 아동에게 글자가 없는 그림을 보고 이야기를 '읽는 것처럼 해 보라'고 요구했을 때, '잘 읽는' 아동이 문어 사용역의 이러한 특징을 더 많이 사용한다는 것을 발견했다. 버스 외가 메타분석을 통해 이러한 결과를 확인하였는데, 함께 책 읽기는 아동의 문어 사용역 습득에 유의미한 영향을 미치는 것으로 나타났다.[62]

또한 책을 자주 읽는 아동은 서사 구조, 즉 책 안의 이야기가 일반적으로 구조화되고 제시되는 방식에 대한 이해가 뛰어났다. 이야기 구조는 이야기 배경(등장인물 소개와 등장인물의 목표나 의도, 문제), 사건, 해결과 같은 요소를 포함한다. 예컨대, 로즈메리 레버(Rosemary Lever)와 세니컬은 단 8주간의 중재 훈련 후에, 매일 책을 읽은 유치원 아동이 통제 집단 유치원 아동에 비해 글자가 없는 그림책을 읽고, 이야기를 다시 말하고, 구성하는 능력에서 우수하다는 것을 보여 주었다.[63] 즉, 아동은 이야기 속에 등장인물의 내적인 사고와 감정을 반영하는 진술과 이야기 요소를 더 많이 반영하고 있었다. 안드레아 제븐버겐(Andrea A. Zevenbergen) 외는 저소득층 가정의 4세 아동을 대상으로 한 30주짜리 함께 읽기 중재 활동 결과 유사한 결과를 얻었다.[64] 중재 집단 아동은 가정이나 학교에서 모두 규칙적으로 책을 읽었는데, 실험에 참여하지 않은 학생보다 더 많은 대화와 등장인물의 내적 상태를 보다 많이 언급하면서 이야기를 구성하였다.

　마지막으로, 함께 책 읽기는 아동의 책 읽기와 읽기에 대한 관심을 증가시키는 경향이 있다. 바버라 디배리시(Barbara DeBaryshe)는 대체로 저소득 노동자 계층인 아프리카계 미국인 유치원생을 대상으로 함께 책 읽기에 대한 연구를 수행하였는데, 엄마가 함께 책 읽기에 가치를 두고 함께 자주 책을 읽은 아동이 책과 읽기에 대한 흥미가 더 높았다.[65] 또한 베이커 외가 어렸을 때부터 함께 책 읽기를 한 4, 5세 아동이, 유치원을 마칠 때까지 그러한 경험이 없는 아동에 비해 읽기에 대한 흥미가 높았다는 여러 연구 결과를 정리한 바 있다.[66] 이러한 영향은 지속적이어서 아동의 학년이 올라가면서 독립적 독서 시간이나 흥미에도 영향을 미쳤다. 또한 연구진은 함께 책 읽기 과정에서 따뜻하고 적극적인 상호작용을 하는 것이, 특히 아동의 흥미를 높이는 데 밀접한 관련이 있다는 점을 확인하고, 중요한 것은 "부모가 자녀와 함께 책을 읽으면서 읽기가 가치가 있으며 즐거운 활동이라는 것을 보여 주는 것"이라고 결론지었다.[67] 한편 전통적인 그림책이 아닌 전자책(e-book)을 자녀와 함께 읽을 때에도 마찬가지로 긍정적인 효과가 발생할까? 테크놀로지 도구 상자에서 논의하고 있는 것처럼 이에 대한 연구는 시작 단계이다.

어린아이들의 전자책 읽기는 어떠한가

1450년에 구텐베르크가 인쇄 시대를 열면서 발명한 책은 최근 디지털 인쇄물의 폭발적인 증가에도 불구하고 여전히 거의 바뀐 것이 없다. 무엇보다도 컴퓨터 사용 인구의 증가 덕분에, 그리고 최근에는 태블릿, 전자책 단말기, 스마트폰 사용 인구의 증가에 따라 누구나 지금까지의 종이책을 더 이상 보지 않고도 책을 탐색하고 구입하고 읽을 수 있게 되었다. 성인은 물론 아동도 이 새로운 읽기 기술로 매우 빠르게 이동하고 있다. 미국출판협회에 따르면, 아동(청소년 포함) 도서 판매량에서 전자책이 차지하는 비중이 2011년에는 7%에 불과했지만 2013년에는 11%로 집계되었다.[68]

우리는 유아와 함께 전통적인 종이책을 읽는 것이 중요하다는 사실은 잘 알고 있다. 그런데 전자책은 어떠할까? 전자책이 유아의 읽기 발달에 종이책보다 좋을까? 나쁠까? 아니면 동등할까? 이 분야에 대한 연구는 새로우면서도 특히 도전적인 주제이다. 기술이 계속 변화하고 있기 때문이다. 그러나 지금까지의 이러한 교육적인 질문에 대한 답변은 "그때그때 다르다."는 것이다.

줄리아 패리시-모리스(Julia Parish-Morris)와 동료들은 중류층 부모와 그들의 3세 자녀를 대상으로 전통적인 종이책[예: 『클리포드(Clifford)』, 〈곰가족(Berenstain Bears)〉]이나 유사한 전자책 함께 읽기에 대해 연구했다.[69] 전자책은 피셔프라이스사의 전자버튼 장치를 기반으로 하는데, 삽입된 책의 '페이지 넘김' 버튼뿐만 아니라 단어나 자모의 발음, 퍼즐, 게임, 음악 등을 담고 있다. 자녀와 함께 전자책을 읽는 부모는 이야기와 관련된 언급(예: "그가 다음에 무엇을 할 것 같아?")은 적게 하고 행위 관련 언급(예: "가만히 앉아 있어!", "버튼 그만 눌러.")을 더 많이 했다. 부모와 함께 전통적인 종이책을 읽은 아동은 이야기의 특징적인 부분을 더 잘 회상하고, 이야기 속 사건의 흐름을 더 잘 배열하였다. 반면에 전자책을 읽은 부모-자녀는 종이책을 읽은 부모-자녀에 비해 읽기 주변적 활동에 훨씬 더 많은 시간을 소비하였다.

연구자들은 전자책의 음악, 소리 및 게임 등과 같은 오락적인 활동이 이야기의 흐름을 방해하여 아동의 이해력을 약화시킬 것이며, 동시에 이것 때문에 함께 책 읽기 활동을 더 오래 할 것이라는 가설을 세웠다.

오라 시걸-드로리(Ora Segal-Drori) 외는 집이 아닌 학교에서 두 권의 아동용 책을 각각 4회 읽은 사회경제적 지위가 낮은 이스라엘 유치원생을 대상으로 연구를 진행했다.[70] 첫 번째 집단 아동에게는 '역동적인 시각 효과', '음악' 및 '영화 효과'가 포함된 교육용 컴퓨터 프로그램에 배우가 등장하여 이야기를 실제처럼 생생하게 읽어 줄 뿐만 아니라,[71] 아동이 이야기를 들은 다음에 핫스팟을 누르면 등장인물과 추가 대화를 하거나 음성학적으로 유용하게 음절을 나누어 발음해 볼 수 있게 했다. 두 번째 집단 아동에게도 똑같은 프로그램을 사용하였으나 교사가 때때로 프로그램을 멈추고 단어를 확인하거나 단어의 발음을 직접 들려주었다. 세 번째 집단 아동에게는 교사가 전통적인 종이책을 직접 읽어 주었는데, 다만 책을 읽어 나가면서 앞의 두 집단과 똑같은 부분에서 멈추고 같은 유형으로 수업을 진행하였다. 교사가 수업하며 함께 전자책을 읽은 아동은 다른 두 집단의 아동에 비해 인쇄물에 대한 개념과 단어 읽기 사전-사후 검사에서 훨씬 더 향상된 결과를 보여 주었다. 그리고 성인 교사와 함께 종이책과 전자책을 읽은 아동은 전자책만 읽은 아동에 비해서 음운 인식이 뛰어났다. 이러한 결과를 바탕으로 연구자들은 신중하게 잘 계획된 교육적 목적의 전자책은 아동의 학습, 특히 인쇄물의 개념과 단어 읽기를 용이하게 해 주지만, "유아를 위해 아무리 잘 짜인 전자책이라 하더라도 아동이 혼자서 읽을 경우에는 발생적 읽기 수준 향상에 충분하지 않을 수 있다."라고 결론지었다.[72]

아마존, 반스 앤 노블스 및 애플의 아이북(iBook)과 같은 주요 판매자를 포함하여 여러 사이트에서 많은 아동용 전자책, 특히 고전이 무료로 제공된다는 것을 기억하는 것도 중요하다. 특히 유익한 무료 전자책 사이트는 'Uniteforliteracy.com'과 '국제 어린이 디지털 도서관'[73] 두 곳이다. 전자에서는 여러 종류의 언어로 들려주는 아동용 전자책의 원본을 찾을 수 있다. 후자에서는 세계 여러 나라의 이야기와 우화를 포함해 다양한 언어로 쓰이고 번역된 전자책이 제공된다. 또한 스토리버드[74]와 스토리점퍼[75]와 같은 사이트에서는 아동이 스스로 글을 쓰거나 그림을 그려 전자책을 만들 수도 있다. 이미 알고 있는 바와 같이, '가정 소장 도서'는 아동의 읽기 발달에 또 하나의 중요한 요인이다. 앞에서 설명한 사이트의 경우 돈이 없어도 인터넷에 접속만 하면 부모에게 자녀를 위한 전자책을 제공하여 거대한 '가정 도서관'을 만들 수 있는 기회를 제공한다.

결론은? 전자책은 엄청난 독서 자원이 될 수 있으며 아동에게 소리, 음악, 무료 책, 다양한 언어로 된 책, 심지어는 스스로 그림책 작가가 될 기회도 제공해 준다. 그러나 초점은 종소리나 버튼 음이 아닌 말과 의미에 맞춰져야 한다. 또한 전자책은 아동 읽기 발달에 중요한 영향을 미치는, 부모와 자녀가 함께 책을 읽으면서 하는 상호작용의 대체물이 아닌 보충 자료로 사용되어야 한다.

2.3. 발생적 이야기책 읽기

함께 책 읽기를 해 온 미취학 아동에게 다음과 같은 네 가지 요인(① 인쇄물에 대한 기본 개념의 이해, ② 이야기 구조에 대한 지식, ③ 문어 사용역에 대한 친밀감, ④ 책과 읽기에 대한 관심 증가)은 아동이 발생적 문식성 단계에 있음을 보여 주는 가장 이르면서 가장 보편적인 신호 중 하나이다. 이는 아동이 인쇄물을 실질적으로 해독할 수 있기 오래전부터 자기가 좋아하는 이야기책을 읽으려는 독자적인 시도를 말한다. 이 분야의 가장 초기 연구자이자 아마도 가장 유명한 연구자인 엘리자베스 설즈비(Elizabeth Sulzby)에 따르면, 아동이 하는 유사 읽기(pretend reading)*는 인쇄물에서 좀 더 관습적인 읽기로 옮겨 가는 과정에서 나타나는 매우 정상적이면서도 거의 필연적인 읽기 행동이다.[76] 설즈비는 그림을 가리키고 대상의 이름을 말하거나 "이리 와"나 "나빠" 같이 짧게 말참견하면서 책을 읽는 (대부분이 미취학인) 아동을 시작으로, 대다수의 발생적 문식 독자가 거쳐 가는 정상적인 과정을 기술하였다.[77] 다음 단계에서 아동은 여전히 그림에 대부분의 주의를 기울이지만 읽기는 갈수록 실제 이야기에 가까워져서 점차 이야기의 흐름이 연속적이 되고, 구어에서 흔한 언어와 억양으로부터 문어 의미역에서 흔한 어조나 단어로 바뀐다. 이와 같이 더욱 이야기에 가까워진 읽기는 실제 이야기의 요소와, 이야기 중 기억하고 있는 상당한 양의 구절이 담기게 된다. 그러나 여전히 주요 단서는 그림이지 활자화된 실제 단어가 아니다.

아동은 활자화된 단어가 실제로 이야기의 내용을 담고 있다는 것을 깨닫기 시작하면서 상당수는 역설적이게도 좌절감을 느끼고, 단어를 모르기 때문에(즉, 해독할 수 없기 때문에) 읽기를 거부하기도 한다. 다음 단계에

....
* 실제로 읽지는 못하지만 읽는 것처럼 보이는 읽기.

서 아동은 이야기책에서 자신이 알 수도 있는 단어나 구절을 골라내기 시작한다. 이로 인해 종종 전체 이야기에 대한 기억이 무시되어 퇴보처럼 보일 수도 있지만, 이는 아동이 이야기책 전체를 읽을 수 있기 전의 마지막 단계에 해당한다. 물론 이 단계에서 처음에는 잘 모르는 단어나 어려운 구절을 묻거나 생략하지만 결국에는 이야기책 전체를 혼자서 정확하게 읽을 수 있게 된다. 이 분야의 후속 연구가 주로 다양한 아동 집단이 보여 주는 발생적 이야기책 읽기(emergent storybook reading) 양상을 타당화하고 설명하는 데 초점을 두고 있지만,[78] 몇몇 연구는 발생적 이야기책 읽기와 문식 능력의 상관관계를 유치원생 대상[79] 및 초등학교 1학년 학생 대상[80]으로 수행했다.

2.4. 학부모의 직접 교육

학부모는 독서 및 독서 관련 활동의 모델이 되어 자녀와 함께 책 읽기를 할 수 있을 뿐만 아니라 입학 전과 후에 독서 관련 기능을 직접 신중하게 가르칠 수도 있다. 운 맞추기 게임이나 알파벳 게임 같은 읽기 관련 놀이를 하거나 낱자와 단어를 읽고 쓰기 과정에서 구체적으로 교육할 수 있다. 실제로 앤 반 클리크(Anne van Kleeck)와 멜라니 슈울(Melanie Schuele)은 1800년대 중반에 공립학교가 출현할 때까지 읽기를 배운 대부분의 아동은 집에서 주로 어머니의 도움을 받았다고 언급한 바 있다.[81] 학교에 입학한 아동은 이미 기본적인 글을 읽을 수 있는 수준에 도달한 것으로 기대되었다.

세니컬과 르페브는 아동의 읽기 발달과 부모의 참여에 대한 5년간의 연구에서 가정 내 **비형식적 문식 활동**(내용 중심)과 가정 내 **형식적 문식 활동**(인쇄물 중심)을 구분하여 접근하였다.[82] 전자는 내용이나 메시지에 중점을 두는 문식 활동으로, 예를 들면 자녀가 잠들기 전에 이야기책을 읽어 주는 것을 들 수 있다. 후자는 인쇄물 자체에 초점을 두는 문식 활동으로, 부모가 알파벳 책을 읽어 주는 것을 들 수 있다. 그런데 놀랍게도 이러한 두 가지 유형의 가정 문식 활동의 빈도에는 서로 관계가 없었다. 다시 말해, 자녀와 함께 이야기책을 읽으며 비형식적인 읽기 활동을 하는 부모는 자녀에게 자모나 단어 읽기 방법을 특별히 더 많이 가르치지는 않았다. 또한 자녀에게 자모나 단어 읽기 기능을 가르치는 부모도 책을 읽어 주는 활동을 하지 않는 경우가 종종 있었다. 이 두 가지 유형의 활동은 나중에 아동의 읽기 능력에 서로 다른 영향을 미칠 수 있다. 앞에서 논의했듯이, 유치원과 1학년 시기의 이야기책 노출은 나중에 아동의 독해 능력 발달에 직접적이고도 유의미한 영향을 주지만, 단어 읽기 능력의 발달과는 관련이 없었다. 반대로 아동에 대한 부모의 직접 교육은 자녀의 유치원 입학 초기의 문식 능력과 관련이 있으며, 이것은 1학년 시기의 단어 읽기 학습에 영향을 준다. 실비아 페르난데스-페인(Sylvia Fernandez-Fein)과 베이커는 가정에서 동요나 운 맞추기 게임에 노출된 다양한 배경의 아동이 그렇지 않은 아동에 비해 음운 인식이나 단어 읽기 검사에서 더 높은 성취를 보였음을 보고하였다.[83]

베스 필립스(Beth Phillips)와 크리스토퍼 로니건(Christopher Lonigan)도 읽기 기호(code)와 관련된 가정 요인(예: 단어 가리키기, 알파벳 게임, 운 맞추기 게임, 자모 지도)과 강화된 읽기 경험과 관련된 가정 요인(예: 함께 책 읽기, 가정 소장 도서 권수)을 구분하였다.[84] 그들은 세 가지 유형의 가정을 확인하였는데, 첫째 집단은 기호와 경험 관련 문식 활동이 모두 상대적으로 낮다고 보고된 가정이다. 둘째 집단은 기호와 경험 중심의 문식 활동이 모두 높다고 보고된 중류층 가정이다. 셋째 집단은 연평균 소득이 다른 집단의 절반 이하인 2만 5,000달러로 사회경제적 지위가 낮으며, 기호 관련 활동은 높게 보고된 반면에 경험 관련 활동은 매우 낮게 보고된 가정이다. 연구자들은 첫째 집단과 둘째 집단의 차이가 독서와 문식성에 대한 부모의 신념과 가치에서 비롯된 것으로 가정하였다. 반면에 셋째 집단은 부모가 자녀에게 읽기를 가르치는 것이 중요하다고 생각하지만 책을 구입할 돈이나 읽어 줄 시간이 부족했을 것으로 추정했다. 연구자들은 연구에 참여한 대부분의 부모가 직접 가르치는 이유는 보다 어린 나이에 별도의 읽기 기능의 습득을 강조하는 학교와 유치원 때문일 것이라고 생각했다.

또 다른 연구자들도 자녀와 함께하는 읽기 학습과 적절한 읽기 활동에 대한 부모의 신념이 가정의 읽기 활동에 매우 큰 영향을 미친다는 유사한 결과를 확인하였다.[85] 특히 저소득층 부모는 문식 활동에서 낱자와 단어를 직접 가르치는 것을 보다 선호하는 것으로 보였다.[86] 앞에서 논의한 많은 연구에 부모의 직접 교육이 긍정적인 효과를 보여 주지만, 이에 대한 적절한 주의도 필요하다. 베이커 외는 전술한 가정 읽기 활동의 동기적 효과를 검토하여 다음과 같은 결론을 내렸다.[87]

읽기의 목적과 아동의 읽기 학습 방법에 대한 부모의 신념은 아동의 읽기 동기와 관련이 있다. 읽기 발달의 기능적 측면을 강조하는 부모보다는 읽기가 오락의 원천이라고 생각하는 부모의 자녀가 독서에 더 긍정적인 관점을 갖는다.[88]

필립스와 로니건이 제안했듯이,[89] 부모가 미취학 자녀에게 기호 관련 기능(code-related skill)을 가르치고자 하는 욕구가 더 강하다면 게임과 발달적으로 적절한 다른 방법을 사용해야 한다. 자녀가 즐길 만해야지 강제적이고 지루한 시간이 되어서는 안 되며, 책을 읽지 않는 것에 대해서 결코 화를 내서도 안 된다.

요약하면, 부모가 어린 자녀와 함께 책을 읽는 것에 관하여 무엇을 얼마만큼 강조하는가는 부모에 따라 다르다. 부모가 어린 자녀와 함께하는 읽기 활동은 자녀의 읽기 학습을 언제 어떻게 해야 하는가에 대한 부모의 신념뿐만 아니라 부모의 자원과 독서 습관의 영향도 받는다. 그리고 부모가 강조하는 것은 결국 아동이 학교에서 형식적인 읽기 수업을 할 때 갖게 될 독서에 대한 지식과 태도에 강한 영향을 준다.

3. 형제자매와 조부모

지금까지 논의한 바와 같이, 가정과 독서에 관한 대부분의 연구는 부모와 자녀에 초점이 맞추어져 있다. 최근에서야 연구자들이 형제자매와 조부모의 역할이 아동 읽기 발달에 미치는 영향을 살펴보기 시작했다.

읽기 발달의 측면에서 보면 그저 형제자매가 있다는 것은 도움이 되지 않을 수 있다. 예컨대 도널드 야로츠(Donald Yarosz)와 윌리엄 바넷(William Barnett)은 미취학 아동이 있는 7,000가구를 대상으로 수행한 미국 가정교육(National Household Education) 조사 자료를 토대로 자녀가 많은 부모일수록 미취학 아동에게 책을 덜 읽어 준다는 사실을 발견했다.[90] 그 이후로 다른 여러 대규모 연구에서도 이와 유사한 부정적 영향 관계가 주목을 받았다.[91] 아무래도 자녀를 여럿 두었다면 부모의 시간과 자원이 다수의 자녀에게 분산되기 쉽다.[92] 자녀가 여럿인 부모라면 이러한 현상을 충분히 이해할 수 있을 것이다. 밥을 먹여 줘야 할 유아나 숙제를 도와줘야할 또 다른 자녀가 없는 부모라면 미취학 아동에게 이야기책을 읽어 주는 활동(그 밖의 어떤 활동이라도)에 30분 투자하기가 훨씬 더 쉽다. 크리스마스에 자녀 일곱 명보다는 두 명에게 책을 사 주는 것이 더 쉽다.

독서(읽기)와 형제자매의 상호작용에 대한 연구는 아직 부족한 편이다. 형제자매 간의 놀이는 발생적 문식 기능을 연습하고 학습하는 수단이될 수 있다. 상당수의 기술적 및 문화기술적 연구 결과에 따르면 상호작용 과정에서 형이나 언니가 문식 안내자(literacy guide)의 역할을 하는 것으로 나타났다. 예를 들어, 이브 그레고리(Eve Gregory)[93]와 그녀의 동료들은 런던에 거주하는 영국인 가정과 방글라데시 이민 가정에 대한 기술적 및 민족지학적 연구를 수행하였다. 연구자들은 나이 차이가 있는 형제자매 사이에서 수행되는 함께 책 읽기 활동을 관찰했는데, '학교 놀이(playing school)' 상황도 많이 목격할 수 있었다. 형이나 언니는 마치 선생님인 양 크게 소리 내어 책을 읽어 주고 어린 동생에게 단어와 낱자를 가르치기도 했다. 연구자들은 종종 형제자매가 단어 놀이나 동요 암송에 빠지는 것을 목격했다. 유사하게 도미니카 이민자 가족을 대상으로 수행한 빅토리아 로드리게스(Victoria Rodriguez)의 연구에서도 미취학 아동이 형이나 언니가 학교 숙제를 하는 것을 지켜보고, 흉내 내고, 함께 학교 놀이 하는 것이 발견되었다.[94]

설문조사 자료 또한 독서를 둘러싼 형제자매 간의 상호작용이 유사함을 보여 준다. 로라 소칼(Laura Sokal)과 캐롤라인 피오트롭스키(Caroline Piotrowski)는 두 명 이상의 자녀를 둔 캐나다 부모를 대상으로 무작위 전화 설문조사를 실시하였다.[95] 자녀 중 한 명은 1~4학년이었으며, 그중 절반 이상(51.5%)이 부모 없이 자기들끼리 지난 24시간 동안 최소한 한 번 이상 함께 책을 읽은 것으로 나타났다. 이러한 결과는 가계 소득이나 가정에서 사용하는 언어, 형제자매의 성별과는 관련이 없었다. 다만, 형제자매의 수가 두 명보다 많은 가정의 경우 형제자매의 함께 책 읽기가 다소 적은 것으로 나타났다. 따라서 형제자매의 함께 책 읽기는 다양한 형태의 가정에서 두루두루 나타나는 매우 보편적인 활동으로 보인다.

비록 형제자매의 독서 및 여러 문식 활동이 유아의 읽기 발달에 미치는 영향에 대해 알려진 바가 많지 않지만, 부모와 함께 책 읽기처럼 형제자매의 함께 책 읽기가 아동의 읽기 발달에 도움이 될 것이라는 추측은 합리적인 것으로 보인다. 그레고리는 형제자매의 읽기 활동은 시너지 효과가 있다고 주장하면서 이는 형제자매 모두에게 유익할 것이라는 점에 동의한다. 글을 읽어 주는 형이나 언니에게도 읽기 활동 자체가 유익할 뿐 아니라 동생에게 이야기를 설명하고 가르칠 때 더욱더 많이 요구되는 상위인지를 통해서도 유익한 학습이 될 것이다. 또한 어린 동생도 부모와 함께 읽기나 부모의 직접 교육에서와 같은 혜택을 볼 것이다. 학교 놀이의 맥락에서 어린 동생은 공식적인 학교 수업 형식에 더욱더 친근해질 수 있다.[96] 한편 베이커 외는 형제자매의 함께 읽기는 부모와 함께할 때에 비해 덜 편안하며 갈등이 더 많을 수 있다는 의견을 제시하였다.[97]

아동의 읽기 성취에 대한 형제자매의 읽기 효과를 실제로 측정한 몇 안 되는 연구 중의 하나에서 조 앤 파버(Jo Ann Farver) 외는 헤드 스타트 프로그램에 등록한 392명의 라틴계 아동의 엄마와 면담을 실시했다.[98] 영어가 능숙하지 않은 많은 엄마는 자녀의 영어 문식 활동을 도와줄 수가 없었다. 이 경우, (비록 초등학생이긴 하지만) 나이가 더 많은 형제자매가 종종 (미취학 아동인) 어린 동생의 영어 문식 활동을 도와주었다. 나이 많은 형제자매가 영어로 읽어 주는 빈도는 어린 동생의 문식성 성취와 매우 밀접한 관계가 있는 것으로 나타났다. 연구자들에 따르면 일반적으로 빈곤한 가정의 학습자는 읽기 성취도가 낮기 마련인데, 나이 많은 형제자매가 어린 동생에게 책을 읽어 줄 수 있다는 것은 이처럼 읽기 성취가 낮아질 위험을 막아 주는 중요한 요인이 될 수 있다.

아동과 문식 관련 활동을 수행하는 조부모의 영향에 대한 연구도 제한적이다. 미국 아동의 약 10%가 적어도 조부모 한 명과 한집에서 살고 있는데 이들과 관련된 문식성 연구가 거의 없다는 것은 불행한 일이다. 2012년 현재 270만 명의 조부모가 손자에 대한 기본적인 책임을 지고 있다.[99] 전술했듯이 그레고리와 그 동료들은 방글라데시계와 백인계 20가구의 유아에 대한 조부모 한 명의 문식성 촉진 활동을 처음으로 자세히 연구했다.[100] 조부모는 손주에게 이야기를 들려주고, 함께 노래하고, 운율(rhymes)을 맞춰 흥얼거리며, 숙제를 도와주었다. 연구자들은 이러한 상호작용 과정에서 일어나는 중요한 읽기 학습 활동에 주목했다. 특히, 영어에서 소리와 대상의 관계, 단어 철자, 영어와 벵골어 어휘 학습, 스토리텔링과 읽기를 통한 서사 구조의 발달에 초점을 두었다. 그러나 이와 관련된 평가 자료가 수집되지 않았기 때문에 이러한 활동이 아동의 실제 학습에 어떠한 영향을 미쳤는지 알 수 있는 근거 자료가 없다.

레이철 더니폰(Rachel Dunifon)과 로리 코왈레스키-존스(Lori Kowaleski-Jones)는 미국 5~15세 아동이 있는 6,000여 가구에 대한 청소년 종단 연구 자료를 활용하여 조부모 한 명의 존재 여부와 아동의 읽기 발달 사이의 연관성을 조사했다.[101] 수십 년에 걸친 연구 결과, 기혼 부모와 더 오래 함께 산 자녀가 편부모와만 산 자녀보다 평균적으로 발달과 읽기 성취 수준이 더 좋았다. 한부모 가정에 조부모 한 명을 추가하는 효과는 유의미했지만 그 효과는 아동의 연령과 민족에 따라 복잡하게 변화했다. 한부모 가정의 백인 유아의 경우, 한 명의 조부모와 함께 생활한 햇수가 증가하면 인지 능력 검사에서도 더 높은 점수를 받았다. 반면에 흑인 아동의 경우 그 효과는 정확히 반대로 나타났다. 한부모 가정에 조부모 한 명과 같은 집에서 산 햇수가 많을수록 아동의 인지 능력 점수는 낮았다. 그러나 나이 있는 아동을 대상으로 실제 읽기 성취도 검사를 했을 때에는 결과가 매우 다르게 나타났다. 백인 한부모 가정 아동은 조부모 한 명과 생활한 햇수와 관계없이 평균적으로 동일한 읽기 점수를 얻었지만, 흑인 한부모 가정 아동의 경우에는 조부모 한 명과 생활한 햇수가 길수록 더 높은 읽기 점수를 받았다. 안타깝게도 조손가정 자료나 조부모 한 명, 양부모와 함께 거주한 자료가 거의 없었기 때문에 분석에는 포함되지 않았다. 또한 연구자들은 한부모 가정의 소득은 일반적으로 낮았으며 민족 집단과 조부모 한 명의 동거 여부에 따라 다양한 변화를 보여 준다는 점에 주목하였다.

전반적으로 지금까지의 연구 결과에 따르면 형제자매와 조부모의 역할은 아동의 발생적 문식성을 촉진하는 데 긍정적이고 중요한 영향을 미친다. 그렇지만 주변 사람이 아동의 문식성 발달에 주는 영향은 이들이 어린 아동의 문식성 학습을 위한 학부모의 역할을 그저 대신하는 것에 좌우되기보다는 이들이 부모가 보편적으로 수행하는 문식 활동을 하는지에 따라 크게 달라질 듯하다. 분명한 것은 이 주제에 관한 더 많은 연구가 필요하다는 점이다.

4. 읽기 습득 및 발달에 대한 빈곤의 영향

불평등한 가계 소득의 영향은 가족과 읽기에 관하여 지금까지 논의한 많은 연구에 혼재되어 있다. 2013년 현재 미국 아동의 22%(1,610만 명)는 미국의 빈곤선(4인 가족 기준 연소득 2만 4,000달러 이하) 이하의 가정에 살고 있고, 700만 명의 아동이 연방 정부의 빈곤 소득 비율의 50% 이하인 극빈자로 살고 있다.[102] 이러한 아동 중 상당수가 읽기 발달이 부진하고, 결국 적절한 수준의 읽기 성취를 획득하지 못한다. 2013년 미국교육통계센터(National Center for Educational Statistics)에 따르면 공립학교에 다니는 미국 아동의 41.9%가 무료 급식 또는 할인 급식 혜택을 받고 있는데, 이것은 많은 아동이 가계 수입이 공식적인 빈곤선의 185%* 이하인 가정에서 생활하고 있다는 것을 의미한다. 이러한 아동은 거의 모든 읽기 성취도 평가에서 낮은 점수를 얻었다. [표 2-2]는 2013년도 미국 교육성취도평가(NAEP, National Assessment of Educational Progress) 결과인데 3개 학년(4, 8, 12학년) 모두에서 무료 급식 또는 할인 급식 혜택을 받는 아동과 그렇지 않은 아동 간에 읽기 성적의 차이가 큼을 보여 준다.

2006년도 국제읽기능력평가(PIRLS, Progress of International Reading

....

* 약 4만 5,000달러 이하.

[표 2-2] 무료 및 할인 급식 혜택을 받는 학생과 그렇지 않은 학생의 읽기 성취

학년	무료(할인) 급식 수혜 학생			무료(할인) 급식 비수혜 학생		
	평균 점수	읽기 능력 숙달 이상	읽기 능력 기초 이하	평균 점수	읽기 능력 숙달 이상	읽기 능력 기초 이하
4학년	207	20%	47%	236	51%	17%
8학년	254	20%	34%	278	48%	13%
12학년	274	22%	38%	296	46%	18%

* 미국 교육통계센터(http://nces.ed.gov/nationsreportcard/naepdata)의 자료를 재구성함.

Literacy Study) 결과에서도 유사한 불균형을 보여 주었다. 스테판 크라센(Stephen Krashen)과 시잉 리(Syying Lee), 제프 매퀼란(Jeff McQuillan)은 40개국 4학년생 총 10만여 명의 자료를 토대로 "사회경제적 지위가 읽기 발달에 엄청난 영향을 미친다"는 사실을 발견하였다.[103] 사실상 "10세 아동의 읽기 성취에 가장 강력한 예측 요소는 사회경제적 지위이다."[104] 빈곤이 읽기와 다른 학업 성취도에 부정적인 영향을 미친다는 사실은 오랫동안 잘 알려져 왔다.[105] 그런데 빈곤은 읽기 발달에 직접적으로 영향을 미칠 뿐만 아니라 가정과 공동체에 미친 부정적인 영향을 통해서도 영향을 미치기 때문에 사회경제적 지위가 읽기에 어떻게 영향을 미치는가 하는 질문은 더욱 복잡하다.

4.1. 빈곤의 직접적인 영향

가장 기본적으로 빈곤은 필요한 물질적 자원이 부족한 상태를 의미한다. 빈곤하게 성장하는 아동은 가정에 생필품을 구입할 충분한 돈이 없기 때문에 불리한 조건과 사건을 많이 경험하게 된다. 그리고 이는 아동의 전반적인 발달, 특히 읽기 발달에 직접적인 영향을 미친다.

우리는 이미 빈곤하게 사는 아동이 잘사는 가정의 아동에 비해 집에 책이 적으며,[106] 집에서 읽을 수 있는 책의 권수는 읽기 성취 점수와 직접적으로 관련된다[107]는 사실을 언급하였다. 가난한 가정에서는 읽기 자료 및 정보의 또 다른 중요한 출처인 인터넷에 접근할 가능성이 낮다. 미국 인구 통계국에 따르면 2013년 현재 연소득이 2만 5,000달러 미만인 가구의 54%만이 컴퓨터를 소유하고 있었으며, 이들 중에서 48%만이 인터넷에 접속했다. 이 수치를 1년에 5만~10만 달러를 버는 중류층 가구와 비교해 보자. 중류층 가구는 93%가 컴퓨터를 소유하고 있었으며, 이 중에서 85%가 집에서 인터넷을 사용하였다. 마지막으로 가난한 가정의 아동은 평균적으로 장난감도 거의 없으며 소설이나 흥미를 자극할 환경을 제공받은 경험도 거의 없다.[108] 또한 잘사는 가정의 아동에 비해 더 많은 시간 텔레비전을 시청하는데, 특히 비교육적인 프로그램을 시청한다.[109] 앞에서도 논의했듯이, 이 모든 것은 아동의 읽기 발달에 부정적인 영향을 미친다.

그러나 빈곤하게 살아가는 아동이 직면한 문제 중에는 읽기 자료나 읽기 경험의 부족보다 훨씬 더 근본적인 문제가 있다. 가난한 아동은 종종 영양실조에 걸린다. 2013년을 기준으로 볼 때 미국 아동의 9.9%가 '식량이 부족한 가구(food-insecure house)'에 살고 있는데,[110] 미국 농무부는 '식량이 부족한 가구'를 1년에 일정 기간 동안 활발하고 건강한 삶을 영위하는 데 필요한 충분한 식량을 구하지 못하는 가구로 정의하고 있다. 2012년 기준 18세 미만 아동의 9%(710만 명)가 의료보험 적용을 받지 못하여 질병 상태이거나 장기간 건강 문제에 빠져 있으며,[111] 퓨 자선기금(Pew Charitable Trusts)에 따르면 매년 1,650만 명의 아동이 기본적인 치과 진료도 받지 못하고 있다.[112] 충분하고 영양가 있는 음식을 제공받지 못하고 기본적인 건강 및 치아 관리를 받지 못하면 이는 아동의 인지 발달에 직접적인 악영향을 미치게 되는데, 특히 어린 아동에게는 더욱 심각하다.[113]

4.2. 가족 매개 효과

빈곤은 가족에게 부정적인 영향을 주며 이것은 다시 간접적으로 아동에게 부정적인 영향을 미친다. 불충분한 주거 문제를 해결할 능력이 없는 많은 가난한 가정은 빈번하게 이사를 하며 집이 없을 때도 있다. 어떤 아동은 한 해에 두세 번 주기적으로 학교를 옮긴다. 2011년 기준, 일하는 가정의 11%가 국가가 정한 빈곤선을 넘는 근로소득을 올리지 못했다. 빈곤한 가정의 절반 이상에서 적어도 한 명의 성인이 일을 하지만,[114] 역설적이게도 직업을 갖는 것은 가난한 가정이 직면해 있는 문제를 완화하기보다는 악화시킬 수 있다. 빈곤한 가정의 성인은 저임금 서비스직에 종사하며 병가나 가족 휴가도 없이 언제 시작하고 끝날지 모르는 근무 시간 때문에 불균형한 삶을 살고 있다. 이러한 조건에서 보건 의료 및 치과 치료는 아직 머나먼 이야기일 뿐이다. 양질의 보육은 거의 이용 가능하지 않을 뿐만 아니라 가능하더라도 일정을 잡고 돈을 지불할 능력이 없다. 이들은 자동차가 고장 나거나, 버스가 늦게 오거나, 아이가 아프거나 하면 당장 직장에 지각하거나 결근을 한다. 그리고 이런 일이 자주 발생하면 해고되고 다음 직장을 잡기는 더더욱 어려워진다.[115]

이러한 이유와 아울러, 먹을 것과 입을 것을 마련할 돈을 벌 걱정이 끊이지 않아 빈곤은 성인과 아동 모두에게 스트레스의 주요 원인이 된다. 이러한 스트레스의 신체적·정신적 영향으로 빈곤한 가정은 다양한 문제에 봉착한다. 스트레스는 "끊임없이 신체를 소모시키고 신체의 스트레스 반응 체계를 손상시킨다. 그리고 역경, 스트레스와의 전쟁으로 인해 인지적·심리적 자원을 감소시킨다."[116] 그러한 극심한 스트레스는 가족 관계에도 흔히 영향을 미치는데, 가난에 얽매여 가족 간의 상호작용은 더욱 줄어든다.[117] 우울하고 걱정스럽고 과도한 스트레스를 받는 부모는 흔히 자녀와 긍정적인 상호작용을 할 시간도 기력도 없다. 히스의 1989년 사례 연구에서 세 명의 자녀를 둔 싱글 맘은 미취학 자녀와 대화를 시작하거나 유지하는 경우가 거의 없었다.

앞에서 논의한 하트와 리슬리[118]의 고전적 연구에 따르면, 가난한 가정의 부모는 집에서 훨씬 적은 수의 단어를 말할 뿐 아니라(시간당 평균 616단어. 반면 노동자 가정에서는 1,251단어, 전문직 가정에서는 2,153단어) 가정에서의 상호작용 유형도 매우 다른 것으로 나타났다. 이와 관련하여 하트와 리슬리는 다음과 같이 요약하고 있다.[119]

부모가 전문직 종사자인 가정의 평범한 아동은 시간당 32회의 긍정적인 말과 5회의 부정적인 말을 듣는데, 이것은 긍정적인 말 약 6회당 부정적인 말 1회에 해당하는 비율이다. 노동자 가정의 보통 아동들은 시간당 12회의 긍정인 말과 7회의 부정적인 말을 듣는데, 이것은 긍정인 말 약 2회당 부정적인 말 1회의 비율이다. 그러나 생활보호 대상 가정의 평범한 아동은 시간당 5회의 긍정적인 말과 11회의 부정적인 말을 듣는데, 이것은 긍정인 말 1회당 부정적인 말 약 2회의 비율이다. …… 이를 바탕으로 태어나 생후 4세까지를 추정해 볼 때 전문직 종사자 가정의 아동은 좌절시키는 피드백보다 격려하는 피드백을 56만 회 이상 더 듣는다. …… 반면에 생활보호 대상 가정의 아동은 격려하는 말보다 좌절시키는 말을 12만 5,000회 더 듣는다.[120]

특히 빈곤은 집에서의 독서 양 및 독서 유형과도 관련이 있는 것으로 보인다. 비록 인쇄물과 인쇄물의 사용은 모든 현대 가정에서 볼 수 있지만, 극빈 가정의 부모는 여가 독서의 모범을 보일 가능성이 적다.[121] 예를 들어, 퍼셀-게이츠는 사회경제적 지위가 낮은 가정에 대한 연구에서 다음과 같은 사실을 발견하였다.[122]

실제로 어떤 가족은 인쇄물을 거의 보지 않으면서도 바쁘고 만족스러운 삶을 살았다. …… 이들 가정에서는 구나 절 수준의 글이 빈번하게 읽히고 쓰였다. 이것이 의미하는 바는, 이들 가정에서 사용되는 대부분의 인쇄물은 용기(예: 시리얼 박스, 우유 통)에 쓰인 글이나 전단지, 쿠폰, 광고, 영화나 텔레비전 안내, 장보기나 해야 할 일 목록, 서명을 읽거나 쓰는 것과 관련된다는 점이다.[123]

이와 같이 전반적으로 개인의 독서 수준이 낮다는 것은 왜 그토록 많은 연구[124]가 저소득층 부모가 거의 자녀와 함께 책을 읽지 않는다는 사실을 발견할 수 있었는지 이해하는 데 도움이 된다. 이러한 가족 매개 요인은 모두 빈곤 아동의 인지 발달 및 구어와 읽기 발달에 매우 부정적인 영향을 미칠 수 있다. 또한 불행하게도 많은 빈곤 아동이 살고 있는 지역사회의 특성도 이러한 아동들이 직면한 불이익을 보완하기보다는 오히려 추가적인 장벽이 되기 쉽다.

4.3. 지역사회 매개 효과

지난 40년간 미국에서 소득 불평등과 소득 격차에 따른 지역사회의 분리 문제는 계속 증가되어 왔으며, 좀 덜할지는 모르겠으나 이것은 대부분의 선진국이 당면한 공통의 문제이다. 미국 인구 통계국에 따르면, 인플레이션에 맞춰 소득을 조정했을 때 극빈자 가정(하위 5분의 1)의 소득은 1970년에서 2010년 사이에 25% 이상 떨어진 반면에, 같은 기간 상위 소득 5분의 1에 속하는 가정의 소득은 23% 늘었다.[125] 이처럼 불균형이 심해지면서 미국의 상위 20%의 가구가 84%의 부를 소유하고 있는 반면에, 하위 40%의 가구는 단지 0.3%만을 소유하고 있다.[126]

빈곤 가정의 안전을 위하여 가난한 가정에 공공주택을 제공하려는 정부의 지속적인 노력에도 불구하고 소득별 주거 격차 또한 마찬가지로 증가했다. 부유층은 점점 더 교외로 빠져나가거나 지역사회에 문을 닫기 시작했고 빈민층은 가난한 사람만 몰려 사는 동네로 더욱 집중되었는데,[127] 이들 동네는 집을 선택할 수 있는 사람은 결코 선택하지 않는 지역이기 때문이다.[128] 가난한 사람이 사는 동네에서는 폭력과 재산을 노린 범죄 비율이 평균보다 높은데,[129] 이는 주로 가난한 사람이 범죄자가 될 가능성이 높기 때문이 아니라 비사무직 범죄자가 빈곤층이 될 가능성이 더 높기 때문이다.[130] 가난한 사람은 정치적 영향력이 적기 때문에 대부분의 주민이 빈곤하게 사는 지역은 경찰이나 화재 예방에서부터 쓰레기 수거에 이르기까지 적절한 서비스를 받지 못한다.[131] 그들은 위험한 교통사고를 당할 가능성이 더 크다.[132] 인근의 산업 및 농업 그리고 노후화된 사회 기반 시설로부터 대기오염과 수질오염[133]에도 노출되어 있다. 또한 곰팡이, 곤충, 그리고 아마도 가장 위험한 납 함유 페인트 먼지로 실내가 오염될 위험에 처해 있다. 납 함유 페인트 먼지는 납 함유 페인트 사용이 금지된 1978년 이전에 지은 오래된 집에서는 흔한 것이다.[134] 이 모든 요인은 아동의 신체적·인지적 건강에 부정적인 영향을 미치고 아동의 읽기 발달에도 부정적인 영향을 미친다.

가난한 가정이 그러하듯이, 가난한 동네 또한 독서 관련 자료가 현저하게 부족하다. 수전 뉴먼(Susan Neuman)과 도나 첼라노(Donna Celano)의 연구는 이 주제와 관련한 최초이자 가장 널리 알려진 연구 중의 하나이다.[135] 그들은 필라델피아의 빈곤층과 중류층 주거 지역 각 두 곳의 읽기 자원을 비교 연구하였는데 깜짝 놀랄 만한 결과를 발견하였다. 빈곤층 거주 지역 두 곳은 단 네 곳의 서점에서 책을 팔았는데, 그마저도 실제 서점은 아니었다. 이와는 대조적으로 두 중류층 지역에는 각각 11곳, 13곳에서 책을 살 수 있었고, 각기 정식 서점이 세 곳 이상 있었다. 결과적으로 두 중류층 지역에서는 아동과 청소년용 도서를 2,000여 권 이상 접할 수 있었다. 반면에 빈곤층 지역 한 곳에서는 구입 가능한 아동용 도서가 358권에 불과했으며 극빈층 지역의 경우에는 55권에 불과했다. 게다가 빈곤층 지역의 경우 청소년을 위한 도서나 잡지를 파는 곳은 한 곳도 없었다. 아울러 빈곤층 지역의 그 어떤 공공 도서관이나 학교 도서관도 이러한 불균형을 보완하지 못했다. 실제로는 더했다. 실제로 빈곤층 지역의 학교 도서관은 사서가 없고, 학생 1인당 평균 11권의 장서를 비치하고 있는데 그마저도 낡고 보관 상태가 좋지 않았으며, 일주일에 평균 3일만 개관했다. 이에 비해 중류층 지역의 학교 도서관은 석사학위를 소지한 사서를 두었으며, 학생 1인당 22권의 장서를 비치하고 있는데 신간으로 상태가 양호했으며, 학교가 여는 5일 내내 개관했다. 비록 도시 전체 시스템의 일부가 그러하듯이 공공 도서관도 비슷한 양상을 보였다. "저소득층 지역사회의 도서관은 중류층 지역 도서관에 비해 전반적으로 전체 장서 수와 아동 1인당 장서 수가 적으며, 야간 개관 시간도 더 제한적이다."[136] 이러한 총체적인 불평등은 필라델피아에만 국한된 것이 아니다. 실제로 뉴먼과 첼라노의 최초 연구 이래로 이러한 불균형은 공통적인 현상이며 오히려 더욱 악화되고 있다.[137] 또한 분실, 손상이나 반납 지연 도서에 대한 과도한 벌금 부과 관행 때문에 많은 저소득층 부모가 자녀를 위해 도서관에서 책 빌리는 것을 꺼린다는 점도 지적할 수 있다.

마지막으로 가난한 지역의 학교와 잘사는 지역 학교의 심각한 불균형은 너무도 잘 알려져 있고 오래된 문제라서 좀 더 논하고자 한다. 조나단 코졸(Jonathan Kozol)은 자신의 저서 『야만적 불평등(Savage Inequalities)』에서 자신이 방문했던 지역사회의 가난한 아동이 상상할 수 없을 정도로 열악한 조건에서 수업을 받고 있는 장면을 기술[138]함으로써 온 나라에 충격을 주었다. 학교 건물의 창문은 깨지고, 지붕은 썩어 가며, 벽에 곰팡이가 슬고, 난방기와 배수관은 작동하지 않았다. 게다가 학급당 학생 수가 35명을 넘었지만 책이나 책상은 부족했고, 교사 대부분이 무기계약 대체 교사이거나 아예 교사가 없는 반도 있었다. 학교 도서관은 닫혀 있었으며, 복도와 운동장은 안전에 문제가 있었고, 과학 실험실은 물이 나오지 않았다. 미술실과 체육관도 없었으며, 교사나 학생을 위한 분필, 종이와 연필조차도 없었다. 아울러 코졸은 회복력과 힘, 유머와 관대함, 그리고 무엇보다도 이 학교에 다니는 많은 아동의 위대한 잠재력에 대해서도 기술하고 있다.[139] 아동의 잠재력은 잘 발휘되지 못했는데, 이는 아동이나 부모의 잘못된 선택이나 무지 때문이 아니라 그들을 둘러싸고 그들을 집어삼키는 무수한 궁핍한 환경 때문이었다.

빈곤과 그것이 읽기 발달에 미치는 영향에 대한 논의가 저소득층 가정의 아동을 포기해야 한다거나 이들이 읽기를 배울 수 없거나 잘 읽을 수 없다는 것을 의미하지는 않는다. 실제로 앞에서 제시한 미국 교육성취도평가(NAEP)의 수치가 말해 주듯이, 수백만 명의 저소득층 아동이 읽기를 배워 잘 읽고 있다. 그러나 이 수치는 미국의 모든 아동에게 양질의 유치원 교육을 확대하라는 부시 대통령의 요구에 힘을 실어 준다.[140] 알피 콘(Alfie Kohn)이 우리에게 경고하고 있는 것처럼,[141] 이러한 '양질의 유치원'은 아동의 읽기 발달을 가장 잘 격려하는 가정에서 발견되는 상호작용적이고 따뜻하고 도움을 주는 환경이 되어야지, 공립학교, 특히 극빈자와 소수자 아동이 다니는 공립학교에서 보편화되고 있는 표준화되고 시험 중심인 교실이 되어서는 안 된다.[142] 아울러 고군분투하는 독자들의 읽기 성취를 진정으로 현저하게 신장하려 한다면 점점 더 증가하는 아동의 빈곤 수준과 그것이 초래하는 모든 문제에 효과적으로 대처해야 한다.

5. 우리가 할 수 있는 일: 초기 읽기 발달 지원을 위한 가족과의 협력

5.1. 아동의 손과 가정에 책 쥐어 주기

국가와 지역 모두에서 많은 단체와 프로그램이 책을 접하기 어려운 가정과 아동에게 무료나 할인된 가격으로 책을 제공하고 있다. 그중에서 가장 널리 알려진 기관이 바로 '퍼스트 북(First Book)'이다. 1992년에 설립된 이후 1억 2,000만 권의 도서를 빈곤층 아동에게 배포해 왔다. 퍼스트 북에서 14개월 이상 책을 받은 2,500여 명의 아동을 대상으로 수행된 한 연구는 다음의 결과를 제시하였다.[143]

읽기에 대한 아동의 관심이 크게 증가했으며 읽기에 '관심이 낮은' 아동의 비율이 43%에서 15%로 떨어졌다. 또한 읽기에 '관심이 높은' 아동의 비율이 26%에서 55%로 두 배 이상 증가하였다. 63%의 아동은 '놀기보다 책 읽으며 시간을 보내는 것이 불행하지 않다'고 말했고, 80%의 아동은 '스스로 책을 읽는 것이 정말 좋다'고 대답했다.
책을 더 많이 갖게 됨으로써 가정의 문식 실천이 바뀌었다. 76%의 아동은 '집에서 누군가에게 책을 보여 주었다'라고 대답했으며, 거의 같은 비율인 72%의 아동이 '독서 경험을 친구나 다른 아이, 가족과 공유하는 것이 좋다'고 말했고 읽은 것에 '대해 이야기하는 것'이 좋다고 말했다.[144]

'다가가는 독서(Reach Out and Read)'[145]는 책을 아동의 손에 쥐어 주고 부모의 문식성 습관을 변화시키기 위해 장기간 노력해 온 또 다른 단체이다. 이 단체의 프로그램에서는 생후 6개월부터 5세까지의 아동이 의료기관을 방문하면 의사로부터 책을 받는다. 의사는 부모에게 매일 자녀와 함께 책을 읽도록 권장도 하고, 어떻게 하면 자녀와 함께 책 읽기를 잘 즐길 수 있는지 아동 발달 수준에 맞춘 지도법도 제공한다. 프로그램이 단순함에도 불구하고 부모가 자녀와 함께 문식 활동에 참여할 가능성을 높이는 데 효과적이며,[146] 아동의 문식성 발달에도 영향을 주는 것으로 나타났다.[147]

학교 도서관도 아동에게 책을 접하도록 하는 중요한 역할을 한다. 콜로라도주립도서관의 LRS(Library Research Service)에 근무하는 키스 랜스(Keith Lance)와 베키 러셀(Becky Russell)은 20여 개 주를 대상으로 수행한 연구를 통해, 장서가 많고, 디지털 접근성이 높으며, 도서관 직원의 접근성이 높은 학교의 학생이 읽기 검사에서 더 높은 점수를 받았다는 사실을 밝혀냈다.[148] 학생의 사회경제적 지위, 학교의 전반적인 재정 상태, 지역 사회의 교육 수준을 고려해도 결과가 동일했다. 더그 액터맨(Doug Achterman)도 캘리포니아의 학교 도서관에 대한 연구를 통해 동일한 결과를 도출했다.[149] 국제적으로는 크라센 외가 국제읽기능력평가(PIRLS) 자료를 토대로 500권 이상의 장서를 보유한 학교 도서관의 비율이 더 높은 나라에서 학생의 읽기 점수가 더 높음을 발견했다.[150] 이러한 결과는 사회경제적 지위를 고려했을 때에도 변화가 없었다.

5.2. 부모가 자녀 돕는 법 도와주기

의도적으로 책과 독서 활동을 부모와 함께하려는 노력은, 특히 이 노력이 이른 시기에 진행된다면 가족 독서 및 독서 동기를 효과적으로 증진한다. 이와 관련하여 폴린 지스(Pauline Zeece)와 베티 월라스(Betty Wallace)[151] 및 세라 맥니콜(Sarah McNicol)과 피트 돌턴(Pete Dalton)[152]은 성공적인 프로그램 사례를 보고했는데, 하나는 학교 도서관에서 진행된 프로그램이고 다른 하나는 대규모 공공 도서관에서 진행된 프로그램이다.

그렇지만 많은 프로그램은 단순히 함께 책을 읽는 것을 넘어, 특히 상호작용하며 이야기책을 읽으면서 자녀의 읽기 발달을 증진하는 방법을 부모에게 교육했다. 전술했듯이, 많은 가정은 함께 책 읽기 같은 전통이 없고 비록 부모가 진정 자녀의 책 읽기를 도와주고 싶어도 어떻게 시작해야 할지 알지 못한다. 퍼트리샤 에드워즈(Patricia Edwards)의 '독서 파트너로서의 부모(Parents as Partners in Reading)' 프로그램은 이러한 부모를 돕기 위해 설계된 좋은 사례이다.[153] 에드워즈는 자신이 일했던 루이지애나 농촌 지역의 저소득층 아프리카계 미국인 다수가 자녀에게 책을 읽어 주는 방법을 알지 못한다는 사실을 깨닫고 프로그램을 설계했다.[154] 그녀는 프로그램에 참여할 첫 참가자를 모집했는데, 그녀가 기술하고 있듯이 "술집 주인, 버스 운전사, 할머니, 목회자 연맹 그리고 길모퉁이에 앉아 있는 사람들을 포함하여 지역사회 지도자 집단 같지 않은 사람들"이었다.[155] 그렇게 모집된 부모들은 지역 학교 도서관에서 만나, 책 대출권을 부여받고, 먼저 에드워즈 박사가 이끄는 23회의 두 시간짜리 회합에 참여했다. 나중에는 지역사회 구성원이 스스로 프로그램을 진행하며 꾸려 나갔다.[156] 처음에는 효과적인 함께 책 읽기, 녹화 비디오를 보고 토의하는 데에서 출발하여(예: 그림 묘사하기, 글과 인생 연결하기), 서로에게 책 읽어 주기를 하고, 마침내 배운 것을 자녀에게 적용하였다. 에드워즈가 언급했듯이 이 프로그램은 직계가족에게 영향을 주었을 뿐 아니라 부모는 '독서 활동 시간에 배운 것을 친구, 이웃, 교회 신자, 그리고 친척과 공유하였고', 그 결과 '책 읽기 프로그램에 참여한 부모는 물론 많은 주민이 고졸 학력 인증서를 받으러 학교로 돌아가기로 결정했다'.[157]

또 다른 프로그램은 육아 정보와 부모를 위한 제2 언어로서의 성인 영어나 기초 기능 수업과 관련된 많은 책(대체로 영어와 스페인어)을 결합하였다. 이 프로그램의 목적은 2세대 이상에서 읽기 발달을 신장시키기 위한 것이다[예: 세대 간 문식성 프로젝트,[158] 불꽃 프로젝트(Project FLAME)[159]]. 또한 이것은 오랫동안 연방 기금으로 운영되어 온 '평등한 출발(Even Start)' 프로그램을 기반으로 한 모델이기도 하다. 부모를 위한 영어 강좌 혹은 읽기 강좌를 포함하는지 여부와 상관없이, 이러한 프로그램은 부모에게 관심을 가지고 지원하고 정보를 제공하면 반드시 자녀의 학습에 기여할 수 있다는 확신을 바탕으로 한다. 이 프로그램에 대한 평가에 따르면, 프로그램에 참여했던 대부분의 부모가 읽기에 더 많은 시간을 쓰게 되고 대다수 아동의 문식 능력이 현저하게 좋아질 것이라는 결과를 반복적으로 보여 주었다.[160]

5.3. 가정 문식성을 교실로 가져오기

가장 성공한 가정-학교 연계 프로그램 중 어떤 프로그램은 학부모가 교사에게서 배울 수 있는 것보다는 교사가 학부모에게서 배울 수 있는 것을 강조한다. 앞에서 언급했듯이 모든 가정에서 학교와 같은 방식의 독서와 독서 대화를 하고 있는 것은 아니지만, 현대 사회의 모든 가정은 수많은 독서 관련 자료를 소장하고 있으며, 모든 문화에 특화된 대화 형태가 의미 있는 문식성 학습에 발판이 된다. 예를 들어 히스는 교사가 수업에서 다양한 유형의 질문을 가지고 명쾌하게 토론하고, 트랙톤 지역 학부모의 개방형 질문―즉 학교나 중류층 가정에서 주로 하는 수렴적 질문이 아닌―을 수업에 더 포함시킬 때, 모든 지역사회의 아동과 모든 소득 수준의 아동에게 더 유익함을 발견했다.[161] 세라 매카시(Sarah McCarthey)에 따르면, "교사가 학생들이 빈곤층 출신이라고 믿으면, 그 배경을 바탕으로 교육과정을 짜지 않았다. 그러나 학생 개개인의 배경에 관한 가치 있는 정보를 제공받았을 때에는 학생들의 학교 밖 경험을 바탕으로 교육과정을 조정하려고 했다."[162]

아마도 이러한 형태의 교사교육을 촉진하는 데 가장 큰 영향을 끼친 연구는 루이스 몰(Louis Moll)과 그 동료들이 참여한 일련의 연구이다.[163] 그들은 애리조나주에서 빈곤한 멕시코계 미국인 자녀와 아메리칸인디언 자녀를 가르치는 교사와 함께 연구를 했다. 연구자들은 교사에게 학생의 가정을 방문하도록 권장하고, 학생 집에 있는 많은 **지식 자본**(fund of knowledge)을 관찰하고 그것에 대해 학생 가족과 이야기 나눌 때 사용할 문화기술적(민족지학적) 방법을 가르쳤다. 이런 지식 자본은 목공예와 기계를 다루는 기술에서부터 식용 식물 지식, 전통 의약품의 조제와 복용에 이르기까지 다양했다. 이 가정 방문은 '근본적으로 학부모와 새롭고 보다 동등한 관계를 수립하는 데' 도움이 되었다.[164] 결국 학부모가 교사와 보다 편안하게 상호작용하도록 만들어 주었다. 아마도 더욱 중요한 것은 이 가정 방문을 통해 교사는 학생 가정의 풍부하고 다양한 학습 맥락과 자원을 더 잘 알게 되고 존경심도 갖게 되었다는 점이다. 교사는 이러한 지식 자본을 학교 기반 프로젝트와 수업에 포함하기 시작하고, 종종 학부모를 초대하여 지식을 기부하게 하거나 특정 전문 분야를 가르칠 기회까지 만들어 주었다. 이렇게 해서 가정과 학교의 관계가 더욱 강력해지고 교사, 학생, 학부모 사이의 이해도 깊어졌다. 그리고 학생은 학교에서 배운 문식성과 가정에서 배운 문식성을 보다 잘 연결지어 쓸 수 있었기 때문에 학습도 나아지고 동기도 강화되었다.

6. 공통 핵심 성취기준과의 연계

이 장과 절에서 논의된 많은 아이디어는 미국 유아교육협회(NAEYC, National Association for the Education of Young Children)가 만든 유아교육 교육과정에 포함되어 있다.[165] 미국 유아교육협회는 아동 복지와 취학 전 환경에 관련하여 가장 잘 알려진 인정 기관이다. [표 2-3]은 이러한 기준이 어떻게 초기 학습에서 가정의 핵심적인 역할을 강화하는지를 보여 준다.

[표 2-3] 유아 프로그램 기준 및 인증 범위[166]

기준 1: 관계
1.A. 교사와 가족 간 긍정적인 관계 구축
　　1.A.01. 교사는 정기적이고 지속적으로 양방향 의사소통을 통해 가족과 협력한다.
　　1.A.02. 교사는 가족 스스로 자신의 인종, 종교, 가정 언어, 문화 및 가족 구조를 정의하는
　　　　　 방식에 대한 정보를 얻는다.

기준 2: 교육과정
2.A. 교육과정의 본질적인 특성
　　2.A.04. 교육과정에는 가정의 가치, 신념, 경험 및 언어를 반영한다.
　　2.A.08. 자료와 장비는 사회에서 발견한 다양성뿐 아니라 아동과 가족의 삶을 반영한다.
2.D. 발달 영역: 언어 발달
　　2.D.02. 아동에게 가족이 사용하거나 이해할 수 있는 언어로, 말이나 글로 하는
　　　　　 의사소통을 경험할 기회를 준다.
2.E. 인지 발달을 위한 교과과정 내용 영역: 초기 문식성
　　2.E.01 & 02. 영아와 유아에게 노래, 운, 일상 게임 및 책 등 다양하게 경험할 기회를
　　　　　 준다.
　　2.E.03. 아동에게 교실에서 접하는 인쇄물에 익숙해지고, 이를 식별해 내며 사용할
　　　　　 기회를 준다.
　　2.E.04. 아동에게 매일 최소 두 번 책을 읽어 주고, 다양한 책을 접하게 하며, 책에 관한
　　　　　 대화를 나누고, 책의 구성 요소를 식별하고, 그림과 글자를 구별하게 한다.
　　2.E.08. 아동은 교실 곳곳에서 책을 접한다.
　　2.E.09. 유치원생에게 익숙한 단어, 문장 및 쉬운 책 읽는 법을 배울 다양한 기회를 준다.

기준 3: 지도
3.F. 모든 아동에게 의미 있는 학습이 되게 하기
　　3.F03. 교사와 가족은 전문적인 가치와 실천이 가정의 가치와 실천과 다를 때 아동이
　　　　　 초기 학교 환경에 성공적으로 참여할 수 있도록 서로 돕는다.
　　3.F06. 교사는 아동이 가족과 함께 교실 체험에 참여할 기회를 제공한다.
　　3.F07. 교사는 다양한 어휘를 사용하며 아동의 경험에 대해 아동과 지속적으로
　　　　　 대화한다.

기준 7: 가정
7.A. 가정을 알고 이해하기
　　7.A.02. 운영진은 가족을 알고 배우기 위해서 공식적 및 비공식 방법(대화 포함)을
　　　　　 다양하게 활용한다.

[표 2-4]는 미국의 유아 교육과정에 해당하는 한국의 유치원 교육과정인 누리과정 중 의사소통 영역의 일부 내용이다. 이를 살펴보면 미국의 유아 교육과정과 달리, 가정에서의 초기 문식성 교육에 대한 구체적 교육 내용과 지침을 제시하거나 초기 문식성의 단계적 발달에 주목하고 있지는 않다. 그러나 '자신의 경험, 느낌, 생각 말하기', '상대의 이야기를 듣고 말하기' 등 일상생활 속 구어 활동에 참여하거나 '말이나 이야기, 읽기에 관심 가지기', '책이나 이야기를 통해 상상하기를 즐기기' 등 읽기에 관심을 가지고 즐기는 것에 중점을 두고 있음을 알 수 있다.

[표 2-4] 한국의 2019 개정 누리과정: 의사소통 영역 성취기준(교육부, 2019)

2019년 개정 누리과정		
영역	목표와 내용	
의사소통	듣기와 말하기	• 말이나 이야기를 관심 있게 듣는다. • 자신의 경험, 느낌, 생각을 말한다. • 상대방이 하는 이야기를 듣고 관련해서 말한다.
	읽기와 쓰기에 관심 가지기	• 주변의 상징, 글자 등의 읽기에 관심을 가진다.
	책과 이야기 즐기기	• 책에 관심을 가지고 상상하기를 즐긴다.

토론거리 ··

1 자라면서 가정에서의 독서와 관련하여 기억에 남는 것은 무엇인가? 어린 시절 가정에서의 독서가 현재 여러분의 독서에 대한 관심이나 독서에 어떻게 영향을 미쳤다고 생각하는가? 현재 여러분 자신의 독서 활동이 어릴 때 집에서 배운 독서 활동과 많이 다르다면, 나중에 삶의 어떤 요인이 여러분에게 영향을 주었다고 생각하는가? 가정마다 고유한 독서 관습을 가지고 있는데, 이에 대해서

모둠이나 수업에서 자신의 이야기를 나누어 보자.

2 이 장의 사례 연구에서 연지의 일상생활 속 어떤 요소가 연지가 학교에 들어갔을 때 읽기 학습에 도움이 될지 생각해 보자.

3 여러분은 다양한 집단의 학부모에게 아동의 읽기 학습에 도움이 되는 가정 독서 활동 세 가지를 소개하고자 한다. 무엇에 초점을 맞추겠는가? 그 이유는 무엇인가?

4 만일 여러분이 사회경제적 지위가 낮은 가정의 학생들이 대부분인 학교에서 학교 개선팀을 담당하고 있다고 해 보자. 학생들의 독서 지도를 돕기 위해 학교가 해야 할 두 가지 일과 그 이유를 들어 보자.

더 읽을거리

Evans, M. D. R., Kelly, J., & Sikora, J. (2014). Scholarly culture and academic performance in 42 nations. *Social Forces*, 92(4), 1573-1605.

Hart, B., & Risley, T. R. (2003). The early catastrophe: The 30-million word gap by age 3. *American Educator*, 27(1), 4-9.

Heath, S. B. (1982). Questioning at home and at school: A comparative study. In G. Spindler (Ed.), *Doing the ethnography of schooling* (pp. 102-131). New York: Holt, Rinehart & Winston.

Moll, L. C., Amanti, C., Neff, D., & Gonzalez, N. (1992). Funds of knowledge for teaching: Using a qualitative approach to connect homes and classrooms. *Theory into Practice*, 31, 132-141.

발생적 문식성

박 교사는 유치원에서 맡고 있는 네 살 희정이가 걱정이다. 희정이는 자신보다 훨씬 어린 유아가 사용하는 유아어(baby talk)를 여전히 사용한다. 지난번에는 플라스틱 통이 마치 아기 침대인 양 인형을 넣으면서 "아기야 들어가자. 어서 들어가자. 착한 아가야."라고 말하였다. 희정이는 이야기 활동 시간에도 박 교사가 동화를 읽어 주며 기이하면서도 익살스러운 운율을 내는데도 거의 반응을 보이지 않는다. 박 교사가 읽어 준 책의 내용에 대해서도 종종 답을 하지 못했다. 희정이는 자기 이름 '희'나 '정'도 읽지 못한다. 박 교사는 희정이를 도울 방법에 대해 고민하고 있다.

　유아는 세상에 대하여 이해하기 시작하는 그 순간부터 자신의 삶에 영향을 미치는 문식성을 발달시키기 시작한다. 1장에서도 언급했듯이, 문식성은 심리학자에게 인간의 마음을 이해하기 위한 창의 역할을 담당해 왔다.[1] 사실상 오늘날의 사회에서 문식성 발달은 일반적인 인지 발달과 밀접하게 관련되어 있다.

　대체로 문식성은 글을 읽고 쓸 수 있는 능력을 의미하지만, 앞 장에서 설명했듯이 문식성 기능은 아동이 학교에 들어가기 아주 오래전부터 발달하기 시작한다. 발생적 문식성을 탐구하는 연구자들에 따르면 아동은 언어나 책에 대해 상당한 수준의 비형식적 혹은 형식적 지식을 지니고 학교에 입학한다. 이러한 초기 지식은 읽기에 대한 아동의 형식적 지식을 발달시키는 토대가 된다. 지난 30년 동안의 발생적 문식성에 대한 연구는 이러한 초기 지식이 읽기 학습과 쓰기 학습에 얼마나 중요한가를 보여 주었다.

1. 읽기 준비도 관점

심리학자나 교육학자가 아동이 비형식적으로 습득한 언어와 문식성에 대한 지식의 중요성을 항상 인식했던 것은 아니다. 1950~1970년대에는 유치원 아동이 읽기를 학습하기에는 너무 어리다고 여겼다. 발생적 문식성이라는 관점이 널리 수용되기 전에는 읽기 준비도(reading readiness)라는 관점이 아동의 읽기 학습 및 공식적 읽기 수업 제공 시기와 관련하여 보편적으로 통용되었다. 1930년대 초[2]에는 초등학교 1학년 이전의 아동을 대상으로 한 읽기 준비도 검사를 개발하려는 시도가 이루어졌다. 이후로 다수의 읽기 준비도 검사가 개발되었고 1950~1970년대에 학교에서 널리 사용되었다.[3] 이러한 검사는 아동의 일반적인 인지가 일정 수준까지 발달해야 읽기를 학습할 '준비(ready)'가 되었다는 관점을 토대로 한다.[4] 이러한 검사를 통과하지 못한 아동은 공식적인 읽기 지도로부터 혜택을 받을 만큼 충분히 성숙하지 않은 것으로 간주되었다.

그러나 이러한 검사는 검사 자체뿐만 아니라 학교에서 사용하는 방식에서도 많은 문제가 있었다. 첫째, 아동의 읽기 준비도를 확인하기 위해 어떤 기능을 측정해야 하는지에 대한 일치된 견해가 없었다.[5] 읽기 준비도 검사에서 평가된 어떤 기능은 나중의 읽기 능력(예: 단어 재인 능력)을 예측하는 것으로 밝혀지기도 했지만, 많은 기능은 읽기와 전혀 관계가 없었다(예: 연필로 그림 그리기, 가위를 정확하게 사용하기, 모양 베끼기). [표 3-1]은 초기 읽기 준비도 검사에서 측정되었던 기능의 일부이다.

둘째, 적어도 아동이 이러한 기초 지식을 얼마만큼 가지고 있어야 읽기를 학습할 수 있는가에 대한 인식도 없었다. 다양한 문화적 배경의 아동이 문식성과 관련된 중요한 지식을 가지고 학교에 입학하는데, 이러한 지식은 주류 문화의 아동을 토대로 설정된 분할점(cutoff)을 사용하는 표준화 검사로는 평가될 수 없다.[6] 아마도 문식성에 대한 아동의 다양한 지식

[표 3-1] 초기 읽기 준비도 검사에서 평가되었던 일부 기능[7]

	검사도구		
	메트로폴리탄 준비도 검사[8]	클라이머-바렛 읽기 준비 검사[9]	게이츠-맥기니티 준비도 기능 검사[10]
어휘	√		
듣기	√		
낱자 인식	√	√	√
시각·운동 협응/ 단어 베껴 쓰기	√	√	√
각운		√	
첫 음소 구별		√	
소리 구별			√
음소 조합			√
단어 재인			√
단어 짝짓기	√	√	√

이 읽기 학습을 돕는 데 생산적으로 사용될 수 있다는 것도 인식하지 못했을 것이다. 대신에 준비도 개념은 읽기 학습이 '준비'될 때까지 개별 아동에게 알맞은 시간을 기다리는 문제 정도로 인식되었다.

만약 아동이 학교에서 실시한 검사에서 준비가 되지 않았다는 결과를 받으면 대체로 수업 전략으로 두 가지가 고려되었다. 하나는 아동이 준비가 되었다는 결과를 받을 때까지 읽기 수업을 미루는 것이다. 이 전략은 아동을 유치원이나 전환 학급(transition classroom)에 머무르게 하여 학교생활을 하면서 준비되기를 기다리는 것이다.[11] 다른 하나는 준비도 검사에서 부족하다고 확인된 기능을 집중 지도하여 검사 통과까지 시간을 단축시키는 것이다.[12] 그러므로 어떤 교실에서는 기본 모양 베끼기나 가위로 오리기가 읽기 준비도를 향상시킨다고 생각하면서 아동을 이 활동에 참여시켰을 것이다. 물론 수업 시간의 많은 부분은 문식성 관련 활동이었을 것이다.

준비도 개념은 많은 교육자에게 일반적인 인지적 성숙을 읽기 학습의 주요 전제 조건으로 받아들이게 했다. 따라서 읽기 학습에 문제가 있는 아동은 또래 아동이 읽기 학습에 문제가 없을 때에는 단순히 준비도 측면에서 뒤처진 것으로 간주되었다. 아동이 쉽게 준비도 문제에서 벗어날 것이라고 생각하면서 종종 소중한 수업 시간을 낭비했다.

결국 이러한 어떤 전략도 아동이 읽기를 준비하도록 돕지 못했다는 것이 명백해졌다.[13] 1960년대 말에는 널리 사용된 검사도구의 점수 간 관련성이 적을 뿐만 아니라 그러한 도구가 상당히 다른 기능을 측정한다는 것이 밝혀졌다.[14] 검사도구 개발자조차 읽기 준비도를 가장 잘 예측하는 것은 읽기 자체에 관여하는 기저 기능이라는 것을 깨닫게 되었다.[15]

읽기 준비도에 관한 이 같은 결과는 아동의 문식성 발달을 바라보는 중요한 관점으로서 발생적 문식성을 잘 정의하고 이해할 필요성을 부각시켰다. 발생적 문식성에 대한 우리의 정의는 연구와 수업 모두를 이끈다. 올바르지 않은 관점은 올바르지 않은 수업 처치를 이끌 수 있다.

2. 발생적 문식성 관점

최근에 발생적 문식성의 개념과 초기 문식성 수업 모두에서 결정적인 변화가 있었다. 비록 어떤 기능들이 발생적 문식성의 토대가 되는가에 관하여 여전히 일치된 견해는 없지만, 계속적인 연구로 말미암아 여러 관점들에 대해 토론할 수 있는 기반은 조성되었다.

2.1. 인지과학적 관점

그로버 화이트허스트(Grover Whitehurst)와 로니건은 발생적 문식성 모형을 기본적으로 읽기에 대한 인지과학적 접근을 토대로 설명한다.[16] 이들은 발생적 문식성 기능이 두 가지의 기본적인 기능, 즉 '인사이드-아웃 기능(inside-out skill)'과 '아웃사이드-인 기능(outside-in skill)'으로 구성된다고 말한다. 인사이드-아웃 기능은 아동에게 글자를 소리의 조합으로 변환하여 단어를 확인하도록 하는 기능, 다시 말하면 읽기에 관여하는 상향적(즉, 자료 중심) 인지 기능을 말한다(쓰기의 경우에는 반대 과정). 이러한 기능에는 낮은 차원의 경우 낱자의 형태적 특성(예: 낱자 'ㅁ'의 경우 네모 모양)을 이용하여 낱자를 확인하고, 다시 그것을 소리(예: 낱자 'ㅁ'에 해당하는 소리 /ㅁ/)로 전환하는 능력이 포함된다. 또한 이러한 기능은 낱자의 소리를 모두 조합하여 단어를 확인할 뿐만 아니라 문장 문법과 문장 부호를 이해하는 능력도 포함한다.

반면에 아웃사이드-인 기능은 아동에게 인사이드-아웃 기능을 통해 변환된 글을 이해하도록 하는 지식 자원을 의미한다. 이것은 글 이해에 사용되는 선행 지식에 의해 좌우되는 하향적 인지 기능 혹은 개념 중심 인지 기능이다. 이러한 기능에는 아동의 어휘 지식(즉, 어휘 양과 어휘 깊이 측면에서의 지식)이 포함된다. 또한 이러한 기능은 아동이 글을 이해하기 위해서 동원하는 세상에 대한 지식, 어떻게 구어가 문어로 표상되고 서로 어떻게 다른지에 대한 지식(즉, 2장에서 논의한 문어 사용역), 그리고 다양한 형식의 글은 어떻게 다르고 어떤 형식의 글이 가장 빈번하게 사용되는지에 대한 지식도 포함한다. 이와 같은 아웃사이드-인 지식은 아동에게 실제 글을 해석하는 데 필요한 토대를 제공한다. [그림 3-1]은 발생적 문식성 모형에 대한 개관을 보여 준다.

이 모형과 같거나 혹은 유사한 모형을 토대로 연구를 수행하는 연구

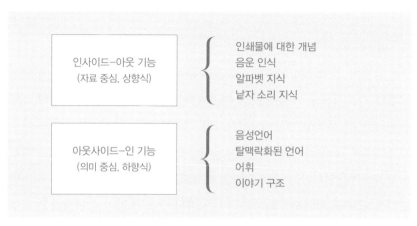

[그림 3-1] **발생적 문식성 모형**[17]

자들은 발생적 문식성의 토대가 되고 나중의 문식성 발달을 가장 잘 예언하는 기능을 확인하려 했다. 따라서 연구는 이러한 기능의 발달이 읽기 학습과 쓰기 학습에서 어떤 역할을 하는지에 관해서 이루어졌다. 이 모형에서 어린 아동을 위한 수업의 목적은 그들에게 충분한 정도의 발생적 문식성 기능을 갖게 하여 나중의 읽기 실패를 방지하는 데 있다. 아마도 유능한 교사는 직접 교수법의 효과를 뒷받침하는 연구를 토대로, 특히 이 모형이 강조하는 인사이드-아웃 기능을 토대로 발생적 문식성 기능을 초점화하여 직접적으로 다루기 위하여 때로는 고립적으로, 때로는 주의 깊게 계획된 맥락에서 구체적이고 계열화된 수업을 제공할 것이다.

2.2. 사회문화적 관점

발생적 문식성에 대한 사회문화적 관점은 어린 아동의 문식성 발달에 있어 부모, 가족, 문식 환경(literacy environment)의 중요성을 강조한다.[18] 이 관점에서 볼 때, 읽기와 쓰기는 교사가 가르치고 아동이 배우는 구체적인 기능의 집합이라기보다는 아동이 특정한 사회적 맥락에서 글로부터 의미를 구성하는 사회적 활동으로 정의된다.[19] 이 관점은 비고츠키의 학습과 발달 이론을 토대로, 사회문화적 접근법에서는 어린 아동이 학교에 들어가기 전 혹은 공식적인 문식성 수업을 받기 전에 참여하는 자연스러운 문식 상황과 문식 활동을 강조한다.[20] 이 관점을 따르는 연구자들은 문식성을 둘러싼 성인과 아동의 상호작용, 특히 가정과 지역사회에서의 문식성을 둘러싼 성인과 아동의 상호작용 및 그러한 상호작용 속에서 문식성이 담당하는 기능을 강조한다.[21] 연구자들은 어린 아동들이 이러한 상호작용을 통해 습득한 읽기와 쓰기에 대한 비관습적인(nonconventional) 지식을 문식성과 관련된 가설을 설정하기 위한 실마리로 사용한다고 여긴다. 이러한 가설은 아동이 문식 환경에서 다른 사람들과 상호작용하면서 보다 정교해진다.[22]

세라 마이클스(Sarah Michaels)와 제임스 콜린스(James Collins) 같은 사회문화적 관점의 연구자들은 다양한 문화적 배경의 아동이 어떻게 이야기 구조를 이해해 가는지를 탐구하기 위해 아동의 이야기를 연구했다.[23] 그들은 읽기와 쓰기를 서로 밀접하게 관련되어 있는 문식 활동으로 생각하기 때문에, 알파벳 및 소리와 낱자의 대응 관계(sound-symbol relationship)에 대한 아동의 지식을 탐구하기 위해 창안적 철자도 연구했다.[24] 또한 그들은 아동이 일정한 어휘를 알고 있는지를 평가하기보다는 가정이나 지역사회에서 배운 어휘를 파악하기 위해, 표준 어휘 검사 대신 아동에게 일상생활에서 겪었던 사건이나 그림에 대해 말해 보도록 했다.

사실상 사회문화적 문식성 연구자들은 특히 다양한 가정, 문화, 지역 사회에서의 언어와 문식 활동에 관심을 갖는다. 그들은 학교에서 배우는 표준적인(standard) 문식 활동과는 매우 다른 문식 활동을 하는 가정의 아동에 대한 결핍 관점(deficit view)을 갖지 않을 것을 강조한다. 즉, 문화적 배경이 다른 가정 아동의 문식 기능이 결핍되어 있다는 결론을 받아들이지 않는다. 그들은 미국 학교의 문식 활동 대부분이 중류층 백인 문화로부터 비롯된 것이라고 생각한다. 이러한 관점으로 볼 때 능숙한 독자가 되도록 하는 요인을 확인하는 것은 유용하지 않다. 왜냐하면 그러한 요인들을 토대로 측정한 결과는 아동의 언어와 문식 활동이 특권 계층에 부합하는지 혹은 부합하지 않는지만을 단순히 확인할 수 있기 때문이다.[25]

이러한 관점을 따르는 교사는 아동이 사전에 계획된 순서에 따라 습득해야 하는 분절적인 기능 목록으로 읽기 수업을 시작하지는 않을 것이다. 대신에 가정 방문이나 부모와의 면담을 통해 아동이 가정이나 지역사회에서 습득한 지식 자본이 무엇인지를 확인하는 것에서부터 시작할 것이다.[26] 다시 말해, 교사의 임무는 학교에서 필요로 하는 보다 형식적인 문식 활동에 아동을 참여시켜 탐구할 수 있도록 하면서 그들이 학교에 가져오는 지식과 수업을 연결하는 것이다.

여러 측면에서 사회문화적 관점은 인지과학적 관점이 놓치고 있는 부분을 직접적으로 강조한다. 물론 반대의 경우도 마찬가지이다. 발생적 문식성 모형에 대한 앞의 설명에서 볼 수 있듯이 모든 연구자가 동의하는 단일한 발생적 문식성 모형은 없다. 그럼에도 불구하고 이러한 모형들을 토대로 수행된 많은 연구는 아동이 형식적 문식성을 준비하기 위하여 학교에 가져가는 지식의 복잡성과 다양한 지식의 원천을 이해하는 데 도움을 준다. 앞 장에서 설명했던 가정에서의 읽기 활동을 통해 습득된 책에 대한 인식에 더하여, 이러한 모형 모두에 포함되어 있을 뿐만 아니라 대부분의 연구자가 발생적 문식성의 핵심 요소로 인식하고 있는 구체적인 지식과 기능 들이 있다. 이러한 요소들은 이 장의 나머지 부분에서 다루어진다.

3. 환경적 문자

환경적 문자(environmental print)란 일상생활에서 볼 수 있는 문자, 즉, 가정, 상점, 도로에서 볼 수 있는 문자나 음식물, 포장지, 표지판 등에서 볼 수 있는 상표나 로고 등을 말한다.[27] 환경적 문자는 부유한 아동이나 가난한 아동 모두가 접근 가능하지만, 앞 장에서 언급했듯이 실제적으로 좀 더 빈곤한 지역사회에서는 더 읽기 쉽고 보다 다양한 문자를 볼 기회가 적다.[28]

환경적 문자는 일반적인 문자와 같지 않다. [그림 3-2]에 나타나 있듯이 사람들의 시선을 끌 수 있도록 매력 있게 만들어진다. 그것은 독특하고, 다채로우며, 기억하기 쉽고, 그리고 대부분 비연속적으로, 즉 동화책이나 신문 등에서 볼 수 있는 줄글이라기보다는 표지판이나 광고에서 볼 수 있는 한두 개의 단어로 이루어져 있다(예: 홈플러스나 이마트 로고). 환경적 문자의 또 다른 중요한 특성은 기능적이라는 데 있다. 매일 아침 시리얼 상자에 있는 콘플레이크 로고를 보는 아동은 그 안에 아침이 들어 있다는 것을 빠르게 학습한다. 대체로 환경적 문자는 정지 표지판의 경우에

[그림 3-2] 아동이 읽기를 배우는 과정에서 사용할 수 있는 환경적 문자들

서처럼 그 의미를 빠르고 쉽게 전달하도록 만들어진다.

셰리 호너(Sherri Horner)는 환경적 문자를 세 가지 종류, 즉 공동체를 위한 표시(예: 맥도날드, 정지 표지판, 홈플러스), 가정에서 사용하는 물건에 있는 상표(예: 코카콜라, 새우깡, 맛동산), 그리고 특별히 아동을 위한 문자(예: 크레용, 레고)로 분류했다.[29] 취학 전 아동은 나머지 두 종류의 환경적 문자보다 아동을 위한 환경적 문자를 보다 잘 재인하는 경향이 있고, 아동이 성장함에 따라 환경적 문자에 대한 지식도 넓어진다. 환경적 문자는 이곳저곳에서 볼 수 있기 때문에 사회경제적 지위가 높거나 낮은 취학 전 아동의 환경적 문자에 대한 지식 수준은 결국에 가서는 비슷해진다.[30]

아동은 두 살 이전에 환경적 문자를 알아차리고 상호작용하기 시작하며 두세 살 무렵에는 숫자와 그림 같은 일반적인 기호와 환경적 문자를 구별하기 시작한다.[31] 사례 연구에 따르면 조숙한 아동은 성인과 상호작용하는 동안 환경적 문자를 가리키면서 생각을 표현하기 시작한다.[32] 가끔은 부모가 환경적 문자에 아동의 시선을 끈 다음, 그것을 여러 부분으로 쪼개기도 한다(예: 맥도날드 로고에서 '맥'을 가리키는 것). 이때 아동은 여러 부분 간의 관련성을 이해하기 시작한다. 때때로 환경적 문자를 둘러싼 이러한 형태의 상호작용은 부모가 아동에게 낱자의 이름이나 낱자의 소리를 알려 주는 등과 같은 비형식적 글자 지도로 이어질 것이다. 이와 같이 부모는 환경적 문자를 통해 직접적으로 낱자의 이름과 소리에 대한 아동의 초기 학습을 지원하기 시작할 것이다. 이 활동이 얼마나 정기적일지는 확실하지 않으나 아마도 가정마다 다를 것이다. 퍼셀-게이츠는 이러한 부모의 추가적인 지원이 없으면 아동은 초기 문식성 학습과 관련하여 환경적 문자에 대한 노출로부터 어떠한 이득도 얻지 못할 것이라고 주장한다.[33]

3.1. 환경적 문자와 나중의 문식성 학습과의 관련성

　환경적 문자가 어떻게 어린 아동의 문식성 학습을 위한 초기 토대가 되는지에 대한 앞선 논의를 고려하면, 환경적 문자에 대한 풍부한 지식을 가진 아동이 형식적 문식성 기능을 보다 빠르고 잘 발달시킬 것이라는 생각은 일면 타당하다. 미셸 노이만(Michelle Neumann)과 미셸 후드(Michelle Hood), 루스 포드(Ruth Ford), 데이비드 노이만(David Neumann)은 환경적 문자에 대한 사회문화적 경험과 형식적인 읽기 기능 간의 관계를 설명하는 문식성 기능 모형을 제안했다.[34] [그림 3-3]에 나타나듯이 아동의 환경적 문자에 대한 노출과 그것을 둘러싼 아동과 성인의 상호작용은 환경적 문자에 대한 매우 맥락적인 지식을 습득하도록 이끈다.[35] 취학 전 아동은 환경적 문자에 대한 노출과 성인과의 상호작용을 토대로 상표나 로고와 같은 환경적 문자를 마치 하나의 그림처럼 여기면서 **통째로 읽을**(logo-graphic reading) 수 있다. 그러나 그들은 상표나 로고를 낱자와 소리를 대응시켜 해독하는, 즉 관습적인 해독 방식으로는 읽을 수 없다. 왜냐하면 관련 알파벳 지식이 없기 때문이다. 그러므로 상표나 로고가 원래의 상표나 로고가 가진 색깔이나 형태와는 다르게 흰색 종이 위에 검은색 글씨로

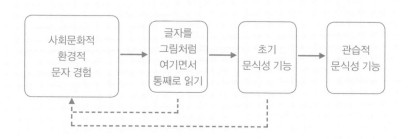

[그림 3-3] 환경적 문자에 대한 사회문화적 경험과 형식적인 읽기 기능 간의 관계를 설명하는 문식성 기능 모형[36]

제시되면, 글자를 그림처럼 여기면서 통째로 읽는 단계의 취학 전 아동은 비록 상표나 로고 자체는 알 수 있으나 그것을 읽거나 틀린 낱자를 찾아내지는 못한다.[37] 이러한 방식의 읽기, 즉 글자를 그림처럼 여기면서 통째로 읽는 것은 성인 문맹자에게서도 발견된다.[38]

그러나 앞의 모형에서 글자를 그림처럼 여기면서 통째로 읽는 것이 아동을 발생적 문식성 기능을 습득하는 과정으로 끌어들인다는 전제는 논쟁의 여지가 있다. 단지 환경적 문자를 많이 알기만 하면 아동이 중요한 알파벳 규칙을 습득할까? 어떤 연구자들에 따르면 환경적 문자를 읽는 방식의 읽기는 일반적인 글을 읽을 때 요구되는 자소적(graphemic) 및 음운적(phonological) 분석을 발달시키는 데 도움이 되지 않는다.[39] 아동은 많은 환경적 문자를 읽을 수는 있지만 낱자-소리 관계에 대한 지식, 발생적 쓰기, 혹은 단어 재인 기능을 이해하지 못할 수도 있다.[40] 그러므로 환경적 문자에 대한 풍부한 지식 자체가 표준적인 문식성 기능의 발달을 보장하지는 않는다. 그러나 어떤 문식성 연구자들은 여전히 아동이 의사소통의 도구로서 문자의 기능을 이해하는 것은 환경적 문자를 통해서라고 생각한다.[41]

3.2. 환경적 문자를 활용하여 발생적 문식성을 신장하는 교실 수업

취학 전 아동이 이미 가지고 있는 환경적 문자 지식은 발생적 문식성 학습을 위하여 수업에서 활용할 수 있는 토대이다. 버지니아 크로닌(Virginia Cronin)과 데니즈 패럴(Denise Farrell), 메리 딜레이니(Mary Delaney)에 따르면, 특정한 로고에 대한 아동의 지식은 성인(부모)의 추가적인 지도가 뒤따른다면 보통의 활자로 쓰인 해당 로고 단어에 대한 아동의 읽기 학습을 촉진시킨다.[42] 예를 들어 팔각형 모양의 붉은색 '정지 표지판'

을 아는 것은 나중에 정지라는 단어가 표지판이라는 맥락 없이 제시될 때에도 그것을 읽을 수 있도록 아동을 돕는다. 그러므로 환경적 문자에 대한 어린 아동의 지식은 비록 그들이 환경적 문자 자체를 읽지 못할 때에도, 일반적인 활자로 쓰인 문자를 지도하는 데 활용될 수 있다.

노이만 외는 환경적 문자를 이용하여 어린 아동의 발생적 문식성을 촉진하는 수업 방법을 제안하였다.[43] 먼저 아동에게 몇 가지의 낯익은 환경적 문자를 소개한다(예: 맥도날드, 콘플레이크, 홈런볼). 그리고 환경적 문자에 공통적으로 들어 있는 낱자를 개별적으로 가르친(예: ㄴ, ㄹ, ㅗ) 다음, 앞서 가르친 낱자를 환경적 문자에서 손가락으로 짚어 준다. 그런 다음, 아동에게 해당 낱자를 쓰게 한다. 노이만과 그 동료들은 이와 같이 환경적 문자를 활용하는 방법과 일반적인 활자를 활용하여 가르치는 방법, 즉 일반적인 활자 맥락에서 새로운 낱자를 가르치는 방법을 비교한 연구를 통하여, 취학 전 교실 수업 전략으로서 환경적 문자를 활용하는 것이 낱자-소리 지식, 낱자 쓰기, 문자 읽기와 같은 측면에서 어린 아동의 성취를 높이는 데 보다 효과적임을 밝혀냈다. 따라서 비록 환경적 문자에 대한 지식이 자동적으로 일반적인 문자에 대한 지식 습득을 이끌 수는 없지만, 수업 전략으로 환경적 문자를 적절히 활용하면 일반적인 문자에 대한 지식 발달을 촉진할 수 있다.

4. 알파벳 지식

알파벳 지식은 발생적 문식성의 중요한 부분이다. 이것은 어린 아동이 알파벳 낱자를 알아보고, 이름을 대고, 쓸 수 있는 것 이상을 이해하는 것을 의미한다. '가나다 노래'를 아는 것뿐만 아니라 낱자와 그림이나 숫자와 같은 다른 상징체계의 차이를 아는 능력을 포함한다. 물론 낱자의 이름과 소리를 아는 것뿐만 아니라 낱자에 알맞은 소리를 빠르고 정확하게 대응하는 능력도 포함한다. 알파벳 지식을 습득하는 양상은 아동 모두에게서 매우 유사하다.[44] 퍼트리샤 워든(Patricia Worden)과 웬디 버처(Wendy Boettcher)에 따르면 아동은 일반적으로 소문자보다 대문자를 먼저 배우고, 낱자의 이름을 댈 수 있게 된 다음에 쓸 수 있게 된다.[45] 낱자의 소리를 유창하게 내는 능력은 알파벳 지식 중에서 가장 마지막에 발달하는 것이다.

4.1. 낱자 암송 지식

대부분의 아동이 알파벳과 관련하여 가장 먼저 습득하는 지식은 암송 지식(recitation knowledge), 즉 알파벳을 암송하거나 'ABC 노래'를 부르는 것이다.[46] 대부분의 아동은 5세 무렵이면 알파벳을 틀리지 않고 암송할 수 있다.[47] 물론 저소득층 가정의 많은 아동은 유치원을 마칠 때까지 이 수준의 지식조차 가지지 못하고,[48] 매우 낮은 수준의 발생적 문식성 기능만을 가지는 경향이 있다. 많은 부모는 자녀가 암송 지식이 있으면 알파벳을 알고 있을 것이라고 생각한다. 그러나 암송 지식이 있는 아동이 암송하거나 노래를 부를 수 있다고 해서 낱자와 시각적인 형태를 모두 연결시킬 수 있는 것은 아니다. 즉, 발음된 소리 '[ㄱ]'이 낱자 'ㄱ'을 가리킨다는 것을 알지 못할 수도 있다. 그러므로 암송 지식은 알파벳 지식의 일부에 지나지 않는다.

암송 지식이 나머지 알파벳 지식을 습득하는 데 얼마나 도움이 되는지에 대한 결론은 명확하지 않다. 어떤 연구자들은 암송 지식과 다른 알파벳 지식들 사이에 중간 정도의 상관관계가 있다고 주장하기도 하고,[49] 또 다른 연구자들은 관련이 없다고 주장하기도 한다.[50] 아마도 암송 지식으로는 중류층 가정 출신의 좀 더 나이 있는 유치원 아동의 문식성 발달을 예언할 수는 없을 것이다. 왜냐하면 그들 대부분은 이미 암송 지식, 즉 ABC 노래를 부를 수 있기 때문이다.

4.2. 낱자 이름 지식

낱자 이름 지식(letter-name knowledge)이란 낱자가 무작위로 제시되거나 맥락적인 실마리 없이 제시될 때 그 이름을 대는 아동의 능력을 말한다. 유치원 시기의 낱자 이름 지식은 아동이 초등학교 저학년에서 얼마나 성공적으로 읽기 학습을 할 수 있는가를 예언하는 가장 초기 예측 요소이다. 유아기 종단 연구(ECLS, Early Childhood Longitudinal Study)에 따르면 유치원에 입학할 때 낱자를 잘 알고 있는 아동의 92%는 초등학교 1학년 말에 눈으로 단어를 읽을 수 있었다.[51] 반면에 낱자를 읽는 데 능숙하지 않은 아동의 62%만이 1학년 말에 눈으로 단어를 읽을 수 있었다. 미국 초기문식성위원회(National Early Literacy Panel)가 최근에 수행한 낱자 이름 지식 연구도 낱자 이름 지식과 이후의 문식성 기능 간에는 .48~.54 정도의 상관관계가 있음을 밝혔다.[52] 셰인 피아스타(Shayne Piasta), 야코프 페처(Yaacov Petscher) 및 로라 저스티스(Laura Justice)는 유치원이 끝날 때쯤 심지어 낱자 10개를 알고 있는 아동조차도 나중에 읽기에서 어려움을 덜 겪을 가능성이 있다고 주장했다.[53] 그런데 많은 발생적 문식 기능과 마찬가지로 중류층과 비교했을 때 저소득층 가정의 유치원 아동의 알파벳 지식은 상당히 뒤떨어진다.[54] 이러한 아동이 또래를 따라잡기 위해서는 유치원 기간 동안 상당한 형식적인 알파벳 지도가 필요하다. 낱자를 알지 못하고 이름을 댈 수 없는 아동은 나중에 읽기 학습에서 어려움을 겪을 가능성이 상당히 높다.

모든 낱자의 이름이 똑같이 쉽게 학습되는 것은 아니다.[55] 많은 요인이 어떤 낱자의 이름은 쉽게 어떤 낱자의 이름은 어렵게 배우도록 하는 데 영향을 미친다. 낱자의 **변별성**(distinctiveness), 즉 '개별 낱자가 다른 낱자와 쉽게 구별되는 속성'은 특정 낱자를 좀 더 쉽게 학습하도록 돕는다.[56] 낱자는 높이, 수직으로 올라가거나 내려가는 부분의 유무, 각도, 굴곡의 측면에서 서로 다르다. 예를 들어, 소문자 j는 선이 아래로 내려가다가 살짝 위로 올라가며 휘어질 뿐만 아니라 위에 작은 점이 있어 다른 낱자와 쉽게 구별된다. 반면에 a, e, c는 모두 곡선이고 크기가 작아서 아동이 시각적으로 구별하기 어렵다. 여러 연구[57]에 따르면 알파벳은 시각적으로 아동을 헷갈리게 할 수 있어 다른 낱자와 뚜렷하게 구별되는 낱자는 보다 쉽게 학습된다. 대문자 지식(uppercase knowledge)은 소문자 이름을 학습하는 데 도움을 주며,[58] 특히 P와 p 혹은 S와 s처럼 시각적으로 낱자의 형태가 서로 유사할 때 더욱 도움이 된다.[59]

알파벳 학습에 영향을 주는 또 다른 요인은 낱자가 인쇄물에 출현하는 빈도(frequency)이다.[60] 예를 들어 T나 S는 Z, Q, X보다 인쇄물에 출현될 가능성이 훨씬 높고, 따라서 아동이 이 낱자를 먼저 학습할 가능성이 높다.[61] 인쇄물에서 자주 보는 낱자의 반복은 아동에게 특정 낱자를 다른 낱자보다 보다 빠르게 학습하도록 한다.

아동은 사회문화적 이유로 특정 낱자를 먼저 학습할 수도 있다. 예를 들어 알파벳 순서(alphabet order)도 중요할 수 있는데, 왜냐하면 암송 지식뿐만 아니라 교사나 부모가 흔히 특정 순서로 알파벳을 가르치기 때문이다.[62] 그래서 앞쪽에 있는 알파벳 낱자가 학습되기 쉽다. 종종 아동은 자신의 이름에 들어 있는 낱자를 먼저 학습하고, 특히 이름의 **첫 낱자**를 먼저 학습한다.[63] 대체로는 대문자를 먼저 학습하는데, 부분적으로는 성인이 아동에게 책을 읽어 주면서 강조하고 손가락으로 가리키는 것이 대문자이기 때문이다.[64]

4.3. 낱자 소리 지식

낱자 소리 지식(letter-sound knowledge)이란 단순히 낱자의 이름을 말하는 능력이 아니라 낱자가 맥락 단서(예: 문어나 구어 단어 안에서 제시) 없이 단독으로 제시될 때 그 소리를 발음하는 능력을 말한다. 이것은 낱자 's'의 이름이 /es/라는 것을 아는 것이라기보다는 그것이 단어 안에서 /s/ 소리로 발음된다는 사실을 아는 것을 의미한다. 낱자와 소리의 관계를 학습하는 과정에서 아동은 문어의 철자적 특성(orthographic feature, 즉 시각적 특성)과 그에 대응하는 구어의 음운적 특성(phonological feature, 즉 소리적 특성)을 통합해야 한다.

낱자의 이름을 아는 것은, 특히 어두음 원리(acrophonic principle)*를 따르는 낱자의 이름을 아는 것은 낱자와 소리의 관계를 학습하는 데 도움이 된다. 예를 들어 낱자 'v'의 이름은 /vi:/이기 때문에 이름 자체에 'v'의 소리가 들어 있어 해당 낱자를 볼 때, 그것의 소리를 떠올리기도 쉽고 기억하기도 쉽다. 반면에 낱자 'f'의 이름은 /ef/이기 때문에 이름의 첫 번째 소리는 /e/이지 /f/가 아니다. 따라서 어린 아동이 'f'로 시작하는 단어를 만났을 때 그것의 첫 낱자를 /f/로 발음하기는 쉽지 않다. 또한 낱자 'w'의 이름은 /dʌblju:/이기 때문에 그것은 이름 자체에 있는 어떤 소리로도 발음되지 않는다. 이로 인해 아동은 일반적으로 어두음 원리를 따르는 낱자(예: b, d, j, k, p, t, v, z)의 소리를 어두음 원리를 따르지 않는 낱자(예: h, w, y)의 소리보다 쉽게 학습한다. 알파벳의 많은 낱자가 자체의 소리로 발음되는 원리.[65] 이 어두음 원리는 심지어 언어 장애가 있거나 음운 인식(phonological awareness) 능력이 부진한 아동이 낱자의 소리를 학습하는 과정에도 적용된다.[66] 또한 이러한 원리는 아동의 초기 쓰기에서도 나타

....

* 알파벳의 많은 낱자가 자체의 소리로 발음되는 원리.

난다. 예를 들어 유치원 아동은 종종 /w/로 시작하는 단어를 듣고 그 첫 소리를 'y'로 잘못 발음하는데, 그것은 낱자 'w'로 시작하는 단어의 첫 소리가 /waɪ/로 나기 때문이다.[67] 그렇지만 낱자의 이름을 항상 먼저 가르치지는 않는 영국 아동에게는 이러한 현상이 나타나지 않는다.

낱자와 그에 대응하는 소리를 관련짓는 연습은 아동에게 낱자와 소리의 대응 관계를 이해하도록 하는 데 도움을 준다. 사실상 낱자-소리 연결 연습이 뇌 자체를 변화시켜 차후에 문자에 보다 민감해지도록 한다는 신경학적 증거도 여럿 있다. 실비아 브렘(Silvia Brem) 외는 글을 읽지 못하는 유치원 아동을 낱자와 소리를 연결하는 컴퓨터 게임에 참여시킨 종단연구를 수행했다.[68] 기능적 자기공명영상법(fMRI)과 뇌파(EEG)를 활용한 연구 결과에 따르면, 실험 8주 후에 낱자-소리 연결 게임에 참여한 아동이 숫자 게임에 참여한 아동보다 문자에 대하여 **좌측 후두-측두 피질**(oc-cipital-temporal cortex, 초기 유창한 읽기에서 매우 활성화되는 뇌의 부분)에서 보다 커다란 활성화를 나타냈다.

4.4. 낱자 쓰기

낱자 쓰기(letter writing)도 알파벳 지식의 또 다른 부분이다. 아마도 아동은 낱자의 이름을 알지 못하거나 낱자의 소리를 알지 못해도 낱자를 쓰거나 최소한 베껴 쓸 수는 있을 것이다. 그렇지만 낱자의 이름과 소리에 대한 지식은 아동의 낱자 쓰기에 도움을 준다.[69] 즉, 아동이 이미 어떤 낱자의 이름과 소리를 알고 있다면 기억을 토대로 그 낱자를 정확하게 쓸 수 있을 듯하다. 많은 아동에게 있어 자신의 이름에 들어 있는 낱자를 쓰는 것은 낱자 쓰기를 학습하는 과정에서 나타나는 첫 번째 현상이다.[70] 이름의 낱자 모두를 순서대로 정확히 쓰는 아동은 다른 낱자 쓰는 방법 또한 알고 있을 가능성이 높으며, 다양한 낱자의 이름과 소리를 알고 있을 가능성도 높고, 그리고 보다 음운 인식 능력이 우수할 가능성도 높다.[71] 그러므로 일반적으로 자신의 이름을 쓸 수 있는 것은 아동의 초기 알파벳 능력을 보여 주는 좋은 지표가 될 수 있다. 쓰기 연습은 낱자를 단순히 시각적인 대상이 아니라 낱자의 형태로 지각하게 하는 뇌 기능을 발달시킨다. 성인 독자에게 좌측 **방추상회**(fusiform gyrus, 후두엽과 측두엽에 걸쳐 있으며 얼굴과 사물 재인에 관여하는 영역)는 단어를 재인하는 활동에 특화된 영역이다.[72] 카린 제임스(Karin James)는 아동에게 낱자 쓰기 연습을 하게 하는 것이 이 영역의 뇌 활성화를 증가시킬 뿐만 아니라 이 영역의 활성화는 낱자에 대한 반응에서 가장 극대화된다는 것을 발견했다.[73]

종합하면 알파벳 지식이 발생적 문식성 능력을 발달시키는 군건한 토대라는 것은 아무리 강조해도 지나치지 않다. 영어에는 26개의 낱자(대문자와 소문자를 합하면 52개의 낱자)가 있지만 알파벳을 학습한다는 것은 단순히 낱자의 이름을 아는 것보다 훨씬 복잡한 과정을 포함한다. 탄탄한 알파벳 지식이 없는 아동은 초기 문식성 학습뿐만 아니라 나중의 문식성 학습에서도 어려움을 겪을 가능성이 높다.[74] 비록 어떤 아동은 이러한 지식의 일부를 가정에서 배우겠지만 모든 아동이 탄탄한 알파벳 지식을 갖추도록 하는 것은 유치원 교사가 해야 할 가장 필수적인 과업이다. 이것이 유치원이 아동의 나중의 문식성 학습에 기여할 수 있는 부분이다.

4.5. 알파벳 학습을 신장하는 교실 수업

명시적인 지도는 유치원 아동, 특히 문식성 관련 배경지식이 충분하지 않은 유치원 아동의 학습 기회를 증가시킨다. 앞에서 제시한 다양한 논의를 반영하여 알파벳 지도를 잘하기 위해서는 낱자 이름, 낱자 소리, 인쇄물에서 낱자 재인, 대문자 및 소문자 쓰기를 통합해야 한다. 비록 다양한 알파벳 지도 방법의 효과를 밝힌 실험 연구는 거의 없지만 다중 요소 방법이 단일 요소 방법보다는 효과적이라는 결과를 도출했다.[75] 예를 들어 피아스타와 리처드 와그너(Richard Wagner)는 낱자 이름과 낱자 소리 지도를 모두 받은 아동이 낱자 소리 지도만 받은 아동보다 낱자 소리 검사에서 더 높은 점수를 받았다고 밝혔다. 책 읽어 주기 활동에서 알파벳 책을 사용하는 것도 역시 효과적이다.[76]

최근까지 대부분의 유치원에서 사용한 표준적인 알파벳 지도 방법은 '이번 주 낱자(letter of the week)' 방법이다. 이 방법에서 교사는 매주 새로운 낱자 한 개를 소개하고 아동은 1주일 내내 그것과 관련된 다양한 학습 활동에 참여한다. 그다음 주에는 새로운 낱자가 소개되고 같은 학습 활동이 진행된다. 많은 연구자가 이 방법을 비판했는데, 어떤 연구자는 이 방법이 낱자를 유의미한 단어 맥락이나 진짜 책으로부터 벗어나 고립적으로 가르치기 때문에 발달적으로 적절하지 않다고 비판했다.[77] 그렇지만 교사가 '이번 주 낱자'를 다양한 인쇄물에서 찾는 활동과 통합하여 일상생활이나 교실에서 만나는 문자에서 찾게 한다면 탈맥락의 문제는 최소화될 수 있다. '이번 주 낱자' 방법의 장점은 1년 동안 모든 낱자를 직접적으로 다룰 수 있다는 것이다. 하지만 1년 동안 개별 낱자를 한 번밖에 다루지 않는다는 단점도 있다. 이 정도면 인쇄물에 대한 최소한의 지식을 가지고 학교에 오는 어린 아동에게 충분한가? 그것은 확실하지 않다.

슈와넨플루겔 외는 '이번 주 낱자' 활동을 보다 발달적으로 적절하게 수행하는 방식으로 쉬운 낱자를 먼저 가르치고, 보다 어려운 낱자를 나중에 가르치는 것을 제안했다.[78] 이들은 쉬운 낱자를 어두음 원리를 따르는 낱자로 규정하고, 이 방법을 적용한 실험 집단과 알파벳 순서대로 '이번 주 낱자' 방법을 적용한 통제 집단을 비교했다. 연구 결과에 따르면 교사가 언어의 소리 체계(즉, 음운 인식)에 대한 이해를 강조하는 활동을 수행했을 때에만 실험 집단의 아동이 통제 집단의 아동에 비해 더 높은 성취를 보였다. 결국 이러한 결과는 알파벳 지식을 가르치는 데 다중 요소 방법이 효과적이라는 것을 뒷받침한다.

　1년 단위로 진행되는 수업 주기를 감안하면 낱자를 보다 자주 가르치는 것이 좋은 결과를 낳을 수 있다. 신디 존스(Cindy Jones)와 레이 로이철(Ray Reutzel)은 전통적인 '이번 주 낱자' 방법과 매일 새로운 낱자 하나씩을 가르치는 '매일 낱자' 방법을 비교했다.[79] 이 방법은 1년의 수업 주기 동안 아동에게는 개별 낱자를 여러 차례 반복적으로 학습할 수 있는 기회를, 교사에게는 필요하다면 어려운 낱자를 좀 더 자주 가르칠 수 있는 기회를 제공한다. 존스와 로이철은 전통적인 '이번 주 낱자' 방법을 교육 받은 아동과 '매일 낱자' 방법을 배운 아동을 비교했는데, 충분한 낱자 지식이 없어서 학년 말에 읽기 부진으로 진단받을 것으로 우려되는 아동의 수가 전자('이번 주 낱자' 방법)보다 후자(매일 낱자 방법)에서 많이 줄었다.

5. 음운 인식과 음소 인식

　알파벳 지식뿐 아니라 음운 인식과 그것의 하위 요소인 음소 인식(phonemic awareness)은 어떤 아동이 발생적 문식성 기능의 결핍으로 인해 읽기 학습에 어려움을 겪을지를 예측하는 데 가장 보편적으로 평가되는 요소이다. 음운 인식이란 단지 언어의 소리를 듣고 분별하는 능력(즉, 능숙한 모어 화자 모두가 매우 어린 시기에 습득하는 능력)만을 의미하지는 않는다.[80] 음운 인식은 문자가 아니라 음성으로 제시되는 구어 단어에 대한 소리 구조를 이해하고, 이 지식을 사용하는 능력을 가리킨다. 이것은 아동에게 언어의 소리 체계를 조절하고 일정 정도 분석하도록 하는 메타언어적인(metalinguistic) 능력이다. 이것은 단어가 음절, 운, 강세가 있거나 없는 음절, 개별적인 음소와 같은 소리의 단위로 구성된다는 것을 아는 것을 포함한다.

　음운 인식은 종종 음소 인식과 바꿔 쓰기도 하지만 실제로 후자는 음

[표 3-2] 아동이 음운 인식 능력을 발달시키면서 학습하는 44개의 영어 음소[81]

(진한 낱자 부분이 국제 음성 기호와 대응됨)

모음		자음	
단어	국제 음성 기호	단어	국제 음성 기호
b**ea**t	iː	**p**ea	p
l**i**d	ɪ	**t**ea	t
g**e**t	ɛ	**k**ey	k
b**a**t	æ	**b**ut	b
p**ar**t	ɑr	**d**uck	d
d**o**t	ɒ	**g**ag	g
th**ough**t	ɔː	**m**e	m
p**u**t	ʊ	**n**o	n
b**oo**t	uː	si**ng**	ŋ
b**u**t	ʌ	**f**ee	f
g**ir**l	ər	**th**ing	θ
th**e**	ə	**s**eed	s
b**i**te	aɪ	**sh**e	ʃ
c**ow**	aʊ	**ch**eap	tʃ
b**ear**	ɛər	**v**eal	v
m**ay**	eɪ	**th**at	ð
d**eer**	ɪr	**z**oom	z
b**oy**	ɔj	bei**ge**	ʒ
b**oa**t	oʊ	a**ge**	dʒ
d**oor**	ɔːr	**h**e	h
		low	l
		red	r
		we	w
		yes	j

운 단위의 하나인 음소(phoneme)에 초점을 둔다. 음소는 하나의 단어를 다른 단어와 구별해 주는 말소리의 최소 단위로 정의된다. [표 3-2]에 나타나듯이 영어에는 44개의 음소가 있다. 음소 인식은 말하자면 발음된 단어 'sun'이 세 개의 분절된 소리 /s/, /u/, /n/으로 구성되어 있고, /s/라는 소리가 단어 'sun'과 단어 'fun'을 청각적으로 구별하게 한다는 것을 아는 것을 말한다. 아동은 'sun'을 세 개의 소리 /s/, /u/, /n/으로 나누거나

'fun'이라는 단어를 만들기 위해 /s/를 /f/로 바꾸는 음운 인식 능력이 없어도 약간의 음운 인식 지식(즉, 단어 'sun'은 한 개의 음절이라는 것을 알 수 있다)을 가지고 있을 수는 있다. 이러한 구분은 중요할 수도 중요하지 않을 수도 있고,[82] 아마도 이러한 지식의 일부는 아동의 읽기 학습에 관여한다. 여기에서 우리는 음운 인식은 언어의 소리 체계에 대한 일반적인 능력을, 음소 인식은 음소를 확인하고 조작하는 보다 구체적인 능력을 지칭하는 용어로 사용한다.

5.1. 음운 인식의 발달

음운 인식은 발달적으로 하나의 총체적인 기능이 아니다. 즉, 아동은 상당히 예측 가능한 발달 과정에 따라 어떤 기능을 다른 기능보다 먼저 습득한다.[83] 사실상 몇몇 음운 인식 프로그램은 이러한 순서대로 프로그램을 구성하여 초기에 발달하는 기능에 대한 지도를 먼저 제공하고, 나중에 보다 어려운 기능에 대한 지도를 제공한다.[84] 그렇지만 아동은 이처럼 단계와 같은 엄격한 형식의 발달 양상을 따르지는 않는다. 아동은 여전히 초기 기능에 대한 이해를 정교화하면서도 음운 인식의 나중 단계에 대한 기본 지식을 나타내기도 한다.[85] 예를 들어 음운에 대한 재인이나 확인을 요구하는 음운 인식 과제가 음운을 생성하도록 하는 음운 인식 과제보다 쉽다.[86]

일반적으로 유치원 아동은 네 살 무렵에 음절이나 단어와 같은 큰 단위를 인식하는 능력이 먼저 나타난다.[87] 전형적으로 이러한 능력은 아동에게 하나의 문장 안에 몇 개의 단어 혹은 음절이 있는지를 세어 보게 하거나 박수치는 횟수로 평가된다. 그런 다음 아동은 어두자음(군)(onset)과 운(rime)을 구분하는 것과 같은 중간 크기의 단위를 인식할 수 있는 능력을 발달시킨다. 어두자음(군)이란 단일 음절 단어의 첫 번째 음소 또는 첫 번째 자음군을 말한다. 운이란 해당 단어의 첫 번째 음소 이후의 나머지 부분을 말하는데, 전형적으로 각운(rhyme)*이 있는 단어를 확인하는 데 사용한다. 예를 들어 단어 'trip'에서 /tr/는 어두자음(군)이고 /ip/은 운이며, 단어 /mist/에서 /m/은 어두자음이고 /ist/는 운이다. 이러한 능력은 아동에게 제시된 단어 중에서 동일한 각운이 있는 단어를 찾게 하거나 보다 수준 높은 평가에서는 제시된 단어와 동일한 각운을 갖는 단어를 말해 보게 하여 평가한다. 그러므로 이러한 능력을 가진 아동은 'bat', 'hat', 'big'이라는 세 개의 단어가 주어졌을 때 동일한 각운을 갖는 'bat'과 'hat'을 찾을 수 있고, 좀 더 수준 높은 능력을 가진 아동은 'sing'과 동일한 각운을 갖는 단어를 말하라고 했을 때 'bring', 'king', 'string' 등을 말할 수 있다.

마지막으로 아동은 음소와 같은 더 작은 단위를 인식하는 능력을 발달시킨다. 이러한 능력은 아동에게 동일한 소리로 시작하는 단어를 찾게 하거나(위의 세 개의 단어에서 첫소리가 같은 'bat'와 'big'를 찾게 하거나) 'bat'에서 /b/ 소리를 없애면 어떤 소리가 나는지를 말해 보게 하여 평가한다. 이것을 지속적으로 할 수 있는 아동은 음소 인식을 발달시킨 것으로 간주된다.

5.2. 음운 인식과 발생적 문식 기능

음운 인식은 오랫동안 문식성 발달의 토대로 인식되어 왔기 때문에 그것은 발생적 문식성과 관련하여 가장 면밀하게 연구된 주제였다. 최근에 수행된 메타분석 연구[88]에 따르면 음운 인식과 읽기 발달의 관계를 연구한 논문의 수는 1,660편에 달했다. 이러한 연구에서 광범위하게 관찰되는 것은, 대체로 단어 읽기를 쉽게 학습한 아동은 이미 훌륭한 음운 인식 능력을 가지고 있었다는 것이다.[89] 반면에 전형적으로 읽기 학습에 어려움을 겪는 아동은 음운 인식 능력이 매우 부진했다. 사실상 모니카 멜비-

....

* 모음과 마지막 자음 또는 자음들.

레르바그(Monica Melby-Lervåg) 외는 난독증(dyslexia)이 있는 아동이 음운 인식 과제에서 같은 나이 또래의 아동보다 뒤떨어졌다고 보고했다.[90] 그 러므로 음운 인식의 부재는 나중에 아동이 읽기 학습에서 어려움을 겪을 지를 보여 주는 중요한 지표이다.

그렇지만 어떤 특정한 음운 인식 기능이 읽기 학습과 관련되는지에 관 해서는 논쟁의 여지가 있다. 어떤 연구자는 음운 인식이 단일 기능이며, 이러한 일반적인 기능이 읽기 학습에 중요하다고 주장한다. 반면에 특정 한 하위 기능은 그렇게 중요하지 않다고 주장한다.[91] 또 다른 연구자들은 읽기 학습에 영향을 미치는 기능은 어두자음(군)과 운을 구별할 수 있는 기능이라고 주장한다.[92] 여전히 또 다른 연구자들은 음소 인식(즉, 음소를 확인하고, 혼합하고, 조작할 수 있는 능력)이 읽기 학습에 영향을 미치는 음운 인식의 유일한 하위 기능이라고 주장한다. 멜비-레르바그 외는 이와 관련 된 연구물을 검토한 후에, 비록 운 인식과 음소 인식 간에는 중간 정도의 상관이 존재하지만, 일반적으로 단어 읽기 능력과 음소 인식과의 관련성 이 운 인식(가장 보편적으로 연구되는 큰 단위 기능)과 음소 인식과의 관련성보 다 강하다고 결론지었다.[93] 사실상 그들의 메타분석에서 음소 인식과 나 중의 읽기 능력 간의 평균 상관관계는 .57이었던 반면에, 운 인식과 읽기 능력 간의 평균 상관관계는 .43이었다. 그러므로 아마도 많은 아동에게 음 소 지식은 문자를 해독하는 데 필요한 중요한 요소일 듯하다.

앞에서 설명한 것처럼 낱자 소리에 대한 학습이 읽기 학습을 위한 중 요한 초기 토대가 되듯이 음소 인식 또한 읽기 학습을 위한 중요한 초기 토대가 될 수 있다. 멜비-레르바그 외가 초기 읽기 능력과 관련하여 발견 했던 것처럼, 미영 웹(Mi-young Webb) 외는 유치원 아동의 음소 인식과 낱자 소리를 학습하는 능력 간의 관련성($r=.40$)이 음절 분리와 같은 큰 단 위 기능과 낱자 소리를 학습하는 능력 간의 관련성($r=.23$)보다 크다는 것 을 발견했다.[94] 말소리의 음소를 확인할 수 있는 능력은 낱자의 소리를 학습하는 데에도 많은 도움을 주며, 다음 장에서 살펴보겠지만 단어를 해독하는 데에도 많은 도움을 준다.

아마도 음소 인식과 읽기 학습 간에 상호적인 관계가 있는 듯하다. 아동이 낱자의 소리를 학습하고 학교나 그 밖의 공간에서 다양한 파닉스(phonics) 기술을 학습하면서, 그들은 언어의 소리 체계에 대한 자신들의 이해를 보다 정교화해 갈 것이다.[95] 따라서 자음군(예: 'stop'이나 'best'의 /st/처럼)이 있는 단어에 대한 학습은 아동에게 이러한 낱자가 만드는 개별적인 소리에 주의를 기울이도록 하며, 이중 음자(digraph, 즉 'church'에서 2회 반복되는 /ch/처럼)를 갖고 있는 단어에 대한 학습은 아동에게 영어에서 낱자와 소리의 관계가 필연적으로 일치하지 않는다는 것을 깨닫도록 이끈다. 결국 이러한 새로운 통찰은 또 다른 단어를 읽는 데에도 적용될 수 있다.

5.3. 알파벳 인식을 신장하는 교실 수업

아동은 매우 다양한 음운 인식 지식을 가지고 유아원이나 유치원에 입학한다. 그럼에도 불구하고 읽기 학습과 관련된 교육과정이 보다 어린 아동에게도 적용되어야 한다는 압력으로 인해, 아동이 읽기 학습을 유치원이나 심지어 더 이른 시기에 시작하기를 기대한다. 그러나 이러한 접근의 타당성에는 논쟁의 소지가 있는데, 특히 매우 많은 아동이 발생적 문식성 지식을 가르치는 프로그램을 잘 갖추고 있지 않은 유치원에 들어갔을 때에는 더욱 그러하다. 아직까지 유치원의 음운 인식 프로그램이 어린 아동의 메타언어적 능력을 발달시키고, 이것이 다시 읽기 학습 과정에 긍정적인 영향을 미칠 것이라는 데에는 이견이 없다. 아동이 어느 유치원을 다니든 간에 양질의 명시적인 음운 인식 수업은 그들의 음운 인식 능력을 실질적으로 향상시킬 수 있다.[96]

이러한 이유로 교육과정 평가자들은 점점 더 음운 인식 지도를 유치원 교육과정의 핵심 요소로 생각하며, 대부분의 유치원 교사는 자신들의 문식성 수업에 운율 활동[예: 어린 아동이 좋아하는 닥터 수스(Dr. Seuss)의 운율 그림책을 활용하는 운율 활동]을 포함시킨다. 특히 특정한 음운적 기능을 지도하기에 용이한 그림책[예: 〈합 온 팝(Hop on Pop)〉에서의 '운율', 행진곡에서의 '음절'과 '강세']을 다룰 때 교사는 빈번하게 해당 기능을 명시적으로 지도할 것이다. 의심할 여지없이 이러한 활동은 아동에게 음운 인식과 관련된 지식을 제공하는 바람직한 활동이지만, 읽기 학습에서 가장 중요한 음운적 기능, 즉 아동의 음소 인식 능력을 직접적으로 신장시키는 데에는 충분하지 않을 수 있다.

미국 초기문식성위원회가 수행한 메타분석 연구에 따르면, 구체적인 음운 인식 지도를 받은 아동과 그러한 수업을 받지 않은 아동을 비교했을 때, 전자의 아동이 음운 인식 기능에서 후자의 아동보다 거의 1표준편차만큼 앞섰다.[97] 이러한 결과는 많은 유치원 아동이 명시적인 음운 인식 프로그램으로부터 큰 혜택을 받을 수 있음을 의미한다. 이러한 이유로 미국 유아교육협회는 음운 인식 활동을 유치원 프로그램의 질을 나타내는 지표에 포함시켰다. 그러나 정부 지원을 받은 11개의 유치원에 대한 연구에 따르면 평균적으로 수업 시간의 3%만이 음운 인식 활동에 사용되었다.[98] 아마도 이러한 결과는 음운 인식 수업이 마땅히 제공되어야 하는 수업 시간보다 적게 제공되었기 때문에 나타났을 것으로 추정할 수 있다.

그러나 이것이 유치원 아동이 끊임없이 낱자-소리를 연결하는 연습을 하거나 파닉스 기술을 습득하는 연습을 해야 한다는 것을 의미하지는 않는다. 유치원 초기에는 대부분의 아동이 개별적인 음소에 초점을 둔 활동을 따라가지 못할 것이다. 처음에는 운율이나 음절에 초점을 맞춘 활동이 필요하다. 그러므로 아마도 운율이 있는 그림책, 전래동요, 그리고 노래는 기초적인 음운 인식 지식을 가르치기 시작할 때에 유용하다. 하지만 그것은 오직 시작에 불과하다. 몇몇 명시적인 음운 인식 프로그램[99]에는 아동에게 단어의 특정한 부분(예: march-ing, skat-ing, point-ing)에 박자를 맞추게 하여, 리듬이나 음절에 대한 재인 능력을 발달시키는 활동도 포함되어 있다. 아동에게 단어의 첫 음소를 가르치기 위하여 주어진 세 개의 단어 중에서 같은 소리로 시작하는 단어 두 개를 찾게 하는 게임(예: fun, fish, cat)을 제공하기도 한다. 혹은 아동에게 특정한 음소로 시작되는 사물을 교실에서 찾도록 할 수도 있다(예: /f/의 경우 fish tank). 또한 아동에게 단어의 마지막 음소를 가르치기 위하여 특정한 음소로 끝나는 사물을 교실에서 찾도록 할 수도 있다. 아울러 이러한 활동은 낱자에 대한 소리 지도와 결합될 수도 있는데, 아동이 /f/로 시작하는 여러 사물을 찾으면 그들에게 대문자 'F'와 소문자 'f'를 제시한다. 그러면 아동은 대문자 'F'와 소문자 'f'의 소리를 /f/와 연결할 수 있을 것이다. 마지막으로 아동에게 두 개의 음소를 결합시키는 방법을 제시하여 음소를 다루는 방법을 가르칠 수도 있다(예: be: /b/ /iː/). 세 개의 음소를 결합하기 위해서는 한 개의 음소를 옆에 있는 음소에 더하고, 또 다른 음소를 마지막에 추가하면 된다(예: beach: /b/ /iː/ /tʃ/).

아동의 음운 인식 능력을 발달시키는 데 도움이 되는 컴퓨터 보조 수업 프로그램이 많이 있다.[100] 이와 관련해서는 '테크놀로지 도구 상자'에 소개된 연구를 참고하라. 이러한 프로그램은 음운 인식을 암시적으로 혹은 우연적으로 가르치는 프로그램보다 유치원 아동 혹은 심지어 보다 어린 아동을 보다 계획적으로, 명시적으로, 그리고 보다 효과적으로 가르칠 수 있다.

유치원 아동의 음운 인식 능력을 발달시키는 데 얼마나 많은 명시적인 음운 인식 지도가 필요한가에 대해서는 정해진 바가 없다. 미국 독서 위원회(NRP, National Reading Panel)의 연구 보고서에 따르면, 단지 몇 가지의 음운 인식 활동에만 초점을 맞춘 단기 프로그램도 보다 장기적이고 종합적인 프로그램만큼 효과적이었다.[101] 게일 길런(Gail Gillon)은 10주 동안 매주 두 시간 정도의 명시적인 지도만으로도 나중에 읽기에 어려움

컴퓨터 보조 수업과 음운 인식

전통적으로 컴퓨터 보조 수업(CAI)은 초등학교 저학년 아동이나 읽기에 어려움을 겪는 아동에게 초점이 맞추어져 왔다. 그러나 점점 더 유치원 프로그램이 나중의 읽기 문제를 방지하기 위하여 발생적 문식성 수업을 강화해야 한다는 요구가 증가하고 있다. 이러한 요구에 따라 음운 인식 지도를 위한 효과적인 컴퓨터 보조 수업 프로그램이 다수 개발되었다. 예를 들어 초기 읽기(Early Reading)[102]는 컴퓨터 보조 수업 프로그램 중의 하나인데, 이 프로그램은 유치원 아동의 다양한 음운 인식 기능뿐만 아니라 낱자-소리 연결 기능을 신장시키는 활동으로 구성되어 있다. 한 가지 활동을 소개하면, 아동은 컴퓨터 화면에 소리와 함께 제시된 단어에 귀를 기울인다. 그런 다음, 그 단어의 낱자 중에서 하나의 낱자를 다른 낱자로 바꿔 새로운 단어를 만들라는 지시를 받는다. 아동은 'BUG'를 'BUS'로 바꾸기 위하여 컴퓨터 마우스로 'S'를 끌어다가 'G'를 대체할 수도 있다. 폴 마카루소(Paul Macaruso)와 앨리슨 로드맨(Alyson Rodman)에 따르면 이 프로그램을 통해 10분짜리 수업을 최소 20회 받은 유치원 아동은 주 정부의 지침에 따른 문식성 수업을 받은 유치원 아동보다 향상된 음운 인식 능력을 보여 주었다.[103] 이러한 결과는 기술이 아동의 발생적 문식 기능을 발달시키는 데 도움이 될 수 있음을 시사한다.

을 겪을 위험성이 있는 아동의 음운 인식 능력을 신장시키기에 충분하다고 주장했다.[104] 최근에 카린 카슨(Karyn Carson), 길런 및 테리사 부스터드(Therese Boustead)는 유치원 아동을 문식성 수업의 일부로 진행된 음소에 초점을 맞춘 음운 인식 수업, 즉 운율 빙고게임, 노래 게임, 다른 단어 고르기 게임(odd-one-out)을 토대로 수행된 음운 인식 수업(30분짜리 수업)에 10주 동안 1주일에 4회 참여시켰다.[105] 이러한 아동과 파닉스 수업(발음 중심 지도법)을 받았지만 음운 인식 게임 수업을 받지 않은 아동을 비교했을 때, 전자의 아동이 음운 인식 능력에서 보다 높은 성취를 보였다. 또한 유치원을 졸업할 때쯤에는 이러한 아동의 6%만이 읽기 정확성(accuracy) 및 읽기 이해 검사에서 같은 연령대의 아동에 비해 낮은 성취를 보였다. 반면에 일반 프로그램에 참여했던 아동의 26%는 동일한 검사에서 같은 연령대의 아동에 비해 낮은 성취를 보였다.

6. 해독 관련 기능과 음성언어 및 어휘와의 관련성

이번 장에서 우리는 미국 초기문식성위원회가 해독 관련 기능(code-related skill)이라 부른 기능, 즉 문자를 해독하는 데 필요한 기능에 초점을 맞추었다.[106] 해독 관련 기능은 대부분의 아동이 1~2년 안에 차라리 빠르게 습득하는 상대적으로 적은 양의 지식이다. 결국 영어 알파벳에는 26개의 낱자가 있고, 다음 장에서 살펴보겠지만 일부 연구자는 아동이 배울 필요가 있는 신뢰할 만한 파닉스 규칙은 18개 정도에 불과하다고 주장한다.[107]

그렇지만 미국 초기문식성위원회가 언급했듯이[108] 발생적 문식성은 서로 관련 있는 두 개의 기저 능력, 즉 (1) 해독 관련 능력과 (2) 음성언어 능력으로 구성된다. 이전 장에서 우리는 어린 아동이 읽기 학습에 가져오는 음성언어 능력에서 커다란 차이가 있음을 언급했다. 비록 해독 관련 기능에 대한 지도가 단어를 읽는 방법을 배우는 데 도움을 주지만, 글 이해라는 읽기의 핵심 목적을 달성하는 데에는 충분하지 않다. 이것이 발생적 문식성의 기저 능력으로서 음성언어 능력이 중요한 이유이다. 음성언어 능력은 일반적인 청해(듣기 이해) 능력, 단순한 문장뿐만 아니라 복잡한 문장을 이해하고 생산해 낼 수 있는 능력, 추론 능력(즉, 글에 직접적으로 나타나 있지 않은 중요한 정보를 알아내는 능력), 그리고 어휘 능력을 포함한다. 사실상 음성언어 능력은 유아원 아동이나 유치원 아동의 독해(읽기 이해)와 청해에 영향을 주는 가장 핵심적인 요소이다.[109]

이전 장에서 초기의 음성언어 발달에 영향을 주는 요소에 대해 설명했다. 음성언어 능력은 알파벳 능력과 음운 인식 능력과는 달리 아동의 어휘 지식, 문자언어 및 음성언어 능력, 지속적으로 확장하는 세상에 대한 지식이 통합되면서 아동기를 포함한 전 생애 동안 계속적으로 발달한다. 이처럼 음성언어는 발달 기간이 길기 때문에 음성언어의 문제는 오랫동안 지속될 수 있다.[110] 아동이 저학년 동안 단어를 해독하는 기능을 상당히 잘 학습해도 음성언어 능력이 충분하지 않으면, 문장의 구조와 내용이 복잡하고 어려운 어휘가 들어 있는 '힘겨운 책(heavy text)'을 읽기 시작하는 고학년에 가서 읽기에 어려움을 겪을 수 있다.[111]

7장에서 상세하게 다룰 어휘는 음성언어의 핵심 요소인데, 이것은 음운 인식의 발달에 미치는 영향을 통해서 해독 관련 기능의 발달에도 영향을 준다. 아동이 점점 더 많은 어휘를 습득하면 음운적 도전에 직면하게 되는데, 왜냐하면 그들의 어휘 저장고가 커짐에 따라 단어의 저장 방식이 단어를 통째로 저장하는 방식으로부터 어두자음(군)-운 수준과 궁극적으로는 음소 수준으로 단어를 표상하는 방식으로 바뀔 필요가 발생하기 때문이다. 따라서 아동은 'fin, fan, fun, tin, bin'과 같은 단어의 차이를 음소 수준에서 구별하고 표상할 수 있게 된다. 이러한 과정은 **어휘 재구조화**(lexical restructuring)[112]라 불리는데, 이것은 **심성 어휘집**(mental lexicon)*에서 단어가 표상되는 방식을 근본적으로 변화시킨다. 그리고 이러한 어휘적 과업은 부분적으로 혹은 완전히 아동의 초기 음운 인식 발달에 영향을

....

*   우리 머릿속에 있는 사전.

주는 요인으로 추정된다. 사실상 어휘 능력과 음운 인식 간에는 강력한 상관관계가 존재한다.[113]

어휘 능력이 해독 관련 기능에 영향을 주는 또 다른 방식은 그것이 해독에 미치는 영향을 통해서이다. 화이트허스트와 로니건은 이 부분을 잘 지적했는데, "보편적인 방식으로 읽기를 배우기 시작하는 아동은 단어를 개별 낱자를 소리 내는 방식으로 읽으려 한다(예: 'bats'를 읽으려고 /b/⋯ /a/⋯/t/⋯/s/ 소리를 내는 것처럼). ⋯⋯ 우리는 종종 어린 아동이 모든 낱자를 정확하게 발음했음에도 불구하고 개별 소리가 너무 떨어져 있어 그것을 연결하는 데 쩔쩔매는 것을 볼 수 있다."[114]라고 언급했다. 다시 말해, 어린 아동이 하나의 단어를 성공적으로 '소리 내기(sound out)' 위해서는 자신이 발음한 음소와 자신이 알고 있는 단어의 의미를 연결할 수 있어야 한다. 바로 그때서야 아동이 진실로 단어를 읽는 방법을 아는 것이다.

비록 어린 아동용 도서는 쉬운 어휘를 사용하려는 경향이 있지만 화이트허스트와 로니건이 언급한 문제는 여러분이 생각하는 것보다 훨씬 빈번하게 발생한다. 예를 들어 앞에서 논의했던 5개의 단어 'fin, fan, fun, tin, bin'을 생각해 보면 어휘력이 충분하지 않은 아동은 fin, tin, bin과 같은 단어를 처리하는 데 어려움을 겪을 것이다. 이러한 단어는 음성적 규칙성 때문에 진짜 책에서보다는 읽기(발음하기) 쉽게 만들어진 책(decodable book)에서 더욱 빈번하게 사용되지만 진짜 대화에서는 많이 사용되지 않는다. 따라서 아동이 'bin'이라는 단어를 쉽게 발음할 수는 있겠지만 자신의 심성 어휘집에 저장되어 있을 정도로 많이 듣지는 못했기 때문에, 그것을 알 수는 없을 것이다. 아동이 성공적으로 발음한 단어의 의미를 불러오는 데 어려움을 겪는다면 그들의 단어 재인[115]과 독해[116]는 힘들어진다.

연구자들은 여전히 유치원 아동의 음성언어 기능과 다른 발생적 문식성 기능 간의 관계를 규명하기 위해 탐구하고 있다. 어떤 연구자는 비록 어휘력이 좋은 아동이 좋은 독자가 될 가능성이 높지만, 일단 해독 관련 기능을 갖추면 어휘 능력이 결국 누가 좋은 독자가 될 것인지에 대해서는 말해 주지 않는다는 것을 발견했다.[117] 반면에 미국 아동보건 및 인간개발 연구소의 유아보육연구 협의체(Early Child Care Research Network)가 3세 부터 초등학교 3학년까지의 아동 1,000명을 대상으로 수행한 연구에 따르면, 음성언어 능력이 좋으면 아동의 해독 관련 기능 습득뿐만 아니라 나중의 독해에도 긍정적인 영향을 미친다.[118] 이미 언급했듯이, 또 다른 연구자에 따르면 유치원 아동의 음성언어와 어휘 능력은 주로 어휘 재구조화를 통하여 단어를 소리를 토대로 구별하게 함으로써 아동의 읽기 학습을 돕는다.[119] 음성언어 능력이 초기 단어 읽기에서 담당하는 역할에 관계없이, 많은 연구는 유치원 아동의 어휘 능력이 나중의 독해에 영향을 준다는 사실을 지지한다.[120] 비록 음성언어 능력이 초기의 읽기 학습 과정에서 담당하는 역할과 관련하여 명료하지 않은 부분이 있기는 하지만, 그것이 궁극적으로 읽기 발달에 중요한 역할을 한다는 것만은 확실하다. 그러므로 음성언어 기능은 발생적 문식성의 중요한 요소임에 틀림없다.

7. 공통 핵심 성취기준과의 연계

이 장을 시작하면서 우리는 어린 아동이 언어와 문식성과 관련하여 많은 형식적·비형식적 지식을 가지고 초등학교에 입학한다고 언급했다. 질 높은 유치원에 다니는 것은 나중의 초기 읽기 수업에서 성공하는 데 필요한 기초적인 기능을 습득하는 데 도움이 된다. [표 3-3]에서 나타나듯이 미국 유아교육협회의 초기 문식성 기준(Early Literacy Standards)은 발생적 문식성에 대한 많은 연구 결과를 적극적으로 반영하고 있다. 당연히 이것에는 언어 발달과 직접적으로 관련된 기준이 있는데, 이러한 기준은 교사에게 학교에서 아동이 모국어로 소통하고 질의 응답할 수 있는 충분

[표 3-3] 유아(3~4세)를 위한 초기 문식성 기준의 예[121]

항목	기준
책 읽기	아동에게는 다음과 같은 기회가 주어져야 한다. • 하루에 최소 2회 재미있게 책을 읽어 주어야 한다. • 정기적으로 개별로 혹은 모둠으로 책을 읽어 주어야 한다. • 다양한 종류의 책을 탐색할 기회가 주어져야 한다. • 책을 여러 차례 반복적으로 읽어 주어야 한다. • 책의 내용을 다시 말하거나 재현할 기회가 주어져야 한다. • 책에 대해 말할 기회가 주어져야 한다. • 책과 교육과정을 연결할 기회가 주어져야 한다. • 책의 여러 요소와 글자를 확인할 기회가 주어져야 한다.
쓰기	아동에게는 다양한 방식(낙서, 글자 같은 기호, 발달적 철자)으로 쓸 수 있는 기회가 주어져야 한다. 아동의 흥미를 끌 알파벳이나 단어를 제공하고, 그들이 스스로 그것을 쓰려고 할 때 도움을 제공해야 한다. 교사는 쓰기의 쓰임새를 시범 보여야 한다.
음운 인식	아동에게는 음운 인식을 신장시킬 수 있는 다음과 같은 기회가 주어져야 한다. • 운율, 시, 노래 놀이를 할 기회가 주어져야 한다. • 낱자의 이름과 소리를 확인할 기회가 주어져야 한다. • 첫소리나 끝소리가 같은 단어를 다룰 기회가 주어져야 한다. • 단어에 포함되어 있는 소리들의 낱자를 쓸 기회가 주어져야 한다.
알파벳	낱자를 확인하고 쓸 충분한 기회가 주어져야 한다.
인쇄물 접촉	교실 이곳저곳에서 책과 인쇄물을 접할 기회가 주어져야 한다.

한 기회뿐만 아니라 어휘력을 신장하기 위하여 책을 읽고 의견을 나누는 경험을 제공할 것을 권고하고 있다.

그렇지만 2장에서 설명한 것처럼, 아동이 가정이나 지역사회로부터 받은 사회문화적 영향은 발생적 문식성 지식과 관련하여 그들이 가장 먼저 만나는 자원(source)일 뿐만 아니라 지속적으로 도움을 주는 자원으로서 작용한다는 점도 지적할 필요가 있다. 이것을 다리의 구조에 비유해 보자. 다리의 아랫부분에는 교각과 철탑이 암반에 단단히 고정되어 있고, 윗부분에는 그것들을 가로질러 무게를 분산시키는 트러스(truss)와 캔틸레버(cantilever)가 있다. 이 모든 요소는 다리가 교통량이나 환경적인 영향으로부터 충

[표 3-4] 한국 유아 및 초등 저학년을 위한 발생적 문식성과 초기 문식성 기준의 예(교육부,
2019; 2022)

2019년 개정 누리과정		
영역	목표와 내용	
의사소통	읽기와 쓰기에 관심 가지기	• 말과 글의 관계에 관심을 가진다. • 자신의 생각을 글자와 비슷한 형태로 표현한다.
	책과 이야기 즐기기	• 동화, 동시에서 말의 재미를 느낀다. • 말놀이와 이야기 짓기를 즐긴다.

2022 개정 국어과 교육과정			
학년	영역	성취기준	
초 1~2학년	읽기	[2국02-01] 글자, 단어, 문장, 짧은 글을 정확하게 소리 내어 읽는다.	
	문법	[2국04-01] 한글 자모의 이름과 소릿값을 알고 정확하게 발음하고 쓴다. [2국04-02] 소리와 표기가 다를 수 있음을 알고 단어를 바르게 읽고 쓴다. [2국04-03] 문장과 문장 부호를 알맞게 쓰고 한글에 호기심을 가진다.	
	문학	[2국05-01] 말놀이, 낭송 등을 통해 말의 재미와 즐거움을 느낀다. [2국05-04] 시나 노래, 이야기에 흥미를 가진다.	

분히 견딜 수 있도록 함께 작동한다. 아동에게 영향을 주는 사회문화적 요
소는 암반이나 교각에 비유될 수 있는데, 이것은 이 장에서 논의했던 해독
관련 발생적 문식 기능(트러스와 캔틸레버)을 지원하는 토대로 작용한다.

[표 3-4]는 한국의 유치원 교육과정인 2019 개정 누리과정의 일부
내용과 2022 개정 국어과 교육과정 중 초등학교 1~2학년(군)에 해당하는
내용을 정리한 것이다. 이를 살펴보면 누리과정에서는 '말과 글에 관심 가
지기', '말과 이야기에 재미를 느끼기'를 주요 내용으로 제시하고 있으며,
초등학교 저학년에서는 한 단계 더 나아가 '소리와 낱자의 관계를 인식하
고 소리 내어 읽고 쓰기', '한글에 호기심 가지기', '말과 이야기에 재미와
즐거움을 느끼기' 등 읽기와 문법, 문학 영역에서 발생적 문식성에 대한
내용을 반영하고 있다. [표 3-3]에 제시된 미국의 유아 교육과정의 경우

도 이와 유사하나, 보다 책 읽기와 인쇄물에 대한 접촉의 기회를 강조한다는 점에서 차이를 보인다.

8. 결론

이 장에서 우리는 많은 연구자가 읽기 학습에 필요한 기초 기능으로 간주하는 해독 관련 발생적 문식성 기능에 대해 살펴보았다. 이러한 발생적 기능이 어떻게 학습되고 고려되어야 하는가에 대해서는 여러 관점이 존재한다. 우리는 아동의 초기 읽기 발달과 관련하여 발생적 문식성 관점을 이해하는 것이 얼마나 중요한지에 대해서 논의했다. 이러한 발생적 문식성 기능이 결여되어 있을 때 아동에게 부정적인 영향을 준다는 것도 언급했다. 알파벳에 대한 연구, 특히 낱자 이름과 낱자 소리 지식에 대한 연구는 낱자의 소리에 대한 지식이 나중의 읽기 발달에 핵심적인 발생적 기능이라는 관점을 뒷받침한다. 음운 인식은 또 다른 발생적 문식성 기능이며, 초기 읽기에서 토대적인 역할을 담당하는 것으로 알려져 있다. 마지막으로 우리는 음성언어 기능이 초기 읽기에 얼마나 중요한지 혹은 중요하지 않은지를 둘러싼 논쟁을 다루었다. 그리고 그것들이 독해에 갖는 중요성에 대해서도 다루었다.

토론거리 ···

1 발생적 문식성에 대하여 공부했는데, 여러분은 현재 유치원에서 아동에게 읽기를 가르치는 방법에 대하여 어떻게 생각하는가? 여러분의 주장을 뒷받침할 수 있는 근거는 무엇인가?

2 여러분이 2~4세 아동을 위한 이상적인 유아 프로그램을 개발한다고 할 때 어떤 활동으로 구성할 것인가? 그러한 활동을 뒷받침할 수 있는 근거는 무엇인가?

3 여러분은 사회문화적 관점 혹은 인지과학적 관점 중에서, 어떤 관점이 어린 아동이 발생적 문식성과 관련하여 직면하고 있는 문제를 더 잘 설명한다고 생각하는가?

4 [표 3-3]과 [표 3-4]에 제시되어 있는 기준이 읽기 학습에 필요한 기초적인 문식성 기능을 잘 반영하고 있다고 생각하는가? 부족한 것이 있다면 무엇인가?

5 이 장의 첫 부분에 소개한 사례로 돌아가 보자. 박 교사가 희정이의 발생적 문식성을 발달시키는 데 활용할 수 있는 전략에는 어떤 것이 있는가?

더 읽을거리 ··

National Early Child Panel. (2008). *Developing early literacy*. Washington, DC: National Institute of Literacy.

National Institute of Child Health and Human Development Early Child Care Research Network. (2005). Pathways to reading: The role of oral language in the transition to reading. *Developmental Psychology, 41*(2), 428-444.

Sulzby, E., & Teale, W. (1991). Emergent literacy. In R. Barr, M. L. Kamil, P. B. Mosenthal, & D. P. Pearson (Eds.), *Handbook of reading research* (Vol. 2. pp. 727-757). New York: Longman.

단어 읽기 학습

04

사례 연구

1학년을 맡고 있는 김 교사는 학생인 준이의 단어 읽기 학습 진척이 더디어서 걱정이다. 준이 또한 같은 반 친구들만큼 읽기 활동을 쉽게 따라가지 못해 내심 속상한 모양이다. 비록 몇 주가 걸리기는 했지만 준이는 한글 낱자를 보고 그 낱자의 발음을 연관 지을 수 있게 되었다. '장, 갑' 같은 간단한 단어는 읽을 수 있지만 이보다 길거나 어려운 '짱, 값' 같은 단어는 아직 읽지 못한다. 다른 소리로 연결될 때 음운 한 개의 발음을 유지하는 것을 힘들어하고, 대체로 틀리지만 그냥 생각나는 대로 추측하기도 한다. '값' 같은 단어를 읽을 때 준이는 'ㅂ'과 'ㅅ'을 각각 따로 소리 내야 하는지 헷갈려 한다. 그리고 '짱, 값' 같은 단어가 무엇을 의미하는지 알지 못한다. 마침내 선생님의 도움을 받아 올바른 발음을 낼 수 있게 되어도 어깨를 으쓱해 보이며 잘 모르겠다는 표정을 지을 뿐이다. 또 준이는 '-었-'이나 '-(으)ㅁ' 같은 문자의 조합도 하나의 단위로 인식하지 못한다. 김 교사는 준이에게 다른 어떤 방법으로 도움을 줄 수 있을지 고민 중이다.

우리는 활자화된 단어의 바다에 살고 있다. 단어가 적힌 물건을 보지 않으려면 현대 문명 생활에서 아주 멀찍이 떨어져야만 한다. 활자화된 단어는 우리가 문식성의 대상으로 생각하는 줄글이 아니더라도 일상에서 쉽게 발견할 수 있다. 이들은 바로 각종 사인이나 로고(환경적 문자)에 멋지게 활자화되어 있다. 그 단어들은 각종 물건이 무엇인지 알려 준다(주방 조리대 위의 물건에는 '○○전자 전자레인지' 라벨이 붙어 있다). 냉장고 문에도 다소 읽기 어렵긴 하지만 캐슈넛과 우유가 필요하다고 손으로 쓴 식료품 목록이 붙어 있다. 또 전기 기기에서 화소로 밝게 빛나는 단어는 우리를 정보의 세계로 인도해 주는 주문과도 같다. 단어는 아무런 연관을 찾을 수 없는 장소에서도 찾을 수 있다. 예를 들어 안경다리에 적힌 겨우 읽을 수 있을 만큼의 작은 글씨와 같은 것이다. 활자화된 단어는 어디에든 존재한다.

　단어를 읽는 것은 아동이 장차 사회에서 최적의 기능을 발휘하기 위해 숙련해야 하는 핵심적인 학습 과제이다. 리니어 에리(Linea Ehri)의 말을 빌리자면, "사람들이 글을 읽을 때 활자는 그들의 머릿속을 생각으로 채운다. 사실상 이러한 생각으로 가는 통로는 활자화된 개별적인 단어로부터 시작된다."[1] 대부분의 성인은 인쇄된 단어를 즉각적으로 능숙하게 읽는다. 이 장의 목적은 어린 아동이 단어 읽기를 학습하는 방법에 대한 연구와 단어 읽기의 여러 단계에서 효과적이라고 증명된 교수-학습 방법에 대한 연구를 개괄하는 데 있다.

1. 낱자-소리-의미의 연결

단어를 읽는 것의 핵심은 쓰인 단어의 철자를 소리와 그 의미에 연결하는 방법을 배우는 것이다. 아래의 닭이라는 단어를 예로 들어 보자. 본질적으로 독자는 낱자(grapheme)를 음소로 전환해야 한다. '닭'이라는 사례에서처럼 때때로 여러 개의 낱자가 하나의 음소로 전환되기 때문에 여기에서는 낱자라는 용어 대신에 **자소**라는 용어를 사용한다. '닭'이라는 단어에서 'ㄷ'이라는 자소는 /ㄷ/이라는 음소로, 'ㅏ'라는 자소는 /ㅏ/라는 음소로, 그리고 'ㄹ'이라는 자소는 /ㄱ/이라는 음소로 전환된다. 이와 같은 자소와 음소 간의 관련성을 **낱자-소리 대응**(spelling-sound correspon-

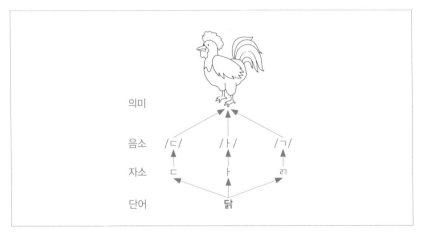

[그림 4-1] 단어를 읽는 것은 자소를 음소로 전환하여 그 단어와 그 단어의 의미를 확인할 수 있을 만큼 충분히 명료한 발음을 생성하는 것을 의미한다.

dence) 혹은 **자소-음소 대응**(grapheme-phoneme correspondence)이라고 한다. 여기에서는 이들 관계의 언어학적 기반을 더 잘 반영하는 **자소-음소 대응**이라는 용어를 사용한다.

겹낱자(multiletter)*가 때때로 하나의 음소로 전환된다는 사실은 음소를 인식하는 데에 있어 매우 중요한 요소이다. 음소에 대한 이해가 없으면 낱자가 어떻게 음소로 표상되는지를 이해할 수 없기 때문이다. 음운 인식은 자소-음소 대응 관계에 대한 학습을 촉진한다.[2] 음운 인식 수업 자체가 나중의 해독 능력을 향상시킨다는 것으로 보아 그 효과는 인과적 관계이다.[3] 파닉스는 자소와 음소 간의 관계를 명시적으로 가르치는 교수-학습 프로그램이다. 아동이 자소-음소 대응 관계 지식을 적용하고 조합하여 표적 단어를 충분히 정확하게 발음할 수 있게 되면 그 발음을 이용하여 그 단어의 의미 또한 자신의 **어휘집**(lexicon)에서 끄집어낼 수 있게 된다.

2. 철자의 규칙성

모든 영어 단어가 'cat'이라는 단어처럼 규칙적인 것은 아니다. 우리는 단어를 읽는 상황에서 모든 낱자가 특정한 음소로 명료하게 전환되는 단어를 지칭할 때 **규칙적**(regular)이라는 용어를 사용한다. 영어에서는 'cat, cup, sit, drop, kid'와 같은 단어가 파닉스적으로 규칙적인 단어에 해당하는 사례이다. 누구든지 자소-음소 대응 관계 규칙을 토대로 낱자에 해당하는 소리를 결합하면 단어를 읽을 수 있다.

....

*　다중음자, 다중문자, 이중음자라고도 하며, 두 개 이상의 문자 배열로 하나의 음소를 나타내는 것을 말한다. 영어에서 'th'로 쓰고 [θ]로 읽고, 'gh'로 쓰고 [f]로 읽는 것이 대표적인 예이다. 한국어에서는 단어의 첫머리에서는 나타나지 않지만 '값'의 ㅄ과 같이 겹받침의 형태로 존재한다.

이와는 대조적으로 **불규칙 단어**(irregular word)는 낱자의 일부만이 직접적인 대응 관계를 갖기 때문에 모든 낱자가 음소로 직접적으로 전환될 수 없다. 영어에서 'sign, island, sword, said, listen'과 같은 단어가 불규칙 단어의 사례이다. 영어를 학습하는 아동에게는 불리하게도 이 같은 불규칙한 철자법은 이탈리아어나 독어보다 영어에 더욱 많다. 이탈리아어나 독일어처럼 **표층 철자 체계**(shallow orthography)*를 가진 언어의 경우 대부분의 단어는 직접적으로 전환되기 쉽다.

영어를 배우는 아동에게 단어 읽기의 불규칙성은 어느 정도의 어려움을 불러일으킬까? 폴 해나(Paul Hanna), 진 해나(Jean Hanna), 리더츠 호지스(Richard Hodges) 및 에드윈 루돌프(Edwin Rudorf)는 대용량의 영어 자료에 대한 분석을 토대로 전체 영어 단어 가운데 절반 정도가 완전히 규칙적인 자소-음소 대응 관계에 있다고 추정하였다.[4] 이러한 규칙성을 보이는 단어는 겹낱자 자소-단일 음소 대응 관계를 가지는 단어를 포함한다. 또한 이들은 34%의 영어 단어가 하나의 불규칙적 대응 관계를 가지는 단어로 추정했다. 'listen'이라는 단어가 그 예인데 이 단어에서 묵음 /t/만이 규칙적인 자소-음소 대응 관계를 가지지 않는 요소이다. 짐작하건대 아동은 대응 관계를 활용하여 이러한 단어의 발음을 대략적으로 추론하고, 문맥에 따라 적절할 것이라 예상되는 후보의 수를 줄여 나감으로써 정

....

*   철자 체계는 자소-음소의 대응 정도에 따라 표층 철자 체계와 심층 철자 체계(deep orthography)로 나눌 수 있다. 표층 철자 체계는 자소와 음소의 대응이 규칙적이며, 한국어가 여기에 속한다. 심층 철자 체계는 자소와 음소의 대응이 규칙적이지 않으며, 영어가 그 대표적인 언어이다. 표층 철자 체계에서 읽기를 배우는 아동은 자소와 음소의 대응 규칙에 근거하여 해독을 습득한다. 반면 심층 철자 체계에서 아동은 자소-음소의 대응이 불규칙하기 때문에 낱말을 읽을 때 자소-음소의 대응 규칙뿐 아니라 의미 단서와 같은 다양한 전략을 사용한다[윤효진 외. (2011). 읽기부진아동의 해독특성. 언어청각장애연구, 16권 4호; 이재국 외. (2015). 쓰기부진 초등생의 형태소 및 철자지식을 활용한 문장쓰기 중재 효과. 학습자중심교과교육연구, 15권 6호].

확한 발음을 추측할 수 있게 될 것이다. 해나 외는 외래어에 대한 정보와 발음 지식을 가지고 있다면 영어 단어의 12%도 규칙성을 지니는 단어로 추가할 수 있다고 보았다(예: taco). 하지만 이러한 정보는 읽기를 막 배우기 시작하는 아동이 알기에는 다소 어려운 내용이다. 그렇지만 해나 외는 전체 영어 단어의 96~97%가 읽기를 학습하는 아동이 너무 어렵지 않게 정확한 발음을 찾아낼 수 있는 규칙성을 가지는 단어의 범위 내에 속한다고 보았다.

반면에 다른 연구자들은 해나 외의 연구 결과가 영어의 규칙성을 과대추정하고 있다고 주장했다. 예를 들면 리타 버른트(Rita Berndt), 제임스 레지아(James Reggia) 및 샬럿 미첨(Charlotte Mitchum)은 해나 외가 규칙성을 가졌다고 본 자소-음소 대응 관계를 가지는 상당 부분의 단어가 매우 낮은 빈도로 관찰된다는 것을 지적하였다.[5] 'calf'와 'half'라는 단어에서 '-lf' 자소가 그 예이다. 영어에서의 '-lf 법칙'은 영어라는 언어를 통틀어 단지 몇 개의 단어에만 적용될 뿐이다. 이러한 희소한 불규칙성은 어린 아동이 배우기에 쉽지 않고, 따라서 이러한 법칙을 굳이 따로 가르칠 필요가 없을 수도 있다. 에드워드 프라이(Edward Fry)는 방대한 아동 문학 자료에서 높은 빈도로 발견되는, 따라서 가르치면 유익하다고 판단되는 192개의 자소-음소 대응 관계 법칙을 도출하였다.[6]

불규칙성은 우리가 단어를 읽는 일반적인 방법이 적용될 수 없다는 점에서 문제를 일으킨다. 아동은 불규칙한 단어를 규칙성이 있는 단어에 비해 더 느리고 부정확하게 읽는다. 이는 이미 숙련된 성인조차도 마찬가지이다.[7] 영어 읽기를 학습하는 아동에게는 불행하게도 글의 많은 부분이 불규칙한 단어로 구성되어 있다. 예를 들어, 'the, a, was, of, have, said'와 같은 단어가 글에서 자주 발견되는 불규칙한 단어이다. 역사적으로 이러한 단어는 처음부터 철자법에 오류가 있었으나 시간이 지나면서 그대로 고착된 경우일 수 있다. 아니면 이러한 철자가 처음에는 합리적이었으나 대응하는 철자의 변화 없이 발음만 바뀌게 되었을 수도 있다. 또는 누군가가 특정 단어의 영어식 발음을 유지하면서도 외국어의 철자를 그대로 차용하여 온 경우도 있다. 어떠한 연유로 불규칙한 단어가 생성되었는가와는 상관없이 이러한 불규칙성은 반복을 통해 화석화되고 유지되어 왔다.

일견 단어(sight words, 시각 단어)*는 글을 읽는 데 꼭 필요하기 때문에 아동은 읽기 학습에서 이러한 단어를 통째로 읽는 방법을 학습하게 된다. 실제로 일견 단어를 인터넷 포털 검색창에 치기만 해도 1학년을 위한 일견 단어 100개, 2학년을 위한 일견 단어 100개 등의 형태로 교사가 수업 시간에 활용할 수 있는 자료가 쉽게 검색된다. 최근의 한 모의실험에 따르면 통단어(whole-word) 접근법으로 가르치기에 가장 적합한 단어의 수는 종종 초등학생을 위한 일견 단어 목록에서 발견되는 500~1,000개가 아니라,[8] 100개 내외이다.[9]

더욱이 일견 단어는 규칙적인 단어와 다른 방식으로 읽히는 경우가 많기 때문에 아동의 읽기 능력은 이와는 개별적으로 평가되어야 한다. 예를 들어, 단어 읽기 효율성 검사(TOWRE, Test of Word Reading Efficiency)는 두 부분으로 나뉘는데, 첫 번째 부분은 자주 나오는 일견 단어로 구성되어 일견 단어 읽기의 효율성을 측정하고, 두 번째 부분은 파닉스 규칙을 적용하여 읽을 수 있는 비단어(nonword, 가짜 단어/의사 단어)**로 구성되어 단어 해독 능력을 측정한다.[10] 이 검사를 하는 아동은 45초 동안 가능한 한 많은 단어를 읽게 되고, 두 부분을 합한 총점이 아동의 단어 읽기 능력이 된다.

....

* 낱말 재인 시 낱말을 흘껏 보는 것만으로도 그 의미를 파악하게 되는 단어이다. 낱말을 구성하는 말소리 체계에 대한 분석 없이 글자를 빠르게 읽어 내는 것으로, 그 낱말을 구성하는 모든 정보가 눈에 익어서 단번에 정확하게 그 낱말을 확인하게 되는 단어를 말한다(『특수교육학용어사전』, 2009). 대체로 자소-음소 대응이 불규칙한 경우가 많다.
** 존재하지 않으나 발음은 실제 있을 것처럼 생각되는 단어.

3. 단어 읽기 학습의 단계

에리와 그 동료의 연구에서는 아동이 단어 읽기를 학습하는 과정에서 거치는 특징적인 변화를 다섯 단계로 구분하였다.[11] 이 단계는 아동이 단어를 읽기 위하여 활용하는 정보의 종류로 구분되고, 하나의 단계가 끝난 다음에 다음 단계로 이동하기보다는 앞뒤 단계와 중복되면서 더 높은 단계로 나아간다.

3.1. 자모 이전 단계

에리가 제시한 단어 읽기 5단계 중 첫 번째 단계는 자모 이전 단계 (prealphabetic phase)이다. 이 단계는 우리가 발생적 문식성 부분에서 언급한, 그림(처럼 여기면서 통째로) 읽기와 유사하다. 여기서 자모 이전(prealphabetic)이라는 용어는 아동이 아직 알파벳을 완전히 습득하지 못하여 낱자가 어떻게 음운으로 전환되는지에 대한 이해가 부족한 상태를 나타낸다. 요약하면 이 단계의 아동은 아직 알파벳 시스템이 어떻게 작동되는지를 이해하지 못한다. 따라서 아동은 그림의 맥락이 없다면 환경적 문자에 들어 있는 단어를 읽지 못한다. 또한 환경적 문자에 들어 있는 단어가 약간 변화되어도 이를 알아차리지 못한다. 그 단어를 읽는 데 이용할 수 있는 매우 특징적인 시각적 실마리가 들어 있기 때문이다. 예를 들어 아동이 'Holly'라는 단어를 읽었다면 그것은 'Holly'라는 단어 속에 아동이 'Holly'를 읽는 데 이용할 수 있는 매우 특징적인 시각적 실마리, 즉 두 개의 'l'이 있기 때문이다. 이 시기의 아동은 자소와 음소 간의 관련성을 이해하지 못한다. 이러한 단계의 단어 학습은 대개 유아원이나 초기 유치원 아동에게서 나타난다.

이 단계의 아동이 책을 읽는 모습은 때때로 부모를 속일 만큼 진짜처럼 보인다. 하지만 많은 경우, 그들은 책을 머릿속으로 기억하는 것이지 실제로 책의 단어를 읽는 것은 아니다. 면밀하게 관찰해 보면 아동은 자신이 읽고 있다고 생각하는 쪽보다 앞서 가거나 뒤처지고, 막상 방금 읽은 단어를 해당 쪽에서 손가락으로 가리켜 보라고 하면 가리키지 못하는 경우가 많다. 이 시기의 아동은 대부분 그림을 토대로 활자화된 단어의 의미를 추측하며 이러한 추측은 실제 단어의 의미와 다른 경우가 보통이다.

3.2. 부분적 자모 단계

에리와 그 동료들의 연구에서 구분한 단어 읽기 5단계 중 두 번째 단계는 부분적 자모 단계(partial alphabetic phase)이다.[12] 이 단계의 아동은 매우 기초적인 알파벳 지식을 가지고 있다. 이들은 몇몇 낱자와 몇몇 소리의 관계를 이해할 수 있다. 예를 들어, 아동은 'this'라는 단어 맨 앞에 있는 't'를 알고 그것을 'that'이라는 단어에 적용할 수 있다. 아동은 특정 단어에 대한 적절한 발음을 찾아내기 위하여 이러한 기초적 지식과 그림이 주는 실마리를 통합할 수 있다. 특히 교사와 부모가 격려한다면 이를 더욱 잘할 수 있다. 아동은 읽는 것이 너무 어려워 특정 단어의 처음 몇 개의 낱자만으로 단어를 읽으려 할 때도 있다. 이 단계의 아동은 조금씩 생성되기 시작하는 알파벳 지식이 단어를 기억할 수 있도록 도와주기 때문에 일견 단어를 학습할 수 있다. 특정한 일견 단어의 경우 낱자가 실마리로 작용하지만 비슷하게 보이는 다른 단어와 쉽게 혼동하기도 한다. 에리와 리 윌스(Lee Wilce)는 이를 음성학적 단서 읽기(phonetic cue reading)로 명명하였다.[13] 이 단계의 아동은 종종 두음법칙의 원리를 따르는 낱자의 소리를 알지만 아직 다른 법칙을 따르는 낱자의 소리는 알지 못한다. 또한 겹낱자에 대해서도 거의 알지 못한다.

3.3. 완전한 자모 단계

완전한 자모 단계(full alphabetic phase)에서 아동은 표준적인 자소-음소 관계를 적용하여 단어를 읽는 방법을 학습한다. 이 단계는 느리게 진행되며 지겹게 느껴지기도 한다. 아동은 다양한 자소-음소 대응 규칙, 즉 보다 구어적으로 말하면 **파닉스 규칙**을 배워야 하며, 하나의 간단한 단어를 해독하는 데에도 이러한 규칙을 힘들여서 떠올려야 한다. 특히 덜 자주 사용되거나 겹낱자를 포함한 단어를 읽기 위해서는 관련 규칙을 직접적으로 가르칠 필요가 있다. 얼마나 많은 파닉스 규칙을 가르치는 것이 옳은가에 대해서는 의견이 분분하지만, 재닛 부스덴(Janet Vousden)에 따르면 일단 아동이 100개의 고빈도 단어를 습득하면 100개의 파닉스 규칙을 가르치는 것만으로도 단어의 90% 이상을 읽을 수 있다.[14] 아동은 이러한 새로운 파닉스 지식을 한번 습득하면 익숙하지 않은 단어도 소리 내어 읽을 수 있다. 단어 읽기는 아동의 작업기억 용량에 부담을 준다. 이제부터 아동은 단어 간의 유사점(예를 들어, '산'과 '잔'은 첫 음소를 제외하면 유사하다)을 인식할 수 있는데, 왜냐하면 아동은 읽는 방법을 배운 단어에 대해서는 충분히 세부적 형태들을 근거로 형성할 수 있기 때문이다. 결국 아동은 서너 번 정도[15] 혹은 한 번[16]의 연습만으로도 이러한 단어를 일견 단어로 저장할 수 있게 된다.

3.4. 통합적 자모 단계

통합적 자모 단계(consolidated alphabetic phase)에서 아동은 종종 함께 출현하는 낱자를 통합하는 방법을 학습한다. 이 과정은 '통합(consolidation)' 혹은 '결속화(unitization)'라 불린다. 예를 들어 아동은 'th-'와 같은 겹낱자를 두 개의 개별적인 낱자, 즉 't'와 'h'로 인식하기보다는 그것을 하나의 통합된 낱자, 즉 하나의 단위로 인식하며, '-it, -at, -and, -all'과 같이 매우 자주 반복되는 부분은 매우 빠르게 인식한다. 또한 아동은 단어에 대한 해독 속도를 높이기 위하여 'un-, -ing, -ed, -ity, -tion, -ly'와 같은 형태론 정보(즉, 어휘 의미의 하위 요소)를 활용하기 시작한다.[17]

아동이 가짜 단어(pseudoword, 의사 단어)로도 불리는 비단어를 읽을 수 있다는 것은 그들이 단어를 구성하는 몇몇 낱자를 단위화하여 처리할 수 있는 단계로 전이하고 있음을 보여 주는 증거이다. 비단어 읽기는 아동이 친숙함이나 단어의 의미 같은 다른 요소의 간섭 없이 실제로 해독에 사용한 단위의 형태가 무엇인지를 우리에게 알려 준다. 이전 단계의 아동은 비단어에 자소-음소 대응 관계를 적용하여 그것을 구성하는 낱자를 소리로 천천히 전환하고(예: 비단어 'tem'을 /t/, /e/, /m/으로 소리 냄), 그런 다음 그 소리를 결합하는 과정을 통하여 비단어를 읽었을 것이다. 그러나 이 단계의 아동은 보다 큰 단위를 활용하여 'tem, fope, huke'와 같은 비단어를 읽을 수 있다.[18]

본질적으로 초기 읽기 활동에 대한 이러한 설명은 작은 단위 우선 형식(small units first pattern)[19]이라 불리는 것과 동일하다. 즉, 아동은 보다 단순한 자소-음소 대응 규칙을 초기의 단어 읽기 학습에 활용하면서 먼저 그것에 익숙해진다. 그런 다음 아동은 이와 같은 작은 단위를 보다 큰 단위에 통합시킨다. 단어가 겹낱자의 결합으로 이루어진다고 보는 것은 글을 읽는 동안 작업기억에 걸리는 인지적 부하를 완화할 뿐 아니라 단어 재인의 속도를 높여 준다. 실제로 보다 큰 단위를 사용하는 단계로의 전이는 차후의 독해(읽기 이해)에 매우 중요하다.[20] 이 단계 동안 아동이 눈으로 보고 재인할 수 있는 단어의 수는 계속해서 늘어난다.

3.5. 자동화 단계

마지막 **자동화 단계**(automatic phase)에서 아동은 단어를 빠르고 정확하게 읽을 수 있다. 사실상 이 단계의 아동은 이미 단어 읽는 방법을 잘 알고 있기 때문에 단어 읽기 자체에 대한 학습 단계라고는 할 수 없다. 이 단계에서 대부분의 단어와 단어 형태는 빠르게, 노력을 들이지 않고도 인식된다. 이제 단어 읽기는 아동이 가용할 수 있는 인지 자원에 약간의 부하만을 걸리게 할 뿐이다. 가끔 출현하여 익숙하지 않은 단어를 해독할 때에는 이 단계의 아동이 사용하는 대부분의 해독 전략이 빠르게 실행된다. 이제 아동은 자신의 읽기를 가장 중요한 것에 집중할 수 있게 된다. 즉 글의 내용을 판단하고, 만약 소리 내어 읽는다면 감정을 실어 읽는 것에 집중할 수 있게 된다. 이러한 마지막 단계에서 아동들은 줄글을 유창하게 읽는 과정을 시작한 것이다.

이 단계에서 재인된 단어는 역시 자동적으로 읽힌다. 즉, 단어 읽기는 의식적인 인지 자원을 사용하지 않고도 이루어진다. 이 단계의 독자는 피하고 싶어도 어쩔 수 없이 활자를 처리할 수밖에 없다. 예를 들어, 이 단계의 아동은 뉴스의 핵심 내용에 귀를 기울이면서도 화면 하단에 제시되는 자막에 자신이 주의를 기울이고 있음을 발견할 것이다.[21]

실험적으로 단어 읽기에서의 자동성은 스트룹 과제(Stroop task)를 통해 측정되어 왔다.[22] 전통적인 스트룹 과제에서 독자는 단어의 뜻과 색깔이 일치하지 않는 조건(예: 빨간색으로 '검정'이라고 쓴 단어)에서 단어의 색깔을 말하도록 요청받는다. 예를 들어, 아동은 보라색으로 '빨강'이라고 쓴 단어의 색깔을 말해야 한다(즉, 아동은 '빨강'이 아니라 보라색이라고 대답해야 한다). 또는 [그림 4-2]에서 보는 것처럼, 다른 이름이 쓰인 사물의 원래 이름을 말하도록 요청받을 수도 있다. 따라서 단어 읽기가 자동화된 아동에게 '열쇠'라는 단어가 쓰인 '망치'를 보여 주고 그것이 무엇인지를 말하라고 했을 때, 헷갈리게 하지 않는 이름이 쓰인 그림을 말하게 할 때보다 더 늦게 반응할 것이다. 보통의 경우 자동성은 독자의 주의를 활자에 집중시켜 그것을 빠르고 정확하게 읽도록 해 준다. 그러나 자동성이 이름 대기를 방해하는 특별한 경우(스트룹 과제처럼 단어의 발음을 무시하고 글자 색깔 이름을 대어야 할 때), 연구자는 자동성의 효과를 직접 관찰할 수 있다.

　　몇몇 연구는 스트룹 간섭의 발달을 단어 읽기 능력의 발달과 연관지어 왔다.[23] 마거릿 셰들러(Margaret Schadler)와 데이비드 티센(David Thissen)에 따르면 읽기를 학습하고 있는 아동의 경우 그들이 4학년 수준의 읽기 능력을 가질 때까지 스트룹 간섭 능력도 함께 증가한다.[24] 슈와넨플루겔, 로빈 모리스(Robin Morris), 멜라니 쿤(Melanie Kuhn), 그레고리 스트라우스(Gregory Strauss) 및 제니퍼 시츠코(Jennifer Sieczko)도 헷갈리게 하는 단어가 명료한 자소-음소 대응 관계를 이루고 있을 때에는 어린 아동에게도 스트룹 간섭이 나타남을 보여 주었다.[25] 이것은 이러한 대응 관계가 읽기 학습 과정에서 상당히 이른 시기에 자동화됨을 의미한다. 그러므로 아

[그림 4-2] 단어 읽기가 자동화되면 아동은 그림의 원래 이름과 그 그림에 쓰인 이름이 일치하지 않는 조건(예: 야구공 그림에 쓰인 '이름'이라는 글자)에서 그 그림의 원래 이름을 말하는 데 더 긴 시간이 걸릴 것이다.

동이 일반적인 파닉스 규칙을 이용하여 단어를 해독하자마자 그들은 단어 읽기에서 자동성을 보이기 시작한다. 그리고 이 단계 동안 아마도 자동성은 보다 복잡한 대응 관계에서도 일어나게 된다.

어떤 연구자는 단어 읽기 학습에 대한 이와 같은 설명이 충분하지 않다고 주장한다.[26] 이들은 이러한 설명이 단어 읽기 학습의 일반적인 특성을 상당히 정확하게 보여 주지만, 아주 기본적인 설명에 불과하다는 점에 우려를 나타낸다.[27] 정확한 설명만큼 중요한 것이 이론 개발인데, 이 설명은 자소를 음소로 전환하여 단어를 읽는 과정에서 자동적으로 단어를 읽는 과정으로 진행되는 단어 읽기의 기저 과정에 대해 많은 것을 설명해 주지 못한다. 연구자들은 동일한 아동에게서도 어떤 단어는 자소 하나하나가 띄엄띄엄 읽히는 반면에 어떤 단어는 빠르고 정확하게 읽힌다는 점을 지적한다.[28] 따라서 자소를 음소로 전환하는 방법을 아는 것만으로는 이러한 현상이 왜 일어나는지를 충분히 설명하기 어렵다. 이와 관련하여 최소한 두 개의 다른 요인이 작용하는 것으로 보이는데 표기 학습(orthographic learning, 철자 학습)과 단어 의미가 그것이다.

4. 파닉스 지식 이외의 요인

4.1. 표기 학습

단어 읽기에 영향을 주는 또 다른 요인은 **표기 학습**(철자 학습) 또는 **표기 처리**(orthographic processing, 철자 처리)로 불리는 것이다. 이것은 '단어 내에서 낱자의 순서가 서로 의존적인 특성(sequential dependency), 단어 안에 반드시 필요하지 않은 낱자가 들어 있는 잉여적 특성(structural redundancy) 및 낱자가 특정한 위치에 나타날 빈도가 동일하지 않은 특성

(letter position frequency)과 같은 표기 체계가 가지고 있는 일반적인 특성 뿐만 아니라 활자화된 단어의 낱자가 갖는 고유한 배열 방식을 표상할 수 있는 능력'으로 정의된다.[29] 기본적으로 어떤 단어가 단지 소리를 모아 놓은 것에 불과한 것인지 아니면 진짜 단어인지를 구분하게 하는 것은 단어의 시각적인 표기 형태에 대한 아동의 지식이다. 이러한 지식은 아동으로 하여금 'rain'과 'rane'을 구분하도록 하며, 혹은 'ffeb'는 단어일 수 없지만 'beff'는 단어일 수 있다는 것을 알게 한다.

이러한 종류의 지식이 존재하고 그것이 능숙한 읽기에도 필요하다는 증거는 매우 드물지만, 특별히 단어 표기에 대한 표상을 형성하는 데 어려움을 겪는 **표층성 난독증**(surface dyslexia) 아동에게서 찾을 수 있다.[30] 표면성 난독증 아동도 단어를 읽는 데 필요한 일반적인 기능은 가지고 있다. 이들은 'bean'을 '/b/ /ē/ /n/'으로 읽는 데 필요한 일반적인 자소-음소 대응 규칙을 학습하는 데 어려움이 없다. 그러나 단어 철자에 대한 표상을 필요로 하는 'been'과 'bean'의 차이를 구별하지는 못한다.

표기 학습이 어떻게 일어나는가, 즉 표기에 대한 아동의 지식이 어떻게 발달하는가에 대해서는 여러 가지 가설이 있다. 활자에 대한 노출은 이러한 종류의 지식 발달에 기여하는 요인이다. 실제로 활자에 대한 노출은 단어 읽기와 관련하여 음운 처리 기능(phonological processing skill) 자체만으로는 설명할 수 없는 부분을 설명할 수 있다.[31] 더 나아가 아동이 많이 읽으면 읽을수록 철자 표기 규칙에 대한 지식이 발달할 것이다. 따라서 표기 학습은 단어 읽기를 설명하는 **예측 변수**(predictor)인 동시에 단어를 많이 읽은 **결과 변수**(outcome)이기도 하다.

활자에 대한 노출은 **자기 교수**(self-teaching)라 불리는 요인으로 인해 표기 학습에서 특히 중요하다.[32] 이 가설에 따르면 단순히 단어를 해독하는 활동 자체가 어린 아동에게 그 단어에 대한 표기 표상(orthographic representation, 철자 표상)을 생성할 기회를 준다는 것이다. 표기 표상은 아동이 단어를 해독할 때 즉시적으로 발달된다. 표기 학습의 발달은 아동에게 비단어를 읽힌 실험에서 확인되어 왔다. 비단어는 실험자가 아동이 처음 본 새로운 단어를 읽을 수 있는지를 확인하기 위해 만든 가짜 단어이다. 데이비드 셰어(David Share)에 따르면 아동이 특정 비단어를 한 번이라도 해독하면, 며칠이 지나도 그 비단어를 동일한 발음의 다른 비단어와 구분할 수 있다.[33] 다시 말하면 아동이 'yait'라는 비단어를 한 번이라도 보았다면 한 번도 본 적 없는 비단어 'yate'와 구분할 수 있다. 전자를 먼저 보았다면 후자보다 전자를 보다 빨리 읽을 수 있다. 실험에 참여한 아동은 단 한 번의 노출에도 특정 단어에 대한 매우 상세한 철자 표상을 형성하였다.

표기 학습이 어떻게 일어나는가에 대한 또 다른 가설은 아동이 **통계적 학습**(statistical learning), 즉 표기에 관하여 아동이 가지고 있는 데이터를 통해 표기 규칙성을 습득한다는 것이다.[34] 즉, 아동은 자신이 접하는 표기에 관한 통계적 규칙성에 민감해진다. 예를 들면 우리는 영어 단어에 'ff'로 시작하는 단어가 없다는 사실을 결코 의식적으로는 인식하지 않는다. 어떤 누구도 우리에게 그와 같은 사실을 명시적으로 가르쳐 준 적이 없다. 그러나 우리는 'ffeb'라는 단어가 없다는 것을 안다. 실험 연구에서 사용된 표기 평가(orthographic assessment, 철자 평가)의 몇몇 예가 [그림 4-3]에 나타나 있다.[35] 세바스티앵 팩턴(Sébastien Pacton) 외는 컴퓨터가 학습하는 알고리즘, 즉 한 번에 하나의 낱자가 입력되는 방식으로 단어를 받아들이는 방식이 아동에게 나타나는 학습 방식을 반영하고 있다는 것을 보여 주었다.[36] 이러한 관점은 아동이 단어를 해독하면서 낱자를 신속하게 확인하기 위해 암묵적인 통계적 지식을 활용한다는 것을 보여 준다.

놀라운 것은 아동은 이러한 형태의 통계적 학습을 매우 **빠른** 속도로 습득한다는 것이다. 어린 아동은 빠르면 유치원에 들어가면서부터 전형적인 표기 형태에 대한 지식이 발달하기 시작한다.[37] 이러한 지식은 아동이 초등학교 전반기를 보내는 동안 더욱 자동화되고 강화된다.[38] 아동은 이

표기 검사: 정확하게 표기된 단어를 고르시오	
snow	snoe
cloun	clown
deap	deep
wheat	wheet

이중 낱자 과제: 단어일 것 같은 것을 고르시오	
nnus	nuss
holl	hhol
gree	grii
plii	ploo

[그림 4-3] 표기 학습 평가[39]

러한 지식을 자소-음소 대응 관계를 토대로 읽을 수 없는 단어를 읽는 데
사용하는 듯하다.

4.2. 단어 의미의 역할

앞에서 우리는 단어의 낱자를 음소적 표상으로 전환하는 데 요구되
는 기능을 발달시키는 과정으로서의 단어 읽기 학습에 대해 설명하였다.
최근에는 단어의 의미 또한 아동의 단어 읽기 학습에 관여한 증거가 축적
되고 있다. 단어 의미가 단어 읽기에 영향을 준다는 증거는 두 가지로 나
눌 수 있다. 첫째는 어려운 단어 의미가 아동의 단어 읽기 속도와 정확성
에 영향을 준다는 연구이다. 둘째는 단어의 의미를 모르는 것이 그 단어를
읽는 데 영향을 준다는 연구이다.

단어의 구체성(concreteness)은 특정 단어의 의미가 얼마나 어려운가

를 결정하는 중요한 의미론적 요소이다. 사람들은 구체어(concrete word)가 직접적으로 가리키는 대상이나 이미지, 혹은 맥락 정보를 쉽게 생각해 낼 수 있다. 구체어는 '시장, 돌, 홍수'와 같은 단어를 의미한다. 여러분이 '시장'이라는 단어를 생각하면 시장의 냄새나 소리를 어렵지 않게 떠올릴 수 있다. 갓 구운 빵이나 농작물의 냄새, 인파의 북적거리는 소리 등을 쉽게 생각해 낼 수 있다. 추상적 단어, 즉 추상어(abstract word)는 일반적으로 이러한 정보가 쉽게 떠오르지 않기 때문에 해당 단어의 의미를 떠올리기 어렵다. '질, 노력, 의무'와 같은 단어가 추상어인데 '질'이라는 단어를 생각하면 그것의 구체적인 맥락을 생각하기 어렵고, 아마도 이를 시각적으로 떠올리기도 쉽지 않다.

단어 의미의 구체성은 아동의 단어 읽기에 영향을 준다. 여러 연구에 따르면 어린 아동은 단어의 길이나 빈도와 같은 요소를 통제한 후에도 추상어와 비교했을 때 구체어를 더 빠르고 정확하게 읽는다.[40] 엘리자베스 닐센(Elizabeth Nilsen)과 데릭 부라사(Derrick Bourassa)도 아동이 추상어보다는 구체어에 대한 읽기 학습을 보다 쉽게 수행함을 보여 주었다.[41] 따라서 추상어의 의미를 떠올리는 데 관여하는 의미적 어려움은 어린 아동이 얼마나 그것을 쉽게 읽을 수 있는지에 영향을 미친다.

단어 읽기에 영향을 미치는 또 다른 요인은 아동의 어휘 목록에 해당 단어가 없을 때, 즉 아동이 해당 단어의 의미를 모를 때이다. 예를 들어 'yurt'라는 단어는 어느 정도 음성학적으로 규칙적임에도 불구하고 어떤 아동은 그것을 자신의 어휘 목록에 가지고 있지 않을 수 있다. 그러나 이 아동은 몽골 유목민의 집을 공부하면서 사회 교과서에서 그 단어를 접할 수도 있다. 한 연구[42]에 따르면 아동은 의미를 알지 못하는 단어보다는 의미를 아는 단어를 더 빨리 학습한다. 그러므로 아동이 단어를 읽으려 할 때 실제로 그 단어를 해독했는지를 확인하기 위하여 그 단어의 의미 또한 떠올리는 듯하다. 여러분은 아동이 자신의 어휘 목록에 있지 않은 단어를 읽으려고 할 때 그들의 얼굴에서 어리둥절한 표정을 엿볼 수 있을 것이다.

에리의 단어 읽기 학습 이론이 앞에서 언급한 요인(표기 학습과 단어 의미)을 포함하고 있지 않다고 해서 그것이 부정확하다는 것을 의미하지는 않는다. 사실상 그녀의 이론은 단어 읽기 학습을 설명하는 데 많은 도움이 되었다. 그러나 아마도 그녀의 이론은 필요한 만큼 충분히 포괄적이지는 않다. 많은 연구로 발견한 것은 아동이 단어 읽기를 학습하기 위해서는 다음과 같은 세 가지 종류의 지식을 습득하고 연결할 수 있어야 한다. 첫째, 아동은 음소에 대해 알아야 한다. 둘째, 아동은 알파벳 시스템과 표기 형태에 대해 이해해야 한다. 셋째, 아동은 단어의 의미를 알아야 하고 그것을 빠르게 떠올릴 수 있어야 한다. 요약하면 아동은 음소, 표기, 의미를 연결시킬 수 있어야 한다. 또한 단어를 효율적으로 읽기 위해서는 이러한 요소 간의 연결을 자동화해야 한다.

5. 수업을 위한 시사점

에리가 제시한 단어 읽기 이론의 핵심은 아동은 자소와 음소 간의 대응 관계를 이해할 수 있어야 하며, 그런 다음에 개별 소리를 넘어서는 소리의 보다 큰 단위를 형성하는 데 있다.[43] 앞에서 언급했듯이 비록 그녀의 이론은 완전하다고는 말할 수 없지만 교육자에게 아동의 단어 읽기 발달 단계에 따른 차별화된 수업을 개발하도록 추동하였다. 숙련된 교사는 아동의 단어 읽기 발달 및 부진을 인식하고 그것을 토대로 수업을 조정할 필요가 있다. 다음에서는 에리의 이론이 아동의 단어 읽기 지도에 주는 교육적 시사점에 대해 기술하였다.

5.1. 자모 이전 단계에서의 지도

에리의 이론이 주는 교육적 시사점 가운데 하나는 교사가 초기 단어 읽기 학습 과정에서 아동에게 음소를 이해하고 인식할 수 있도록 지도해야 한다는 것이다. 우리는 발생적 문식성을 다룬 3장에서 아동의 음운 인식을 돕는 수업에 대해 논의하였다. 이 수업에서 중요한 것은 단어를 그것의 구성 요소인 음소로 나누고, 그런 다음 그 음소를 조합하는 것이다. 실제로 클리어링하우스 연구팀(What Works Clearinghouse)에서 유치원 학생을 대상으로 수행된 음운 인식에 관한 질 높은 연구를 검토한 결과[44]와 3장에서 논의한 바에 따르면, 음운 인식 훈련은 어린 아동의 음운 처리 능력을 상당히 향상시킨다. 이러한 지식은 아동에게 자모 이전 단계에서 부분적 자모 단계로 이행하는 데 필요한 중요한 토대가 된다.

5.2. 부분적 자모 단계와 완전한 자모 단계에서의 지도

부분적 자모 단계와 완전한 자모 단계에서는 교사가 아동에게 자소-음소 대응 규칙을 명시적으로 가르치는 것이 중요한데, 다양한 종류의 파닉스 프로그램을 활용할 수 있다. 이 장에서 가장 빈번하게 논의되는 파닉스 프로그램은 두 가지로 나뉘는데, 하나는 통합적(synthetic) 파닉스 프로그램이고 다른 하나는 분석적(analytic) 혹은 유추적(analogy) 파닉스 프로그램이다.

통합적 파닉스 프로그램은 아동에게 자소-음소 대응 규칙(혹은 파닉스 규칙)을 하나씩하나씩 가르친다. 이 프로그램은 자소-음소 대응 관계를 시작으로 여러 소리를 내는 자음(예: c, g)과 모음이 결합된 단어 읽는 방법을 가르치는 것으로 이동한다.[45] 그런 다음 자주 사용되는 이중 모음(예: oi, ea, ou)과 이중 자음(예: sh, ch, th) 읽는 방법도 가르친다. 그러나 자소-음소 대응 규칙의 수나 가르치는 순서는 프로그램에 따라 다르다.[46] 모든 통합적 파닉스 프로그램에서 아동은 자소와 음소 간의 다양한 대응을 인식하고 조합하는 수업을 받는다. 때때로 이 프로그램은 아동에게 단어를 읽을 때 자소-음소 대응 규칙뿐만 아니라 맥락적인 실마리도 함께 사용하도록 가르친다.

이와는 대조적으로 분석적 혹은 유추적 프로그램은 파닉스 프로그램 내의 하나의 전략[예: 음운과 전략 훈련(PHAST, Phonological and Strategy Training) 프로그램 내의 아는 단어 찾기 전략(Seek the Word You Know strategy)[47]]으로, 아동이 이미 알고 있는 단어를 활용하여 새로운 단어를 읽도록 가르친다. 이러한 프로그램은 아동이 이미 알고 있는 'road'라는 단어를 활용하여 'toad'라는 단어를 읽는 방법을 가르치거나 관련 단어를 단어족(word family)*으로 묶어서 가르친다[예: 벤치마크 스쿨 접근법(Benchmark School approach),[48] 단어를 활용한 단어 읽기(Words Their Way)[49]]. 그러므로 아동은 'road'라는 단어를 'toad, load, road, goad'라는 단어족의 맥락 안에서 배우게 된다.

어떤 파닉스 프로그램은 유치원생과 1학년 학생에게 창안적 철자의 사용을 강조하기도 한다. 사실상 창안적 철자를 사용하는 수업을 받은 아동은 그러한 수업을 받지 않은 아동보다 나중에 실제 단어를 보다 잘 읽는 경향이 있었다.[50] 종종 파닉스 프로그램은 앞에서 언급한 접근법을 통합적으로 사용한다.

파닉스 접근법의 유효성은 오랫동안 논쟁의 대상이 되어 왔다. 종종 파닉스 프로그램이 읽기에 대한 동기와 흥미를 떨어뜨리는 반복 훈련[drill-and-practice, 반복 훈련을 경멸하여 반복 훈련하다 죽는(drill-and-kill)이

....

* 단어의 기본형과 기본형에서 비롯된 파생, 굴절된 형태를 모두 포함하는 단어의 집합을 말하는데 'word family'에 대한 번역어로 '단어군', '단어족', '어족' 등 다양하게 사용하나 다수의 논문에서 단어족으로 사용하고 있다.

라고 부르기도 함]을 지나치게 강조한다고 비판받았다. 때로는 이 접근법이 강조하는 지루한 연습 시간이 아동에게서 다른 형태의 수업을 받을 시간을 빼앗을 뿐만 아니라,[51] 아동이 이러한 프로그램에서 배운 많은 지식을 보다 긴 글을 읽는 실제적인 과제에 전이시키지 못한다고 비판받았다.

미국 독서위원회는 이 유효성에 대한 논쟁을 해결하기 위하여 1970~1999년 사이 발표된 파닉스 프로그램의 유효성을 탐구한 실험 연구 및 준실험 연구에 대한 메타분석을 실시하였다.[52] 위원회는 파닉스를 체계적으로 가르치는, 즉 '아동에게 명시적으로 자소-음소 대응 규칙을 가르치고, 이 규칙을 활용하여 단어를 읽도록 하는' 프로그램을 포함시켰다.[53] 이 메타분석은 파닉스 프로그램이 아동의 읽기 능력을 신장시키는 데, 특히 유치원생과 1학년 학생의 읽기 능력을 신장시키는 데 중간 정도의 효과가 있음을 밝혔다. 특별히 파닉스 수업은 읽기에 어려움을 겪는 유치원생과 1학년 아동에게 특히 도움이 되어, 단어를 더 잘 읽고 보다 정확한 철자를 쓰도록 도왔다. 그러나 이들보다 높은 학년에서는 파닉스 프로그램의 효과가 현저하게 줄어들었고, 읽기에 어려움을 겪는 더 나이가 많은 학생에게는 아무런 도움이 되지 못했다. 더 나아가 특정한 프로그램이 다른 프로그램보다 더 효과적이지는 않았다.

그렇지만 위원회의 이와 같은 결론은 쉽게 수용되지 않았다. 일부에서는 위원회가 실험 연구만을 대상으로 메타분석을 실행했기 때문에 파닉스 접근법이 아닌 다른 접근법을 적용하여 아동의 읽기 능력을 향상시켰다고 보고한 질적 연구가 배제되었다고 비판하였다. 다른 일부에서는 위원회가 지나치게 전문 학술지에 게재된 연구물만을 분석 대상으로 삼았다고 비판했다. 실험 연구만을 분석 대상으로 설정한 엄격한 기준은 다른 많은 연구를 배제하는 결과를 낳았다. 아마도 처치 효과가 없거나 부정적이었기 때문에 학술지에 게재되지 않아 공개되지 못한 연구물(gray literature)도 있었을 것이다. 전문 학술지는 긍정적인 결과를 보고한 연구물을 선호한다. 왜냐하면 효과가 없는 것은 진짜로 효과가 없기 때문일 수도 있지만 또 다른 요인이 작용했을 수도 있기 때문이다. 예를 들어 분석 대상이 된 연구의 수가 너무 적거나 통계적 검증력(statistical power)이 없을 수도 있고, 처치가 잘 이루어지지 않았을 수도 있다. 그러나 위원회가 보고한 결과의 크기, 즉 효과 크기(effect size)를 고려한다면 비판론자들은 위원회의 메타분석에 효과를 내지 못한 다수의 연구가 포함되어 있다는 것도 주장해야 할 것이다.

　캐럴 톨거슨(Carole Torgerson), 그렉 브룩스(Greg Brooks) 및 질 홀(Jill Hall)은 메타분석을 수행할 목적으로 발표되지 않은 실험 연구를 찾기 위하여 광범위한 자료 수집을 하였고, 그 결과 몇 개의 연구를 찾을 수 있었다.[54] 더 나아가 이들은 위원회가 메타분석을 실시한 당시에는 구할 수 없었던 몇 개의 연구를 찾아 자신들의 메타분석에 포함시켰다. 이들의 새로운 분석은 위원회의 기본적인 분석 결과를 재확인하였다. 유사하게 위원회 자료에 대한 재분석은 위원회가 보고한 효과보다는 적은 효과를 보고했고 비교되는 파닉스 수업이 무엇인지에 따라 그 효과도 달라졌지만, 결과적으로 위원회가 보고한 파닉스 수업의 효과를 입증했다.[55] 그러나 톨거슨 외의 연구[56]와 세바스티안 폴 서게이트(Sebastian Paul Suggate)의 연구[57]는 파닉스 지도법의 효과는 위원회가 제시한 것보다 상대적으로 작을 뿐만 아니라 그 효과도 아동의 단어 읽기 정확성, 특히 알파벳 규칙을 습득해 나가는 유치원생과 1학년 학생의 단어 읽기 정확성에 한정된다는 점을 지적하였다. 한편 어떤 파닉스 프로그램이 더 효과적인지를 밝히는 실험연구는 계속 진행 중에 있다.[58] 요약하면 많은 연구가 아동의 단어 읽기 능력 향상에 파닉스 수업이 효과적이라는 사실을 뒷받침한다.

　파닉스 수업은 읽기(발음하기) 쉽게 만들어진 책의 활용과 관련된다. 이 책은 50개 내외의 단어로 이루어진 작은 책인데, 다른 책과 비교하여 상대적으로 규칙적인 자소-음소 대응 관계를 가지는 단어 비율이 높다. 대부분의 책은 "The cat sat on the mat.", "The bat took the hat,", "Sam had jam from the can." 등과 같은 간단한 문장으로 이루어져 있다. 이러한 형태의 읽기(발음하기) 쉽게 만들어진 책은 아동에게 '단모음 a' 발음법을 강화시키기 위한 것인데, 아동은 이 책의 문장을 읽음으로써 해당 규칙을 충분히 훈련할 수 있다.

주어진 글의 해독 가능성(decodability)은 파닉스 규칙과 아동이 이미 알고 있는 일견 단어를 토대로 결정된다. 만약 아동이 '장모음 e와 다른 낱자가 결합된 낱자'(예: -ei, -ee, -ea, -ey)를 읽는 방법을 배우지 않았다면 해당 낱자를 포함한 단어가 쓰인 책을 해독하기는 어렵다. 읽기(발음하기) 쉽게 만들어진 책으로 하는 읽기 프로그램에 대한 평가에 따르면, 이러한 책은 아동이 이전에 배운 파닉스 규칙과 잘 부합하지 않는 단어를 많이 포함하고 있다.[59] 이상적으로 보면 읽기(발음하기) 쉽게 만들어진 책은 아동이 이미 배운 파닉스 규칙을 강화하는 방향으로 사용되어야 한다.

파닉스 규칙을 가르치는 좋은 방법은 우선 특정한 파닉스 규칙을 가르친 다음에 아동에게 해당 규칙이 많이 적용된 책을 읽게 하는 것이다. 읽기(발음하기) 쉽게 만들어진 책에 담긴 철학은 어린 아동에게 새롭게 습득한 파닉스 규칙을 책을 읽는 데 전이하도록 하는 것이다. 이 활동은 아동에게 파닉스 수업과 일반적인 책에 가까운 책을 읽는 것 간의 관계를 인식하도록 북돋울 것이다.

읽기(발음하기) 쉽게 만들어진 책은 아동을 부분적 자모 단계에서 완전한 자모 단계로 나아가도록 하기 위하여 만들어졌다. 이 책은 아동에게 파닉스 지식을 통합하도록 돕고, 이것이 나중에 아동의 읽기 능력 향상에 도움이 되기를 바란다. 코니 주얼(Connie Juel)과 다이앤 로퍼/슈나이더(Diane Roper/Schneider)가 수행한 읽기(발음하기) 쉽게 만들어진 책의 장점에 대한 연구에 따르면, 이러한 책으로 읽기 연습을 한 아동이 읽을 수 있는 새로운 단어의 수가 많아진 것에서 알 수 있듯이 파닉스 지식이 향상되었다.[60] 또한 이러한 책은 아동이 저지르는 실수의 형태를 변화시킨다.

즉, 아동이 저지르는 실수는 규칙에 기반하고 있었다(예: 'pear'를 'peer'로 읽는 것). 반면 읽기(발음하기) 쉽게 만들어진 책의 사용에 대한 연구를 검토하면서 제니퍼 치텀(Jennifer Cheatham)과 질 앨러(Jill Allor)[61]는 표준화된 시험 점수를 기준으로 볼 때 해독 가능한 원문의 읽기가 아동의 일반적 읽기 능력을 향상시킨다는 증거는 매우 희박하다고 결론 내렸다.[62]

읽기(발음하기) 쉽게 만들어진 책을 모든 사람이 지지하는 것은 아니다. 케네스 굿맨(Kenneth Goodman), 예타 굿맨(Yetta Goodman) 및 프리스카 마틴스(Prisca Martens)는 이러한 책은 내용이 지나치게 어색하고 일반 책 같지 않아서 읽기 학습의 대상으로 삼기에는 적합하지 않다고 지적한다.[63] 우리도 이러한 책은 독해와 같은 보다 넓은 의미의 문식 능력을 신장시키려는 목적보다는 파닉스 학습과 같은 보다 좁은 의미의 목적을 위하여 사용되어야 한다는 점에 동의한다. 따라서 교사가 이 책을 매우 구체적인 목적에만 사용해야 한다는 것을 이해하는 것은 매우 중요하다.

정리하면 파닉스와 읽기(발음하기) 쉽게 만들어진 책은 아동이 부분적 자모 단계에서 완전한 자모 단계로 이행하도록 돕는 수업에 적용될 수 있다. 톨거슨 외에서 결론지었듯이 저학년에서의 파닉스 수업은 "다른 요소와의 신중한 균형을 고려하면서 문식성 교사의 수업 레퍼토리의 일부분이 되어야 할 뿐만 아니라 문식성 수업을 구성하는 하나의 일상적인 요소가 되어야 한다."(강조는 필자).[64] 그러나 아동이 1~2학년을 지나면 파닉스 수업의 효과가 사라지기 때문에 그 후에는 권하지 않는다.[65] 많은 연구에 따르면 저학년 이후의 파닉스 수업 효과는 매우 작거나 없다. 우리는 때때로 타당한 실증적인 근거가 거의 없음에도 초등학교 전 과정에서 파닉스 수업이 진행되는 것을 보면 당혹스럽다. 수업의 초점은 아동이 학교에 들어오고 몇 년 후에는 바뀌어야 한다. 파닉스 수업은 이제 막 읽기를 시작하는 아동을 위해 설계된 것이다. 점점 더 학교는 아동에게 더 파닉스 규칙을 연습할 기회를 주려고 기술을 활용한다(테크놀로지 도구 상자 참고).

단어 읽기 학습에 테크놀로지 활용하기

교육 분야에서 컴퓨터 기술과 인공지능의 적용이 점점 정교해지면서 많은 학교에서 능숙한 단어 읽기 능력을 습득하는 데 필요한 일상적인 연습을 지원하기 위하여 교육용 프로그램을 구매하는 추세가 증가하고 있다. 때때로 이 프로그램은 아동의 정규 수업에서 보충 활동으로 활용되기도 한다. 이러한 보조 프로그램은 아동의 능력 수준에 맞추어져 있지만, 특히 자신의 학년 수준에 도달하지 못한 아동을 주요 대상으로 한다. 또 다른 경우에는 이러한 프로그램이 종합적인 읽기 프로그램의 핵심적인 요소로 사용되기도 한다.

최근의 프로그램은 특정한 파닉스 기능에 초점을 맞추어 참여할 수 있고 다채로운 시청각 수업을 제공하려고 노력한다. 종종 이러한 프로그램은 아동의 동기를 자극하는 게임과 같은 형태를 취하기도 한다. 예를 들어 〈워터퍼드 조기 학습 프로그램(Waterford Early Learning Program™)〉에는 아동이 듣고 반응하면서 읽도록 읽기(발음하기) 쉽게 만들어진 책과 함께 영어의 44개 소리를 연습하도록 다양한 색상으로 이루어진 시청각 수업이 포함되어 있다. 그런 다음 아동은 보다 복잡한 낱자의 형태를 학습하는 단계와 읽기(발음하기) 쉽게 만들어진 책을 더 많이 읽는 단계로 넘어간다. 여기에서 아동은 자동적으로 단어를 재인하는 연습을 한다. 중요한 것은 아동이 자신의 학습 속도에 맞추어 진도를 나갈 수 있다는 것이다.

한편 여러 메타분석 연구는 이러한 프로그램이 아동의 단어 읽기 능력 발달에 미치는 영향이 작거나 전혀 효과가 없다는 결론을 내렸다.[66] 이러한 프로그램은 대체로 보충 수업이 필요한 아동에게 적용되기 때문에 그들이 받는 다른 보충 수업의 효과를 배제한 채 이것만의 효과를 측정하기는 어렵다.[67] 대체로 아동은 컴퓨터화된 수업 이외에 다른 수업도 받고 있기 때문이다. 아동은, 특히 저학년 때는 컴퓨터 프로그램을 활용한 보충 수업과 함께 소모둠 수업이나 1:1 수업을 받는다. 통제 집단에 속한 아동이 아무런 교육적 처치를 받지 못하는 것은 아니다. 잠재적으로 도움이 될 수업을 2회 받을 수도 있다. 또 다른 문제점은 교사가 읽기 학습에 뚜렷한 도움이 될 만큼 일상 수업에 이 프로그램을 많이 사용하지 않는다는 데 있다.[68]

최근 문식성 수업에서는 컴퓨터보다 태블릿이나 스마트폰을 더 많이 사용하는 추세이다. 부모는 애플리케이션, 특히 무료로 보급되는 애플리케이션을 다운로드하여 자녀의 학습 도구로 사용하기 시작하였다.[69] 크리스티 굿윈(Kristy Goodwin)과 케이트 하이필드(Kate Highfield)가 지적했듯이,[70] 교육과정 개발자가 아니라 애플리케이션 개발자가 디자인할 때 이러한 프로그램은 반복적인 연습이 강조된다. 그러나 현 시점에서 편리성에도 불구하고 이 애플리케이션이 더 효과적이라는 증거는 없다. 따라서 아동의 단어 읽기 학습에 장치 기술이 활용될 테지만, 그 활용도는 많은 부분 아직 실현되거나 수용되지 못하고 있다.

마지막으로 단어 의미가 어린 아동의 단어 읽기의 정확성과 속도에 영향을 준다는 연구 결과를 고려하면, 단어 의미를 가르치는 것은 그들의 단어 읽기 능력을 향상시키기 위한 합리적인 방안이 될 수 있다. 이 부분에 대한 연구는 부족한데, 하나를 들자면 피오나 더프(Fiona Duff) 외의 연구를 꼽을 수 있다.[71] 이들은 이전에 다른 파닉스 프로그램으로부터 효과를 보지 못한 읽기 부진 어린 아동에게 어휘 학습이 결합된 파닉스 프로그램을 적용하였고, 어린 아동이 나중의 표준화된 읽기 검사에서 읽을 수 있는 단어의 수가 크게 향상되었음을 보고하였다. 더 나아가 이러한 향상은 몇 달이 지난 후에도 계속 유지되었다. 이와 같은 방식의 처치가 읽기 능력이 보통인 아동에게도 유효한지에 대해서 알려진 것은 없다. 그럼에도 불구하고 우리가 앞으로 공부하게 될 것처럼, 어휘 학습은 나중의 능숙한 읽기를 위해 필요하기 때문에 이를 확대해도 부작용은 거의 없을 것이다.

5.3. 통합적 자모 단계에서의 지도

통합적 자모 단계의 목표는 겹낱자의 다양한 형태를 통합하는 것이다. 이 일부는 파닉스 수업에서 '-ough' 또는 '-ph' 같은 '겹낱자의 자소-음소 대응 규칙'을 명시적으로 가르침으로써 배울 수 있다. 그러나 통합적 자모 단계에 속하는 아동에게 가장 적절한 수업은 형태론적 인식(morpho-logical awareness) 능력을 발달시키는 수업이다.[72]

형태론적 인식 능력을 높이는 수업은 아동이 단어의 형태 특성에 주의를 기울이도록 하는 데 초점을 둔다. 형태론에 초점을 둔 수업의 효과에 대한 연구는 형태론 지식이 단어 읽기 및 표기에 인과적으로 영향을 주는가를 알려 준다. 형태 인식 능력을 발달시키는 것이 단어 읽기 능력이 낮은 아동에게 자신들의 단어 해독 능력을 향상시키는 또 다른 방법이 될 수 있기를 기대한다.

이 수업은 전치사, 접미사, 어근 또는 합성어를 대상으로 한다. 예를 들어 아동은 'happy'와 'happily' 또는 'magic'과 'magician' 중에서 '어떤 단어가 어떤 단어로부터 유래되었는지'를 구분하는 방법을 배운다.[73] 'happy'나 'magic'이라는 단어로부터 파생된 단어를 만들어 볼 수도 있다. 혹은 수업 초점을 "'-ing' 접미사는 어떤 행위가 현재 진행되고 있음을 나타낸다."와 같이 특정 형태소의 의미를 배우는 데 맞출 수도 있다.[74]

형태 인식 능력을 위한 수업은 단어의 형태론 지식에 대한 아동의 이해 능력을 높여 왔다. 중요한 것은 이러한 이해 능력이 독해 능력과 표기 능력의 발달로 전이된다는 것이다. 대부분의 연구에 따르면 아동의 형태론 지식은 단어 읽기와 표기 능력 발달에 작거나 중간 정도로 긍정적인 영향을 주며, 특히 여전히 해독 능력을 습득하는 과정에 있는 저학년 아동에게 긍정적인 영향을 준다고 밝힌다.[75]

5.4. 자동화 단계에서의 지도

마지막으로 일단 아동이 자신의 해독 능력을 통합하고 단위화하면, 그들은 단어 읽기를 학습하는 마지막 단계, 즉 자동화 단계로 넘어간다. 일반적으로 단어 읽기의 자동성이 책을 읽는 연습, 특히 음독(oral reading) 연습에서 비롯된다는 점에 대부분 동의한다.[76] 아동은 연습을 통해 자동적인 단어 읽기 기능과 함께 독해 능력을 향상시키는 다른 기능도 발달한다. 음독 연습의 효과에 대해서는 읽기 유창성을 다룬 장에서 논의한다.

6. 공통 핵심 성취기준과의 연계

정책 입안자 입장에서 보면 능숙한 단어 읽기 기능의 중요성에 대한 연구는 이 기능이 학령기 초기 아동을 겨냥한 성취기준에 포함되어야 함을 제안하고 있는 것이다. 실제로 미국의 공통 핵심 성취기준은 파닉스와 단어 읽기 기능을 아동이 초기에 습득해야 하는 기초적인 기능으로 설정하였다.

[표 4-1]에서 볼 수 있듯이 단어 읽기 기능 발달에 관한 연구에서는 기초적인 문식성 기준을 초등학교 저학년에 두고 있다. 단어 읽기 학습과 관련된 초기 기준을 잘 살펴보면 자모 이전 단계의 지식을 가지고 학교에

[표 4-1] 공통 핵심 성취기준(읽기): 기초 기능, 파닉스, 단어 읽기[77]

파닉스 및 단어 읽기 기준(요약본): 학년 수준에 맞는 파닉스 및 단어 해독에 필요한 단어 분석 기능을 알고 적용하기	
유치원	• 개별 자음을 발음해 봄으로써 자음과 소리가 1:1로 대응된다는 것을 이해한다. • 자주 쓰는 주요 모음 자소를 보고 장음 혹은 단음을 연결한다. • 일반적인 고빈도 단어를 눈으로 읽는다. • 낱자의 소리가 다르다는 것을 인식함으로써 비슷하게 표기된 단어를 구별한다.
1학년	• 일반적인 겹자음의 자소–음소 대응 관계를 안다. • 규칙적인 철자로 이루어진 단음절 단어를 해독하고, 두 음절 단어의 음절을 쪼개어 해독한다. • 일반적으로 어떤 경우에 장모음 소리를 내는지를 안다. • 활자화된 단어에서 모음을 가지고 음절의 수를 센다. • 굴절 어미(inflectional ending, 동사의 시제 · 수 · 인칭 · 태를 나타내기 위한 굴절을 활용이라고 하며 활용에 사용되는 어미를 말함)를 가진 단어를 읽는다. • 학년 수준에 맞는 불규칙한 철자 단어를 재인하여 읽는다.
2학년	• 규칙적인 단음절 단어를 읽을 때 장모음과 단모음을 구별한다. • 추가적인 모음 소리에서 일반적인 자소–음소 대응 규칙을 안다. • 규칙적인 철자로 이루어지고 장모음인 두 음절 단어를 해독한다. • 일반적인 접미사와 접두사가 붙은 단어를 해독한다. • 일관되지는 않지만 일반적인 자소–음소 대응 관계인 단어를 확인한다. • 학년 수준에 맞는 불규칙한 철자의 단어를 재인하여 읽는다.
3학년	• 가장 일반적인 접두사와 파생 접미사를 식별하고, 그 의미를 안다. • 일반적인 라틴어 접미사가 붙은 단어를 해독한다. • 다음절 단어를 해독한다. • 학년 수준에 맞는 불규칙한 철자의 단어를 읽는다.
4~5학년	• 맥락 속에 놓여 있는 혹은 맥락 속에 놓여 있지 않은 낯선 다음절 단어를 정확하게 읽기 위하여 낱자–소리 대응 관계, 음절 나누는 방법 및 형태론(예: 어근 및 접사)에 대한 모든 지식을 통합하여 활용한다.

오는 아동이 유치원을 마칠 때쯤에는 부분적 자모 단계의 지식을 갖춘 아동으로 성장시키는 것을 목표로 하고 있다. 이 기준에서는 1~2학년 아동은 완전한 자모 단계의 지식을 습득하고 3~5학년 아동은 이러한 지식을 통합하여 단어를 더 큰 단위로 읽도록 지도하라고 교사에게 지시한다.

[표 4-2] 한국 유아 및 초등 저학년을 위한 기초 문식성 습득과 단어 읽기 기준의 예(교육부, 2019; 2022)

2019년 개정 누리과정		
영역	목표와 내용	
의사소통	듣기와 말하기	• 상황에 적절한 단어를 사용하여 말한다.

2022 개정 국어과 교육과정		
학년	영역	성취기준
초 1~2학년	읽기	[2국02-01] 글자, 단어, 문장, 짧은 글을 정확하게 소리 내어 읽는다.
	쓰기	[2국03-01] 글자와 단어를 바르게 쓴다.
	문법	[2국04-02] 소리와 표기가 다를 수 있음을 알고 단어를 바르게 읽고 쓴다.
초 3~4학년	문법	[4국04-01] 단어와 단어 간의 의미 관계를 파악한다. [4국04-02] 단어를 분류하고 국어사전을 활용하여 능동적인 국어 활동을 한다.
초 5~6학년	문법	[6국04-03] 고유어와 관용 표현의 쓰임과 가치를 이해하고 상황에 맞게 표현한다. [6국04-06] 글과 담화에 쓰인 단어 및 문장, 띄어쓰기를 민감하게 살펴 바르게 고치는 태도를 지닌다.
중 1~3학년	문법	[9국04-01] 국어의 음운 체계와 문자 체계를 이해하고 국어생활에 활용한다. [9국04-02] 단어의 짜임을 분석하여 새말 형성의 원리를 이해한다. [9국04-03] 품사의 종류와 특성을 이해하고 국어 자료를 분석한다. [9국04-07] 세대·분야·매체에 따른 어휘의 양상과 쓰임을 분석하고 다양한 집단과 사회의 언어에 관용적 태도를 지닌다.
고 1학년	문법	[10공국1-04-02] 음운 변동을 탐구하여 발음과 표기에 올바르게 적용한다. [10공국1-04-03]]다양한 분야의 글과 담화에 나타난 문법 요소 및 어휘의 표현 효과를 평가하고 적절한 표현을 생성한다.
고 2~3학년	화법과 언어	[12화언01-03] 품사와 문장 구조에 대한 지식을 활용하여 언어 자료를 분석하고 설명한다. [12화언01-04] 단어의 짜임과 의미, 단어 간의 의미 관계를 중심으로 어휘를 이해하고 담화에 적절히 활용한다. [12화언01-05] 담화의 맥락에 적절한 어휘와 문법 요소를 선택하여 화자의 태도를 드러낸다. [12화언01-06] 담화의 구조를 고려하여 적절한 어휘와 문장으로 응집성 있는 담화를 구성한다.

반면 한국 교육과정의 경우, 단어 읽기 학습에 대한 성취기준이 누리과정부터 고등학교 2~3학년까지 나타나, 초등학교 시기에 집중적으로 관련 성취기준을 제시하고 있는 미국의 공통 핵심 성취기준과 다소 차이를 보인다. [표 4-2]는 유치원~초등학교 중학년 시기의 단어 읽기 학습과 관련된 성취기준을 정리한 내용으로, 누리과정에서는 '상황에 적절한 단어를 사용하여 말하기'를 통해 아동들이 일상 속에서 적절한 단어를 선택하여 말할 수 있도록 하는 데 초점을 두고 있다.

반면 초등학교 저학년에서는 '단어를 정확하고 바르게 소리 내어 읽고 쓰기'를, 초등학교 중학년에서는 '단어의 의미와 의미 관계 파악하기'를 성취기준으로 제시하면서, 주변에서 접할 수 있는 다양한 읽기 자료를 활용할 것을 강조하였다. 또한 국어사전의 활용을 통해 능동적인 단어 읽기 학습이 이루어질 수 있도록 하고 있다는 점도 특징적이다.

7. 결론

단어 읽기 학습이라는 연구 주제는 인지심리학자와 교육심리학자뿐만 아니라 읽기 교육자도 왕성하게 연구하였다. 아울러 이것은 이론과 수업의 연결과 관련하여 가장 확실한 증거가 축적되어 있는 연구 주제이다. 많은 연구가 단어를 빠르고 정확하게 읽는 학습은 어린 아동이 잘 읽기 위해서 반드시 습득해야 하는 핵심 기능임을 밝히고 있다. 그 결론에 동의하지만 우리는 이 학습에 최적의 시기와 장소가 있다는 것을 강조하고 싶다. 읽기는 발달의 과정이다. 단어 읽기 학습을 강조하기 가장 좋은 시기는 초등학교 저학년 시기이다. 이 시기에 이루어지는 좋은 수업은 차후 아동의 읽기 능력을 발달시키는 데에도 많은 도움이 될 것이다.

1 여러분이 단어 읽기를 학습했던 방법에 대해 생각해 보자. 어떤 방법이 효과적
   이었는가? 자신의 경험을 말해 보자. 그러한 학습과 교수-학습 방법이 여기에
   서 논의한 내용과 어떻게 연결될 수 있는가?

2 표기 학습에 관한 여러 관점 중에서 여러분은 직관적으로 어떤 관점이 타당하
   다고 생각하는가? 그 이유는 무엇인가?

3 에리의 단어 읽기 이론은 이론적이라기보다 보다 기술적(descriptive)이라는
   비판을 받는다. 아동의 해독 능력이 '어떻게' 발달하는지를 이해하기보다는 아
   동의 해독 능력이 '왜' 이러한 방식으로 발달하는지를 보다 잘 이해하기 위해서
   는 어떤 연구가 필요하다고 생각하는가?

4 일반적으로 '읽기 전쟁'은 탈맥락적인 연습을 강조하는 파닉스 수업으로 야기
   되었다고 알려져 있다. 이러한 프로그램으로 발생하는 지루함과 학습 동기의
   저하 문제를 해결할 수 있는 방법은 무엇이라고 생각하는가?

5 이 장의 처음에 제시한 사례로 돌아가 보자. 김 교사가 준이의 문식 능력을 향
   상하기 위하여 적용할 수 있는 전략은 무엇이라고 생각하는가?

Camili, G., Wolfe, P. M., & Smith, M. L. (2006). Meta-analysis and reading policy: Perspectives on teaching children to read. *Elementary School Journal, 107*, 27-36.

Cheatham, J. P., & Allor, J. H. (2012). The Influence of decodability in early reading text on reading achievement: A Review of the evidence. *Reading and Writing, 25*, 2223-2246.

National Institute of Child Health and Human Development. (2000). *Report of the National Reading Panel. Teaching children to read: An evidence-based assessment of the scientific research literature on reading and its implications for reading instruction: Reports of the sub groups*(NIH Publication No. 00-4754). Washington, DC: U.S. Government Printing Office.

능숙한 단어 읽기　　　　　05

중학교 2학년 국어 수업을 담당하는 박 교사는 학생 태영이를 걱정하고 있다. 한번은 수업 시간에 모두 함께 윤동주의 〈별 헤는 밤〉을 크게 낭독했는데 태영이만 참여하지 않았다. 박 교사가 같이 읽자고 했지만 태영이는 글에 포함된 낯선 단어를 발음하는 것조차 힘들어했다. 태영이는 글을 쓸 때 철자를 틀리기도 하고, 수업 말미 15분간의 묵독 시간에는 피곤해서 읽기 싫다며 자주 엎드려 있곤 했다.

시각적으로 단어를 재인하는 과정에 대한 연구는 정신 과정(mental process) 탐구에 대한 보다 현대적인 인지적 접근법이 적용되면서부터 집중적으로 이루어졌다.[1] 단어는 상대적으로 다루기 쉬운 분석 단위로 여겨지기도 하고, 특히 능숙한 독자의 단어 읽기는 설명하기 쉬운 것처럼 보이기도 한다. 하지만 이 장에서는 하나의 단어(single word)를 능숙하게 읽는 것도 전혀 단순한 일이 아니라는 것을 보여 주려 한다.

이 장의 목표는 능숙한 단어 읽기에서 나타나는 인지적 과정을 이해하는 데 있다. 인간의 감각 및 지각 시스템이 활자화된 글자를 어떻게 처리하고, 단어 지식이 낱자를 인식하는 데 어떤 영향을 주는지에 대해 논의하고자 한다. 또한 능숙한 단어 재인에 관여하는 인지 과정과 표상을 설명하는 두 가지 모형을 소개한 후, 능숙한 단어 재인에 영향을 주는 요인을 살펴볼 것이다.

1. 낱자 재인

대부분의 단어 읽기 모형은 활자가 시각적으로 변환되는 과정에서 낱자*가 재인되는 과정에 대한 설명으로 나아간다. 이것은 생각보다 훨씬 놀라운 일이다. 능숙한 독자는 서체, 대·소문자, 글자 크기의 차이에도 불구하고 낱자를 눈 깜짝할 사이에 빠르게 재인한다. 대개 그런 차이는 단어를 읽는 데 큰 방해가 되지 않는다. 그 이유는 대부분의 경우 활자는 독자가 쉽게 읽을 수 있도록 의도적으로 만들어지기 때문이다. 데니스 펠리(Denis Pelli), 캐서린 번스(Catherine Burns), 바트 패럴(Bart Farell) 그리고 데버라 무어-페이지(Deborah Moore-Page)는 낱자 처리의 속도와 정확성이 낱자 처리의 효율성에 미치는 영향 측면에서 기존 철자들 간에 강한 일관성이 있다는 점에 주목했다.[2] 즉, 연구자들은 대부분의 철자가 시간의 흐름에 따라 읽기 효율성이 높아지는 방향으로 진화되었을 것으로 생각한다. 물론 서체가 독특하거나 크기가 아주 작으면 효율적으로 읽기 어려울 수 있지만[3] 일반적으로 단어에서 낱자는 쉽게 인식된다.

1.1. 낱자의 자질

대부분의 단어 읽기 모형은 낱자의 시각적 자질을 처리하는 것에서부터 시작된다. 이 과정은 낱자가 재인되기 전에 이루어져야 한다. 낱자의 자질(letter features)은 낱자를 구성하는 요소이다. 데이비드 마(David Marr)에 따르면 뇌는 지각된 대상으로부터 어떤 단순한 모양과 형태를 추출하도록 설계되었다.[4] 뇌는 이러한 지각의 기본 요소(perceptual primitives), 즉 자극

....

* 음소 문자 체계에 쓰이는 낱낱의 글자로, 예컨대 'ㄱ', 'ㄴ' 등의 자음과 'ㅏ', 'ㅑ' 등의 모음이 있다.

을 구성하는 기본 요소(예: 색, 선의 기울기, 곡선)와 관련된 낱자의 자질에 반응한다. 그리고 이와 같은 기본 요소는 이후의 분석 단계에서 통합된다.

뇌가 진화하는 데 수백만 년이 필요했다는 점을 고려하면 뇌가 애초에 문자를 직접적으로 재인하도록 설계되었을 가능성은 매우 희박하다. 왜냐하면 문자는 상당히 최근에 만들어진 문화적 발명품이고, 그 시기도 불과 5,000년을 조금 넘는 정도이기 때문이다. 오히려 인간은 사물을 인식하는 데 사용하던 뇌의 일부를 적절히 활용하여 낱자를 재인한다고 볼 수 있다. 뇌는 낱자를 명확한 사물로 재인하도록 훈련되어야 한다. 이에 따르면 뇌의 특정 영역, 예를 들어 좌측의 후두-측두구(left occipital-temporal sulcus)는 능숙한 독자가 낱자를 재인하는 기능을 담당한다.[5] 우리가 낱자를 보면 두뇌 영역이 0.15초 이내에 활성화된다.[6] 그 후, 낱자에 대한 식별 정보가 뇌의 다른 영역으로 전달된다.

뇌는 낱자의 어떤 특징에 반응하고 재인하는가? 이 질문에 답하기 위하여 연구자들은 피험자에게 낱자를 보기 어려운 실험 조건에서 개별 낱자를 식별하도록 했다. 이 실험에서 낱자는 매우 짧게 노출되거나 흐릿한 조명 아래에서 제시되거나 혹은 낱자의 일부가 가려진 채로 제시되었다. 그 상황에서 연구자들은 피험자에게 낱자를 식별하도록 하거나 낱자가 아닌 것들 사이에서 낱자를 구별하도록 요청하였다. 실험 후 피험자가 특정 낱자를 다른 낱자로 혼동하여 발생한 오류 횟수를 토대로 낱자 혼동 행렬(letter confusion matrix)을 만들었다. 낱자 혼동 행렬을 통해 'I'로 혼동한 오류의 횟수를 'i'를 'c'로 혼동한 오류 횟수와 비교해 볼 수 있다.[7] 또 낱자 혼동 행렬을 통해 'O'와 'G', 'H'와 'N'이 혼동된다는 것을 확인할 수 있다. 그러나 'H'와 'O'는 혼동될 가능성이 거의 없다.[8]

연구자들은 이러한 낱자 혼동 행렬을 토대로 영어 알파벳의 낱자를 재인하는 데 사용되는 잠재적인 자질을 추론하였다. 예를 들어 대니얼 피셋(Daniel Fiset) 외에 따르면 성인은 끝부분(예: W에서 상단의 세 점)뿐만 아니라 교차점(예: X), 곡선, 사선, 가로줄, 세로줄 등을 활용하여 낱자를 식별한다.[9] 추측컨대 이러한 자질은 교사가 어린 아동에게 알파벳을 가르칠 때 강조하는 자질일 것이다. 그러나 능숙한 독자라면 초보 독자가 낱자를 재인할 때 참조하는 자질을 똑같이 참조하리라는 보장은 없다.

성인은 낱자 처리의 초기 과정에서 참조틀(frame of reference)을 생성하는 듯하다. 즉, 그들은 일반적인 서체의 크기, 간격, 두께와 관련된 정보를 재빠르게 알아냄으로써 보다 구체적인 낱자의 자질을 확인한다.[10] 가령 낱자 'W'를 재인할 때 성인은 서체의 일반적인 동일성(uniformity, 서체의 크기, 간격, 두께 등에서의 동일한 특성)을 확인한다. 그런 다음, 상단의 세 점, 하단의 두 점, 사선 등 지각의 기본 요소를 활성화한다. 그리고 이러한 정보를 낱자 'W'를 재인하기 위하여 통합한다. 이러한 일련의 사건은 단계적인 방식으로 일어나기보다는 매우 짧은 순간에 발생되며, 각각의 사건에서 제시되는 불완전한 정보를 참조하여 어떤 낱자인지를 확인할 때까지 동시다발적으로 일어난다.

아쉽게도 뇌가 이러한 지각의 기본 요소를 어떻게 재조합하여 지각을 형성하는지에 대해서는 명확하게 밝혀진 것이 없다. 아직 사람들은 'W'를 독립적인 낱자 자질들의 집합체로 보지 않고 단일한 시각적 실체로 본다. 재조합 문제는 결합 문제(binding problem)[11]로 불리는데, 이는 낱자 자질뿐만 아니라 사물 재인에 관한 자질 모형에서도 존재한다.

1.2. 단어 우월 효과

매우 일관된 하나의 연구 결과는 낱자가 개별적으로 제시되거나 임의의 문자열 안에서 제시될 때보다, 단어 안에서 제시될 때 낱자에 대한 재인이 보다 빠르고 정확하게 일어난다는 것이다.[12] 이러한 현상은 단어 우월 효과(word superiority effect)라 불린다. 사람들은 낱자 'g'가 'tignh'와 같은 임의의 문자열 안에서 제시될 때보다 'night'와 같은 단어 안에서 제시될 때 'g'를 보다 효과적으로 재인할 수 있다. 단어에 대한 정보가 개별 낱자를 식별하는 데 도움을 준다는 것이다. 일반 독자의 경우 자동적인 읽기가 발달하기 시작하는 초등학교 2학년 때쯤 단어 우월 효과가 나타난다.[13] 그러나 부진 독자에게는 단어 우월 효과가 거의 나타나지 않는다. 이는 부진 독자가 겪는 어려움이 단어보다는 철자법과 어느 정도 관련되어 있음을 시사한다.[14]

낱자에 대한 단어 우월 효과는 단어에만 국한되지는 않는다. 이는 실제 단어처럼 자연스러운 발음이 가능하지만 언어에 존재하지 않는 비단어, 즉 의사 단어에서도 나타난다. 사람들은 'g'가 'tigvh'와 같은 문자열 안에서 제시될 때보다 'vight'와 같은 의사 단어 안에서 제시될 때 'g'를 보다 빨리 재인한다. 이것은 의사 단어 우월 효과(pseudoword superiority effect)라 불린다. 일반적으로 능숙한 독자의 낱자 재인에 작용하는 의사 단어 우월 효과와 일반적인 단어 우월 효과는 유사하다. 그러나 능숙한 독자로 성장하는 단계의 아동에게는 낱자 재인에 작용하는 의사 단어 우월 효과가 일반적인 단어의 우월 효과보다 적다.[15] 의사 단어 우월 효과가 존재한다는 것은 독자가 낱자를 재인할 때 'sight, fight, might, right, tight' 등과 같은 단어에 대한 지식이 활성화되고, 그 지식은 해당 낱자를 식별하는 데 도움이 되는 낱자 자질 정보와 통합되는 등 다른 수준의 인지 과정이 관여한다는 것을 시사한다.[16]

2. 자소-음소 대응과 능숙한 단어 재인

4장에서 언급했듯이 영어의 자소-음소 대응 관계는 보기보다 일관적이다. 자소-음소 대응 관계를 벗어나는 몇몇 겹낱자로 구성된 자소(multiletter grapheme)와 단어를 제외하면 영어의 대응 관계는 겉으로 보기보다 훨씬 더 명확하게 예측 가능하다. 한 연구에 따르면, 이 현상은 개별적인 낱자-소리의 대응 관계에서보다 '-ight' 같은 음절의 발음에서 더 일관적으로 나타난다.[17] 일단 음절을 고려하게 되면 발음을 예측하는 것이 더 수월해진다. 능숙한 독자는 이 규칙뿐 아니라 이 규칙을 단어를 식별하는 데 신속하고 자동적으로 사용하는 방법과 관련된 폭넓은 암묵적 지식을 가지고 있다. 그들은 단어를 읽을 때 이러한 규칙을 활용하여 낱자나 겹낱자를 음소로 전환하고, 그것들을 조합하여 발음을 생성한다.

그러나 독자는 자신이 읽어야 하는 모든 단어를 자소-음소 대응 규칙만으로 재인하는 것은 아니다. 이러한 이유에서 어떤 연구자들은 단어를 발음하는 데 음운론적 규칙 이외의 다른 요소가 관여될 수 있음을 주장했다. 맥스 콜트하트(Max Coltheart), 캐슬린 래슬(Kathleen Rastle), 콘래드 페리(Conrad Perry), 로빈 랭던(Robyn Langdon) 그리고 요하네스 지글러(Johannes Ziegler)는 일부 단어는 자소-음소 대응 규칙을 사용하는 경로보다 어휘 정보에 의한 직접 경로를 통해 재인될 수 있음을 제안했다.[18] 그 경로는 단어의 시각적, 음성적 정보가 저장되어 있는 음운 어휘집 및 철자 어휘집에 직접적으로 접근할 수 있는가에 따라 달라진다. [그림 5-1]은 이것이 'pint'와 같은 예외 단어에 어떻게 적용될 수 있는지를 간략히 보여준다.

[그림 5-1]에 제시된 모형의 맨 아래쪽을 보면 독자에게 단어 'pint'* 가 제시되었음을 알 수 있다. 독자가 이 단어를 보면 'pint'와 관련된 낱자의 자질을 활성화하게 된다. 예를 들어, 'p', 'n' 및 't'의 경우에는 낱자의 곡선적 특징, 'p'와 't'의 경우에는 위와 아래로 뻗은 선, 'n'에서는 하단의 점 두 개와 같은 자질을 활성화할 수 있다. 낱자의 자질을 토대로 적절한

....
* 1파인트(pint)는 약 0.5리터(ℓ).

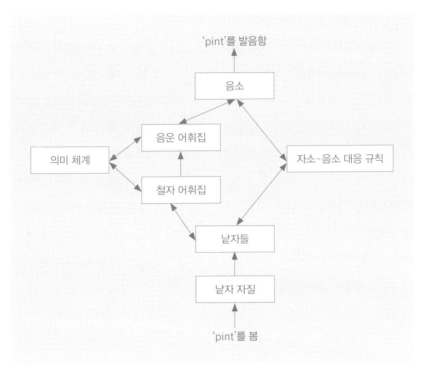

'pint'를 발음함

음소

음운 어휘집

의미 체계

자소-음소 대응 규칙

철자 어휘집

낱자들

낱자 자질

'pint'를 봄

[그림 5-1] 단어 'pint'의 발음 과정을 설명하는 단어 읽기에 대한 이중 경로 모형(dual-route cascaded model)[19]

낱자가 활성화된다. 동시에 해당 자질을 포함하지 않는 낱자는 억제된다. 그 후 두 가지 경로가 활성화된다. '낱자 → 철자 어휘집 → 음운 어휘집 → 음소'로 이어지는 경로가 없으면 '자소-음소 대응 규칙'을 따르지 않는 'pint'와 같은 단어는 부정확하게 발음하게 된다. 즉, '낱자 → 자소-음소 대응 규칙 → 음소'로 이어지는 경로만이 활성화된다면 'pint'의 발음은 'hint'와 비슷한 소리로 산출될 것이다. 'pint'에서 'i'가 원래 발음[aɪ]이 아니라 'hint'에서의 'i'처럼 'ɪ'로 발음된다는 뜻이다. 하지만 어휘집에 'pint'와 관련된 시각적, 음성적 정보가 저장되어 있다면 독자가 해당 단어를 올바르게 발음할 수 있을 것이다. 정리하면, 독자는 'pint'를 [paɪnt]로 정확하게 발음하기 위하여 '낱자 → 철자 어휘집 → 음운 어휘집 → 음소'로 이어지는 경로에서 얻은 정보를 활용한다.

왜 독자들은 자신의 어휘집을 온전히, 직접적으로 사용하지 못하면서도 자소-음소 대응 규칙을 완전히 포기하지 않는가? 그것은 첫째, 이전 장에서 논의했듯이 자소-음소 대응 규칙과 관련된 지식은 기호를 해독하는 데, 즉 알파벳 문자 체계를 학습하는 데 매우 유용하기 때문이다. 현재의 관점은 능숙한 독자가 자소-음소 규칙 체계와 비슷한 어떤 체계를 가지고 있다고 여기는데, 이 관점은 독자가 'pint'와 같은 불규칙적인 단어보다는 'hint'와 같은 규칙적인 자소-음소 대응 관계를 갖는 단어를 보다 빨리 읽는다[20]는 증거에 의해 지지된다. 'pint'처럼 빈도가 낮은 단어의 경우 두 가지 경로 모두가 느리게 활성화되기 때문에 거의 동시에 두 가지 발음이 활성화된다. 그때 독자는 두 가지 경로에서 활성화된 서로 다른 발음을 구분해야 한다. 이 둘을 구분하는 시간이 'pint'를 읽는 속도를 늦춘다.

반면 능숙한 독자는 'have'처럼 고빈도 불규칙 단어에 대해서는 잘 훈련된 어휘 경로를 사용하는 경향이 있다. 단어의 불규칙성은 능숙한 독자의 단어 읽기 속도나 정확성에 거의 영향을 주지 않는 것으로 보인다. 자소-음소 의존 이론(grapheme-phoneme reliance theory)에 따르면, 그 이유는 능숙한 독자가 (상대적으로 느리다고 생각되는) 자소-음소 경로에 의해 활성화된 발음을 통합할 때쯤 그들은 이미 'have'를 재인하기 때문이다. 이러한 불규칙성의 효과는 대체로 빈도가 낮은 단어에서 나타난다.

단어 재인에 두 가지 경로가 존재한다는 두 번째 증거는, 한 경로에는 접근할 수 있으나 다른 경로에는 접근할 수 없는 것으로 보이는 난독증의 하위 유형 사례에서 살펴볼 수 있다.[21] 심층성 난독증(deep dyslexia)이 있는 사람은 어휘 경로만을 가지고 있는 것으로 보인다. 즉, 독자의 어휘집에 이미 있는 단어는 발음할 수 있지만 어휘집에 없는 단어는 발음할 수 없다. 'pint'가 어휘집에 있으면 정확하게 재인되고 발음된다. 하지만 그들은

'pont'*와 같은 의사 단어는 정확하게 발음하지 못한다. 반면에 표층성 난독증이 있는 사람은 오직 자소-음소 경로만을 사용하는 것으로 보인다. 그들은 모든 단어의 발음을 일반화할 가능성이 있다. 따라서 'pint'를 'hint'와 비슷하게 발음하고, 의사 단어 'pont'에 대해서는 정확하지는 않지만 그럴듯한 발음을 만들 수 있을 것이다.

단어 읽기를 연구하는 모든 신경언어학자가 이중 경로 이론을 받아들이는 것은 아니다. 마크 사이덴버그(Mark Seidenberg)와 제임스 매크릴런드(James McCleland)는 병렬 분산 처리(PDP, parallel distributed processing) 체계(삼각 연결망 모형, triangle connectionist model이라고도 한다)를 통해서 앞에서 설명한 효과를 보다 세련되게 설명할 수 있다고 주장한다.[22] 이 모형에는 이중 경로 모형에 포함되어 있는 국지적 어휘 표상[local lexical (word) representation]이 포함되어 있지 않다. 대신에 이 모형에서는 음소, 낱자의 자질 및 글자(일부 수행에서는 의미 자질)만이 표상된다. [그림 5-2]에서 볼 수 있듯이 단어는 **숨겨진 단위**(hidden unit, [그림 5-2]의 빈 동그라미)를 통해 철자, 음소, 의미 간의 연결망을 표상하게 된다(숨겨진 단위는 단위 간의 비선형적 관계를 나타내기 위한 의도로 만들어진 내적 표상이다). 이 모형에서 단어 재인은 특정한 하위 단위가 선택적으로 활성화되고 다른 단위가 활성화되지 않는 과정을 통해 일어난다.

[그림 5-2]를 보면 낱자의 자질이 활성화됨으로써 해당 단어가 연결망으로 입력되는 것을 볼 수 있다. 그다음, 자질은 해당 단어와 관련된 낱자 단위를 활성화하고, 후에 음운 단위와 의미 단위 모두를 활성화한다. 음운 및 의미 단위가 활성화되면 하위 수준의 단위가 다시 활성화된다(가령, 상호작용하며 활성화된다). 마지막으로 연결망이 특정한 활성화 패턴으로 설정될 때 어느 지점에서 단어 재인이 일어난다. 비록 어휘가 직접적으

....

* 영어는 아니지만, 다리(bridge)를 뜻하는 프랑스어 또는 나룻배를 뜻하는 남아프리카어이다.

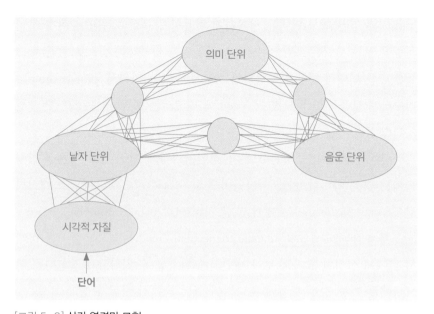

[그림 5-2] 삼각 연결망 모형

이 모형에서 어휘 정보는 하나의 국지적 단위에서 처리되기보다는 낱자, 음운, 의미 단위로 분산되어 병렬적으로 처리된다. 빈 원은 단위 간의 비선형적 관계를 나타내기 위한 의도로 만들어진 숨은 단위이다.

로 표상되지는 않더라도 다수의 단위들에 대한 특정한 활성화 패턴이 해당 단어의 '표상'으로 작용한다. 즉, 단어들에 대한 표상은 의미 단위 속에 분산되어 있는 여러 단위의 활성화 패턴에 의해 결정된다. 사이덴버그와 매크릴런드는 분산형 컴퓨터망을 활용하여 단어의 출현 빈도와 수정 피드백(corrective feedback)을 기반으로 단어를 발음하는 방법을 학습하도록 하였다.[23] 그 연결 구조(connectionist architecture)는 인간의 단어 재인 결과와 유사한 단어 재인 결과를 만들어 냈다.

하지만 단어 읽기에 대한 연결망 접근법은 많은 비판을 받아 왔다. 첫 번째로 이 모형은 앞에서 언급한 난독증 하위 유형의 문제를 명료하게 설명하지 못한다.[24] 오히려 이 문제는 이중 경로 모형에서 보다 자연스럽게 설명되는 것으로 보인다. 두 번째로 연결망 모형은 의사 단어의 발음 과정을 제대로 설명하지 못한다. 이것도 이중 경로 모형의 자소-음소 경로로 보다 자연스럽게 설명된다.[25] 한편 두 모형 모두 뇌가 어떻게 다양한 형태의 정보를, 또 정보의 일시적인 흐름을 처리하는가와 관련된 방대한 신경학적 연구 결과를 반영할 필요가 있다는 점에서는 공통적이다.[26]

이러한 지적 논쟁이 어떻게 전개되든 간에 이중 경로 모형과 연결망 모형 모두가 능숙한 읽기를 모형화하는 데 있어 낱자 자질, 낱자, 음소 및 낱자-음소 대응을 중요한 요소로 상정하고 있다는 점은 눈여겨봐야 한다. 이것은 각 모형이 단어의 재인 과정을 다소 다르게 기술하면서도 무시해서는 안 될 개념적으로 중요한 부분에 대해 합의한다는 것을 의미한다. 교육의 관점에서 보면 이것이 가장 중요하다. 사실상 이러한 유형의 구조*를 활용한 모의 단어 학습의 결과는 읽기 학습의 초기 과정에서 통단어 교수-학습법(whole-word teaching)만을 활용한 접근법에 비해 발음 중심 접근법이 보다 효과적이라는 것을 증명하였다.[27] 즉, 모형 관련 연구에서 도출된 결과와 미국 독서위원회의 연구 결과에 따르면, 파닉스 지도법(phonics instruction)은 이제 막 읽기를 학습하고 있는 아동의 단어 재인 발달을 촉진한다.[28]

그럼에도 불구하고 교사가 영어를 모국어로 하는 아동에게 단어 읽기를 가르치는 방법으로 이중 경로 모형 이외의 방법을 혼합하여 사용하는 것이 우리의 지침을 벗어나는 것은 아니다. 특히, 고빈도 불규칙 단어를 가르칠 때 발음 중심 접근법과 함께 보충적으로 통단어 전략을 사용하는 것은 권장된다.[29] 예를 들어, 널리 사용되는 돌치 단어 목록(Dolch word list)**에는 교사가 발음 중심 접근법으로는 가르치기 어려운 220개의 일견 단어가 포함되어 있다.[30] 우리가 생각하기에 이것은 아동에게 영어 읽기

....

*   앞선 두 모형을 의미한다.

**   에드워드 돌치(Edward Dolch)가 1936년에 만든, 빈번하게 사용되는 어린이용 단어 목록. 통단어 교수-학습법과 일견(시각) 단어에 주로 사용된다.

를 가르치는 교사에게만 해당되는 것이라기보다는 언어를 가르치는 모든 교사에게 적용되는 규칙이다. 독일어나 이탈리아어와 같이 매우 규칙적인 철자법을 가진 언어의 경우 교사는 대체로 발음 중심 접근법만을 활용하여 읽기를 가르치는데,[31] 해당 언어에는 이 접근법이 가장 효과적일 듯하다. 어떤 모형을 활용한 수업을 받았느냐가 능숙한 성인의 단어 읽기 방법에 영향을 미칠 수 있다는 것은 분명하지만, 이는 앞으로 충분히 규명되어야 할 문제이다.

3. 단어 재인 모형

'새'라는 단어의 '의미를 아는 것'이 '새'라는 단어를 '읽는 것'에 어떤 도움이 되는가? 의심할 여지없이 단어를 읽어야 하는 이유는 글을 이해하는 데 필요한 과정을 시작하기 위해서이다. 이 점에서 단어의 '의미'는 매우 중요하다. 앞에서 설명한 모형은 '독자가 단어의 의미에 어떻게 접근하는가? 단어의 의미가 단어 재인에 필요한가?'에 대해 서로 다른 견해를 보인다. 삼각 연결망 모형은 단어가 재인될 때 단어의 의미가 필연적으로 활성화된다고 여긴다. 이 모형에서 낱자 단위, 음운 단위 및 의미 단위는 서로 연결되어 있기 때문에 의미 단위의 활성화는 낱자 자질과 음운적 특성을 활성화하는 필수 요소로 작용한다. 전통적으로 어휘집과 어휘집의 작동은 의미 효과를 일으키는 요인으로 간주되었다.[32] 그러나 이 모형에서는 별도의 어휘집을 가정하지 않기 때문에 의미 효과가 어휘집의 직접적인 도움 없이 일어난다.

이중 경로 모형에서 단어 재인과 관련된 단어 의미의 역할은 명확하지 않다. [그림 5-1]의 이중 경로 모형을 살펴보면 의미 체계는 철자 어휘집 및 음운 어휘집과는 별개의 것으로 구분되어 있다. 이 모형에 따르면 독자가 취할 수 있는 다른 경로가 있기 때문에 단어를 재인하는 데 의미 정보를 반드시 작동시킬 필요가 없다. 예를 들어, [그림 5-1]을 보면 독자는 직접적으로 낱자 → 철자 어휘집 → 음운 어휘집 → 음소(또는 자소-음소 대응 규칙을 통해 더 느린 경로를 취할 수도 있다) 경로를 따라갈 수 있다. 콜트하트는 철자 및 음운 어휘집과 의미 체계 간의 구분을 설명하는 이론적 근거를 신경학적 연구 결과에 두고 있다.[33] 콜트하트에 따르면, 문어 단어나 구어 단어를 재인할 수는 있지만 의미를 알지 못하는 신경 손상 환자가 많이 있으며, 청각적으로 제시된 단어의 의미에는 접근할 수 있으나 시각적으로 제시된 단어의 의미에는 접근할 수 없는 환자도 있다. 그와는 반대로 시각적으로 제시된 단어의 의미에는 접근할 수 있으나 청각적으로 제시된 단어의 의미에는 접근할 수 없는 환자도 있다. 또한 제마 에번스 (Gemma Evans), 매슈 랠프(Matthew Ralph) 그리고 애나 울램스(Anna Woollams)는 비단어가 실제 단어와 비슷하지 않을 때(예: 자음의 문자열) 일반 독자는 비단어를 신속하게 구별해 낼 수 있음을 밝혔다.[34] 이런 경우 단어 재인에 의미가 영향을 끼치지 않는다. 또한 기능적 자기 공명 영상법을 활용한 연구에 따르면 철자에 대한 정보 처리 과정과 비교했을 때 의미 인출 과정은 약 0.05~0.1초 늦게 일어나며, 두 과정은 뇌의 서로 다른 영역 (즉, 좌측 전측두엽과 좌측 후두-측두엽 영역[35])에서 발생한다. 이는 단어 의미 처리 과정이 단어 재인의 다른 측면과 어느 정도 분리되어 있음을 보여 준다. 위의 모든 연구 결과를 종합하면 일반 독자에게 단어 재인은 의미 정보를 인출하지 않고도, 혹은 의미 정보를 인출하기 전에도 일어날 수 있다. 그럼에도 불구하고 단어가 처리되는 대부분의 시간 동안 단어 의미도 함께 처리된다고 가정하는 것은 타당하다고 본다.

이중 경로 모형과 연결망 모형은 의미 체계에 대하여 상당히 다른 관점을 보인다. 이중 경로 모형은 단어 재인 시 단어 의미의 효과를 설명하기 위하여 철자 어휘집 및 음운 어휘집과 연결되어 있는 의미 체계의 존재를 설정한다. 이 모형 자체가 의미 체계의 본질을 명확하게 설명하는 것은 아니다. 다만 이 모형의 다른 특성을 고려하면 음운 어휘집과 철자 어휘집이 일정한 형태의 국지적 의미 체계와 연결되어 있다고 가정할 수 있다. 국지적 의미 기억 모형(localist semantic memory model)은 각각의 단어가 의미 기억 내에서 특정한 위치를 점하고 있으면서 그것과 관련된 개념, 즉 노드(nodes, 고리)와 연결되어 있는 것을 말한다.

분산 모형(distributed models)은 앞에서 설명한 것처럼 단어의 의미 개념이 모형의 의미 단위 내에서 일어나는 특정한 형태의 활성화로 설명된다. 이것이 어휘집과 어떤 면에서 다른지는 아직 명확하지 않다. 스티븐 핑커(Steven Pinker)와 마이클 울먼(Michael Ullman)은 의미 체계에 대한 이런 설명은 사실상 어휘집에 대한 설명과 다르지 않다고 주장한다.[36] 그럼에도 불구하고 단어의 의미가 어떻게 조직되는가에 대한 다양한 설명은 기본적으로 국지주의 관점이나 분산주의 관점으로 귀결된다.

우리는 단어의 의미가 단어의 재인 과정에 관여하는지 설명하기 위하여 독서심리학 분야의 고전적 연구 결과인 관련성 효과(relatedness effect)를 활용하고자 한다. 일반적으로 관련성 효과는 서로 관련 있는 단어의 제시가 후속 단어의 처리에 도움이 되는 현상을 말한다.[37] 이 효과와 관련된 전형적인 실험 연구에서는 사람들에게 컴퓨터 화면에 '사자'라고 적힌 점화 단어*를 제시한다. 잠시 후 '사자'라는 단어가 사라지고 '호랑이'라는 단어가 제시되며, 사람들은 그것을 소리 내어 말한다. 사람들은 대개 중립 자극(예를 들어, 'XXXX'나 '트럭'과 같이 관련 없는 단어)이 앞서 제시될 때보다 '사자'와 같이 관련 있는 단어가 앞서 제시될 때 '호랑이'라는 단어에 더

....

* 점화란 정보처리 과정에서의 '예열'이라 할 수 있는데, 대체로 사전 정보를 이용함으로써 자극의 탐지나 확인 능력이 촉진되는 것을 가리킨다. 점화 효과에서 먼저 제시된 단어를 점화(prime) 단어라고 하고, 나중에 제시된 단어를 표적(target) 단어라고 한다(『심리학용어사전』, 2014).

빠르게 반응한다. 다음 절에서는 관련 모형에서 의미 체계가 어떻게 구성되고, 어떻게 작동되는지에 대해서 논의한다.

3.1. 국지적 모형

독서심리학에서 가장 빈번하게 언급되는 국지적(local) 모형은 **활성화 확산 모형**(spreading activation network model)이다.[38] [그림 5-3]에 나타나듯이, 이 모형은 개념이 일단의 노드로 구성되고, 링크(links, 마디)를 통해 연결되며, 그리고 의미적 유사성(semantic similarity)[39] 혹은 연관성(association)[40]으로 조직된다고 가정한다. 이 모형에 따르면 하나의 단어를 읽으면 관련된 의미 노드가 활성화된다. 예를 들어 '사자'라는 노드가 활성화되면 그것에서 뻗어 나온 링크를 통해 연결망 전체로 노드 활성화가 확산된다. '사자'라는 노드의 활성화는 '호랑이'와 같은 인접 범주의 다른 노드에 대한 정보처리에도 도움이 된다. 활성화는 원천 노드(source node, 여기에서는 '사자')와 인접 노드의 거리, 연결망 내 링크의 강도에 비례하여 인접 노드로 확산된다. 아마도 '사자'라는 단어를 미리 읽어 두는 것은 '방목하다'와 같은 단어를 처리하는 데에는 거의 도움되지 않을 것이다. '방목하다'라는 단어는 '사자'라는 단어에서 멀리 떨어져 있기 때문이다.

앤더슨에 따르면, 한 노드의 활성화는 링크를 통해 인접 노드로 갈라져 확산되는 방식으로 이루어진다.[41] 그로 인해 하나의 노드가 다른 여러 노드와 연결되어 있을 경우 활성화되는 인접 노드의 수에 비례하여 감소한다. 이처럼 여러 개의 상호 연결로 발생하는 현상을 팬 효과(fan effect)라한다. 이는 보다 많은 사람이 동시에 샤워를 할 때 개인 한 명이 사용하는 압력이 낮아지는 원리와 유사하다. [그림 5-3]에 나타나듯이 '사자'라는 개념이 어휘집에서 활성화되면 그 활성화는 링크를 통해 '사냥, 갈기, 강한, 포효하다, 고양이, 호랑이'로 갈라져서 확산된다. 이러한 **팬 효과**로 인

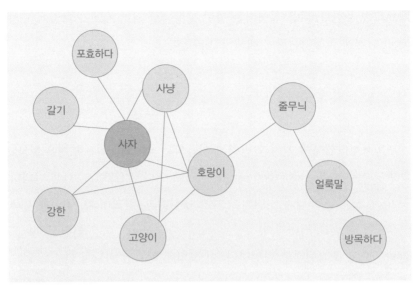

[그림 5-3] '사자'라는 개념에 대한 국지적 의미망
활성화 확산 연결망 이론[42]에서 개념은 노드(원 속의 단어)로 표시되며 개념 간의 관계는 링크(선)로 표시된다.

해 인접 노드에서 발생하는 활성화는 다소 약해질 수 있다. 그림에서 '사자'를 읽을 때, '포효하다'와 '갈기' 노드는 '강한, 고양이, 사냥, 호랑이' 노드와 활성화를 공유해야 하며, 이로 인해 활성화는, 보다 적은 수의 노드로 구성되어 있는 듬성듬성한 연결망보다 훨씬 더 약화된다.

활성화가 확산되는 과정은 매우 빠르게, 사실상 즉각적으로 발생한다. 우리가 주의를 기울이고 있는 노드(예를 들면, '사자')에서 멀어지면 멀어질수록 활성화의 강도는 약해진다. 결국 앞의 연결망에서 '사자'와 '호랑이' 사이에는 링크가 존재하기 때문에 '줄무늬'와 같이 거리가 먼 단어도 약간의 활성화가 가능하다. 아마도 좀 더 우회적인 경로, 즉 '사자-고양이-호랑이-줄무늬', '사자-사냥-호랑이-줄무늬' 혹은 '사자-강한-호랑이-줄무늬'의 경우, 활성화가 연결망 내에서 분산되기 때문에 '줄무늬'라는 단어를 처리하는 데 있어 활성화는 더욱 약화된다. 한편, 이러한 간접 점화(indirect priming)는 여러 노드의 활성화를 축적하기 때문에 관련된 특정 단어가 더 쉽게 처리되도록 할 수도 있다. 예컨대, 앞의 연결망에서 '호랑이'에 대한 처리는 '사자'의 활성화 때문만이 아니라, '호랑이'가 '사자'와 직접 연결되어 있고 '고양이, 강한, 사냥'과 매개되어 있기 때문에 쉽게 이루어질 것이다.

그러므로 개념에 대한 처리는 연결망 내 관련 단어의 동시 활성화로부터 보다 광범위하게 도움을 받을 수 있다. 제시 단어에 대한 활성화는 연결망 내에서 빠르게 확산되며, 최대 활성화는 약 0.05초 이내에 일어난다.[43] 그러나 독자의 주의가 이동할 때의 활성화는 주의를 받지 못한 노드에서 보통 0.05초 이내에 매우 빠르게 소멸된다.[44] 관련 없는 점화가 제시될 때에는 연결망의 다른 부분으로 주의를 옮겨야 하기 때문에 점화 단어 제시와 표적 단어 제시 사이의 시간이 길어지면 표적 단어의 재인이 지체될 수 있다.[45]

3.2. 분산 모형

분산 모형에서는 의미 단위가 특정 단어와 대응되지 않는다. 이 모형에서 단어의 의미는 의미 단위 전체에서 일어나는 특정한 활성화 패턴에 의해 결정된다. 켄 맥레이(Ken McRae), 버지니아 드 사(Virginia de Sa) 그리고 사이덴버그는 단어 의미에 대한 분산 모형을 제안했다.[46] 이 모형에서 각각의 의미 단위는 특정한 의미 자질(속성)을 표상한다. 원자가 분자의 기본 요소가 되는 것처럼 의미 자질은 의미의 기본적인 요소로 간주된다(예: 털로 덮인, 큰, 투명한, 수컷, 살아 있는). 의미 자질은 사람들에게 특정 단어의 목록을 만들라고 하면 얻을 수 있는데, 단어 목록은 해당 단어에 대한 지식을 구성하는 요소이다. 사람들에게 '사자'의 특징을 나열하라고 하면 대개 '털로 덮인, 네발, 갈기, 발톱, 이빨, 맹수, 생물' 등을 나열한다. 이 모형에서 이러한 자질은 분산되는 방식으로 사용된다. 즉, '사자' 및 사자와 자질을 공유하는 다른 것들의 의미 단위를 제공하기 위한 국지적 단어 표상과는 연결되어 있지 않다. 예를 들어, '호랑이'는 '갈기'를 제외하면 '사자'와 많은 자질을 공유할 것이다. 이 모형은 연결망 구성에 대한 피드백이 가능한 학습 알고리즘을 사용하기 때문에 의미 자질 간의 상호 관련성을 알아낼 수 있다. 다시 말하면, 이 학습 알고리즘은 연결망 내에서 의미 단위 간의 공분산(covariation)을 부호화한다. 예를 들어 어떤 것에 '털'이 있다면 그것은 대개 '살아 있는 것'이며, 어떤 것이 '보라색'이라면 그것은 사실상 '부리가 없다'와 같은 방식으로 의미를 형성한다.

이 모형은 관련성 효과를 상당히 쉽게 설명할 수 있다. 하나의 단어가 읽힐 때 해당 단어의 의미에 가까운 의미 단위 내에서 활성화가 일어난다는 것이다. 관련된 단어는 두 단어가 유사한 활성화 패턴을 공유할 때(즉, 의미 단위를 공유할 때) 보다 빠르게 처리된다.

다시 '사자-호랑이'의 예로 돌아가서, '사자'라는 단어가 제시된 후 '호랑이'라는 단어가 다시 제시되었다고 하자. 분산 모형에 따르면 점화 단어가 나타날 때 해당 단어와 관련된 모든 의미 단위가 활성화된다. 이 경우 '털이 많은, 네발, 갈기, 사나운, 발톱, 이빨, 살아 있는'이라는 의미 단위가 모두 활성화되고, '사자'에 대한 철자, 음운, 의미 단위가 모두 안정화되어 '사자'와 관련된 특정한 활성화 패턴이 생성될 것이다. 그 후에 '호랑이'가 등장한다. '사자'에 의해 활성화된 의미 단위가 즉시 비활성화되지는 않지만 새로운 단어가 나타나면서 점차 비활성화되기 시작한다. 표적 단어인 '호랑이'가 점화 단어인 '사자'와 의미 자질을 공유하기 때문에 두 단어가 공유하는 의미 단위는 활성화된 상태로 남아 있다. 앞에서 제시한 예에서 '갈기' 외에 '사자'와 관련된 모든 의미 단위가 공유된다. 공유된 의미 단위가 활성화되면 관련 단어의 의미 단위가 모두 안정화되는 데 걸리는 시간이 줄어든다. '호랑이'의 경우 'ㅎ, ㅗ, ㄹ, ㅏ, ㅇ, ㅇ, ㅣ'와 관련된 낱자 단위, 그리고 음운 단위뿐만 아니라 '줄무늬'와 같은 의미 단위도 활성화되어야 한다. '사자'와 공유된 의미 단위의 사전 활성화(pre-activation)는 철자와 음운 단위에 피드백을 보내는 것으로 단어 재인 과정을 시작하게 하며, 이것은 '호랑이'라는 단어의 처리를 가속화할 것이다. '호랑이'와 관련된 활성화 단위의 패턴이 안정되면 단어가 재인되고 의미가 인출된다.

이와는 반대로 표적 단어가 관련이 없는 경우(여기서는 '방목하다'라는 단어를 생각해 보자)에는 의미 단위가 공유되지 않으며, 의미 단위의 활성화가 처음부터 다시 시작되어야 한다. 이 경우 '사자'라는 단어가 사전에 노출되더라도 '방목하다'라는 단어의 재인을 촉진하지는 않을 것이다. 이는 점화 단어가 하나도 제시되지 않은 것과 비슷하다.

4. 개별 단어의 특성과 그것이 단어 읽기에 주는 영향

개별 단어의 여러 특성이 단어 처리를 수월하게 만들기도 하고 어렵게 만들기도 한다. 이 절에서는 이러한 특성에 대해 논의할 것이다. (1) 단어 의미의 난이도와 단어 습득 연령이 단어 읽기에 어떤 영향을 미치는지, (2) 단어의 빈도가 단어 처리를 촉진하는지 혹은 저해하는지, (3) 동형이의어(homograph) 및 형태적으로 복잡한 단어의 재인에 관여하는 과정이 무엇인지에 관해서 살펴보자.

4.1. 단어 의미 및 단어 읽기

단어의 의미는 단어를 처리하는 데 영향을 미칠 수 있다. 이와 관련하여 잘 알려진 한 가지 효과는 **구체성 효과**(concreteness effect)이다. **구체성**이란 단어에 대한 심상이나 감각적 지시 대상과 관련된 특성을 가리킨다.[47]

사실, 구체성(그리고 추상성)은 심상이나 감각적 지시 대상을 넘어서는 다양한 요소의 집합체이다. 추상어는 인지 발달상 후반부에 학습되는 것으로,[48] 보통은 덜 친숙하다고 느끼고[49] 맥락 정보를 떠올리기가 더 어려우며[50] 의미적으로 기술하기가 어렵다.[51] 따라서 추상어는 여러 측면에서 구체어보다 더 어려운 의미를 지니고 있다고 볼 수 있다. 단어 재인에 관한 많은 연구에서 구체성이라는 용어는 종종 '보다 친숙한 단어 의미'라는 좀 더 장황한 설명 대신에 사용되는 단순화된 용어이다.

3장에서 논의했듯이 아동은 구체어보다 추상어를 식별할 때 더 느리고 덜 정확하다.[52] 이러한 경향이 능숙한 성인 독자에게도 나타난다는 것은 능숙한 단어 읽기와 관련하여 주목해야 할 점이다. 또한 단어 명명하기(word naming)[53]와 어휘 판단 과제(lexical decision task, 제시된 단어가 비단어나 의사 단어가 아니라는 것을 빨리 알아채는 것)[54]에서도 발견된다. 바버라 주하스(Barbara Juhasz)와 키스 레이너(Keith Rayner)는 독자가 일반적인 글을 읽을 때 구체어에 비해 추상어에 시선을 더 많이 고정하고 반복하여 읽는 경향이 있음을 발견했다.[55]

그러나 이러한 구체성 효과는 실제로는 구체성과 전혀 관계없을 수도 있다. 쉽게 떠올릴 수 있는 맥락을 지니고 있거나 쉽게 접근할 수 있는 감정적 경험을 가지고 있는 추상어는 구체어만큼 쉽게 처리된다.[56] 소위 구체성 효과라는 것은 단어 자체의 구체성보다는 단어가 가지는 의미의 상대적인 풍부함과 관련될 수도 있다.[57]

구체성 효과는 특정 단어의 처리를 어렵게 만드는 불규칙 단어, 저빈도 단어, 발달상 후기에 습득하는 단어, 다음절 단어에서 보다 크게 나타난다.[58] 이러한 단어에서 구체성 효과가 더욱 크게 나타난다는 연구 결과는 단어 처리에 어려움이 발생할 때 오히려 의미 정보가 도움이 된다는 것을 시사한다.

앞에서 논의했던 단어 재인 모형 모두는 독자가 단어를 처리할 때 의미 정보가 어떻게 도움을 줄 수 있는지를 설명한다. 이중 경로 모형에서 보면, 단어의 의미 난이도 효과는 어휘 경로가 생성되고 그만큼 의미 정보에 많이 접근하게 됨으로써 발생한다. 짐작하건대, 보다 일찍이 습득한 단어와 구체어는 추상어보다 의미 정보에 더 많이 그리고 더 쉽게 접근할 수 있을 것이다. 삼각 연결망 모형의 관점에서 보면, 구체어에 대한 재인율은 구체어가 만들어 내는 보다 풍부한 의미적 표상을 통해 높아진다.[59] 이 체계가 완전히 상호작용적이라는 점은 의미 단위에서 나온 정보가 다른 단위(즉, 음운 단위 및 낱자 단위)로 전송되고, 이로써 단위가 빠르게 안정화되면서 단어 재인이 가능해진다는 것에 근거한다.

4.2. 어휘 처리에서의 단어 빈도 효과

단어 출현 빈도는 단어가 얼마나 쉽게 처리되는가에 영향을 미친다. 단어 빈도(word frequency)는 하나의 특정한 단어가 해당 언어의 말뭉치에서 출현하는 상대적 빈도로 정의된다. 고빈도 단어는 저빈도 단어에 비해 대체로 짧고 훨씬 더 자주 사용된다. 영어의 대규모 말뭉치에서 뽑은 영어 고빈도 단어 100개는 [그림 5-4]에서 확인할 수 있다. 이들 단어의 대부분은 일반적인 글에서 반복해서 볼 수 있는 단어들이다.

마크 브라이즈버트(Marc Brysbaert) 외에 따르면 영어 단어 재인 시 어휘 판단 시간(lexical decision time) 변량(variance)의 40%는 해당 어휘가 해당 언어에서 출현하는 빈도에 의해 설명된다.[60] 고빈도 단어는 저빈도 단어보다 더 빠르고 정확하게 읽힌다. 성인과 아동 모두 글을 읽는 동안 고빈도 단어보다 저빈도 단어에 시선을 더 많이 고정한다.[61] 단어 빈도는 단어 재인 속도에 영향을 주는 가장 강력한 요인 중의 하나이다.

이중 경로 모형과 삼각 연결망 모형에는 모두 단어 빈도 효과를 설명하는 메커니즘이 있다. 이중 경로 모형에 따르면 단어 빈도 효과는 어휘

a	did	in	my	so	upon
about	do	into	no	some	us
after	down	is	not	such	very
all	first	it	now	than	was
an	for	its	of	that	we
and	from	know	on	the	were
any	good	like	one	their	what
are	great	little	only	them	when
as	had	made	or	then	which
at	has	man	other	there	who
be	have	may	our	these	will
been	he	me	out	they	with
before	her	men	over	this	would
but	him	more	said	time	you
by	his	Mr.	see	to	your
can	I	much	she	two	
could	if	must	should	up	

[그림 5-4] 구텐베르크 프로젝트에서 제시한 고빈도 영어 단어 100개[62]

경로의 활성화 패턴에 의해 발생한다. 고빈도 단어는 어휘 경로에 대한 접근성이 더 좋은 만큼, 자소-음소 규칙이 작동되기도 전에 어휘 경로를 활용하여 단어가 재인된다.[63] 삼각 연결망 모형에 따르면 빈도 효과는 모형에서 단어를 식별하도록 훈련받는 방식 때문에 발생한다. 즉, 철자, 음운, 의미 단위 간의 연결은 저빈도 단어보다 고빈도 단어에서 보다 강한데, 이는 고빈도 단어가 연결망 훈련 동안 보다 자주 입력되기 때문이다.[64] 학습자의 반복 학습은 이런 연결이 인지적으로 최적화되도록 도와준다.

브라이즈버트 외에 따르면 단어 빈도 효과의 절반은 100만 단어 중 2회 이하로 출현하는 단어에서도 발생할 수 있다.[65] 이 빈도에 대해 상술하면, 1,000만 단어 중 1회 이하로 출현하는 단어는 평균적으로 20세인 사람이 이미 140번 맞닥뜨린 단어일 수 있다. 예를 들면, '아코디언, 쌍동선, 라비올리' 등과 같은 단어이다. 확실히 일생 동안 단 한 번 노출되어도 이렇게 낮은 빈도의 단어를 재인하는 데 커다란 도움이 된다. 사실상 브라이즈 버트 외는 단어 빈도 효과가 실제로는 연습 효과(practice effect)라고 주장한다.[66]

한편, 단어 빈도 측정에 관한 문제가 존재한다는 것은 부정하기 어렵다. 현재 단어 빈도 측정은 일반적으로 전자 텍스트를 활용하여 수행된다. 이전에는 단어 샘플이 100만 개에 도달할 때까지 연구자들이 수많은 텍스트를 표집하고, 손으로 직접 입력하였다.[67] 이렇게 말뭉치를 만들었기 때문에 저빈도 단어가 정확하게 추정되었다고 보기는 어렵다. 하지만 현재는 대규모 말뭉치가 사용되고 있다. 단어 빈도 측정은 1,000만 단어 정도의 말뭉치에서 정확하게 이루어질 수 있다. 현대의 대규모 말뭉치에서는 이전의 소규모 말뭉치보다 저빈도 단어를 더 안정적으로 추정할 수 있다. 그러나 더 크다고 해서 반드시 좋은 것은 아니다. 대규모 말뭉치는 일반인이 알지 못하는 전문 용어를 과도하게 추출하는 경향이 있기 때문이다. 좋은 말뭉치는 한 문화권 안에서 생활하고 있는 사람들의 공유된 역사를 잘 드러내는 단어를 포함해야 한다.[68]

단어 빈도의 문제는 아동이 읽는 글(text)의 구성 및 특성에 대한 현재의 교육적 논쟁에서 중요한 의미를 갖는다. 대부분의 아동 서적 출판업자는 글 속에 들어 있는 단어의 빈도나 문장의 길이를 조정(통제)하여 글을 좀 더 읽기 쉽게, 좀 더 이해하기 쉽게, 그리고 좀 더 재미있게 만든다. 안타깝게도 조정 작업은 그것이 타당성을 지닐 만한 어린 독자를 위한 글에서 그치지 않는다. 대학생을 대상으로 한 글에서도 계속된다. 매릴린 애덤스(Marilyn Adams)[69]와 도널드 헤이스(Donald Hayes), 로린 울퍼(Loreen Wolfer) 그리고 마이클 울프(Michael Wolfe)[70]에 따르면 글을 조정하는 기술이 점점 더 정교해짐에 따라 지난 50년 동안 단어 빈도를 포함하여 여러 측면에서 학습자를 대상으로 하는 글의 복잡성이 눈에 띄게 감소했다. 그 결과, 학교에서 활용하는 글의 복잡성과 일상생활 및 일을 하면서 성인이 읽어야 하는 글의 복잡성 간에 불일치 문제가 발생할 수 있다. 교과서의 하향 평준화가 전체 국민의 읽기 능력(그리고 결과적으로 사고 능력)에 부정적인 영향을 미쳤는지, 그리고 아동에게 쉬운 책을 읽힘으로써 학습을 보다 쉽게 하도록 하는 것이 과연 좋은 변화인지에 대해서는 이견이 있다.

책을 만들 때 단어의 빈도를 조정하는 것은 확실히 장단점이 있다. 조정이 많이 된 책은 아동에게 새로운 단어에 대한 노출을 제한한다는 점이 단점으로 작용할 수 있다. 고빈도 단어가 많은 책은 아동에게 새로운 단어를 충분히 소개하기 어렵다. 만약 헨리 비처(Henry Beecher, 1813~1887)가 말한 '모든 단어는 의미(아이디어)를 매어 두는 말뚝이다(All words are pegs to hang ideas on)'라는 격언이 사실이라면, 단어 노출을 줄이는 것은 아동에게 노출되는 아이디어를 잠재적으로 제한하는 결과를 초래한다. 하지만 조정된 단어를 서서히 글에 제시하는 것은 아동이 다른 글에서 만날 가능성이 있는 단어에 익숙해질 수 있다는 점에서 장점이 된다.[71] 사실상 언어에서 최고빈도 단어 300개가 우리가 읽는 단어의 약 65%를 차지한다.[72] 따라서 단어를 빠르고 정확하게 읽을 수 있으려면 그 단어를 주저 없이 읽을 수 있도록 일찍부터 많은 연습을 해야 한다. 다만, 초등학교 시기 이후에는 설령 단어 빈도를 통제하는 것이 타당하다고 하더라도 어떻게 통제할 것인지에 대해서는 알기 어렵다. 이와 관련하여 단어 빈도 및 통사적 복잡성 측면에서 학교 교과서의 복잡성을 높이는 것이 공통 핵심 성취기준을 개발하게 된 동기의 일부이다.

4.3. 습득 연령

습득 연령(age of acquisition)은 어떤 단어를 습득하는 연령이 아동 간에 어느 정도 일관성이 있다는 것을 의미한다. 초기에 학습되는 단어에 무엇인가 특별한 것이 있을 것이라는 생각은 적어도 50년 동안 있었다. 일찍이 1962년에 제라드 로치퍼드(Gerard Rochford)와 모리아 윌리엄스 (Moyra Williams)는 실어증(aphasia)(예를 들어, 다양한 이유로 인한 언어 장애 때문에 음성 언어뿐 아니라 문자 언어를 이해하고 표현하는 데 어려움을 겪는 증상)이 있는 성인이 어린 시절에 습득한 단어를 말할 때 여전히 사용한다는 점에 주목하였다. 실제로 최근의 연구 결과는 초기에 학습된 단어를 기억하는 능력은 실어증이 있는 사람뿐만 아니라 의미 치매(semantic dementia)[73] 및 알츠하이머병[74]에 걸린 사람에게서도 나타난다는 것을 밝혔다. 또한 존 캐럴(John Carroll)과 마거릿 화이트(Margaret White)는 일반 성인이 초기에 습득한 단어는 그들이 보다 빠르게 이름을 댈 수 있는 단어임을 밝혀냈다.[75] 초기에 습득한 단어는 '먼저 들어와 질적으로 오랫동안 지속되는' 단어일 뿐만 아니라 '먼저 들어와 질적으로 빠르게 이름을 댈 수 있는' 단어이다.[76]

놀랍게도 성인은 자신이 단어를 습득했던 상대적 연령대를 어느 정도 정확하게 예측할 수 있다. 연구 결과, 이러한 예측과 단어가 실제로 학습되는 대략적 시기에 대한 객관적 자료 간에 어느 정도 관련성이 있는 것으로 밝혀졌다.[77] 이 때문에 습득 연령이 단어 빈도보다 어휘 처리 시간을 예측하는 더 나은 변수가 될 수 있다.[78] 명확하게 구분할 수 있는 습득 연령의 효과는 연구의 대상이 되는 거의 모든 언어에서 발견되었다.[79]

단어 읽기와 습득 연령에 대한 연구에 이견이 없었던 것은 아니다. 제이슨 제빈(Jason Zevin)과 사이덴버그가 지적했듯이[80] 아동은 단지 더 자주 듣는다*는 이유만으로 조금 더 일찍 단어를 배울 수** 있다. 이런 점에서 습득 연령 우월성(age-of-acquisition superiority) 개념은 사실상 다소 순환

....

*   단어 빈도와 관련된다.
**   단어 습득 연령과 관련된다.

적이라고 볼 수도 있다. 로버트 존스턴(Robert Johnston)과 크리스토퍼 배리(Christopher Barry)는 습득 연령 효과가 실제로는 학습 순서의 효과일지도 모른다고 주장했다.[81] 어떤 아동(kiddie) 단어는 성인이 자주 사용하는 단어가 아닐 수 있으며, 성인이 비교적 최근에 습득한 단어도 계속 자주 사용되는 단어일 수 있다. 이는 특정한 단어를 습득하는 연령보다 더 중요한 것은 그 단어의 사용 궤적일 수 있다[82]는 뜻이다.

단어를 읽을 때 실제로 습득 연령 효과가 발생한다고 가정하면, 어휘 처리 모형은 그 현상을 어떻게 설명할 수 있을까? 이중 경로 모형[83]에 따르면 초기에 습득한 단어는 의미 체계와 어휘 경로 모두에 보다 쉽게 접근할 수 있기 때문에 습득 연령 효과가 발생한다. 연결망 모형도 습득 연령 효과를 설명할 수 있다. 대표적으로, 앤드루 엘리스(Andrew Ellis)와 랠프는 이전에 학습된 항목과 함께 새로운 항목을 입력하는 방식의 끼워 넣기 학습(interleaved learning)을 활용하여 단어 습득을 모형화함으로써 초기에 학습된 단어가 나중에 훈련된 단어보다 연결망 모형의 발달에 큰 영향을 미친다는 것을 보여 주었다.[84] 초기에 학습된 단어는 연결망 모형에서 나중에 습득하는 단어를 위한 매개 변수(parameters)의 역할을 하는 것으로 보인다. 즉, 초기에 학습된 단어는 연결망 내에서 일종의 가소성(plasticity)을 상실하기 때문에 모형의 전 과정에 걸쳐 지속적인 영향력을 발휘한다. 이는 학습 순서의 효과와 관련된 주장을 뒷받침하기도 한다. 물론 컴퓨터에서 이루어지는 분산 연결망 학습도 인간의 인지망 내에서 이루어지는 학습을 모사한(simulation) 것이기 때문에 아동이 읽기를 배우면서 습득하는 초기 단어가 유사한 효과를 나타낼 것이다.

아울러 초기에 학습된 단어가 읽기 어휘집을 발달시키는 데 어떤 특별한 영향을 미칠 것이라는 생각은 읽기 중에 일어나는 어휘 처리의 신경학적 측면을 검사하는 연구에 의해 뒷받침되었다.[85] 예를 들어 아르투로 허낸데즈(Arturo Hernandez)와 크리스천 피백(Christian Fiebach)은 늦게 습득한 단어가 음운 과정과 관련된 뇌 영역[즉, 좌측 상측두회의 뒷부분(posterior part of the left superior temporal gyrus)]을 추가로 활성화하는 특성이 있는 반면, 초기에 습득한 단어는 그렇지 않음을 밝혔다.[86] 이는 초기에 습득한 단어보다 나중에 습득한 단어의 음성을 인출하는 데 보다 많은 노력이 필요함을 시사한다. 더 나아가 피백, 앙겔라 프리데리치(Angela Friederici), 카르슈텐 뮐러(Karsten Muller), 이브 본 크라몬(Yves von Cramon) 그리고 허낸데즈는 왼쪽 청각 영역에서 초기 습득 단어를 더 많이 활성화함을 발견하였다.[87] 이는 나중에 습득한 단어보다 초기에 습득한 단어의 감각적 기반이 보다 크다는 것을 시사한다.

4.4. 어휘적 모호성

'머그(mug)'라는 단어를 잠시 생각해 보자. '머그'는 동형이의어이다. 동형이의어는 어휘적으로 모호하다. 동형이의어는 동일한 철자, 대개 동일한 발음이지만 다양한 의미를 지니는 단어를 말한다. '머그' 역시 어휘적으로 모호하다. '머그'는 따뜻한 음료를 마시기 위한 도자기 컵을 의미할 수도 있지만, 머그 숏에서처럼 무언가를 훔칠 의도로 벌인 폭행, 그런 사람의 얼굴 또는 얼굴 사진을 의미하기도 한다. 어휘적 모호성(lexical ambiguity)에 대한 연구는 우리의 인지 체계가 읽기에서 모호성을 어떻게 처리하는가를 알려 주기 때문에 단어 읽기 연구에서 중요한 의미를 지닌다. '머그'와 같은 동형이의어를 처리하는 것과 관련된 주요 쟁점은 우리가 사전적으로 모호한 단어를 읽을 때 무의식적으로, 통제되지 않은 채로, 자동적으로 몇 가지의 의미 혹은 모든 의미를 인출하는지, 아니면 그중에서 하나의 의미만을 인출하는지에 대한 것이다. 대부분의 경우 우리가 글을 읽는 동안 모호함을 의식적으로 인식하는 경우는 거의 없다. 의도하지 않은 채 어떤 의미가 인출되든 간에 그것은 우리의 인지 체계에서 빠르게 처리되어야 한다. 이때 단어를 둘러싼 맥락이 단어의 의미가 무엇인지를 말해 준다. 우리가 처리한 단어의 최종 의미는 맥락과 일치해야 한다. 예를 들어 다음 글을 읽고 나면 우리는 '머그'에 담긴 범죄라는 의미에 매달리지 않는다.

모닝커피를 기대하면서 영희는 '머그'에 입을 갖다 댔다.

단어의 다중 의미가 동형이의어의 처리에 어떤 영향을 주는가? 이에 대한 답은 해당 질문을 검증하는 방법에 따라 달라진다. 단일 단어 어휘 판단(single-word lexical decision) 방법을 적용한 연구에서는 두 단어의 의미가 서로 비슷한 빈도를 가질 때, 모호하지 않은 단어보다 모호한 단어가 실질적 이점을 지닌다[88]고 보고한다. 어떤 것이 단어인지 아닌지를 판단할 때에는 무엇보다도 의미를 추출하는 것만으로 충분하며, 다중 의미는 한 단어의 의미를 더 빨리 찾을 수 있도록 도와준다. 하지만 글을 읽는 동안의 눈동자 움직임을 관찰하는 방법을 활용한 연구에 따르면 독자들은 편향되지(biasing) 않은 글, 즉 어느 한쪽으로 의미가 치우쳐 있지 않아 양쪽 모두로 해석이 가능한 글(예: 그 '부자'는 웃음이 많다)을 읽을 때에는 모호성을 해결해야 하므로 동형이의어에 눈동자를 더 오래 고정한다.[89] 이때 독자에게 추가적인 정보가 주어지지 않는다면 혼동이 지속될 것이다. 성인 및 능숙한 아동 독자는 단어의 모호성을 해결하기 위해 그 차이를 보여 주는 단서를 찾는 데 시간을 할애할 것이다. 반면에 덜 능숙한 독자는 모호함을 해결하려고 노력하지 않을 가능성이 크다.[90]

동형이의어의 다중 의미에 대한 처리는 자극이 제시되는 시점에 따라 달라진다. 예를 들어 교차-양상 점화(cross-modal priming) 과제* 기반

....

* 점화 단어와 표적 단어가 서로 다른 감각 경로로 제시되는 과제를 의미한다. 예컨대, 점화

연구[91]에서는 동형이의어가 포함된 편향된 문장, 즉 어느 한쪽으로 의미 해석이 가능한 문장을 음성으로 들려준 후, 동형이의어의 여러 의미 중 하나와 관련된 시각 자극을 뒤따라 제시하였다. 예를 들면 다음과 같다.

"농부가 'straw'를 구매했음에도 불구하고……"

이 문장을 들려준 후, 시각적으로 표현된 세 개의 자극 중 하나, 즉 '건초', 문장에서 의도하지 않은 단어인 '한 모금', 아무런 관련 없는 통제 단어를 차례로 제시하였다. 그 결과, 각 자극을 명명하는 데 걸리는 시간을 통해 세 단어 중 두 단어의 의미가 활성화되었다는 것을 알 수 있었다. 즉, 참여자는 통제 단어보다 '건초'와 '한 모금'이라는 단어를 더 빨리 읽었다. 이는 동형이의어의 두 의미인 '건초'와 '한 모금'이라는 의미가 모두 활성화되었음을 시사한다. 그러나 시간이 지나고 나서는 '건초'만이 활성화된 상태로 남았다. 이는 참여자가 최종적으로 의미 선택을 했고 문장에서 의도하지 않은 의미는 더 이상 사용하지 않았음을 시사한다. 이 결과는 완전히 탈맥락적이면서 철저히 의미에 의해서만 이루어지는 접근이 의미 처리 초기에 발생한다는 것을 뜻한다. 바꾸어 말하면, 모호한 단어를 처음 읽을 때에는 관련된 모든 의미가 자동적으로 활성화된다는 것이다. 그러나 수년 동안의 추가적인 연구를 통해 '건초'와 같이 맥락상 적절한 의미 자극이 '한 모금'과 같이 맥락상 부적절한 의미 자극보다 더 크게 점화한다는 것이 명백해졌다. 이러한 연구 결과는 모호한 단어를 읽을 때 그것과

....

단어는 시각 자료, 표적 단어는 음성 자료로 제시되는 경우를 들 수 있다. 이를 활용한 연구는 점화가 제시되는 경로(시각과 청각)에 따라 의미적 맥락과 단어 빈도가 시각 재인에 영향을 미치는 방식이 달라지는가를 알아보기 위한 연구 등이 있다[이은하·이선진·임우열·김영주. (2019). 의미적 맥락과 단어빈도가 한국어 시각단어 재인에 미치는 영향: 점화연구. 국어국문학, 186, 65-109].

관련된 의미 선택이 의미 처리 초기에 일부 발생함을 시사한다.[92]

동형이의어의 의미 처리는 모호한 단어가 들어 있는 맥락의 제약(constraint)에 따라 달라질 수 있다. 어떤 맥락은 매우 제약적이어서 하나의 해석만을 가능하게 한다. 예를 들어, '민수는 복실이를 샀던 애견 판매점에 가기로 결심했다'라는 문장에서 '복실이'는 '개'를 의미한다고 보는 것이 적절하다. 이처럼 매우 제약적인 맥락에서 독자들은 맥락에 적절한 하나의 의미에만 접근할 수 있다.[93]

또한 의미 우세성(meaning dominance)*이라고 불리는 동형이의어 의미의 상대적 빈도가 동형이의어의 의미가 처리되는 방식을 결정할 수도 있다. 대부분의 동형이의어에는 보다 우세한 의미가 들어 있다. 예를 들어 '손'을 생각해 보자. 이 단어를 보면 우리는 '손님'보다 '손[手]'을 떠올릴 가능성이 훨씬 높다. 반면에 앞의 예시에서 사용했던 'straw(지푸라기, 빨대)'와 같은 몇몇 동형이의어는 상대적으로 균형 잡힌 의미를 가지고 있다. 예컨대 '정원(garden)'이라는 단어를 접할 때 '음료(garden as a drink)'라는 단어를 떠올릴 수도 있다. 눈동자 움직임에 대한 연구 결과에 따르면 독자는 통제 단어보다 균형 잡힌 동형이의어에 시선을 더 오래 고정한다. 이것은 두 의미 모두가 채택될 가능성이 있기 때문에 일시적으로 혼동을 일으키고 있음을 보여 준다. 앞에서 설명한 것처럼 독자는 동형이의어의 의미를 분명하게 해 주는 글 속의 정보에 시선을 고정할 것이다. 편향된 동형이의어의 경우 독자는 우세한 의미가 맥락이 의도하는 의미와 부합하는 한 그 모호성을 알아차리지 못한다. 독자는 동형이의어가 해당 맥락의 열세한 의미와 부합된다는 것을 알아차리는 경우에만 읽는 속도를 늦춘다. 이를 **열세 편향 효과**(subordinate bias effect)라 한다.[94]

뇌 연구는 뇌의 반구가 모호한 단어의 의미를 처리하는 데 있어 서로

....

* 모호한 단어가 가진 각 의미의 상대적 빈도를 뜻한다.

다른 언어적 역할을 수행할 수 있음을 보고한다. 한 예로, 분할 시야 제시 (divided visual field presentations)* 방법을 적용한 연구에서 뇌의 반구가 모호성을 해소하기 위해 협력한다는 사실을 발견했다. 분할 시야 제시 방법은 왼쪽 혹은 오른쪽 반구에만 시각 자극을 제시하는 방법인데, 이를 활용하는 연구자들은 뇌의 한쪽 반구에만 단어를 제시한다.[95] 우리의 시각 체계는 교차하는 방식으로 이루어졌기 때문에 왼쪽 시야에 비치는 단어는 처음에 오른쪽 뇌 반구에 입력되며, 마찬가지로 오른쪽 시야에 제시되는 단어는 처음에 왼쪽 뇌 반구에 입력된다. 또한 기능적 자기 공명 영상법을 활용한 연구는 두 반구가 모호성을 해결하기 위하여 신경적으로 서로 협력한다는 사실을 발견했다.[96] 레이철 지오라(Rachel Giora)에 따르면 왼쪽 뇌에서 언어를 처리하는 역할을 담당하기는 하지만 이는 주로 명료한 축어적(literal) 언어를 처리하도록 설계되어 있으며, 반면에 오른쪽 뇌는 모호한 의미를 처리하도록 설계되어 있다.[97] 모호한 단어를 읽을 때, 우뇌는 좌뇌[좌측 하전두회(left inferior frontal gyrus)]가 그 모호성을 해소할 때까지 열세적 의미를 보관하는 역할을 하는 것으로 보인다.[98]

뇌가 어떻게 모호성을 해소하는가에 관한 연구 결과만큼이나 흥미로운 것은 최근에 그 결과에 대한 반론이 제기되고 있다는 사실이다. 유발 하파즈(Yuval Harpaz)와 미할 라비돌(Michal Lavidor)은 비교적 사소한 방법론적 변화가 모호성 처리와 관련된 연구 결과에 영향을 미칠 수 있음을 보여 주었다.[99] 따라서 뇌가 어떻게 어휘적 모호성을 해결하는지를 정확히 판단하기 위해서는 후속 연구가 필요하다.

....

* 한쪽 눈을 가리고 시각 자극물을 제시하는 방식.

4.5. 형태적 복잡성

어휘 형태(lexical morphology)는 단어의 내적 구조를 이루는 최소의 기본적인 단위이다. 어휘 형태에는 몇 가지 유형이 있다. **굴절 형태**(inflectional morphology)는 단어의 의미 또는 문법적 의미에 영향을 주지 않으면서 단어의 시제나 수를 바꾼다(예: walked = walk + -ed; walks = walk + -s). **파생 형태**(derivational morphology)는 단어의 의미 또는 문법적 의미를 바꾼다(예: computer = compute + -er, computation = compute + -ation). 또 두 개 이상의 단어가 결합하여 하나의 단어를 형성하기도 한다(예: butterfly, blackboard). 지금까지는 단일어에 대한 재인에 대해 논의했다면 지금부터는 형태적으로 복잡한 단어(morphologically complex words)[*]의 재인에 대해 논의한다.

복합어와 관련된 기본적인 연구 결과 중의 하나는 어간 빈도 효과(stem frequency effect)에 대한 것이다. 이는 복합어에 대한 판단과 명명이 단어 자체의 표면 빈도(즉, 일반적인 빈도)보다는 단어의 빈도와 어간의 빈도를 합한 빈도로 더 잘 예측되는 현상을 말한다. 예를 들어 'seeming'과 'mending'은 영어에서 동일한 출현 빈도(동일한 표면 빈도)를 갖는다. 그러나 'seem, seemed, seems, seeming'의 누적 빈도(즉, 어간의 빈도)는 'mend, mended, mends, mending'보다 더 높다. 마커스 태프트(Marcus Taft)[100]와 다른 여러 연구자들은 어간이 고빈도(high-stem frequency)인 굴절 단어가 어간이 저빈도(low-stem frequency)인 단어보다 쉽게 재인됨을 규명했다. 다만, 표면 빈도 효과와 어간 빈도 효과는 모두 존재하기 때문에 표면 빈도가 통제될 때 어간 빈도와 단어 재인 시간 간에 상관관계가 나타난다.

....

*   이후 '복합어'로 통칭한다.

어간 빈도 효과가 존재한다는 것은 독자가 단어를 처리하는 동안 단어의 요소나 부분으로 분석한다는 것을 시사한다(예: mending = mend + ing).[101] 만약 분석을 하지 않는다면 어간 빈도가 아무런 영향을 미치지 않을 것이다. 실제로 올라 솔로미애크(Olla Solomyak)와 알렉 마란츠(Alec Marantz)는 자기 뇌파 검사(MEG)*를 사용하여 복합어를 처리하는 과정 초기에 일어나는 어휘 분석에 대한 신경학적 증거를 발견했다.[102] 형태소 빈도 효과(morpheme frequency effect)도 접두사와 접미사를 포함한 단어뿐만 아니라 아동의 단순한 어휘 처리에서도 나타남을 여러 언어 대상의 연구에서 보여 주었다.[103]

어간 빈도 효과는 일반적으로 어간 형태소와 관련된 대규모 기억 저장소가 중요함을 시사한다. 즉, 단어 어간을 많이 아는 것은 아동에게 복합어를 읽을 수 있도록 도움을 준다. 아동의 학년이 높아질수록 그들이 읽는 글은 구조, 문장, 어휘 등과 같은 다양한 차원에서 보다 복잡해진다. 특히 형태적 복잡성은 초등학생을 위한 글에서 중학생을 위한 글로 옮겨 가는 과정에서 크게 변화한다.[104] 실제로 상급 교육을 위한 학술 교재에는 '경제적, 지각력, 평온한, 고립성, 진찰 전문의, 이주민' 등과 같은 복합어가 많이 실려 있다. 만약 아동이 이들 단어의 어간을 알지 못한다면 더 복잡하게 파생된 단어를 재인하는 데 해당 단어의 의미를 사용할 수 없을 것이다.[105]

앞 장에서 언급했듯, 아동이 더 능숙한 독자가 되면 단어를 재인할 때 단어의 더 큰 덩어리(chunks)를 사용하기 시작한다. 이에 대한 하나의 관점[106]에 따르면, 아동은 어떤 철자 배열이 응집적인지 판단할 수 있도록 돕는 철자의 분포 확률을 감지하는 법을 배운다. 예를 들어 '-ed'는 'looked'에서 볼 수 있듯이 대부분 함께 발견되는 만큼 응집적이다. 반면

....

*   기능적 자기 공명 영상법과 유사한 기능적 신경 영상 기술.

에 '-ke-'이라는 철자 배열은 덜 빈번할 뿐만 아니라 그 자체로 응집적이 지도 않다. 단어의 어간과 어미는 응집성을 갖는 철자 배열 중의 일부이 다. 또 다른 견해[107]는 언어에서 형태의 역할이 의미를 산출하는 것이라는 관점이다. 즉, 아동은 서로 체계적으로 연결되어 있는 철자 형태의 패턴과 그 의미를 연관시키는 방법을 학습한다. 일단 아동이 더 큰 부분을 재인하 게 되면 그것을 의미 단위로서 표상하게 되고, 그러면 개별적인 형태소가 단어 읽기에 영향을 미치기 시작한다는 것이다.

또한 선행 연구들은 기본적인 단어 읽기 능력을 가진 아동의 단어 읽 기에서도 형태적 지식의 효과가 나타남을 보고했다. 어간의 빈도는 읽기 속도와 정확도에 영향을 미치며, 특히 표면 빈도가 낮은 단어에서 더욱 그 러하다.[108] 게다가 형태적 점화(앞 단어가 형태적으로 관련된 뒤 단어의 재인에 도움을 주는 것)가 초등학교 3학년과 같이 어린 아동에게서 관찰되었다.[109] 그러나 복합어가 되면서 어간에 발음의 변화가 일어나는 복합어(예: severe →severity)는 초등학교 고학년 아동에게도 어려우며, 이로 인해 그 단어를 소리 내어 읽을 때 많은 실수를 한다.[110]

형태적 지식이 아동의 해독 능력에 영향을 미치려면 어간 자체에 대 한 지식이 있어야 한다. 굿윈 외는 청소년이 어간에서 파생된 단어를 발음 하는 데 어간 지식이 도움이 된다는 것을 밝혔다.[111] 실제로 1,000명 이상 의 성인을 대상으로 진행된 단어 재인에 대한 대규모 연구에서, 어휘력 수 준이 높은 사람(아마 어간에 대한 지식을 많이 가진 사람일 것이다)이 어휘력 수 준이 낮은 사람보다 더 빠르고 정확하게 단어를 재인하였다.[112] 이를 고려 하면, 단어 해독과 관련한 차후의 교육적 초점은 새로운 어간의 의미를 배 울 수 있도록 아동을 지원하고, 복합어를 읽을 때 어간을 활용하는 방법을 학습하도록 하는 데 두어야 한다.

5. 후속 단어 읽기에 대한 의미 맥락의 효과

우리는 글을 읽을 때 대체로 단일어를 개별적으로 떼어 읽지 않는다. 간단한 신호나 표시(예: 비상구)를 읽을 때 혹은 수업 중에 학습 활동의 일부로 개별 단어를 읽을 수는 있지만, 대개는 글에 대한 심적 표상을 만들기 위하여 단어를 읽는다. 인지심리학자는 순수한 어휘적 요소를 보다 쉽게 알아내기 위해서 개별 단어 읽기에 초점을 맞추어 왔다. 이를 통해 연구자들은 방대한 양의 글과 관련된 외적인 요소를 적절하게 통제할 수 있었다. 이는 매우 성공적이었고 덕분에 우리는 많은 것을 알게 되었다. 하지만 이 분야의 연구자들도 개별 단어 읽기에 초점을 두는 것에는 분명 한계가 있다는 데에 전적으로 동의한다. 예를 들어 개별 단어에 대한 초점이 그 단어와 관련된 효과를 부풀릴 수도 있다. 앞에서 논의한 예를 하나 들자면 우리는 구체성 효과가 단어 읽기에 필수적인 것처럼 설명했다. 그러나 슈와넨플루겔과 에드워드 쇼벤(Edward Shoben)은 이미 수년 전에 추상어와 구체어를, 그들의 의미를 쉽게 떠올리게 하는 문맥(supportive sentence context) 안에 제시하는 것만으로도 그 효과가 없어질 수 있다는 연구 결과를 보고하였다.[113] 단어의 의미를 쉽게 떠올리게 하는 문맥은 어려운 단어 처리 과정을 보다 쉽게 만드는 하나의 방법이다.

5.1. 기초적 의미 점화

우리는 이미 맥락이 지니는 효과에 대해서, 그리고 단어 재인에 대한 기본 모형이 의미 점화(semantic priming)의 효과를 어떻게 설명하는지에 대해서 논의했다. 이와 관련된 연구에서는 일반적으로 참여자에게 하나의 단어(prime, 점화 자극)를 제시하고 이어서 두 번째 단어(target, 표적 자극)를 제시한다. 참여자는 두 번째 단어에 대해 어떤 반응(명명하기, 단어

여부 판단하기, 같은 범주의 단어인지 판단하기 등)을 해야 한다. 의미 점화는 관련 있는 단어의 사전 제시가 표적 단어를 보다 쉽게 재인하도록 할 때 발생한다.

데이비드 마이어(David Meyer)와 로저 슈베인벨트(Roger Schvaneveldt) 의 연구에서 처음 증명된 의미 점화[114]는 아마도 인지심리학의 역사적 토대 가 되는 연구 결과 중 하나일 것이다. 이 연구에서 고등학생은 한 쌍의 문 자열이 관련 있는 단어인지 아닌지를 판단하도록 하였다[예: 간호사-의사(네) vs. 빵-어리석은(아니요)]. 의미적으로 서로 관련 있는 단어 쌍이 제시되었 을 때의 판단 속도가, 그렇지 않은 경우(예: 간호사-테이블)보다 0.085초가 더 빨랐다. 관련 있는 단어에 대한 0.085초의 시간 단축을 의미 점화라고 부른 다. 0.085초가 그다지 큰 단축으로 보이지 않을 수도 있지만 점화 효과는 누적적 특성을 갖는다는 측면, 그리고 인지적인 측면에서는 중요하다.

이 연구는 다른 연구자들에 의해 수천 번 인용되었다. 그만큼 언어 처 리의 기본적인 작동 방식을 밝히는 데 있어 인지심리학적 접근의 가능성 을 뒷받침하는 중요한 근거를 제공했다. 의미 점화 관련 연구의 본질적 목 적은 어휘집, 언어 처리의 작동 방식, 구성 체제를 명쾌하게 규명하는 것 이었는데, 지금은 어느 정도 성취된 것 같다. 의미 점화의 발견은 언어에 대한 기본적인 사실로 받아들여지고 있고, 의미 점화 그 자체는 거의 의문 시되지 않는다.

그러나 점화 효과를 발생시키는 그 원천(source)이 무엇인가에 대 해서는 의견이 일치하지 않는다. 하나의 주장은 점화 효과가 연상 요소 (associate factors)로부터 기인한다는 것이다. 즉, 해당 단어가 문맥 전반에 서 공기(共起, 동시 발생, co-occurrence) 관계(예: 사유-재산[115])를 갖기 때문에 지속적으로 서로 관련된다는 것이다.* 또 다른 주장은 점화 효과가 '순수

....

* 형태(形態), 형태소, 음(音), 음소 따위가 문법적으로 벗어나지 않고 동일한 문장, 구, 단어

한(pure)' 의미 요소로부터 기인한다고 보는 것이다. 즉, 점화 효과는 점화 단어와 표적 단어가 의미적 특성을 공유하기 때문에 발생하는 것이다(예: 깃털-새).[116] 하지만 의미적으로 관련된 단어도 연상되는 경향이 있다(예: 사자-호랑이). 일반적으로 이상의 두 효과는 동시에 발생한다고 볼 수 있으며, 그들을 분리하는 것은 매우 어렵다.[117]

만약 두 단어가 의미적으로 관련됨에도 불구하고 연상되지 않는다면 그것은 일차적 연상어(primary associates)가 아니라는 것을 의미한다(예: 검정색-흰색). 또한 그 단어가 이차적, 삼차적 연상어일 것이라는 가능성도 배제해야 한다. [그림 5-3]의 '갈기-줄무늬' 예를 생각해 보자. '갈기'에서 '사자'로, 그리고 '호랑이'에서 '줄무늬'로 이어진 경로를 따라가다 보면 두 단어가 처음에 보이는 것보다 실제로는 더 관련성이 높다는 것을 확인할 수 있다. 이른바 **매개 점화 효과**(mediated priming effect)가 '갈기-줄무늬' 경우에서처럼 최대 세 개의 링크에서 발견된다.

매개 점화는 그 자체가 흥미로운 현상이다. 선행 연구에 따르면 표적 단어가 점화 단어로부터 받는 점화의 양은 매개 단어의 수에 따라 달라진다. 티머시 맥너마라(Timothy McNamara)는 [그림 5-3]의 예에서 2단계 매개 단어가 포함된 항목(예: 갈기-호랑이)에서 0.015초만큼의 단축이 발생했고, 3단계가 포함된 항목(예: 갈기-줄무늬)에서 0.010초만큼의 단축이 발생했음을 발견했다.[118] 물론 이러한 효과는 1단계(일반적으로 0.03~0.08초 범위)에 비해 매우 적은 편이다.

매개 점화 효과의 이점*은 단어 처리를 방해하는 의식적인 전략이 제거될 때 발생할 가능성이 더 높다.[119] 대부분의 사람은 '갈기'와 '줄무늬'의

....

안에서 나타나는 것이다. 예를 들어 '거기에 그가 산다'는 올바른 문장이지만, '거기에 학교가 산다'는 옳지 못한 문장이다. 따라서 '그'와 '산다'는 공기 관계를 가지나, '학교'와 '산다'는 공기 관계를 갖지 않는다(『표준국어대사전』, 2019).

* 시간 단축.

관계를 즉각적으로 인식하지 못하기 때문에 양자의 관련성을 찾으려는 의식적인 전략을 사용하는 것이 오히려 방해 요소가 된다는 뜻이다. 예를 들어 독자는 무엇이 단어인지를 판단하려고 하는 경우와 마찬가지로 '갈기'와 '줄무늬' 간의 관련성을 의식적으로 찾으려고 하는 과정에서 시간과 인지적 자원이 소비된다. 따라서 매개 점화 효과는 매개 단어와 표적 단어 사이에 강한 관련성이 있을 때 발생할 가능성이 더 높다.[120] '갈기-줄무늬'의 경우에서 매개 단어인 '호랑이'가 '줄무늬'와 밀접한 관련이 있을 때 매개 효과가 더 잘 나타날 수 있다.

독자에게 단어를 맥락에 맞게 읽도록 하는 전략적 과정으로는 의미 점화를 설명할 수 없다. 예를 들어 한 연구에서 점화 효과가 발견되었는데, 전체 실험에서 단 한 쌍의 단어만이 관련되고 나머지 모든 실험에서는 관련 없는 단어 쌍이 제시된 경우에서였다(예: 의사-바다).[121] 의미 점화는 무의식적 점화(subliminal priming)[122]에서도 발견된다. 무의식적 점화 관련 연구에서 점화 단어 자체가 매우 빠르게 제시되고 시야가 제한되기 때문에 참여자가 점화 단어를 못 보거나 전혀 추측할 수 없었다고 주장하지만, 결과적으로는 관련 연구에서 점화 효과가 발견되었다고 볼 수 있다. 이처럼 의미 점화에 대한 발견이 상당히 보편적이기 때문에 이를 무너뜨리기는 어렵다. 개별 단어 맥락에서의 의미 점화는 독서심리학에서 중요하고 근본적인 발견으로 남아 있다.

의미 점화에 대한 신경학적 관련성을 조사한 연구에 따르면 의미 점화는 양쪽 반구에 모두 관련되지만 의미 처리는 우뇌보다 좌뇌에서 더 빠르고 보다 세부적으로 일어난다. 크리스틴 키어렐로(Christine Chiarello)는 어휘적 모호성 연구에서 왼쪽 뇌가 다소간의 어휘적 예측을 통해 더 빨리 점화되는 경향이 있음을 보고하였다.[123] 우뇌는 보다 분산된 방식으로 점화하는 경향이 있다. 왼쪽 뇌는 미세 조정된 레이저처럼 점화를 처리하는 반면에, 오른쪽 뇌는 많은 잡음이 섞인 시스템처럼 점화를 처리한다. 기능적 MRI 연구[124]를 활용한 의미 점화 연구는 좌측의 상측두회(left superior temporal), 외측두회(lateral temporal), 하전두회(inferior frontal regions) 부분이 단어 간의 관련성 효과에 민감하게 반응함을 규명했다. 여기에는 우측의 측두회(right temporal regions)도 일부 포함된다.[125]

5.2. 텍스트 단위에서의 의미 점화

단어보다 큰, 글의 단위가 후속 단어를 처리하는 데 미치는 영향에 대해 이해하는 것은 여러 가지 이유로 중요하다. 문맥(contexts)이 단어 처리와 관련하여 제공하는 정보의 양은 상당히 다르다. 상당수는 그리 많은 문맥 정보를 제공하지는 않는다. '그 계곡에는 세 개의 작은 _____이 있었다'라는 문장에 들어갈 말을 생각해 보자. 하지만 이 문맥만으로 답을 생각하기는 어렵다. 거의 모든 구체어가 답이 될 수 있다. 반면에 상당한 문맥 정보를 제공하는 경우도 있다. '등산객들은 천천히 _____을 올라갔다'라는 문장에 들어갈 말을 생각해 보자. 이 경우에 여러 단어(예: 언덕, 계단, 길)가 들어갈 수 있지만, 대부분은 '산'을 떠올렸을 것이다. 아이디어를 한 단계 더 발전시키기 위해, 보다 풍부한 문맥에서 동일한 문장을 읽었다고 가정해 보자.

힘겨운 등산을 한 후에 영수와 친구들은 느릿느릿 아파트 로비로 들어갔다. 그들은 새벽 일찍 출발했었다. 그들에게는 긴 하루였다. 그들이 가지고 다녔던 장비는 무거웠다. 등산객들은 천천히 _____을/를 올라갔다.

이제 특정한 답에 대한 우리의 기대가 바뀌었다. '계단'으로 문장의 의미가 완성될 가능성이 더 높으며 '산'이 들어갈 가능성은 거의 없어 보인다. 이처럼 보다 많은 분량의 글에 초점을 맞추면, 독자가 단어 읽기에 도움이 되는 문맥을 어떻게 활용하는지에 대해 더 잘 이해할 수 있다. 우리가 상대방의 말을 듣는 동안 상대방이 어떤 단어를 사용할지 미리 짐작하는 것처럼 글을 읽는 동안 특정한 단어를 예측하는 일은 꽤 흔하다.[126]

후속 단어 처리에 대한 문장 문맥(sentence context)의 효과와 관련 있는 다른 효과들이 있다. 첫째로 가장 기본적인 효과는 문장 일치 효과(sentence congruity effect)이다. 이것은 단어 점화 연구에서의 관련성 효과와 유사하다. 문장에 어울릴 것 같은 그럴듯한 단어가 그렇지 않은 단어보다 더 빨리 재인된다는 것이다. 아동과 성인 모두 후속 단어가 문장에 어울리지 않을 것 같은 단어일 때보다 문장에 어울릴 것 같은 그럴듯한 단어일 때 보다 빠르게 처리한다.[127]

후속 단어 처리와 관련된 두 번째 효과는 맥락 제약 효과(contextual constraint effect)이다. 맥락 제약은 사람들에게 단어가 빠져 있는 불완전한 문장을 제시한 다음에, 단어가 빠져 있는 빈칸에 특정한 단어를 채우도록 함으로써 확인할 수 있다. 이 활동은 때때로 빈칸메우기 과제(cloze task)라 불리며 여러 변형된 형태가 있다.[128] 다음 예와 같이 어떤 문장은 매우 제약적이다. 예를 들어 '그는 편지를 _____ 없이 보냈다'라는 문장은 매우 제약적이다. 이 문장을 읽으면, 거의 모든 사람이 빈칸에 들어갈 단어로 '우표'를 예측한다. 앞에서 언급했듯이 어떤 문장은 거의 예측하기 어렵다. 그러나 일반적으로 주어진 단어가 문맥 속에서 더 잘 예측될수록 그 단어는 보다 빠르고 쉽게 처리된다. 이러한 연구 결과는 뇌 활동 연구(monitoring brain activity),[129] 눈동자 움직임 연구[130]뿐 아니라 어휘 판단 또는 명명하기를 적용한 연구[131]에서도 확인되었다. 사람들이 예측성 높은 단어를 반복적으로 읽을 가능성보다는 그것들을 건너뛸 가능성이 더 높다는 결과이다.[132] 연구 방법론을 막론하고, 후속 단어 처리와 관련된 문장 제약(sentence constraint)의 효과는 문맥에서의 특정한 단어에 대한 예측 가능성과 로그 함수적 관계를 갖는다.[133]*

문장 제약은 문장 차원에서의 효과를 말하지만 전이 확률 효과(transitional probability effect)라고 불리는 낮은 수준의 효과도 있다. 이것은 글에서 어떤 단어 뒤에 특정한 단어가 이어질 가능성을 의미한다. 이는 인접 단어에 대한 독자의 지식과 관련된다. 예를 들어 영어의 경우 '수용하다(accept)'라는 단어 뒤에는 '손실(losses)'이라는 단어보다 '패배(defeat)'라는 단어가 이어질 가능성이 더 높다. 스콧 맥도널드(Scott McDonald)와 리처드 실록(Richard Shillock)의 연구에 따르면, 실험 참여자는 '그들은 결코 을/를 순순히 수용하지 않을 것이다'를 읽을 때 얻게 되는 더 큰 문장 제약으로 인해 '손실'과 같은 낮은 수준의 전이 확률 단어보다 '패배'와 같은 높은 수준의 전이 확률 단어에 보다 짧은 시간 동안 눈동자를 고정하였다.[134] 특정 단어에 대한 국지적 전이 확률(local transitional probability) 효과는 유사한 효과를 발생시키는 언어 말뭉치를 통해 객관적으로 추정될 수 있다.[135] 따라서 국지적 전이 확률은 독자가 습득한 암묵적인 언어 지식을 보여 줄 수 있다. 하지만 높은 수준의 전이 확률 단어에 대한 초기의 눈동자 고정 효과는 후속 단어의 처리에 대한 좀 더 전국적인(global) 맥락 효과에 비하면 적은 편이다. 슈와넨플루겔과 캘빈 화이트(Calvin White)는 대규모 글 단위에서부터 소규모 글 단위로 연구를 진행하면서, 보다 큰 담화를 토대로 하는 예측은 국지적 정보만을 토대로 하는 예측을 넘어서고, 심지어 어휘 처리를 변화시킬 수 있음을 발견했다.[136] 또한 그들은 담화와 관련된 단어뿐만 아니라 부분적인 문장과 관련된 단어 모두에서 맥락 효과가 나타남을 발견하였다. 이후 연구들은 여러 측면에서 독자가 후속 단어를 처리하기 위하여 다양한 종류의 맥락 정보를 활용하고 있음을 밝히고 있다.

....

* 문장 및 문맥에서 제공되는 제약이 해당 단어의 의미를 추론하는 단서로 사용된다는 의미이다.

6. 평가를 위한 함의

이 장에서 소개했던 많은 연구는, 능숙한 단어 읽기에 대한 평가가 단어 읽기의 기저를 이루는 인지적 요인과 관련된 많은 쟁점을 다루어야 함을 제언한다. 예를 들어, 기초적인 해독 단계를 지난 초등 고학년 학생과 중학생을 위한 단어 읽기 평가에는 의미적으로 다양한 수준의 난이도를 지니는 단어를 제시할 수 있다. 즉, 단어 읽기 평가는 구체어, 추상어뿐만 아니라 학생의 발달 초기 및 후기 단계에서 습득한 단어를 읽는 아동의 능력을 평가할 수 있어야 한다. 또한 아동이 (1) 문맥을 활용하여 어휘적 모호성을 쉽게 해결할 수 있는지, (2) 복합어를 읽을 수 있는지, (3) '활동적인(active)'을 '활동(activity)'으로 변형시키는 것처럼, 하나의 어휘적 변이를 다른 어휘적 변이로 변형시키는 데 관여하는 음운 규칙을 이해하는지,[137] (4) 관련 없는 단어 목록을 읽을 수 있는 자동성이 발달되었는지(학습자는 대부분의 일반적인 단어를 빠르고 정확하게 읽을 수 있어야 한다)를 평가해야 한다.

독자가 단어를 읽는 데 도움이 되는 다양한 문맥 자원을 활용한다는 사실은 읽기 평가에 중요한 시사점을 제공한다. 이는 독자의 독해력이 특정한 단어를 예측하는 데 사용하는 문맥 활용 능력으로도 측정될 수 있음을 의미하기 때문이다. 현재에도 일부 독해력 평가는 글에 대한 독자의 이해력을 평가하기 위하여 이러한 능력을 활용한다. 빈칸메우기 평가(cloze assessment)에서 독자는 단어가 비워진 글을 제공받은 후, 가능한 답 중에서 정답을 선택하거나 혹은 직접 채워 넣을 것을 요구받는다. 성인 및 아동의 독해력을 측정하는 다양한 평가 방법과 빈칸메우기 평가 간의 상관관계는 놀라울 정도로 높다(.55~.80 범위 내).[138] 이 결과는 문맥 활용이 읽기의 기본 능력이라는 것을 말해 준다.

7. 공통 핵심 성취기준과의 연계

[표 5-1]에서 볼 수 있듯이 능숙한 단어 읽기에 대한 연구는 공통 핵심 성취기준의 목표를 설정하는 데 커다란 영향을 주었다. 앞 장에서 언급했듯이 단어 읽기와 단어 재인은 공통 핵심 성취기준에서 기초적인 문식 기능(문해력)으로 간주된다. 문식 기능과 관련된 기준은 바로 앞 장에서 다루었던 기초적인 단어 읽기를 시작으로 이번 장에서 다루었던, 보다 심화된 기능으로 이어진다. 예를 들어, 보다 긴 다음절 단어와 불규칙 단어에 대한 읽기는 2학년에서 강조된다. 학년이 높아지면서 복합어 읽기와 다양한 접사에 대한 이해가 강조된다. 5학년쯤 되면 아동은 문맥의 도움을 받거나 혹은 문맥의 도움 없이도 기본적으로 복잡한 단어를 읽을 수 있을 것으로 기대된다.

[표 5-1] 공통 핵심 성취기준(읽기): 능숙한 단어 읽기[139]

학년	능숙한 단어 재인과 관련된 기준
2학년	• 규칙적인 철자로 이루어진 1음절 단어를 읽을 때 장모음과 단모음을 구분한다. • 일반적인 겹모음(vowel teams)에 대한 낱자-소리의 대응 관계를 안다. • 장모음을 포함하고 있는 규칙적인 낱자로 이루어진 2음절 단어를 해독한다. • 일반적인 접두사와 접미사를 포함하고 있는 단어를 해독한다. • 일관적이지는 않지만 보통의 낱자-소리 대응 관계인 단어(예:give & hive, show & now)를 식별한다. • 학년에 맞는 불규칙적인 낱자로 이루어진 단어를 재인하고 읽는다.
3학년	• 가장 보편적인 접두사와 파생 접미사를 식별하고, 그 의미를 안다. • 보편적인 라틴어 접미사를 포함하고 있는 단어를 해독한다. • 다음절 단어를 해독한다. • 학년에 맞는 불규칙적인 낱자로 이루어진 단어를 읽는다.
4~5학년	• 문맥 안팎에서 낯선 다음절 단어를 정확하게 읽기 위하여 낱자-소리 대응 관계, 음절을 나누는 방법 및 형태론(예: 어근 및 접사)에 대한 모든 지식을 통합하여 활용한다.

우리나라의 교육과정에서는 단어 읽기 학습에 대한 성취기준이 누리과정부터 고등학교 2~3학년까지 제시된다. 앞서 살펴본 바와 같이 유치원과 초등학교 저·중학년 단계에서는 단어를 정확하게 읽고 쓰며 이해하는 활동에 중점을 두고 있다면, [표 5-2]에서 확인할 수 있듯이 초등학

[표 5-2] 2022 개정 국어과 교육과정 성취기준: 능숙한 단어 읽기 및 이해(교육부, 2022)

2022 개정 국어과 교육과정		
학년	영역	성취기준
초 1~2학년	읽기	[2국02-01] 글자, 단어, 문장, 짧은 글을 정확하게 소리 내어 읽는다.
	쓰기	[2국03-01] 글자와 단어를 바르게 쓴다.
	문법	[2국04-02] 소리와 표기가 다를 수 있음을 알고 단어를 바르게 읽고 쓴다.
초 3~4학년	문법	[4국04-01] 단어와 단어 간의 의미 관계를 파악한다. [4국04-02] 단어를 분류하고 국어사전을 활용하여 능동적인 국어 활동을 한다.
초 5~6학년	문법	[6국04-03] 고유어와 관용 표현의 쓰임과 가치를 이해하고 상황에 맞게 표현한다. [6국04-06] 글과 담화에 쓰인 단어 및 문장, 띄어쓰기를 민감하게 살펴 바르게 고치는 태도를 지닌다.
중 1~3학년	문법	[9국04-01] 국어의 음운 체계와 문자 체계를 이해하고 국어생활에 활용한다. [9국04-02] 단어의 짜임을 분석하여 새말 형성의 원리를 이해한다. [9국04-03] 품사의 종류와 특성을 이해하고 국어 자료를 분석한다. [9국04-07] 세대·분야·매체에 따른 어휘의 양상과 쓰임을 분석하고 다양한 집단과 사회의 언어에 관용적 태도를 지닌다.
고 1학년	문법	[10공국1-04-02] 음운 변동을 탐구하여 발음과 표기에 올바르게 적용한다. [10공국1-04-03] 다양한 분야의 글과 담화에 나타난 문법 요소 및 어휘의 표현 효과를 평가하고 적절한 표현을 생성한다.
고 2~3학년	화법과 언어	[12화언01-03] 품사와 문장 구조에 대한 지식을 활용하여 언어 자료를 분석하고 설명한다. [12화인01-04] 단어의 짜임과 의미, 단어 간의 의미 관계를 중심으로 어휘를 이해하고 담화에 적절히 활용한다. [12화언01-05] 담화의 맥락에 적절한 어휘와 문법 요소를 선택하여 화자의 태도를 드러낸다. [12화언01-06] 담화의 구조를 고려하여 적절한 어휘와 문장으로 응집성 있는 담화를 구성한다.

교 고학년부터는 '폭넓은 어휘 및 관용 표현의 사용'과 '어휘 사용의 메타적 인식 및 사용'에 중점을 두고 있으며, 주로 문법 영역에서 다루어지고 있다. 중·고등학교 시기에는 단어에 대한 문법적 지식을 바탕으로 실제 국어생활에서 적절한 어휘를 사용할 수 있도록 성취기준을 제시하고 있다. 반면 미국의 교육과정에서는 단어 학습과 관련된 문법적 요소들을 읽기 영역에 통합하여 제시하고 있으며, 특히 낱자와 소리의 대응이 잘 이루어지지 않은 경우가 많은 영어의 특성상, 다음절 단어나 접두사나 접미사, 불규칙적인 낱자 등의 내용을 좀 더 구체적으로 다루고 있다.

토론거리

1 여러분은 공통 핵심 성취기준이 능숙한 단어 읽기에 필요한 기초 기능을 충분히 강조하고 있다고 생각하는가?

2 능숙한 단어 읽기에 있어 습득 연령이 중요한 요소라는 사실이 밝혀졌다. 그렇다면 습득 연령과 형태적 복잡성, 문맥적 점화, 어휘적 모호성 등과 같은 능숙한 읽기의 기저 요소 간에는 어떤 잠재적 관계가 있는가?

3 교사는 학생에게 형태적으로 복잡한 단어를 읽도록 가르치기 위하여 어떤 방법을 사용해야 하는가?

4 앞쪽의 사례 연구로 돌아가 보자. 박 교사는 태영이의 문식적 문제를 해결하기 위하여 어떤 전략을 사용할 수 있는가?

Balota, D. A., Yap, M. J., & Cortese, M. J. (2006). Visual word recognition: The journey from features to meaning (a travel update). In M. Traxler & M. A. Gernsbacher (Eds.), *Handbook of psycholinguistics*(2nd ed., pp. 285-375). London: Academic Press.

McNamara, T. P. (2005). *Semantic priming: Perspectives from memory and word recognition*. New York: Psychology Press.

Yap, M. J., Balota, D. A., Sibley, D. E., & Ratcliff, R. (2012). Individual differences in visual word recognition: Insights from the English Lexicon Project. *Journal of Experimental Psychology: Human Perception and Performance, 38*(1), 53-79.

읽기 유창성

5학년을 담당하고 있는 최 교사는 글을 소리 내어 읽는 능력에서 학급 아동 사이에 커다란 차이가 있다는 것에 놀라곤 한다. 예를 들어 영미는 라디오 광고 제작에 고용된 성우로 착각할 만큼 글을 매우 잘 읽는다. 그녀는 풍부한 억양으로 내용을 설득력 있게 전달한다. 또한 전달하는 내용이 이해하기 쉽게 읽는다. 즉, 목소리의 높낮이를 적절하게 조절하며, 의미 단위에 따라 적절하게 띄우며, 때때로 중요한 부분을 강조하여 읽는다. 보통의 열한 살 아동에게 기대하는 것보다 훨씬 뛰어난 방식으로 읽는다. 사실 영미는 교내 방송 동아리에서 아침 방송을 진행하는 핵심 아나운서이다. 반면에 영미의 학급 친구인 수희는 마치 글을 끌고 가는 것처럼 매우 느리고 머뭇거리며 읽는다. 결국에는 모든 단어를 정확하게 발음하기는 하지만 그녀의 읽기는 뚝뚝 끊어지고 단조로우며 자주 멈추곤 한다. 앞 문장이 다음 문장에 묻혀서 문장 간의 경계가 뚜렷하지 않다. 만약 글에 전달하려는 메시지가 있다면 그것이 무엇인지 알기 어려울 듯하다. 수희 자신도 그 메시지를 알기 어려울 듯하다. 최 교사는 수희가 모든 단어들을 정확하게 읽을 수 있다는 것을 알고 있기에, 그녀를 어떻게 더 지도해야 할지 확신이 서지 않는다. 그는 수희가 어쨌든 간에 읽을 줄 아는데 또 어떤 지도가 필요한지 의아하다.

아동에게 글을 유창하게 읽을 수 있도록 가르치는 것은 초등학교 교사의 중요한 수업 목표이다. 유창성과 그것에 관여하는 심리적 과정을 이해하는 것은 효과적인 수업을 계획하는 데 없어서는 안 될 요소이다. 우리는 4, 5장 내용의 대부분을 단일 단어(single word) 읽기에 관여하는 심리적 과정을 설명하는 데 할애했다. 읽기 유창성은 단일 단어를 읽는 능력을 넘어선다. 이번 장에서 우리는 좀 더 긴 글을 읽는 보다 전형적인 읽기에 초점을 맞출 것이다. 이번 장에서 다룰 구체적인 내용은 다음과 같다. (1) 글을 유창하게 읽는 데 관여하는 심리적 과정과 유창성을 구성하는 요소는 무엇인가? (2) 어떻게 좋은 유창성이 아동에게 글을 보다 잘 이해하도록 돕는가? (3) 유창성은 읽기 발달 단계의 어디에 해당하는가? (4) 유창성 발달을 촉진하는 효과적인 수업 방법은 무엇인가? 비록 우리가 음독 유창성(oral reading fluency)에 초점을 두고 있지만 음독 유창성에서 묵독 유창성(silent reading fluency)으로의 전이에 대해서도 논의할 것이다.

1. 음독 유창성이란 무엇인가

아동이 글을 소리 내어 잘 읽으면 유창한 것으로 간주된다. 그러나 엄밀하게 말하면, 읽기 과정을 구성하는 어떤 요소가 유창성의 개념에 포함되고, 어떤 요소가 능숙한 읽기의 또 다른 구성 요소가 되어야 하는지에 관하여 연구자 간에 일치된 견해는 없다. 그렇지만 좋은 정의를 갖는 것은 아동이 읽기의 특정한 기능에 어려움을 겪을 때, 바로 그 기능에 알맞은 바로 그 수업 전략을 처방할 수 있기 때문에 중요하다. [그림 6-1]은 여러 정의를 토대로 만들어진 읽기 유창성을 구성하는 핵심 요소들의 일부를 보여 주고 있다.

연구자들이 규정해 놓은 몇몇 정의는 대단히 포괄적이다. 예를 들어 메리언 울프(Maryanne Wolf)와 타미 카치르-코언(Tami Katzir-Cohen)의 정의에 따르면, "읽기 유창성은 읽기에 관여하는 모든 과정과 하위 기능을 포함한다. …… 유창성은 의미 처리와 같은 읽기를 구성하는 중요한 요소가 관여되지 않고도 수행될 수 있는 읽기 정확성과는 달리 읽기를 구성하는 모든 요소에 대한 빠른 처리 속도의 영향을 받는다."[1] 이 정의는 능숙한 읽기의 모든 측면을 포함하고 있어 지나치게 포괄적이다. 그러나 유창성의 핵심 요소인 빠른 처리를 강조하고 있는 점은 눈여겨볼 만하다.

다른 연구자는 유창성을 정확하고 자동적인 단어 재인에 관여되는 과정에만 초점을 맞추어 보다 제한적으로 정의한다.[2] 이 정의는 [그림 6-1]에서 읽기 유창성으로부터 단어 읽기의 정확성, 단어 읽기의 효율성 및 단어 읽기의 자동성으로 향하는 화살표로 표시된다. 그러나 이 정의는 매우 제한적이다. 왜냐하면 이 정의로만 보면 유창한 읽기는 앞 장에서 다루었던 능숙한 단어 읽기와 크게 다르지 않기 때문이다. 유창한 읽기는 능숙한 단어 읽기보다 훨씬 넓은 개념이다. 물론 단어를 능숙하게 재인하는 기능은 중요하며 읽기 유창성의 핵심 요소이다.

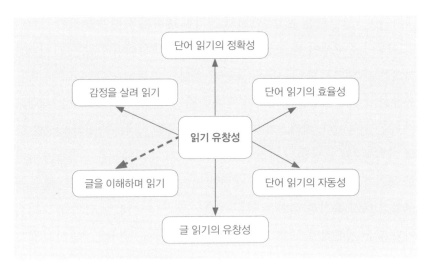

[그림 6-1] 유창한 읽기의 기저를 이루는 핵심 요소
(──▶: 대체로 연구자 간의 의견이 일치하는 요소, ┄┄▶: 연구자 간에 다소 이견이 있는 요소)

또 다른 정의는 읽기 유창성을 글을 해독하면서 동시에 이해하는 기능으로 규정한다.[3] 이것은 앞에서 언급했던 것과 같은 화살표로 표시되는데, 즉 읽기 유창성으로부터 단어 읽기의 정확성, 단어 읽기의 효율성 및 단어 읽기의 자동성으로 향하는 화살표로 표시된다. 이 정의는 능숙한 단어 읽기와 능숙한 독해(읽기 이해)를 연계하고 있다는 점에서 흥미롭다. 하지만 스콧 패리스(Scott Paris)는 읽기 유창성과 독해 간의 관련성에 대하여 통찰력 있는 의견을 내놓았다.[4]

패리스는 읽기에 관여되는 기능을 제한적(constrained) 기능, 일부 제한적(somewhat constrained) 기능, 그리고 비제한적(unconstrained) 기능으로 구별했다.[5] 낱자 지식, 음운 인식, 파닉스, 그리고 인쇄물에 대한 개념(concept of print)은 제한적 기능이다. 일단 아동이 해당 지식을 학습하면 그 지식을 가지고 있고, 더 이상의 많은 발전이 일어나지 않는다. 우리는 대부분의 아동이 이미 알고 있는 것을 가르치지는 않을 것이다. 음독 읽기 유창성은 일부 제한적 기능이다. 즉, 아동은 오랜 시간을 거쳐 유창한 독

자가 된다. 그렇지만 유창성에서의 진정한 변화는 학령기 초기에 일어나며 아동이 중학생이 될 즈음에는 커다란 변화가 일어나지 않는다. 이러한 사실은 잰 해즈브룩(Jan Hasbrouck)과 제럴드 틴들(Gerald Tindal)이 만든 유창성 규준(norm)[6]을 통해서 명백하게 알 수 있다. 반면에 독해는 제한되지 않는 기능이다. 패리스가 지적했듯이, 능숙한 독해는 개인의 일생을 통해 지속적으로 발달하는 과정(즉, 어휘, 배경지식, 추론 기능)을 포함하며 유창한 독자가 된 이후로도 아주 오랫동안 계속적으로 발전한다. 그럼에도 불구하고 대개 유창한 독자는 읽은 것을 이해한다. 이러한 점에서, 우리는 이와 같은 기본적인 사실을 우리의 정의에 어떻게 담아낼 것인지를 숙고해야 한다.

다른 연구자는 운율적(prosodic) 혹은 표현적(expressive) 읽기라 불리는 능숙한 음독에 관여되는 과정을 주장하면서 단어 재인과 자동성에 관해서는 강조하지 않는다.[7] 이 기능은 [그림 6-1]에서 읽기 유창성으로부터 감정을 살려 읽기로 향하는 화살표로 표시된다. 하지만 단어를 능숙하게 재인하지 못하면서 음독을 능숙하게 할 수 있는가? 그렇지만 아동이 글을 소리 내어 읽는 것을 들어 보면 단어를 능숙하게 읽을 수는 있지만 여전히 매우 유창하게 읽지 못하는 아동이 있다. 그럼에도 불구하고 유창한 독자가 글을 소리 내어 읽는 것을 들어 보면 대체로 감정을 잘 살리면서 글을 읽는다는 것을 알 수 있다. 표현적 읽기는 유창한 읽기의 핵심 요소가 되어야 한다.

쿤 외는 여러 정의를 토대로 읽기 유창성을 다음과 같이 정의하였다.[8]

유창성은 (단어 읽기의) 정확성, 자동성, 운율성을 포함하며, 이 모든 것은 독자의 의미 구성을 촉진한다. 유창성은 음독 동안 단어 재인의 쉬움, 적절한 속도, 떼어 읽기, 억양을 통해서 드러난다. 유창성은 음독과 묵독 모두에서 독해를 제한하거나 혹은 지원하는 요소이다.[9] (이탤릭체는 추가된 것이다.)

이 정의는 [그림 6-1]에서 읽기 유창성으로부터 단어 읽기의 정확성, 단어 읽기의 효율성, 단어 읽기의 자동성, 글 읽기의 유창성, 감정을 살려 읽기, 그리고 글을 이해하며 읽기로 향하는 화살표로 표시된다. 이 정의는 한편으로는 단어 재인 기능 간의 균형을 유지하면서도, 다른 한편으로는 유창성이 독해를 촉진한다는 생각을 포착하고 있다. 능숙한 음독 유창성은 독해의 토대가 된다. 확실히 글을 지속적으로 더듬거리면서 읽으면 이해하기 어렵다. 그렇지만 이 정의에서 유창성은 능숙한 독해를 보장하지는 않는다. 단지 독해를 도울 뿐이다. 또한 이 정의는 우리에게 유창한 읽기의 특징인 글을 정확하고, 자동적으로, 그리고 감정을 살려 읽는 것에 주의를 기울이도록 한다. 따라서 이 정의는 여러 정의로부터 온 많은 요소를 포함하고 있다. 다시 한번, 이 정의를 이루는 핵심 요소를 정리하면 정확성, 자동성, 그리고 운율성이다. 다음 절에서는 이러한 구성 요소가 어떻게 유창한 읽기를 형성시키는지에 대해 살펴볼 것이다.

1.1. 유창성과 정확성

읽기 맥락에서 **정확성**(accuracy)이란 단어를 올바르게 읽을 수 있는 것을 가리킨다. 이것은 4장에서 다루었던 기본적인 해독 기능이 습득된 이후에 성취되는 기능이다. 5장에서 기술했듯이, 아동은 읽기 유창성을 습득하는 과정 초기에도 까다로운 다음절이나 다형태소로 이루어진 단어 혹은 어렵거나 모호한 뜻을 지닌 단어에 대한 읽기를 학습하는 것처럼 여전히 해독 기능을 발달시킨다. 그들은 여전히 보다 수준 높은 해독 기능을 발달시키면서 다른 한편으로는 유창한 독자가 되는 길로 들어선다. 예를 들어 아동은 간단하고 읽기 쉽게 만들어진 책을 정확하고 유창하게 읽을 수 있다. 동시에 그들은 보다 수준 높은 단어를 해독하는 방법을 학습한다. 아마도 그들은 복합어나 문법적으로 복잡한 문장을 떠듬거리며 읽을 수도 있다. 하지만 그들이 완전히 유창하게 되었다고 말할 때에는 전문적이지 않은 책쯤은 정확하게 읽을 수 있어야 한다.

1.2. 유창성과 자동성

읽기 맥락에서 **자동성**(automaticity)이란 글을 읽는 데 관여되는 과정을 빠르면서도 노력을 들이지 않고 수행하는 것을 가리킨다. 자동성과 정확성은 어린 독자가 읽기를 연습하면서 동시에 발달한다. 속도와 정확성은 서로 관련되어 있는 듯하다. 속도가 수업의 구체적인 목표였든 아니었든 간에 관계없이, 사실상 수업에서 읽기 정확성을 강조하는 것은 읽기 속도 또한 증가시키는 효과를 갖는다.[10] 연습이 완벽함을 만든다는 속담처럼 연습이 읽기를 보다 자동적으로 만든다.

유창한 독자는 노력을 들이지 않고 글을 처리한다. 달리는 버스 옆면에 쓰인 글자나 집 이곳저곳에 붙어 있는 메모 혹은 '개 조심'과 같은 경고 문구를 읽을 수 있다. 연구자들[11]에 따르면 일단 아동이 해독 기능을 습득하면 노력을 들이지 않는 자동적인 읽기를 발달시키기 시작한다. 자동성은 독자로 하여금 주의를 글로 향하도록 이끈다.

이론적으로 글에 대한 자동적인 처리는 글 이해에 필요한 인지적 자원을 확장시키는 역할을 한다. 우리는 글을 읽으면서 작업기억 자원의 일부를 단어 해독에 사용하며, 다른 일부는 통사적 관계 처리에, 그리고 또 다른 일부는 글의 내용 이해에 사용한다. 능숙한 독자는 인지적 자원을 글자를 해독하는 데 더 이상 사용하지 않기 때문에 글의 내용을 처리하는 데 사용할 수 있는 더 많은 인지적 자원을 갖게 된다.

자동성은 읽기 과정의 여러 수준, 즉 어휘 수준, 구 수준, 심지어 문장 수준에서도 일어날 수 있다.[12] 4장과 5장에서 기술했듯이, 아동은 간단한 낱자-소리 대응과 같은 좀 더 작은 단위를 처리하면서 읽기 시작하며, 그런 다음에 음절이나 형태소와 같은 보다 큰 단위로 이동하고,[13] 결국에는 온전한 단어를 읽을 수 있게 된다. 해독 과정에서 이러한 단계의 소멸은 **결속화**라 불리는 자동성의 특성이다. 안타깝게도 해독을 위해 복합 낱자 (자모) 단위들을 변환하는 데 어려움을 겪는 아동은 나중에 음독 읽기 유창성에서 보다 더딘 발달을 보인다.[14]

빈번하게 반복되는 단어나 구는 자동성을 신장시키는 데 도움이 된다. 책을 소리 내어 읽으면서 어린 아동은 느리고 힘들게 단어마다 뚝뚝 끊어 읽다가 부드럽고 자연스러운 읽기로 옮겨 간다. 다시 말해서, 처음에는 읽는 소리가 뚝뚝 끊어지고, 애를 쓰며, 머뭇거린다. 기본적으로 아동은 단어 하나 혹은 단어 두 개를 묶어서 읽는다. 나중에 읽기는 머뭇거림 없이 애를 쓰지 않고 진행된다. 아마도 이러한 변화는 낮은 수준의 전이 가능한 정보에 대한 자동화된 처리뿐만 아니라 5장에서 언급했던 일반적인 문맥적 제약의 활용을 반영한다. 또한 이것은 문장 안에서 단어의 역할을 알아내는 데 중요한 글에 대한 통사적 표상을 빠르게 형성할 수 있는 능력도 반영한다.[15] 자동성은 아동이 보다 긴 문장과 매우 다양한 언어 형식으로 된 글을 접할 때 중요하다.

특정한 책을 읽는 데 있어서의 자동성 신장은 연습을 통하여 아주 빠르게 일어나지만, 결국 수확 체감의 현상(diminishing returns)*이 나타난다. 이러한 과정은 소위 말하는 학습의 **멱 법칙**(power law of learning)[16]을 반영하는데, 이 멱 법칙의 증거는 장기간 동안 진행된 연습에서의 누적적 효과로 확인할 수 있다. 예를 들어 해즈브룩과 틴들의 학년 말 유창성 규준

....
* 투입한 노력에 비해 성과가 상대적으로 증가하지 않는다는 것으로 일정 수준에 도달하면 성장이 정체됨을 의미한다.

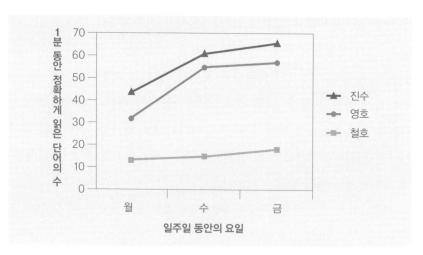

[그림 6-2] 일주일 동안 매일 같은 단락을 연습한 아동 세 명의 성장 그래프

에 따르면, 아동은 1~3학년 기간 읽기 속도의 관점에서 평균적으로 1분에 54개의 단어를 정확하게 읽을 만큼 성장한다.[17] 3~5학년 기간에는 32개의 단어를 더 정확하게 읽을 만큼 성장한다. 그러나 6학년부터 8학년 기간에는 단지 한 개의 단어를 더 읽을 수 있는 성장을 나타낸다. 앞에서 언급했듯이 중학생쯤 되면 대부분의 학생들은 꽤 유창해진다.

아울러 우리는 단기간 동안의 연습 효과를 뒷받침하는 멱 법칙의 원리도 이해할 수 있다. [그림 6-2]에 나타나듯이, 일주일 동안 하루에 한두 차례 학년 수준에 맞는 글을 읽은 세 명의 2학년 아동의 읽기 속도를 알 수 있다. 철호와 같은 아동은 충분한 해독 능력을 갖고 있지 않아서 어려운 글을 가지고 하는 연습에서 이득을 얻기 어렵다. 이러한 아동은 기초적인 해독 연습이 필요하다. 보다 긴 글에서는 어려움을 느낀다. 그러나 영호와 진수 같은 아동에게는 멱 법칙의 원리가 적용됨을 알 수 있다. 이 그림은 주 초반에는 영호와 진수가 새로운 글을 천천히 읽다가 중반 이후의 연습에서는 연습 효과가 감소함을 보여 준다. 이것은 기능 연습에서 볼 수 있는 전형적인 형태인데 가장 큰 효과는 초기에 발생하며, 그 후로는 효과가 감소한다.

전형적으로 교실에서 유창성의 자동성 평가는 아동에게 연령 수준에 알맞은 책이나 검사를 위해 특별히 선택한 글을 주고 1분 동안 소리 내어 읽게 하는 것으로 시작한다. 그런 다음 교사는 아동이 1분 동안 정확하게 읽은 단어 수(WCPM, Words Correct Per Minute)를 계산한다. 즉, 교사는 아동이 1분 동안 읽은 단어 수에서 잘못 읽거나 빠뜨리거나 혹은 거꾸로 읽은 단어나 읽지 않고 그냥 넘어간 행과 같은 실수 개수를 뺀다. 이 절차에서 알 수 있듯이, 자동성 평가는 읽기 유창성의 지표로서 속도와 정확성을 한데 섞어 평가한다. 1분 동안 정확하게 읽은 단어 수는 아동을 비교하기 위해 사용된다. 아동의 읽기 성장을 평가하는 데 현재 널리 활용되고 있는 초기 기초 문식성 기능 검사도구, 즉 디벨스(DIBELS, Dynamic Indicators of Basic Early Literacy Skills), 특히 디벨스 음독 유창성(DORF, DIBELS Oral Reading Fluency)이나[18] 에임스웹[AIMSweb, 특히 하위 검사인 읽기 교육과정 기반 평가(R-CBM, Reading-Curriculum-Based Measurement)][19]과 같은 검사도구도 읽기 유창성의 지표로서 1분 동안 정확하게 읽은 단어 수를 사용한다. 자동성은 가장 빈번하게 측정되는 읽기 유창성의 요소이다. 그렇지만 자동성은 유창성의 일부로만 간주되어야 한다. 왜냐하면 자동성에는 읽기 운율성이 빠져 있기 때문이다.

1.3. 유창성과 읽기 운율성

읽기 운율성(reading prosody) 혹은 읽기 억양(reading intonation)으로도 불리는 좋은 표현(good expression)을 살리면서 소리 내어 읽는 것은 유창한 읽기를 나타내는 중요한 지표이다.[20] 읽기 운율성은 독자가 글을 소리 내어 읽을 때 사용하는 말의 운율적 요소를 가리킨다. 운율성은 언어의 음악으로 불려 왔고,[21] 음악에서 볼 수 있는 언어의 선율적, 구절적, 박자적 측면을 말한다. 사실상 운율성은 뇌의 신경학적 요소와도 관련되는데, 특별히 운율적인 말과 멜로디가 비교될 때 활성화되는 뇌의 좌측 일차 청각 피질과 우측 전전두엽 피질의 활성화와 관련된다.[22] 현재까지 유창한 독자는 글을 읽을 때 대부분의 운율적 요소를 사용하는 것으로 알려져 왔다.

일반적으로 운율성은 유창한 읽기에 중요한 많은 심리언어학적 기능을 수행한다. 글을 읽을 때, 구나 문장의 경계 지점에서 멈추거나 구나 문장의 경계 지점까지 늘려 읽는 것에서 볼 수 있듯이 운율성은 말의 자연스러운 분절을 반영한다. 운율성은 글이나 말을 통사적으로 의미 있는 구로 분할한다.[23] 운율성은 작업기억 내에 정보를 유지하도록 돕기 때문에 그것에 대한 의미 분석을 돕는다.[24] 좋은 읽기 운율성은 감정적인 해석이나 중요한 정보를 강조하게 함으로써 독해를 도울 수 있다.[25] 또한 이것은 화제 전환이나 문단의 시작 및 끝과 관련된 담화 정보를 수반한다.[26] 사실상, 읽기 운율성은 정확하고 자동적인 단어 읽기 기능에 더하여 독해를 설명하는 특별한 예언 요소이다.[27]

읽기 운율성은 음성의 많은 특성, 예를 들면 음의 높이(전통적으로 기본적인 주파수, F_0)에서의 변화, 독자가 특정한 단어나 구에 싣는 강세(stress)와 강도(intensity), 읽기의 흐름이나 리듬을 방해하거나 기여하는 숨 고르기(숨 멈춤) 등에 의해 결정된다. 유창한 읽기의 이러한 측면은 음성 스펙트로그램(speech spectrogram), 즉 시간의 흐름에 따라 음성의 다양한 측면을 시각적으로 보여 주는 장치를 통해 관찰할 수 있다. [그림 6-3]~[그림 6-5]는 유창한 독자가 학년 수준에 알맞은 글을 소리 내어 읽은 것을 음성 스펙트로그램으로 분석한 것이다. 그림에서 가로축은 시간의 흐름에 따른 소리의 변화 상태를 나타내며, 그래프의 검은 부분은 음절이나 단어를 발음할 때의 강도를 나타낸다. 아랫부분은 음의 높이 변화를 기본 주파수로 나타낸 것인데 소리 내어 읽을 때 독자의 억양을 표시한 것이다.

유창한 아동은 글을 읽을 때 음의 높이에서 다양한 변화를 보인다. 다

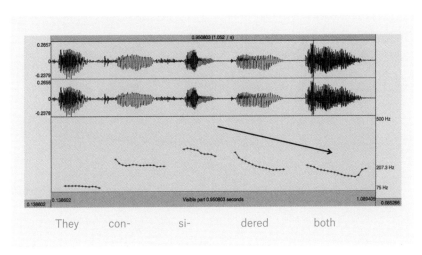

They   con-   si-   dered   both

[그림 6-3] 유창한 3학년 독자가 평서문을 읽는 소리를 분석한 음성 스펙트로그램

시 말해, 아동은 단조로운 방식으로 읽지 않는다.[28] 유창한 독자는 유창하지 않은 독자보다 평서문의 끝을 현저하게 낮은 억양으로 읽는다. 평서문은 간단한 진술을 나타낸 문장을 말하는데 'They considered both'와 같은 문장을 말한다. [그림 6-3]은 유창한 3학년 독자가 이 문장을 읽은 것을 분석한 것인데, 미국 영어를 사용하는 유창한 독자는 '-dered'와 'both' 사이에서 현저하게 음을 떨어뜨린다. 덜 유창한 독자도 문장의 끝에서는 음을 떨어뜨리지만 그림에 나타난 정도까지는 아니며 상대적으로 평탄하다.

유창한 독자가 의문문을 읽을 때에는 명확하게 음이 높아지는 경향을 보인다.[29] 의문문은 '예' 혹은 '아니요'로 답할 수 있는 문장을 말하는데, 'Would you like to see my garden?'과 같은 문장을 말한다. [그림 6-4]에서 보이듯이, 이 문장을 읽는 유창한 독자는 'my gar-'와 '-den' 사이에서 음을 높인다. 덜 유창한 독자는 전혀 의문문의 특성을 살리지 못할 정도로 평탄하고 단조롭게 읽는다.

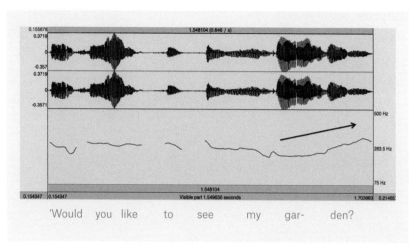

'Would you like to see my gar- den?

[그림 6-4] 유창한 3학년 독자가 의문문을 읽는 소리를 분석한 음성 스펙트로그램

    유창한 아동은 글을 소리 내어 읽는 동안 문장 내의 문법적인 연결 지점에서 숨을 고른다.[30] 덜 유창한 독자는 빈번하게 숨을 고르며, 이것이 읽기를 머뭇거리고 가다 서다 하게 만든다. 일반적으로 아동이 해독하기 어려워하는 단어 앞에서, 단어 내에서, 혹은 단어 다음에 멈추거나 머뭇거린다는 점을 고려하면 숨 고르기의 문제는 해독 문제와 관련이 있는 것처럼 보인다.[31] 음성 스펙트로그램에서 윗부분의 평평한 선은 숨 고르기를 한 상태를 나타낸다.

    또한 유창한 독자는 단어 내의 특정한 음절과 문장 내의 특정한 단어를 강하게 읽는다.[32] 그는 글을 읽으면서 문장의 중요한 내용에 주의를 기울이기 위하여 단어나 구절을 강조하게 되는데, 이것은 언어적 초점(linguistic focus)이라 불리는 특성이다. 다음 문장을 살펴보자. John held up two flowers, a blue one and a yellow one. He held out one and said, "Here, take this one." 여기에서 'this one'은 강한 억양과 같은 일종의 운율적 표지를 받아야 한다. [그림 6-5]의 아랫부분처럼 유창한 독자의 읽기는 이러한 형태의 언어적 초점이 나타난다. 'this'라는 단어에서 억양

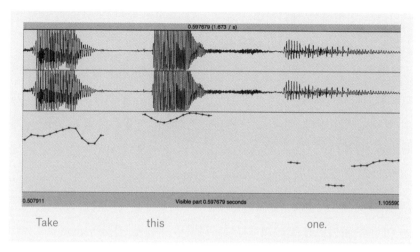

[그림 6-5] 유창한 3학년 독자가 억양 변화를 통하여 언어적 초점을 나타낸 사례

이 높아지고 강세가 나타나고 'one'을 읽을 때에는 억양이 급격히 낮아진다. 슈와넨플루겔, 매튜 웨스트모얼랜드(Matthew Westmoreland) 및 리베카 벤저민(Rebekah Benjamin)에 따르면 유창한 3학년 아동은 보다 크고 높은 음으로 언어적 초점이 맞추어진 글의 요소에 운율적 표지를 부여한다.[33]

아동이 정확하고 자동적인 단어 해독 능력을 신장시키면서 읽기는 자연스러운 말에서 발견되는 운율적인 특성을 많이 포함하기 시작한다.[34] 그리고 그의 운율성은 성인의 운율성과 점점 유사해진다.[35] 전반적으로 억양은 덜 단조로워지고 더 많은 변화를 보인다. 숨 고르기는 점점 더 글의 구조와 일치되어 간다. 반면에 유창하지 않은 읽기는 종종 단조롭고 머뭇거림으로 인해 저자의 의도를 드러내는 데 실패한다.

교실 평가 상황에서 유창한 읽기의 운율적 측면은 음성 스펙트로그램 분석보다는 읽기 유창성 검사도구를 통하여 평가된다. 유창한 독자와 덜 유창한 독자를 구별하기 위한 목적으로 개발된 다수의 읽기 유창성 검사도구가 있다. 중요한 것은, 교사가 아동의 운율성을 강조하여 평가하든 빨리 읽는 것을 강조하여 평가하든 간에 검사도구가 산출하는 결과는 유사하다는 것이다.[36] 왜냐하면 기본적으로 유창하게 읽는 아동은 빠르고, 정확하고, 운율적으로 읽기 때문이다.

유창한 읽기의 운율성을 평가하는 요소의 개수는 검사도구에 따라 다르다. 평가 요소가 한 개인 검사도구가 있고, 두 개인 검사도구와 네 개인 검사도구가 있다. 미국 교육성취도평가에서 사용하는 음독 유창성 척도(ORFC, Oral Reading Fluency Scales)[37]는 운율성을 평가하는 요소로 띄어 읽기(Phrasing)만을 사용한다. 반면에 종합 음독 유창성 검사(CORFS, Comprehensive Oral Reading Fluency Scales)[38]는 운율성을 평가하는 요소로 적절한 억양과 자연스러운 띄어 읽기를, 다차원 유창성 검사(Multidimensional Fluency Scales)[39]는 표현(Expression)과 성량(Volume), 띄어 읽기(Phrasing), 매끄러움(Smoothness), 속도(Pace)와 같은 네 개의 평가 요소를 사용한다. 미국 교육성취도평가의 음독 읽기 유창성 척도와 다차원 유창성 검사는 유창성의 운율적 측면만을 평가하기 위해서 개발된 검사이다. 하지만 종합 음독 유창성 검사는 전반적인 읽기 유창성 점수를 산출하기 위하여 1분 동안 정확하게 읽은 단어 수를 함께 평가한다. 이러한 점에서, 종합 음독 유창성 읽기 검사는 우리가 앞서 제시한 읽기 유창성의 정의와 잘 부합한다. 다음에서 볼 수 있듯이, 종합 음독 유창성 읽기 검사를 구성하는 하위 검사의 총합 점수에는 우리가 앞에서 설명한 유창한 읽기와 유창하지 않은 읽기의 다양한 특성이 포함되어 있다.

□ 종합 음독 유창성 검사(CORFS)

다음은 종합 음독 유창성 검사의 일부이다.[40]

■ 억양 하위 검사

• 4수준(유창함): 글을 읽는 동안 뚜렷하게 음의 높이를 변화시키면서 글의 내용을 전달함. 적절하고 일관되게 문장의 끝에서 음의 높이를 변화시킴. 한두 번 정도는 그러지 않을 수도 있음.

- 1수준(유창하지 않음): 글을 읽는 동안 단조롭고 부자연스러운 억양을 사용함. 몇 번을 제외하면 문장의 경계에서 음의 높이 변화가 거의 없음.
- ■ 자연스러운 띄워 읽기 하위 검사
  - 4수준(유창함): 의미 단위에 따라 띄워 읽기가 이루어짐. 문장 사이에서 짧지만 자연스러운 숨 고르기가 일어남. 예상치 않은 숨 고르기는 평균 한 문장 1회 미만임.
  - 1수준(유창하지 않음): 뚝뚝 끊어지고, 애를 많이 쓰고, 숨 고르기를 많이 하면서 글을 읽음. 기본적으로 한두 단어마다 띄어 읽음.

부실한 음독 운율성은 어린 아동부터 어른에 이르기까지 부진 독자에게 문제로 남아 있다.[41] 따라서 유창성 평가를 통해서 아동이 읽기 유창성의 어떤 측면(자동성 혹은 운율성)에서 어려움을 겪는지를 확인하는 것은 중요하다. 그래야 효과적인 지도가 가능해진다.

2. 유창성과 독해의 관계

앞에서 설명했듯이, 읽기 유창성의 핵심 측면은 독해에 도움을 준다는 데 있다. 읽기 유창성과 독해는 관련성이 높다. 유창하게 잘 읽는 아동은 글을 잘 이해하는 반면에, 유창하게 잘 읽지 못하는 아동은 글을 이해하는 데 어려움을 겪는다. 아동의 유창성이 발달하는 기간에는 대체로 유창성과 독해 간에 .50~.85 정도의 상관관계가 있다. 또한 1분당 정확하게 읽은 단어의 수와 읽기 운율성 점수가 모두 포함될 때에는 양자의 상관관계가 이 범위의 높은 쪽으로 향한다.[42] 음독 유창성에서 학생의 성장 속도, 즉 1분당 정확하게 읽은 단어 수의 성장 속도는 차후 그들의 독해 능력을 예언하는 데 도움이 된다.[43] 이러한 발견은 중요한데, 왜냐하면 괜찮은 속도로 읽지만 운율을 살려 읽지 못하는 아동은 글을 잘 이해하지 못하는 경향이 있기 때문이다.

대부분의 아동이 보다 유창해짐에 따라 이러한 상관관계는 초등학교가 끝나가는 시점, 즉 내용 이해에 더 많은 노력을 기울여야 하는 책을 읽는 시점에 가서는 약화된다.[44] 그러나 상관관계가 낮아짐에도 불구하고 유창하게 읽지 못하는 것은 여전히 일부 청소년 부진 독자에게는 독해를 방해하는 장애물로 남는다.[45]

2.1. 단어 호명자와 독해

단어 호명자(word caller)는 능숙한 읽기 유창성을 보이지만 상대적으로 독해가 부진한 아동을 가리키는 용어이다. 이러한 아동은 글을 소리 내어 잘 읽기는 하지만 방금 읽은 글의 내용을 요약하거나 질문에 답하는 데 어려움을 보인다. 이것은 아동이 빠르고 정확하고 운율을 살리면서 읽을 수는 있지만 여전히 읽고 있는 글에서 많은 것을 이해하지 못할 수도 있음을 나타낸다. 교사는 이 문제가 많은 학생에게 만연해 있다고 믿고 있다. 한 연구에 따르면, 교사는 가르치고 있는 학생의 4분의 1을 단어 호명자로 지명했다.[46] 그런데 유창성이 독해의 토대라고 한다면 어떻게 그렇게 많은 단어 호명자가 있을 수 있단 말인가?

실제 단어 호명자의 수는 앞의 연구[47]에서 교사가 단어 호명자라고 지명했던 독자의 수보다 훨씬 적을 수 있다. 진짜 단어 호명자는 최소한 유창성 수준은 평균이면서 실제로 읽기 수준은 평균 이하여야 한다. 엘리자베스 메이싱어(Elizabeth Meisinger), 바버라 브래들리(Barbara Bradley), 슈와넨플루겔 및 쿤[48] 그리고 차드 해밀턴(Chad Hamilton)과 마크 쉰(Mark Shinn)[49]은 만약 있다면 초등학교 저학년 학생의 극히 일부만이 여기에 해당한다는 것을 발견했다.

그러나 단어 호명자가 흔하다는 결과를 발표한 연구도 많다. 매튜 퀴크(Matthew Quirk)와 소피 빔(Sofie Beem)은 제2 언어로 영어를 학습하는 학생 중에서 단어 호명자를 많이 확인할 수 있었다.[50] 그런데 독해를 잘하지 못하는 것이 유창성 자체가 아니라 어휘 지식(vocabulary knowledge)이나 문화적 지식의 문제라고 한다면 이러한 아동이 종종 단어 호명자로 불리는 것은 이해가 된다. 영어 학습자(ELL, English language learner)는 교실에서 읽도록 요구받는 글을 이해하는 데 필요한 어휘 지식이나 문화적 지식을 가지고 있지 않을 수도 있다. 더 나아가 메이싱어 외는 진짜 단어 호명자의 수가 초등학생 고학년의 경우에는 10%까지 증가한다는 사실을 발견했다.[51] 우리는 단어 호명자의 수가 중학교까지 계속해서 증가할 것이라고 생각하지 않는다. 만약 증가한다면 그것은 고학년 학생이나 청소년이 학교 안팎에서 요구하는 복잡한 글을 읽을 때에는 주제에 대한 지식이나 어휘 지식 혹은 추론 능력과 같은 다른 요소가 좀 더 중요하기 때문일 것이다.

2.2. 유창성과 독해 간 영향의 방향성

우리는 읽기 유창성을 독해를 위한 토대 요소로 설명했다. 그렇다면 이 진술이 의미하는 것은 정확히 무엇일까? 이것은 독해를 위한 유창성의 역할은 상향적 처리 과정 혹은 자료 기반 처리 과정으로서 독해를 돕는다는 것을 의미한다. 다시 말해서, 좋은 유창성은 독자에게 빠르고 정확하고 자동적인 해독을 가능하게 할 뿐만 아니라 좋은 운율성을 통하여 글을 유의미한 방식으로 분할하게 하여 좋은 독해를 할 수 있는 토대로 작용한다. 이러한 까닭으로 음독 유창성 평가는 미국 읽기 성취도 평가에서 아동의 성취를 예언하는 데 유용하게 사용된다.[52] 교사는 유창성 평가를 토대로 어떤 학생에게 연말에 시행되는 미국 읽기 성취도 평가를 통과하기 위하여 특별한 지도를 제공해야 하는지를 가늠할 수 있다. 따라서 유창성은 독해(읽기 이해) 능력의 건강 상태를 살피는 일종의 체온계이다. 하지만 이것은 유창성이 상향적 처리 과정 혹은 자료 기반 처리 과정으로 기능한다면 그렇다는 것이다.

그렇지만 유창성과 독해의 관계는 위에서 설명했던 것과 달리 일방향적이지 않을 수 있다. 어떤 연구자[53]는 양자의 관계가 쌍방향, 즉 상향적이면서도 하향적이라고 주장한다. 다시 말해서, 독자의 배경지식이 만드는 예측이 유창한 읽기의 상향적 과정에 더하여 읽기에 도움을 줄 수 있다는 것이다.

이전 장에서 다루었던 맥락의 역할을 다시 생각해 보면, 어떻게 이러한 하향식 처리 과정이 상호적인 효과를 만들 수 있는지를 이해할 수 있다. 맥락은 독자에게 글이 제공하는 맥락적 제약을 통하여 예측을 형성하게 함으로써 입력되는 단어에 대한 재인을 돕는다. 또한 단어 재인은 순차적인 전이 가능성에 대한 독자의 지식으로부터 도움을 받을 수도 있다. 즉, 문장 내에서 어떤 단어가 서로 뒤따를 것인가를 아는 것은 입력되는 단어를 예측하여 빠르게 확인할 수 있도록 돕는다. 물론 일반적인 어휘 점화 작용을 통하여 도움을 받을 수도 있다. 그러므로 읽고 있는 글을 잘 이해하는 것은 글을 읽는 데 관여되는 속도, 정확성 및 운율성에 영향을 준다.

그렇지만 읽기 유창성에 대한 독해의 상호작용 효과를 뒷받침하는 증거를 확보하는 것은 쉽지 않다. 아마도 이러한 상호적인 효과가 있는지를 규명하는 가장 좋은 방법은 종단 연구를 사용하는 것이다. 이러한 실험 설계를 통하여, 연구자는 한 영역에서의 변화가 나중에 다른 영역에서의 변화에 영향을 주었는지를 알 수 있는 여러 시점에서 읽기 유창성과 독해 능력을 측정한다. 예를 들어 어떤 아동의 독해 능력이 특정한 시점에서 특별히 좋다면 이전 시점에서의 유창성이 통제되었을 때, 다음번 시점에서의 유창성은 높아져야 한다. 유사하게 어떤 아동의 유창성이 특정한 시점에서 특별히 좋다면 이전 시점에서의 독해 능력이 통제되었을 때, 다음번 시점에서의 독해 능력은 높아져야 한다.

수전 클라우다(Susan Klauda)와 존 거스리(John Guthrie)는 초등학교 5학년 학생에게서 유창성과 독해 간에 약한 정도의 상호성을 발견했다.[54] 하지만 스테퍼니 라이(Stephanie Lai), 벤저민, 슈와넨플루겔 및 쿤은 이러한 상호성을 초등학교 2학년 학생에게서는 발견하지 못했다.[55] 안타깝게도 현재의 연구로는 양자의 상호성과 관련된 명확한 결론을 내리기 어렵다.

세라 프라이브(Sarah Priebe) 외는 만약 독해 능력이 유창성을 신장시켰다면 그것은 주로 상당한 정도의 배경지식을 가진 글에 대한 유창성이었을 것이라고 전제하면서, 양자의 상호성에 문제를 제기했다.[56] 좋은 배경지식을 지닌 아동은 단어에 대해서도 친숙하며, 이것이 어려운 단어를 해독하는 데 도움을 줄 수 있다. 그들은 글의 구성, 단어 및 전이 가능성에 대해 보다 많은 지식을 가지고 있고, 이것이 잠재적으로 점화 작용을 일으켰을 것이다. 다시 이것은 단어를 보다 빠르게 읽을 수 있도록 도왔을 것이다. 또한 그들은 맥락을 통해서도 보다 세부적인 예측을 할 수 있었을 것이다. 이러한 모든 과정이 글을 보다 유창하게 읽는 데 도움을 주었을 것이다.

이러한 가설을 검증하기 위하여 프라이브 외[57]는 유창성, 독해 능력, 그리고 어휘 능력에서는 비슷하지만 글에 대한 배경지식이 다른 아동을 선발했다. 그런 다음 그들에게 배경지식이 있거나 없는 글을 읽게 했다. 예를 들어 어떤 아동은 공룡에 대해 배경지식이 많았는데 공룡에 관한 글을 소리 내어 읽게 하고 관찰했다. 그런 다음 공룡에 대한 글을 읽은 아동과 뱀에 관하여 배경지식이 많은 아동을 비교했다. 연구자들은 일반적으로 해독 능력이 부족한 아동에게서만 배경지식이 있는 것이 유창성과 독해를 의미 있게 신장시켰음을 발견했다. 이러한 아동이 부족한 해독 능력을 만회하기 위하여 배경지식을 활용한다는 관점은 아마도 적절한 예측일 듯하다. 독해 능력이 유창성을 돕는 것은 좋은 배경지식을 가진 부진한 독자에게도 해당될 듯하다.

3. 읽기 발달 과정에서의 유창성

읽기 발달과 관련된 가장 정교한 모형은 진 찰(Jeanne Chall)의 읽기 발달 모형(stage model of reading)이다.[58] 이 모형은 일정 정도 이 책의 구성 측면에도 영향을 주었다. 이 모형에서 유창성은 읽기 발달의 세 번째 단계에서 핵심적으로 발달해야 하는 과업이다. 3장에서 설명했듯이 이 시점쯤 아동은 발생적 문식 능력을 소유한다(찰 모형의 0단계). 4장에서 설명했듯이 그들은 음소와 간단한 낱자를 대응시키는 방법을 알 뿐만 아니라 낱자를 조합하여 간단한 단어를 해독할 수 있다(찰 모형의 1단계). 아동은 이러한 능력을 습득한 이후에 유창성을 발달시키기 시작한다(찰 모형의 2단계).

찰에 따르면 일단 아동이 어느 정도 유창하게 글을 읽을 수 있으면 보다 자유로워진 인지적 자원을 글을 이해하는 데 사용하기 시작한다. 읽기는 더 이상 글에 들어 있는 단어를 식별하는 과업과 관련된 기초적인 인출 과정에 방해를 받지 않는다. 이들의 유창성은 강화되어 왔고 자동화된 것이다. 찰은 처음 3단계와 나머지 단계의 구분을 '읽기를 학습하는 것'으로부터 '아동의 언어나 세상 지식을 넘어서는 새로운 어휘나 내용이 담긴 글을 학습하기 위한 도구로서 읽기를 하는 것'으로의 이행으로 설명했다.[59] 더 간단히 말하면, 이것은 읽기 학습(learning to read)과 학습 읽기(reading to learn)의 구분이다.

그런데 이러한 구분은 고정 불변의 읽기 발달 단계를 주장하는 촬의 발달 관점을 받아들이지 않는 사람들로부터 비판받았다. 이 구분은 세 가지 측면에서 논쟁이 있었다. 첫째, 촬은 아동이 유창하게 읽는 능력을 습득한 이후에 나이가 들면서 읽기 능력 구조가 질적으로 변화한다고 보았다는 것이다. 또한 촬은 아동이 유창한 독자가 될 때까지 초기 읽기 수업에서는 독해를 강조하지 말아야 한다고 권고했다는 것이다. 그러나 촬의 발달 이론을 옹호하는 사람들은 그녀가 그러한 의도로 말한 것은 아니라고 주장한다. 안타깝게도 촬이 1999년에 사망했기 때문에 우리는 촬의 주장을 그녀의 연구물을 토대로 말할 수밖에 없고, 여기에서 양쪽 관점 모두를 살펴보는 것은 가치가 있다고 생각한다.

읽기 능력의 구조가 유창성 발달 단계와 이후의 읽기 발달 단계 사이에서 현저하게 변화한다는 어떤 실질적인 증거가 있는가? 어떤 아동에게 이전에는 명백하게 나타나지 않던 읽기 문제를 갑자기 초래하는 늦게 발생한 읽기 과정(late-emerging reading process)이 정말로 실재하는가? 사실상, 촬과 비키 제이콥스(Vicki Jacobs)가 읽기 능력에서의 4학년 슬럼프(fourth-grade slump) 현상을 설명했을 때 이러한 가능성을 암시했던 것이다.[60] 이 문제를 다루기 위하여 연구자는 어린 아동과 나이 있는 아동의 읽기 능력에 영향을 주는 요인에 대해 연구했다. 예를 들어 니콜 할랄(Nicole Harlaar), 필립 데일(Philip Dale) 및 로버트 플로민(Robert Plomin)은 어린 아동과 나이 있는 아동의 읽기에 미치는 유전적인 영향을 연구했다.[61] 유전은 최소한 어느 정도까지 왜 아동이 읽기 능력이 다른가를 설명한다. 이러한 요인으로부터의 영향은 쌍둥이를 그들의 형제자매와 비교함으로써 확인된다. 만약 아동이 나이가 들면서 읽기 능력에 변화가 있다면 어떤 특정한 단계가 다른 단계보다 더 큰 유전적 영향을 받을 것으로 예상할 수 있다. 하지만 이와는 달리 연구자들은 읽기 능력에서 상당한 정도의 유전적 안정성을 발견했다. 이러한 안정성은 실제로 읽기 능력이 발달적으로 변화하지 않는다는 것을 시사한다.

더 나아가 늦게 발생한 읽기 장애(late-emerging reading disability)를 보이는 소규모의 아동이 있다. 이들은 읽기 기능을 잘 습득할 것처럼 보이다가 갑자기 4학년 무렵에 벽에 부딪히는 독자이다. 이러한 독자의 존재는 읽기 능력의 구조가 발달적 변화의 영향을 받을 수 있다는 것을 시사한다. 도널드 콤프턴(Donald Compton) 더글러스 푹스(Douglas Fuchs), 린 푹스(Lynn Fuchs), 에이미 엘러맨(Amy Elleman) 및 제니퍼 길버트(Jennifer Gilbert)는 여러 학년 많은 아동의 읽기 능력을 추적했고, 이들 가운데 약 3%가 늦게 발생한 읽기 장애에 해당된다는 것을 발견했다.[62] 그러나 연구자가 4학년 학생의 읽기 능력을 보다 면밀하게 조사했을 때 그들의 읽기 문제가 갑자기 4학년 때 발생하지 않았다는 사실을 알게 되었다. 이들은 청해(듣기 이해)에 문제가 있었을 뿐만 아니라 유창성 발달이 더뎠고, 이러한 문제는 1학년 시기만큼 이른 시기에 발생했다. 비록 청해와 읽기 유창성은 4학년 무렵 중요해지지만 4학년에게는 새로운 문식 기능이 아니다.

다른 연구자는 4학년 슬럼프 현상의 원인을 아동이 읽어야 하는 글에서 찾는다.[63] 나이가 들면서 아동이 읽어야 하는 글은 보다 어려워지고 이야기보다는 설명적인 글이 많아진다. 4학년 무렵에는 복잡한 설명적인 글을 읽으므로 독해 문제가 보다 뚜렷해지고, 일부는 어려움을 겪는다. 그래서 읽기 기능의 구조가 4학년 때 변화하는가? 아니다. 그보다는 아마도 독해에 대한 요구가 변화했다고 봐야 할 것이다.

우리가 생각하기에 의심할 여지가 있기는 하지만, 촬의 발달 이론과 관련된 두 번째 비판은 촬이 아동이 유창한 독자가 될 때까지는 저학년 읽기 수업에서 교사가 독해 지도를 하지 않는 것을 옹호했다는 것이다.[64] 이와는 달리, 아마도 그녀는 독해에 도움이 될 만큼 아동이 유창하게 읽게 되면 해독을 강조하는 수업에서 벗어나야 한다고 주장했을 것이다. 후자가 사실이라면 해독으로부터 수업의 초점을 이동하는 것은 읽기 기능을 발달시키는 데 유익할 것이다. 최근에 수전 소넨샤인(Susan Sonnenschein), 로라 스테이플턴(Laura Stapleton) 및 에이미 벤슨(Amy Benson)은 읽기 기능의 발달에 초점을 둔 수업의 효과를 밝히는 연구를 수행했다.[65] 이 연구는 대부분의 아동이 해독 능력을 습득한 이후에 해독에 초점을 둔 지도는 읽기 능력 발달에 해롭다는 결과를 내놓았다. 더 나아가 유창성 지도는 독해를 강조하는 것과 서로 배타적이어서는 안 된다. 캐서린 도허티 스탈(Katherine Dougherty Stahl)은 유창성에 수업의 초점을 유지하면서도 어떻게 양자가 통합될 수 있는지를 설명했다.[66]

촬의 발달 이론에 대한 세 번째 비판은 아마도 정곡을 찌른 것 같은데, 촬은 읽기 학습의 초기 단계 수업에 친숙한 배경과 내용의 글이 사용되어야 한다고 제안했다는 것이다. 확실히 미국의 공통 핵심 성취기준은 설명적인 글을 강조하면서 일찍부터 아동에게 읽기는 새로운 지식을 학습하기 위한 수단이라는 점을 안내하고 있다. 만약 친숙하고 쉬운 글을 강조하는 촬의 생각이 옳다면 아동의 읽기 발달은 엄청난 실패를 겪게 될 수 있다. 어떤 연구에 따르면,[67] 기본적인 수준에서 4학년 학생은 독해에 부정적인 영향을 주지 않으면서 이야기를 읽을 때처럼 유창하게 설명적인 글을 읽을 수 있다. 유창성 연습을 위하여 친숙하지 않은 내용의 글을 수업에서 사용하는 것이 유창성 발달에 문제를 야기한다는 증거는 없다. 실제로 빠른 읽기(Quick Reads) 프로그램[68]과 같이 초등학생의 읽기 유창성에 초점을 둔 효과적인 프로그램은 설명적인 글을 기반으로 하고 있다.

4. 묵독으로의 전이

이 장을 시작하면서 언급했듯이, 우리가 읽기 유창성에 관해 말할 때 그것은 일반적으로 음독 유창성을 의미한다. 넓게 보면 음독 유창성은 묵독 유창성으로 가는 전이 단계이다. 우리가 관찰한 바에 따르면, 일단 아동이 진정으로 유창해지면 소리 내어 읽기에 흥미가 떨어지고 묵독을 선호하게 된다. 그렇지만 앞에서 설명했듯이 음독 유창성을 강조하는 단계는 중요한 의미를 가지고 있다.

음독 유창성을 강조하는 단계가 갖는 중요한 의미는 미국 독서위원회가 묵독과 관련하여 보고한 놀랄 만한 연구 결과에서 드러났다.[69] 이 위원회는 읽기 유창성과 관련된 교실 수업을 탐구하는 연구의 일환으로, 초등학생이 습득해야 하는 최고의 읽기 기능인 지속적 묵독(sustained silent reading)을 포함했던 수업들에 대한 실험 연구를 재검토하였다. **지속적 묵독**은 학생에게 여가를 위한 목적으로 수업 시간에 자신이 선택한 책을 10~20분 동안 읽을 수 있는 기회를 주는 독서 활동을 말한다. 이것의 목적은 여러 가지 중에서도 유창성, 어휘 및 독해를 신장하는 데 있다. 또한 수업 시간 중 책 읽는 데 쓴 시간이 학생들이 이후에 책을 읽도록 북돋을 뿐만 아니라 평생 동안 독서의 가치를 인식하게 할 것이라고 기대했다. 그렇지만 이 위원회의 보고서는 "우리 위원회는 독해 능력을 신장하기 위한 수단으로서 학생에게 스스로 묵독하도록 권장하는 것이 효과적이라는 것을 지지하는 증거를 찾지 못했다."[70]라고 결론지었다.

이러한 결론은 이 활동에 대한 최근의 평가를 통해서도 확인되었는데, 이 평가 보고서는 종종 아동이 지속적 묵독 동안 책을 읽지 않으면서도 책을 읽는 것처럼 행동한다는 것을 발견했다.[71] 즉, 교사가 지시한 대로 아동의 눈은 책을 보고 있지만 실제로 그들은 공상에 잠겨 있을 뿐이다. 어떤 아동은 책은 안 읽고 친구를 방해할 것이다.[72] 더 나아가 책에 대한 자기 선택과 관련하여 이 활동은 대부분의 아동이 혼자서 읽을 수 있는 책을 선택할 수 있을 것이라고 가정한다. 아마도 이러한 가정은 적어도 스스로 읽기를 원하는 책의 경우 2학년 이전쯤의 아동에게는 해당되지 않을 것이다. 종종 책을 고르도록 맡겨 두면 아동은 혼자서 읽기 어려운 책을 선택할 것이다.[73]

많은 교육자가 애정을 갖는 수업 활동처럼, 지속적 묵독이 효과적이지 않다는 결론은 격렬한 논쟁을 불러일으켰다. 지속적 묵독을 찬성하는 사람들은 계속적으로 이 활동을 수업 활동의 중요한 부분으로 옹호했다.[74] 예를 들어 일레인 가랜(Elaine Garan)과 글렌 디보그(Glenn DeVoogd)는 위원회의 보고서를 신랄하게 비판하면서, 위원회가 검토한 증거는 위원회 자체의 실험연구 기준으로 볼 때에도 결함이 있을 뿐만 아니라 결함이 있는 소수의 연구만을 토대로 증거를 도출했다고 주장했다. 또한 위원회가 설정한 실험연구의 기준은 "가장 잘 읽는 독자가 가장 많이 읽고 부진한 독자가 가장 적게 읽는다는 사실을 발견한 수백 편의 상관연구"를 배제했다고 비판했다.[75] 또한 스탈은 위원회가 아동이 읽을 책의 양을 늘리는 것이 "극적으로 읽기 성취를 높였다."[76]라는 결과를 보여 준 연구를 무시했다고 지적했다. 이러한 상황이라면, 음독 대 묵독 중 어느 것이 더 효과적인지를 뒷받침해 줄 또 다른 증거가 필요할 듯하다.

연구에 따르면 음독은 묵독과 비교할 때 어리고 능숙하지 않은 독자에게 특별한 기능을 수행한다. 읽기 능력이 떨어지는 어린 독자는 묵독보다는 음독으로 읽은 것을 더 잘 이해하는 것으로 밝혀졌다.[77] 즉, 글을 소리 내어 읽도록 요청받은 아동은 묵독으로 읽도록 요청받은 아동보다 읽은 것에 대해 질문을 받았을 때 대답을 더욱 잘한다.

음독의 장점은 읽기 능력 발달의 초기 단계에서 가장 잘 드러난다. 수전 프라이어(Suzanne Prior) 외에 따르면 1~5학년 학생은 음독으로 읽은 것을 더 잘 이해하며 7학년 학생은 묵독으로 읽은 것을 더 잘 이해한다.[78]

결국 아동의 읽기 능력이 발달하면서 묵독 유창성은 음독 유창성의 효과에 더하여 독해에 통계적으로 유의미한 영향을 준다.[79] 이러한 발견은 일단 아동이 음독 유창성을 잘 습득하면 묵독 유창성이 아동의 독해 능력을 예언하는 요소가 된다는 것을 의미한다. 사실상 묵독 활동이 효과를 나타내려면 음독 유창성이 좋아야 한다. 김영숙(Young-Suk Kim) 외는 초등학교 저학년 학생 대상의 종단 연구를 통하여, 보다 이른 시기에 유창한 독자였던 아동이 보다 빠르게 좋은 묵독 이해자로 발달한다는 사실을 발견했다.[80]

그렇다면 이론적으로 음독이 어린 아동에게 보다 유리한 이유는 무엇인가? 프라이어와 캐서린 웰링(Katherine Welling)의 이론에 따르면, 음독은 원래 아동이 부모나 성인과 함께 책을 읽는 상황에 존재했던 인지적 과정, 즉 개인 간의 관계 속에 존재했던 읽기를 둘러싼 인지적 과정을 내재화하도록 돕는다.[81] [그림 6-6]은 이러한 일이 어떻게 일어나는지 보여준다. 아동이 학교에 입학하기 전부터 부모와 성인은 아동에게 책을 소리 내어 읽어 주는데, 책 읽기를 둘러싼 이 사회적 상호작용은 아동의 입학보다 선행한다. 아동은 부모 무릎에 앉아 하는 책 읽기를 통하여 책의 일반적인 특성, 알파벳, 독서의 여가적 및 정보적 가치를 배운다. 실제로 버스와 마리누스 반 아이젠도른은 양육자와 함께 긍정적인 책 읽기 경험을 한 아동이 나중에 보다 능숙한 독자가 되는 경향이 있음을 발견했다.[82] 결국에 아동은 스스로 부모에게 소리 내어 책을 읽어 주는 과정을 시작한다. 물론 여전히 아동은 책을 잘 읽기 위해서 성인에게 상당히 의존한다. 그러나 일단 스스로 충분히 읽을 수 있는 능력을 갖추고 나면 혼자서 소리 내어 읽기를 시도한다. 이러한 소리 내어 읽기는 읽기의 사회적 의존에서 읽기 과정의 내재화로 가는 전이 단계의 역할을 수행한다. 그런 다음, 아동은 마침내 묵독으로 읽을 수 있게 되고 읽기의 사회적 기원은 지하로 숨어 버린다.

| 성인이 아동에게 | 아동이 성인에게 | 아동이 혼자서 | 아동이 혼자서 |
| 소리 내어 읽어 주기 | 소리 내어 읽어 주기 | 소리 내어 읽기 | 조용히 읽기 |

[그림 6-6] 음독에서 묵독으로의 전이를 위한 비고츠키 체계[83]

또 다른 이론은 음독이 읽기에 관여하는 음운 기억 부호(phonological memory code)를 촉진시킨다는 것이다. 4장에서 설명했듯이 음운 부호는 기초적인 해독을 수행하고(즉, 소리를 합성할 수 있도록 소리를 유지하게 한다) 글의 내용을 이해하는 데 필수적이다. 음독은 어린 독자에게 글 내용이 이해될 때까지 천천히 전개하도록 돕는다. 음운 기억 부호에서 이루어지는 이러한 촉진은 특히 글이 어려울 때 필요할 수 있다. 심지어 성인도 읽기가 순조롭지 않을 때 음독 방식으로 전환하는 것처럼 보인다.[84] 더 나아가 음독은 아동이 보다 주의를 하면서 글을 읽도록 돕는다.[85]

어떤 관점이 옳은지에 관계없이, 두 관점은 음독이 읽기 학습에서 중요한 전이 단계라고 제시한다. 앞서 언급한 지속적 묵독과 관련하여, 최근의 연구는 이 활동을 보다 최적의 상태로 운영하는 방법에 초점이 맞추어져 있다. 예를 들어 셰리 크래글러(Sherry Kragler)는 **중얼거리는 읽기**(mumble reading)라 불리는 방법을 제안했는데,[86] 이것은 아동이 묵독하는 동안 음독 요소를 활용하게 하는 것이다. 즉, 묵독을 하면서 자신에게 부드럽게 중얼거리듯이 읽어 주는 것이다. 또한 교사가 묵독을 잘하지 못하는 아동에게 글을 따라 읽도록 오디오 북을 제공하는 것처럼, 아동이 특정 단어를 읽기 어려워할 때 도와줄 장치를 제공하는 등 기술적인 해법을 활용할 수 있다. 최근에는 아동에게 매일 지속적 묵독을 제공하면서 아동의 눈동자 움직임과 독해를 관찰하는 프로그램이 독해를 신장시키는 데 성공적인 것으로 밝혀졌다.[87] 최근의 이 프로그램이 지속적 묵독 정신을 계승하는지는 모르겠지만 묵독 유창성으로의 전이를 돕는 듯하다.

5. 이중 언어와 읽기 유창성

우리는 어떻게 읽기 유창성이 어린 아동의 읽기 상태를 나타내는 중요한 지표가 되는지에 대해 논의하였다. 그런데 읽기 유창성이 영어가 모국어가 아닌 학생에게도 비슷한 역할을 할 수 있을까? 확실히 또 다른 언어의 기능이 어떤 역할을 할 것이다. 여기에서는 미국에 살고 있으면서 영어를 외국어로 배우는 학생의 읽기 유창성 발달에 초점을 맞추어 살펴보았다.

앞서 언급했듯이 읽기 유창성이 수업과 평가 모두에서 강조되는 한 가지 이유는 그것이 독해와 강한 상관관계를 가지기 때문이다. 영어를 학습하는 학생의 읽기 유창성과 독해 간에는 영어가 모국어인 학생에게서 나타나는 상관관계보다 약하기는 하지만 상당한 정도의 상관관계가 있다(영어 학습자의 경우 .40~.60, 영어가 모국어인 학생의 경우 .50~.85).[88] 그러므로 유창하지 않은 이중 언어 학생은 유창한 이중 언어 학생보다 읽은 것을 잘 이해하지 못하는 경향이 있다. 독해에 미치는 읽기 유창성의 영향은 어휘력이나 청해 능력과 같은 영어 음성언어 능력에 따라 상당히 달라질 수 있다.[89] 즉, 영어 어휘력과 청해 능력이 좋은 이중 언어 아동은 그렇지 않은 아동보다 읽은 것을 잘 이해하는 경향이 있다. 앞에서 말했듯이 쿼크와 빔은 영어를 학습하는 아동의 읽기 유창성과 독해 능력 간에 상당한 간극이 있음을 언급했다.[90] 연구자들은 2~3학년 영어 학습자의 55.5%가 단어호명자임을 확인했다. 이들 아동은 읽기 유창성 점수가 독해 점수보다 .67

표준편차 정도 높았다. 이것은 이러한 아동이 글을 잘 이해하지는 못하지만 상대적으로 유창하게 잘 읽는다는 것을 의미한다. 이와 같은 연구 결과는 음성언어가 유창성을 독해를 위한 가교로서 기능하도록 하는 데 중요한 토대가 된다는 관점을 뒷받침한다.

어떤 영어 학습자가 특별 교육을 받아야 할지를 확인하는 것은 특히 문제가 많으며, 종종 해당 아동이 언어적 배경 때문에 간과되곤 한다. 음독 유창성 평가는 어떤 아동이 특별 교육을 받아야 할지를 결정할 때 활용할 중요한 요소가 될 수 있다. 스테퍼니 앨 오타이바(Stephanie Al Otaiba) 외는 영어교육 프로그램에 참여할 자격이 되지 않는 영어 학습자와 제2 언어로서의 영어(ESL) 교육 프로그램을 이수한 아동들은 모두 자기 학년 수준보다 읽기 수준이 낮다는 것을 발견했다.[91] 더 나아가 국가 규준과 비교했을 때, 두 아동 집단은 유창성 발달이 더뎌 보였다. 실비아 리난-톰슨(Sylvia Linan-Thompson), 폴 시리노(Pau Cirino) 및 샤론 본(Sharon Vaughn)은 영어 학습자의 수준과 규준에 따른 성장 속도 간의 격차가 나중에 어떤 영어 학습자에게 특별 교육이 필요한지 혹은 필요하지 않은지를 결정하는 데 특별히 유용하다고 주장했다.[92] 성장 속도가 느린 이중 언어 아동은 나중에 특별한 읽기 수업을 받을 필요가 있을 듯하다. 그러므로 영어를 사용하는 일반 아동과 마찬가지로 이중 언어 아동의 부진한 유창성 발달은 읽기 학습을 어렵게 만드는 가장 기본적인 문제가 될 듯하다.

6. 수업을 위한 시사점

앞에서 언급했듯이 유창성이 독해에 미치는 영향을 고려하면 유창성 발달에 초점을 맞춘 교실 수업은 중요하다. 유창성은 능숙한 읽기를 구성하는 중요한 요소 중의 하나이기 때문에 교사는 유창성 수업을 가장 효과적으로 수행할 수 있는 방법을 모색할 필요가 있다. 또한 유창성 수업은 종종 해독 발달이나 독해 발달과 같은 읽기의 또 다른 측면을 강조하는 수업과 통합될 수도 있다.

대부분의 유창성 수업은 읽기 연습이 유창한 읽기와 기능의 자동화를 가능케 한다는 생각에 바탕을 두고 있다. 쿤과 스탈의 검토에 따르면, 반복적 읽기 연습(repeated reading practice)은 아동의 유창성 신장을 위해 마련된 대부분의 효과적인 유창성 수업에서 핵심적인 활동이었다.[93] 반복적 읽기 연습에서 아동은 특정 책을 받아 소리 내어 읽는 연습을 하는데, 책의 길이에 따라 다르긴 하지만 대체로 일주일 동안 똑같은 책을 3~15회 소리 내어 읽는다. 예를 들어 스탈과 캐서린 휴백(Kathleen Heuback)[94]은 유창성 중심 읽기 수업(fluency-oriented reading instruction)을 개발했는데, 이 수업에서 아동은 일주일 동안 매일 교실과 집에서 똑같은 책을 읽는다. 그런 다음, 그다음 주에는 새로운 책으로 넘어간다. 이 수업은 교사가 학년 수준에 맞는 책을 소리 내어 읽어 주면 아동은 책을 보면서 묵독으로 따라 읽는 방식으로 시작한다. 다음 날에는 교사가 메아리 읽기(echo reading), 즉 몇 개의 문장을 소리 내어 읽어 주면 아동이 책을 보면서 해당 문장을 소리 내어 읽는 활동을 하며, 이것은 책을 모두 읽을 때까지 계속된다. 그다음 날에는 교사와 아동이 소리 내어 함께 책을 읽는 합창 읽기(choral reading)를 한다. 또 다음 날에는 아동이 짝 읽기를 하는데, 두 명의 아동이 번갈아 가면서 책을 읽기도 하고, 한 아동이 다른 아동의 해독을 돕기도 한다. 매주 마지막 날에는 교사가 아동이 읽은 책을 가지고 활동을 한다. 또한 한 주 동안 매일 밤 아동이 가족에게 책을 소리 내어 읽어 주어야 한다. 이처럼 이 수업 방법은 책을 수차례 반복적으로 읽는 활동을 포함한다. 반복적 읽기의 이면에는 반복적 읽기가 연습한 책에 대한 자동성을 발달시킨다는 생각이 내포되어 있다.

반복 읽기와 관련된 하나의 쟁점은 아동이 동일한 글을 여러 차례 읽음으로써 획득한 자동성이 많은 시간과 노력을 필요로 하는 새로운 글에도 일반화될 수 있는가에 관한 것이다. [그림 6-2]에서 알 수 있듯이 동일한 글에 대한 아동의 유창성이 신장되는 것은 확실하다. 하지만 그것은 그리 흥미로운 사실이 아니다. 진정한 쟁점은 동일한 글에 대한 유창성 신장이 연습하지 않은 새로운 글에도 효과를 나타낼 수 있는가에 대한 것이다. 이 쟁점은 유창성 신장을 위한 방법으로 폭넓은 읽기(wide reading)가 도입되는 계기를 마련하였다. 이 방법 또한 소리 내어 읽는 연습을 포함하고 있지만 교사는 아동이 읽어야 하는 책의 양을 늘렸다.[95] 예를 들어 쿤 외는 스탈과 휴백[96]의 수업 절차를 그대로 따르면서, 글을 여러 차례 읽는 대신에 한 주에 세 편의 글을 읽는 방식으로 폭넓은 읽기를 적용하였다.[97] 따라서 아동은 글을 반복적 읽기 수업에서 10회 이상 읽은 것에 반하여 폭넓은 읽기에서는 1~4회 정도 읽으면 된다. 그럼에도 불구하고 아동은 좀 더 다양한 글에 대한 노출을 가능케 하는 폭넓은 읽기로부터 효과를 얻을 수 있을 것이다.

반복적 읽기 방법과 폭넓은 읽기 방법을 비교한 몇몇 연구는 유창성 발달에 폭넓은 읽기가 반복적 읽기보다 약간 더 효과적임을 발견했다.[98] 또한 독해와 독서 동기에도 폭넓은 읽기가 약간 더 효과적이었다.[99] 이러한 결과는 폭넓은 읽기가 아동에게 보다 많은 어휘와 지식을 노출시키는 측면을 감안하면 수긍이 간다.

유창성 발달 수업이 어떻게 진행되든 사실상 유창성 수업의 가장 중요한 측면은 연습이다. 연습은 읽기 기능을 발달하는 과정에 있는 초등학생에게 특별히 중요하다.[100] 하지만 많은 교실에서는 음독 연습은 고사하고 아동의 글 읽기를 충분히 강조하지 않는다. 퍼트리샤 도나휴(Patricia Donahue), 로버트 피네건(Robert Finnegan), 앤서니 루츠쿠스(Anthony Lutkus), 낸시 앨런(Nancy Allen) 및 제이 캠벨(Jay Campbell)에 따르면, 4학년 학생은 하루에 학교에서 평균적으로 약 10쪽 정도를(대략 8~12분 정도) 읽는 것으로 밝혀졌다.[101] 또한 종합 문식성 중재 프로그램에 참여하고 있는 열악한 여건의 학교에서 얻은 최근의 자료에 따르면, 학생들은 수업 시간 90분 중에서 단지 18분만을 글 읽기에 사용하였다.[102] 교사가 문식성 수업 동안 실제로 읽기에 사용하는 시간은 상당히 제한적이며, 이런 문제를 해결하기 위하여 지속적 묵독이 학교에 도입되었다.

능숙한 아동과 능숙하지 않은 아동의 차이는 심지어 학교 밖 연습에서도 발생할 수 있다. 앤더슨, 폴 윌슨(Paul Wilson) 및 린다 필딩(Linda Fielding)은 아동이 학교 밖에서 책을 읽은 시간이 읽기 능숙도를 가장 잘 예견하는 요소임을 밝혔다.[103] 그들에 따르면, 학교 밖에서 책을 읽는 고작 12분의 시간이 상위 25% 수준에 있는 아동과 그 이하 수준에 있는 아동을 구분하는 기준이 된다는 것이다(비록 매우 능숙한 아동은 훨씬 더 많이 읽겠지만). 확실히 좀 더 읽기 연습을 많이 하는 것은 모든 학교가 성취하기를 바라는 것이다.

7. 공통 핵심 성취기준과의 연계

읽기 유창성의 중요성을 생각하면 그것이 문식성 발달을 위한 중요한 토대로 인식되어 왔고, 학교 교육과정의 중요한 요소로 간주되어 왔다는 사실은 그리 놀랍지 않다. [표 6-1]에서 볼 수 있듯이 공통 핵심 성취기준은 유창성과 관련된 몇 개의 기준을 포함하고 있다. 이러한 기준은 앞에서 소개했던 읽기 유창성에 대한 정의뿐만 아니라 읽기 유창성에 대한 연구 문헌으로부터 많은 영향을 받았다. 그리고 이러한 기준은 읽기 정확성, 속도 및 표현성의 역할을 인정하며, 유창성이 독해를 위한 기본적인 토대가 된다는 점도 수용한다.

[표 6-1]과 [표 6-2]를 통해서 알 수 있는 바와 같이, 미국과 한국의

[표 6-1] 공통 핵심 성취기준(읽기): 읽기 유창성[104]

유창성(일반적인 기준): 충분히 정확하게 읽으며 독해를 지원함.	
학년	구체적인 기준
1~2	• 학년 수준에 맞는 책을 목적을 가지고 이해하면서 읽는다. • 학년 수준에 맞는 책을 정확하고, 적절한 속도와 운율을 살려 읽는다. • 맥락을 활용하여 단어 재인을 확정하거나 자기 수정(self-correct)을 한다. 필요하면 다시 읽는다.
3~5	• 학년 수준에 맞는 책을 목적을 가지고 이해하면서 읽는다. • 학년 수준에 맞는 산문이나 시를 정확하고, 적절한 속도와 운율을 살려 읽는다. • 맥락을 활용하여 단어 재인을 확정하거나 자기 수정을 한다. 필요하면 다시 읽는다.

[표 6-2] 2022 개정 국어과 교육과정 성취기준: 읽기 유창성(교육부, 2022)

2022 개정 국어과 교육과정		
학년	영역	성취기준
초 1~ 2학년	읽기	[2국02-01] 글자, 단어, 문장, 짧은 글을 정확하게 소리 내어 읽는다. [2국02-02] 의미가 잘 드러나도록 문장과 짧은 글을 알맞게 띄어 읽는다.
	문법	[2국04-01] 한글 자모의 이름과 소릿값을 알고 정확하게 발음하고 쓴다. [2국04-02] 소리와 표기가 다를 수 있음을 알고 단어를 바르게 읽고 쓴다.
	문학	[2국05-01] 말놀이, 낭송 등을 통해 말의 재미와 즐거움을 느낀다.
초 3~ 4학년	읽기	[4국02-01] 글의 의미를 파악하며 유창하게 글을 읽는다.

교육과정에서는 모두 학년 수준에 맞는 책이나 글, 작품을 선정하여, 이를 정확하고, 유창하며, 운율을 살려 읽는 내용을 담고 있다는 점에서 공통점을 보인다. 그러나 미국 교육과정의 경우 자기 수정과 다시 읽기를 별도의 성취기준으로 제시하여, 이를 강조하고 있다는 점에서 차이를 보인다.

1 읽기 유창성에 대해 공부한 것을 감안할 때 읽기 유창성에 관한 어떤 정의가
  가장 타당하다고 생각하는가? 왜 그렇게 생각하는가?

2 많은 음독 평가는 아동의 읽기 기능과 관련된 정보를 교사에게 도움이 되는 방
  식으로 제공하지 못한다는 비판을 받아 왔다. 읽기 유창성 발달과 관련하여 여
  러분이 알고 있는 것을 고려할 때 이러한 비판은 정당한가? 음독 운율성 평가
  는 표준적인 읽기 능력 평가의 일부분이 되어야 하는가?

3 여러분은 운율성이 독해의 지표(indicator)라고 생각하는가? 아니면 기여자
  (contributor)라고 생각하는가?

4 여러분은 4학년 슬럼프가 진짜 현상이라고 생각하는가? 아니면 우리가 아동에
  게 읽기를 가르치는 방법에 의해 만들어진 결과라고 생각하는가?

5 여러분은 1~3학년 교실에서 지속적 묵독을 실시하는 것에 대해 어떻게 생각하
  는가? 계속되어야 한다고 생각하는가? 폐기되어야 한다고 생각하는가?

6 이 장의 첫 부분에 있는 사례를 고려하면서, 어린 독자의 유창성 신장을 위한
  수업을 준비할 때 도움이 되는 읽기 유창성 발달에 관하여 여러분이 알고 있는
  것은 무엇인가?

Kuhn, M. R., Schwanenflugel, P. J., & Meisinger, E. B. (2010). Aligning theory and assessment of reading fluency: Automaticity, prosody, and definitions of fluency. *Reading Research Quarterly, 45*(2), 232-253.

Reschly, A. L., Busch, T. W., Betts, J., Deno, S. L., & Long, J. D. (2009). Curriculum-based measurement of oral reading as an indicator of reading achievement: A meta-analysis of the correlational evidence. *Journal of School Psychology, 47,* 427-469.

어휘

김 교사가 근무하는 유아 교실에는 조용하고 다정한 민재가 있다. 김 교사는 민재가 종종 글을 이해하는 데 어려움을 겪는다는 것을 알고 있다. 민재는 사물을 설명하는 데에 매우 기초적인 단어를 사용하며 때때로 의미 없는 문장을 말하기도 한다. 예를 들어 민재는 지난번에 "나는 그거를 잡았어요.", "나는 나의 ○○○(알아보기 어려운 글씨) 싫어요.", "□□(알아보기 어려운 글씨) 벽에 걸린 거 갖고 싶어요."와 같이 이해하기 어려운 문장을 썼다. 또 민재는 종종 자신이 원하는 물건을 움켜잡았을 때 "실례합니다!"라는 말을 반복한다.

민재의 부모님도 민재처럼 차분하고 조용한 성품이었다. 학부모 면담 때 민재 부모님은 김 교사의 말에 주의를 기울일 뿐 말을 많이 하지는 않았다. 확실히 그들은 민재를 잘 돌보고 있으며 엄마와 아빠 모두가 면담에 왔다는 점은 칭찬할 만하다.

이야기 읽어 주기 시간에 민재는 김 교사가 읽어 주는 책을 이해하지 못하는 것처럼 보였고, 아주 기본적인 질문에만 답할 수 있었다. 김 교사는 내년 유치원 문식성(문해력) 교육과정을 생각하면 민재의 언어 능력이 걱정스럽기만 하다.

미국 독서위원회에 따르면 어휘(vocabulary)는 '효과적인 의사소통을 위하여 우리가 알아야 하는 단어들'을 가리킨다. 일반적으로 어휘는 구어 어휘(oral vocabulary)와 읽기 어휘(reading vocabulary)로 나뉜다. 구어 어휘는 우리가 말할 때 사용하거나 들어서 이해하는 단어이며, 읽기 어휘는 우리가 인쇄물에서 알아보거나 사용하는 단어이다(강조는 추가된 것이다).[1] 이 정의가 구어 어휘와 읽기 어휘를 구분하는 기본적인 기준이라는 점에 주목할 필요가 있다. 읽기 학습의 초기 과정에서 이 구분은 중요하다. 아동은 스스로 읽지 못해도 많은 단어를 이해할 수 있다. 궁극적으로 우리는 구어 어휘로 존재하는 단어를 읽을 수 있어야 한다. 그러나 대부분의 성인은 일상생활에서 듣기보다는 읽기를 통해 더 많은 단어를 접하므로, 글을 읽는 동안 발음할 줄 모르는 새로운 단어를 이해하게 된다. 이 장에서 우리는 풍부한 어휘를 갖는 것을 대체로 바람직하다고 여긴다.

우리는 앞선 장에서 읽기에서 어휘가 중요하다는 점에 대해 논의한 바 있다. 3장에서는 어휘가 어린 아동이 읽기를 학습하는 데 동원하는 핵심적인 아웃사이드-인 발생적 기능(outside-in emergent skills)[2] 가운데 하나라는 것에 대해 논의했다. 4장에서는 어휘 발달이 어휘집 속의 음운 정보를 재구조화하는 데 도움을 준다고 설명했다.[3] 또한 어휘가 부족할 경우 잘 모르는 단어를 정확하게 읽는 방법을 배우는 것에 어려움을 겪을 것이라는 사실에 대해서도 논의했다.[4] 5장에서는 일반적으로 어휘가 풍부한 사람이 보다 빠르고 정확하게 단어를 재인한다는 것을 설명한 바 있다.[5] 이처럼 우리는 이미 읽기에 있어서 어휘가 중요하다는 점을 확인하였다. 이번 장에서는 단어를 많이 알면 어떻게 글을 더 잘 읽게 되는지에 대해 살펴보기로 한다.

어휘 연구는 단어를 안다는 것이 의미하는 바를 무엇으로 보는가에 따라 크게 좌우된다. 단어를 안다는 것은 무엇을 의미하는가? 미국 독서위원회가 제시하고 있는 어휘에 대한 매우 단순한 정의[6]는 어휘를 설명하는 하나의 조작적인 방식일 뿐이다. 그러나 단어를 안다는 것은 다면적인 능력이다. 단어라는 개념과 관련된 많은 양상이 있으며, 이러한 양상은 누군가가 단어를 알고 있는지 혹은 알고 있지 않은지를 판단하는 준거로서 작용할 수 있다.

당연히 이 주제는 제2 언어에서의 어휘 발달을 탐구하는 연구자에게 많은 주목을 받아 왔다. 비모어(非母語) 화자는 특정 단어를 종종 서투른 방식으로 사용하곤 하는데, 이는 단어를 불완전하게 이해하고 있음을 보여준다. I. S. P. 네이션(I. S. P. Nation)은 단어의 의미를 정확하게 아는 데 필요한 지식의 종류를 [표 7-1]과 같이 제시하였다.[7] 단어를 안다는 것은 이해 측면(예: 읽거나 듣는 동안에 단어를 이해하는 것)뿐만 아니라 표현 측면(예: 말하거나 쓰는 동안 적절한 방식으로 단어를 사용하는 것)이 모두 포함된다는 점에 주목할 필요가 있다. 사람들은 글을 읽는 동안 특정 단어가 정확히 어디에, 어떻게 사용되는지를 알지 못하면서도 이해할 수 있다. 일반적으로는 표현 어휘에 도달하기 이전에 이해 어휘 영역을 거치는 것으로 알려져 있다.

4세인 폴(Paul)이 차를 타고 가면서 한 발화를 살펴보자. "엄마, 지난

[표 7-1] 단어 지식의 양상

단어 지식의 차원		
형태	구어적	해당 단어가 어떤 발음인지를 아는 것
	문어적	해당 단어가 어떤 형태인지를 아는 것
의미	개념적/지시적	해당 단어의 개념에 포함되는 것이 무엇인지를 아는 것
	연상적	해당 단어와 관련 있는 연상어와 유의어를 아는 것
사용	문법적	해당 단어가 어떤 문법적 맥락에서 출현하는지를 아는 것
	연어적	해당 단어가 동반하는 다른 단어를 아는 것
	사용상의 제약	해당 단어를 얼마나 자주 듣고, 읽고, 사용하는지를 아는 것

번에 우리가 버스 타고 갔던 거 인지해(recognize)?" 폴은 아직 '인지하다'
를 읽거나 쓸 수 없음에도 불구하고 충분히 알아들을 수 있게 잘 발음하
였다. 그러나 폴은 현재의 감각적 경험과 과거의 사건을 연결시키는 '인
지하다'라는 단어가 가진 개념적/지시적 속성의 일부를 놓치고 있다. 폴
은 '인지하다'가 인지 동사(cognitive verb)라는 것과 '인지하다'는 현재와
과거를 연결시키는 상황에서 사용된다는 점을 알고 있다. 그러나 '인지하
다'가 '기억하다(remember)'를 직접적으로 대체하는 단어가 아니라는 사
실에 대해서는 이해하지 못한다. 아마도 폴은 성인과 달리 해당 단어와 관
련된 속성을 많이 알고 있지 않은 듯하다. '인지하다'를 동사로 알맞게 사
용했지만 '~했던 거 인지한다'와 같은 전형적이지 않은 연어(collocation)
패턴에 대해서는 이해하지 못했다. 아직 '기억하다'가 과거의 추억을 설명
할 때 보다 일반적으로 사용되는 단어라는 사용상의 제약을 이해하지 못
할 수도 있다. 그러므로 폴이 어느 수준에서는 '인지하다'의 의미를 안다
고 할 수 있지만, 또 다른 수준에서는 분명히 그렇지 않다고 할 수 있다.

　우리는 단어 지식의 발달이 매우 점진적으로 일어난다는 점에 주목
할 필요가 있다. 앨러 제러바(Alla Zareva)[8] 그리고 웬들린 쇼어(Wendelyn

Shore)와 프랜시스 더소(Francis Durso)[9]에 따르면, 화자는 연구자들이 **경계 지식**(frontier knowledge)이라 부르는 지식, 즉 단어 지식의 일부만 아는 지식을 지니고 있을 수 있다. 경계 지식을 가진 사람은 어떤 단어가 영어 단어라는 정도만을 알 뿐, 그 이상에 대해서는 알지 못할 수도 있다. 단어와 관련하여 잘못된 개념적 지식을 가지고 있을 수도 있고(예: '도축장'을 '도로 공사를 하는 장소'로 잘못 앎), 단어가 어떤 품사인지는 알지 못하지만 그것의 개념적 특성에 대해서만은 막연하게 알고 있을 수도 있다(예: '태만한'을 '신경 쓰지 않는'으로 앎). 그리고 단어가 어떤 품사인지는 알지만 그것의 개념적 특성에 대해서는 알지 못할 수도 있다(예: '동짓날'을 '어떤 날의 하나'로만 앎).

영어 단어 빈도 자료를 활용하여 단어를 추출한 제러바의 연구에 따르면, 대략적으로 추출된 단어의 10%가 영어가 모국어인 대학생에게 경계 단어(frontier word), 즉 해당 단어의 부분적 지식만 가진 단어였으며, 고급 수준의 영어 학습자에게는 추출된 단어의 20% 이상이 경계 단어였다.[10] 종종 영어 학습자는 경계 단어의 뜻을 잘못 이해하고 있다. 이러한 문제는 영어가 모국어인 대학생 화자에게도 발생하기 때문에 아동, 특히 영어를 배우는 아동에게 있어, 경계 수준의 단어는 그들에게 형성되기 시작하는 어휘의 상당 부분을 차지할 수 있다.

경계 지식이 의미 있는 어휘 지식을 구성하는가? 그것은 여러분이 판단할 일이지만 최소한 경계 단어는 아동의 어휘에서 유의미하게 자리매김한다. 단어 의미에 대한 **부분적 지식을 주장하는**(partial knowledge claim) 관점[11]에 따르면, 경계 단어 지식은 새로운 단어를 배우는 초기 단계에서 나타나기 때문에 궁극적으로 단어 습득에 이롭게 작용한다. 이러한 맥락에서 부분적 어휘 지식을 주장하는 관점은 초기의 어휘 지식이 아동에게 이후의 단어 지식 습득에 도움이 되는 초기 연결 고리를 제공함으로써 어휘 성장을 돕는다고 가정한다. 아마도 단어의 노출과 함께 그것에 대한 친숙도가 증가할 것이고, 단어가 다양한 맥락에서 제시될 때 그것에 대한 다양한 양상이 드러남으로써 단어의 형태와 의미 간의 연관성이 강화될 것이다.

단어 의미에 대한 부분적 지식을 주장하는 관점의 타당성은 대니얼 유러브스키(Daniel Yurovsky) 외의 실험 연구[12]를 토대로 한다. 이 연구에서 성인은 실험용으로 만든 가짜 단어와 잠재적 대상물을 연결하는 학습을 하였다. 실험은 다수의 가짜 단어와 여러 대상물이 함께 있는 상황이 제시되었을 때, 아동이 어떻게 가짜 단어와 여러 대상물을 연결하는지를 보여 주는 실험과 유사하게 설계되었다. 각각의 실험에서는 가짜 단어와 대상물을 연결하는 과제를 어렵게 만들기 위하여 다수의 가짜 단어와 여러 대상물이 제시되었다. 실험 참여자가 가짜 단어와 지시 대상물을 잘못 연결하였을 때에는 잘못 연결된 단어가 후속 과정에서 다시 노출되었다. 후속 과정에서 실험 참가자는 처음으로 제시된 단어나 대상물보다 이전에 잘못 연결했던 단어나 대상물을 더 빠르게 학습하였다. 이전에 잘못 연결했던 단어나 대상물을 보다 빠르게 학습한 것은 실험 참가자가 단어나 대상물을 잘못 연결했음에도 불구하고 이전 실험에서 그것에 대한 부분적 학습이 이루어졌기 때문이다. 더욱이 이 연구가 발견한 흥미로운 결과 중 하나는 부분적 지식을 갖는 것이 반복된 특정 단어나 대상물에 대한 학습을 도울 뿐만 아니라 후속 과정에서 제시된 새로운 단어나 대상물에 대한 학습도 돕는다는 것이다. 사실상 이와 같은 기본적인 과정은 새로운 단어에 대한 유아의 학습 과정에서도 발견되었다. 에밀리 톰(Emily Thom) 과 캐서린 샌드호퍼(Catherine Sandhofer)는 유아에게 하나의 영역(예: 색깔)에 있는 일부 단어를 가르치는 것이 그 영역의 또 다른 단어에 대한 학습을 촉진시킴을 보여 주었다.[13] 따라서 새로운 단어를 학습할 때 초기에 습득된 부분적 지식은 그와 관련 있는 또 다른 새로운 단어를 학습하는 데 도움을 줄 수 있다. 더 나아가, 새롭게 학습한 단어에 대한 부분적 지식은 그것들과 관련 있는 대상물을 명료화하는 데에도 도움을 준다.

1. 어휘 지식의 차원

어휘 지식은 어휘 폭(vocabulary breadth)과 어휘 깊이(vocabulary depth)의 두 차원으로 나뉜다. 어휘 폭은 어휘를 얼마나 많이 알고 있는가를 지칭할 때 사용된다. 어휘 깊이는 어떤 단어에 대하여 부분적 지식만을 가지고 있는지 혹은 보다 많은 세부적인 지식을 가지고 있는지를 가리킬 때 사용된다. 어떤 아동은 자신의 어휘집에 많은 단어를 가지고 있지만(넓은 어휘 폭), 이러한 단어에 대하여 단지 부분적 지식만을 가지고 있을 수 있다(얕은 어휘 깊이). 반면에 어떤 아동은 다른 아동과 비교했을 때 상대적으로 적은 단어를 가지고 있지만(좁은 어휘 폭), 보다 자세한 세부적 지식을 가지고 있을 수 있다(깊은 어휘 깊이).

일반적으로 어휘 폭과 어휘 깊이는 강한 상관관계를 보인다.[14] 그러나 어휘 지식의 폭과 깊이가 읽기에 주는 영향은 서로 다르다. 예를 들어 진 울레트(Gene Oullette)에 따르면, 4학년 학생의 경우 해독 능력을 예측하는 데에는 어휘 폭이 더 중요한 반면에, 독해(읽기 이해) 능력을 예측하는 데에는 어휘 지식의 깊이가 더 중요하다.[15]

1.1. 어휘 폭의 측정

어휘 폭은 어휘 측정 연구에서 가장 많이 측정하는 요소이다. 어휘 폭 측정에는 어휘 표준화 검사가 가장 많이 사용되는데, 이 검사는 거의 균일하게 어휘 폭을 측정한다. 또한 이러한 검사는 어휘 문제를 빠르게 확인할 수 있도록 만들어졌다. 우리의 경험에 따르면 학교는 종종 일반 검사의 일부로 어휘 표준화 검사를 실시한다. 아동의 언어 능력이나 학교 준비도를 신장하기 위하여 고안된 연방 정부의 중재 프로그램에서 표준화 검사는 규준(norm)으로 활용된다.[16]

많은 어휘 표준화 검사가 오랫동안 사용되어 왔다. 피바디 그림 어휘 검사(Peabody Picture Vocabulary Test)[17]는 일반적으로 사용되는 이해 어휘 검사이다. 이것은 아동에게 네 개의 그림 중에서 검사자가 말한 단어와 일치하는 그림을 찾도록 하는 검사이다. 표현 어휘 검사(Expressive Vocabulary Test)[18]는 일반적으로 사용되는 표현 어휘 검사이다. 이것은 아동에게 검사자가 제시한 그림을 하나의 단어로 말하도록 하는 검사이다. 이 두 검사 모두에서 아동이 많은 단어를 알면 알수록 어휘 폭이 보다 넓은 것으로 간주된다. 그러나 어휘 표준화 검사는 문화적·인종적으로 편향되어 있다는 신랄한 비판을 받기도 했다.[19]

표준화 검사를 사용하지 않고 어휘 폭을 측정하는 또 다른 방법은 언어 추출법(language sampling)이다. 이것은 사람들이 일상 발화에서 사용하는 단어들을 통해 어휘 폭을 추정하는 방법이다. 일반적으로 언어 추출법은 아동(또는 성인)에게 발화를 발생시키는 일종의 단서(예: 글자가 없는 그림책, 흥미로운 토론 거리, 치과 의자에 누워 있는 아동과 같이 감정을 유발하는 그림 등)를 주고 그것에 대하여 설명하도록 요구한다. 그런 다음 아동이 발화한 전체 단어 수와 중복하여 발화한 단어 수를 제외한 단어 수(즉, 같은 단어를 세 번 발화하면 단어 하나를 발화한 것으로 간주한다)가 비교된다. 이렇게 얻어진 결과(즉, 백분율)는 어휘적 다양성(lexical diversity)이라 불린다.[20] 어휘적 다양성은 아동의 활성화된 어휘, 즉 일상의 말하기(혹은 쓰기) 상황에서 사용할 만큼 충분히 잘 알고 있을 단어에 대한 정보를 제공한다.[21] 아동을 대상으로 한 표본과 임상 상황에서 수집한 표본 모두에서 어휘적 다양성과 표준화된 표현 어휘 점수 간에는 중간 정도의 상관관계가 있었다.[22] 어휘적 다양성은 표준화 검사 점수에 편향적으로 영향을 줄 수 있는 배경지식과 문화적 차이를 제거하고,[23] 서로 다른 문화적 양육 방식으로부터 영향을 받지 않는 친숙한 방법(예: 대화)을 사용한다는 장점을 가지고 있다.

언어 추출법은 어휘의 크기를 추정하는 데 있어 표준화 검사와는 다른 문제를 가질 수 있다. 실험 상황에서 표본을 얻을 때 연구자는 실험 참가자가 말했지만 해당 주제와 관계없는 모든 단어들은 분석에서 제외한다. 또한 실험 참가자가 어느 시점에서 어떤 것을 설명할 때 사용한 단어들이 다른 시점에서 사용한 단어들과 반드시 일치한다고 할 수 없다. 폴 미라(Paul Meara)와 후안 카를로스 올모스 앨코이(Juan Carlos Olmos Alcoy)는 이러한 문제를 생물학자가 숲에 서식하는 동물의 수를 추정하고자 할 때 생기는 문제에 비유했다.[24] 숲속에서 동물 수를 계산하는 것은 그리 간단하지 않다. 동물이 숨어 있거나 전혀 보이지 않을 때에는 계산되지 않는다. 혹은 한 번 이상 다시 나타날 때에는 수를 과대 추정하게 한다. 동물은 결코 정렬하지 않으며 정확하게 계산될 때까지 기다리지도 않는다.

어휘 폭을 추정하는 또 다른 방법은 사전을 활용하여 단어를 추출하는 방법이다.[25] 예를 들어 연구자는 어떤 사전에 들어 있는 단어를 일정한 간격(예: 60번째 단어마다 혹은 7번째 단어마다)으로 추출하여 표본을 만들 수 있다. 그런 다음 실험 참가자에게 단어를 정의하도록 하거나, 한두 개의 연상 단어를 제시하도록 하거나, 혹은 그 단어를 알고 있는지 또는 모르는지를 말하도록 한다. 그러나 이 방법에도 문제가 있다. 사전이 얼마나 큰가? 특정 인구 집단(예: 아동, 외국어 학습자)을 대상으로 한 커다란 사전 혹은 작은 사전에서 표본을 만들었는가? 전문 용어를 포함하고 있는가? 동음이의어를 포함하고 있는가? 파생 접사가 붙은 단어를 포함하고 있는가? 마지막으로 이와 관련하여 사전을 개발하는 사전 편찬자의 목표와 언어 학습자의 목표가 다르다는 것을 기억할 필요가 있다. 대부분의 언어 학습자는 가능한 한 어휘 폭을 넓히는 것을 목표로 하지 않는다. 언어 학습자는 일상의 언어로 만족스럽게 의사소통하고 이해하는 것을 목표로 한다. 그러나 아동의 상대적인 어휘 폭이 어떻게 추정되느냐와 관계없이 각각의 추정치는 장단점을 동시에 가지고 있다는 것을 기억해야 한다.

1.2. 어휘 깊이의 측정

또 다른 종류의 검사는 때때로 어휘 지식의 깊이(즉, 어휘 지식의 질로도 불린다)를 측정하는 것을 목표로 한다. 아동에게 단어를 정의하도록 하는 것은 어휘 지식의 깊이를 측정하기 위함이다. 이러한 형태의 검사는 아동에게 단어를 제시하고 그것을 정의하도록 요구한다. 이때 단어에 대하여 제한된 지식을 가지고 있는 아동은 모호하게 답하거나 간단하게 답할 것이다. 반면에 보다 깊이 있는 지식을 가진 아동은 단어의 일반적인 의미 범주(예: 살아 있는 것인지, 죽은 것인지, 행동인지, 장소인지 등)를 참고할 뿐만 아니라 몇 가지의 뚜렷한 특징을 제시할 것이다. 보다 최근에는 단어에 대한 정의를 자동으로 채점하는 방법이 개발되었는데, 이것은 해당 단어의 정의에 들어 있는 단어와 어휘 학습자의 대답에 들어 있는 단어 간의 일치 정도를 계산한다.[26] 이러한 일치 정도는 학습자가 단어에 대한 학습을 통해 단어에 대한 지식의 깊이를 심화할수록 높아진다.[27]

단어의 정의를 가지고 어휘 깊이를 측정하는 데에는 한계가 있다. 형식적인 정의에는 상위 범주에 대한 정보와 함께 특징적인 세부 사항이 포함되어야 한다. 예를 들어 늑대에 대한 적절한 정의는 '개처럼 생겼지만 거칠고 커다란 이빨을 가진 동물'이 될 것이다.[28] 이러한 점에서 정의는 초등학생 혹은 보다 어린 아동의 어휘 지식의 깊이를 측정하는 좋은 방법이 아닐 수 있다. 왜냐하면 대체로 아동은 형식적인 정의에 익숙하지 않기 때문이다.[29] 예를 들어 아동은 늑대에 대하여 '위험하고 사납다'고 말할 것이다. 이것은 맞는 말이지만 진정한 정의는 아니다. 더 나아가 이러한 방법으로 사람들이 어휘를 이해하고 있는지를 확인하는 것은 전통적인 문제, 즉 많은 단어의 경우 정의가 가리키는 대상물이 무엇인지 혹은 무엇이 정의가 가리키는 대상물이 아닌지를 구분해 주지 않는다는 의미에서 의미 경계가 분명하지 않다는 문제를 간과하고 있다.

어휘 깊이를 측정하는 다른 방법은 화자가 발화한 단어의 연관성 패턴을 분석하는 것이다.[30] 이것은 화자에게 자극 단어에 대한 연상어(associate)를 말하도록 한 후에, 그것들의 패턴을 보다 수준 높은 언어 사용자가 생성한 패턴과 비교하는 것이다. 예를 들어 제2 언어 학습자와 모국어 학습자가 발화한 연상 단어의 패턴을 비교할 수 있다. 모국어 화자의 경우 몇 개의 중요한 연상어에 연상 단어가 많이 연결되어 있는 패턴을 나타냈다. 이것은 모국어 화자의 어휘집에 들어 있는 단어 간의 의미적 연결이 안정적이라는 것을 의미한다.[31] 반면에 어휘 깊이가 얕은 화자의 연상어 패턴에는 일관된 패턴이 나타나지 않을 것으로 추정된다. 예를 들어 제러바, 슈와넨플루겔 및 요르단카 니코로바(Yordanka Nikolova)는 제2 언어 학습자와 모국어 학습자가 생성한 연상어의 패턴이 거의 일치하지 않음을 발견했다.[32] 심지어 두 집단이 생성해 낸 연상어의 수가 같았을 때조차도 연관성 패턴은 거의 일치하지 않았다.

어휘 깊이를 평가하기 위하여 단어 간 연관성을 활용하는 또 다른 방법은 자극 단어와 연상된 단어의 연관성 형태를 분석하는 것이다.[33] 아동의 초기 단어 지식은 **통합적 연상**(syntagmatic association)을 특징으로 하는데, 이것은 아동이 자극 단어에 대한 연상어를 떠올릴 때 단어가 배열되는 전형적인 순서에 따라 단어를 연상하는 것을 말한다. 예를 들어 '앵무새'에 대하여 '앵무새가 말한다'와 '초록색 앵무새'를 연상하는 것은 모두 통합적 연상이다. 반면에 자극 단어와 동일한 문법적 범주에 속하는 단어를 연상하는 것은 **계열적 연상**(paradigmatic association)으로 간주된다. 따라서 '개'에 대하여 '개-고양이', '개-늑대', '개-애완동물'을 연상하는 것은 모두 계열적 연상이다. 항상 그런 것은 아니지만, 이러한 계열적 연상은 보다 깊은 어휘 지식과 연결되어 있다.[34]

요약하면 어휘 폭과 깊이는 모두 어휘 지식의 중요한 차원이다. 각각의 차원을 평가하는 다양한 방법이 있다. 그러므로 어휘 지식에 대한 연구물을 평가할 때 어휘 지식의 어떤 차원이 평가되었는지를 살펴보는 것은 중요하다.

2. 아동은 얼마나 많은 단어를 알고 있는가

앞에서도 언급했듯이 단어를 안다는 것의 의미는 외견상 단순해 보이지만, 실제로는 복잡할 뿐만 아니라 한계도 있다. 그러나 다양한 발달 단계에서 아동이 얼마나 많은 단어를 알고 있는지를 추정하는 동안에는 이 걱정은 잠시 접어 두자. 우리가 지금부터 제시하는 추정은 모두 단지 '추정'이라는 점을 이해해야 한다.

아마도 어휘 크기를 추정하기 가장 쉬운 집단은 이제 막 언어를 배워 사용하기 시작하는 유아 집단일 것이다. 유아의 어휘 성장과 관련하여 가장 널리 인용되는 연구는 하트와 리슬리의 연구[35]이다. 이 연구에서 연구자들은 아동이 말을 시작하는 시점부터 생후 36개월이 될 때까지 매달 가정을 방문하여 한 시간 동안 가족 구성원과 아동이 한 말을 모두 기록했다. 아동과 가족 구성원이 발화한 단어를 토대로 개개인이 발화한 단어 수가 계산되었다(반복 발화된 단어는 하나의 단어로 계산된다).

이 연구의 목적은 어휘에서의 계층 차이를 규명하는 것이었기 때문에 연구자들은 중상류층 13가구, 중류층과 노동자 계층 23가구, 빈곤/복지 지원 대상 6가구를 연구 대상으로 삼았다. 이들은 아동이 말을 시작한 시점부터 생후 36개월이 될 때까지, 중상류층 아동이 발화한 단어(1,116개)가 중류층과 노동자 계층 아동이 발화한 단어(749개)와 빈곤층 아동이 발화한 단어(525개)보다 많다는 사실을 발견하였다. 놀랍게도 이 연구는 아동의 어휘 크기가 가족 구성원들이 아동과 말할 때 사용한 단어의 수 및 부모가 자녀에게 말할 때 사용한 단어의 수를 반영한다는 사실을 발견하였다. 연구자들은 3세가 될 때까지 중상류층 가정의 아동이 빈곤 가정의 아동보다 3,000만 개의 단어에 더 많이 노출될 것으로 추정했다.

이 연구는 획기적이지만 확실히 여러 문제점을 안고 있다. 가장 큰 문제점은 극빈층 가정의 아동이 연구에 많이 참여하지 않았다는 것이다. 이들 가정이 자신이 속한 사회경제적 계층을 대표할 수도 있고 대표하지 않을 수도 있다. 두 번째로 아동이 발화한 단어의 수는 실제로 그들이 이해하고 있는 단어의 수를 필연적으로 나타내지 않을 수 있다. 확실히 아동의 이해 어휘는 가정이라는 제한된 환경에서 발화된 표현 어휘를 능가할 것이다. 세 번째로 빈곤 가정에서 연구를 위해 방문한 중상류층 계층의 연구자들을 좀 더 경계했을 가능성도 있다(반대로 빈곤층 연구자들이 부유층 가정의 상호작용을 기록하기 위해 그들의 가정으로 들어갈 때의 어색함을 상상해 보라.). 마지막으로 커트 더들리-말링(Curt Dudley-Marling)과 크리스타 루커스(Krista Lucas)는 하트와 리슬리가 빈곤 가정의 언어, 문화, 상호작용 방식을 병리적인 것으로 보았다는 점에서 결핍 관점을 기반으로 한 이들의 결론에 반대했다.[36]

줄리엔 메이어(Julien Mayor)와 킴 플링켓(Kim Plunket)은 어린 아동의 어휘 크기가 성장하는가를 규명하기 위하여 다른 방법을 적용했는데,[37] 이들은 영유아의 어휘 발달을 평가하는 데 가장 널리 사용되는 맥아더-베이츠(MacArthur-Bates)의 의사소통 발달 검사도구(CDIs, Communicative Development Inventories)[38]로 획득한 자료와 특정 아동의 표현 어휘를 체계적으로 기록한 일기 자료를 비교하였다.[39] 그렇게 함으로써 연구자들은 다양한 연령대에 속하는 아동들의 총 어휘 크기를 추정할 수 있었다. [표 7-2]는 전형적인 아동이 16~30개월 사이에 발화할 듯한 단어의 수를 백분위 20, 백분위 50, 백분위 75로 나타내고 있다. 생후 30개월쯤에는 상위 25백분위의 아동과 하위 25백분위의 아동의 어휘 크기가 대략 두 배 차이가 난다. 이처럼 어휘는 다른 사람보다 유리한 위치가 일찍 정해진다.

[표 7-2] 유아의 표현 어휘 크기에 대한 추정치[40]

나이(개월)	백분위		
	25	50	75
16	18	46	98
18	30	84	187
20	78	194	408
22	121	389	710
24	221	500	914
26	308	775	1,258
28	512	833	1,203
30	873	1,353	1,704

　　전형적인 초등학생의 어휘 크기를 추정하기 위한 연구도 많이 수행되었다. 아마도 가장 널리 알려진 연구는 제러미 앵글린(Jeremy Anglin)의 연구인데, 그는 사전 추출법을 활용하여 초등학생이 알 수 있는 주요 표제어를 추출하였다.[41] 이 연구에서 아동은 제시된 단어의 뜻이 무엇인지를 말하고, 만약 대답하지 못하면 그 단어를 사용하여 문장을 만든다. 만약 문장도 만들지 못하면 제공된 네 개의 선택지에서 그 단어에 해당하는 뜻을 골라야 한다. 이를 토대로 앵글린은 평균적으로 초등학교 1학년 학생의 어휘 크기는 1만 398단어, 초등학교 3학년과 5학년 학생의 어휘 크기는 각각 1만 9,142단어, 3만 9,994단어라고 추정했다. 이러한 단어 중에서 약 50%는 학생들이 뜻을 알고 있는 단어였으며, 12~14%는 문장을 만들 때 사용할 수 있는 단어였다. 그리고 약 3분의 1은 네 개의 선택지에서 올바른 뜻을 고름으로써 식별될 수 있는 단어였다. 그는 이러한 추정치가 일반적으로 아동이 초등학교 기간 동안 하루에 약 9개의 단어를 배운다는 것을 의미하며, 이것은 초·중·고등학교 동안 하루에 8개의 단어를 습득

한다는 윌리엄 내기(William Nagy)와 퍼트리샤 허먼(Patricia Herman)의 추정치[42]와도 유사하다고 언급했다. 하루에 8~9개씩의 단어가 늘어난다는 것은 어휘 성장의 속도가 매우 빠르다는 것을 의미한다.

그러나 이것이 일반적으로 받아들여지는 추정치가 아니라는 점에 유의할 필요가 있다. 만약 단어 혹은 어근 단어(root word)에 초점을 둔다면 성장 속도는 느려진다. 예를 들어 이저벨 벡(Isabel Beck)과 마거릿 맥키온(Margaret McKeown)은 초등학교 시기 동안 하루에 얻을 수 있는 어근이 단지 2~4개 정도라고 추정했다.[43] 앤드루 비밀러(Andrew Biemiller)와 놈 슬로님(Noam Slonim)은 아동의 단어 발달에 대해 오직 어근 발달에 초점을 두고 대규모의 연구를 수행했으며,[44] 이때 어근은 접두사와 접미사가 제거된 기초 단어를 말한다. 대략적으로 아동이 알고 있는 단어의 절반은 어근이다.[45] 비밀러와 슬로님은 『현대 단어 어휘(Living Word Vocabulary)』[46]에서 추출한 단어를 사용하여 문장을 만든 후 아동에게 문장 안에 있는 단어의 뜻을 물었다. 예를 들어 아동은 "물질은 반투명하다. 반투명하다의 뜻은 무엇인가?"라는 질문을 받았다. 연구자들은 일반적 환경에서 생활하는 아동(공립학교에 다니는 극빈층 아동, 노동자 계층 아동, 중류층 아동)과 좋은 환경에서 생활하는 아동(대학 부속학교에 다니는 중상류층 아동)의 어휘를 추정했다. 연구자들이 추정한 아동의 어휘 크기는 [표 7-3]에 나타나 있다.

연구자들은 아동의 어근 단어 습득에서 두 가지 경향을 발견하였다. 첫째, 일반적 환경의 아동은 2학년 이전에는 하루에 약 2.2개의 어근을 습득하는 성장 속도를 보였다. 반면에 좋은 환경의 아동은 하루에 2.4개의 약간 빠른 성장 속도를 보였다. 그러나 초등학교가 끝나는 5학년 무렵에 두 집단 아동의 성장 속도가 바뀌었다. 일반적 환경의 아동은 하루에 2.9개의 어근 성장 속도를 보인 반면에 좋은 환경의 아동은 하루에 2.3개의 어근 성장 속도를 보였다. 본질적으로 덜 좋은 환경의 아동이 좋은 환경의 아동을 따라잡기 시작한다. 둘째, 2학년을 시작할 때 어근 어휘 크기가 급

[표 7-3] 유치원~7학년 아동의 어근 어휘 크기에 대한 추정치[47]

	집단	
학년	일반적 환경의 아동	좋은 환경의 아동
유치원	2,924	3,173
1	2,669	4,295
2	5,175	6,157
3	5,759	7,397
4	6,794	7,164
5	8,411	8,685
6	8,737	9,492

격하게 증가했다. 이 시기는 아동이 보다 복잡한 읽기 자료를 읽기 시작하며 언어적 성장만큼이나 엄청난 인지적 성장을 경험하는 때이다. 때때로 이러한 현상은 5세에서 7세로의 이행(five-to-seven shift)으로 불린다.[48]

학령기 동안 아동의 어휘 크기를 정확하게 추정하는 것은 왜 중요한가? 만약 아동의 어휘 성장이 아동에게만 맡겨져 더디게 이루어진다면, 학교의 어휘 프로그램이 아동의 어휘 성장에 현저한 영향을 미칠 수 있기 때문에 중요하다. 즉, 학교의 어휘 프로그램은 어휘 크기가 작은 아동에게 새로운 어휘를 배울 기회를 제공할 것이며, 결국 또래의 언어 능력을 따라잡게 할 것이다. 반면에 어휘 크기가 큰 아동의 경우, 일반적으로 매년 350~500개의 단어를 가르치는 학교 어휘 프로그램이 궁극적으로 그들의 어휘 크기에 뚜렷한 영향을 미칠지를 알기 어렵다. 본질적으로 열악한 환경의 아동은 좋은 환경의 아동을 절대로 따라잡을 수 없다. 하트와 리슬리 같은 연구자는 열악한 환경의 아동이 좋은 환경의 친구를 따라잡을 가능성에 대해 비관적이다.[49] 반면 비밀러와 같은 연구자는 그것에 대해 보다 낙관적이다.[50]

마지막으로 평생 동안, 심지어 학교를 떠난 후에도 어휘 크기는 계속해서 확장되는 듯하다. 폴 베르하겐(Paul Verhaeghen)은 18~30세 사이의 청년층과 60세 이상의 노년층을 비교한 연구들에 대한 메타분석을 통해 연령이 증가함에 따라 표준화 어휘 검사의 점수가 높아짐을 확인하였다.[51] 62~80세의 고령자는 18~35세의 젊은 성인보다 대략적으로 .80 정도 높은 표준편차를 얻었다. 이를 표준 점수로 나타내면, 즉 평균이 100이고 표준편차가 15인 척도에서의 표준 점수로 나타내면 고령자가 젊은 성인보다 12점 더 높은 표준 점수를 얻었음을 확인할 수 있다. 이것은 젊은 성인을 '보통 수준'이라고 했을 때 고령자는 '우수한 수준'에 해당됨을 뜻한다.[52] 연령에 따라 어휘 크기가 커지는 것은 특히 표현 어휘에서 뚜렷하며, 교육 수준을 통제한 후에도 나타난다. 사실상 노화 연구에서 빈번하게 관찰되는 인지 능력의 저하에도 불구하고 어휘 능력은 진정으로 희망적인 부분으로 남아 있다.

3. 학령기 아동이 발달해야 하는 중요한 어휘 영역

앞에서 설명했듯이 모든 단어는 비슷해 보인다. 즉, 단어는 단어이다. 그래서 모든 단어가 동일하게 학습될 것처럼 보이거나 혹은 학습되지 않을 것처럼 보인다. 하지만 단어 간에는 차이가 있는데, 어떤 단어는 다른 단어보다 일찍 학습될 뿐만 아니라 어떤 면에서 다른 단어보다 더 잘 학습된다. 이 절은 아동의 단어 학습에 시사점을 주는 세 부문, 즉 단어의 구체성, 인지 동사, 학술 어휘에 초점을 두었다.

3.1. 구체어와 추상어

많은 연구는 단어가 전달하는 구체성이 단어를 구분 짓는 기본적인 의미적 특성임을 밝히고 있다. 예를 들어 단어가 가지는 다양한 특성들(예: 철자, 발음, 이미지, 의미, 빈도 등) 간의 관계를 탐구한 요인 분석은 구체성이 단어를 구분 짓는 중요한 변수임을 일관되게 보고하였다.[53] 5장에서 언급했듯이 추상어는 구체어보다 심상을 덜 환기시킬 뿐만 아니라 보다 적은 수의 감각적 지시 대상을 갖는 단어이다. 간단히 말하면 아동은 추상적 어휘를 구체적 어휘보다 나중에 획득하는 경향이 있다.

어린 유아의 언어 말뭉치를 자세히 살펴보면,[54] 유아가 처음으로 사용하는 명사의 어떤 것도 추상어가 아니라는 것을 알 수 있다. 구체어가 보다 빨리 아동의 어휘 목록에 들어오는 이러한 경향은 초등학교까지도 계속된다. 예를 들어 로저 브라운(Roger Brown)은 아동이 구체 명사와 구체 동사의 사용에 편향성을 보이는지를 파악하기 위하여 1학년 학생이 사용하는 고빈도 단어를 비교했다.[55] 1학년 학생이 사용한 고빈도 단어 중에서 명사의 75%와 동사의 67%가 구체어였다. 반면에 성인이 사용한 고빈도 단어 중에서는 명사의 28%와 동사의 33%만이 구체어였다. 유사한 관점에서 슈와넨플루겔은 아동의 대화, 편지, 이야기를 토대로 한 헨리 린스랜드(Henry Rinsland)의 단어와 성인들의 말뭉치에서 추출한 성인들이 고빈도로 사용하는 추상명사와 구체명사를 비교하여 추상명사와 구체명사 간의 편향성[56]을 규명하였다.[57] [그림 7-1]은 구체 명사와 추상 명사 간의 차이가 발달적으로 상당히 지속됨을 보여 준다.

2학년까지 아동은 고빈도 구체 명사의 약 85%를 획득하였지만 중학교가 끝날 때까지 비슷한 빈도로 추상 명사를 획득하지는 못했다. 수업 관점에서 볼 때 만약 단어가 추상어라면 그것은 아마도 수업으로 채워야 하는 어휘적 공백일 수 있다. 5장에서 논의했듯이 확실히 추상적 어휘의 부족, 또는 추상적 어휘에 대한 부분적 지식은 해당 단어에 대한 아동의 읽기를 방해할 수 있다.

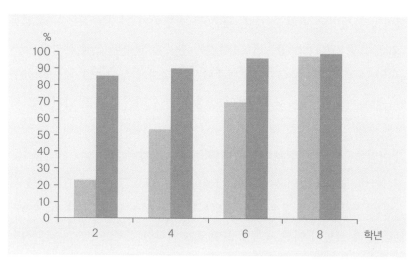

[그림 7-1] 2학년부터 8학년 시기의 아동이 습득하는 고빈도 추상 명사(왼쪽)와 구체 명사(오른쪽)의 백분율[58]

3.2. 인지 동사

인지 동사는 사고나 지식에 대한 정신적 상태를 나타내는 단어이다. 알다, 인지하다, 기억하다, 망각하다, 추측하다, 이해하다, 믿다, 추정하다와 같은 동사가 여기에 해당한다. 인지 동사에 대한 이해는 매우 긴 발달적 궤적을 가진다. 어린 아동은 말을 시작할 때부터 인지 동사를 사용하지만 협소하고 정형화된 방식, 즉 '무엇을 안다고(Know what)?'와 같은 방식 정도로만 사용한다.[59] 어린 아동의 경우 네 살까지는 자신이나 다른 사람의 정신적 상태를 명료하게 나타내는 데 인지 동사를 사용하지 않는다.[60] 초등학생은 어휘 목록에 많은 인지 동사를 가지고 있지만, 초등학교 시기 동안 이러한 인지 동사의 어휘집은 그 단어들이 가리키는 인지적 활동(예: 추론하기, 추정하기, 가설 세우기 등)의 구성적 특성에 대한 보다 깊은 이해를 반영하기 위해 재조직된다.[61] 이 부분의 성장은 청소년기까지 계속되어 의심하다, 추측하다, 추론하다, 가설을 세우다 등과 같은 보다 수준 높은 인지 동사에 대해 이해하게 된다.[62] 성인의 경우 인지 동사의 구성적 특성이 인지 동사의 조직과 관련된 가장 중요한 특징이다. 따라서 우리는 의심하다, 추측하다, 추론하다, 가설을 세우다와 같은 단어가 구성적 특성을 가지고 있다고 생각한다. 이러한 점에서 구성적 단어는 보다, 인지하다, 암기하다와 같은 덜 구성적인 단어와는 다르다. 아동은 자신이 사용하는 많은 인지 동사의 구성적 특성을 인식하지 못할 수도 있다.

인지 동사는 학교에서 사용하는 언어이며 학교 교육에서 매우 중요하다. 인지 동사는 이야기에 등장하는 인물의 정신적 상태를 기술하는 데 중요하기 때문에, 이야기를 이해하는 토대가 된다. 자녀와 함께 동화책을 읽을 때 부모는 인지 동사로 등장인물의 정신적 상태를 자주 나타낸다.[63] 베로니카 오나기(Veronica Ornaghi), 브록마이어 및 일라리아 그라자니 가바치(Ilaria Grazzani Gavazzi)는 동화책에 인지 동사를 많이 포함시키고 그것에 대해 논의하도록 하는 연구를 수행했다.[64] 연구 결과에 따르면, 미취학 아동은 인지 동사에 대한 이해가 증진되었을 뿐만 아니라 자신뿐만 아니라 친구의 심리를 보다 잘 이해할 수 있게 되었다. 일반적으로 동화책에서 인지 동사는 등장인물의 겉으로 드러나지 않은 정신적 상태를 이해하는 데 도움이 된다.[65] 이러한 점에서, 어린 아동과의 책읽기에서 등장인물의 정신적 상태를 나타내는 단어에 보다 많은 초점을 두는 것은 아동의 초기 문식성 기능을 발달시키는 데 긍정적인 영향을 준다.

3.3. 학술 어휘

학술 어휘(academic vocabulary)는 학문적인 영역에서 사용되는 단어를 지칭한다. 내기와 다이애너 타운센드(Dianna Townsend)는 학술 언어를 '학술적 내용에 대한 소통과 사고를 가능케 하는 학술 환경에 특화된 언어(문어 및 구어)'[66]로 정의했다. 대체로 이러한 단어는 사회적 환경과 일상적인 의사소통 상황에서는 사용되지 않는다. 읽기 맥락에서 학술 어휘는 학문적 아이디어를 전달하는 인쇄물이나 디지털 미디어에서 발견되는 단어를 포함한다.

학술 어휘는 일상의 대화 어휘나 동화책의 어휘와는 다른 몇 가지의 특성을 가지고 있다. 학술 어휘는 독일어나 라틴어에서 더 많이 유래하는 경향이 있다.[67] 학술 어휘는 형태적으로 복잡한 편인데, 이것은 발달적으로 다소 늦게 습득되는 파생 접사가 사용되거나 형태적 변형(예: 동사나 형용사의 명사화: '증발하다'가 '증발'로 혹은 '습한'이 '습도'로 변한 것)이 발생하기 때문이다.[68] 학술 어휘는 명사, 특히 추상 명사일 가능성이 높으며, '정확하게 균형 잡힌 실내 습도'와 같이 복잡하고 자세하게 표현된 명사구에서 나타날 가능성이 있다.[69] 이 모든 특성은 학술 언어를 특히 어렵게 만든다.

대체로 학술 어휘에 초점을 둔 중재 프로그램은 중간 정도의 효과 크기(effect size)를 나타내는 성공을 거두었다.[70] 대부분의 중재 프로그램은 학생이 배우고 있는 글로부터 몇 개의 학술 단어를 선별하여 그 의미와 더 큰 화제에서 의미 간의 관계에 대한 수업을 제공한다. 또한 이러한 프로그램은 일반적으로 단어를 다양한 방식으로 익힐 수 있는 차후 활동을 포함하고 있다.[71]

4. 왜 풍부한 어휘를 갖는 것이 중요한가

풍부한 어휘를 갖는 것은 세계를 보다 깊이 이해하는 능력을 갖도록 하여, 이상적인 인지적 기능을 가능케 한다. 이 절에서는 인지적 기능을 극대화하기 위해 어휘가 작동하는 주요 방식 네 가지에 대해 설명한다.

4.1. 어휘는 세상을 인식하는 차이를 형성하고 기억하도록 돕는다

우리는 풍부한 어휘를 가짐으로써 세상을 좀 더 깊이 이해할 수 있다. 이 주장은 19세기의 유명한 목사이자 수필가인 헨리 비처의 명언, 즉 '모든 단어는 의미(아이디어)를 매어 두는 말뚝이다'를 떠올리게 한다. 이 인용문이 암시하듯이 어휘 지식과 화제 지식(topic knowledge)은 밀접하게 연관되어 있다.[72] 누군가가 어떤 화제에 대해 얼마나 잘 알고 있는가를 확인하는 빠른 방법의 하나는 해당 화제와 관련 있는 단어를 나열하고 그에게 그것의 관계를 구성해 보도록 하는 것이다.[73] 더 나아가 한 문화 안에서 사용되는 특정한 어휘를 살펴보면, 그 어휘를 사용하는 사람들이 어떤 영역에 대해 갖는 인지적 통찰을 이해할 수 있다.[74] 예를 들어 재닛 도허티(Janet Dougherty)는 대부분의 미국인이 다양한 나무 종류를 대략적으로 나무, 소나무, 종려나무로 구분할 수 있는 반면에, 보통의 마야 첼탈(Tzeltal)족* 아동은 100여 가지의 서로 다른 식물, 나무, 풀을 언어적으로 변별할 수 있음에 주목하였다.[75] 종종 첼탈족 아동은 숲속 여기저기를 식량을 찾아 돌아다니기 때문에 단어를 가지고 있는 것이 사물들 간의 중요한 차이를 기억하는 데 유용하게 작용한다. 이것은 단어를 가지고 있지 않다고 해서 사물을 구별할 수 없다는 말이 아니다. 아마도 단어를 가지고 있다면 사물을 좀 더 쉽게 구별하거나 기억할 것이다. 어휘가 지식과 중요하게 관련되어 있다는 생각은 교사가 교실 수업에서 한 영역의 내용 지식을 가르치는 것의 핵심적인 부분으로서 그 영역에서 사용되는 어휘의 의미를 가르치는 것에서 쉽게 확인할 수 있다.

....

* 멕시코 남동부에 살고 있는 마야족.

4.2. 어휘 크기는 지능과 관련된다

일반적으로 어휘는 지능에서 중요하다. 어휘 표준화 검사와 언어 지능지수(verbal IQ) 간에 안정적인 상관관계가 있다는 사실은 잘 알려져 있다. 이와 관련하여 로버트 스턴버그(Robert Sternberg)는 다음과 같이 말하였다.[76]

어휘는 아마도 개인의 전반적인 지능 수준을 나타내는 가장 좋은 단일 지표일 것이다. 달리 말하면 누군가가 심리측정학적으로 개인의 지능을 보다 빠르고 그다지 복잡하지 않은 방법으로 측정하기를 원한다면, 또한 단 하나의 간단한 검사로 측정해야 한다면 일반적으로 어휘는 심리측정학적 지능 검사의 전체 점수를 가장 잘 예언하는 예측 변수일 것이다.[77]

실제로 많은 연구가 표준화 검사와 지능지수 간에 강한 상관관계가 있다는 것을 보여 준다. 론 듀몬트(Ron Dumont)와 존 월리스(John Willis)에 따르면 피바디 그림 어휘 검사(3판)(PPVT-III, 이해 어휘 검사)의 표준 점수와 아동용 웩슬러 지능 검사(3판)(WISC-III, 지능 검사로 널리 사용된다)의 표준 점수 간에는 연령에 따라 .82~.92 정도의 상관관계가 있다.[78] 캐슬린 윌리엄스(Kathleen Williams)는 표현 어휘 검사의 표준 점수와 아동용 웩슬러 지능 검사의 언어 지능지수 간에 .72의 상관관계가 있음을 보고했다.[79] 피바디 그림 어휘 검사(3판)와 성인용 카우프만 지능 검사(Kaufman Brief Intelligence Test) 간에는 .62~.82의 상관관계가 있다.[80] 그러나 조너선 캠벨(Jonathan Campbell), 스티븐 벨(Stephen Bell) 및 로리 키스(Lori Keith)가 언급했듯이,[81] 어휘 표준화 검사는 소수 집단 아동의 지능지수를 추정하는 데 적절하지 않기 때문에 아마도 학교에서 진단적 지능지수 검사를 어휘 검사로 대체하지는 않을 것이다.

어쨌든 일정 정도 아동의 초기 어휘 능력은 그들이 성장했을 때의 지능지수를 예측하는 데에도 사용될 수 있다. 버지니아 마치만(Virginia Marchman)과 퍼날드는 의사소통 발달 검사도구(CDIs)로 측정한 중상류층 유아의 어휘 능력과 그들이 8세가 되었을 때 측정한 지능지수 간에 유아의 다른 인지 능력이 통제되었을 때에도 .53의 상관관계가 있음을 보고했다.[82]

종합하면 앞서 언급했던 스턴버그의 주장은 대체로 정확하다. 그러나 이처럼 상관관계가 높게 나타난 이유는 현재까지 확실하지 않다. 스턴버그는 동일한 기초적인 인지 과정이 지능과 어휘 모두에 관여한다고 주장한다.[83] 지능과 어휘 능력 모두는 주변 환경에서 정보를 선택하는 능력과 관련된다. 더 나아가 마치만과 퍼날드는 언어를 처리하고 해석하는 초기 능력이 나중의 다양한 지적 성취를 위한 토대가 된다고 주장한다.[84]

4.3. 어휘는 철자와 해독에 필요한 음운적 변별을 돕는다

3장에서 언급했듯이 어휘는 아동에게 단어의 음운적 차이를 반영하도록 어휘집을 재구조화하기를 촉구하는 핵심적인 요소이다. 단어의 음운적 차이를 변별하는 것은 단어를 해독하고 단어를 해독하는 방법을 학습하는 데 있어 핵심이 된다. 그리고 단어에 대한 음운적 변별은 음운 인식의 발달을 가능케 한다.

아동은 자신의 어휘집에서 단어가 표상되는 방식을 일반화함으로써 음운 체계를 습득한다. 어떤 자모음 소리가 아동의 어휘 목록에 들어 있는 여러 단어에서 나타나는 소리일 때 그들은 이러한 소리를 좀 더 정확하게 표상하고 재생할 수 있다. 보다 많은 어휘를 가진 아동은 좀 더 견고하게 일반화된 음운 체계를 가진다. 이들은 빈번한 음운적 패턴과 덜 빈번한 음운적 패턴(즉, 단일음과 음절) 모두를 정확하게 표상하고 빠르게 인출할 수 있다. 그들이 가진 어휘 목록 안에는 빈번하거나 덜 빈번한 음운적 패턴에 대한 대조는 물론, 음운적 패턴에 대한 일반화가 이루어질 수 있는 것이다. 반면에 보다 적은 어휘를 가진 아동은 덜 친숙한 음운적 패턴을 잘 표상하지 못하며, 이 패턴에 취약하다. 대체로 이들의 어휘 목록에는 이와 같은 음운적 패턴이 포함되어 있지 않다. 잰 에드워즈(Jan Edwards), 메리 벡맨(Mary Beckman) 및 벤저민 먼슨(Benjamin Munson)에 따르면, 더 적은 어휘를 가진 아동은 친숙하지 않은 음운적 패턴으로 되어 있는 비단어를 정확하게 재생하는 데 어려움을 겪는다.[85] 이 문제는 차후에 이들이 문식 능력의 발달을 위해 친숙하지 않은 음운적 패턴에 대한 처리 능력을 습득할 필요가 있을 때에 표면화된다.

4.4. 어휘는 읽은 것을 더 잘 이해하도록 돕는다

글을 읽으면서 모르는 단어를 많이 접하게 되면 어휘 부족으로 인하여 독해가 방해받을 것이라는 점은 쉽게 이해된다. 친숙하지 않은 영역의 전문 용어로 가득 채워진 책을 읽은 적이 있다면 여러분은 이해의 부족과 혼란을 경험했을 것이다. 사실상 많은 연구들이 어휘 지식과 독해 사이에 강한 관련성이 있다는 것을 지속적으로 밝혀 왔다. 예를 들어 초등학생을 대상으로 수행한 연구는 표준화 어휘 평가(앞서 언급했듯이 어휘 크기를 측정하는 평가이다)와 독해 능력 간에 .35~.55 정도의 상관관계가 있음을 발견했다.[86] 그러나 울레트는 어휘 지식의 깊이가 수용적 지식(receptive knowledge)을 넘어서는 읽기 능력을 결정짓는 데 특히 중요하다는 점을 발견했다.[87] 그가 예측 변수로 어휘 지식(이해 어휘 지식, 표현 어휘 지식, 어휘 깊이) 모두를 포함했을 때 초등학교 4학년 학생의 어휘 능력과 독해 능력 간에는 .76의 상관관계가 나타났다. 따라서 어휘 크기와 어휘 깊이는 모두 글을 잘 이해하는 데 중요하다고 하겠다.

그렇지만 이러한 상관관계는 우리에게 어떻게 어휘 지식이 독해에 도움이 되는지에 대해서는 정확하게 말해 주지 않는다. 단어의 의미를 알지 못하면 분명 문장을 이해하기 쉽지 않을 것이다. 그러나 어휘와 독해 간의 관련성은 다양한 원인으로 나타날 수 있다. 어휘 지식이 어떻게 독해에 도움이 되는가를 설명하는 최소 네 가지의 가설이 있다. 어휘 질적 수준 가설(lexical quality hypothesis)과 도구 가설(instrumentalist hypothesis)은 어휘 능력이 높은 개인이 보여 주는 우수한 독해가 어휘 자체로부터 직접적으로 기인한다고 본다. 적성 가설(aptitude hypothesis)과 지식 가설(knowledge hypothesis)은 어휘가 독해에 주는 이점이 어휘 자체라기보다는 그것과 관련된 다른 요소로부터 간접적으로 기인한다고 본다.

어휘 질적 수준 가설[88]에 따르면 일부 독자에게서 발견되는 우수한 이해 기능은 그들의 일반적인 단어 표상 능력에서 기인한다. 어휘 질적 수준(lexical quality)은 어휘의 폭과 깊이뿐만 아니라 단어의 철자적, 음운적, 형태통사적 자질에 대한 정확성을 포함한다. 이 가설에 따르면 어떤 아동은 이러한 어휘적 자질에 대하여 불완전하고 낮은 수준의 표상 능력을 가지고 있다. 예를 들어 이러한 아동은 철자에 대한 표상 능력의 부족으로 '사람'과 '사랑'과 같이 철자가 유사한 단어의 뜻을 혼동할 수 있다. 이해 능력에 문제가 있는 아동의 경우 이러한 어휘적 자질이 단어 표상과 덜 견고하게 연결되어 있는 것으로 여겨진다. 단어를 정확하게 표상하는 능력의 부족은 글을 이해하는 과정에서 글의 의미를 추출하는 데 주요한 장애물로 작용한다. 불완전한 어휘적 표상은 '사람'과 '사랑'의 예에서처럼 문맥에 부합하지 않는 단어를 활성화시킬 것이다. 이러한 비효율적인 인출은 글의 내용을 추론하고 새로운 정보를 통합하는 데 사용되어야 하는 인지적 자원을 침해할 것이다. 실제로 스티븐 해밀턴(Stephen Hamilton), 에린 프리드(Erin Freed) 및 데브라 롱(Debra Long)은 어휘 능력과 읽는 동안 새로운 명사를 현재 진행되고 있는 글에 대한 표상으로 통합시키는 독자의 능력이 관련되어 있음을 발견했다.[89]

도구 가설[90]은 어휘를 많이 아는 것이 인과적으로 독해에 영향을 미친다고 가정한다. 아동이 읽고 있는 단어의 뜻을 알지 못한다면, 예를 들어 20개의 단어 중에서 한 개의 단어를 모른다면 그 아동은 독해에 어려움을 겪을 것이다. 이러한 어려움은 순전히 어휘의 부족에서 기인할 수 있다. 이것을 고려하면 어휘 지도가 직접적·인과적으로 독해 능력을 향상한다고 예측할 수 있다. 사실상 이 가설은 교사에게 가장 중요한 가설이다. 왜냐하면 이 가설은 직접적이든 아니든 어휘 지도의 상대적 가치를 결정하기 때문이다. 만약 어휘 지도가 아동의 독해 능력을 실질적으로 향상한다면 어휘 지도를 교육과정의 중요한 요소로 포함시키는 것이 타당하다.[91]

최근에 독해에 대한 어휘 지도의 효과성을 탐구한 엘러맨, 엔디아 린도(Endia Lindo), 폴 모피(Paul Morphy) 및 콤프턴의 메타분석 연구는 도구 가설을 부분적으로 지지한다.[92] 이 연구에 따르면 어떤 글에 들어 있는 단어에 대한 지도는 해당 글에 대한 이해를 향상시킨다. 도구 가설로 예상할 수 있듯이 어휘 지도를 통해 습득된 어휘의 양과 향상된 독해 능력 점수 간에는 중간 정도의 상관관계가 있었다(.43). 아쉽게도 어휘 지도의 긍정적인 효과는 지도한 단어를 포함하고 있는 글에 국한될 뿐 일반적인 독해 능력으로는 전이되지 않았다. 이것은 교사에게 어휘 지도의 효과는 글에 따라 달라지는 효과일 뿐 사람들이 희망하는 폭넓은 전이 효과를 나타내지는 못한다는 사실을 알려 준다. 중요한 것은 어휘 지도의 이점이 읽기 부진(reading difficulties)을 경험하는 아동에게 더 크다는 것이다. 이 메타분석 연구는 어휘 지도가 읽기 부진을 경험하는 아동의 독해 능력을 향상하는 데 중요하다는 사실을 발견했다.

앞서 언급했듯이 적성 가설[93]은 지능지수가 높은 독자가 더 풍부한 어휘를 가지는 경향이 있다는 점을 지적한다. 지능이 높은 사람들은 풍부한 어휘를 필요로 하는 언어적 변별력을 가지고 있으며 읽은 것을 더 잘 이해하는 경향이 있다. 실제로 언어 지능지수와 어휘는 상관관계가 매우 높기 때문에 한 요인의 작용을 다른 요인의 작용과 구별하기 어렵다.[94] 이러한 이유로 읽기 연구에서 종종 어휘 표준화 검사는 일반적인 언어 지능지수 검사를 대신하여 사용된다.[95] 따라서 풍부한 어휘가 독해에 주는 효과는 단지 언어적 영리함이 간접적으로 나타난 결과일 수 있다.

이러한 생각과 관련되어 있는 가설이 지식 가설이다. 이 관점은 어휘가 개인의 일반적인 개념 지식을 반영하고 있다고 생각한다.[96] 실제로 우리는 종종 한 영역에 대한 개인의 지식을 해당 영역의 어휘를 측정함으로써 확인할 수 있다.[97] 영역에 대한 어휘 지식 없이 그 영역에 대한 지식을 갖기 어렵다. 다양한 영역에서 많은 지식을 가진 사람들은 어휘 능력이 더나은 경향이 있다. 어떤 점에서 폭넓은 일반 지식을 가지는 것은 지능지수가 높은 것과 동일한 것으로 여겨지는데, 이것은 지능지수가 높은 사람들이 일반적으로 더 빠르고 보다 넓게 지식을 습득하기 때문이다. 지식 기반이 단단한 사람들이 글을 더 잘 이해하는 경향이 있다. 왜냐하면 독해라는 과제에 동원할 폭넓은 지식을 가지고 있기 때문이다. 폭넓은 어휘와 우수한 독해 능력은 잠재적으로 더 큰 지식 기반으로부터 비롯된다.

5. 새로운 단어를 학습하는 방법

앞서 언급했듯이 아동의 어휘 학습은 빠른 속도로 이루어지는데, 이 과정에 대해서는 약간의 설명이 필요하다. 일부 연구자는 일단 유아가 대략적으로 50개의 단어(이 절에서 '단어'는 '사물의 이름'을 뜻한다)를 습득하면 새로운 단어를 빠르게 학습하는 능력이 나타난다고 주장한다.[98] 새로운 단어(사물의 이름)를 다양한 상황과 같은 종류(범주)의 사물에 일반화하는 것은 이러한 학습 폭발(learning spurt) 시기 이전에는 잘 나타나지 않는다. 아동이 단어가 처음의 혹은 좁은 의미로 규정했던 사물(예: 다리가 네 개 있고 앉을 수 있는 것이 '의자'이다)을 넘어서서 일반화(예: 사람이 걸터앉는 데 쓰는 기구가 '의자'이다)될 수 있다는 것을 깨달으면, 아동은 애초에 학습했던 단어의 의미를 동일한 범주에 속하는 다른 사물에도 일반화할 수 있다. 일단 아동이 이것을 이해하면 단어 폭발(word spurt)이 나타나는데, 이때 그들은 몇 주에 두세 개의 단어를 습득하다가, 하루에 약 5~10개의 새로운 단어를 습득하게 된다.[99]

단어 폭발의 개념은 단어 학습이 갑자기 빨라지는 유아기 동안 단어 학습 속도에 변곡점이 있음을 의미한다. 어떤 연구는 그 변곡점을 찾는 데 실패해, 단어 학습 속도가 유아기 동안 오히려 일정하다고 주장한다.[100] 다른 연구는 아동이 눈에 띄는 단어 폭발을 여러 차례 경험할 수 있지만, 이것이 명백하게 특정 발달 단계 혹은 언어 발달 단계와 관련될 수도, 관련되지 않을 수도 있음에 주목하였다.[101] 그럼에도 불구하고 연구자들은 충분한 언어적 및 환경적 자극이 주어질 때에 아동의 어휘가 급격히 증가한다는 데에 의견을 같이한다. 아동은 겉으로 보이는 것만큼 빠르게 자신들의 어휘를 증가시키는 데 사용할 많은 기제를 가지고 있다.

5.1. 상호 배타성과 새로운 이름-이름 없는 범주 과정

상호 배타성(mutual exclusivity)이란 아동이 대상의 이름을 이미 알고 있다면 그 대상에 새 이름을 추가로 붙일 수 없다고 가정함으로써 새로운 대상에 대한 잠재적 이름을 습득하는 경향을 말한다.[102] 아동은 대상을 지칭하는 이름이 상호 배타적인 특성을 갖는다고 생각한다. 다시 말하면 이들은 하나의 대상이 오직 하나의 이름만을 갖는다고 생각한다. 또한 자신이 알지 못하는 이름(이름 없는 범주)을 가진 대상에 새로운 단어(새로운 이름)를 붙이는 것을 선호한다. 이들은 새로운 이름이 제시되면 그것을 이름 없는 대상에 붙이는 경향을 보인다. 이것이 바로 '새로운 이름-이름 없는

범주'(N3C, novel name-nameless category) 원리이다.[103]

이 원리는 미취학 아동의 단어 학습에 어려움을 발생시킨다. 예를 들어 이 원리는 동음이의어의 서로 다른 뜻의 학습을 간섭한다. 동음이의어는 아동이 이미 알고 있는 단어에 두 번째로 새로운 의미를 부여하도록 요구하는데, 아동은 새로운 이름-이름 없는 범주 원리를 적용해야 하므로 그렇게 하기 싫어한다.[104] 그렇지만 아동은 결국 이미 알고 있는 단어의 새로운 뜻을 학습한다. 더 나아가 이중 언어 아동은 하나의 대상이 두 개의 이름을 가지는 제2 언어를 학습하기 위해 이 원칙을 완전히 포기하거나 약화할 필요가 있다.[105]

이 원리는 주로 유아와 미취학 아동이 단어를 학습하는 맥락에서 논의된다. 그러나 [그림 7-2]는 이 원리가 성인에게도 적용될 수 있음을 보여 준다. 예로 보여 주려는 단어는 체리모야(cherimoya)인데, 이것은 남미 안데스산맥 지역에서 생산되는 신선하고 부드러우며 달콤한 과일을 말한다. 틀림없이 성인은 하나의 대상이 그것과 관련하여 오직 하나의 단어(이름)만을 갖는다고 생각하지는 않겠지만 선택권이 주어지면 성인 또한 이 원리를 활용한다. [그림 7-2]를 보고 아마도 여러분은 체리모야가 가운데 그림을 나타내는 단어라고 추측했을 것이다. 이는 아동이 자신의 어휘 목록에 새로운 단어를 추가하는 첫 단계와 같다.

[그림 7-2] 모르는 단어(체리모야)를 들었을 때 청자는 아마도 대부분 알지 못하는 대상(가운데)에 새로운 단어를 부여하는 경향을 보인다. 이것이 '새로운 이름-이름 없는 범주' 원리이다.

이 원리는 새로운 어휘를 소개하기 위한 수업 방법에 포함될 수 있다. 예를 들어 유아 및 유치원 아동의 어휘 발달 프로그램인 〈성공을 위해 포장된 길(PAVEd for Success)〉에서 교사는 [그림 7-2]와 같이 아동에게 이름이 친숙한 대상과 이름이 새로운 대상의 그림을 제시한다. 즉, 아동이 이미 알고 있는 대상 사이에 모르는 대상의 그림을 제시한다.[106] 그런 다음, 아동에게 새로운 단어(여기에서는 체리모야)를 나타내는 그림을 찾아보도록 한다. 아동은 자동적으로 모르는 단어가 나타내는 그림을 선택한다. 이것이 아동의 어휘 목록에 새로운 단어가 들어가는 첫 단계이다.

5.2. 공동 관심

공동 관심(joint attention)은 아동과 성인의 관심이 같은 것에 집중될 때를 말한다. 공동 관심은 다양한 행동을 포함하는데,[107] 아동과 성인이 그들 사이에 있는 대상이나 장면에 시선을 함께 가져가는 것도 포함한다. 아동이나 성인은 서로 시선이 가는 대상을 가리킬 수 있다. 아마도 아동은 관계를 맺고 있는 성인으로부터 대상의 이름이나 어떤 답변을 들으려고 무엇인가를 집어들 수도 있다. 공동 관심은 함께 알고 있는 화제에 대하여 간단하게 이야기하는 것도 포함한다. 이것은 아동이 놀이를 하거나 이야기책을 읽는 동안 부모와 상호작용하면서 새로운 단어를 배우는 주요한 방법 중의 하나이다.[108] 2장에서 논의했듯이 일반적으로 부모는 이 공동 관심 과정을 통해 아동에게 어휘를 제공한다. 이러한 공동 관심 행동은 아동에게 비언어적으로 (혹은 언어적으로) 새로운 단어에 대해 물을 기회를 제공한다. 실제로 공동 관심 활동을 빈번하게 경험한 유아는 일반적으로 빠른 어휘 성장을 보인다.[109]

5.3. 언어적 맥락의 활용

언어적 맥락(linguistic context)은 새로운 단어 학습을 위한 또 다른 기회를 제공한다. 언어적 맥락이란 언어활동을 둘러싼 명시적 혹은 암시적인 모든 구어적·문어적 자료를 말하는데, 아동과 성인은 언어적 맥락 속에서 이러한 자료와의 일상적인 상호작용을 통하여 새로운 단어를 학습한다. 이러한 형태의 학습은 종종 우연적 단어 학습(incidental word learning)이라고 불린다. 왜냐하면 이것은 직접적이며 공식적인 어휘 수업의 범위 밖에서 일어나기 때문이다.

어린 아동은 종종 대화 상황에 참여함으로써 새로운 단어를 우연히 배운다. 이들은 성인의 대화에서 제공되는 모르는 단어의 의미를 추론한다. 빈번하게 성인은 고정된 형식을 사용하거나(예: 이것은 '_____'이다), 문장 마지막에 새로운 단어를 제시하거나(예: 그는 산에 간다, 아주 '가파른'.), 강한 강세를 사용함으로써(예: 그것은 탁자 '아래에' 있다.[110]) 새로운 단어를 강조할 것이다. 일반적으로 아동은 자신의 첫 번째 발화 혹은 두 번째 발화 동안에 자신의 어휘 목록에 새롭게 추가된 단어를 반복함으로써 새로운 단어에 대한 지식을 가졌다는 증거를 보여 줄 것이다.[111]

좀 더 나이 든 아동과 성인에게 읽기는 새로운 어휘를 학습하는 주요 수단이다. 이러한 우연적 단어 학습은 아동이 읽기 능력을 가지게 되면 가속화될 것이다.[112] 읽는 동안 이루어지는 새로운 단어 학습에 대한 연구가 철저히 이루어져 왔다. 사실상 인쇄물에는 새로운 어휘가 많이 포함되어 있으며 일상적인 대화에서 자주 사용하지 않는 단어가 포함되는 경향이 있다. 모르는 단어를 일부 포함한 글을 읽음으로써 어휘를 학습할 확률에 대한 연구에 따르면, 아동은 글에서 접하는 새로운 단어의 11~22% 정도를 학습한다.[113] 글을 읽음으로써 단어를 학습하는 것은 좀 더 나이 있는 아동과 능숙한 독자에게서 보다 빠르게 일어난다. 매우 능숙한 독자는 미

숙한 독자보다 두 배 이상 많은 단어를 배운다.[114]

글에 모르는 단어의 밀도가 높으면 단어 학습이 방해되는데, 아마도 이것은 이전에 언급했듯이 이 높은 밀도가 글의 이해를 방해하기 때문이다. M. S. L. 스완본(M. S. L. Swanborn)과 키스 디글로퍼(Kees deGlopper)는 글에서 150개의 단어당 모르는 단어가 한 개라면 그 한 단어를 배울 확률이 약 30%이고, 연속되는 단어 10개당 모르는 단어가 한 개라면 단어 학습이 대략적으로 7%로 감소한다고 추정했다.[115] 이처럼 독자는 글을 읽음으로써 모르는 단어의 의미를 한번에 습득하기보다는 점진적으로 새로운 단어 지식을 습득한다.[116]

그러나 언어적 맥락이 똑같이 도움이 되는 것은 아니다. 벡, 맥키온 및 엘런 매카슬린(Ellen McCaslin)은 언어적 맥락을 **지시적 맥락**(독자가 모르는 단어에 대한 명시적이고 자세한 정보를 제공하는 것)에서 **비지시적 맥락**(독자에게 도움이 될 수도 있고 안 될 수도 있는 정보를 제공하는 것), 심지어 **부적절한 맥락**(가령 독자가 정확하지 않은 의미를 추론하도록 이끄는 정보를 제공하는 것)까지의 범위로 설명했다.[117] 그렇다면 독자가 모르는 단어의 의미를 추론하는 데에 도움이 되는 문맥 단서에는 어떤 것들이 있는가?

문맥 단서는 '표적 단어의 가능한 의미를 제약하는 글의 조각'으로 정의할 수 있는데,[118] 윌버 에임스(Wilbur Ames)는 성인이 친숙하지 않은 어휘를 이해하는 데 도움이 되는 문맥 단서(글 속의 맥락 단서)에 관한 분류 체계를 개발하였다.[119] 이러한 문맥 단서는 무작위로 선택한 잡지의 일부에 50번째 단어마다 가짜 단어를 삽입한 다음, 성인에게 가짜 단어의 뜻이 무엇이라고 생각하는지 말해 보게 함으로써 도출되었다. 이를 토대로 에임스는 참가자가 단어의 뜻을 추론하는 데 사용했다고 언급한 열네 가지의 문맥 단서에 대한 분류 체계를 개발하였다. 최근에는 수전 패럴트 다우즈(Susan Parault Dowds) 외가 아동용 도서에 이 문맥 단서를 사용하기 위하여 기존의 문맥 단서 분류 체계를 개선하였다.[120] 이들은 아동이 신뢰하며 이용할 수 있는 문맥 단서를 파악하기 위해 인기 있는 아동 도서 24권을 검토했다. 이들은 [표 7-4]와 같이 열다섯 가지의 문맥 단서를 확인하였다.

[표 7-4] 아동용 이야기 글 및 정보 전달 글을 위한 문맥 단서 분류 체계[12]

문맥 단서	설명
원인과 결과	글에서 인과관계 상황(즉, A가 B를 초래하거나 B가 A의 결과가 되는 상황)은 표적 단어의 의미를 추론하는 데 사용될 수 있다.
비교 또는 대조	표적 단어의 의미를 추론하기 위해 표적 단어를 다른 단어나 구와 비교·대조하거나 유추할 수 있다.
정의 또는 서술	표적 단어가 글에 명시적으로 정의되거나 설명되어 있다.
(명사의 경우) 자질	물리적 성질, 기능, 위치 등과 같은 표적 단어의 자질은 표적 단어의 의미를 추론하는 데 사용될 수 있다.
언어 경험 또는 친숙한 표현	표적 단어가 구어에서 사용되는 표현 또는 관용어의 일부이다.
중심 내용	글의 중심 내용은 표적 단어의 의미를 추론하는 데 사용될 수 있다.
문법적 사용	구나 절에서 표적 단어의 위치는 표적 단어의 의미를 추론하는 데 사용될 수 있다.
삽화	표적 단어와 가까이 있는 삽화는 표적 단어의 의미를 추론하는 데 사용될 수 있다.
출판 기호	인쇄 기호(예: 굵은 글씨체)나 문장 부호(예: 대화나 인용을 표시하는 큰따옴표)는 표적 단어의 의미를 추론하는 데 사용될 수 있다.
사전지식	글이 활성화하는 사전지식이나 스키마는 표적 단어의 의미를 추론하는 데 사용될 수 있다.
질문과 응답	글에 나타난 질의응답은 표적 단어의 의미를 추론하는 데 사용될 수 있다.
배경	글의 배경은 표적 단어의 의미를 추론하는 데 사용될 수 있다.
유의어/반의어	표적 단어의 동의어나 반의어가 표적 단어로부터 한두 단락 이내에 있다.
분위기/어조	글에 나타난 어조나 분위기는 표적 단어의 의미를 추론하는 데 사용될 수 있다.
함께 사용되는 단어들	표적 단어가 일련의 단어 안에서 사용되거나 다른 단어와 관련되어 사용되는 것은 표적 단어의 의미를 추론하는 데 사용될 수 있다.

이러한 문맥 단서는 글에서 이용할 수 있을 뿐만 아니라 아동과 성인 모두가 새로운 단어의 의미를 파악하는 데 문맥을 사용하기 때문에, 문맥 단서 지도가 어휘 능력을 향상시킬 것이라는 생각은 타당하다. 즉, 문맥 단서를 아는 것은 아동이 새로운 단어의 의미를 파악하도록 돕는다. 이러한 점에서, 문맥 단서 분류 체계는 교사에게 어떤 문맥 단서를 강조하고 가르쳐야 하는지에 대한 지침을 제공한다.

루벤 퍼킨크(Ruben Fukkink)와 디글로퍼는 이러한 주제를 탐구한 12개의 연구물을 검토하여 일반적으로 문맥 단서 지도가 도움이 된다는 사실을 발견했다.[122] 실제로 교실에서 아동이 새로운 단어의 의미를 추론할 때 문맥 분석을 사용하도록 하는 것이 어휘 능력 향상에 효과적이라는 것이 입증되었다.[123] 그러나 모르는 단어의 의미를 학습하기 위한 방법으로서 문맥 분석을 활용한 대부분의 연구는 문맥이 도움이 된다는 일반적인 규칙을 가르쳤거나 단지 문맥 단서의 일부만을 가르쳤다.[124] 아쉽게도 우리는 아직까지 어떤 단서를 가르치는 것이 가장 도움이 되는지, 그것들을 가르치는 가장 좋은 방법이 무엇인지에 대해 알지 못한다. 확실히 더 많은 연구가 필요하다.

5.4. 사전

아동에게 사전을 찾게 하고 새로운 단어를 포함해 문장을 만들게 하는 것은 어휘를 가르치는 인기 있는 활동이다. 그 대신에 아동에게 사전적 정의가 포함된 어휘 목록을 주고 새로운 단어를 포함해 문장을 만들도록 할 수도 있다. 혹은 단순하게, 단어의 의미를 모를 때 교사에게 질문하면 교사가 "사전에서 찾아봐." 하며 사전 활용을 권할 수 있다. 이 모든 활동이 겉으로 보기에는 합리적인 활동처럼 보이지만 그렇지 않다.

이 주제에 대한 고전적 연구자인 조지 밀러(George Miller)와 퍼트리샤 길디(Patricia Gildea)는 5~6학년 학생이 사전적 정의를 활용하여 새로운 어휘의 의미를 학습하기 위해서 작성한 수천 개의 문장을 조사하였다.[125] 연구자들은 일반적으로 아동이 사전적 정의를 이해하지 못한다는 것을 발견했다. 연구자들은 아동이 다음과 같은 과정을 밟았을 것이라고 주장했다. 아마도 아동은 먼저 사전적 정의를 읽었을 것이다. 그런 다음, 사전적 정의에서 친숙한 단어나 구를 선택하고, 그것을 사용하여 문장을 만들었을 것이다. 실제 사례로 설명해 보자. 어느 아동은 세심한(meticu-lous)이라는 단어를 받았다. 이것은 사전에서 '작은 세부 사항에 대해 아주 조심스러운 것. 형용사'로 풀이된다. 이 아동은 이 정의에서 자신이 잘 이해하고 있는 구인 '아주 조심스러운'을 선택했다. 그런 다음, 자신이 생각하기에 아주 조심스러웠을 때를 떠올려 '나는 절벽에서 떨어지는 것에 대해 세심한 주의를 기울였다'라는 문장을 만들었다. 명백하게 무언가가 아주 잘못되었다.

아동용 사전이 더 적절한 단어의 정의를 제공할 것처럼 보인다. 결국 주요 출판사는 오랫동안 아동용 사전을 개발해 왔다. 이러한 몇몇 사전을 현재 온라인에서 쉽게 찾아볼 수 있다. 그래서 우리는 온라인 아동용 사전 사이트인 메리엄-웹스터 사전에서 '세심한(meticulous)'을 다시 찾아보았다. '세심한'은 현재 '작은 세부사항에 대해 생각하거나 작은 세부 사항을 다루는 데에 있어 극도로 또는 과도하게 조심스럽다'로 정의되어 있다. 이러한 정의가 밀러와 길디가 30여 년 전에 인용한 종이 사전의 정의와 얼마나 비슷한지에 주목하라. 우리는 온라인 사전을 활용하여 새로운 어휘를 학습하는 아동의 학습 결과가 이전과 그리 다르지 않을 것이라고 생각한다.

교사가 교육과정의 일부로 사전과 사전적 정의를 포함하는 것은 합리적이라고 생각한다. 최근의 온라인 사전 또는 다른 전자 도구를 통해 단어를 쉽게 찾을 수 있으며 단어 학습자는 그것을 실시간으로 사용할 수 있다.[126] 그러나 교사가 수업에 사전적 정의를 활용하고자 한다면 교사는 어휘 습득을 고려하여 그것을 학습자 친화적일 뿐만 아니라 좀 더 의미 있게 수정할 필요가 있다. 맥키온에 따르면 좋은 정의는 화자가 해당 단어를 언제 사용하는지, 전형적으로 어떻게 사용하는지, 그리고 해당 정의가 이해할 수 있는 용어로 진술되어 있는지와 관련된 정보를 제공해야 한다.[127] 더 나아가 정의는 아동에게 정의의 일부가 아닌 정의의 전체를 알려 주어야 한다. 예를 들어 즉흥적(improvise)이라는 단어의 정의, 즉 '순간적으로 혹은 주변에서 발견한 재료로 만들거나 세우거나 제공하는 것'은 '마침 활용할 수 있는 모든 것을 사용하여 당신에게 필요한 무엇인가를 만드는 것'으로 수정될 수 있다.[128] 초등학생은 전자의 표준적인 정의보다 후자의 정의를 보다 잘 이해할 가능성이 있다. 실제로 많은 연구는 아동 친화적 정의가 어휘 학습에 향상을 가져옴을 보여 주었다.[129] 더욱이 문맥이나 사전적 정의만을 사용하는 것과 달리, 의미 있는 문맥에서 단어를 제시하면서 아동 친화적 정의를 활용하면 어휘 학습의 결과가 향상된다.[130] 따라서 아동 친화적 정의는 아동의 어휘 능력을 향상하는 것을 목표로 하는 가치 있는 수업 방법이다.[131]

5.5. 단어 형태

초등학교 4학년 무렵 일어나는 어휘 성장의 상당 부분은 일정 정도 형태적으로 복잡한 단어를 접하는 것에서 기인할 수 있다.[132] 사실상 아동에게 형태적 복잡성을 다루는 방법을 가르치는 것은 친숙하지 않은 단어의 의미를 탐색할 도구를 제공하는 데 큰 도움이 된다. 토머스 화이트(Thomas White) 조앤 소웰(Joanne Sowell) 및 앨리스 야나기하라(Alice Yanagihara)는 [표 7-5]에서 아동용 도서에서 발견한 가장 일반적인 접사를 제시하고 있다.[133] 이 접사는 형태적으로 복잡한 단어의 의미 가운데 일부를 도출하는 데 생산적으로 사용될 수 있다. 또한 처음 9개 또는 10개의 접두사와 접미사가 아동용 인쇄물에서 사용되는 접사의 대부분을 차지한다고 했다.

[표 7-5] 아동의 말뭉치에 나타나는 가장 일반적인 접사[134]

순위	접두사	접미사
1	un-	-s, -es
2	re-	-ed
3	in-, im-, ir-, il- (not)	-ing
4	dis-	-ly
5	en-, em-	-er, -or
6	non-	-ion, -tion, -action, -ition
7	in-, im- (in)	-ible, -able
8	over-	-al, -ial
9	mis-	-y
10	sub-	-ness
11	pre-	-ity, -ty
12	inter-	-ment
13	fore-	-ic
14	de-	-ous, -eous, -ious
15	trans-	-en
16	super-	-er
17	semi-	-ive, -ative, -itive
18	anti-	-ful
19	mid-	-less
20	under-	-est

접사를 생산적으로 사용하기 위해서는 아동이 (1) 단어에서 접사 부분을 찾아야 하고, (2) 접사와 어근을 분리하고, (3) 접사의 의미를 이해하고, (4) 접사가 어근의 의미를 어떻게 변화시키는지에 대해 추측해야 한다. 예를 들어 '양복장이'라는 단어가 주어지면 아동은 (1) '양복장이'에서 '장이'가 접사라는 것을 파악해야 하고, (2) 어근인 '양복'과 접사인 '장이'를 분리해야 하고, (3) '장이'가 '그것과 관련된 기술을 가진 사람'이라는 의미를 가진다는 것을 이해하여 '양복장이'가 '양복을 만드는 기술을 가진 사람'이라는 것을 추론해야 한다. 화이트 외는 초등학교 3학년 학생을 대상으로 이러한 방식으로 가르친 실험 집단과 이러한 방식으로 가르치지 않은 통제 집단을 비교했다.[135] 연구 결과에 따르면 전자의 방식이 친숙하지 않은 다형태소(multimorphology) 단어의 의미를 파악하는 데 도움이 되었다. 최근의 메타분석 연구는 다양한 방식으로 이루어진 단어 형태에 대한 지도가 대체로 어휘 발달에 긍정적인 효과를 보이며,[136] 특히 문식 능력이 떨어지는 아동에게 효과적임을 발견하였다.[137] 5장에서 언급했듯이 단어 형태에 대한 지식은 아동에게 단어를 더 빠르고 정확하게 해독하도록 한다. 그러므로 초등학교 읽기 수업에서 다루어야 하는 학습 내용에 단어의 형태를 인식하는 학습 내용을 추가하는 것은 손해나는 일이 아닐 듯하다.

6. 새로운 단어 학습을 위한 교실 수업

우리는 이미 새로운 단어 학습에 효과적인 교실 활동을 몇 가지 논의했다. 새로운 이름-이름 없는 범주(N3C) 원리를 적용하는 것이 어떻게 아동의 초기 어휘 지식을 발달시키는 데 활용될 수 있는지에 대해서도 논의했다. 적절한 양의 새로운 단어를 포함한 읽기 자료를 사용하는 것이 아동의 어휘 목록에 들어가는 새로운 단어의 수를 증가시킨다는 것에 대해서도, 특히 문맥 분석을 활용하는 경우에 대해서도 논의했다. 학습자 친화적 정의가 아동의 어휘 능력을 촉진하는 데 어떻게 사용될 수 있는지에 대해서도 논의했다. 또한 단어 형태에 대한 지도가 새로운 단어의 의미에 대한 부분적 지식을 습득하는 도구가 될 수 있음을 보여 주었다. 다음으로 우리는 아동의 어휘 능력을 높이는 것으로 알려진 추가적인 활동에 대해 설명할 것이다.

6.1. 상호작용적 이야기책 읽기

아동의 어휘 능력 향상과 관련하여 가장 권장되는 활동은 상호작용적 이야기책 읽기 활동이다.[138] 이 활동에서 교사는 책을 소리 내어 읽을 때 아동이 능동적으로 그리고 언어적으로 참여하도록, 아동에게 질문을 하거나 무언가를 가리키거나 혹은 다른 종류의 기법을 활용한다. 상호작용적 이야기책 읽기 과정에서 교사는 아동이 이해한 내용이나 어려운 어휘를 다룰 수 있도록 피드백과 도움을 준다. 질문할 때에는 아동의 인지 수준을 고려한다. 때때로 교사는 아동에게 읽은 내용과 관련된 다양한 유형의 정보를 가르치기 위해 CROWD(Completing, Recalling, Open-ended, Wh-questions, Distancing)와 같은 두문자어(acronym)를 활용하여 질문한다.[139]

완성하기 질문(Completing question, 문장을 완성하도록 하는 질문)
회상 질문(Recalling question, 이야기 속 정보를 회상하도록 하는 질문)
개방형 질문(Open-ended question, 이야기에서 무슨 일이 벌어지고 있거나 무슨 일이 일어날지를 묻는 질문)
왜-질문(Wh-questions, '무엇, 어디, 왜, 어떻게' 등을 묻는 질문)
관련짓기 질문(Distancing question, 이야기를 이야기 밖의 경험과 관련짓도록 하는 질문)

대체로 교사는 혼자서는 책을 읽지 못하는 아동, 즉 미취학 아동이나 유치원 아동을 위해 그림책을 소리 내어 읽어 주는 활동을 수행한다. 상호 작용적 이야기책 읽기 수업은 종종 아동이 가정에서 하기도 하고 혹은 하지 않기도 하는 이야기책 읽기를 보충한다. 소리 내어 읽어 주기는 주로 소집단 교실 환경에서 수행되지만 대집단 교실 환경에서도 수행될 수 있다. 상호작용을 위하여 교사는 책을 읽기 전, 책을 읽는 동안, 책을 읽은 후에 아동에게 질문할 필요가 있다. 상호작용적 이야기책 읽기 활동의 효과성에 대한 많은 연구가 진행되었다. 일반적으로 교사가 수행했을 때 이 활동은 아동의 어휘 표준화 검사 점수와 구어 능력에 중간 정도의 효과를 보였다.[140] 대체로 교사가 상호작용적 이야기책 읽기 활동에서 어려운 단어를 더 많이 언급할수록 아동은 보다 많은 어휘를 습득하는 경험을 한다.[141]

최근에는 연구자들이 DVD, 스마트폰, 혹은 태블릿 앱과 같은 다양한 전자 이야기책 플랫폼을 활용하여 상호작용적 이야기책 읽기를 실험했다. 유아와 미취학 아동을 포함하여 아주 어린 아동을 대상으로 한 전자 이야기책이 이러한 플랫폼을 토대로 점점 더 많이 개발되고 있다. 왜냐하면 스마트폰이나 태블릿과 같은 장치를 통한 전달은 부모로 하여금 자신의 자녀가 문화적으로 가치 있는 활동(예: 독서)에 열중하도록 하기 때문이다.[142] 이러한 상호작용적 이야기책 읽기에 대한 전자적 접근에는 아동에게 큰 소리로 이야기를 읽어 주고 수시로 아동에게 질문하기 위해서 중간중간에 멈추는 전자책 단말기(e-reader)가 포함되어 있다. 예를 들어 데이지 스미츠(Daisy Smeets)와 버스의 연구에서, 아동은 곰이 불을 피우는 이야기를 들으면서 앱을 통해서는 불 피우기에 대한 질문을 받는다(예: 어떤 그림이 곰이 불을 피우는 그림일까요?).[143] 그런 다음 아동이 곰이 불 피우고 있는 그림을 선택하면 앱으로부터 '잘했어. 지금 너는 곰이 불을 피우고 있는 것을 보고 있어. 불이 점점 커지네'와 같은 피드백을 받는다. 이야기 여기저기서 제시되는 이런 질문에 대답하는 것은 단지 듣기만 하는 것에 비하여 아동의 어휘 능력을 향상한다. 교육자와 출판사가 교육적 가치를 높일 수 있는 애플리케이션에 많은 관심을 가지고 있기 때문에 이러한 종류의 전자적(electronic) 상호작용적 이야기책을 읽는 독자는 증가될 것으로 예상된다.

6.2. 반복 읽기

아마도 어휘 학습을 촉진하는 가장 단순한 수업 방법은 책을 반복해서 읽는 것이다. 이것은 어떤 점에서 상호작용적 이야기책 읽기와는 정반대이다. 왜냐하면 어휘 학습이 책의 내용과 특정한 단어의 의미에 대한 상호작용을 토대로 이루어지고 있는 것이 아니라 책을 단순히 반복하여 읽는 것에 의존하고 있기 때문이다. 아마도 반복 읽기를 통한 어휘 습득은 이야기책이 아동이 타인과 일상적으로 나누는 대화에서는 빈번하게 사용되지 않은 단어를 포함하고 있다는 단순한 이유에서 이루어진다.[144] 매번의 읽기는 아동에게 단어와 그림, 문맥의 관계를 탐색할 또 다른 기회를 제공한다.

상당히 많은 부모, 심지어 중류층 부모조차 시간이 지남에 따라 이야기책을 반복적으로 읽는 것에 의존하는데, 이는 한 번의 읽기 동안 단어의 간단한 정의를 제공함으로써 혹은 모르는 단어에 대해 논의함으로써 성취할 수 있는 것을 얻기 위함이다.[145] 일부 연구자는 이것을 '놓친 기회(missed opportunity)'로 간주했는데, 아마도 그것은 놓친 기회일 듯하다. 그렇지만 많은 부모는 계속해서 책을 반복적으로 읽어 줄 것이다. 연구에 따르면 이야기책을 단순히 반복해서 읽는 것은 그 책에 들어 있는 어려운 단어의 의미를 학습하는 데 약간 도움이 될 뿐이다.[146] 반복 읽기가 어휘 학습을 촉진하는 가장 좋은 방법이라고 말할 순 없을지라도 그것은 때때로 아동에게 간단한 방식으로만 책을 읽어 줄 힘밖에 남아 있지 않은 교사와 부모가 선택할 수 있는 어휘 학습 활동이다.

6.3. 교사-아동 대화

어휘 능력은 대화에 참여할 기회와 관련 있는 것으로 알려져 있다.[147] 학교에서, 심지어 유치원에서도 교사와 학생의 대화는 상대적으로 빈번하지 않으며 언어 능력이 낮은 아동은 대화에서 배제되기 쉽다.[148] 예를 들어 유치원 교실 119개소에 대한 연구에 따르면, 교사는 학급 전체와 상호작용하는 데에 수업 시간의 30%를 보낸 반면, 개별 아동과 상호작용하는 데에는 단지 10%만 보냈다.[149] 어맨다 윌콕스-허조그(Amanda Wilcox-Herzog)와 수전 콘토스(Susan Kontos)도 수업 시간의 81% 동안 교사가 아동이 반경 1미터 안에 있을 때조차 아동에게 말을 걸지 않았음을 발견했다.[150] 유치원 교사와 아동 간의 언어적 상호작용은 구체적인 일상생활에 제한되는 경향이 있다.[151] 실제로 유치원 교실에서의 어휘 수업을 개선하는 전략에 초점을 맞춘 교사 연수에 대한 연구에 따르면, 소집단-교사 대화는 교사가 아동의 어휘 능력을 신장하는 데 가장 적게 활용된 전략이다.[152]

힐러리 러스턴(Hilary Ruston)과 슈와넨플루겔은 성인에게 아동과 언어적·인지적으로 복잡한 대화를 하도록 하는 간단한 훈련을 제공하는 것이 아동의 어휘력을 증진시키는 데 효과가 있음을 밝혔다.[153] 이러한 '성인 말 친구(adult talking buddies)'는 아동과의 대화에 낯선 단어를 집어넣고, 때때로 아동이 간단한 표현을 낯선 단어를 포함하는 표현으로 바꾸어 재구성하도록 요청도 해야 한다[예: 아동: 더 크게!(larger!), 성인: 더 거대해야 (humongous) 하나요?]. 또한 아동은 간단한 문장을 확장하도록 훈련받고 [예: 아동: 내가 너 때리고 있어!(I beating you!), 성인: 너는 나를 때리고 있어.(You are beating me.)], 대화를 촉진하는 개방형 질문을 만드는 방법도 보여야 한다[예: 아동: 난 우리 집이 더러운 걸 알아요.(I know my house nasty.), 성인: 왜 더럽지?(Why is it nasty?)]. 이와 같은 주당 50분짜리 10주간의 중재 훈련 후에, 아동의 표현 어휘 점수가 표준화 검사에서 중재를 받지 않은 아동에 비해 상당히 향상되었다. 그러므로 이러한 접근은 학교에서 활용할 수 있는 유망한 어휘 전략이 될 수 있다.

6.4. 단어 의식 높이기

마지막으로, 이전에는 확실하지 않았지만 이 전략 모두는 교실 내에서 단어 의식(word consciousness)이 일상이 되는 환경을 만드는 것을 포함한다. 단어 의식이란 '학생이 단어를 배우고, 인식하고, 효과적으로 사용하는 데 필요한 지식과 성향(disposition)'[154]을 말한다. 어휘 연구자는 교사에게 어휘를 분절적인 기능으로 따로 떼어 가르치기보다는 일상에서 단어 의식을 인식하도록 가르쳐야 함을 역설한다. 단어 의식은 단어에 대한 인지적 태도(stance)뿐만 아니라 정의적 태도를 형성하는 것, 즉 새로운 단어를 배우고 사용하고자 하는 열망과 사랑을 포함하여 모든 교과에서의 어휘 지도를 강조한다.[155] 교사는 아동이 보기 드물고 흥미로운 단어를 찾도록 장려하고, 복잡한 구절과 보기 드문 단어를 사용한 글쓰기를 지원할 수 있다. 교사는 단어 사용을 흥미로운 연구 대상으로 삼고 묘사적인 언어 (descriptive language)를 귀하고 즐길 수 있는 어떤 것으로 생각해야 한다.

7. 공통 핵심 성취기준과의 연계

공통 핵심 성취기준은 어휘 습득과 사용에 관한 성취기준을 명확하게 제시하고 있다. 이러한 성취기준은 유치원에서 시작하여 초등 전반에 걸쳐 계속된다. 아동이 좀 더 비유적이고 상징적인 언어와 새로운 단어의 의미를 파악하기 위한 자료의 활용과 관련된 성취기준이 제시된다. [표 7-6]은 초등학생에게 적용되는 성취기준을 제시하고 있다.

[표 7-6] 공통 핵심 성취기준(언어): 초등학생의 어휘 습득과 활용(요약본)[156]

중심 성취기준: 문맥 단서를 사용하거나 단어의 부분을 분석하거나 일반·전문 참고자료를 참고함으로써 모르는 단어나 여러 의미를 갖는 단어와 구의 의미를 파악한다.

유치원	'유치원 아동의 읽기 자료'를 토대로 모르는 단어나 여러 의미를 갖는 단어의 의미를 파악한다.
1~5학년	일련의 전략을 융통성 있게 선택하면서 아동의 '학년 수준에 맞는 읽기 자료'를 토대로 모르는 단어의 의미나 여러 의미를 갖는 단어의 의미를 파악한다.

중심 성취기준: 상징적 언어, 단어, 단어 간의 관계, 단어 의미 간의 미묘한 차이를 이해한다.

유치원	성인의 지도와 안내로 단어 간의 관계와 단어 의미 간의 미묘한 차이를 탐구한다.
1학년	성인의 지도와 안내로 단어 간의 관계와 단어 의미 간의 미묘한 차이를 이해한다.
2~3학년	단어 간의 관계와 단어 의미 간의 미묘한 차이를 이해한다.
4~5학년	상징적 언어, 단어 간의 관계, 단어 의미 간의 미묘한 차이를 이해한다.

중심 성취기준: 대학 진학이나 취업을 위한 읽기, 쓰기, 말하기, 듣기에 필수적인 일반 학문 영역 및 전문 학문 영역에서 사용하는 단어나 구를 습득하고 정확하게 사용한다. 이해와 표현에 중요하지만 알지 못하는 용어를 만났을 때 혼자 힘으로 어휘 지식을 습득한다.

유치원	대화, 읽기, 이야기 듣기, 글에 대한 반응을 토대로 습득한 단어나 구를 사용한다.
1학년	단순 관계를 나타내기 위하여 빈번하게 출현하는 접속사(예: 왜냐하면) 사용을 포함하여, 대화, 읽기, 이야기 듣기, 글에 대한 반응을 토대로 습득한 단어나 구를 사용한다.
2학년	무엇인가를 기술하기 위한 형용사나 부사(예: 다른 아이들이 행복하다면 나도 행복하다) 사용을 포함하여, 대화, 읽기, 이야기 듣기, 글에 대한 반응을 토대로 습득한 단어나 구를 사용한다.
3학년	시공간적 관계를 나타내는 단어나 구(예: 우리는 그날 밤 저녁 식사 후에 그들을 보러 갔다)의 사용을 포함하여, 학년 수준에 적절한 대화적, 일반 학문적 및 영역 전문적 단어나 구를 습득하고 정확하게 사용한다.
4학년	간단한 행동, 감정, 상태를 나타내는 단어나 구(예: 질문하는, 칭얼거리는, 더듬는)와 특정 주제와 관련의 기본 단어나 구(예: 동물 보호에 대해 토론하는 경우, 야생 동물, 보호, 멸종 위기에 처한)의 사용을 포함하여, 학년 수준에 적절한 대화적, 일반 학술적 및 영역 전문적 단어와 구를 습득하고 정확하게 사용한다.
5학년	비교·대조, 부연, 여러 논리적 단계를 나타내는 단어나 구(예: 하지만, 그러나, 그럼에도 불구하고, 유사하게도, 더욱이, 게다가)의 사용을 포함하여, 학년 수준에 적절한 대화적, 일반 학술적 및 영역 전문적 단어와 구를 습득하고 정확하게 사용한다.

앞의 성취기준에서 볼 수 있듯이 첫 번째 중심 성취기준(anchor standard)은 아동이 새로운 단어의 의미뿐만 아니라 이미 알고 있는 단어의 다양한 의미를 알아내는 여러 방법을 강조하고 있다. 이는 용어 사전이나 사전과 같은 표준적인 참고 자료뿐만 아니라 문맥의 사용, 접사와 어근의 활용과 같은 방법도 강조하는 것이다. 이 성취기준은 우리가 이 장에서 검토한 많은 연구에 의해 뒷받침된다. 두 번째 중심 성취기준은 단어와 문맥 사이에 존재하는 의미론적 관계를 강조한다. 이것은 유사한 의미를 공유하는 영역에 있는 단어뿐만 아니라 아동이 어려워하는 영역(예: 인지 동사)에 있는 단어 사이에 존재하는 의미 차이를 강조하는 것이다. 이 성취기준은 어휘집 안의 단어 간 관계(예: 분류 관계, 반의 관계, 전체-부분 관계)에 초점을 두고 있다. 아동이 고학년으로 진급해 가면 상징적인 의미가 강조된다.

한편, [표 7-7]을 통해서 확인할 수 있는 바와 같이 한국의 교육과정에서는 초등학교 중학년부터 시작하여 고등학교 2~3학년에 걸쳐 단어의 의미 이해에 대한 성취기준을 제시하고 있으며, '맥락을 고려한 어휘의 의미 파악 및 사용'과 '어휘 간의 관계에 대한 이해'를 다루고 있다는 점에서 미국 교육과정과 유사하다. 그러나 한국의 경우 실제 국어생활에서의 적절한 어휘 활용을 중심으로 단어 자체의 의미나 구조 체계에 좀 더 초점을 두고 있는 반면, 미국의 경우 상대적으로 학문(교과) 영역의 단어와 용어 학습에 훨씬 더 강조점을 두고 있다는 것을 확인할 수 있다. 이 점은 우리나라의 읽기 교육과 교육과정 개정에 시사하는 바가 크다고 하겠다.

[표 7-7] 2022 개정 국어과 교육과정 성취기준: 어휘 습득과 활용(교육부, 2022)

2022 개정 국어과 교육과정		
학년	영역	성취기준
초 3~4학년	문법	[4국04-01] 단어와 단어 간의 의미 관계를 파악한다. [4국04-02] 단어를 분류하고 국어사전을 활용하여 능동적인 국어 활동을 한다.
초 5~6학년	문법	[6국04-03] 고유어와 관용 표현의 쓰임과 가치를 이해하고 상황에 맞게 표현한다.
중 1~3학년	문법	[9국04-02] 단어의 짜임을 분석하여 새말 형성의 원리를 이해한다. [9국04-03] 품사의 종류와 특성을 이해하고 국어 자료를 분석한다. [9국04-07] 세대·분야·매체에 따른 어휘의 양상과 쓰임을 분석하고 다양한 집단과 사회의 언어에 관용적 태도를 지닌다.
고 1학년	문법	[10공국1-04-03] 다양한 분야의 글과 담화에 나타난 문법 요소 및 어휘의 표현 효과를 평가하고 적절한 표현을 생성한다.
고 2~3학년	화법과 언어	[12화언01-03] 품사와 문장 구조에 대한 지식을 활용하여 언어 자료를 분석하고 설명한다. [12화언01-04] 단어의 짜임과 의미, 단어 간의 의미 관계를 중심으로 어휘를 이해하고 담화에 적절히 활용한다. [12화언01-05] 담화의 맥락에 적절한 어휘와 문법 요소를 선택하여 화자의 태도를 드러낸다. [12화언01-06] 담화의 구조를 고려하여 적절한 어휘와 문장으로 응집성 있는 담화를 구성한다.

토론거리

1 어떻게 하면 교실 수업에서 어휘 폭 대신 어휘 깊이를 강조할 수 있는가?

2 초등학생이 하루에 배우는 단어의 양에 대한 연구를 고려할 때 교실에서 어휘 교육을 강조하는 것이 가치 있다고 생각하는가?

3 공통 핵심 성취기준은 정보적 텍스트 읽기를 강조하고 있다. 이러한 강조가 학교 어휘 교육에 주는 시사점은 무엇인가?

4 이 장의 도입 부분에 제시되어 있는 사례로 돌아가자. 민재의 언어 문제에 대한 생각과 관련하여 배운 것은 무엇인가?

더 읽을거리 ···

Anderson, R. C., & Freebody, P. (1981). Vocabulary knowledge. In J. T. Guthrie (Ed.), *Comprehension and teaching: Research reviews* (pp. 77-117). Newark, DE: International Reading Association.

Nagy, W. & Townsend, D. (2012). Words as tools: Learning academic vocabulary as language acquisition. *Reading Research Quarterly, 47*(1), 91-108

Nation, I. S. P. (2001). *Learning vocabulary in another language.* New York: Cambridge University Press.

독해(읽기 이해) 모형

08

사례 연구

김 교사는 5학년 윤아의 독해가 걱정이다. 윤아는 얼마 전 진행된 이야기를 읽고 질문에 답하는 수업에서 독해 질문에 제대로 답하지 못했다. 윤아는 이야기 속의 여러 정보를 통합해야 하거나 분석하고 평가해야 하는 문제를 특히 더 어려워했다. 한번은 이야기를 요약하는 과제를 내주었는데 윤아는 이야기의 여러 부분에서 문장 한두 개를 골라 글을 요약했다. 이야기의 처음, 중간, 끝 부분의 몇몇 문장이나 구절을 그대로 베껴 적은 것이다. 심지어 윤아가 선택한 문장은 중심 문장도 아니어서 글을 제대로 요약했다고 볼 수도 없었다. 김 교사는 윤아가 글을 종합적으로 이해하는 데 문제가 있다는 생각이 들어, 글이 더 길어지고 복잡해지는 중학교에서 윤아가 어떻게 지낼지 걱정이 되었다. 김 교사는 윤아의 독해에 도움이 될 수 있는 읽기 전략을 고민 중이다.

글을 잘 이해하는 것은 읽기의 궁극적인 목표이다. 이러한 점에서 이해의 향상은 모든 읽기 수업을 평가하는 중요한 잣대라 할 수 있다.[1] 독해 관련 연구를 다루기에 앞서 독해라는 용어의 의미에 대해 생각해 볼 필요가 있다. 놀랍게도 독해에 대한 견고하고도 보편적인 정의를 발견하기란 쉽지 않다. 이에 대한 문제제기는 꽤 오래전부터 있어 왔다. 가령, 1970년대에 돌로레스 더킨(Dolores Durkin)은 독해 지도 연구에서 독해의 정의에 관한 문제를 거의 다루지 않아 왔다는 점을 지적하면서 독해의 정의를 밝히려 했던 자신의 노력이 '무익했음'을 토로했다.[2] 그로부터 20년 후 월터 킨치(Walter Kintsch)는 자신의 영향력 있는 저서 『이해: 인지에 대한 패러다임(Comprehension: A Paradigm of Cognition)』에서 "understanding과 comprehension이라는 용어는 과학적인 용어라기보다는 일상적인 표현이다. 다른 표현과 마찬가지로 이들의 의미는 매우 불분명하고 모호하다. …… 가장 유용해 보이는 방법은 'understanding'을 한편으로는 '지각(perception)', 다른 한편으로는 '문제 해결(problem solving)'과 대조해 보는 것이다."[3]라고 언급했다. 그러나 킨치는 일상적 의미와 과학적 의미를 구분하는 대안을 제시하지는 못했다. 다만, 그의 저서 제목은 이해(comprehension)가 곧 인지(cognition)임을 시사한다.

몇 년 후 미국 아동보건 및 인간개발 연구소에서 발표한 미국 독서위원회 보고서에서는 독해의 구인(construct)을 직접적으로 정의내린 것은 아니지만 독해에 대해 생각해 볼 수 있는 한 관점을 제공하였다.[4]

글과 독자의 상호작용을 통해 의미가 구성되는 과정에서의 의도적인 사고(Durkin, 1993). 이러한 관점에 따르면 의미는 글과의 교환(interchange) 과정에서 발생하는 독자의 의도적, 문제 해결적 사고 과정에 내재한다. 의미의 내용은 글, 글과 관련짓기 위해 독자가 끌어온 사전지식의 영향을 받는다(Anderson & Pearson, 1984). 읽기는 독자와 특정한 글이 전달하고자 하는 메시지 사이에서 이루어지는, 아이디어가 상보적으로 교환되면서 이루어지는 글에 대한 의미 구성이라 할 수 있다.[5]

비록 위 인용문이 '이해'에 대한 중요한 생각을 포함하기는 하나 이해에 대한 정의라고는 할 수 없다. 이를 통해 확인할 수 있는 분명한 사실은 이 주제를 다루는 연구자들이 내린 정의에도 부족함이 있다는 것이다.

어느 영역에서나 마찬가지겠지만, 우리가 이해하고자 하는 인지적 구인에 대하여 충분한 근거를 바탕으로 정의하고 설명하는 것은 매우 중요하다. 잘 정의된 구인은 보다 정확한 지도는 물론이고 보다 타당한 평가를 가능케 한다. 충분한 근거에 기반한 정의가 갖는 이점의 하나는 평가를 수행할 때 수업과 관련된 평가를 할 수 있을 뿐 아니라 학생이 겪는 어려움의 본질을 정확하게 이해하는 데 유용하다는 점이다. [글상자 8-1]은 '이해'에 대한 합의된 정의가 없을 때 평가에 어떠한 문제가 발생하는지를 잘 보여 준다.

현재로서는 킨치가 제시한 간략한 정의가 그나마 만족할 만하다. "담화 이해(discourse comprehension)는 …… 담화에 대하여 다양한 인지적 계

검사도구 개발자는 충분한 근거를 토대로 잘 정의된 읽기 구인의 필요성을 절감해 왔다.[6] 최근에 이해 평가(comprehension assessment) 도구를 개발 중인 검사도구 개발자들은 이론 및 수업과 검사 간의 정합성과 관련된 쟁점 대신에 검사의 형식과 관련된 쟁점을 다루고 있다.[7] 대체로 형식과 관련된 쟁점은 읽기 평가의 맥락에서 다루어지는데 다음의 예시를 살펴보자.

선다형 검사는 이해를 평가하기보다는 어휘적 연결(lexical matching)과 같은 전략을 사용하면 충분히 풀어낼 수 있는 형태를 띠고 있다.[8] 예를 들어, 개구리에 대한 짧은 글을 읽고서 '왜 개구리가 멸종되어 가는가?'와 같은 문항에 답하기 위해서 아동에게 필요한 것은 무엇인가? 아동은 짧은 글을 이해하지 못해도, 심지어 짧은 글을 읽지 않아도 글 속의 '개구리'나 '멸종'과 같은 단어를 찾아보는 방식을 통해 글과 가장 잘 어울리는 답안을 선택할 수 있다.

다른 검사는 '중지 규칙(stop-rule)'과 관련된 문제를 가지고 있다[예: 닐 읽기 능력 검사(Neale Analysis of Reading Ability)]. 중지 규칙을 사용하는 검사는 아동에게 점차적으로 어려워지는 이야기를 큰 소리로 읽게 한 후에 관련된 문항에 답하도록 요구한다. 일정한 수의 음독 오류가 발생할 때 검사는 중단되고 이해 점수는 아동이 그 시점까지 답한 문항에 준하여 산출된다.[9] 그러나 글은 사전지식의 효과로 인해 서로 다른 독자에게 서로 다른 어려움을 유발할 수 있어서, 비록 현재 읽고 있는 글에 대해서는 답을 할 수 없을지라도 다음 글에 대해서는 답을 할 수도 있다. 중지 규칙은 아동에게 다음 글에 답할 기회를 가로막는다.

빈칸메우기 검사(Cloze Test) 혹은 단어 선택형 빈칸메우기 검사(maze test)*는 아동에게 한 단어가 삭제된 문장을 완성하게 한다. 이러한 검사에서 아동이 받는 점수는 글에 대한 이해보다는 문법적 익숙함이나 한 문장에 대한 이해를 반영할 가능성이 더 높다.[10]

이처럼 순전히 검사 형식의 문제로 인해 아동은 어떤 검사에서는 점수를 잘 받고 다른 검사에서는 점수를 잘 받지 못할 수 있다.[11] 이러한 쟁점은 연구자와 교사에게 독해에서의 개인차를 이해하고 보정하기 위해 이해 검사를 활용하는 것에 의문을 제기하도록 한다.

....

*   빈칸메우기 검사의 한 유형으로, 관련 내용은 13장에 자세히 제시되어 있다.

산을 수행함으로써 담화에 대한 표상을 형성하는 것과 관련되며, 일반적으로 담화에 대한 표상 형성은 이해(comprehension)의 증거로 받아들여진다."[12] 킨치가 여기에서 의미하는 바에 따르면, 독해란 글이 제공하는 정보에 대해 다양한 인지적 활동(계산)을 수행한 결과로서 글(담화)에 대해 표상을 만드는 것이다. 이러한 정의는 여전히 모호하고 읽기를 이해하는 데 별로 도움이 되지 않을 수 있다. 그러나 이 정의의 의미는 독해가 어떻게 일어나는가에 대한 다양한 이론을 이해한 후 보다 명료해질 것이다. 이 장에서는 독해에 대한 영향력 있는 네 가지 이론을 살펴볼 것이다. 이 이론들은 독해의 특성을 밝히고 탐구하는 데 필요한 이론적 토대를 제공할 것이다.

1. 읽기에 대한 단순 관점

1.1. 단순 관점

읽기에 대한 단순 관점(simple view of reading, 이하 단순 관점)은 "읽기를 해독으로 축소해서는 안 된다. 읽기란 필수적으로 구문 분석, 문장 연결, 담화 구성 등과 같은 언어적 기능과 관련되며, 이러한 기능 없이 이루어지는 해독은 읽기가 아니다."[13]라고 주장한다. 이 관점에 따르면 독해에는 두 가지 기능이 관련된다. 하나는 해독인데 이는 단어 재인 기능의 효과적 사용을 필요로 한다. 이 기능은 아동이 심성 어휘집에 접근하여 단어 의미를 추출할 수 있게 한다. 다른 하나는 언어 이해(linguistic comprehension)로 언어 정보로부터 담화(글)에 대한 표상을 만들어 내는 것이다. 이 모형에서 말하는 언어 이해 기능은 아동의 청해(듣기 이해)와 독해에 유사하게 적용되는 단일한 것이다. 이 모형은 해독도 언어 이해도 그 자체로는 충분하지 않으며 능숙한 독해를 위해서는 두 가지 기능 모두가 필요함을 강조한다.

독해(Reading Comprehension)

= 해독(Decoding)×언어 이해(Linguistic Comprehension)

웨슬리 후버(Wesley Hoover)와 필립 고프(Philip Gough)는 대규모 데이터를 바탕으로, 해독과 언어 이해를 곱하기의 관계*로 설정하는 것이 더하기의 관계로 설정하는 것보다 아동의 읽기 차이를 보다 잘 예측함을 발견하였다.[14] 해독과 언어 이해를 곱하기로 설정한 함수가 영어와 스페인어를 모두 구사하는 1~4학년 학생의 읽기 능력 차이를 예측하는 데 보다 유효함을 확인한 것이다. 사실상 이러한 곱셈 효과를 포함하는 것은 양자 간에 .84~.91 정도의 매우 높은 상관관계를 발생시키는 문제를 초래한다. 그럼에도 불구하고 이것보다 더 좋은 모형을 찾기는 어려울 듯하다.

[그림 8-1]은 읽기 부진을 초래하는 세 가지 사례를 포함하여 단순 관점으로 예측할 수 있는 네 가지의 독자 유형을 보여 준다. 사례 A에 해당하는 아동은 해독 기능은 미숙하지만 언어 이해는 충분하다. 이 경우 아동은 유창하고 정확하게 해독할 수 없기 때문에 상향적 읽기 과정에서 독해에 제약을 받는다. 이러한 유형의 아동은 해독에 필요한 자소-음소 대응 관계를 적용하는 데에는 어려움을 나타내지만 청해와 의사소통 기능에는 문제가 없다. 전통적으로 이러한 아동은 난독증 진단을 받는다.

사례 B에 해당하는 아동은 언어 이해는 미숙하지만 해독 기능은 충분하다. 이 유형은 특이하게도 단어 해독 능력은 뛰어나지만 언어 이해와

....

* 두 요소 중 한 요소가 '0'이면 전체가 '0'이 되는 관계로, 읽기 능력을 설명하기 위해서는 '해독'과 '언어 이해'의 두 기능이 모두 필수적임을 뜻한다.

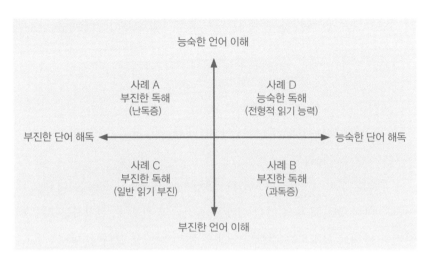

능숙한 언어 이해

사례 A
부진한 독해
(난독증)

사례 D
능숙한 독해
(전형적 읽기 능력)

부진한 단어 해독

능숙한 단어 해독

사례 C
부진한 독해
(일반 읽기 부진)

사례 B
부진한 독해
(과독증)

부진한 언어 이해

[그림 8-1] 읽기에 대한 단순 관점

의사소통 능력이 부진한 과독증(hyperlexic)* 아동에게서 나타난다.[15] 아마도 이 유형은 제2 언어의 언어 구조나 어휘를 충분히 이해하지 않은 상태에서 제2 언어의 단어를 해독하는 방법을 학습한 아동에게서 뚜렷하게 나타날 것이다. 또한 이 유형은 읽기 유창성을 다룬 장에서 언급했던 단어 호명자에게서도 발견된다.

사례 C에 해당하는 아동은 해독 기능과 언어 이해 모두에 문제가 있다. 이러한 유형의 아동은 어느 모로 보나 부진한 독자이다. 단순 관점이 제시하는 곱셈 함수에 따르면 이러한 아동은 읽기 부진의 정도가 매우 심할 것으로 예상된다.

마지막으로, 사례 D에 해당하는 아동은 해독 기능과 언어 이해의 모든 면에서 부족함이 없다. 이러한 유형의 아동은 정확한 해독 기능과 적절한 언어 이해 기능을 가지고 있어 대체로 능숙한 독해 능력을 가진다.

....

* 단어 읽기 능력은 매우 뛰어나지만 문장(또는 글) 이해력은 또래에 비해 매우 부진한 읽기 장애의 한 유형.

1.2. 단순 관점에 대한 평가

많은 연구들이 읽기에 대한 단순 관점을 뒷받침한다. 예를 들어 케이트 네이션(Kate Nation)과 마거릿 스노울링(Margaret Snowling)은 문단 이해에 미숙함을 보이는 초등학생이 문단을 들을 때에도 동일한 결함을 보인다는 사실을 발견했다.[16] 휴 캐츠(Hugh Catts), 수전 아들로프(Suzanne Ad-lof) 및 수전 와이즈머(Susan Weismer)도 단어를 정확하게 해독할 수 있지만 문단을 이해하는 데 어려움을 겪는 아동의 사례를 보고하면서 이러한 사례가 연령이 높아지면서 글에 대한 부담이 점차 가중될 때에 더욱 많아진다고 하였다.[17] 이들 아동은 글이 문어로 제시되든 구어로 제시되든 관계없이 글로부터 무언가를 추론해 내는 데 결함이 있었다. 또한 연구자들은 청해는 부진하지만 정확하게 해독하는 아동의 사례를 확인하였다. 단순 관점이 예측한 대로 이들 아동은 언어 이해가 부족하여 독해에 어려움이 있었다.

이 관점을 뒷받침하는 또 다른 증거로는 아동이 중학교로 진학하면서 해독과 이해 간의 상관관계가 감소한다는 연구 결과를 들 수 있다. 이는 아동의 연령이 높아짐에 따라 이해에 대한 요구가 보다 강해짐에 따른 결과라 해석할 수 있다. 읽기 유창성을 다룬 6장에서의 논의와 유사하게 이것은 아동의 학년이 높아짐에 따라 읽기 유창성(빠르고 정확한 해독)과 이해 간 상관관계가 줄어든다는 사실과 궤를 같이한다. 이러한 연유로 독해의 차이를 청해에서의 개인차로 설명하려는 경향이 갈수록 증가하고 있다.[18] 또한 이 모형으로부터 예측할 수 있듯이 대체로 단어 해독에 영향을 미치는 요인(예: 자모 지식, 음운 인식)은 이해를 예측하는 요인과는 다르다.[19]

단순 관점에 대한 기본적인 논쟁은 그것이 '너무' 단순하다는 데서 비롯된다. 이에 연구자들은 이 모형에 여러 요소를 추가하는 방식을 제안해 왔다. 해독이나 청해를 넘어, 새로운 요소를 추가함으로써 이해에서의 개인차를 예측하는 설명력을 높일 수 있다. 가령, R. 말라테샤 조시(R. Malatesha Joshi)와 P. G. 에런(P. G. Aaron)은 이 모형에 처리 속도(processing speed) 요소가 추가되어야 함을 제안했다.[20] 다른 연구자들은 단순 명명 속도(simple naming speed)*가 속도의 차이를 정확하게 설명할 수 있다고 주장했다.[21] 또 다른 연구자들은 유창성 요소가 추가되어야 한다고 주장했다.[22] 프랜시스 코너스(Frances Connors)는 새로운 요소로 주의 통제(attention control)를 제안했으며,[23] 울레트와 애슐리 비어스(Ashley Beers)는 어휘가 별도로 다루어져야 함을 주장했다.[24] 존 커비(John Kirby)와 로버트 새비지(Robert Savage)는 이 모형에서 독해 전략이 고려되지 않음을 지적했다.[25] 기본적으로 단순 관점에 대한 지배적인 반응은 단순 관점을 더욱 복잡하게 만드는 것이었다.

단순 관점에 대한 심각한 우려는 읽기 교육자로부터 제기되었다. 이들이 제기한 쟁점 중 하나는 단순 관점이 수업에서 해독과 이해를 별도의 기능으로 다루도록 한다는 것이다. 물론 후버와 고프는 읽기 교육자의 이러한 주장을 받아들이지 않았다.[26] 모락 스튜어트(Morag Stuart), 로나 스테인토르프(Rhona Stainthorp) 및 스노울링은 궁극적으로 아동이 잘 읽기 위해서는 해독과 이해가 모두 필요하기 때문에, 단순 관점은 교사에게 일상적인 읽기 프로그램의 일부로서 해독 지도와 이해 지도 모두를 수행하도록 할 것이라고 주장했다.[27] 그러나 마이클 프레슬리(Michael Pressley) 외에 따르면, 일반적으로 저학년에서 사용되는 글은 이해에 대한 부담이 크지 않기 때문에 실제로 단순 관점은 교사로 하여금 이해 수업을 소홀하게 하면서 오로지 반복적이고 지루한 해독 훈련만을 강조하게 만든다.[28] 우리는 종종 단순 관점이 복잡한 글을 이해하는 데 필요한 기능보다는 해독 기능을 가르치는 결과를 낳을 수 있다고 생각한다. 분절적으로 기능을 가

....

* 그림으로 나타낸 대상의 이름을 말하는 데 소요되는 시간.

르치는 것이 좋은지 그렇지 않은지에 대한 논쟁은 읽기 교육자 사이에서 심각한 논쟁으로 남아 있으며,[29] 이러한 논쟁에 대한 해결은 다른 자리로 미루도록 하겠다.

다른 읽기 교육자는 이 모형이 이해 수업에서 어떤 내용이 핵심적으로 또는 구체적으로 다루어져야 하는지에 대해 지침을 제공하지 않는다고 불평한다. 예를 들어 제임스 호프만(James Hoffman)은 이 모형이 이해 측면을 지나치게 단조롭게 다루고 있다고 주장한다.[30] 그에 따르면 이 모형은 글의 유형(예: 정보적 글 vs. 서사적 글)이 유발하는 어려움이라든지 아동이 자신의 해독 수준을 넘어서는 글을 읽을 때 겪게 되는 어려움을 간과한다. 또한 이 모형은 사람들이 서로 다른 목적과 동기[예: 훑어 읽기, 기분 전환(오락), 깊게 읽기]를 가지고 다양한 글을 읽는다는 것을 간과한다. 또 다른 연구자들은 이 모형이 지나치게 단순하여 읽기 수업을 위한 지침으로 작용하지 못한다고 지적한다. 심지어 콜린 해리슨(Colin Harrison)은 이 모형은 지나치게 단순하기 때문에 정치인들에게 읽기 연구의 가치를 '역설할' 때에만 유용할 뿐이라고 지적했다.[31]

이러한 제한점에도 불구하고 단순 관점은 낮은 수준의 해독 과정과 높은 수준의 이해 과정 간의 복잡한 관계를 명료화하는 데 용이하다. 다음에 설명할 모형들은 이 함수에서의 이해 측면을 보다 강조한다. 이것들은 단순 관점보다 독해 과정에 대한 깊이 있는 통찰을 제공한다.

2. 스키마 이론 관점

스키마 이론 관점(schema theory view, 이하 **스키마 이론**)은 독해 모형으로 시작되었다기보다는 '지식이 인간의 기억에 저장되는 방식을 표상하기 위한' 일반적인 심리학적 모형으로 시작되었다.[32] 스키마라는 용어는 프레드릭 찰스 바틀릿(Frederic Charles Bartlett)이 1923년에 처음으로 사용했으며 피아제의 용어인 스키마(도식, scheme)[33]와도 유사하다. 그러나 스키마 이론이 분명하게 사용되기 시작한 것은 1970년대 심리학자들이 인간 사고를 모형화하기 위하여 컴퓨터를 사용하기 시작하면서부터이다. 이후부터 읽기 분야에서 스키마 이론이 사용되었다.[34] 비록 많은 연구자가 읽기에 대한 스키마 이론을 다루고 강조하였지만,[35] 일반적으로 리처드 앤더슨과 데이비드 피어슨(David Pearson)이 『읽기 연구 핸드북(Handbook of Reading Research)』 1판에서 소개한 내용[36]이 이 관점의 가장 고전으로 여겨진다. 이 책에서도 이들의 이론에 더하여 스키마 이론을 설명하였다.

2.1. 스키마란

스키마란 한 개인이 특정한 화제에 대하여 알고 있는 것을 요약하여 조직화한 지식의 구조이다. 스키마는 한 개인이 화제와 관련하여 경험한 것에 대한 기억뿐만 아니라 해당 화제에 대하여 다른 방법(예: 대화, 독서, 학교 교육)으로 학습한 모든 것을 포함한다. [그림 8-2]는 낸시(저자 중 한 사람으로 반려견 애호가)의 '개'에 대한 스키마를 그림으로 나타낸 것이다. 이 예시를 통해 스키마의 중요한 특징을 확인할 수 있다.

2.1.1. 성인의 스키마는 매우 복잡하다

[그림 8-2]는 낸시의 머릿속에 저장되어 있는 '개'에 대한 지식의 극히 일부를 보여 준다. 개에 대한 낸시의 스키마는 그녀가 알고 있는 개들을 열거함으로써 또는 개와 관련하여 읽었거나 들어서 학습한 실천적 지식(practical knowledge) 또는 형식적 지식(formal knowledge)을 열거함으로써 더 확장될 수 있다. 만약 전체 스키마를 정확하게 그려 낼 수 있다면 노

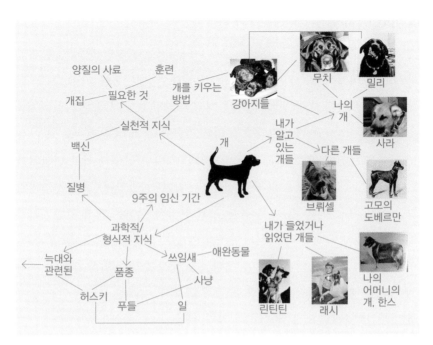

[그림 8-2] 낸시의 '개'에 대한 스키마

드와 연결망은 믿을 수 없을 정도로 복잡한 양상일 것이다. 물론 개에 대한 스키마는 낸시의 또 다른 스키마와 연결된다('늑대와 관련된' 것에서 뻗어나가는 화살표를 주목하라). 평범한 성인은 800억~1,000억 개의 뉴런을 가지고 있으며 뉴런 하나는 10만 개의 다른 뉴런과 연결될 수 있다. 결과적으로 뉴런은 약 1경 개에 이르는 연결을 만들어 낼 수 있으며, 많은 연결은 개인의 경험과 학습에 의해 날마다 변화한다.[37] 우리는 스키마 내의 연결과 스키마 간의 연결을 비교적 분명하게 머릿속에 저장한다.

2.1.2. 스키마는 위계적일 뿐만 아니라 중첩적인/연결적인 조직 구조이다

애덤스와 앨런 콜린스(Allan Collins)에 따르면 스키마는 위계적이면서도 중첩적인/연결적인 조직 구조이다.[38] [그림 8-2]에서 확인할 수 있는 위계적 구조의 예시는 '개'가 '내가 알고 있는 개들'로 이어지고, 그것은 다시 '나의 개'로 이어지고, 더 나아가서는 개별적인 개들로 내려가는 경로를 들 수 있다. 비록 [그림 8-2]에 나타나지는 않지만 한 개인은 개별적인 개에 대해서도 스키마를 가지고 있다. 또한 '애완동물', '사냥', '일'과 같은 개의 쓰임에 대한 형식적 지식, 개의 다양한 품종에 대한 지식(여기에는 몇 품종만 제시되었지만), 그리고 늑대와 관련된 개에 대한 지식도 모두 같은 방식으로 연결되어 있다. 동시에 다양한 지식의 범주가 서로 연결되어 있다. '허스키'는 개의 품종 중 하나이며, '일하는 개'이며, 그리고 늑대와 가장 유사하다. 개의 '질병'에 관한 그의 형식적 지식은 개가 접종받아야 할 '백신'에 대한 실천적 지식과 관련되어 있다. '개를 키우는 방법'과 관련된 실천적 지식의 많은 부분은 애완동물을 길러 본 개인적 경험('무치'와 '밀리'라는 이름의 개를 길러 본 경험)에 근거를 둔다. 이러한 수많은 연결 중에서 일부만이 [그림 8-2]에 나타나 있다. 예를 들어 '애완동물'로부터 그가 가지고 있거나 알고 있는 모든 개들로 이어지는 선이 있을 수 있다. '밀리'로부터 '질병'에 이르는 선도 있을 수 있다.

스키마 이론의 핵심 주장은 스키마 내의 조직과 연결이 실제의 지식의 조각(또는 노드)만큼 중요하다는 것이다. 다시 말해, 조직화되지 않은 사실이나 경험의 조각은 스키마가 아니며 어떠한 유용한 지식도 되지 않는다. 다행스럽게도 인간은 유아기 때부터 자신의 지식을 구조로 조직화할 뿐만 아니라 이 구조를 가능한 한 응집적이고 활용 가능하게 만들 수 있다.[39]

2.1.3. 스키마는 다양한 자원으로부터 얻은 다양한 유형의 지식을 포함한다

스키마는 주요한 두 가지 유형의 지식을 포함하는데 무엇에 대한 지식(knowledge about things)과 무엇의 지식(knowledge of things)이 그것이다. 전자는 다양한 방식으로 학습될 수 있는 지식을 말하며, 후자는 어떤 점에서 영화와 유사한데 후각, 미각, 촉각, 그리고 감정적 요소가 더해진 실제 경험에 대한 기억으로서의 지식을 말한다. 우리는 [그림 8-2]에서 두 가지 유형의 지식을 보여 주기 위하여 경험적 지식(즉, 무엇의 지식)에 대해서는 이미지를, 보다 의미적 지식(즉, 무엇에 대한 지식)에 대해서는 단어를 사용하였다. 물론 실제 스키마에는 이미지가 의미적 지식과 연결되어 있으며 인간은 언어 사용자이기 때문에 필연적으로 단어와 경험을 관련짓는다.[40] 책, 영화, 심지어 이야기를 들은 것도 나름의 경험으로 간주될 수 있음에 주목하라. 예를 들어 처음 개를 키우기 시작한 스무 살 때보다 훨씬 오래전, 낸시는 어머니가 기르던 개 '한스'에 대한 이야기를 들은 적이 있고, 고모가 키우던 도베르만과 자주 놀았으며, 그리고 래시 시리즈를 읽고 텔레비전에서 '린틴틴'을 보았다. 따라서 개에 대한 낸시의 스키마에는 이미 관념적인 목록(즉, 무엇에 대한 지식)의 측면에서라기보다는 개에 대한 이야기를 듣고, 읽고, 보면서 느꼈던 감정이나 상상했던 경험의 측면에서 개를 기르는 즐거움에 대한 어떤 지식이 포함되어 있다. 사람들이 책을 읽는 이유를 고려하면, 특히 재미를 위하여 책을 읽는 이유를 생각하면 이러한 간접 경험은 중요하다.

　지식의 세 번째 유형은 절차적 지식 또는 무엇을 하는 방법에 대한 지식이다. 이 지식은 비록 질적인 차이가 있을 수는 있지만 개인적인 경험이나 보다 추상적인 학습을 통해 습득될 수 있는 지식을 가리킨다. 몇몇 연구자는 절차에 대한 스키마를 마치 배우가 무엇을 해야 할지를 알려 주는 연극 대본(스크립트), 즉 '특정 상황 속에서 사건이 일어나는 순서를 적어 놓은 대본'에 비유하기도 한다.[41] 아마도 [그림 8-2]에서 '개를 키우는 방법' 노드는 '강아지 젖떼기' 혹은 '강아지 배변 훈련하기' 등과 같은 특정한 과업을 수행하는 스크립트 더미와 연결된다. 많은 사람이 가지고 있는 또 다른 스크립트의 예로는 웨이터와 손님의 역할, 주문하고 계산하는 행동, 메뉴와 테이블 같은 항목을 포함하는 '식당'(패스트푸드부터 우아한 식사에 이르기까지 식당 유형에 따른 하위 스크립트도 있을 수 있다) 스키마를 들 수 있다.[42]

2.1.4. 스키마는 개인적이지만 집단 구성원은 종종 스키마의 요소를 공유한다

[그림 8-2]의 스키마와 정확히 일치하는 스키마를 가진 사람은 낸시 말고는 존재할 수 없다. 누구도 낸시와 똑같은 경험을 하지 않았을 것이며, 누구도 낸시가 개에 관해 학습한 지식과 정확하게 같은 지식을 가지고 있지 않을 것이기 때문이다. 그러나 우리는 낸시와 동시대에 살고 있는 미국인들의 스키마에서, 특히 무엇에 대한 지식 측면에서 동일한 요소를 많이 발견할 수 있다. 또한 낸시의 어머니나 아들의 개 스키마의 경우 무엇에 대한 지식 측면과 무엇의 지식 측면 모두에서 더욱 많은 동일 요소를 발견할 수 있을 것이다. 한편 알래스카에서 썰매 개를 몰던 알래스카 원주민은 '썰매 개를 움직이게 하는 방법에 대한 지식'과 '썰매 개의 먹이에 대한 지식' 등을 포함하여 일하는 개로서의 허스키에 대하여 낸시와 달리 보다 정교한 스키마를 가지고 있을 것이다. 이러한 관점에서 이 장의 후반부에서는 스키마 이론이 학습과 읽기에 대한 문화의 영향을 이해하는 데 어떤 도움을 주는지에 대해 살펴볼 것이다.

2.2. 스키마와 읽기

스키마 이론에 따르면 독자는 글자의 형태를 지각하는 것에서부터 어떤 유형의 단어가 문장에 딱 들어맞을지를 예측하는 것에 이르기까지 읽기의 모든 수준에서 스키마를 사용한다.[43] 읽기의 궁극적인 목적은 이해인데, 이해는 '담화 속의 대상이나 사건이 통일성을 갖도록 스키마를 활성화하거나 구성하는 것'으로 정의된다.[44] 이 모든 활동은 동시적이면서도 상호작용적으로 일어난다. 즉, 독자가 먼저 단어를 재인하여 이해하고, 그런 다음 단어의 의미를 문장으로 통합하고, 문장을 문단으로, 그리고 마지막으로 문단의 분절된 의미를 글 전체로 통합하는 것이 아니다.

대신에 독자는 글을 읽기 시작하자마자 글의 의미를 이해하는 데 활용할 다양한 스키마를 찾을 것이다. 만약 독자가 해당 영역에 대한 지식이 부족해서 혹은 글이 모호하거나 명료하지 않아 적절한 스키마를 찾는 데 어려움을 겪는다면, 독자가 글 속에 있는 모든 단어를 알고 있다고 하더라도 독해에 어려움을 겪을 수밖에 없다. 존 브랜스퍼드(John Bransford)와 마샤 존슨(Marcia Johnson)이 이해에 대한 일련의 실험에서 사용한 다음 글을 살펴보자.[45]

> 절차는 매우 간단하다. 우선 항목을 몇 개의 모둠으로 분류한다. 물론 해야 할 일의 양에 따라 하나의 모둠으로 충분할 수도 있다. 만약 시설이 부족해 다른 곳으로 가야만 한다면 그렇게 한다. 그렇지 않다면 준비가 다된 셈이다. 한 번에 너무 많은 양을 하지 않는 것이 중요하다. 즉, 한 번에 지나치게 많은 양을 하기보다는 적게 하는 것이 더 낫다. 단기적으로는 이것이 별로 중요해 보이지 않을 수 있으나 복잡한 문제가 쉽게 발생할 수 있다. 한 번의 실수로 매우 비싼 대가를 치를 수도 있다.[46]

이 글은 단어나 문장이 복잡하지는 않지만 의도적으로 모호하게 썼기 때문에 사전에 **빨래**에 관한 글임을 듣지 못한다면 대부분의 사람은 글을 이해하는 데 꽤 어려움을 느낄 것이다. 그러나 적절한 스키마가 활성화되면 이 글은 쉽게 이해된다.

스키마 이론에 따르면 몇몇 이해 문제는 유용한 스키마를 찾는 데 실패하거나 처음부터 잘못된 스키마를 적용하는 것에서 기인한다. 예를 들어 대부분의 사람은 다음 글을 탈옥을 고민하는 죄수에 대한 글이라고 생각할 것이다.

> 토니는 빠져나갈 궁리를 하면서 매트에서 천천히 일어났다. 그는 순간 머뭇거리며 생각해 보았다. 일이 잘 풀리지 않았다. 그를 가장 괴롭히는

것은 자신에게 가해지는 압박(charge)이 약해졌음에도 여전히 붙잡혀 있는 것이다. 자신을 붙잡아두는 빗장(lock)은 강력하지만 그는 그것을 깰 수 있다고 생각했다.[47]

그러나 앤더슨, 랠프 레이놀즈(Ralph Reynolds), 다이앤 셸러트(Diane Shallert) 및 어니스트 괴츠(Ernest Goetz)에서는 레슬링 선수이거나 레슬링과 유사한 운동에 관심이 있는 사람들은 이 글을 레슬링 시합에 관한 것으로 해석하는 경향이 있음을 발견했다.[48] 만약 이것이 정말로 죄수에 대한 것이라면 이들의 초기 스키마 선택은 이해에 심각하게 악영향을 미칠 수 있다. 더 중요한 것은 이 예시가 하나의 글에 대한 완전히 다른 두 해석이 어떻게 정당화될 수 있는지를 보여 준다는 데 있다. 다시 말해, 이 예시는 시험에서 혹은 교사가 시에 대한 한 가지의 '정확한' 해석이 있다거나 소설 작품에서 발견되는 '확실한' 주제가 있다고 말하는 것이 타당한지에 대한 문제를 제기한다. 또한 처음에 활성화된 스키마가 글에 있는 특정 단어의 의미를 바꾸도록 하는지에 대해서도 주목할 필요가 있다. 압박(charge)은 레슬링에서의 움직임일 수도 있고 법적 기소일 수도 있으며, 빗장(lock)은 레슬링에서 붙잡아 두는 기술(로크)일 수도 있고 금속 물체(자물쇠)일 수도 있다. 이들 단어의 '실제' 의미는 글의 의미를 제한하지 않는다. 오히려 이 글을 해석하기 위해 독자가 사용하는 스키마가 해당 단어가 전달하는 의미에 영향을 준다.

어떤 필자도 글을 이해하는 데 필요한 모든 지식을 글 속에 제시할 수는 없다. 때문에 필자는 글 안에 독자가 채워야 할 공간을 남겨 놓는다. 독자가 글을 읽으면서 떠올리는 스키마는 그 공간을 채우는 데 기여한다. 다음 장에서 심도 있게 논의하겠지만, 이 과정은 **추론**(inference)이라 불리는 것으로, 읽기에서 없어서는 안 되는 과정이다. 스키마는 이러한 추론 과정에 커다란 도움이 된다. 왜냐하면 각 스키마는 전형적으로 채워지곤

하는 특정한 '자리(슬롯, slots)'를 가지는데, 이 자리는 해당 스키마에 익숙한 독자라면 글에서 찾으려 하거나, 만약 이것이 글에 없다면 자신의 지식을 통해 끌어오려는 것이기 때문이다. 예로서 식당 스키마와 관련된 다음 글을 살펴보자.

지호는 팁을 전혀 주고 싶지 않았다. 음식이 나오는 데 40분 이상 걸린 데다가 음식은 이미 식어 있었고, 따로 사워크림을 요청했는데도 감자 위에 버터가 있었기 때문이다. 그는 물 잔을 비우고 15분이나 기다렸다가 한 잔 가져다 달라고 요청했다. 결국 그는 팁을 조금 남겼지만 다시는 오지 않겠노라 다짐했다.

'팁을 남겼다'라는 어구가 곧바로 이 장면이 식당에서 벌어진 일이라는 느낌을 주는가? 이 글을 이해하기 위해서 식당 스키마에서 끌어와야 하는 모든 것을 생각해 보라. '지호'는 명백히 식당 스키마를 구성하는 '손님'이라는 자리를 채울 것이고, 비록 한 번도 언급된 적은 없지만 '식당 종업원'이라는 자리를 채울 사람 또한 이 글에서 매우 중요하다. 팁이란 훌륭하거나 적어도 충분한 봉사와 서비스에 대한 보답으로 종업원에게 주는 돈이라는 것, 음식은 식기 전에 제공되어야 한다는 것, 주문은 정확하게 받아야 한다는 것, 그리고 요청하지 않아도 물 잔이 비면 채워져야 한다는 것 등을 이해하기 위해서는 식당 스크립트 혹은 식당 스키마를 끌어와야 한다. 마지막 문장의 미묘한 부분을 이해하기 위해서는, 어린 독자라면 모를 수 있지만 서비스가 나쁘다고 팁을 남기지 않으면 사람들(아마도 특히 남자)이 당혹스러워한다는 것을 깨달아야 한다. 한편 이 예시는 일을 못하는 종업원이 손님을 놓칠 수 있음을 보여 준다. 또한 지호는 자기 권리를 주장하는 것이 익숙하지 않은 성격일 수도 있다. 유능한 독자는 글을 읽으면서 잠재되어 있는 이러한 함축적 의미들을 생각해 내는데 이는 잘 활성화된 식당 스키마에서 끌어낸 사전 지식 덕분이다. 물론 이 글은 지호가 간 식당의 종업원이 납치되는 미스터리의 도입부일 수도 있다. 납치는 전형적인 식당 스키마를 구성하는 요소가 아니다. 추리소설 작가들은 독자가 즐기는 긴장과 예측 불가능성을 강화하기 위하여 이른바 스키마 위배 기법을 종종 사용한다.

글에 대한 이해를 가능케 하는 것 외에도 스키마는 글에 대한 독자의 학습과 기억에 영향을 준다. 스키마는 독자로 하여금 중요한 정보에 주의를 기울이도록 하거나 글과 관련된 전형적 스키마에 문제를 발생시킴으로써 부분적으로 독자의 학습과 기억에 영향을 준다. 예를 들어 내일 앞의 글을 읽고 내용을 회상하는 시험을 본다고 가정해 보자. 인물의 이름은 글을 이해하는 데 중요하지 않기 때문에 혹은 전형적인 식당 스키마에 위배되지 않기 때문에 우리는 인물의 이름이 지호인 것을 기억하지 못할 것이다. 또한 지호가 종업원에게 빈 잔을 채워 달라고 요청하기까지 15분을 기다렸다는 것도 기억하지 못할 것이다. 그러나 우리는 지호가 오랫동안 기다렸고 음식은 식어서 나왔으며 주문이 잘못되었다는 것은 기억할 것이다. 이러한 요소는 글을 이해하는 데 중요하기 때문이다.

수많은 실험 결과에 따르면 중요성(즉, 글에서 중요한 정보)이라는 것은 글에 의해 결정되는 것이 아니라 독자가 글을 읽을 때 사용하는 스키마에 의해 결정된다. 몇몇 연구는 지문을 읽기 전에 질문을 먼저 읽으라는 시험 전략과 유사하게, 독자에게 글을 읽기 전이나 글을 읽는 도중에 글 속의 특정 정보와 관련된 질문을 제시함으로써 해당 정보의 중요성이 커지고 이로 인해 해당 정보를 더 잘 기억하게 된다는 것을 밝혀냈다.[49] 다른 연구들은 독자가 글을 읽기 전에 스키마를 제공함으로써 특정 정보의 중요성 및 특정 정보에 대한 회상을 강조하거나 줄일 수 있음을 보여 주었다. 예를 들어 제인스 피처트(James Pichert)와 앤더슨은 집에 대한 동일한 글을 집을 구매할 사람 입장에서 혹은 빈집털이범 입장에서 읽혔다.[50] 연구자들은 구매자 입장에서 읽은 사람들은 '물이 새는 지붕'과 같은 내용을 회상한 반면에, 빈집털이범 입장에서 읽은 사람들은 '차고에 10단 변속 자전거가 세 대 있다'와 같은 내용을 회상한다는 것을 발견했다.

그러나 주의 집중만으로는 스키마가 기억에 미치는 영향을 모두 설명하지는 못한다. 때때로 강력한 스키마는 독자에게 글에 있지 않은 요소를 '기억하게끔' 유도할 수도 있다.[51] 예를 들어 지호의 식당 이야기를 읽고 일주일 후에 그것에 대해 이야기한다고 생각해 보자. 실제 글에는 종업원의 성별에 대한 언급이 없었음에도 아마도 우리는 '여종업원이 일을 잘하지 못했다'라고 대답할 것이다. 많은 연구에 따르면 종업원의 정체성과 같은 스키마의 자리는 글 속의 요소로 채워지는 것이 아니라 독자가 가지고 있는 스키마의 '기본값(default)' 요소로 채워지는 경향이 있다. 그래서 만약 우리가 종업원에 대해 가지는 기본 이미지가 여종업원이라면 우리는 '여종업원'으로 기억할 것이다. 만약 우리가 가지는 식당 스키마가 물보다 커피를 다시 채우는 것을 중요시한다면, 우리는 지호가 커피 잔을 채워 달라는 요구를 했다고 잘못 말할 수도 있다. 이러한 종류의 기억 왜곡은 스키마의 영향이라 할 수 있으며, 이는 증인의 진술을 수집하는 경찰과, 공판에서 배심원에게 증인의 정보에 지나치게 의존하지 말라고 경고하는 판사에게는 아주 익숙한 사례이다.[52]

긍정적인 측면에서 보면 효과적인 스키마는 글을 읽은 후에 글의 내용을 회상하는 데 도움을 주는 틀(framework)의 기능을 한다. 이러한 스키마 효과는 '집'에 대한 글로 수행된 앤더슨과 피처트의 후속 연구[53]에서 분명하게 드러났다. 연구 참여자들은 동일한 글을 두 입장 중 하나를 선택하여 읽은 후 기억하는 내용을 모두 회상하도록 요구받았다. 연구 결과는 앞에서 설명한 첫 번째 실험 결과와 동일했다. 그런 다음 참여자들에게 글을 다시 읽지 말고 앞서 선택한 입장과는 다른 입장에서 기억하고 있는 내용을 모두 회상해 보라고 요구하였다. 즉, 구매자의 입장을 취했던 사람들은 스스로를 빈집털이범이라고 생각하고 집에 대해 기억하는 모든 것을 적도록 요구받았고, 빈집털이범의 입장을 취했던 사람들은 스스로를 집 구매자라고 생각하고 집에 대해 기억하는 모든 것을 적도록 요구받았다. 놀랍게도 각 집단은 집에 대하여 처음에는 기억하지 못했던 내용을 추가로 기억해 냈다. 이것들은 대개 활성화하도록 요구받았던 새로운 스키마와 관련된 내용이었다. 새로운 스키마가 글에 대한 내용을 추가로 회상하도록 한 것은 분명하다. 앤더슨과 피처트가 수행한 두 연구는 일반적으로 독해에서 중요하게 간주되는 두 가지 요소, 즉 글을 이해하기 위해, 그리고 글의 내용을 기억하기 위해 사전지식을 사용하는 독자의 능력이 중요하다는 것을 나타낸다.[54]

스키마 모형에 대한 논의를 마무리하기 전에 독해와 관련된 특별한 스키마, 즉 특정한 글의 형식 혹은 장르에 대한 스키마를 설명하고자 한다. 이러한 스키마와 관련해 가장 잘 알려진 것은 아마도 이야기 스키마(story schema) 혹은 이야기 문법(story grammar)이라 불리는 일반적인 서사 스키마일 것이다.[55] 이야기 스키마는 배경, 주인공(그리고 조연), 문제 또는 갈등, 문제 해결을 위한 하나 또는 그 이상의 사건/시도, 그리고 결론 혹은 해결 등의 요소로 구성된다. 독자는 글을 이해하기 위하여 자신의 이야기 스키마를 계속적으로 사용한다. 독자는 기본적으로 주인공에 대한 정보를 찾고자 하며, 주인공이 경험하고 있는 문제 또는 갈등을 확인하고, 이야기에 제시된 문제 해결을 위한 시도를 평가하고, 그리고 이야기의 해결을 이해한다.

〈소방차 프레드(A Fire Engine Named Fred)〉와 같은 유아용 이야기는 이야기 스키마의 요소를 생각해 보는 데 도움이 된다. 일반적으로 우리는 이 이야기에서 프레드가 주인공이라는 것을 예상할 수 있다. 프레드는 매우 작은 소방차로 태어나서 소방서를 거의 떠난 적이 없다(문제). 우리는 주인공이 몇 차례 문제 해결을 시도했지만 결국 실패했음을 상상해 볼 수 있다(가짜 경보 울리기, 소방서장을 속여 퍼레이드에 참여시키기 등). 또한 해결책이 있음을 예측할 수 있다(프레드가 불 끄는 것을 돕는다). 비록 이 이야기는 훌륭한 문학 작품이라 할 수는 없지만 이야기 스키마의 기본적인 요소를 분명하게 나타낸다.

조지프 디미노(Joseph Dimino), 로버트 테일러(Joseph Taylor) 및 러셀 거스턴(Russell Gersten)[56] 그리고 미라이 이어맨 스테터(Maria Earman Stetter)와 마리 테제로 휴스(Marie Tejero Hughes)[57]가 여러 연구를 검토한 결과에 따르면, 기본적인 이야기 스키마에 대한 지식은 다양한 연령대의 학생들의 이야기 이해 및 생산에 긍정적 영향을 미친다. 더욱이 이야기 스키마를 학습 부진을 겪고 있는 독자, 제2 언어 학습자, 그리고 이해에 어려움을 겪는 독자에게 가르치는 것은 효과적인 수업 중재이다.

공통 핵심 성취기준으로 인해 모든 학년에서 정보적 글의 중요성이 새롭게 강조됨에 따라 **정보적 글의 구조**(expository text structure)가 독해에 미치는 영향을 탐구하는 연구가 증가하고 있다. 보니 마이어(Bonnie Meyer)와 동료들이 수행한 연구[58]에 따르면, 정보적 글 구조 스키마의 형태는 전통적인 이야기 문법보다 다양한데, 기술 구조, 순서·지시 구조, 인과 구조, 문제 해결 구조, 비교·대조 구조 등의 구조가 포함된다. 마이어의 초기 연구와 그 후에 이루어진 여러 연구는 이야기 문법에서와 마찬가지로 정보적 글의 구조를 알고 있는 학생이 글을 더 잘 이해할 뿐 아니라, 정보적 글의 구조에 익숙하지 않은 학생에게 이 구조를 가르치는 것이 독해를 촉진한다는 것을 보여 주었다.[59]

앞에서 설명했듯이 스키마 이론은 지식의 구조와 글을 이해하기 위하여 독자가 지식의 구조를 사용하는 것에 초점을 둔다. 이것은 독해에 대한 하향식 관점 혹은 지식 주도 관점이다. 다음 모형에서는 독자가 보다 낮은 수준의 글 정보와 배경지식을 구성하고 통합하면서 상향적으로 글에 대한 표상을 만드는 과정에 대해 살펴볼 것이다.

3. 구성-통합 모형

구성-통합 모형(C-I, construction-integration model)은 독해가 여러 수준의 표상을 토대로 발생한다는 관점을 취한다.[60] 특별히 이 모형은 독자를 글에 대해 다양한 수준의 인지적 표상을 지속적으로 형성하고 조정하는 존재로 기술한다. 독자는 글을 이해하기 위해서 '글에 대한 언어적 수준의 표상, 글의 전국적 및 국지적 의미와 구조에 대한 개념적 수준의 표상 …… 그리고 글 자체의 개별성이 사라지고 글의 내용이 보다 큰 구조로 통합되는 수준에서의 표상'[61]을 형성하고 조정한다.

구성-통합 모형은 글에 대한 의미 구성, 즉 독해가 두 단계를 거쳐 일어난다고 설명한다. 첫 번째 단계는 **구성 단계**(construction phase)인데, 이것은 글에 대한 초기 표상을 형성하기 위해 글의 표층 정보(surface code, **표층 코드**)로부터 정보를 추출하는 상향적 과정을 가리킨다. **표층 코드** 수준이란 글의 자구(字句)와 구문을 정확하게 포착하는 수준을 말한다. 이러한 표층 표상은 매우 일시적이며 글에 제시되어 있는 기본적인 정보에 대한 표상, 즉 **텍스트**(글) **기저**(textbase)가 만들어지면 빠르게 소멸된다. 이러한 텍스트 기저를 만들려면 독자는 일련의 명제(proposition)들을 형성함으로써 글에 부합하는 기본적인 아이디어를 도출해야 한다. 명제란 글의 의미 단위에 대한 가장 단순한 표상을 가리킨다. 이것은 매우 단순하고 보다 큰 맥락으로부터 가장 기본적인 것만 남긴 아이디어를 표상한다.[62] "영희가 초록색 목걸이를 걸었다."라는 문장을 읽은 후, 이를 다수의 명제, 예를 들어 '영희가 걸었다(영희, 목걸이)'와 '목걸이(초록색)'와 같은 다수의 명제로 나눌 수 있다. 명제는 독자에게 장기기억으로부터 그것들과 긴밀하게 관련 있는 정보를 떠오르도록 한다. 예를 들어 '마르디 그라(Mardi Gras)'*라

....

* 사순절을 기념하는 축제의 명칭으로 퍼레이드 도중 관중에게 목걸이를 던지는 행사가 있다.

는 제목의 글을 읽는다고 생각해 보자. 여러분은 자신의 장기기억으로부터 마르디 그라가 목걸이와 관련된다는 사실을 떠올릴 것이다. 장기기억으로부터 만들어진 이 명제는 글로부터 추출된 명제와 함께 텍스트 기저에 입력된다. 또한 독자는 약간의 추론도 시도할 것이다(즉, 글에서 직접적으로 언급되지 않은 아이디어를 만들어 낼 것이다). 예를 들어 앞의 문장에 이어지는 문장이 '그녀'로 시작한다면 여러분은 '그녀'가 '영희'를 가리킨다는 것을 추론할 것이다. 추론으로 얻어진 이러한 명제는 글을 읽음으로써 만들어진 명제 및 사전지식으로부터 만들어진 명제와 함께 텍스트 기저에 입력된다. 이러한 과정을 통해 구성 단계에서 만들어진 텍스트 기저에 대한 표상은 글 속의 아이디어들을 상호 연결하는 일련의 명제로 구성된다.

　구성 단계에서 만들어진 글에 대한 표상은 글 수준을 넘어선다는 점에 주목해야 한다. 형성된 표상은 대체적으로 글과 관련되지만 글과 관련 없는 정보를 포함하기도 한다. 잘못된 추론을 포함할 수도 있고 엉성할 수도 있다. 일반적으로 독자들은 이러한 지식 망을 구성할 때 작업기억의 제약으로 인해 한 번에 제한된 수의 명제를 주기적으로 다룬다. "수호는 요리사다. 그는 여학생 클럽에서 요리를 한다."라는 아주 단순한 글을 토대로 독자가 텍스트 기저를 구성하는 과정을 보다 자세히 살펴보자.

　[표 8-1]에 제시되어 있는 명제는 윗글에 대해 독자가 형성한 텍스트 기저를 구성한다. 명제를 도출하는 방법에 대한 논의는 이 책의 범위를 넘어서므로 여기에서는 상세하게 다루지 않는다. 또한 우리는 의도적으로 텍스트 기저가 구성되는 과정을 단순화하였다. 그러나 하나의 명제는 하나의 핵심적인 개념, 하나의 관계 또는 하나의 단순한 문장을 표상한다. 구성 단계의 최종 결과는 여러 아이디어가 텍스트 기저 내에서 잠재적으로 상호 연결되는 방식을 나타낸다고 말하는 것으로 충분하다. 구성 단계에서 가상의 독자가 만들어낸 텍스트 기저를 살펴보자.

　우선, 텍스트 기저에는 독자가 자신의 장기기억으로부터 떠올린 다양

[표 8-1] 간단한 글에 대한 구성-통합 모형에 기반한 가설적 명제 분석[63]

번호	명제	구성
〈수호는 요리사다. 그는 여학생 클럽에서 요리를 한다."에 대한 텍스트 기저		
A	(수호)	수호가 있으며 명명된 존재는 중요하다.
B	(요리사)	명사는 자신에 대한 명제를 가질 수 있다.
C	～는 ～다(A, B)	망에서 A와 B를 연결하라.
D	～는 ～다(B, 사람)	'요리사는 사람이다'라는 배경지식을 토대로 D와 B를 연결하라.
E	요리(B, 식당들)	'요리사는 식당에서 일한다'라는 배경지식을 토대로 E와 B를 연결하라.
F	～는 ～다(A, 남성)	이름과 성별에 대한 배경지식을 토대로 F와 A를 연결하라.
G	그(A)	대명사가 가리키는 대상에 대한 추론을 토대로 G와 A를 연결하라.
H	(여학생 클럽)	명사는 자신에 대한 명제를 갖는다.
I	요리하다(C, H)	I를 C, H와 연결하라(A, B, D와 간접적으로 연결하라.)

한 정보가 포함된다고 언급했다. 첫 번째 문장을 읽은 후 독자는 사전지식으로부터 "요리사는 식당에서 일한다(명제 E), 그들은 요리를 한다(명제 D), 대체로 '수호'라는 이름은 남성과 관련된다(명제 F)."와 같은 정보를 떠올릴 것이다. 그러나 '수호'는 여자일 수도 있고 혹은 식당이 아닌 다른 곳에서 일할 수도 있다. 중요한 것은 "요리사는 식당에서 일한다(명제 E)."라는 정보가 이 글과 관련 없는 정보라는 것이다. 이러한 점에서 구성 단계는 무차별적이다. 구성 단계에서 독자는 자신의 장기기억으로부터 글의 내용과 밀접하게 관련 있는 정보를, 그것이 글에 적절한지 혹은 적절하지 않은지와 관계없이 단순히 떠올리기만 하기 때문이다.

다음으로 구성 단계 동안 독자는 대명사를 그것의 선행사에 연결하는 기본적인 추론을 할 것이다(명제 G). 이때 독자는 '그'가 '수호'를 가리킨다는 것을 정확하게 추론할 것이다. 그리고 독자가 글로부터 도출한 이러한 추론들도 텍스트 기저에 입력된다.

마지막으로 '수호'와 '요리사' 명제에서 볼 수 있듯이 명제가 서로 중복될 수 있다는 점에 주목하라. 이 두 가지는 글에 단 한 번 나타나지만 서로 연결되어 있을 뿐만 아니라 종종 텍스트 기저에 있는 다른 아이디어와 함께 조회된다. 독자가 구성한 텍스트 기저에는 글이 제시하는 아이디어, 수호, 그리고 요리사 간의 수많은 직접적·간접적 상호 연결이 포함되어 있다. 독자가 구성한 텍스트 기저에 대한 명제 망에서 '수호'와 '요리사'라는 개념은 중심을 차지한다.

구성-통합 모형의 두 번째 단계는 '통합 단계(integration phase)'이다. 이 단계는 파편화되고 서로 일관되지 않은 텍스트 기저 표상이 글에 대한 응집력 있는 표상, 즉 **상황 모형**(situation model)을 형성하기 위하여 통합되는 단계이다. 상황 모형은 글 자체의 세부적인 내용과는 거리가 있는 추상적인 방식으로 글을 표상한다. 다소 엉성하고 연상을 기반으로 하는 구성 단계에서 만들어진 모순은 통합 단계에서 활성화 과정과 억제 과정을 거치며 해소된다. 관련된 명제는 강화·활성화되고 모순되거나 거의 언급되지 않은 명제는 사라진다.

윗글로 다시 돌아가 보자. 통합 후에는 수호(명제 A)와 요리사(명제 B)가 명제 망에서 핵심이므로 가장 활성화된다. 수호와 요리사는 여학생 클럽(명제 H)이라는 단어와 마찬가지로 글에서 직접적으로 단 한 번 언급되지만 매우 강하게 활성화된다. 왜냐하면 서로 관련 있는 명제의 망 속에서 수호와 요리사가 표상되는 방식 때문에 수호와 요리사는 통합의 과정을 거치면서 여학생 클럽을 넘어서는 중요성을 획득하게 되기 때문이다. 사실상 이것은 명제와 명제에 대한 텍스트 기저 표상이라는 개념을 이론적으로 뒷받침하는 근거 중의 하나이다. 텍스트 기저는 어떤 단어가 글의 표층 수준에서 딱 한 번 제시되더라도 독해에서 과도한 중심성을 지닐 수 있음을 보여 준다.

독자들은 글을 읽으면서 보다 많은 글을 처리해야 하기 때문에 최근에 혹은 빈번하게 언급된 명제를 작업기억에 남긴다. 이러한 통합 단계 동안 관련이 없거나 일관적이지 않은 명제는 제거되거나 비활성화된다. 예를 들어 명제 E는 글에 대한 최종적인 통합 표상에서 완전히 사라진다. 글에 대한 통합 모형, 즉 상황 모형은 글에 대한 복잡하고 총체적인 표상이다.

상황 모형은 글 자체를 넘어설 수 있다. 상황 모형은 글을 읽는 독자의 목적, 읽기에 대한 독자의 느낌, 그리고 사전지식과의 연결 등을 동반한다.[64] 중요한 것은 새로운 글과 독자의 지식 기반이 통합된다는 것이다. 독자는 여학생 클럽에서 요리하는 요리사도 있다는 것을 나타내기 위하여 자신의 장기기억에 있는 요리사에 대한 개념을 갱신할 것이다. 진정한 이해가 발생하는 것은 진실로 통합 단계에서이다.

3.1. 구성-통합 모형에 대한 평가

구성-통합 모형이 예측하는 많은 것은 연구 결과로 뒷받침되었다. 첫째, 이 모형의 예측에 따르면 독자는 상황 모형 내에서 다른 명제와 상호 연결된 명제를 더욱 쉽게 회상한다.[65] 앞의 예에서 독자는 명제 A, B, 그리고 아마도 C를 쉽게 회상할 것이다.

둘째, 이 모형은 독자가 텍스트 기저를 구성할 때 사전지식을 활용하기 때문에 글과 관련된 사전지식을 가지는 것이 독해를 더욱 증진시킨다고 예측한다.[66] 앞의 예에서 수호가 실제로 식당에서 일을 했었더라면 식당에 대한 사전지식은 윗글을 이해하는 데 도움이 되었을 것이다.

셋째, 이 모형의 예측에 따르면 화제가 어떤 식으로든 신호를 받으면 독자는 글의 화제와 관련된 정보를 보다 많이 회상해야 한다.[67] 화제는 글 속의 다른 아이디어와의 상호 관련성을 통해 확인될 수 있다. 구성-통합 모형에 따르면 화제와 관련된 정보는 독자에게 글 속 아이디어 간의 연결뿐만 아니라 텍스트 기저에 있는 명제와 화제 자체를 연결하도록 돕는다.

통합 단계 후 화제와 관련된 정보를 가지고 있는 것은 화제와 관련된 명제 간의 상호 관련성을 강화시킴으로써 글을 읽는 동안 명제를 보다 쉽게 떠오르게 한다. 앞의 예에서 여학생 클럽은 종종 음식을 먹는 장소가 되기도 하고, 따라서 때때로 요리사가 필요할 수 있다는 지식은 윗글을 이해하는 데 도움이 된다. 만약 독자가 여학생 클럽이 어떻게 운영되는지를 알지 못한다면 윗글을 이해하고 회상하는 데 많은 어려움을 겪을 것이다.

넷째, 이 모형의 예측에 따르면 어떤 글은 다른 글보다 읽고 이해하는 데 보다 오랜 시간이 걸리는데, 그것은 그 글이 다른 글보다 다양한 명제로 조밀하게 구성되어 있기 때문이다. 예를 들어 설명 정보가 많은 글이 이에 해당한다. 앞의 글은 매우 단순하기 때문에 그 표상 또한 매우 단순하다. 연구에 따르면 하나의 단락에 명제가 많으면 많을수록 그 단락을 읽는 데 시간이 오래 걸린다. 이러한 현상은 단어 수가 동일한 두 개의 단락에서도 나타났다.[68]

다섯째, 이 모형의 예측에 따르면 일단 통합이 이루어지면 일반적으로 독자는 구성 단계에서 획득한 표층 정보와 텍스트 기저 정보 모두를 상실한다. 대신에 상황 모형으로부터 획득한 정보는 잊지 않고 기억한다. 사실상 많은 연구는 독자가 텍스트 기저 정보보다는 상황 모형 정보를 보다 잘 재인한다는 것을 발견했다.[69] 글의 내용을 회상할 때 성인은 주로 상황 모형과 관련된 정보를 떠올리는 반면에 청소년은 때때로 텍스트 기저와 관련된 정보를 떠올린다.[70]

마지막으로 이 모형은 독자가 처음에는 텍스트 기저를 구성하고, 그후에 이어 상황 모형을 구성하도록 한다고 예측한다. 이에 대한 증거는 로버트 틸(Robert Till), 어니스트 러스(Ernes Mross) 및 킨치의 연구에서 찾을 수 있는데, 이들은 글과 관련된 단어를 처리하는 데 있어 시간의 흐름에 따라 문맥 효과가 어떻게 변화하는지를 조사하였다.[71] 연구자들은 독자가 텍스트 기저를 구성하는 과정에서 헷갈리는 단어를 만날 때 그들 단어의 의미가 모두 활성화됨을 발견했다(예를 들어, '배'라는 단어는 '타는 배'와 '먹는 배'라는 의미를 모두 떠오르게 한다.[72]) 그러나 통합 단계가 진행되면서 상황 모형과 관련 없는 의미는 모두 비활성화된다. 이 팅 후앙(Yi Ting Huang)과 피터 고든(Peter Gordon)에서도 텍스트 기반의 어휘 효과는 후속하는 텍스트 처리에 빠르게 나타나지만, 상황 모형의 담화 수준의 효과는 상대적으로 느리게 나타난다는 것을 발견했다.[73] 상황 모형을 만들기 위한 추론과 관련된 단어들이 활성화되면서, 상황 모형만 남게 되는 것이다.

그러나 구성-통합 모형도 많은 한계를 가지고 있다. 첫째, 구성-통합 모형은 상황 모형 안에서 특정한 아이디어를 표상하는 데 있어 명제의 중복을 지나치게 강조한다. 다시 말하면, 특정한 명제가 텍스트 기저 안에서 수차례 표상되어 상황 모형으로 넘어간다고 해서 반드시 해당 아이디어가 글에 대한 표상에서 핵심이 되는 것은 아니다. 예를 들어 찰스 플레처(Charles Fletcher)와 찰스 블룸(Charles Bloom)은 독자가 글에 대한 표상을 만들 때 인과 관계(causality)와 같은 논리적 관계를 활용한다는 증거가 있음을 주장했다.[74]

둘째, 구성-통합 모형은 다른 수준에서의 분석을 놓치고 있다. 예를 들어 아서 그레이저(Arthur Graesser), 키스 밀리스(Keith Millis) 및 롤프 즈완(Rolf Zwaan)[75] 그리고 그레이저와 맥너마라[76]는 구성-통합 모형이 독해를 설명하는 데 한계가 있다고 지적한다. 이들은 독해가 일어나는 과정을 설명하기 위해서는 글이 장르 수준(genre level)과 의사소통 수준(communication level)에서도 분석되는 과정이 있어야 한다고 지적한다. 장르 수준이란 글의 유형을 뜻하는데, 글이 이야기인지, 신문 사설인지, 수업 자료인지, 설명적 글인지, 농담인지, 시인지, 또는 신문 기사인지 등을 말한다. 만약 독자가 개별 장르가 제공하는 단서를 정확하게 찾는다면 그것은 글에 대한 독자의 이해를 돕는다.[77] 예를 들어 '옛날 옛날에'라는 어구는 독자가 읽고 있는 글이 이야기라는 것을 보여 주는 단서이다. '~와 비슷한, 양쪽 모두,

비교하여, 그러나, 대조하여' 등과 같은 단어는 독자가 읽고 있는 글이 수업 자료라는 것을 알려 준다. 의사소통 수준이란 필자의 의도나 태도, 그리고 예상 청중에 대한 독자의 이해를 말한다. 여러 모형을 비교하자면 이들은 스키마 관점에서 상대적으로 쉽게 포착되는 양상임에 주목하라.

셋째, 레이먼드 깁스(Raymond Gibbs)는 정말로 초기 텍스트 기저 표상이라는 것이 있는지, 그것이 나중에 상황 모형으로 나아가는지에 대해 의문을 제기한다.[78] 그에 따르면 초기 표상은 텍스트 기저가 만들어진 이후에만 구성되기보다는 상황 모형 내에서도 직접적으로 구성된다.

3.2. 구성-통합 모형의 교육적 함의

구성-통합 모형은 수업 전략을 직접적으로 다루지는 않지만 이 모형이 수업에서 중요하게 다룰 것들을 추론하는 것은 어렵지 않다. 우리는 기초적인 언어 기능, 사전지식, 작업 기업, 추론 기능, 그리고 통합 기능이 능숙한 이해에 중요하다는 것을 추론할 수 있다.[79] 기초적인 언어 기능은 표층 코드를 만들어내는 데 영향을 미친다. 사전지식, 작업기억, 그리고 최소한의 추론 기능은 텍스트 기저를 만드는 데 영향을 주며, 보다 광범위한 추론 기능과 통합 기능은 상황 모형을 만드는 데 중요하다. 구성-통합 모형은 이러한 기능들의 증진을 아동을 위한 교육 목적으로 삼는다.

또한 구성-통합 모형은 초보 독자를 가르칠 때 사용하는 글에는 다양한 특성이 고려되어야 함을 언급한다. 이 모형에 따르면, 초보 독자를 위한 글을 선택할 때 교사는 문장과 문장의 통일성*, 그리고 글을 이해하는

....

* cohesion과 coherence의 한글 번역어는 현재까지 매우 다양하게 사용되어 왔다. 텍스트언어학 분야에서는 대체로 응결성과 응집성으로, 국어교육학 분야에서는 각각 응집성

데 단서가 되는 사전지식을 얼마나 잘 제공하고 있는지 등 글의 친절함에 대해 주의를 기울여야 한다. 연구에 따르면, 이 모형에서 말하는 친절한 글이 불친절한 글보다 배우기 쉽다. 불친절한 글이란 정보가 분명하게 추론되지 않고 독자가 가지고 있지 않은 사전지식에 많이 의존하는 글을 말한다. 구성-통합 모형을 활용해 글을 수정함으로써 불친절한 글의 학습 가능성을 높일 수 있다.[80] (아동을 포함하여) 글의 화제에 대해 잘 알지 못하는 독자는 추론을 많이 요구하지 않을 뿐만 아니라 글을 이해하는 데 필요한 사전지식이 글 속에 이미 명료하게 제시되어 있는 잘 구조화된 글로부터 보다 많은 혜택을 받는다.[81] [글상자 8-2]는 이독성(readability)과 독해 모형에 대한 쟁점을 다룬다.

구성-통합 모형에 따르면 글을 읽은 후에 아동에게 요약하도록 하는 것은 매우 가치 있는 활동이다.[82] 좋은 요약은 상황 모형을 구성하는 기본적인 요소를 담아내야 한다. 요약하기는 아동이 상황 모형 구성을 연습할 기회이며 이것은 아동의 독해를 증진시킨다. 아동이 우수하게 요약하는 데에 어려움을 겪는다는 연구 결과는 많이 있다.[83] 실제로 많은 연구는 아동이 상황 모형을 만들어 내기보다는 보다 낮은 수준의 축어적 요약을 만들어 내는 경향이 있음을 보여 주었다.[84] 마리타 프란츠케(Marita Franzke), 에일린 킨치(Eileen Kintsch), 도나 카카미스(Donna Cac-camise), 니나 존슨(Nina Johnson) 및 스콧 둘리(Scott Dooley)는 8학년 학생에게 요약문을 쓰게 함으로써 글에 대한 이해를 증진시킨 연구 결과를 보고했다.[85]

....

과 통일성으로 표기하고 있다. 그 밖에 논자에 따라 cohesion은 '응결성, 결속구조, 결속성' 등으로, coherence는 '응집성, 결속성, 통일성' 등으로 매우 다양하게 번역 차용되고 있다[편지윤·변은지·한지수·서혁. (2018). 복합양식 텍스트의 텍스트성 재개념화를 위한 시론. 학습자중심교과교육연구, 18(2), 493-522]. 이 책에서는 교육 용어로 보아 coherence를 통일성, cohesion을 응집성으로 번역하였다.

대체로 어린 독자를 위한 많은 책은 단어의 빈도와 문장의 길이를 강조하는 이독성 공식을 활용하여 만들어진다. 그러나 상황에 적합한 저빈도 단어를 기초적인 고빈도 단어로 바꾸는 것은 아동의 사전지식을 적절하게 자극하지 못할 수 있다. 긴 문장을 짧은 문장으로 나누는 것은 연결어(예: and, but, therefore, because)를 없애 버린다.* 이로 인해 아동은 삭제된 연결어를 추론해야 하는데 대체로 이를 실패할 가능성이 높다. 연결어는 아동에게 글 속의 아이디어를 연결하도록 도우며, 앞에서 구성한 명제를 활성화시키는 단서로 기능한다. 더 나아가 이독성 공식은 독자의 사전지식이 독해에 주는 영향을 간과한다. 보니 암브러스터(Bonnie Armbruster), 진 오스본(Jean Osborn) 및 L. 데이비드슨(L. Davidson)은 이독성 공식으로 만들어진 책이 오히려 아동에게 읽기 어려운 책이 된다고 지적했다.[86] 이러한 문제는 이독성 공식을 활용하여 만들어진 1학년 대상의 글에서 확인할 수 있다. "세포는 살아 있는 물질로 구성되어 있다. 세포는 자란다. 그것은 음식을 섭취한다. 그것은 음식을 보다 많은 살아 있는 물질로 바꾼다."[87]

구성-통합 모형[88]은 이독성 도구를 개발하는 데 많은 시사점을 제공한다. 예를 들어 카티 브라운(Cati Brown), 토니 스노드그래스(Tony Snodgrass), 수전 켐퍼(Susan Kemper), 루스 허먼(Ruth Herman) 및 마이클 커빙턴(Michael Covington)은 '컴퓨터화된 명제 밀도 평가도구(computerized propositional idea density rater)'[89]를 개발했는데,[90] 이것은 글 속에 들어 있는 동사, 형용사, 부사, 전치사, 접속사의 개수를 토대로 글 속에 들어 있는 명제의 개수를 추정한다. 이 도구는 교사에게 범박하나마 특정 단락이 얼마나 조밀하고 어렵게 쓰였는지에 대한 정보를 제공한다. 코-메트릭스(Coh-Metrix)[91]는 보다 정교한 온라인 이독성 평가도구이다.[92] 이 도구는 다섯 가지 차원의 이독성 정보를 제공한다. 서사성(예: 글이 이야기적인 특성을 가지고 있는지), 구문의 단순성, 구체성, 표층 응집성, 그리고 심층 응집성이 그것이다. 이것은 글의 응집성 측면, 즉 아이디어의 중복, 독해에 영향을 주는 여러 요소, 그리고 장르와 실용적 의사소통의 몇몇 양상을 분석한다. 코-메트릭스는 아동용 책뿐만 아니라 학생이 작성한 글의 이독성을 평가하는 데 성공적으로 사용되어 왔다.[93]

....

*   긴 문장을 짧은 문장으로 나눌 경우 한국어에서는 연결어가 남발될 수도 있다.

4. 직접·추론 매개 모형

독해가 여러 수준의 표상이 통합되어 발생한다는 관점을 취하는 구성-통합 모형과 달리, 직접·추론 매개 모형(DIME, Direct and Inferential Mediation Model)은 독해가 다양한 인지적 구성 기능의 작용으로 일어난다는 관점을 취한다. 직접·추론 매개 모형은 독해가 배경지식, 추론 능력, 전략 사용, 읽기 어휘, 그리고 단어 읽기/유창성 기능 등과 같은 일련의 인지적 기능의 함수에 의해 일어난다고 가정한다. 제니퍼 크롬리(Jennifer Cromley)와 로저 아제베도(Jennifer Azevedo)는 독해에 대한 연구가 직접·추론 매개 모형으로 적절하게 설명될 수 있음을 언급했다.[94] [그림 8-3]을 토대로 이 모형의 개념화에 영향을 준 연구를 살펴보자.

첫째, 기저 지식과 이 모형의 다른 요소 간의 연결을 살펴보자. 연구들은 '사전지식'이 '독해'로 직접적으로 연결되는 것을 뒷받침한다. 사전지식은 스키마 이론과 구성-통합 모형 모두에서 제시된 요소이다. 배경지식을 미리 가르치는 것은 글에 대한 아동의 글 이해를 높이는 데 효과적인 것으로 알려져 있다.[95] 사전지식은 이해 전략의 사용에도 영향을 미친다(즉, 사전지식 → 이해 전략). 예를 들어 질문하기는 이해 전략의 하나이다. 화제에 대한 지식을 가지고 있는 성인이 그렇지 않은 성인보다 화제와 관련된 글에 대해서 질문을 더욱 잘한다.[96] 또한 사전지식은 글에 대한 추론 능력에도 영향을 미친다(즉, 사전지식 → 추론). 예를 들어 크리스티안 타치(Christian Tarchi)에 따르면 화제에 대한 사전지식이 중학생에게 과학 교과서와 역사 교과서를 이해하는 데 필요한 추론을 만들게 한다.[97] 이것은 낯선 어휘를 많이 포함하고 있는 과학적인 글에서 특히 그러하다(즉, 사전지식 → 읽기 어휘). 마지막으로, 프라이브 외가 수행한 해독 능력이 낮은 4학년 읽기 부진 학생에 대한 연구에 따르면, 사전지식을 가진 읽기 부진 학생이 사전지식을 가지고 있지 않은 읽기 부진 학생보다 읽기 오류를 적

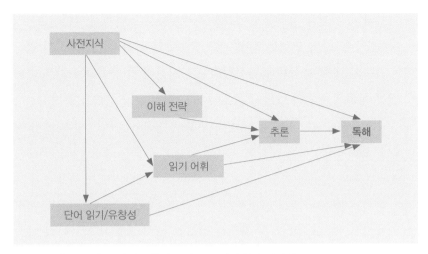

[그림 8-3] 직접·추론 매개 모형의 구성 요소 간의 상호 관련성

게 만든다(사전지식 → 단어 읽기/유창성).[98] 따라서 스키마 모형 및 구성-통합 모형과 마찬가지로 적절한 사전지식은 이 모형의 핵심을 이룬다.

　둘째, 직접·추론 매개 모형은 이해 전략이 독해에 영향을 준다고 가정한다. 능숙한 독자는 글을 이해하는 데 도움이 되는 다양한 전략을 사용한다(이해 전략 → 독해). 글을 이해하기 위하여 능숙한 독자는 어려운 부분을 다시 읽기도 하고, 잠시 멈추어 생각하기도 하고, 핵심어를 훑어보기도 하고, 글의 특성(예: 장르)을 활용하기도 한다. 예를 들어 호세 레온(Jose León)과 마리오 카레테로(Mario Carretero)에 따르면 장르 특수적 전략(예: 비교·대조, 문제 해결 등 설명적 글의 구조를 확인하는 것)을 배운 고등학생이 그렇지 않은 고등학생보다 해당 글에 대한 내용을 보다 많이 회상했을 뿐만 아니라 회상한 내용에 대한 구성에서도 보다 우수하였다.[99] 더 나아가 이 모형은 이해 전략의 사용이 추론 기능을 증진한다고 가정한다(이해 전략 → 추론). 예를 들어 린다 갬브렐(Linda Gambrell)과 퍼트리샤 코스킨(Patricia Koskinen)에 따르면 아동에게 시각화 전략(visualization strategy)을 사용하도록(예: "머릿속에 그림을 그려 보세요.") 가르치는 경우가 그렇지 않은 경우보

다 이야기 속 사건을 정확하게 예측하고 추론하는 능력을 증진시킨다.[100]

마지막으로, 이 모형은 해독 지도가 아동의 어휘력을 신장시켜 결국에는 그들의 독해 능력을 향상시킨다고 주장한다.[101] 친숙하지 않은 단어에 대한 해독은 어휘력 발달의 기초가 되는 철자 표상 능력을 증진시킨다(단어 읽기/유창성 → 읽기 어휘). 나머지 부분에 대해서는 이미 앞 장에서 논의했다. 특히 7장에서는 어휘력이 어떻게 아동이 읽은 것을 더 잘 이해하도록 하는지를 설명하였다(읽기 어휘 → 독해). 6장에서는 읽기 유창성이 독해에 미치는 영향에 대해 설명했다(단어 읽기/유창성 → 독해). 단어의 의미를 떠올리지 못하는 것은 그 단어의 의미를 머릿속에 가지고 있지 않기 때문일 수도 있고 혹은 해당 단어를 해독하지 못하기 때문일 수도 있는데, 어쨌든 간에 독해를 심각하게 저해한다.

크롬리와 아제베도는 9학년 학생의 독해를 설명하기 위하여 이 모형의 설명력을 검토했다.[102] 종합해 보면 이 모형은 학생의 독해 차이의 66%를 설명했다. 읽기 어휘와 사전지식이 학생의 독해에 가장 큰 영향을 미친 것으로 나타난 반면에, 추론 기능, 읽기 전략 지식, 그리고 단어 읽기/유창성은 독해에 그것보다 덜 영향을 미친 것으로 나타났다. 그렇지만 단어읽기/유창성은 독해에 직접적으로 영향을 준 것으로 나타났다. 읽기 전략지식을 많이 가지고 있는 학생이 추론을 더 적절하게 잘했으므로, 대체로읽기 전략은 추론을 통해 독해에 영향을 줄 것이다. 보통 9학년 시기는 추론, 전략, 읽기 유창성의 발달과 관련된 많은 과정을 경험하는 시기임에유의할 필요가 있다.

4.1. 직접·추론 매개 모형에 대한 평가

현재까지 직접·추론 매개 모형에 대한 검증은 대체로 아동보다는 나이가 많은 독자, 즉 중학생부터 대학생에 이르는 독자를 대상으로 이루어졌다. 이 모형은 이들 학생의 읽기 능력에서의 개인차를 타당하게 잘 설명하고 있는 듯하다.[103] 그러나 이 모형이 어린 독자에게도 적용될 수 있을지에 대해서는 아직 알려진 바가 없다.

더 나아가 어떤 연구는 이 모형에 제시되어 있는 기능의 상대적 중요성은 특정 글을 이해하는 데 많이 필요한 기능이 무엇이냐에 따라 달라질 수 있음을 지적한다.[104] 생물학이나 화학 분야의 전문적인 글은 일반적인 글에 비해 사전지식이나 추론을 보다 많이 필요로 할 것이다.

마지막으로 이 모형은 글을 이해하는 데 관련된 기능을 잘 열거하고 있지만 이러한 기능이 글에 대한 표상을 만들기 위하여 어떻게 함께 작동하는지에 대해서는 설명하지 못한다. 즉, 이 모형은 특정한 글을 이해하는 데 어떤 기능이 관련되고 어떻게 그러한 기능이 함께 작용하는지에 대해서는 설명하지 않는다. 아직도 이 모형은 앞에서 논의한 두 모형에 비해 초기 수준에 있다고 할 수 있다. 그러므로 이 모형은 보다 깊은 이론적 토대를 갖출 시간이 더 필요하다.

4.2. 직접·추론 매개 모형의 교육적 함의

지도의 측면에서 보았을 때 직접·추론 매개 모형은 앞의 두 모형에 비해 장점이 많다. 우리가 이 모형의 타당성을 설명하는 데 사용했던 많은 근거는 이 모형에 제시되어 있는 요소 간의 관계에 대한 지도의 효과를 검증한 연구로부터 왔다는 사실에 주목할 필요가 있다(예: '사전지식 → 독해'의 경우 미리 사전지식을 알려 주면 독해를 증진시킬 수 있다). [그림 8-3]에 제시되어 있는 요소와 요소 간의 관계와 관련하여, 이 모형은 어떻게 각 요소에 대한 지도가 독해를 증진시키는가를 설명해 준다. 이러한 측면에서 직접·추론 매개 모형은 교사에게 아동의 읽기 능력을 향상시키는 최선의 방법과 관련하여 명료하고 일관적인 교육적 지침을 제공한다. 또한 아동의 읽기 능력을 극대화하기 위해서는 어떤 부분이 강조되어야 하는지에 대해서도 알려 준다. 즉, 교사는 (1) 어휘 지도를 해야 하며, (2) 글을 이해하는 데 필요한 기저 지식을 갖도록 도와야 하고, (3) 어려운 화제를 다룬 글을 이해하도록 장르 특수적 추론 기능을 지도해야 한다.

5. 결론

독해 모형에 대한 논의를 통해 알 수 있듯이 어떤 모형은 독해에 대한 강한 상향식 과정, 즉 정보의 흐름이 낮은 수준의 해독 과정에서 높은 수준의 독해로 나아가는 과정을 취한다(단순 관점). 다른 모형은 강력하게 하향식 과정을 강조함으로써(스키마 이론 관점) 글 해독에 필요한 상향식 과정에 대해서는 주의를 기울이지 않는다. 또 다른 모형은 상향식 과정과 하향식 과정을 모두 강조하며(구성-통합 모형과 직접·추론 매개 모형) 훌륭한 독해는 두 과정의 상호작용을 통해 이루어진다고 간주한다.

독해의 정의에 대한 처음의 질문으로 돌아가 보면 독해에 대한 정의는 우리가 선택한 모형에 따라 달라진다는 것을 알 수 있다. 단순 관점을 선택한다면 독해에 대한 우리의 정의는 훌륭한 이해를 만들어 내는 데 필요한 듣기 기능과 단어 읽기 기능 간의 관계를 강조한다. 그러므로 훌륭한 이해는 단어 읽기와 듣기 기능 간의 상호작용의 결과물로 간주된다. 스키마 이론 관점을 선택한다면 우리의 정의는 독자가 사전지식을 성공적으로 사용하여 글을 이해하는 과정, 즉 글에 대해서 통일성 있고 유의미하게 의미를 구성하는 과정을 강조한다. 구성-통합 모형을 토대로 하는 독해에 대한 정의는 낮은 수준의 과정을 통해 만들어진 결과가 통합되어 형성되는 최종 결과를 강조한다. 그러므로 이해는 이른바 성공적인 상황 모형을 구성하는 것이 된다. 직접·추론 매개 모형을 토대로 하는 정의는 낮은 수준의 읽기 기능과 높은 수준의 읽기 기능 간의 상호작용으로 만들어지는 최적의 결과물을 강조할 것이다. 그러므로 이러한 기능 모두를 가르치는 것은 아동에게 최적의 결과물을 만들도록 이끈다고 간주한다.

　　이들 이론에 분명한 공통점이 있음에 주목할 필요가 있다. 예를 들어 모든 이론은 독자가 청해에서 사용했던 정보를 독해에서도 사용한다는 점을 직접적으로 혹은 간접적으로 주장한다. 모든 이론은 독해와 청해의 기초를 동일한 활동으로 간주한다. 또한 사전지식과 어휘가 독해에 있어 매우 중요하며 이해란 글과 독자의 상호작용으로 발생한다고 말한다.

토론거리 ··

1 이 장을 시작하면서 독해를 정의하는 것에 대한 필요성을 논의했다. 이 장을 다 읽은 지금 여러분이 제안할 수 있는 독해의 잠재적인 정의는 무엇인가?

2 독해 이론 중에서 어떤 이론이 독해에 대한 경험적 연구를 보다 잘 설명한다고 생각하는가? 그 이유는 무엇인가?

3 여러분은 어떤 독해 이론이 교사에게 독해 지도와 관련하여 보다 좋은 지침을 제공한다고 생각하는가? 그 이유는 무엇인가?

4 이 장의 사례 연구로 돌아가자. 여러분은 윤아의 독해 문제와 관련하여 어떤 조언을 해 줄 수 있는가?

Anderson, R. C., & Pearson, P. D. (1984). A schema-theoretic view of basic processes in reading comprehension. In P. D. Pearson, R. Barr, M. K. Kamil, & Mosenthal (Eds.), *Handbook of reading research* (pp. 255-291). New York: Longman.

Cromley, J. G., & Azevedo, R. (2007). Testing and refining the direct and inferential mediation model of reading comprehension. *Journal of Educational Psychology, 99*(2), 311-325.

Hoover, W., & Gough, P. (1990). The Simple View of Reading. *Reading and Writing: An Interdisciplinary Journal, 2*, 127-160.

Kintsch, W. (2004). The construction-integration model of text comprehension and its implications for instruction. In N. Onrau & R. Ruddell (Eds.), *Theoretical models and processes of reading*(Vol. 5, pp. 1270-1328). Newark, DE: International Reading Association.

독해(읽기 이해)의
구성 요소

사례 연구

하 교수는 기초 경제학 중간고사에서 낙제한 것에 대해 논의하기 위해서 낙제한 명수를 연구실로 불렀다. 명수는 꽤 낙담해 있었다. 그는 하 교수에게 기초 경제학 교재를 이해할 수 없었을 뿐이라고 말했다. 하 교수는 가장 최근에 과제로 내준 장(챕터)을 읽으면서, 어떤 개념이 어렵냐고 물었다. 그는 "잘 모르겠어요. 전부 다인 것 같아요."라고 대답했다. 하 교수는 그에게 교재를 읽으면서 이해되지 않을 때 보통 어떻게 하는지 물었다. 명수는 고등학교 때는 지금 교재처럼 교과서가 어렵지 않았다고 말했다. 교재가 이해되지 않을 때는 해당 부분을 처음부터 다시 읽지만 몇 번을 반복해도 여전히 이해하기가 어렵다고 말했다.

그는 또한 자신이 불리하다고 느낀다고 말했는데, 왜냐하면 그처럼 경영학을 전공하려는 학생들 대부분은 고등학교에서 경제학 수업을 듣고 왔지만, 자신의 학교에는 그 수업이 없었다는 것이다. 하 교수가 왜 경영학을 전공하게 되었는지 묻자, 부모님이 대기업의 중간관리자인 아버지처럼 좋은 직장을 얻는 데 도움이 될 거라고 여겼기 때문이라고 했다. 명수는 아직까지 일을 해 본 적이 없다. 명수의 부모님은 학자금 지원 신청, 수업료, 기숙사 숙식비 등 모든 비용을 부담했고, 그가 처음 개설한 예금 계좌로 적더라도 매달 쓸 돈을 보내 주셨다. 하 교수는 명수가 급여명세서를 본 적이 없을 뿐만 아니라 임대 계약을 해 본 적이 없고, 물건을 사기 위해 직접 장보기를 한 적도 없다는 걸 알았다. 그는 아버지가 얼마나 버는지 자기 가족이 그 수입으로 어떻게 예산을 짜는지 알지 못했다. 명수는 훗날 자신의 사업이 마크 저커버그나 빌 게이츠처럼 성공하면 신이 날 거라고 늘 생각한다고 말했지만 하 교수는 명수가 갈 길이 멀다고 느꼈다.

1. 사전지식

우리는 이 책의 전반에 걸쳐 사전지식이 독해에 미치는 영향에 대해
논의했다. 2장에서는 어린 아동이 읽기의 목적과 인쇄물에 대한 개념을
미리 아는 것이 이후 그들의 읽기 능력 발달에 어떤 영향을 미치는지를
살펴보았다. 단어 읽기와 관련된 4장과 5장에서는 자모에 대한 아동의 사
전지식이 알파벳 규칙의 발달에 미치는 영향에 대해서 논의했다. 읽기 유
창성은 사전지식에 저장되어 자동적으로 재인하는 단어의 수에 크게 좌
우된다. 어휘 지식은 다른 종류의 사전지식과 매우 밀접하게 연관되어 있
어서 분리하기 어렵다. 새로운 단어를 배우는 것은 분명 그 단어가 표상하
는 개념에 대해서 배우는 것이지만, 7장에서 논의한 바와 같이 일반 고등
학생이 배우는 대부분의 단어는 읽기를 통해 학습된다.[1] 이 장의 후반부에
서는 읽기 전략과 읽기 목적에 대한 지식이 어떻게 독자의 궁극적인 읽기
능력에 영향을 미치는지에 대해서 논의한다. 한편 사전지식이 독해에 미
치는 영향에 대해서 논의할 때, 대개 사전지식은 이러한 읽기 자체에 대한
지식을 의미하지 않는다. 그것보다는 오히려 흔히 **배경지식**이라 불린다.

즉 세상에 대한 지식, 특히 독자가 이해하고자 하는 특정 텍스트에서 다루는 화제에 대한 지식이다. 이러한 점에서 우리는 앞으로 **사전지식**을 배경지식의 의미로 사용한다.

사례 연구에서 명수가 교재를 이해하는 데 어려움을 겪은 이유 중 하나는 그가 경제학에 대한 사전지식을 거의 가지고 있지 않기 때문이다. 앞에서 논의한 모든 독해 모형은 독해에서 사전지식의 중요성을 모두 인지하고 있다. 후버와 고프의 단순 관점[2]은 청해(듣기 이해)에 사전지식의 영향을 포함시킨다. 독해에 대한 앤더슨과 피어슨의 스키마 이론 관점[3]에서 핵심을 차지하는 스키마는 마음속에 사전지식이 구성된 것으로 정의된다. 킨치의 구성-통합 모형[4]에서 초기 텍스트 기저를 구성하는 데 사용된 일부 명제는 사전지식에서 온 것이며, 마지막 단계에서는 글에 대한 상황 모형이 독자의 기저 지식(knowledge base)에 통합된다.[5] 사전지식이 독해에 강한 영향을 미친다는 연구 결과는 매우 빈번하고 확고하기 때문에 기본적으로는 의문의 여지가 없다.[6] 실제로 많은 연구자는 "독자가 얼마나 이해할지를 결정하는 가장 중요한 요소는 …… 해당 화제에 대한 독자의 지식 수준이다."[7]라고 말한 리처드 알링턴(Richard Allington)과 퍼트리샤 커닝햄(Patricia Cunningham)에 동의한다. 그러므로 이 장에서는 8장에서 이미 논의한 사전지식의 주요 효과를 넘어서 그것이 독해에 영향을 미칠 수 있는 또 다른 측면에 대해 살펴본다.

1.1. 사전지식이 처리 속도와 효율성에 미치는 영향

사전지식은 우리가 읽은 내용을 맥락화하고 이해하는 데 사용할 배경 정보를 제공할 뿐만 아니라 읽은 글에 대한 실제적 처리에도 영향을 미칠 수 있다. 요한나 카키넌(Johanna Kaakinen)과 유카 회나(Jukka Hyönä), 재니스 키넌(Janice Keenan)에 따르면, 독자는 글의 난도가 비슷하더라도 익숙한 화제의 글을 익숙하지 않은 글보다 훨씬 더 빠르고 효율적으로 읽는다.[8] 또한 글을 읽는 동안 눈동자의 회귀[*]도 더 적다. 도나 렉트 (Donna Recht)와 로런 레슬리(Lauren Leslie)는 야구 경기 반 이닝을 기록한 글을 가지고 중학교에서 능숙한 독자와 부진한 독자를 대상으로 사전지식이 이해에 미치는 영향을 비교했다.[9] 연구자들은 중학생의 읽기 능력에 관계없이 야구에 대한 사전지식이 더 많은 독자가 해당 글을 더 잘 이해한다는 것을 발견했다. 사실상 풍부한 야구 지식을 가진 부진한 독자는 핵심 내용을 찾는 과제와 글을 통일성 있게 요약하는 과제에서 보여 주었듯이, 풍부한 야구 지식을 가진 능숙한 독자만큼 글을 잘 이해했으며, 풍부한 야구 지식을 가지지 않은 능숙한 독자보다 글을 더 잘 이해했다. 대니얼 윌링엄(Daniel Willingham)은 부진한 독자에게 이 향상된 성과가 나타난 것은 야구에 익숙한 독자가 작업기억에서 청킹(chunking, 정보에 대한 덩이짓기)[**]할 수 있었기 때문이라고 지적했다.[10] 예컨대, "타자가 다시 한번 헛스윙을 했습니다. 투수가 다시 공을 던졌고 볼이었습니다. 다음 투구는 홈플레이트를 통과하지 못했습니다. 네 번째 투구에서 타자가 헛스윙을 했습니다. ……"라는 긴 발화를, 야구에 친숙한 독자는 "5번 타자는 두 번의 스트라이크를 당했고, 네 번째 타석에서 포볼을 골라냈다."와 같은 문장으로 간단하게 요약했다. 즉, 이들은 각 문장을 별도의 개념으로 처리하지 않았다. 정보처리 과정에서 청킹의 장점은 널리 알려져 있으며, 윌링엄이 지적했듯이 청킹은 특히 독해에도 적용할 수 있다.

대부분의 경우 …… 각 문장을 제각각 이해하는 것만으로는 충분하지 않

---

[*]   되돌아가서 읽기.

[**]   말하거나 읽을 때 의미의 단위를 고려하면서 호흡의 단위에 따라 자연스럽게 끊어 읽는 발화의 단위를 청크(chunk, 구절/발화절)라고 하며, 이러한 단위로 「정보를 덩이 짓거나 어구 나누기를 통해」 띄어 읽는 것을 청킹이라고 한다.

다. 우리는 일련의 문장이나 단락을 이해할 필요가 있고, 동시에 마음속에서 통합하거나 비교할 필요가 있다. 이 과정은 글의 내용이 청킹된다면 보다 쉬워진다. 왜냐하면 청킹은 제한된 작업기억 공간을 덜 차지할 것이기 때문이다. 그러나 청킹은 배경지식에 의존한다.[11]

1.2. 일관성이 없거나 부정확한 사전지식의 영향

사전지식이 항상 독해에 도움이 되는 것은 아니다. 어떤 경우에는 사전지식이 글을 이해하는 데 방해가 될 수 있다. 예를 들어 마저리 립슨(Marjorie Lipson)은 3학년 학생들을 대상으로 실험을 진행했는데, 사전 테스트로 측정한 과학 및 사회 관련 글이 학생의 사전지식과 일치하거나 완전히 새로운 내용일 때 정보가 더 잘 이해되고 기억된다는 것을 발견했다.[12] 반면에 사전 테스트에서 독자가 잘못된 사전지식을 가졌다는 결과가 나왔을 경우, 평균적인 독자와 부진한 독자 모두 대체로 글에 있는 모순된 정보를 이해하는 데 실패했다. 사실상 이들 학생은 사후 읽기 검사에서 자신이 원래 믿고 있었던 것이 글에 있었다고 주장했다. 따라서 이들은 글에 없는 의미를 '이해한' 것이다. 유사한 연구로 도나 앨버만(Donna Al-vermann)과 린 스미스(Lynn Smith), 존 리던스(John Readence)도 6학년 학생들의 사전지식을 의도적으로 활성화한 후 뱀과 햇빛에 대한 과학적인 글을 읽도록 하였는데, 글 속에 "우주에서는 태양열로 감자조차 익힐 수 없다."[13]와 같은 반직관적인 정보가 포함되어 있으면 독해에 도움이 되지 않는다는 것을 발견했다. 해당 화제의 사전지식 습득을 위해 사전 활동에 참여한 학생은 사전 활동에 참여하지 않은 학생보다 사후 읽기 검사에서 성취도가 더 낮았다. 피나요타 켄도우(Panayiota Kendeou)와 폴 판덴브룩(Paul van den Broek)은 물리학 교재에 대한 대학생의 독해 연구에서 부정적인 사전지식의 영향을 발견했다.[14] 이들의 연구에서 물리학에 대해 일반적인 오개념을 가진 대학생은 정확한 설명으로 이루어진 교재를 이해하는 것을 더 어려워했다. 아울러 교재가 이들의 잘못된 신념을 정확히 체계적으로 설명하고 반박하지 않으면 교재와 자신의 (잘못된) 사전지식 간의 모순을 알아차리지 못했다. 심지어 이들의 잘못된 신념을 체계적으로 설명하고 반박하는 조건 하에서도 오개념을 가진 학생은 사전 지식 없이 이 글을 읽은 학생보다도 글의 이해도 낮았으며 글을 통해 배우는 것도 적었음이 증명되었다. 읽기 연구뿐만 아니라 과학교육 분야의 오개념 연구에서도 흔히 볼 수 있는 이러한 연구들은 사전지식이 대체로 독해에 도움을 주지만 부정적인 영향도 줄 수 있음을 보여 준다.

1.3. 사전지식이 독해 평가에 미치는 영향

사전지식은 독해에 미치는 영향이 매우 크기 때문에 독해 기능 평가를 더욱 어렵게 만든다. 오늘날의 검사도구 개발자 대부분은 여러 집단 간에 큰 차이가 있을 사전지식에 의존하여 문제를 해결하려는 것을 피하려고 노력한다. 그러나 항상 그렇지만은 않았다. 예를 들어 1970년대 미국 수학능력시험(SAT) 읽기 영역에 '요트 경기(regatta)'의 의미를 묻는 문항이 있었다.[15] 최선의 노력에도 불구하고 사전지식이 독해 평가에 미치는 영향을 없애기는 거의 불가능하다는 것이 밝혀졌다. 예를 들어 존스턴은 일리노이에 거주하는 8학년 학생을 대상으로 남북전쟁에 대한 짧은 글을 읽고 이해하는 실험을 진행했다.[16] 이 글의 화제인 남북전쟁은 8학년 교육과정에서 다루고는 있으나, 그 어떤 학생도 개인적으로 경험하지 못한 일이다. 그렇지만 이 글에 대한 이해는 여전히 사전 어휘 지식의 개인차에서 영향을 받았다. 또한 이 연구에 따르면 학생들은 자신이 읽은 글로 다시 돌아갈 수 없을 때에는 글의 핵심 내용과 관련된 문항에 보다 잘 대답했고, 이 효과는 사전지식을 가장 많이 가진 학생에게서 가장 강하게 나타났다. 이러한 문제를 한 단계 발전시킨 키넌과 리베카 베처먼(Rebecca Betjemann)은 아동이 그레이 음독 검사(GORT, Gray Oral Reading Test)의 문항 대부분에서 지문을 읽지 않고도 운으로 맞히는 것보다 높은 비율로 정확하게 답변했다는 사실을 발견했다.[17] 이것은 아동이 문항에 답하기 위해 최소한 부분적으로라도 사전지식을 활용했음을 시사한다.

대학생의 독해에 대한 두 가지 연구에서 에이미 셔피로(Amy Shapiro)는 사전지식이 독해에 미칠 영향을 상쇄하는 데 여러 연구에서 종종 사용한 두 가지 전략(즉, 가상의 화제를 다룬 글 또는 독자가 잘 알지 못하는 분야의 글)을 사용했다.[18] 첫 번째 실험에서 그녀는 학생들에게 완전히 허구적인 국가의 역사에 대한 글을 읽게 했지만, 역사에 대한 그들의 일반적인 지식이 여전히 그들의 독해 점수에 커다란 영향을 미친다는 것을 발견했다. 두 번째 실험에서 그녀는 인지심리학 강의에 등록만 한 대학생들에게 인간 기억에 관한 수준 높은 글을 읽게 하였다. 그녀는 모든 참가자가 그 분야의 초보자였는데도 사전지식의 차이가 독해 결과를 의미 있게 예측해 낼 수 있음을 발견했다. 사전지식과 독해는 서로 관련되어 있기 때문에 사전지식과는 완전히 별개로 '일반적인' 이해 능력을 측정할 수는 없다. 이러한 결론을 토대로 셔피로는 독해에 대한 연구는 항상 결과를 분석하는 데 있어 공변인(covariate)으로 사용되는 사전지식의 척도를 포함해야 한다고 주장한다. 존스턴은 이 결론을 교육에 적용하면서 학교와 교사는 단 한 번의 독해 시험으로 얻은 학생의 점수를 해석하거나 조치를 취할 때에는 주의를 기울여야 한다고 지적한다. 왜냐하면 이 점수는 학생이 해당 글의 화제에 완전히 들어맞는 사전지식을 가지고 있느냐 혹은 가지고 있지 않느냐에 따라 크게 영향을 받기 때문이다.

2. 추론

　사전지식이 독해에 매우 중요한 이유 중 하나는 그것이 독자에게 글에 대해 추론하게 한다는 것이다. 8장에서 논의한 독해 모형을 통해 알 수 있듯이, 독해는 글에 쓰인 단어의 의미를 단순히 조합하는 것 이상이다. 글의 내용을 이해하기 위해서 독자는 단어 이상을 고려해야 한다. 사실상 어떤 글도 독자가 이해하는 데 필요한 모든 정보를 충분히 담고 있지 않다. 쓰인 언어는 단지 필자가 의도하는 메시지에 대한 간단한 스케치일 뿐이다. 그러므로 독자는 글을 이해하기 위하여 그것을 해독하는 것 이외에 다른 여러 기능과 지식을 동원해야 한다. 독자는 사전지식으로부터 중요한 것을 추론해야 하며 아이디어를 연결해야 한다. 기본적으로 추론은 글에 명시적으로 제시되어 있지 않은 정보를 채울 수 있도록 돕는다. 추론 능력은 독해의 핵심이며 좋은 이해에 대한 인과적 기여자이다.[19]

　8장에서 예로 다룬 글, 즉 "수호는 요리사다. 그는 여학생 클럽에서 요리를 한다."를 떠올려 보자. 그리고 이것을 '수호에 대한 글'이라 부르기로 하자. 매우 간단한 글이지만 독자는 다음과 같은 지식을 끌어낼 수 있다.

- 수호는 아마 남자일 것이다.
- 이 경우 아마도 '그'는 '수호'를 지칭한다.
- 요리사는 요리한다.
- 요리사는 보통 식당에서 일한다.
- 여학생 클럽이란 용어는 장소와 조직을 말한다.
- 여학생 클럽(장소)은 주방이 있는 집을 포함한다.
- 여학생 클럽 회관은 일반 주택보다 거주자가 많다.
- 거주자는 식사를 해야 한다.

- 그래서 여학생 클럽은 식사를 제공한다.
- 음식을 제공하려면 많은 사람을 위하여 요리하는 방법을 아는 전문가가 필요하다.
- 요리사는 전문적으로 요리를 하는 사람이다.
- 그래서 요리사는 음식에 대한 요구를 충족시킬 수 있다.

위의 정보 어떤 것도 '수호에 대한 글'에 직접 나타나지 않는다는 것에 주목하라. 만약 이러한 정보를 모두 포함한다면 '수호에 대한 글'은 지루하고 길어질 것이다. 그러므로 터무니없이 단순한 '수호에 대한 글'을 이해하려면 상당한 사전지식이 필요하다.

이 절은 독해 과정을 성공적으로 마치는 데 필요한 적절한 추론을 이끌어 내는 능력에 초점이 맞추어져 있다. 간단히 말하면 **추론**이란 글과 사전지식에서 얻은 정보를 토대로 글에 명시적으로 언급되지 않은 정보를 이끌어 내는 능력을 말한다. 독자는 글에 대한 통일성 있는 추론을 해야 한다. 추론을 하지 않으면 독해는 실패한다.

필자는 상당 부분 독자가 알고 있을 것 같은 지식이 무엇이고, 자신이 글에 명시적으로 제시해야 하는 지식이 무엇인지를 예측해야 한다. 이들은 독자가 추론 능력을 가지고 글에 내재되어 있는 모호성을 해결할 것이라고 생각한다. 필자는 자신이 포함시켜야 하는 정보가 무엇이고 독자가 추론해야 하는 정보가 무엇인지에 대해 일종의 도박을 하는 것이다. 그러나 독자가 글을 이해하는 데 필요한 것을 추론해 내리라는 보장은 없다. 좋은 글의 특징 하나는 필자가 글에 제시해야 하는 것이 무엇이고 독자가 추론할 수 있는 것이 무엇인지를 정확하게 예측하는 것이다. 이 절에서는 **참조**(또는 지시) **추론**(referential inference), **교량**(종종 통일성이라 불림) **추론**(bridging inference), **정교화 추론**(elaborative inference)의 세 가지 추론에 대해 논의한다.

2.1. 참조 추론

대명사 해소(pronoun resolution)는 글에 대한 이해 가능한 표상을 만드는 데 중요하다. 대명사 해소는 명료성을 확보하는 중요한 수단이다. 독자는 '수호에 대한 글'에서 '그'가 '수호'를 가리킨다는 것을 추론해야 글에 대한 이해 가능한 표상을 만들 수 있다. 대명사가 가리키는 선행 대상 혹은 지시 대상 알아내기는 글을 읽는 동안 빈번하게 발생하는 일이다. 대명사는 10개 단어당 약 한 개꼴로 나타나며,[20] 독자는 대명사를 만나면 그것이 가리키는 대상을 알아내려고 한다.[21] 대명사가 가리키는 선행 대상 추론은 독해를 잘하기 위해서는 필수적이다. 실제로 훌륭한 작가는 대명사가 가리키는 선행 대상을 가능한 한 모호하지 않고 명확히 하기 위해서 많은 노력을 한다. 영어에서 독자는 대명사가 나타내는 성별 정보, 문장에서 주어로 사용되는지 혹은 목적어로 사용되는지에 대한 정보, 단수인지 복수인지에 대한 정보를 가지고 대명사의 선행 대상(즉, 대명사가 가리키는 단어)을 알아낼 수 있다. 그러나 모든 대명사가 이러한 특성을 가지고 있는 것은 아니다. '나(I), 나를(me), 우리(we), 우리를(us), 당신(you), 그들(they)'과 같은 많은 대명사가 특정 성(性)과 관련 없다. '당신(you)'이나 '그것(it)'과 같은 대명사는 문장의 주어를 지칭하는지 목적어를 지칭하는지 모호하다. 심지어 'you'는 단수인지 복수인지도 모호하다(그러나 서부 지역 방언에서는 2인칭 복수를 'y'all'로 나타내기 때문에 매우 명료하다). 사람이 아닌 사물을 지칭하는 대명사(it, anything, everything, nothing, something)는 성 구분이 없다. 대명사는 영어에서 아주 흔하다(예: all, any, anyone, anybody, both, each, either, everyone, everybody, few, he, him, her, most, many, neither one, no one, none, nobody, one, some, someone, somebody, several, she). 독자는 복수 대명사(예: most, many, they)가 복수의 선행사를 가지며 단수 대명사(예: she, it, one)는 단수 선행사를 가질 것이라는 지식에 의존할 수 있다.

'수호에 대한 글'에서 '수호'는 '그'에 대한 유일한 지시 대상이다. '그'는 단수(그러므로 오직 한 명의 수호)이며 문장의 주어이다. '그'와 '수호'를 연결하는 것은 쉽다. 참조 모호성(referential ambiguity)*이 없다면 '수호에 대한 글'에서 대명사(즉, '그')의 성과 숫자는 독자에게 알맞은 선행 대상 혹은 지시 대상을 쉽게 선택할 수 있도록 충분한 정보를 제공한다. 다른 지시 대상을 가리킬 가능성이 없기 때문에 독자가 해당 대명사를 만났을 때 지시 대상을 바로 확인한다.[22]

그러나 때때로 독자는 문단 하나 안에서도 대명사의 잠재적 지시 대상을 좁혀 나가야 한다. 즉, 대명사가 가리킬 가능성이 가장 높은 지시 대상을 추론할 필요가 있다. 앞에서 언급했듯이 훌륭한 작가는 이러한 상황을 만드는 것을 피하려고 노력하지만, 그들은 또한 명사를 끊임없이 반복하는 것을 피하고 싶어 한다. 예를 들어 앞에 제시된 사례 연구의 세 번째 문장, 즉 "그는 하 교수에게 기초 경제학 교재를 이해할 수 없었을 뿐이라고 말했다."라는 문장이 "명수는 하 교수에게 명수가 기초 경제학 교재를 이해할 수 없었을 뿐이라고 말했다."라는 문장처럼 '명수'를 반복하여 제시한다면 그것은 지루하고 혼란스러운 문장이 될 것이다. 사례 연구의 세 번째 문장은 독자에게 '교재를 이해할 수 없었던 사람은 하 교수가 아닌 명수였다'를 추론하도록 한다. 명수와 하 교수는 모두 남자이므로 '그'는 둘 중 하나를 언급할 수 있는데 어떻게 독자는 이러한 형태의 추론을 할 수 있을까? 대명사의 선행 대상을 추론할 때 독자는 대명사를 최근에 처리한 글 속의 관련 정보와 연결시켜야 한다. 대명사는 독자가 형성 중인 글에 대한 표상(킨치의 구성-통합 모형으로 말하자면 상황 모형) 속에 있는 어떤 정보와 연결해야 한다. 만약 이러한 표상을 형성하는 데 하나 이상의 정보가 활성화된다면 대명사의 성 정보, 주어-목적어 정보, 그리고 숫자 정보

....

* 하나의 대명사에 여러 개의 선행 대상이 연결되는 경우.

가 활성화된 여러 선행 대상을 좁히는 데 도움이 될 수 있다. 그러나 앞에서 언급했듯이 이러한 정보가 충분히 제공되지 않을 수 있다. 만약 이러한 정보를 사용할 수 있을 때에는 해당 정보는 대명사와 선행 대상의 연결을 촉진한다.[23]

필자가 글에 대명사를 사용하는 것은 독자가 대명사의 선행 대상을 기억 속에서 찾는 데 어려움이 없을 것이라는 믿음이 있기 때문이다. 대명사는 글에 대한 좋은 표상을 형성하는 데 필요하다. 대체로 대명사가 가리키는 대상은 글에서 가장 두드러지고 초점화된 요소이다. 글에서 초점화된 요소는 작업기억에서 좀 더 활성화된다.[24] 사람들은 현저성(salience)을 가지고 대명사가 가리키는 선행 대상을 좁혀 나간다. 만약 대명사가 초점화된 대상 가운데 하나를 가리킨다면 독자는 하나의 초점화된 선행 대상을 쉽게 찾아서, 대명사와 선행 대상을 연결하고, 그리고 대명사를 글에 대한 표상에 통합한다.[25] 다음의 문장을 비교해 보자. 하나는 대명사가 중요한 요소를 가리키지만 다른 하나는 그렇지 않다.

가장 최근의 청사진을 펼친 사람은 바로 현장 감독이었다.
(a) 그는 종이에 그려진 도면들을 가리켰다. (초점화됨)
(b) 그것은 종이의 가장자리가 말려 있었다. (초점화되지 않음)[26]

위의 글에서는 '현장 감독'이 초점화되고 있다. '현장 감독'은 문장의 주어이며, 주어는 대개 초점화되고, 그리고 이러한 초점화 효과는 분열문(cleft, 이 문장에서는 it-분열문)이라 불리는 언어적 장치에 의해 강화된다. 분열문은 독자의 주의를 '현장 감독'에 향하도록 돕는다. 그러므로 독자가 (a)에서 대명사 '그'를 읽을 때 그것의 의미를 식별하는 데 어려움을 겪지 않을 뿐만 아니라 대명사와 선행 대상을 연결하여 글에 대한 표상에 통합할 수 있다. 반면에 (b)를 읽는다면 독자는 '그것'이 가리키는 대상을 찾는 데 보다 많은 어려움을 겪을 것이다. 왜냐하면 현재 '청사진'이 초점이 아니기 때문이다. 일반적으로 글에서 문장의 '주어'는 초점화되는 요소이고,[27] 독자는 주어 뒤에 이어지는 대명사에 주어를 할당하는 경향이 있다. 다음의 문장을 살펴보자. '톰은 샘의 숙제를 도와주었다. 그런 다음에 그는 체육관에 갔다.' 분명히 '톰'과 '샘' 모두 체육관에 갈 수 있겠지만 대체로 독자는 '그'를 '톰'에 할당한다. 왜냐하면 '톰'은 문장의 주어이기 때문이다. 대명사를 할당하는 데 있어서의 이러한 경향성은 첫 언급 편향성(first-mention bias)과 관련된다. 이것은 문장에 두 개 이상의 요소가 있을 때 가장 먼저 나온 요소를 보다 중요한 요소라고 생각하는 독자의 경향성을 말한다. 일반적으로 주어가 가장 먼저 언급되는 경향이 있기 때문에 독자는 선행 대상을 찾는 데 있어 이러한 경향성의 도움을 받는다. 첫 언급은 필자가 문장에서 중요한 요소를 나타날 때 사용하는 방법의 하나로, 독자는 대명사를 맨 처음 언급된 요소와 연결한다.[28]

동사의 의미 역시 대명사에 선행 대상을 할당하는 데 중요한 역할을 한다. 몇몇 대인 동사(interpersonal verb)*는 암시적 인과관계 편향성(implicit causality bias)을 수반한다. 이것은 독자가 사건의 원인을 문장의 주어나 목적어에 할당하는 경향성을 말한다.[29] 이러한 편향성을 가지는 동사의 주어는 초점화된다. '감명을 주다(impress), 겁먹게 만들다(frighten), 패배시키다(defeat), 실망시키다(disappoint)'와 같은 동사가 들어 있는 문장은 주어를 초점화된 요소로 만드는 반면에, '비판하다(criticize), 의심하다(doubt), 신뢰하다(trust), 두려워하다(fear), 고소하다(sue)'와 같은 동사가 들어 있는 문장은 목적어를 초점화된 요소로 만든다. 예를 들어 다음의 문장을 살펴보자. '해리는 댄을 안쓰러워했는데 왜냐하면 그의 여자 친구가

....

* 다른 사람의 바람, 믿음, 의도를 이해하는 능력에 관련되는 마음 상태 동사 중 특별히 사람들 사이의 상호작용을 가리키면서, 동사가 동작의 원인에 대한 인과성을 포함하는 동사.

그를 찾기 때문이다.' 여기에서 '그'는 '해리'가 아니라 '댄'에 할당된다. 왜냐하면 '댄'은 '안쓰러워했다'라는 동사의 암시적 인과관계 요소이기 때문이다. 특히 능숙한 독자는 대명사의 선행 대상을 빠르게 파악하기 위해 암시적 인과관계로부터 기인하는 초점 효과를 활용한다.[30]

일반적으로 독자는 대명사를 글 속의 선행 대상과 연결하려고 하지만 이러한 전략이 항상 가능한 것은 아니다. 대명사는 종종 선행 대상 없이 나타나기 때문이다. 예를 들어 "내가 마지막 구입한 영화는 〈스타워즈〉였다. 그들은 새로운 것을 출품하고 있다."라는 문장을 살펴보자. 대명사 '그들'을 해소할 정보가 문장에는 명시적으로 나타나 있지 않다. 그러므로 독자는 '그들'이 가리키는 것이 누구인지를 추론할 필요가 있다. '그들'은 언급되지 않은 대명사(unheralded pronoun), 즉 대명사 근처에 선행 대상이 존재하지 않는 대명사이다.[31] 텍스트 분석 연구에 따르면 언급되지 않은 대명사는 글에 수적으로 많이 나타나지 않으며,[32] 필자는 자신과 독자 모두가 참조할 수 있는 공통의 기반, 즉 공통의 사전지식을 가지고 있다고 생각하는 경우에만 언급되지 않은 대명사를 사용한다. 위의 사례에서 '그들'이라는 대명사는 〈스타워즈〉와 또 다른 영화가 거대한 산업에 의해 만들어졌다는 공유된 지식을 가리킨다. '그들'에서처럼 언급되지 않은 대명사 대부분은 복수 형태를 띤다.[33] 놀랍게도 언급되지 않은 대명사는 그 지시 대상이 공유된 지식에서 논리적으로 추론되는 한 독자에게 문제를 안겨 주지 않는다.[34] 대체로 이 경우에서 필자와 독자가 가지고 있다고 추정되는 공유된 사전지식은 글의 초점화된 정보에서 발생한다.[35] 그러므로 초점화된 정보는 여전히 대명사를 지시하는 데 사용되지만 지시 대상은 초점화된 정보와 관련 있는 특정 글보다는 사전지식과 관련된다. 더 나아가 우리가 사전지식에서 끌어내는 정보는 최신 정보이다. 이러한 까닭으로 대체로 언급되지 않은 대명사는 독자에게 큰 문제가 되지 않는다.

그렇지만 공유된 사전지식은 아동에게는 기대하기 어렵다. 이것은 아동용 글에 언급되지 않은 대명사를 사용하면 어려움을 초래한다는 것을 의미한다. 아동용 책을 보면 필자가 이미 이 사실을 알고 있는 듯하다. 부자연스럽기는 하지만 이들은 어떤 종류의 대명사도 가급적 사용하려고 하지 않는다. 다음의 사례를 살펴보자.

> 피터 래빗은 식욕을 잃었다. 피터 래빗이 식욕을 잃을 때면 그에게 정말 뭔가 아주 안 좋은 일이 일어난다. 피터는 항상 언제 어느 때나 먹을 수 있다고 자랑했었다. 사실 피터가 가장 많이 생각하는 두 가지는 식욕과 호기심을 채우는 것이다. 그리고 피터가 겪는 거의 모든 일은 이 두 가지 때문에 일어난다.[36]

단지 '그'를 반복해서 사용해도 되는데 '피터 래빗'을 계속 반복하여 사용하고 있는 점에 주목하라. 성인은 이러한 반복을 혼란스러워한다. 왜냐하면 이것은 글에 대한 표상에서 초점화된 실체의 이름을 반복해 부르지 않는 우리의 감각에 위배되기 때문이다[이 혼란은 입증되어 반복적 호명 불이익(repeated naming penalty)으로 불린다[37]]. 그러나 아동 대상의 글에서 주어를 반복해 부르는 일은 매우 흔하다.[38]

아동을 위해 대명사의 사용을 피하는 타당한 근거가 있는가? 아마도 있을 것이다. 다섯 살 아동 대부분은 대명사의 선행 대상을 찾기 위해서 앞에서 언급한 성과 숫자에 대한 정보를 사용할 수 있을 것이다.[39] 그렇지만 이 연령대의 아동은 여전히 모호한 대명사의 선행 대상을 찾는 데 어려움을 겪는다. 또한 이들은 성인이 올바른 선행 대상을 확인하는 데 사용하는 단서를 사용하지 못한다.[40] 이러한 연구 결과는 교사에게 어린 아동이 글에 있는 대명사의 선행 대상을 찾는 데 어려움을 겪는다는 점에 주의할 것을 요구한다.

2.2. 교량 추론

교량 추론은 글을 일관되고 쉽게 이해할 수 있는 심적 표상을 형성하는 데 필요한 추론이다. 이것은 현재 읽고 있는 글의 내용을 최근에 읽은 내용 혹은 상황 모형에 부호화(encode)되어 있는 관련 배경지식과 연결한다. 교량 추론은 일관성을 유지하고 글 속의 모호함이나 불일치를 해결하기 위해 만들어진다. 때때로 이러한 모호함은 글 속에 제시된 아이디어 간의 의도적인 연결이 명시적으로 나타나지 않았음에도 독자는 새로 입력되는 정보와 이전에 언급된 정보를 직접 연결하려고 하기 때문에 발생한다.

• 스티브의 자동차
스티브의 자동차가 갑자기 멈추었고, 그래서 조심스럽게 도로 밖으로 밀어냈다. 아마 변속기가 망가졌을 것이다.

여기서 독자는 여러 가지를 추론해야 한다. 첫째, 도로 밖으로 차를 밀어낸 것과 차가 갑자기 멈춘 것의 관계를 추론해야 한다. '그래서'라는 단어는 두 개의 사건 간에 어떤 연관이 있음을 암시한다. 대명사처럼 '그래서'도 두 사건이 인과적으로 연결되어 있음을 암시하는 응집 장치다. 언어는 독자에게 사건 간의 관련성을 추론하도록 신호를 보내는 단어와 구로 가득 채워져 있다. 예를 들면 다음과 같은 것이 있다.

나열(Listing): 첫째, 둘째, 셋째, 우선, 마지막으로
인과관계: 그래서, 따라서, 그 결과로서, 결과적으로
유사성: 같은 방식으로, 비슷하게, 그와 마찬가지로, 그처럼
대조(Contrast): 대신에, 대비하여, 반대로
보강(Reinforcement): 또한, 더 나아가, 추가로, 같은 방식으로

그러나 글은 종종 이 응집 장치를 충분히 제공하지 않는다. 앞의 예에서 독자는 변속기가 망가진 것과 이전 문장에 나타나 있는 사건 간의 관계를 추론해야 한다. 이 경우에 독자는 사건을 연결하기 위해 사전지식에서 정보를 떠올려야 한다. 독자는 글에 행동, 사건, 혹은 상황이 명시적으로 언급된 이유에 대한 그럴듯한 설명을 만들 필요가 있다.[41] 만약 독자가 운이 좋다면 변속기가 자동차를 갑자기 망가뜨릴 수 있다는 지식을 가지고 있을 수도 있다. 교량 추론은 두 가지로 분류되는데, 응집 장치를 사용하는 것과 사전지식을 이용하는 것이다. 스티브의 자동차에 대한 글은 이 두 가지 모두를 필요로 한다.

연구들에 따르면 일관된 심적 표상을 형성하는 데 필요한 추론은 글을 이해하는 동안, 즉 즉시 일어남을 보여 준다. 글을 읽는 동안에 일어나는 추론은 참조 추론, 즉 앞서 대명사 부분에서 언급했던 인과적으로 선행 대상을 확인하는 추론,[42] 스티브의 자동차에서 설명한 추론과 같이 주제와 일반화[43]에 관련된 추론 그리고 이야기 글의 줄거리가 되는 등장인물의 목적과 감정에 관련된 추론을 포함한다.[44]

우리는 스티브의 자동차에 대한 글을 통해 사전지식이 교량 추론을 이끌어 내는 과정에서 얼마나 중요한지에 대해 알 수 있다. 글에 대한 사전지식을 가진 독자는 이 지식 덕분에 글을 더욱 잘 이해한다.[45] 이들은 글에 대한 이해를 방해하는 작은 틈새를 보다 잘 메울 수 있다.[46]

사전지식으로 인한 이러한 이점은 어린 아동과 같이 사전지식이 부족한 독자에게는 크게 작용하지 않을 수 있다. 어린 독자는 추론을 하기 위해 응집 장치에 의존해야 할지도 모른다. 아마도 이들은 응집 장치 사용 방법을 교육받을 수도 있다.[47] 어린 독자는 응집 장치를 많이 가지고 있는 매우 일관성 있는 글뿐만 아니라 자신이 가지고 있는 사전지식으로 가득한 글에서 상당히 큰 도움을 받는다.[48] 또한 추론을 이끌어 내는 데 필요한 정보를 담고 있는 삽화의 도움을 받을 수도 있다.[49]

아동이 자신의 기저 지식에서 추론에 필요한 정보를 찾을 수 있다 해도 그것을 이용하리라는 보장은 없다. 연구에 따르면 어린 독자는 필요한 교량 추론을 이끌어 내는 데 사전지식을 자발적으로 사용하지는 않는다. 마샤 반스(Marcia Barnes)와 모린 데니스(Maureen Dennis), 제니퍼 하페레-칼바이티스(Jennifer Haefele-Kalvaitis)는 다양한 연령대의 아동이 추론에 사전지식을 사용하는지 알아보기 위하여, 초등학생은 물론 고등학생조차 전혀 사전지식을 가지고 있지 않을 듯한 가상의 세계 '갠(Gan)'에 대하여 아동에게 가르쳤다.[50] 십 대 학생과 어린 아동이 '갠'에 대한 정보를 비슷한 수준으로 학습했다는 것을 확인한 다음, 두 집단에게 이야기를 들려주었다. 아동이 이야기를 이해하기 위해서는 공부한 정보를 가지고 추론을 이끌어 내야 한다. 연구자들은 고등학생이 어린 아동보다 교량 추론을 통해 새로운 지식을 두 배나 많이 이끌어 낸다는 것을 발견했다. 어린 아동이 적절한 추론을 이끌어 내지 못한 주요한 원인은 이들이 정보를 통합하지 못했기 때문이라기보다는 추론의 기반이 되는 사전지식을 떠올리지 못했기 때문이다.

　　이러한 점을 고려하면 어린 아동은 두 가지 이유로 글을 이해하는 데 필요한 교량 추론을 어려워할 수 있다. 첫째, 이들은 종종 추론의 기반이 되는 사전지식이 부족하다. 둘째, 이들은 사전지식을 가지고 있을 때조차 사전지식에서 글을 이해하는 데 필요한 관련 정보를 이끌어 내지 못한다. 이 두 가지 어려움은 8장에서 논의했던 앤더슨과 피어슨의 독해에 대한 스키마 이론[51]과 관련된다. 또한 글을 이해하는 데 필요한 특정 종류의 추론을 이끌어 내지 못하는 아동의 경향성은 상당히 견고하다. 즉, 아동의 추론 능력은 글로 쓰인 이야기, 텔레비전에서 보여 주는 이야기, 그리고 음성으로 들려주는 이야기 모두에서 비슷한 경향을 보인다.[52] 아동의 추론 능력은 독해에서 개인차 변량을 상당 부분 설명할 수 있다.[53]

2.3. 정교화 추론

통일성(coherence)을 기반으로 하는 추론(앞에서 논의한 참조 추론, 교량 추론의 두 가지 추론 유형)과 정교화 추론을 구분할 필요가 있다. **정교화 추론**은 글에 대한 간단하고 응집성 있는 표상을 유지하는 데 필요한 추론을 넘어선다. 오히려 정교화 추론은 글에 대한 심적 표상을 풍부하게 하는 역할을 수행한다. 스키마 이론이 시사하듯이 이러한 풍부함은 독자의 사전 지식에 따라 다르며, 따라서 매우 개인적일 수 있다.

독자가 이끌어 낼지도 모르는 정교화 추론을 살펴보기 위해서 스티브의 자동차로 돌아가 보자. 우리는 차가 오래되었고, 작고 가벼우며, 그리고 스티브가 혼자 차를 몰고 있었다는 것을 추측할 수 있다. 또한 우리는 차가 도로 한가운데에서 멈췄고, 다른 차들도 다니고 있었기 때문에 조심스럽게 차를 도로 옆으로 밀었다는 것, 도로 옆에 바싹 붙였지만 실제로 도로 밖으로 벗어난 것은 아니라는 것, 그리고 스티브는 자동차의 상태를 정비사를 통해 알게 될 것이라는 사실을 추측할 수 있다. 이러한 추론 중 어떤 것도 글에 대한 기본적인 이해에 필요하지 않다. 그러나 여러분은 글을 읽는 동안 이러한 생각을 떠올릴 것이다.

광범위하게 연구된 정교화 추론의 한 유형은 **예측 추론**(predictive inference)이다. 독자는 예측 추론을 할 때 자신이 글을 읽으면서 구성한 상황 모형을 토대로 앞으로 발생할 결과나 사건에 대한 정보를 활성화시킨다. 교사는 아동이 글에 대한 이해를 촉진하도록 그들에게 효과적인 예측 추론을 가르칠 것을 요구받는다.[54] 그렇지만 흥미롭게도 선행되는 맥락이 강력하고 예측하기 어렵다면 대체로 성인 독자도 글을 읽는 동안 예측 추론을 하지 않는다.[55] 앤 쿡(Anne Cook)과 존 림버(John Limber), 에드워드 오브라이언(Edward O'Brien)의 연구에서 사용된 글을 살펴보자.[56]

도입: 마크는 몇 주 동안이나 건물을 칠하는 것을 미루고 있었다. 결국 그는 더 이상 벗겨진 페인트나 그의 잔소리를 참을 수 없었다. 그는 창고에 가서 필요한 장비를 모두 꺼냈다. 그는 건물 뒤쪽부터 칠하기로 결정했다. 그는 건물을 죽 둘러본 다음, 가장 먼 구석에 필요한 장비들을 쌓아 놓았다.

낮은 제약의 문맥(low constraint context): 건물은 한 층짜리였으므로 맨 위에서 시작하여 아래로 내려가기로 결정했다. 그가 사용하고 있던 발판이 약간 흔들렸다. 그러나 그는 그것이 문제가 될 것이라고 생각하지 않았다.
[또는]
높은 제약의 문맥(high constraint context): 건물은 15층 높이였으므로 그는 맨 위에서 시작하여 아래로 내려오기로 결정하였다. 그가 사용하고 있던 발판이 약간 흔들렸다. 그러나 그는 그것이 문제가 될 것이라고는 생각하지 않았다.

이어지는 내용: 그는 큰 소음을 듣기 전까지 행복하게 한 시간가량 페인트 칠을 했다. 그가 소음을 들었을 때 그는 빠르게 뒤를 돌아보았다. 그때 마크는 균형을 잃고 떨어졌다.

표적 단어: (즉, 독자가 추론하게 될 단어): 죽음[57]

연구 결과는 독자가 높은 제약의 문맥을 제공받았을 때에만 정교화 추론을 생성한다는 것을 보여 주었다. 예를 들어 앞의 글에서 독자는 추론 단어가 낮은 제약의 문맥이 아니라 높은 제약의 문맥 뒤에 제시되었을 때 추론 단어, 즉 '죽음'을 보다 빠르게 확인하였다. 카를라 라손드(Karla Lassonde)와 오브라이언은 문맥의 제약이 증가함에 따라 활성화되는 추론 정보가 점점 더 구체화된다는 것을 보여 주었다.[58] 그러므로 앞의 높은 제약의 문맥에서 '죽음'은 활성화되지만 '상처 있음'은 활성화되지 않는다. 또한 독자는 추론에 필요한 중요한 정보가 현재 작업기억에 있거나,[59] 예측 전략을 사용하도록 권고받을 때 예측 추론을 생성할 가능성이 높다.[60] 이러한 연구 결과에 따르면 정교화 추론을 하는 데에는 소중한 인지 자원이 사용되기 때문에 대개 독자는 정교화 추론을 하도록 압력을 받지 않는다면 정교화 추론을 하지 않는다.

독자가 정교화 추론을 생성하는 정도에는 개인차가 존재한다. 예를 들어 독자는 글을 읽으면서 서로 다른 통일성 기준(standard of coherence)을 사용한다. 통일성 기준이란 '독자가 글을 읽으면서 자신이 의도한 이해의 깊이를 성취하기 위하여 설정한 통일성의 강도와 관련된 기준'[61]을 말한다. 높은 통일성 기준을 가진 독자는 정교화 추론을 생성할 가능성이 높은데, 그들은 통일성을 구축하는 데 필요한 최소한의 추론의 양을 넘어서는 경향이 있다.[62] 이들은 배경지식에서 정보를 적극적으로 검색하여 글에 대한 이해를 높인다. 이들은 깊은 이해를 위해 노력한다. 이러한 결과로 통일성 기준이 높은 독자는 통일성 기준이 낮은 독자보다 글에서 더 많은 것을 배우는 경향이 있다.[63]

다음 절에서 보다 자세하게 설명하겠지만 독자의 읽기 목적은 그들이 얼마나 많이 정교화 추론을 하는지와 관련하여 중요한 역할을 수행한다. 독자는 자신이 관심 있어 하는 글을 읽는 동안 더 많은 정교화 추론을 한다.[64] 예를 들어 여러분이 우주여행에 관심이 있다면 여러분은 설거지에 대한 글을 읽을 때보다 아폴로 달 탐사 프로젝트에 대한 글을 읽을 때 사전지식을 활용하여 정교화 추론을 더 하고자 할 것이다. 설거지에 대한 글은 친숙하지만 덜 흥미로운 글이다. 또한 독자는 단지 즐거움을 위해 글을 읽을 때보다 시험에서 좋은 점수를 얻기 위해서 글을 읽을 때

보다 많은 정교화 추론을 한다.[65] 왜냐하면 시험을 잘 치기 위해서는 장기 기억에 단단하게 통합될 수 있는 매우 응집성 높은 표상을 만들어야 하기 때문이다. 정교화 추론을 증가시키는 것으로 알려진 이 두 가지 상황은 왜 읽기 동기가 독해에 커다란 영향을 미칠 수 있는지를 설명하는 데 도움이 된다.

마지막으로 신경학 연구가 독해의 인지적 과정을 규명하는 데 어떤 도움을 주었는지 다음의 [글상자 9-1]을 통해 살펴보자.

글상자 9-1 독해에 대한 신경학의 기여

8장과 9장에서 논의했던 모든 이론을 통해 명백해졌듯이 독해는 단어와 문장을 이해하는 것 이상의 많은 것이 관련된다. 확실히 매우 다양한 인지적 과정이 좋은 독해에 도움이 된다. 이에 상응하여 신경학 연구도 독해가 뇌 속의 풍부한 언어적 네트워크와 관련됨을 발견했다.

성인 독자는 글을 이해하기 위해서 언어와 관련된 뇌의 모든 영역을 사용한다(예: 좌반구 하측전두회, 중측두회 및 상측두회, 하측두회, 각회, 그리고 대뇌 피질 아래.[66] 사실상 독해와 청해는 정보를 처리하는 동안 비슷한 뇌 영역을 사용하는데,[67] 이것은 독해에 대한 단순 관점을 뒷받침하는 증거이다. 그러나 읽기는 듣기보다 더 넓은 뇌의 영역을 활성화시키는데, 특히 이러한 현상은 읽기에 어려움을 겪는 아동에게서 나타난다.[68]

뇌 연구자들은 글을 읽을 때 어떻게 뇌가 통일성을 확인하고/구성하는지에 대한 수많은 연구를 수행해 왔다. 왜냐하면 통일성은 단어 처리나 문장 처리와는 구별되게 글을 토대로 하는 처리이기 때문이다. 연구자들이 통일성을 연구하기 위하여 사용한 한 가지 방법은 성인 독자가 응집성 있는 글을 읽을 때와 그렇지 않은 글(즉, 뒤섞인 글이나 관련 없는 글)을 읽을 때 활성화되는 뇌의 영역을 비교하는 것이다. 구성-통합 모형에서 보면, 통일성이 결여된 글은 독자에게 상황 모형을 만드는 데 어려움을 발생시키며 이러한 어려움은 뇌 활동에서 매우 뚜렷하게 나타나야 한다. 사실상 통일성 있는 글은 그렇지 않은 글보다 성인 독자의 안쪽 전전두엽 피질과 후측 대상 피질을 더욱 활성화시킨다.[69]

다른 신경학적 연구[70]도 뇌의 활성화 패턴이 구성-통합 모형이 예측한 단계대로 나타남을 발견했다. 예를 들어 탈 야코니(Tal Yarkoni)와 니콜 스피어(Nicole Speer), 제프리 잭스(Jeffrey Zacks)는 글을 읽자마자 일어나는 뇌 활동 패턴(즉, 문장 수준 이

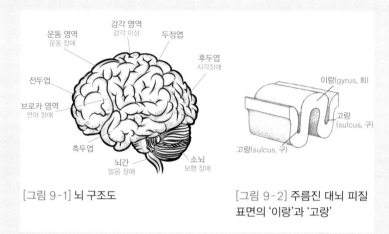

[그림 9-1] 뇌 구조도

[그림 9-2] 주름진 대뇌 피질 표면의 '이랑'과 '고랑'

해)과 글을 읽은 다음에 일어나는 뇌 활동 패턴(즉, 글 수준 이해)을 비교했는데, 시간에 따라 독자들의 부분적인 뇌 활성화 패턴이 변화함을 발견했다.[71] 즉, 후측두정엽은 독해를 구성하는 단계에서 더욱 활성화되었던 반면에, 전측두엽 영역은 상황 모형을 유지하는 단계에서 더욱 활성화되었다. 또한 연구자들은 우반구가 글의 전반적인 요지를 추출하는 것(즉, 상황 모형 구성)과 보다 밀접하게 관련되어 있음을 주장했다.[72] 그러나 보다 최근의 연구에 따르면, 뇌의 양쪽 반구에서 여러 언어 관련 영역이 활성화되는 것은 보편적으로 나타나는 현상이다.[73]

독해와 뇌 활동의 관련성을 탐구한 연구들에서 다루어진 또 다른 연구는 이야기를 읽는 동안 사건 구조(event structure)를 형성하는 것에 대한 것이다. 이야기를 이해하는 데 사건 구조 형성의 중요성은 스키마 관점으로 예측할 수 있다. 앞에서 공부했던 스키마 이론을 떠올려 보면, 스키마 이론은 독자가 이야기를 읽을 때 단순히 정보를 선조적 형태로 저장하는 것이 아니라 일련의 사건을 끊임없이 특정 목표로 향하도록 구성한다고 주장한다. 이야기를 일련의 사건으로 조직하는 것은 "그가 도시를 떠난 후에 또는 그녀는 일을 끝내자마자"처럼 등장인물의 위치나 목적에서의 변화를 나타내는 단어에 의해 신호를 받는 경향이 있다.[74] 뇌 연구는 독자가 이야기를 일련의 사건으로 분할할 때 사건의 경계에서 뇌의 특정 영역이 좀 더 활성화됨을 발견했다. 스피어와 잭스, 제러미 레이놀즈(Jeremy Reynolds)는 기능적 자기 공명 영상법을 활용하여 독자가 글을 읽을 때 사건의 경계에서 뇌의 영역(즉, 후측내측피질, 전측두회 및 상측두회, 그리고 우측중간전두 및 뇌량밑회)이 활성화됨을 발견했다.[75] 명백하게 이러한 뇌 영역은 사람이 일상적인 사건(예: 시장을 보는 일)을 담은 영화를 볼 때 사건의 경계에서 활성화되는 뇌의 영역과 일치한다. 이러한 발견은 사건 구조에 대한 정보가 두 가지 종류의 정보 자원(즉, 이야기와 영화)을 해석하는 데 사용됨을 시사한다.

마지막으로, 이번 장에서 논의했듯이 독해에 관여하는 또 다른 기초적인 과정은 추론이다. 구성-통합 모형과 직접·추론 매개 모형은 모두 직접적으로 글 이해에 있어 추론의 역할에 대해 언급한다. 그러므로 우리는 추론을 요구하는 글을 읽는 동안 일어나는 독자들의 뇌 활동을 비교할 때 추론과 관련 있는 특정한 뇌 영역에서 활성화가 일어나는지를 확인해야 한다. 샌드라 버추(Sandra Virtue)와 제이슨 하버만(Jason Haberman), 조 클랜시(Zoe Clancy), 토드 패리시(Todd Parrish), 마크 융 비먼(Mark Jung Beeman)은 독자가 추론할 때 상측두회와 하전두회가 매우 많이 활성화됨을 발견했다.[76] 특히 상측두회는 독자가 추론을 위해 정보를 선택하는 초기 추론 단계에서 더욱 활성화되는 반면에, 하측전두회는 구성-통합 모형이 예측한 대로 추론을 통합하는 단계에서 보다 활성화되었다.[77]

뇌 영상(brain imaging) 연구는 현재의 독해 모형이 제기한 주장을 대체로 뒷받침한다. 현재까지 이제 막 복잡한 글에 대한 읽기 학습을 시작하는 어린 아동의 읽기 과정을 탐구한 연구는 흔치 않다. 많은 연구자들이 어떻게 뇌가 독해와 관련된 복잡한 과제를 처리하는지를 탐구하므로 향후 십 년 동안 이 분야의 연구는 크게 성장할 것으로 예상된다.

3. 독해 전략

독해 전략은 8장에서 설명한 네 개의 모형 중에서 직접·추론 매개 모형에만 포함되어 있지만, 연구자들은 오랫동안 능숙한 독자가 어려운 글을 이해하는 데 도움이 되는 많은 독해 전략을 선택적으로 사용한다는 것을 인식해 왔다.[78] 능숙한 독자가 자연적으로 터득한 독해 전략을 부진한 독자에게 가르친다면 그들의 독해를 증진시킬 수 있다는 희망을 가지고, 지난 50년 동안 독해 전략을 탐색하고 완벽하게 설명하려는 노력[79]이 이루어져 왔다. 읽기 기능과 읽기 전략 간의 차이가 무엇이냐에 대한 논쟁은 오랫동안 진행되었으며 심지어 여전히 풀리지 않았다.[80] 그러나 일반적으로 기능(skill)은 의식적인 사고나 의도 없이 암묵적으로 사용될 수 있는 것인 반면에, **전략**(strategy)은 독자가 자동적으로 그리고 쉽게 이해하기 어려운 글을 이해하려고 시도할 때 사용하는 '의식적으로 통제된 과정'[81]을 의미한다. 자동적으로 그리고 좀 더 기계적으로 적용되는 기능과 비교할 때 전략은 더 의도적이고 의식적으로 사용되기 때문에, 우리는 그것들을 여러 종류의 글과 읽기 목적에 따라 보다 융통성 있게 적용해 왔다.[82] 비록 많은 연구자가 추론을 하나의 독해 전략으로 분류하지만 우리가 그것을 앞에서 별도로 다룬 것은 기능과 전략 간의 차이를 반영하기 위함이다. 앞 절에서 설명했듯이 추론은 모든 독자가 글을 읽으면서 하는 것이고 종종 자동적이고 무의식적으로 일어난다. 추론은 대명사의 선행 대상을 찾기 어려울 때, 교량 추론을 할 때, 혹은 정교화 추론을 하기 위하여 의도적으로 배경지식에 접근할 때, 예를 들어 시험 준비를 할 때에만 의식 수준으로 올라온다.

이 분야를 혼란스럽게 하는 또 다른 원인은 서로 다른 연구자가 독해에서 중요한 전략으로 서로 다른 전략을 제시해 왔을 뿐만 아니라 비슷한 전략에 대해서도 서로 다른 용어를 사용해 왔기 때문이다. 이러한 차이는 최소한 [표 9-1]에 제시되어 있는 여섯 가지의 중요한 일반적인 독해 전략에 관해 연구자 간에 별다른 이견이 없다는 사실도 가려 왔다. [표 9-1]은 독해 전략 및 읽기 수업과 관련하여 1961년부터 현재까지 출판된 7개의 연구물에서 확인된 전략과 당시 사용된 용어를 제시하고 있다.

3.1. 일반적인 독해 전략 여섯 가지

3.1.1. 사전지식 활성화하기

앞에서 논의했듯 가설을 세우고 추론을 하기 위하여 배경지식을 사용하는 것은 독해의 기본적인 요소이다. 능숙한 독자는 서사적인 글이나 설명적인 글을 이해하기 위하여 사전지식을 찾아 사용하지만, 종종 어린

[표 9-1] 선정된 연구물과 프로그램에서 사용되었던 독해 전략

출처	일반화된 이해 전략						
	사전지식 활성화하기	질문하기	요약하기	시각화하기	텍스트 구조 활용하기	이해 점검하기	기타 전략
로빈슨[83] *SQ3R* (추후 *PQ4R**)	훑어보기 (Survey)	질문하기 (Question)	확인하기 (암송하기, Recite)		훑어보기 (Survey)		재검토하기 (음미하기, Review)
팔린저와 브라운[84] *상보적 교수법*	예측하기	질문하기	요약하기			명료화하기	
프레슬리, 존슨, 시먼스, 맥골드릭 및 쿠리타[85]	사전지식 활성화하기	질문 생성과 답변	요약	심상 형성 (Mental Imagery)	이야기 문법		
돌, 더피, 뢸러 및 피어슨[86]		질문 생성하기	요약하기		중요도 결정하기	이해 점검하기	
듀크와 피어슨[87]	예측/ 사전지식	질문하기	요약	시각적 표상	텍스트 구조 활용하기		사고구술
거스리, 위그필드, 바르보자 외[88] *개념 중심 읽기 지도(CORI)*	배경지식 활성화하기	질문 생성하기	요약하기	시각적으로 정보 조직하기	이야기 구조 학습하기	이해 점검하기	정보 찾기
브라운[89]	예측하기, 사전지식 연결하기	자기 질문		시각화하기		명료화하기	

※논문 제목으로 독해 전략이 사용된 경우에는 그것을 이탤릭체로 표시하였다.

독자나 부진한 독자는 그렇지 않다. 이런 까닭으로 대부분의 전문가는 초보 독자나 부진한 독자가 글과 관련 있는 배경지식에 접근하는 방법을 배

....

* PQ4R은 일반적으로 'Preview, Question, Read, Reflect, Recite, Review'를 줄인 말이다. 한편 로빈슨의 SQ3R은 'Survey, Question, Read, Recite, Review'인데, [표 9-1]에서 요약하기에 'Recite'를, 텍스트 구조 활용하기에 'Survey'를 대응하여 제시하고 있다. 이는 일반화된 이해 전략 측면에서 'Recite'는 '요약하기'와, 'Survey'는 '텍스트 구조 활용하기'와 관련되기 때문이다.

운다면 도움이 될 것이라고 생각한다. 예측은 서사적인 글을 읽을 때 배경 지식에 접근하기 위해 가장 보편적으로 추천되는 전략이다.[90] 좋은 독자는 이야기를 읽으면서 그것이 어떻게 전개될지 끊임없이 예측하며, 특히 이야기가 흥미진진하고 호기심을 불러일으키면 다음에 벌어질 일에 대하여 추측한다. 많은 연구에 따르면, 초보 독자나 부진한 독자에게 예측하도록 하는 것은 읽기 전과 읽는 동안에 그들의 독해를 촉진할 뿐만 아니라 이야기에 대한 흥미를 증가시킨다. 특히 글을 읽으면서 자신의 예측과 실제 이야기의 사건을 비교할 때 더욱 그렇다.[91]

정보 전달 글도 독자에게 다양한 전략을 사용하여 사전지식을 활성화하도록 한다. 아마도 **훑어보기**(surveying)나 **미리보기**(previewing)는 이를 위해 가장 빈번하게 추천되는 전략일 것이다. 이러한 전략은 1961년에 프랜시스 로빈슨(Francis Robinson)이 대학생에게 교재를 읽기 전에 제목과 소제목 및 삽화를 확인하고, 요약문을 읽게 한 후로 크게 달라지지 않았다. 교재를 이와 같은 방식으로 검토하는 것은 학생에게 관련 사전지식을 떠오르게 할 뿐만 아니라 교재를 이해하기 위한 '이상적 비계(ideal scaffolding)'[92]로서 선행 조직자(advance organizer)를 제공한다. 좀 더 형식적으로는 학생들을 K(알고 있는 것)-W(알고 싶은 것)-L(배운 것) 모둠 토론에 참여시키거나,[93] 화제와 관련된 사전지식을 떠올려 지도를 그리도록 할 수도 있다. 흥미롭게도 요하네스 거리트(Johannes Gurlitt)와 알렉산더 렌클(Alexander Renkl)은 비계 지도 활동(scaffolded mapping activity), 즉 교사가 미리 공부할 핵심 내용과 그것의 관계를 그림으로 나타낸 개념도를 완성하도록 하는 활동에 참여한 학생이 처음부터 개인적으로 개념도를 작성했던 학생보다 그 후의 읽기에서 더 많은 것을 학습했음을 발견했다.[94] 이와 같은 안내된 지도 활동은 도움이 되었을 것인데, 왜냐하면 이것이 학생에게 유용한 선행 조직자를 제공했기 때문이거나 학생들이 적절하지 않거나 부정확한 사전지식에 접근할 가능성을 낮추었기 때문이다. 앞에서 논의했듯이 적절하지 않거나 부정확한 사전지식은 사전지식을 활성화하는 데 존재하는 잠재적인 문제이다. 안내된 맵 활동이 유용한 또 다른 이유는 교사가 미리 그려 준 요소가 학생에게 이들이 갖고 있지 않은 배경지식을 제공해 주었기 때문이다.

3.1.2. 질문하기

아마도 질문하기는 독해 전략 중 가장 이견이 없는 전략일 것이다. 이 분야의 거의 모든 연구는 글을 읽기 전, 읽는 동안, 읽은 후에 질문하고 대답하는 것의 효과를 언급했다. 글을 읽기 전에 질문을 생성하면 종종 미리보기나 사전지식 활성화 전략과 결합되어 많은 동일한 목적을 달성할 뿐만 아니라 뒤에서 논의할 전략적 독해의 요소인 읽기의 목적을 확인하도록 돕는다. 글을 읽으면서 질문을 생성하는 것은 아마도 좋은 독자가 가장 널리 사용하는 단일 전략일 뿐만 아니라 부진한 독자가 가지고 있지 않은 전략이기도 하다. 교사는 학생이 글을 읽으면서 "그것을 이해하는 과정에 적극적으로 참여하는 대신에,[95] 글이 그냥 '그들을 스쳐 가도록 놓아 두는'[96]" 현상에 너무나도 익숙하다. 질문을 생성하고 답을 하는 것은 글에 대한 **심층 처리**(deep processing)[97]를 수행하는 독자가 가진 뚜렷한 특징이다.[98] 또한 많은 연구에 따르면 학생에게 글을 읽으면서 좋은 질문을 하도록 가르치는 것은 글에 대한 이해와 몰입을 증가시킨다.[99] 아울러 글을 토대로 동료끼리 질문하고 답하는 활동은 독해에 긍정적인 효과가 있다.[100]

대부분의 질문 전략은 질문을 제기하고 글에서 답을 찾는 활동을 포함한다.[101] 또한 학생에게 필자의 의도나 글의 정확성 및 신뢰성과 관련하여 평가하는 질문을 하도록 하는 것도 중요한데, 특별히 고학년 학생이나 성인에게 중요한 비판적 읽기를 촉진하는 데 매우 중요하다.[102] 예를 들어 **저자에게 질문하기**(questioning the author) 전략에 대한 10년간의 연구 중

벡, 맥키온과 그 동료들이 참여한 일련의 연구[103]는 글을 '오류를 범할 수 있는 저자의 산물'로 간주하도록 하는 것은 부진한 독자에게 스스로를 글에 대한 평가자 및 교정자로 생각하도록 하는 힘을 줄 뿐만 아니라 수줍음과 실패의 두려움 없이 이해하기 힘든 내용과 '맞붙어 싸우도록' 한다는 것을 발견했다.[104]

3.1.3. 요약하기

글을 읽은 다음에 요약하도록 하는 것은 질문하기 전략만큼 오래되고 인기 있는 전략이다. 미국 독서위원회 보고서[105] 및 카네기재단 보고서(Carnegie Corporation Writing to Read)[106]의 저자들을 포함하여 이 분야의 많은 연구자는 요약하기를 글을 이해하는 중요한 방법으로 추천해 왔다. 이 전략의 유용성은 융통성이 많다는 데 있다. 서사적인 글과 설명적인 글 모두가 요약될 수 있으며, 글의 일부분 혹은 더 많은 부분이 요약될 수 있다. 로빈슨의 초기 SQ3R(1961) 전략에서 확인하기(암송하기)가 함의하듯이, 한 문단이나 한 부분을 읽은 후에 그것을 요약하는 것은 독자에게 복잡한 글에 대한 의미 구성을 한 번에 조금씩 하도록 돕는다. 또한 다른 말로 바꿔 표현하기(paraphrasing)로도 알려진 이 전략은 부진한 독자의 독해를 촉진하는 데 효과적이다.[107]

긴 단락이나 글 전체를 요약하는 것은 발달적 궤적을 보여 주는 좀 더 복잡한 과제이다.[108] 대부분의 아동은 단순한 이야기 정도는 요약할 수 있다.[109] 그러나 고등학생이나 심지어 대학생도 긴 설명적인 글을 요약하는 것을 어려워한다.[110] 많은 연구는 요약하기가 배울 만한 가치가 있는 전략이라 생각한다. 긴 글에 대한 요약은 글에 대한 심층 처리를 촉진하고 더 좋은 학습을 초래한다. 왜냐하면 글을 요약하기 위해서는 독자가 요약에 포함되어야 하는 중요한 내용이 무엇이고 덜 중요해서 빠져야 하는 내용이 무엇인지를 결정해야 하며, 세부적인 내용을 상위 개념으로 일반화시켜야 하며, 그리고 이 모든 내용을 원래 글에 대한 하나의 응집성 있는 표상에 통합해야 한다.[111] 즉, 글을 요약하기 위해서는 독자가 킨치의 상황 모형(1988)보다 더 큰 상황 모형을 구성해야 한다. 다른 말로 바꿔 표현하기와 요약하기는 모두 '이해 점검'을 유발하는 데 도움이 된다. 이해 점검은 또 다른 중요한 독해 전략인데 뒤에서 자세하게 논의한다.

3.1.4. 시각화하기

독해를 촉진하는 전략으로서 **시각화하기**(visualizing)는 세 가지 측면에서 탐구되었다. 제인 오크힐(Jane Oakhill)과 시마 패텔(Sima Patel)[112] 그리고 갬브렐과 폴라 제이위츠(Paula Jaywitz)[113]와 같은 연구자들은 아동에게 이야기를 읽으면서 사건, 등장인물, 배경에 대하여 지적 심상을 만들도록 가르치는 것이 효과적인지를 연구했다. 마이클 프레슬리(Michael Pressley), 카를라 존슨(Carla Johnson), 소냐 시먼스(Sonya Symons), 재클린 맥골드릭(Jacqueline McGoldrick) 및 재니스 쿠리타(Janice Kurita)는 심상을 생성하는 전략이 상대적으로 효과는 적지만 신뢰할 만한 전략으로 특징지었다.[114] 예를 들어 G. 마이클 프레슬리(G. Michael Pressley)는 여덟 살 아동에게 처음에는 한두 문장을, 나중에는 보다 많은 부분을 읽은 다음 잠시 멈추고, 방금 읽은 사건을 마음속에서 그림으로 나타내도록 가르쳤다.[115] 연구를 통해 어린 독자가 이 과정을 꽤 쉽게 배우며 읽은 내용도 보다 잘 기억함을 발견했다. 갬브렐과 루비 베일스(Ruby Bales)도 이 전략이 아동에게 이야기 속의 불일치 정보나 빠진 정보를 발견하도록 돕는다는 것을 발견했다.[116] 이들의 연구에서 아동은 30분 정도밖에 훈련을 받지 않았지만 훈련을 받지 않은 아동보다 글 속의 문제를 더 잘 확인하였다.

또한 마이클 프레슬리 외는 글의 중요 내용을 잘 회상하도록 하는 기억술로서 구조화된 심상을 사용하는 것에 대해 설명했다.[117] 이러한 이미지는 교사나 연구자가 만들어 학생들에게 보여 줄 수도 있고, 혹은 학생 스스로 만들게 할 수도 있다. 어느 경우에든 이러한 이미지는 글의 내용을 사실적으로 나타낸 것이라기보다는 기억을 돕는 장치로서 대체로 단어 놀이를 이용하는 인공적인 구성물이다. 조엘 레빈(Joel Levin)과 동료들이 수행한 두 개의 연구는 두 가지 형태의 기억을 돕는 이미지를 분명하게 보여 준다.[118] 이들은 첫 번째 연구에서 8학년 학생들에게 가상 마을의 특징을 개괄한 정보를 주고 나서 이 특징이 재미있게 표현되어 있는 그림들을 보여 주었다. 예를 들어 포스토리아(Fostoria) 마을의 핵심적인 특징은 마을 전체가 '서리(frost)'로 뒤덮인 익살스러운 그림으로 표현되었으며, 여기에서 '서리'는 학생들에게 마을 이름 포스토리아*를 잘 떠올리게 하는 핵심 단어이다. 이 그림을 본 학생들은 그렇지 않은 학생보다 이 마을의 특징을 보다 잘 기억해 냈다. 두 번째 실험에서 엘런 피터스(Ellen Peters)와 레빈은 같은 연령의 학생들에게 재미있는 미국인에 대한 글을 읽게 하였고, 그런 다음 연관성이 있는 핵심어[예: 최초로 음악 캠프를 창립한 조지프 매디(Joseph Maddy)에 대한 관련 핵심어로 '매드(mad)'를 사용]를 가지고 인물의 이름과 인물의 업적을 연결하는 이미지를 만들도록 하였다.[119] 인물의 이름이 주어졌을 때 이 전략을 배운 능숙한 독자는 이 전략을 배우지 않은 능숙한 독자보다 인물의 업적을 더욱 많이 회상하였다. 이 전략의 효과는 약하지만 읽기에 어려움을 겪는 독자에게는 여전히 의미 있는 전략이다. 그러나 이러한 연구들뿐만 아니라 유사한 연구들은 상대적으로 사소한 정보를 떠올리도록 돕는 것은 진정한 독해의 지엽적인 것에 지나지 않는다는 비판에 취약하다. 그렇지만 이러한 이미지를 구성하는 것은 글 속에 있는 세부적인 사실에 주의를 기울이도록 하며, 프레슬리 외가 언급했듯이 이 전략이 학생들 사이에서 많은 인기를 얻은 것은 그들이 이

....

* 미국 오하이오주 북부 도시.

전략의 가치를 발견했기 때문이다(아마도 학교 시험이 아주 빈번하게 사소한 것을 회상하도록 요구하기 때문이 아닐까?).

확실히 시각화를 기반으로 하는 전략 중에서 가장 많이 연구된 전략은 글에 대한 심상 혹은 그림을 구성하도록 하는 것보다는 글의 내용을 도식화하도록 하는 것이다. 이러한 전략은 서사적인 글과 설명적인 글의 구조를 나타내는 방법으로서 가장 빈번하게 사용되기 때문에 글의 구조 관련 전략과 함께 묶어서 다음에서 논의한다.

3.1.5. 텍스트 구조 활용하기

이야기 문법[120] 및 정보적 글의 구조(expository text structure)[121]와 독해와의 관련성에 대한 연구는 이미 스키마 이론을 소개한 8장에서 논의하였다. 좋은 독자는 이야기 글과 정보적 글을 이해하기 위하여 끊임없이 글 구조에 대한 자신의 지식을 사용한다. 이야기 문법의 요소(배경, 사건, 목표 등)는 경험 있는 독자가 이야기를 이해하기 위하여 사용하는 사전지식의 일부분이다. 비록 몇몇 연구가 아동에게 이야기 문법의 일반적인 요소를 가르치는 것만으로도 이야기를 이해하는 데 도움이 된다는 것을 보여 주었지만, 종종 대부분의 교사는 초보 독자나 부진한 독자의 이야기에 대한 이해를 돕기 위하여 이야기 지도(story map), 즉 이야기를 구성하는 전형적인 요소와 이야기의 흐름을 도식으로 나타낸 지도[122]를 사용한다.[123] 처음에는 교사와 교실의 모든 학생이 함께 이야기 지도를 메우는 활동을 할 것이며, 그런 다음 학생들이 구조에 좀 더 익숙해지면 개별적으로 특정한 이야기를 이해하기 위한 전략으로서 빈 이야기 지도를 채울 것이다. 이야기 문법을 사용하는 전략은 읽기 장애를 가진 학생을 포함하여 다양한 읽기 수준 및 다양한 연령대 아동의 이야기에 대한 이해를 향상하는 것으로 밝혀졌다.[124] 심지어 수학의 문장제 문제를 좀 더 잘 이해하는 데에도 도움이 되는 것으로 밝혀졌다.[125]

서사적인 글에서와 마찬가지로 설명적인 글의 구조에 대해 좀 더 많은 지식을 가지고 있는 독자는 설명적인 글을 읽을 때 그것을 보다 잘 이해한다.[126] 능숙한 독자는 글의 구조에 대한 지식을 이용하여 글 속의 어떤 내용이 필자가 중요하게 생각하는 내용인지를 확인하고, 글을 읽으면서 이러한 내용을 조직하고, 필자의 의도나 편견을 추측하고, 글에 대한 심적 표상을 형성하고, 그리고 심지어 글의 일부분이나 전체 내용을 요약하기도 한다.[127]

지난 40년 동안 이루어진 수업 연구에 따르면, 글의 구조를 이해하고 그것에 주의를 기울이도록 부진한 독자를 돕는 것은 설명적인 글에 대한 이해를 촉진한다. 처음에는 그러한 노력이 독자에게 글의 구조를 설명하는 정도로 그치거나,[128] 굵은 제목이나 진한 글씨체와 같은 신호에 주의를 기울이도록 하는 정도에 그쳤다.[129] 바버라 테일러(Barbara Taylor)와 리처드 비치(Richard Beach)는 이 구조를 활용하여 7학년 학생들에게 친숙하지 않은 글을 성공적으로 요약하게 함으로써 이러한 노력을 확장하였다.[130] 그러나 8장에서 설명했듯이 연구자들은 곧 정보적 글의 구조가 서사적 글의 구조보다 훨씬 다양하기 때문에 수업이 특정한 구조에 집중될 때 보다 효과적이라는 것을 알아냈다. 이 분야를 개척한 연구자 가운데 한 사람인 마이어는 최근 연구[131]에서 이 분야의 연구 간에 별다른 이견이 없는 다섯 가지의 일반적인 정보적 글 구조를 밝혔다. 이 다섯 가지는 기술(description), 나열(sequence, 순서), 그리고 비교(흔히 비교-대조), 원인과 결과, 그리고 문제와 해결이다. 이 분야에서 진행되는 많은 연구는 독자가 이 구조들을 쉽게 이해하고 이용할 수 있도록 하기 위하여 개념도와 도해 조직자(graphic organizer)와 같은 시각적 표상을 활용한다.[132] 그리고 앞에서 언급했듯이 최근 연구에 따르면, 일부분이 빈칸으로 되어 있는 지도나 컴퓨터 보조 지도를 사용하는 비계를 갖춘 전략이 특별히 효과적이었다.[133]

흥미롭게도 "많은 연구에 따르면 정보적 글 구조를 가르치는 거의 모든 방법이 글의 핵심 내용을 이해하고 회상하는 데 도움이 된다."[134] 조애너 윌리엄스(Joanna Williams)가 언급했듯이,[135] 이 효과가 나타나는 한 가지 이유는 이러한 구조가 글 속에서뿐만 아니라 일반적으로 그리고 보편적으로 사고에서도 사용되는 논증 구조(argument structure)이기 때문이다. 그러므로 독자는 이러한 구조를 학습함으로써 일반적인 논증 능력을 향상시킬 수 있다. 그렇지 않다면 이 효과가 나타나는 다른 이유는 특정 글에 있는 구조에 주의를 기울이게 함으로써 독자에게 해당 영역의 지식의 내용과 구조에 대해 좀 더 많이 학습하도록 하거나,[136] 혹은 독자가 글에 대한 이해를 증가시키는 글의 구조를 확인하려고 단순히 글에 보다 많은 주의를 기울였기 때문일 것이다. 아마도 가장 그럴듯한 이유는 앞의 두 가지 이유 모두를 합한 것이다. 그리고 이러한 이유로 인하여 글의 구조를 기반으로 하는 읽기 전략이 설명적인 글에 대한 이해에 긍정적인 효과를 나타낸다.

문화가 독자의 사전지식, 글 구조의 이용, 그리고 독해의 다른 측면에 미치는 영향에 대해서는 [글상자 9-2]에서 논의한다.

글상자 9-2 문화와 독해

우리가 이 책의 곳곳에서 문화가 독해에 미치는 영향에 대해 논의했지만 특별히 이번 장이 이 주제를 강조하기 알맞은 지점이라 생각한다. 왜냐하면 사전지식과 추론, 그리고 이전 장에서 다룬 스키마 모형에 대한 논의는 문화가 독해에 미치는 영향을 이해하는 것과 밀접하게 관련되기 때문이다.

문화가 독해에 영향을 주는 가장 명백한 방식은 서로 다른 문화의 사람들은 서로 다른 사전지식을 갖는다는 점이다. 어떤 경우 같은 문화의 사람들은 다른 문화의 관점을 토대로 쓰인 글을 이해하는 데 필요한 지식을 가지고 있지 않을 수 있다. 예를 들어 도시에서 자란 아동은 농장에 대한 이야기를 이해하는 데 많은 어려움을 겪을 수 있다. 이것은 도시에서 자란 아동이 일반적인 이해 능력이 결여되어 있기 때문이 아니라 글의 내용을 추론하는 데 필요한 기저 지식을 가지고 있지 않기 때문이다. 예를 들어

이들은 우박을 동반한 폭풍은 밀 재배 농부에게는 잠재적인 재난이라든지(우박은 밀을 납작하게 만들어 부패하게 하거나 기계로 수확하기 어렵게 만든다) 혹은 아동은 심지어 학교 가기 전에 소 젖 짜는 것을 도와야 한다(소의 젖은 아침이나 저녁 같은 시간에 짜야 한다)와 같은 내용을 추론하는 데 필요한 배경지식을 가지고 있지 않을 수 있다.

많은 경우에 서로 다른 문화적 배경을 가진 사람들이 같은 개념에 관한 스키마를 가지지만 이 스키마는 매우 다르기 때문에 독해를 실패하게 만들기도 한다. 예를 들어 앤더슨은 어떻게 인도 독자가 "신부는 할머니의 레이스가 달린 드레스를 입었다."라는 내용의 미국 결혼식에 대한 글을 이해하는지를 연구했다.[137] 인도 독자는 신부가 가난했다고 추론했으며 할머니의 구식 드레스를 입은 것을 애석하게 생각하였다. 같은 연구에서 미국 독자는 "신부의 부모는 신랑 가족이 오토바이를 요구해서 걱정하고 있다."라는 내용의 인도 결혼식에 대한 글을 이해하는 데 어려움을 겪었다. 미국 독자는 인도의 지참금 관습에 대한 사전지식이 없었기 때문에 글을 이해하는 데 필요한 추론을 만들지 못했다.

어떻게 배경지식의 뚜렷한 차이가 읽기 문제를 야기하는지를 이해하는 것은 쉽다. 또한 문화들은 미묘한 면에서도 서로 다르다. 심지어 같은 나라에 살고 같은 언어를 사용하는 문화에서조차도 말하고 쓰는 방법과 관련하여 스키마에 내재되어 있는 언어 패턴을 사용하는 방식이 매우 다르다. 또 다른 연구에서 앤더슨과 동료들은 8학년 백인 학생과 아프리카계 미국인(11장) 학생이 '상대방의 가족에 대하여 상스러운 농담을 하는 게임(dozens)'을 하는 두 소년에 대한 이야기를 어떻게 해석하는지 연구했다. 이 글을 요약한 내용은 다음과 같다.

나는 점심 받을 준비가 되었다. 나는 부바 뒷줄에 서 있었고 …… 부바는 뒤돌아보면서 "야, 샘. 넌 왜 그러냐? 산부인과 의사가 너 받을 때 얼굴이라도 쳤냐!"라고 말했다. 모두가 웃었다. 내가 "오, 그래? 너는 너무 못생겨서 의사가 뒤돌아서서 너희 엄마 때렸다며!"라고 받아치자 그들은 더 심하게 웃었다. 부바가 "그래도 우리 아빠는 걸스카우트는 아니야!"라고 말했을 때 분위기가 더 험악해졌다. 우리는 정말 그 상황에 휩쓸려 있었다. 잠시 후 더 많은 사람이 모여들더니 네 명, 다섯 명, 여섯 명이 되었다. 완전히 폭동 상황이었다![138]

흑인 학생들은 이 글을 친구끼리 서로를 놀리는 말장난으로 정확하게 해석하였다. 반면에 백인 학생들은 매우 심각한 싸움으로 잘못 해석하였고, 글의 내용을 가능한 한 많이 회상해 보라고 했을 때 남학생들이 수업 중에 싸우고 방과 후에도 계속 싸운 사건으로 빈번하게 회상했다. 그러나 이러한 내용은 실제로 글 속에는 나타나지 않은 것들이었다.

서로 다른 문화 집단은 심지어 서로 다른 글의 구조를 사용한다. 제니퍼 얼박(Jennifer Urbach)은 아프리카계 미국인 아이샤가 이야기 시간에 또래의 마음을 사로잡은 이야기를 들려주었지만, 그 이야기는 "학교에서 기대하는 이야기 구조에 맞지 않았다."라고 썼다.[139] 얼박이 그녀의 이야기를 낸시 스테인(Nancy Stein)과 크리스틴 글렌(Christine Glenn)의 전통적인 이야기 문법을 이용하여 분석했을 때, 그것은 "이해하기 힘들었고, 명확한 시작도, 중간도, 끝도 없는"[140] 유치원 정도의 수준이었다. 그러나 동일한 이야기를 비(非)백인 문화에서 흔한 이야기 구조를 토대로 하는 얼리사 매케브(Allyssa McCabe)의 운문 분석(stanza analysis)을 이용하여 분석했을 때에는 그녀의 이야기가 견실한 주제 구조를 갖추고 있었을 뿐만 아니라 반복이나 표현적 음운(expressive phonology)과 같은 세련된 장치를 적용하여 이야기의 핵심을 잘 드러내고 있음이 밝혀졌다.[141]

거의 30년이란 시간 차이가 있기는 하지만 앞에서 언급한 두 개의 연구는 모두 언어 패턴과 언어 사용에서의 문화적 차이가 독해에 어려움을 유발하며, 소수 문화의 사람들에 대해 잠재적으로 잘못된 판단을 유발할 수 있음을 시사한다. 이러한 연구들은 우리에게 다양한 해석과 다양한 글의 구조에 대해 좀 더 개방적일 것을 요구하며, 우리 자신의 스키마를 사용하여 다른 문화에서 생산된 글의 의미와 질을 판단하는 데 있어 좀 더 신중할 것을 요구한다.

3.1.6. 이해 점검하기

사실상 자신이 읽고 있는 것을 이해하고 있는가를 점검하는 능력과 성향은 좋은 독자의 특징일 뿐만 아니라 다른 독해 전략을 효과적으로 사용하는 데에도 필요하다. 독자는 읽기 전략을 적용하기 전에 먼저 그 필요성을 인식해야 한다.[142] 앞에서 논의했던 독해를 구성하는 많은 다른 요소처럼 자신의 독해를 점검하는 능력은 나이가 들어 감에 따라 그리고 읽기 능력이 신장됨에 따라 발달한다.[143] 그러므로 어리거나 덜 능숙한 독자는 시험을 위하여 글을 읽으라는 지시를 받았을 때 어려운 부분을 재확인하거나 다시 되돌아가지 않고 글을 단 한 번만 읽고 나서 모든 것을 이해했다고 생각한다.[144] 반면에 나이가 많거나 능숙한 독자는 어려운 글은 좀 더 천천히 읽을 것이다. 즉, 자신의 독해를 점검하기 위하여 멈추고, 필요에 따라 여러 읽기 전략을 적용하며, 그리고 어려운 부분을 만나면 그것을 다시 읽어 확실히 이해하려 한다.[145]

이해 점검하기(comprehension monitoring) 연구가 가장 빈번하게 사용하는 연구 방법은 독자에게 인위적으로 만든 글에서 이상한 단어나 구절을 알아내도록 하는 것이다. 다음은 오크힐과 조앤 하트(Joanne Hartt), 데버라 세이몰스(Deborah Samols)가 9~10세 아동을 대상으로 이해 점검 능력을 연구하기 위해서 사용한 글의 일부이다.[146] 이 글에서 강조된 부분은 문맥에 맞지 않는 이상한 부분이다.

그는 비행기를 떠나 모래사장을 걷기 시작했다. 대니는 몇 시간을 걸었고, 덥고 먼지가 많아 목이 말랐다. 그는 스스로에게 곧 수평선을 볼 수 있을 거라고 말하면서 계속 걸었지만 사막은 변함이 없었다. 마침내 그 앞에 금속인지 유리인지에 비친 햇살이 눈부셨다. 그는 자신의 비행기가 아주 분명하게 보일 때까지, 매우 빠르게 비틀거리며 다가갔다.[147]

이해 점검을 연구하는 또 다른 연구 방법은 독자에게 둘 이상의 모순되는 문장을 포함하고 있는 글의 통일성을 판단하도록 하는 것이다. 다음은 오크힐 외가 사용한 글의 일부인데, 강조된 두 문장은 서로 모순되는 내용을 담고 있다.

두더지는 작은 갈색 동물이고 땅속에 구멍을 만들어 산다. 두더지는 잘 보지는 못하지만 듣고 냄새를 맡는 것은 잘한다. 그들은 잔디, 낙엽, 잔가지를 깔고 땅속에서 잔다. 그들은 앞발로 땅을 파고 털이 짧아 구멍을 왔다 갔다 하는 데 용이하다. 주로 벌레를 먹지만 곤충과 달팽이도 먹는다. 두더지는 시력이 굉장히 좋아 새끼에게 줄 먹이를 쉽게 찾는다.[148]

이 연구에 대해 가능한 비판은 연구에서 사용된 맥락이 다소 인위적이라는 것이다. 독자가 단어나 구가 복잡하게 섞인 글이나 모순된 문장이 포함되어 있는 글을 접할 기회는 거의 없다.[149] 다행스럽게도 실제 교실에서 수행된 연구들은 이해 점검이 중요하다는 사실을 확인했을 뿐만 아니라 독자에게 이해 점검을 좀 더 자주 그리고 좀 더 효과적으로 하도록 하는 방법도 제시하였다. 사고구술 연구를 검토한 린다 쿠컨(Linda Kucan)과 벡에 따르면, 교사의 사고구술뿐만 아니라 학생 자신의 사고구술도 학생의 독해 점검을 촉진하며, 따라서 학생의 독해도 향상시킨다.[150] 이해 점검은 사회나 과학과 같은 내용 영역에서의 독해와 학습을 촉진하는 것으로 밝혀진 거스리, 앨런 위그필드(Allan Wigfield) 및 페드로 바르보자(Pedro Barbosa) 외의 개념 중심 읽기 지도(CORI, Concept-Oriented Reading Instruction) 프로그램에서도 강조된 읽기 전략 중의 하나이다.[151] 이 전략을 학생에게 가르치는 가장 효과적인 방법의 하나는 서로서로 이해 점검을 돕도록 하는 것이다.[152] 예를 들어 이 방법은 독해 전략을 가르치는 가장 성공적이고 널리 알려진 프로그램 중의 하나인 아네마리 팔린저(Annemarie Palincsar)와 앤 브라운(Ann Brown)의 상보적 교수법(reciprocal teaching)[153] 에서 사용된다. 이 프로그램에서 학생은 명료화하기(clarifying)라 불리는 과정을 통해 이해 점검을 배운다. 명료화하기에서 학생은 모둠을 만들어 글의 어려운 부분과 관련하여 서로서로 질문하는 방법을 배운다. 상보적 교수법은 학생의 읽기 능력뿐만 아니라 이해 점검 능력도 촉진한다고 반복적으로 증명되었다. 또한 이 교수법은 계속적으로 여러 연령대, 다양한 과목, 그리고 심지어 많은 언어를 대상으로 연구되고 있을 뿐만 아니라 교실에서도 사용되고 있다.[154]

3.2. 요약: 전략적 독자

우리는 독해에 영향을 주는 것으로 알려진 여섯 가지의 읽기 전략, 즉 사전지식 활성화하기, 질문하기, 요약하기, 시각화하기, 텍스트 구조 활용하기, 이해 점검하기를 뒷받침하는 증거를 검토했다. 종종 좋은 독자는 이러한 읽기 전략을 자연스럽게 발달시킨다. 사실상 원래 이러한 전략은 좋은 독자가 도전적인 글을 읽을 때 하는 것을 관찰함으로써 발견되었다. 또한 우리는 다양한 연구를 통해 초보 독자도 이러한 전략을 배우면 좋은 결과를 얻을 수 있다는 것도 설명했다. 비록 이러한 전략 중에서 하나만 배워도 독해 능력에 긍정적인 영향을 줄 수 있지만, 거스리 외의 개념 중심 읽기 지도(2004)와 팔린저와 브라운의 상보적 교수법(1984)은 다양한 종류의 글을 읽고 이해하는 맥락 안에서 의미 있는 활동의 일부로서 전략을 가르치는 장점을 가진 수업 프로그램이다. 이러한 수업이 가지는 더 큰 장점은 전략 지도의 목적과 관련되는데, 전략 지도의 목적은 독자에게 읽기 전략의 이름을 알고 그것들 자체를 설명할 수 있도록 하는 데 있지 않다. 심지어 독자가 전략을 사용하도록 신호를 받았을 때에만 그것들을 사용할 수 있게 되는 데에도 있지 않다.[155] 전략 지도의 궁극적 목적은 독자가 **전략적인 독자**(strategic reader)가 되도록 하는 것이다.[156]

전략적 독자는 읽기의 목적을 가지고 읽기를 시작하며, 읽기의 목적이 다를 경우에는 다른 종류의 읽기 방법이 필요하다는 것을 인식한다.[157] 성인인 여러분은 식품 목록, 소설, 계약서, 그리고 학술 서적을 매우 다른 방법으로 읽으며, 여러분이 사용하는 독해 전략은 부분적으로 여러분의 읽기 목적에 따라 달라질 것이다. 중요한 글을 읽을 때 전략적 독자는 피상적으로 읽거나 얕게 이해하는 것에 만족하지 않는다.[158] 대개 이들은 퍼트리샤 알렉산더(Patricia Alexander)가 글에 대한 **심층** 처리라 불렀던 것을 이해할 뿐만 아니라 개인화하거나 변형하는 과정, 즉 이야기를 경험하거나 글 속의 정보를 자신의 기저 지식에 통합하는 과정에 참여한다.[159] 따라서 이들은 이 과정을 통해 습득한 지식을 미래에 사용할 수 있게 된다.[160] 앨런 울프(Alan Wolfe)가 말했듯이, "효과적인 전략적 독자는 의미가 생성될 때까지 끊임없이 읽기 전략을 수정하고, 조정하고, 점검할 것이다."[161]

4. 우리가 할 수 있는 것: 독해를 촉진하는 교실 수업

4.1. 필요한 배경지식에 접근하도록 돕기

지금까지 논의했듯이 사전지식은 독해의 가장 기본적인 요소이다. 그러나 종종 학생들은 사전지식을 가지고 있지 않은 글을 읽어야 할 때도 있다. 예를 들어 『사다코와 천 개의 종이학(Sadako and Thousand Paper Cranes)』[162]은 일본의 열두 살짜리 소녀가 제2차 세계대전이 끝나기 10년 전쯤, 히로시마의 집 근처에 떨어진 원자폭탄 때문에 백혈병 진단을 받은 내용을 다룬 소설이다. 이 소설은 80쪽으로 상대적으로 짧고 4학년 읽기 수준으로 쓰여 종종 초등 고학년 수업에 쓰인다. 비록 읽기 수준과 길이가 적절하지만 이 연령의 학생 대부분은 사다코 이야기를 반전(反戰) 소설로 이해하고 감상하는 데 필요한 사전지식을 활성화하거나 습득할 필요가 있다. 아프다는 것이 어떤 것인지와 특히 집에서 멀리 떨어진 병원 생활에 대한 교실 토론은 학생 자신의 경험이나 학생들이 알고 있는 사람들의 이야기를 이끌어 낼 수 있다. 아동 백혈병에 대한 정보, 특히 아동에게 적합한 형식의 정보는 백혈병어린이재단에서 구할 수 있다. 또한 제2차 세계대전과 원자폭탄 투하 결정에 관해서는 학생들에게 할아버지나 연세가 있는 친척과 대화하도록 권할 수도 있다. 비록 대부분의 친척이 그 당시에 생존해 있지는 않았겠지만, 이들은 냉전 시대를 겪었고 제2차 세계대전에 관한 책을 읽었거나 영화를 보았거나 이야기를 들었을 것이므로 관련 문제에 관해 공유할 지식을 가지고 있을 것이다. 학생들은 친척으로부터 배운 것뿐만 아니라 학교 도서관이나 아동용 위키피디아(Wikipedia for Kids)[163]와 아동용 덕스터(Ducksters for Kids)[164]와 같은 인터넷 웹사이트, 그리고 스콜라스틱(Scholastic)[165] 웹사이트에 있는 히로시마 원자폭탄 생존 아동들의 인터뷰 기록 등에서 배운 것을 글이나 혹은 다른 형식을 활용하여 교실에서 공유할 수 있다. 여러 출처로부터 정보와 의견을 모으고 그것에 대해 토론하는 과정은 학생들로 하여금 사다코 이야기를 더 잘 이해하도록 준비시킨다. 그뿐만 아니라 작품에 담긴 보다 깊은 주제와 모든 전쟁의 일부인 무고한 사람들의 고통과 어려운 결정에 대해 보다 잘 이해하도록 돕는다.

4.2. 추론의 필요성을 이해하고 실제로 추론하도록 돕기

표준화 검사 시대에 살고 있는 아동은 글 속에서 정확한 구절을 찾으면 모든 질문에 답할 수 있다고 생각하는 듯하다. 심지어 사실적 이해를 넘어 추론을 요구하는 질문에 대해서도 그렇게 생각하는 듯하다. 이러한 생각을 가지고 있는 학생을 돕는 한 가지 방법은 다양한 종류의 질문에 여러 수준의 추론이 필요하다는 것을 인식하게 하는 것이다. 예를 들어 태피 라파엘(Taffy Raphael)과 그 동료들이 참여한 일련의 연구들[166]은 초등학생의 추론 능력을 높이기 위하여, **질문과 답의 관계**(QAR, Question-Answer Relationship)라 불리는 프로그램을 통해 질문의 종류에 따라 답이 있는 장소가 달라진다는 것을 가르쳤다. 어떤 질문은 답이 '바로 거기(right there)'에 있다. 이러한 질문은 글 속에 제시되어 있는 구나 절을 정확하게 찾으면 답이 되는 질문이다. 어떤 질문은 학생들에게 '생각하고 찾아라(think and search)'를 요구하는 질문이다. 이러한 질문은 답이 글 속에 있지만 독자가 질문에 답하기 위해서는 글 속 여기저기에 있는 정보를 찾아서 통합해야 한다(앞에서 설명한 추론이나 몇몇 교량 추론과 유사하다). 학생이 많은 질문에 답하기 위해서는 글과 함께 배경지식을 사용해야 한다(앞에서 설명한 몇몇 교량 추론과 정교화 추론). 라파엘과 캐스린 오우(Kathryn Au)는 이러한 질문을 '작가와 나(author and me)' 질문이라 불렀다. 마지막으로 어떤 질문은 독자의 사전지식에서 답을 찾아야 하는 질문이 있다. 이것은 '내 머릿속에서(in my head)' 답을 찾아야 하는 질문인데, 앞에서 설명한 정교화 추론과 가장 닮아 있다. 질문과 답의 관계 프로그램은 학생들에게 질문에 답하는 데 필요한 추론을 보다 능숙하게 하도록 함으로써 그들의 읽기 능력을 신장했을 뿐만 아니라 읽기 검사에서도 보다 좋은 점수를 얻게 하였다.

4.3. 또 다른 독해 전략을 익힐 수 있도록 돕기

교사가 다양한 독해 전략을 명시적으로 가르쳐야 하는지, 그렇지 않으면 학생의 실제적인 읽기 맥락 속에서 필요한 전략을 사용하는 모습만을 단지 보여 주면 되는지와 관련하여 이 분야에서 논쟁이 있어 왔다. 물론 읽기 전략을 실제적인 읽기와 분리하여 가르치면 학생들은 너무 자주 전략의 명칭과 그것을 적용하는 절차를 설명하는 수준 정도에 그칠 뿐, 결코 그것들을 글을 읽는 데 사용하지 못한다는 문제가 있다.[167] 반면에 어떤 교사도 학생 개개인에게 필요한 전략을 개별적으로 가르칠 충분한 시간을 갖고 있지 않다. 이를 해결하기 위한 방법은 먼저 교사가 전략을 명시적으로 설명하고 사고구술을 사용하여 시범을 보여 주는 것이다. 물론 이때 능숙한 학생에게 해당 전략을 시범 보이도록 할 수도 있다. 그런 다음 교사는 전체 혹은 모둠과 함께 해당 전략을 적절한 글에 적용해 보고, 추가적인 모둠 지도와 개인 지도를 제공하면서 전략을 언제, 어떻게 사용하는지와 관련된 학습의 책임을 서서히 교사로부터 학생에게로 이양한다.

마지막 단계는 학생이 자신의 필요에 따라 해당 전략을 이전에 학습했던 다른 전략과 통합하여 스스로 적용해 보는 단계이다. 이것은 점진적 책임 이양(gradual release-of-responsibility)[168] 모형이라 불리는데, 이 모형은 프레슬리 외가 비고츠키의 학습 이론(1978)을 토대로 개발한 교섭적 전략 지도(Transactional Strategies Instruction) 프로그램[169]에 포함되어 있다. 프레슬리 외는 이 프로그램을 '역동적이고 전략적인 독자의 양성이라는 장기적인 목표를 촉진하는 개인 간과 개인 내 방법'[170]으로 설명했다. 교섭적 전략 지도는 초등학교 및 중학교의 일반 교실에서 성공적으로 사용되었으며, 또한 읽기 부진 학생이나 읽기 장애 학생에게서도 효과가 나타났다.[171]

　　또 다른 유용한 지도 방법은 학생에게 어려운 글을 읽을 때 사용했던 전략에 대해 서로 논의하도록 권장하는 것이다. 이러한 논의의 핵심은 앞에서 열거한 일반화된 전략을 확인하고 그러한 전략의 사용을 주장하는 것이 아니라, 학생 스스로 글을 이해하는 데 효과가 있었다고 생각하는 전략적 사고나 행동에 대해 이야기하도록 하는 것이다. 이러한 전략적 읽기에 대한 토론은 확실히 몇 가지의 장점을 갖는다. (1) 이러한 토론은 심지어 능숙한 독자에게도 어려운 글을 이해하는 것은 자동적이지 않으며, 어려운 글을 읽는 것은 모든 사람에게 있어 전략적이며 노력을 필요로 하는 과정이라는 메시지를 전달한다. (2) 이러한 토론은 학생을 더욱 상위인지적이 되도록 한다. 즉, 학생에게 자신의 읽기를 되돌아보고 어떻게 그것을 향상시킬지를 생각해 보도록 한다. (3) 이러한 토론은 학생에게 전략을 서로 교환하고, 이전에는 생각해 보지 않았던 전략에 대해 듣고, 그리고 심지어 동료들이 권한 전략을 시도해 보는 기회를 제공한다. 대학 교수로서 우리는 대학 수업 및 대학원 수업에서 이러한 논의를 권장해 왔으며 학생들이 이러한 논의를 고마워하고 즐긴다는 것을 발견했다. 그리고 이러한 결과로서 자신의 전략 레퍼토리에 새로운 전략을 추가하는 것도 발견했다.

5. 공통 핵심 성취기준과의 연계

독해의 중요성을 감안하면 대학 진학 및 취업 준비 성취기준 10개 중 7개가 이 장에서 논의한 내용과 직접적으로 관련된다는 것은 놀라운 일이 아니다. [표 9-2]는 이러한 성취기준을 나열하고 있다.

[표 9-2]와 [표 9-3]에 제시된 미국과 한국의 교육과정에서 알 수 있는 것처럼, 두 나라 모두 정보적 글과 문학적 글에 대한 사실적, 추론적,

[표 9-2] 공통 핵심 성취기준: 대학 진학 및 취업 준비 성취기준 중 독해 관련 성취기준[172]

글이 명시적으로 말하고 있는 것을 알아낼 뿐만 아니라 글을 토대로 추론하기 위하여 꼼꼼하게 읽는다. 글에서 도출한 결론을 뒷받침하기 위하여 글에서 구체적인 근거를 인용한다. (http://www.corestandards.org/ELA-Literacy/CCRA/R/1/)

글의 중심 내용이나 주제를 알아내고 글이 전개되는 과정을 분석한다. 글의 중심 내용과 세부 내용을 요약한다. (http://www.corestandards.org/ELA-Literacy/CCRA/R/2/)

등장인물, 사건 혹은 아이디어가 어떻게, 왜 전개되는지를 분석할 뿐만 아니라 글이 전개되면서 그러한 것들이 어떻게, 왜 상호작용하는지를 분석한다. (http://www.corestandards.org/ELA-Literacy/CCRA/R/3/)

어떻게 특정한 문장이, 단락이, 그리고 보다 커다란 부분(예;절, 장, 장면, 연)이 서로 혹은 글 전체와 관련되는지를 포함하여 글의 구조에 대하여 분석한다. (http://www.corestandards.org/ELA-Literacy/CCRA/R/5/)

추론의 타당성뿐만 아니라 근거의 충분성과 관련성을 포함하여 글에 나타나 있는 주장과 구체적인 논거를 요약하고 평가한다. (http://www.corestandards.org/ELA-Literacy/CCRA/R/8/)

지식을 구축하기 위하여 혹은 필자가 취하는 관점을 비교하기 위하여 어떻게 두 편 혹은 그 이상 글이 유사한 주제나 화제를 다루는지에 대해 분석한다. (http://www.corestandards.org/ELA-Literacy/CCRA/R/9/)

복잡한 문학적인 글과 정보 전달 글을 혼자서 능숙하게 읽고 이해한다. (http://www.corestandards.org/ELA-Literacy/CCRA/R/10/)

[표 9-3] 2022 개정 국어과 교육과정: 읽기의 구성 요소 및 방법(교육부, 2022)

2022 개정 국어과 교육과정		
학년	영역	성취기준
초 1~2학년	읽기	[2국02-03] 글을 읽고 중심 내용을 확인한다. [2국02-04] 인물의 마음이나 생각을 짐작하고 이를 자신과 비교하며 글을 읽는다.
	문학	[2국05-02] 작품을 듣거나 읽으면서 느끼거나 생각한 점을 말한다.
초 3~4학년	읽기	[4국02-01] 글의 의미를 파악하며 유창하게 글을 읽는다. [4국02-02] 문단과 글에서 중심 생각을 파악하고 내용을 간추린다. [4국02-03] 질문을 활용하여 글을 예측하며 읽고 자신의 읽기 과정을 점검한다. [4국02-04] 글에 나타난 사실과 의견을 구분하고 필자와 자신의 의견을 비교한다. [4국02-05] 글이나 자료의 출처가 믿을 만한지 판단한다.
	문학	[4국05-01] 인물과 이야기의 흐름을 중심으로 작품을 감상한다. [4국05-02] 자신의 경험을 바탕으로 작품 속 세계와 현실 세계를 비교하여 작품을 감상한다.
초 5~6학년	읽기	[6국02-01] 글의 구조를 고려하며 주제나 주장을 파악하고 글 내용을 요약한다. [6국02-02] 글에서 생략된 내용이나 함축된 표현을 문맥을 고려하여 추론한다. [6국02-03] 글이나 자료를 읽고 내용의 타당성과 표현의 적절성을 평가한다. [6국02-04] 문제 상황과 관련된 다양한 관점의 글을 읽고 이를 문제 해결에 활용한다.
	문학	[6국05-01] 작가의 의도를 생각하며 작품을 읽는다. [6국05-03] 소설이나 극을 읽고 인물, 사건, 배경을 파악한다.
중 1~3학년	읽기	[9국02-02] 읽기 목적과 글의 구조를 고려하며 글을 효과적으로 요약한다. [9국02-03] 독자의 배경지식과 글에 나타난 정보 등을 활용하여 글에 드러나지 않은 의도나 관점을 추론하며 읽는다. [9국02-04] 복합양식으로 구성된 글이나 자료의 내용 타당성과 신뢰성, 표현 방법의 적절성을 평가하며 읽는다. [9국02-05] 글에 사용된 다양한 설명 방법과 논증 방법을 파악하고, 그 타당성을 평가하며 읽는다. [9국02-06] 동일한 화제를 다룬 여러 글이나 자료를 주제 통합적으로 읽는다. [9국02-08] 자신의 독서 상황과 수준에 맞는 글을 선정하고 읽기 과정을 점검·조정하며 읽는다.

	문학	[9국05-02] 갈등의 진행과 해결 과정을 파악하며 작품을 감상한다. [9국05-04] 보는 이나 말하는 이의 특성과 효과를 파악하며 작품을 감상한다. [9국05-05] 작품에 반영된 사회·문화적 상황을 이해하며 작품을 감상한다. [9국05-07] 연관성이 있는 다른 작품들과의 관계를 파악하며 작품을 감상한다. [9국05-08] 근거를 바탕으로 작품을 해석하고, 다른 해석들과 비교하여 자신의 해석을 평가한다.
고 1학년	읽기	[10공국2-02-01] 복합양식으로 구성된 글이나 자료에 내재된 필자의 관점이나 의도, 표현 방법을 평가하며 읽는다. [10공국2-02-02] 동일한 화제의 글이나 자료라도 서로 다른 관점과 형식으로 표현됨을 이해하며 읽기 목적을 고려하여 글이나 자료를 주제 통합적으로 읽는다.
	문학	[10공국1-05-03] 작품 구성 요소의 유기적 관계와 맥락에 유의하여 작품을 수용하고 생산한다.
고 2~3학년	독서와 작문	[12독작01-01] 독서와 작문의 의사소통 방법과 특성을 이해하고 문어 의사소통 생활을 주도적으로 실천하고 성찰한다. [12독작01-03] 글에 드러난 정보를 바탕으로 글의 내용을 파악하고 글에 드러나지 않은 정보를 추론하며 읽는다. [12독작01-04] 글의 내용이나 관점, 표현 방법, 필자의 의도나 사회·문화적 이념을 평가하며 읽는다. [12독작01-05] 글을 읽으며 다양한 내용 조직 방법과 표현 전략을 찾고 이를 글쓰기에 활용한다. [12독작01-06] 자신의 글을 분석적·비판적 관점으로 읽고, 내용과 형식을 효과적으로 고쳐 쓴다. [12독작01-10] 글이나 자료에서 가치 있는 정보를 수집하고 효과적으로 조직하면서 정보를 전달하는 글을 쓴다. [12독작01-11] 글이나 자료에서 타당한 근거를 수집하고 효과적인 설득 전략을 활용하여 논증하는 글을 쓴다. [12독작01-13] 다양한 글을 주제 통합적으로 읽고 학습의 목적과 교과의 특성을 고려하여 학습을 위한 글을 쓴다.
	문학	[12문학01-06] 문학 작품에서는 내용과 형식이 긴밀하게 연관됨을 이해하며 작품을 수용한다. [12문학01-07] 작품을 공감적, 비판적, 창의적으로 감상하며, 다양한 방식으로 작품에 대해 비평한다.

비판적 이해를 전반적으로 다루고 있다는 점에서 유사하다. 그러나 미국 교육과정의 경우 대학 진학 및 취업 준비를 위해 달성해야 할 내용을 성취기준으로 제시한 반면, 한국 교육과정의 경우 초등학교부터 고등학교에 걸쳐 각 학년(군)에 적합한 수준의 성취기준을 나누어 제시하고 있다는 점에서 성취기준의 내용이 좀 더 구체화되어 있음을 알 수 있다.

토론거리

1 글을 이해하는 데 어려움을 겪었던 때를 생각해 보자. 여러분은 이 장에서 논의한 요소 중에서 어떤 요소로 인해 글을 이해하는 데 어려움을 겪었는가?

2 앞에서 독해를 향상시키는 것으로 알려진 여섯 가지의 일반적인 읽기 전략에 대해 공부했다. 그러나 어떤 독자도 모든 전략을 똑같이 사용하지 않을 뿐만 아니라 한 편의 글을 읽는 데 이들 전략을 모두 사용하지는 않는다. 전략적인 독자가 된다는 것에는 어떤 읽기 전략이 여러분에게 가장 적절한지를 아는 것 또한 포함된다. 여러분은 이 책을 읽을 때 어떤 읽기 전략을 사용했는가? 앞에서 논의한 읽기 전략 외에 어떤 읽기 전략이 유용하다고 생각하는가?

3 고등학교에서 경제학 강좌를 수강하지 않았을 뿐만 아니라 경제 제도와 관련하여 개인적인 경험이 없는 유일한 학생이 사례 연구에서 소개한 명수만은 아닐 것이다. 어떻게 이러한 학생이 경제학 교재나 강의를 이해하는 데 필요한 배경지식을 쌓도록 도울 수 있는가?

4 하 교수의 수업을 수강하는 학생 중에서 어려운 글을 읽는 데 필요한 발전된 읽기 전략 없이 대학에 입학한 유일한 학생이 명수만은 아닐 것이다. 어떻게 이러한 학생들이 교재를 보다 잘 이해하여 경제학 강좌를 이수할 뿐만 아니라 더욱 전략적인 독자가 되어 대학에서 성공적으로 공부할 수 있도록 도울 수 있는가?

더 읽을거리

Dole, J. A., Duffy, G. G., Roehler, L. R., & Pearson, P. D. (1991). Moving from the old to the new: Research on reading comprehension instruction. *Review of Educational Research, 61*(2), 239-264.

Duke, N. K., & Pearson, P. D. (2002). Effective reading practices for developing reading comprehension. In Alan E. Farstrup & S. Jay Samuels (Eds.), *What research has to say about reading instruction* (Vol. 3, pp. 205-242). Newark, DE: International Reading Association.

Wolfe, A. (2002). Confessions of a just-in-time reader: Reflections on the development of strategic competence in reading. *Language Learning Journal, 26*(1), 4-10.

읽기 동기

강 교사는 6학년 학생들에게 교육과정에 제시된 단편 소설 〈열한 살(Eleven)〉*을 30분 동안 읽고 질문에 답하도록 하였다.

지원이는 읽기 자료 밑에 쪽지를 슬쩍 넣어 뒀다. 이야기를 읽기 시작했지만 강 교사가 보지 않을 때마다 바로 뒤에 앉은 친구에게 전달할 쪽지를 썼다. 두 사람은 30분 내내 쪽지를 앞뒤로 주고받느라 강 교사가 5분 남았다고 알렸을 때까지 이야기를 다 읽지도 못했다. 서둘러 학습 활동지에 괜찮아 보이는 답변 몇 개를 적어 제시간에 제출했다.

진아는 전에 배운 시험보기 전략을 사용해서, 먼저 질문을 읽은 다음 이야기를 훑어보면서 정답을 찾아서 학습 활동지에 옮겨 적었다. 다른 누구보다 먼저 끝내고 좋아하며 활동지를 제출했고, 강 교사 역시 "잘했어!"라고 속삭이며 칭찬했다.

은영이는 읽기 자료를 집어 들지도 않았다. 지금까지 내내 읽는 데 어려움을 겪어서, 이제는 과제를 더 이상 읽으려고 노력하지 않는다. 작년에 학습 장애로 진단받았을 때는 약간 안도했다. 어쩌면 특수 교육 교사가 나중에 글을 읽고 학습 활동지를 도와줄지도 모르기 때문이다. 그렇지 않다면 또 0점을 받게 될 것이다.

소라는 이야기를 천천히 읽으며 비로소 흉한 스웨터가 레이철의 것이 아니라는 것을 프리스 선생님이 알게 됐을 때 기뻤고, 레이철이 생일을 망친 것에 조금 슬펐다. 그녀는 학습 활동지 질문에 답하면서 필리스가 어떻게 그 흉한 스웨터를 얻게 됐을지 궁금했고 강 교사에게 이야기가 더 있는지 물었다. 강 교사에게도 더 없다는 걸 듣고 조금 실망했지만, 학습 활동지를 마무리하고도 도서관에서 다른 부분을 더 읽을 시간이 남았다.

민경이는 읽기 자료가 3쪽인 것을 보고 긴장했다. 작가가 남미 외국인

* CCSS 2010에서 6학년 권장 읽기 자료로 제시한 샌드라 시스네로스(Sandra Cisneros)의 3쪽 분량의 짧은 소설로, 열한 살 생일을 맞이하는 매우 소심한 성격의 주인공 레이철의 이야기. 학교 보관소에 한 달째 방치된 아주 낡고 지저분한 붉은색 스웨터의 주인을 프리스 선생님이 찾는 사건 등에 얽히면서, 레이철이 자신의 생일날 겪게 되는 억울하고 불쾌한 기분을 적은 이야기.

인 것을 알고 흥미를 느꼈지만 읽기가 쉽지는 않았다. 이내 제시간에 끝낼 수 없다는 것을 깨닫고 약 10분 후에 강 교사에게 아프니 보건실에 가도 되겠냐고 물었다. 강 교사는 민경이가 수업을 많이 빠졌기 때문에 인상을 찌푸렸지만 허락해 주면서 오늘 밤 집에서 이 일을 끝내야 한다고 일러 주었다. 그건 괜찮다. 사실 이야기가 어떻게 결론이 날지 조금 궁금한데, 집에 가면 언니가 도와줄 것을 알기 때문이다.

강 교사는 학생들이 과제를 제출하는 동안 교실을 둘러보며 한숨을 쉬었다. 소라 같은 몇몇 학생을 제외하고 학생들은 읽기에 별로 동기 부여가 된 것 같지 않았다.

심리학자들은 읽기 연구를 시작한 이래로 읽기 동기의 중요성을 인식해 왔다. 1908년, 읽기 심리학에 관한 최초의 저자인 에드먼드 휴이(Edmund Huey)는 다음과 같이 썼다.

단순 반복은 아동이 읽는 것에 무덤덤해지게 한다. 아동은 기계적인 도구로서 읽기를 배우고 싶어 하지 않는다. 아동은 읽기에 '개인적인 굶주림'을 가져야 한다. 또한, 글을 감상하기 위한 개인적인 경험을 자신의 읽기에 활용해야 한다.[1]

연구자와 교육자는 학생이 읽기 방법을 아는 것이 절반의 성공에 불과하다는 것을 점점 더 깨닫게 되었다. 독자는 성공적으로 읽기 위해 의미를 찾으려는 동기가 필요하다.[2]

동기를 이해하는 것은 두 가지 이유로 독서심리학을 이해하는 데 필수적인 부분이다. 첫 번째는 그야말로 더 많이 읽는 사람이 더 잘 읽는 경향이 있기 때문이다.[3] 한 사람의 읽기 양은 모든 수준에서 읽기 성취도와 강력한 상관관계를 보이는 것 중 하나이다.[4] 이러한 관계는 미국 전역에서[5] 그리고 국제적으로[6] 확인되었다.[7] 또한, 영어 학습자,[8] 청소년,[9] 대학생,[10] 청각 장애가 있는 성인[11] 등 다양한 독자층에서도 마찬가지였다. 게다가 시간의 흐름에 따른 읽기 능력의 차이가 유아기에 12%에서 대학생 때 34%로 나이가 들면서 크게 증가한다.[12]* 읽기 양은 읽기 능력의 성장을 예측하는데,[13] 특히 독해(읽기 이해)에서 그러하다.[14] 학교에서 실제 텍스트를 읽을 시간이 주어진 학생은 파닉스 학습 활동지나 반복적인 읽기와 같이 전통적인 기능 기반의 교육만을 제공받은 학생보다 읽기 성취 평가에서 더 좋은 성취를 보였다.[15] 2005년 독립적 읽기 시간에 대한 메타분석에서 마르타 루이스(Marta Lewis)와 제이 새뮤얼스(Jay Samuels)는 "독립적 읽기 경험이 있는 학생 중 79%가 그렇지 않은 집단에 비해 독해 점수가 향상되었으며",[16] "그 증거로 읽기 시간과 읽기 성취 간에 강한 긍정적 상관관계가 나타났고, 이는 인과관계의 가능성도 있다."[17]라고 결론 내렸다.

2장에서 우리는 가정에서 읽기 자료에 접근하는 것의 중요성과 취학 전 아동의 조기 읽기 지식과 능력 발달의 연결성에 대해 논의했다.[18] 읽기 자료 접근성을 높이는 것은 학창 시절 내내 읽기 발달의 핵심 요소이다. 가정이나 지역사회의 사회경제적 지위를 통제했을 때에도, 집이나 도서관에 관계없이 도서 접근성이 더 높은 아동은 읽기 성취 평가에서 더 높은 점수를 받았다.[19] 그러나 도서 접근성은 읽지 않는 사람에게는 도움이 되지 않으므로 동기는 읽기 기회와 읽기 발달 사이를 잇는 중요한 매개체이다. 간단히 말하면, 읽기를 선택하는 아동은 더 나은 독자가 된다. 예를 들어, 5학년부터 8학년까지 1,500명 이상의 학생을 대상으로 3년간 종단 연구를 한 잰 레텔스도프(Jan Retelsdorf)와 올라프 쾰러(Olaf Köller), 옌스 밀

....
* 정확하게는 인쇄물(읽기)에 노출된 시간이 취학 이전과 유치원 시기에는 12%, 대학생 때는 34%까지 구어 능력의 차이를 설명해 준다(Mol & Bus, 2011: 267 참조).

러(Jens Möller)는 읽기 즐거움과 자기 효능감이 읽기 성취 평가에서 읽기 수행을 예측하고, 읽기 흥미가 읽기 향상을 예측한다는 것을 밝혔다.[20] 사실, 읽기 동기와 읽기 능력 간의 인과관계는 일반적으로 즐거움과 학습 간의 관계이기 때문에[21] 쌍방향적이고 상호적일 수 있다.[22] 즉, 더 잘 읽는 사람은 읽기를 더 즐기는 경향이 있고, 읽기를 즐기는 사람은 더 많이 읽고 더 잘 읽는 경향이 있다.[23]

동기가 독서심리학을 이해하는 데 필수적인 또 다른 이유는 동기가 읽기 양뿐만 아니라 읽기의 질에 영향을 미친다는 것이다. 우리는 교과서에 실린 소설처럼 흥미를 느끼지 못하는 글을 읽어 본 경험이 있다. 그리고 너무 많이 읽어서 '무엇을 읽었는지' 전혀 기억하지 못하는 우리 자신을 발견한다. 이러한 보편적인 현상은 아마도 8장에서 설명한 **표층 수준 처리** 유형의 극단적인 예일 것이다. 단순히 텍스트에서 단어를 읽는 것만으로는 분명히 충분하지 않다. 그 읽기에서 무언가를 얻으려면 독자는 읽은 것을 이해하도록 동기를 부여받아야 한다.

이 장의 뒷부분에서 더 자세히 설명하겠지만 자신의 독해 능력을 의심하거나 독서에서 가치를 느끼지 못하는 독자는 단순히 표면적으로 읽으면서 단어의 문자적 의미를 읽는 경향이 있다. 이와 대조적으로, 동기 부여된 독자는 자신이 읽고 있는 내용을 적극적으로 그리고 깊이 있게 처리하는 경향이 있다.[24] 9장에서 논의했듯이, **심층 처리**에는 글의 내용을 시각화하거나 질문하고 다른 텍스트나 지식과 비교하는 등 의식적으로 또는 무의식적으로 전략을 사용함으로써 텍스트를 개인의 스키마에 통합하는 작업이 포함된다. 읽는 동안 이루어지는 이러한 심층 처리는 텍스트를 더 잘 이해하고 회상하도록 할 뿐만 아니라 독서 능력 향상과 지식 발달 측면에서 전반적인 학습을 향상시킨다.[25] 이처럼 독서 동기와 독해력 간의 유의미한 직접적인 연관성은 여러 연구에서 나타났다.[26]

그러나 유감스럽게도 수십 년 동안의 여러 연구에서 개인의 독서 동기가 어린이의 경우 매우 높기는 하지만 초등학교를 다니는 동안 종종 감소하는 것으로 나타났으며,[27] 중학교와 고등학교 입학 시 공통적으로 감소했다.[28] 스콧 패리스와 스튜어트 맥너튼(Stuart McNaughton)은 이처럼 독서 동기를 지속적으로 잃게 되는 것은 탈맥락화된 교육과 외부 평가와 제재(sanction) 때문이라는 점을 강조하면서 많은 학교에서 탈동기적인 관행이 흔히 나타난다고 지적한다.[29]

1. 읽기 동기의 기대×가치 모형

지금까지 우리는 읽기가 마치 단일한 개념인 것처럼 읽기 동기 역시 단일한 개념으로 논의해 왔다. 그러나 읽기를 포함해서 어떤 과제에 관여하려는 동기는 실제로 과제의 특성, 맥락, 과거의 경험과 학습을 통해 갖게 된 과제 관련 가치와 신념의 영향을 받으면서 여러 가지 요소가 복잡하게 상호작용한다.[30]

읽기와 관련하여 이러한 많은 요소에 대해 논의하기 위해, 우리는 오늘날 가장 많이 수용된 동기 이론인 재클린 에클스(Jacquelynne Eccles)와 위그필드의 기대(expectancy)×가치(value) 모형[31]을 채택하였다. 그들의 모형은 부분적으로 커트 레윈(Kurt Lewin),[32] 존 앳킨슨(John Atkinson)[33] 및 다른 사람들의 초기 연구에 기반을 두고 있다. 이는 어느 정도 의도적인 노력이 필요한 일을 성취하려는 사람들의 동기가 그 일을 성취할 것이라는 기대와 관련이 있고, 또한 그러한 성공이 가져다줄 가치와 관련이 있다는 것이다. 이 동기 부여 모형은 개인의 주관적 인식과 신념을 강조한다. 읽기 측면에서 볼 때, 아이들이 실제로 텍스트를 읽을 수는 있더라도 읽을 수 없다고 믿으면 시도하지 않는다는 것이다. 예를 들어 독해 능력이 훌륭한 2학년 학생은 그림이 적어서 겁을 먹는 바람에 매리 오즈번(Mary

Osbourne)의 〈매직 트리하우스(Magic Treehouse)〉 시리즈*와 같이 상대적으로 쉬운 책조차도 읽으려 하지 않을 수 있다. 마찬가지로, 책이 정말로 잘 쓰였거나 문학적 가치가 있는지는 별로 중요하지 않다. 만약 아동이 재미있고 가치 있는 것으로 인식한다면 그것을 읽는 데 더 큰 동기가 될 것이다. 대브 필키(Dav Pilkey)의 『캡틴 언더팬츠(Captain Underpants)』**는 비록 소수의 사람만이 훌륭한 문학이라고 부르지만 초등학교 저학년 독자에게는 매우 인기가 많다.[34]

[표 10-1]은 독서 성공에 대한 독자의 기대와 독서의 가치에 대한 인식에 기여할 수 있는 열 가지 요인을 체계적으로 보여 준다. 이 모형에는 에클스와 위그필드의 일반적인 동기 부여 모형에서 찾을 수 없었던 몇 가지 요소가 포함되어 있는데, 이는 읽기 동기 부여에 특히 영향을 주기 때문이다. 또한 벤저민 내겐게스트(Benjamin Nagengast) 외의 최근 연구 결과에 따라, 57개국 학생 약 40만 명의 국제 학업성취도 평가(PISA) 데이터를 사용하여 초기 연구자들[35]이 사용한 상호작용 기호 '×'를 복원했다.[36] 즉, 우리는 기대×가치 모형을 사용하고 있다. 다만, 우리는 기호 ×를 (초기 연구자들처럼) 동기가 정확하게 또는 수학적으로 계산될 수 있다는 의미가 아니라 기대와 가치가 동기 형성에 상호작용한다는 것을 분명히 하기 위해 사용하고자 한다. 하나의 요소가 본질적으로 0이거나 심지어 마이너스라면 다른 요소가 상당히 높더라도 동기가 거의 없거나 전혀 없을 수 있다는 것이다. 예를 들어, 영어를 거의 모르는 학생은 학급 성적(높은 가치)이 필요함에도 불구하고 영어로 소설을 읽으려는 동기를 부여받지 못할 수도 있다. 왜냐하면 그 학생은 자신이 할 수 없을 것이라고 확신하기 때문이

....

*   매직 트리 하우스를 발견한 남매가 마술의 힘으로 시간 여행을 하는 이야기로, 초등학교 저학년에서 수준별 읽기 학습을 위해 널리 읽히는 책이다.
**   개구쟁이 주인공의 좌충우돌 이야기를 담고 있는 그림책으로, 초등학교 저학년 아이들에게 인기가 많다.

다(성공에 대한 기대 없음). 반면에, 읽기 능력이 좋은 십 대 독자는 현재 인기 있는 판타지 소설을 쉽게 읽을 수 있지만(높은 기대) 공포 이야기를 싫어하면(낮은, 심지어 마이너스 가치) 그렇게 할 동기가 없을 것이다.

마지막으로 어떤 면에서는 기대와 가치가 겹치는 것을 인정하는 것이 중요하다. 예를 들어 누군가가 특정 텍스트를 읽을 때 내재적(intrinsic) 흥미와 유용 가치(Utility Value)가 있을 수 있다. 실제로 이러한 두 가지 구성물은 종종 다른 연구에서 다소 상관관계가 있는 것으로 나타났다.[37] 이처럼 기대와 가치를 나누는 것은 다소 인위적이고 임의적인 선에 의한 것이지만 독서 동기를 체계적으로 이해하기에 유용하다.

[표 10-1] 읽기 동기와 '기대×가치'[38]

기대 글을 성공적으로 읽을 수 있다고 기대하는가?	가치 글을 읽는 것이 가치가 있다고 생각하는가?
자기 효능감: 자신이 읽기에 능숙하다고 느끼면 더 많은 동기를 부여받는다.	내재적 흥미: 매력적인 글이나 개인적으로 관심이 있는 주제를 읽는 데 더 많은 동기를 부여받는다.
능력에 대한 관점: 자신의 실력과 노력으로 기능이 향상될 것이라고 생각할 때 더 많은 동기를 부여받는다.	유용 가치: 소중히 여기는 다른 목표를 성취하는 데 독서가 도움이 될 때 더 동기를 부여받는다.
통제의 소재: 자신이 언제 무엇을 읽는지 스스로 통제한다고 느낄 때 읽는 것에 더 동기를 부여받는다.	자기 개념: 자기 개념에 위협을 가하거나 그것과 모순될 때보다는 자기 개념을 더 강화할 때 읽기 동기가 더 부여된다.
지원: 자신에게 문제가 생겼을 때 도움을 받는 것이 가능하다고 생각하면 어려운 텍스트를 읽는 데 더 많은 동기를 부여받는다.	관계적 가치: 읽기가 주변 사람들과의 관계를 증진시킬 때 읽는 것에 더 동기를 부여받는다.
시간: 읽을 시간이 충분하다고 생각하면 읽기에 더 동기 부여된다.	비용/위험: 읽는 데 드는 비용(시간, 노력 또는 실패의 위험)이 자신에게 돌아올 혜택과 비교하여 높게 나타날 때 읽기 동기가 약해진다.

2. 읽기 성공에 대한 기대

기대라는 용어는 특정 상황에서 특정 텍스트를 읽고 이해할 수 있다고 독자가 믿는지를 나타낸다. 연구 결과에 따르면 읽기 성공에 영향을 미치는 다섯 가지 주요 요인이 확인되었다.

2.1. 자기 효능감

자기 효능감(self-efficacy)은 주어진 영역에서 일을 완수할 수 있는 역량이나 능력에 대한 **능력 신념**(ability belief) 또는 **역량 신념**(competence beliefs)으로 정의할 수 있다.[39] 자기 효능감은 여러 요인의 영향을 받는다.[40] 아마도 가장 강력한 영향은 실패와 성공에 대한 개인적인 경험일 수 있다. 특히 적당히 어려운 과업에서 그러하다. 그러나 자기 효능감은 대리 경험의 영향을 받을 수도 있다. 즉, 우리와 비슷한 사람들이 업무에서 성공하거나 실패하는 것을 보는 것이다. 예를 들어, 사고가 일어난 것을 본 직후에 우리는 운전할 때 더 긴장할지도 모른다. 자신의 능력에 대한 타인의 의견을 바탕으로 한 사회적 설득은 우리의 자기 효능감에 강력한 영향을 줄 수 있다. 자기 효능감은 감정과 기분에도 영향을 받을 수 있다. 시험에 대한 강한 불안감이 부정적인 수행을 가져오는 것이 바로 그러한 예이다.

따라서 읽기에서의 자기 효능감은 읽기 역량이나 읽기 능력에 대한 사람의 판단을 가리킨다. 읽기에서의 자기 효능감 연구는 주로 성공과 실패 경험이 독서에 미치는 영향에 초점을 맞추고 있다. 이 연구는 초기 경험이 가장 강력하다고 말한다. 그 이유 중 하나는 어린 아동일 때의 읽기 성공 또는 실패에 대한 경험이 나중의 독서 행동에 영향을 줄 수 있기 때문이다.[41] 예를 들어 폴 모건(Paul Morgan), 더글러스 푹스, 도널드 콤프턴, 데이비드 코드레이(David Cordray) 및 린 푹스는 초등학교 1학년 초반에 독서 과제를 성공적으로 수행한 아동은 자신을 유능하다고 믿는 반면, 반복적인 실패를 경험한 아동은 이미 스스로가 읽기 자신감이 더 부족하다고 받아들인다.[42] 교사는 성공적인 아동을 독서에 더 내재적으로 동기 부여된 것으로 평가했으며, 자주 실패하는 아동을 이미 과업을 회피한 것으로 평가했다. 제임스 채프먼(James Chapman)과 윌리엄 턴머(William Tunmer),[43] 쿼크와 슈와넨플루겔, 웹[44]은 단어 읽기와 유창성의 초기 기능이 이후 2학년 학생의 읽기 역량에 대한 믿음에 영향을 준다는 사실을 발견했다. 초기에 기초 읽기 능력이 좋은 아동은 나중에 독자로서 자신에 대해 더 강한 긍정적인 신념을 보였으나, 기초 읽기 능력이 없는 아동은 독자로서 부정적인 관점을 갖게 되었다. 초등학생은 주로 단어 인식에 대한 기능과 유창성에 근거하여 자기 효능감을 판단하는 경향이 있지만,[45] 아동이 나이가 들어 성인기에 접어들면서 좀 더 독해를 근거로 한 자기 효능감 판단을 하기 시작한다.[46]

아동의 자기 효능감은 다른 사람의 언어적 평가로부터 영향을 받는다. 독서에서 낮은 성적을 받는 아동처럼 교사, 학부모 또는 친구들에게 자주 비판받은 아동은 읽기에서 자기 효능감이 낮을 수 있다.[47] 반대로, 칭찬받는 아동은 칭찬이 정직하고 당연하다고 여기는 한 높은 자기 효능감을 발달시킬 수 있다.[48]

많은 연구는 일찍이 2학년 때부터 자기 효능감 신념이 읽기 성취에 영향을 미친다는 점을 강력하게 지지한다.[49] 읽기에 대한 자기 효능감이 더 높은 학생은 더 많은 독서 자료를 선택하고, 독서 전략을 보다 효과적으로 사용하며, 독해 과제가 어려울 때에도 독서가 더 지속할 가능성이 높다.[50] 이러한 독서 행위는 모두 독서 기능을 향상시켜 자기 효능감을 읽기 성취에 대한 동기 부여의 핵심 요소 중 하나로 만든다.

2.2. 능력관

능력관(view of ability)은 자신의 능력에 대한 관점(즉, 자기 효능감)을 의미하는 것이 아니라, 능력 자체의 본질에 대한 개인의 믿음이다. 즉, 능력이 고정되어 있고 타고난 것이라 믿는지, 아니면 노력을 통해 실질적으로 증진될 수 있다고 믿는지를 의미한다. 캐럴 드웩(Carol Dweck)과 동료들은 학생들의 지능에 대한 관점을 중심으로 동기 부여 측면에 대한 연구를 하였다.[51] 그들은 일부 학생이 지능에 대한 **항상성**(entity) 관점을 가지고 있음을 발견했다. 즉 그들은 지능을 주로 고정된 것으로 본다. 그들은 사람이 똑똑하든 그렇지 않든, 그것에 대해 그 사람이 할 수 있는 것이 많지 않다고 믿는다. 다른 학생들은 지능에 대한 **증진성**(incremental) 관점을 가지고 있으며, 지능은 발전하는 것으로 보기 때문에 노력과 실습을 통해 더 똑똑해질 수 있다고 믿는다. 지능에 대한 증진성 관점을 가진 학생은 학습에 더 집중하게 되는데, 그 이유는 학습을 통해 자신이 더 똑똑해질 수 있다고 느끼기 때문이다. 반면에 지능에 대한 항상성 관점을 가진 학생은 학교에서 똑똑해 보이거나 최소한 어리석어 보이지 않는 것에 가장 관심이 많다.

학생들의 이러한 우려는 혼란스러우면서도 지능이 떨어져 보일까 봐 두려워 질문하지 않는 것처럼, 실제 학습에 방해가 될 수 있다. 어린 아동은 노력과 능력이 함께 어울린다고 생각하면서 증진성 관점을 갖는 경향이 있다. 그들은 달리기나 공 던지기 같은 것을 열심히 노력해서 더 나아졌고 그것이 거의 능력 향상으로 이어졌기 때문이다. 그러나 1학년이나 2학년이 될 무렵에는 대부분 나이가 들수록 능력에 대한 항상성 관점이 더 강해지고 그대로 유지되기 시작한다. 학교생활을 통해 사회적 비교를 경험하면서 이 시기의 학생은 많은 노력을 기울일 필요가 있다는 것은 곧 자신에게 타고난 능력이 적다는 것을 의미한다고 여기고, 종종 노력을 덜

기울이는 것이 더 큰 능력의 표시라고 믿기 시작한다.[52]

    사람들은 지능 이외의 여러 분야에서 항상성 관점이나 증진성 관점을 가질 수 있다. 예를 들어, 우리는 종종 사람들이 '선천적인 운동선수'나 '타고난 음악가'라고 말하는 것을 듣는다. 많은 사람이 특정 학문 분야에서 항상성 관점을 갖고 있다. 예를 들어, 일부 학생은 수학 수업이나 수학 관련 문제를 피한다. 이들은 학교에서 (특히 여학생인 경우) "괜찮아요. 모든 사람이 수학을 잘할 수 있는 것은 아닙니다."라는 말을 들었다.[53] 학생들은 읽기 능력에 대한 항상성 관점을 가질 수 있으며, 일부 학생은 '훌륭한 독자'라고 믿는 반면, 나머지는 그렇지 않다고 생각한다. 다른 분야와 마찬가지로, 읽기에 대한 항상성 관점은 학습 동기를 약화시킬 수 있다. 예를 들어 그레이슨 베어드(Grayson Baird), 월터 스콧(Walter Scot), 에릭 디어링(Eric Dearing) 및 새러 해밀(Sarah Hamill)은 6학년에서 12학년까지 1,500명 이상의 학생을 대상으로 한 연구에서 학습 장애를 진단받은 학생이 항상성 관점을 가질 가능성이 높다는 사실을 발견했다.[54] 항상성 관점을 가진 학생은 읽기 노력을 덜했으며, 그 노력이 쓸모가 없다고 믿었고 결과적으로 능력 부족을 드러내고 있었다. 애너마리아 페피(Annamaria Pepi), 마리애너 알레시(Marianna Alesi) 및 마리아 제라시(Maria Geraci)는 증진성 관점을 갖고 있으면서 읽기 장애를 가진 3학년 학생이 항상성 관점을 가진 사람보다 독해 전략에서 더 많은 것을 배울 수 있다는 것을 발견했다.[55] 그들은 부진 독자에 대한 지도는 항상성 관점보다는 증진성 관점을 향상시키기 위해 신중하게 고안되어야 한다고 제안했다. 셰리 버클리(Sheri Berkeley), 마고 마스트로피에리(Margo Mastropieri) 및 토머스 스쿠룩스(Thomas Scruggs)는 올바른 수업 방식이 부진한 학생에게 증진성 관점을 효과적으로 장려할 수 있음을 보여 주었다.[56] 그들은 가벼운 학습 장애가 있는 중학생 두 그룹에게 동일한 전략으로 수업을 하되, 한 그룹만 선천적인 능력보다는 책 읽기의 성공을 노력과 효과적인 전략 사용에 돌리도록 지도했다. 이 두 그룹의 학생은 특별 수업을 받지 않은 학생들에 비해 읽기 독해력이 향상되었으며, 특히 책 읽기의 성공을 노력과 효과적인 전략 사용에 돌리도록 배운 그룹은 6주 후에 독해력 면에서 훨씬 큰 우위를 보였으며 읽기 능력에 대한 믿음에서 변화를 보였다.

2.3. 통제의 소재

위그필드와 에클스(2000)의 기대×가치 모형의 또 다른 요인인 통제의 소재(locus of control)는 사실상 버나드 위너(Bernard Weiner)[57]의 우연적 귀인에 대한 고전적 관점 두 가지, 즉 **인과성의 소재**(locus of causality)와 **통제 가능성**(controllability)을 결합한 것이다. 인과성의 소재는 성공 또는 실패의 원인이 자신 내부적인 요인이라고 믿는지 또는 외부적인 요인 때문이라고 믿는지를 측정하는 것이다. 예를 들어 자신이 책을 읽고 이해했기 때문에 단계별 독해력(Accelerated Reader) 프로그램*을 통과했다고 생각하는 아동은 성공 원인을 자신의 내부에서 찾지만, 시험이 쉽기 때문에 통과했다고 생각하는 아동은 외부 귀인을 만든다. 그러나 우리가 앞서 능력관 논의에서 보았듯이, 선천적인 능력처럼 통제할 수 없는 내부 원인으로의 귀인은 특히 어려운 학습 과제에서 별로 동기 부여가 되지 않는다. 하지만 노력이나 전략 사용, 연습 부족과 같은 내부적이고 통제 가능한 요소로의 귀인은 초기 실패에도 훨씬 더 동기 부여가 된다. 따라서 본질적으로 우리는 우리가 수행하는 일과 성공에 대해 중요한 통제력을 가지고 있다고 믿을 때, 즉 강력한 개인적 통제권을 느낄 때 더 많은 동기를 부여받게 된다.

행위주도성(agency)이나 **자율성**(autonomy)이라고도 불리는[58] 통제의

....

* 미국의 르네상스 러닝 연구소에서 제작한 도서 수준별 독서 퀴즈 프로그램.

소재를 인식하는 것은 단순히 개인적인 특성이 아니다. 오히려 그것은 우리 자신의 신념과 과거의 경험뿐만 아니라 과제와 상황의 특성으로부터도 영향을 받는다. 우리가 해야 할 일의 본질과 난이도를 선택할 수 있을 때, 그리고 우리의 성공이 행운이나 다른 사람의 호의에 달려 있지 않다고 느낄 때 더 강해진다. 불행하게도 전형적인 학교와 교실은 이러한 행위 주도성과 통제에 대한 감각을 길러 주려 하지 않는 경향이 있다. 대신에 학생들은 리처드 디참스(Richard deCharms)가 말했듯이 너무 자주 하수인(pawns)처럼 느낀다.[59]

> 자신 이외의 사람이 자신이 하는 일을 통제하고 있다고 느끼는 사람. 그는 자신이 하는 일이 자신에게 강요된 것이고, 자신이 해야 할 일을 강요받는다고 느낀다. 그가 한 행동의 결과는 실제로 그의 것이 아니며, 그는 거의 그것에 대한 책임이나 자부심을 가질 필요가 없다.[60]

학생의 경험을 존중하고, 학생에게 제한된 선택권을 제공하며,[61] 학생과 교실 목표 및 절차에 대한 영향력을 공유하는 교사는 학생들이 더욱 주인(origin)처럼 느끼도록 도와야 한다. 즉,

> 자신의 삶을 스스로 주도한다고 생각하는 사람 …… 그는 자신의 성공에 자부심을 가지지만 실패에도 책임이 있음을 깨닫는다. 그는 자신의 행동과 결과를 소유하며, 그에 대해 책임을 진다.[62]

교실에서 하수인이 아닌 주인처럼 느끼는 학생들은 배우기를 더 원할 뿐만 아니라 덜 공격적이고 인지적으로나 사회적으로 유능하다고 느낀다.[63]

특히 읽기에 관한 연구는 이러한 일반적인 결과를 반복적으로 확인

했다. 예를 들어 줄리앤 터너(Julianne Turner)는 1학년 학생도 과정과 목표가 닫힌 과제보다 부분적으로라도 스스로 결정할 수 있는 **개방적인 문식성 과제**에서 더 많은 동기를 부여받는다는 것을 발견했지만,[64] 바라던 목표와 수용 가능한 과정 둘 다 교사나 교과서로 통제받고 있었다. 웬디 그롤닉(Wendy Grolnick)과 리처드 라이언(Richard Ryan)은 비통제적인 상황에서 사회 교과 텍스트를 읽은 학생이 그 과정을 더 즐겼으며, 텍스트에서 더 많은 개념을 이해하고 기억하고 있음을 발견했다.[65] 이와 비슷하게 위그필드, 거스리, 스티븐 통크스(Stephen Tonks) 및 캐슬린 페렌세비치(Kathleen Perencevich)는 실제 과학 활동에서 개인적인 질문을 한 학생은 질문이 주어지고 배정된 책을 읽는 학생보다 과학 관련 책을 읽고 답을 찾는 데 더 동기가 높았다고 보고했다.[66]

엘리스 카펠라(Elise Cappella)와 로나 와인스타인(Rhona Weinstein)은 여러 학년 수준의 고등학교 학생을 대상으로 독서 과제를 수행한 결과, 계속 실패를 거듭하고 결국 학교를 떠난 대부분의 학생과 평균 수준으로 능력을 향상시키고 마침내 졸업한 15% 학생 사이에서 차별화된 요소 하나를 발견했는데, 그것은 통제의 소재에 대한 학습자의 내적인 감각이었다.[67] 마지막으로, 수많은 연구 결과에 따르면, 읽고 싶은 것을 선택할 수 있는 학생은 읽기에 더 많은 동기 부여가 되고, 더 많은 시간과 노력을 들여 독서를 하며, 읽은 것을 더 잘 이해한다.[68]

2.4. 시간

위그필드와 에클스의 기대×가치 모형에 원래 포함되지 않았지만 연구 결과에 따르면 읽기 시간은 독서 동기의 중요한 요소이다.[69] 이 장의 시작 부분에서 논의했듯이, 독서 시간은 독서 발달의 필수적인 요소이며, 자기 선택적 독서 시간을 학생에게 제공하는 것이 독서 성장을 촉진시키는 효과적인 방법이라는 여러 연구가 있다.[70] 예를 들어, 알링턴과 존스턴은 학생들이 평균 이상의 읽기 효과를 얻은 교실은 읽기 효과가 평균 수준인 교실보다 독립적인 독서 시간에 세 배나 많은 시간을 할애하는 것을 발견했다.[71] 덜 효과적인 결과가 나타난 교실에서 교사는 일반적으로 학생에게 독서를 시키기보다는 어휘를 학습하거나 독해 질문에 대한 답을 찾거나 학습 활동지를 완성하는 등 사전 및 사후 읽기 활동에 더 많은 시간을 할당했다. 바버라 푸어만(Barbara Foorman) 외가 빈곤층 초등학교에서 100개가 넘는 교실 읽기 활동을 연구했을 때에도 이와 유사한 결과를 발견했다.[72] 이들은 효과적인 수업과 덜 효과적인 수업 간의 차별점이 관련 텍스트를 읽는 시간을 얼마나 할애하는지에 있다는 점을 지적했다. 시간 할당에서 알파벳, 단어 또는 파닉스 지도법에 소비된 시간 등은 학생들의 읽기 성장과 관련이 없다는 것을 발견했다.

그러나 엘프리다 히버트(Elfrieda Hiebert)는 학교에서는 깊은 관여(engagement)를 유도하는 지속적인 독서를 할 기회가 거의 없기 때문에, 많은 학생이 책이나 기타 확장된 텍스트를 읽으려는 동기가 부족한 것으로 보았다.[73] 개인적으로 정말 좋은 책을 읽기 시작해 단 몇 분 만에 중단하는 것보다 더 실망스러운 것은 없다고 생각할 수 있지만, 그러나 이는 학교에서 흔히 일어나는 일이다. 사실, 데번 브레너(Devon Brenner) 외는 미시시피의 3학년 읽기 교실에서 90분 이상의 읽기 지도 시간 중 평균 18분 동안 연결된 텍스트를 읽는 것을 발견했다.[74] 이 발견은 지난 40여 년 동안 이루어진 다른 연구들을 상기시킨다. 1977년 알링턴은 전형적인 소규모 교사 주도 읽기 수업에서 초기에 교정적(remedial) 읽기 부진 독자가 평균 43개 단어만 읽는 것을 지적했다. 갬브렐은 학교에 다니는 학생이 매일 평균 약 14분 정도만 개별적으로 읽는다고 계산했다.[75] 메리 푀르츠(Mary Foertsch)는 1988~1990년에 미국 교육성취도평가를 받은 학생의 절반 이상이 매일 학교에서 10쪽 이하의 책을 읽었다고 보고했다.[76]

10년 후 퍼트리샤 도나휴 외는 거의 동일한 결과를 확인했다.[77]

학교에서 자유롭고 자발적인 독서 시간을 확장해 주면[78] 여러 측면에서 학생에게 읽기 동기를 부여할 수 있다. 이는 학생의 자율성을 높이고(앞에서 설명한) 내재적 흥미를 끌어낸다(다음 절에서 설명). 또한 미하이 칙센트미하이(Mihaly Csikszentmihalyi)가 몰입(flow)이라고 부른 것을 경험할 시간을 준다. 즉, "사람들이 어떤 활동에 너무도 빠져든 나머지 그 어떤 것으로부터도 방해받지 않는 것처럼 보이는 상태로서, 그 경험 자체가 너무 즐거워서 사람들은 기꺼이 그것을 하게 된다."[79] 이것은 열렬한 독자의 독서 경험을 분명하게 묘사하며, 그러한 경험은 그 자체로서 높은 동기 부여가 된다.

또 다른 시간 관련 문제는 시간에 맞춘 시험과 독서 동기 간의 상호작용이다. 우리와 함께 일하는 교사들은 종종 표준화된 시험에 너무 낙담한 미숙한 독자에 대해 기술한다. 이들은 답안지에 '크리스마스 나무'를 만들거나 시험 중에 완전히 몰입하지 않는 독자이다. 더글러스 푹스 외는 대규모 메타분석에서 장애를 지닌 학습자와 기타 성취도가 낮은 독자가 시간을 제한하지 않는 시험보다 시간을 측정하는 시험에서 상당히 낮은 점수를 받았다고 밝혔다.[80] 흥미롭게도 캐럴 펄먼(Carole Perlman) 외는 학습 장애가 있는 59명의 4학년 학생은 표준화된 읽기 시험에서 시간을 연장할 수 있다고 말했을 때, 실제로 표준 시간 내에 시험을 마쳤음에도 불구하고 사실 더 좋은 점수를 받았다는 사실을 발견했다.[81] 이 결과는 시험 점수를 낮춘 것은 시간 제한 그 자체가 아니라 시간 제한이 있음을 알게 된 것이 감정적인 효과 또는 동기 부여적인 효과를 주었음을 시사한다. 지금까지 이 분야에 대한 연구는 거의 없었지만 오늘날 교육에서 시간을 제한하는 시험이 만연한 것을 고려할 때, 시간 제한이 어떻게 읽기에서 성취동기와 전반적인 읽기에 영향을 미치는지에 대한 조사가 필요하다.

2.5. 지원

여기에 기술한 읽기 동기의 기대×가치 모형에서 기대 측면에 추가된 또 다른 요소는 지원(support)이다. 독서 지원은 학생들이 흥미로운 책을 쉽게 찾을 수 있도록 돕는 것처럼 간단할 수 있다. 또는 학생들이 책에 대해 이야기할 때 읽고 듣는 것을 좋아한다는 것을 기꺼이 보여 줄 수도 있다. 알렉산더는 저항하는 독자와 유능한 독자조차도 이런 종류의 지원으로부터 혜택을 받을 수 있다고 제안한다.[82] 읽기가 어려운 일이라고 생각하는 사람들은 더 전략적으로 읽도록 장려받는 것이 좋은데, 그래서 "더 열심히 공부하기보다는 더 똑똑하게 공부"하는 법을 배울 수 있다.[83] 대규모 평가 연구에서 거스리 외는 전략적 독서를 다양하게 지원하는 읽기 프로그램인 개념 중심 읽기 지도(CORI)가 학생의 독서 관여와 동기 및 독해에도 긍정적인 영향을 미친다는 사실을 발견했다.[84]

부진한 독자 대부분은 비계를 통해 보다 광범위한 지원으로 혜택을 받을 수 있다. 초보자는 "그들이 수행할 수 있는 것보다 더 복잡한 작업을 수행할 것이며 …… 마침내 추가 지원 없이도 유사한 과제를 수행할 전략과 패턴을 배우게 될 것이다."[85] 예를 들어 도제식 읽기(Reading Apprenticeship) 프로그램*에서 성인은 10~12주 동안 학생이 선택한 책을 부진한 독자와 함께 읽고, 어려운 단어를 해독하고, 잘 알려져 있지 않은 어휘를 정의하고, 독해 전략을 모방하도록 돕는다.[86] 이 중재에 관한 여덟 가지 연구 요약에서 낸시 플래너건 냅은 이러한 비계를 통해 부진한 초등학교 독자가 유창성과 독해뿐만 아니라 아동, 부모 및 교사가 부여하는 동기도 얻었다는 것을 발견했다.[87] 컴퓨터 및 기타 장치는 영어 학습자를 포

....

*   중·고등학교와 대학교에서 학문 목적의 읽기 능력을 향상시키기 위해 접근하는 교육 프로그램.

함한 부진한 독자의 성공적인 독서를 이끄는 비계로 사용되고 있다. 디지털 장치는 이제 잘 알려져 있지 않은 단어를 한 번의 터치나 클릭으로 발음을 들려 주고, 익숙하지 않은 어휘에 대해서는 즉각적인 정의와 시각적 표현을 제공하며, 필요한 경우 독자에게 지나치게 좌절감을 안겨 주는 텍스트를 소리 내어 읽어 준다. 스테터와 휴스에 따르면, 이 분야의 연구 결과는 이런 디지털 장치가 부진한 학생을 효과적으로 지원하고, 심지어 단어 인식과 어휘도 배울 기회를 제공할 수 있다는 것을 보여 준다.[88] 독해를 지원하는 효과에 대한 증거는 명확하지 않다. 하지만 이러한 디지털 비계를 이용하여 해독이나 어휘의 문제로 야기되는 장벽을 제거함으로써 부진 독자의 읽기 동기를 강화할 수 있다.[89] 그리고 엘리너 히긴스(Eleanor Higgins)와 마셜 래스킨드(Marshall Raskind)[90] 그리고 개브리엘 영(Gabrielle Young)[91]의 연구는 이 가설에 대한 몇 가지 일화적 증거를 제공하지만, 이 분야에 필요한 연구의 대부분은 아직 수행되지 않았다.

2.6. 읽기 기대에 대한 요약

자기 효능감, 능력관, 행위주도성과 통제의 소재에 대한 인식, 충분한 시간과 지원을 보장받을 것이라는 믿음은 모든 독서 상황에서 우리가 기대하는 성공에 영향을 미치고, 따라서 읽기에 관여하려는 동기 부여에 영향을 미친다. 그러나 이 다섯 가지 요인의 영향은 단순히 가산적인 것이 아니며, 높은 자기 효능감을 가지고 읽기 동기를 불러일으키기에 충분한 기대에 도달할 수 있도록 일정량의 통제와 지원을 결합하는 것이 중요하다. 오히려 이러한 요소는 복잡한 방식으로 상호작용한다. 예를 들어, 우리는 자기 효능감이 낮은 경우에는 항상성 관점에서 능력을 발휘한다는 사실을 알고 있다. 즉, 어떤 사람은 결코 독서 능력이 좋지 않으며 자신도 그중 한 명이라고 생각한다. 이는 어려움을 겪고 있는 독자에게는 흔하고 해롭다.

그러나 연구 결과에 따르면 재능 있는 독자조차도 자기 효능감이 높더라도 항상성 관점을 가지면 사소한 실패로 위협받을 수 있다.[92] 거스리 외의 연구 결과는 몇몇 독자에게는 통제의 소재가 지원보다 더 중요할 수 있음을 시사한다.[93] 그들의 연구에서, 열렬한 4학년 독자 중 일부는 스스로 책을 선택했다고 느끼지만 일부는 부모나 교사가 자신을 위해 더 나은 선택을 했다고 느꼈다. 마찬가지로 다른 사람들과 함께 읽는 것을 많은 4학년 학생이 선호하지만 열렬하고 자신감 있는 독자는 종종 혼자서 읽는 것을 선택했는데, 이는 읽기 짝의 지원보다 독립적인 통제력이 중요하게 영향을 미친 것으로 볼 수 있다.

다른 상황에서는 읽기 성공이 다르게 정의될 수 있다는 것을 인식하는 것도 중요하다. 즐거움을 위한 소설 읽기의 성공은 즐겁게 읽고 충분히 이해했다는 것을 의미하는 반면, 자동차 수리 매뉴얼 읽기의 성공은 자동차를 수리하기에 충분한 정보를 얻는 것을 포함한다. 다른 한편으로, 8장에서 다룬 스키마 이론[94]과 구성-통합 모형[95]에서 제안한 것처럼, 교과서 읽기의 성공은 텍스트를 깊이 있게 이해할 뿐만 아니라 그것을 기억하고 다른 지식과 통합하여 시험을 통과하거나 에세이를 작성하는 것이 요구된다. 따라서 이 다섯 가지 요소가 독자의 성공 기대에 영향을 미친다는 것을 알지만, 우리는 여전히 다른 독자와 다른 상황에서 그것들의 상호작용에 대해 배울 것이 많다.

3. 독서 가치에 영향을 미치는 요인

기대는 독자가 특정 상황에서 특정 텍스트를 읽을 수 있는지에 대한 독자의 믿음을 나타낸다. 가치는 독자가 그것을 읽고 싶어 하는지와 방법에 관한 것이다. 거스리와 그의 동료들이 참여한 일련의 연구[96]는 관여적인 독자를 의미와 즐거움을 찾는 읽기를 가치 있게 여기는 독자라고 설명한다. 그들의 작업은 교실 안과 밖 모두에서 독서 관여를 증가시키면 독서의 양과 질 모두에 영향을 미치기 때문에 독서 능력이 향상됨을 뒷받침한다. 읽기에 가치를 부여하는 것을 배운 독자만이 평생 독자가 되어, 학교를 떠나고도 상당한 수준으로 계속 읽는다.[97] 유감스럽게도 우리 학교와 사회에 읽을 수 있지만 읽지 않는 것을 선택하는 사람[98]이 점점 더 많아지고 있다.[99] 우리는 심지어 현직 교사와 예비 교사 중 상당수가 읽기 능력이 있어도 읽지 않는 것(책맹, aliterate, 비독자*)을 보았다.[100] 교사는 아동의 본보기가 되므로 특히 충격적이다. 학교에서는 학생의 읽기 능력 향상에 더 많은 노력을 기울이는 경향이 있지만, 따라서 읽기 성공에 대한 기대감과 학생이 읽기에 가치를 두도록 돕는 것은 분명히 관련되어 있으며 중요한 목표이다.

3.1. 내재적 흥미

활동에 대한 내재적 흥미(intrinsic interest)는 그 활동을 하면서 기대하거나 경험하는 즐거움에서 비롯된다. 라이언과 에드워드 디시(Edward Deci)는 그것을 "학습과 성취의 자연스러운 원천이며 인지, 사회 및 신체 발달에 중요한 요소 …… 수행, 지속성, 삶 전반의 안녕감에 영향을 주는 인간 본성의 중요한 특징"으로 설명한다.[101] 확실히 내재적 흥미는 읽기 동기에 영향을 미치는 가장 강력한 요소 중 하나이다. 내재적 흥미는 여가적으로 읽도록 가장 많이 동기를 부여하며, 앞에서 논의한 바와 같이 여가적 독서는 다수의 바람직한 학업적, 개인적 결과와도 관련이 있다. 그 흥

....

* 최근에는 책맹이라는 단어의 부정적 어감을 고려하여, 비독자(non-reader)라는 용어를 사용하기도 한다.

미는 독서 자체의 근본적인 즐거움에서 비롯된다. 그런데 저마다 '독서 습관'[102]을 형성한 학생들이 어디에나 책을 들고 다니며 강의 시간이나 기타 교실 활동 때 몰래 읽는 바람에 교사를 좌절시키기도 하지만, 대부분의 독자는 특정 글이나 독서 활동을 통해 내재적 흥미가 발생한다.

학생들은 종종 본질적으로 인기 있는 영화(예: 〈헝거 게임〉)와 관련된 글 또는 '직접 체험하는' 과학 조사와 같이 기타 매력적인 활동에 내재적 흥미를 느낀다.[103] 전통적인 종이 인쇄물보다 흥미 있거나 특이한 삽화, 텍스트 형식(예: 어린이 백과사전, 그래픽 소설 또는 만화),[104] 전자 장치로 디지털 텍스트를 읽을 기회[105]가 내재적 흥미를 증가시킨다. 미국 도서관협회(American Library Association)에서 선정하는 십 대 인기 도서 10권(Teen's Top Ten), 아동도서협의회(Children's Book Council)가 선정하는 아동 우수 도서상(Children's Choice Awards)과 같이 독자가 선정한 도서상 목록을 보면, 잘 쓰인 글, 생생한 산문, 강렬한 등장인물 또는 흥미진진한 플롯이 연령대를 아울러 독자의 관심을 끈다는 것을 알 수 있다. 그러나 내재적 흥미는 텍스트의 주제나 장르가 독자의 삶이나 개인적 관심사와 어떤 식으로든 관련되어 있을 때 가장 흔히 자극받는다.[106]

우리는 이런 종류의 내재적인 흥미가 동기 부여를 하는 힘을 모두 보아 왔다. 평소에 책을 읽지 않는 학생도 자신이 가장 좋아하는 농구 선수의 전기는 읽으려 할 것이다. 로맨스를 사랑하는 부진한 십 대 독자는 좋아하는 로맨스 시리즈의 다음 편을 간절히 기다릴 것이다. 거스리와 위그필드는 학생이 개인적으로 흥미로운 텍스트를 읽는 데에 시간을 더 많이 쓰고 또한 그로부터 더 많은 것을 배우는 경향이 있기 때문에 이러한 흥미로운 텍스트를 호출해 교실 읽기 지도에 활용하는 것을 옹호한다.[107] 학생들은 개인적으로 흥미 있는 텍스트를 더 잘 독해하고 더 잘 기억하는 것으로 보인다.[108] 이 효과는 훌륭한 독자보다 미숙한 독자에게서 더 강하다.[109] 알렉산더는 내재적으로 흥미로운 텍스트가 여전히 읽기가 매우 부자연스러운 초보 독자를 동기 부여하는 데에 특히 중요하다고 지적한다.[110] 이러한 종류의 내재적 흥미를 끄는 책은 초보자나 부진한 독자에게 독서로 들어서는 문이 될 수 있다. 우리 중 많은 사람은 여전히 이런 방식으로 우리의 관심을 사로잡은 최초의 진짜 책을 기억할 것이다.

3.2. 유용 가치

수단적 가치(instrumental value)라고도 불리는 유용 가치(utility value)를 지닌 활동은 그 자체가 바람직해 보이는 것이 아니라 오히려 바람직한 다른 목적을 위한 수단으로 보인다. 모든 사람은 이런 동기 부여를 바탕으로 매일 일을 한다. 우리는 성적을 얻기 위해 숙제를 하고, 깨끗한 옷을 얻기 위해 세탁을 하고, 돈을 벌기 위해 일을 한다. 일부 동기 이론가들은 이를 외재적 동기(extrinsic motivation)라고 하지만, 고전적인 외재적 동기, 즉 처벌을 피하거나 보상을 얻기 위해 외부에서 부여한 동기는 단지 유용 가치의 한 종류일 뿐이다. 비록 외재적으로 부여한 보상과 처벌이 교육에 매우 흔하게 사용되지만, 아마도 배움에서는 가장 유용하지 않은 수단일 것이다. 부분적이라도 외재적으로 동기 부여가 되는 학생은 자신이 공부한 것을 이해하는 데 시간을 들이기보다는 자신의 목표에 가장 빠르고 쉽게 가는 길을 찾거나,[111] 최소한으로 임하거나, 암기해 버리거나, 혹은 심지어 속임수를 사용하는 경향이 있기 때문이다. 외부 출처로부터 발생하는 게 아니라 얻게 될 지식의 잠재적인 유용성에 대한 학습자 자신의 인식을 바탕으로 하는 유용 가치는 학습에 훨씬 도움이 된다.[112]

독서는 다른 활동과 마찬가지로 종종 유용 가치에 의해 동기 부여되며 독자는 방금 설명한 두 가지 종류의 유용 가치로 동기를 부여받을 수 있다. 때때로 독자는 단순히 교사가 내 준 과제처럼 외부의 요구 사항을 만족시키기 위해 읽는다. 다른 때에는 교사가 학생을 동기 부여할 새로운 방법에 관해 읽는 것처럼 십 대들은 자동차를 수리하기 위해 매뉴얼을 읽고, 자신들이 보기에 개인적으로 유용하다고 생각하는 정보를 얻기 위해서도 읽는다. 개인적으로 가치 있는 지식이나 정보를 얻기 위해 자발적으로 읽은 독자에 대해서는 아직 많이 연구되지 않았지만,[113] 그들이 내재적으로 동기 부여가 된 독자와 매우 흡사하다는 것이 발견되었는데,[114] 그 이유는 더 깊고, 더 자주, 더 오랜 기간 동안 읽기 때문에 독서 능력이 더 발달한다는 것이다.

반면에 성적이나 상과 같은 외부 보상에 대한 욕망에 근거하거나 학부모나 교사의 외부 압력에 반응하여 읽는 동기는 여러 가지 부정적인 결과와 관련이 있다.[115] 그러한 외적 요인의 동기를 가진 독자는 쉬운 책을 선택하고 주로 표층 수준 읽기 전략을 사용하는 경향이 있으므로 이러한 동기 부여는 읽기 능력의 향상, 특히 독해의 측면에 부정적 영향을 미친다. 인센티브 또는 압력은 단기적으로는 독서량을 증가시킬 수 있지만, 일단 점수를 받거나 상을 받으면 외부적으로 동기 부여를 받은 독자는 더 이상 읽을 이유가 없기 때문에 나중에 독서 시간을 늘리지 않는다.

특히 우려되는 것은 이러한 종류의 외적 동기 부여가 실제로 내재적 동기 부여의 감소로 이어질 수 있다는 것이다. 이 현상은 일반적인 동기 부여 연구[116]에 잘 기록되어 있지만, 내재적 동기를 훼손하는 독서에 대한 인센티브는 여전히 열띤 논란이 되고 있다.[117] 최근의 몇몇 연구는 매우 일반적인 독서 인센티브 프로그램이 적어도 때때로 효과를 나타낼 수 있다고 제안한다.[118]

3.3. 자기 개념

자기 개념(self-concept)은 우리 자신의 정신적 표상이며, "나는 누구인가?"라는 질문에 대한 개인적인 반응이다. 이 아이디어에 종종 사용되는 다른 용어는 **자기 이미지**(self-image) 또는 **자기 스키마**(self-schema)이다. 자기 개념은 또한 종종 자기 효능감과 **자긍심**(self-worth)과 혼동되지만, 어느 것과도 약간 다르다. 이미 논의한 바와 같이 자기 효능감이란 특정 영역에서 업무를 수행하는 능력이나 역량에 대한 우리의 신념을 의미한다. **자존감**(self-esteem)이라고도 불리는 자긍심은 인식이 아니라 판단이다. 우리 자신의 장점이나 가치에 대한 우리의 판단이다.[119] 자긍심은 우리의 자기 개념이 가장 이상적인 자신, 즉 우리가 가장 되고 싶어 하는 사람으로부터 얼마나 멀리 떨어져 있는지에 달려 있다.[120] 특히 우리에게 중요하거나 사회의 중요한 분야에서 우리 자신의 개념과 이상적인 자아 사이의 거리가 너무 멀면 우리 자긍심이 위협받는다고 여겨진다.[121]

자기 개념은 이 중 어느 것보다 훨씬 광범위한 용어로, 능력과 가치 판단뿐만 아니라 여러 특성을 포함한다.[122] 예를 들어, 우리의 흥미 분야인 읽기 자기 개념은 [그림 10-1]에서 볼 수 있듯이 우리가 얼마나 잘 읽었는지에 대한 인식(예: "나는 훌륭한 독자")뿐만 아니라 우리가 어떻게, 그리고 무엇을 읽었는지, 읽기가 우리에게 얼마나 중요한지에 대한 인식, 우리가 어떻게 다른 독자와 비교되는지도 포함한다.

아동의 자기 개념은 경험, 다른 중요한 사람들의 메시지, 그리고 사회적 비교라고 알려진 과정에서 다른 사람과 자신을 비교하는 점증된 능력에 기초하여 성숙함에 따라 발전하고 변화한다.[123] 대부분의 아주 어린 아동은 많은 분야에서 비현실적으로 긍정적인 자기 개념을 가지는데, 이는 부분적으로 어린 시절에 기능을 습득하면서 갖게 된 성공 경험 덕분이다. 하지만 아동이 학교에 들어가면서 직면하는 도전적인 상황이나 자신과 다른 사람의 비교는 그들의 자긍심 전반에 영향을 미치는 많은 영역에서 자기 개념의 수준을 낮추는 것으로 이어질 수 있다.[124] 이 효과는 독서 영역에서 특히 두드러진다. 대부분의 아동은 읽기를 배울 수 있다는 강한 열망과 신념을 가지고 학교에 다니기 시작하지만, 처음에 어려움을 겪은

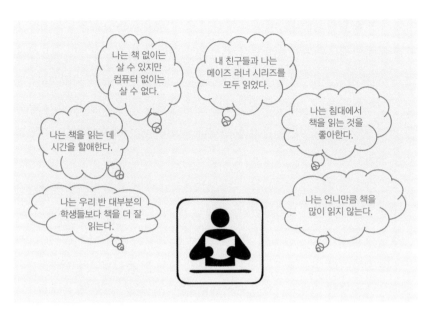

[그림 10-1] 한 학생의 읽기 자기 개념 예시

아동은 이 낙관론을 매우 빨리 잃을 수 있다. 아동 60명을 대상으로 한 종단 연구에서 채프먼과 턴머, 제인 프로츠나우(Jane Prochnow)는 유치원에서 2개월도 채 되지 않아 성공적으로 학습하고 있는 아동과 읽기가 덜 진척된 아동 사이에서 독서의 차이를 발견했다.[125] 유치원에서 더 부정적인 읽기 자기 개념을 보여 준 아동은 2학년 때 덜 어려운 책을 읽고 점점 더 적게 읽고 읽기를 덜 좋아한다. 그들은 또한 전반적으로 낮은 수준의 학문적 자기 개념을 가지고 있었다. 채프먼과 턴머는 읽기가 전체 학문적 자기 개념에 너무 일찍 그리고 너무 쉽게 영향을 미치는 이유는 학교와 사회가 읽기의 중요성을 매우 극단적으로 강조하기 때문이라고 설명한다.[126]

읽기와 같은 중요한 영역에서의 실패는 거의 항상 자긍심에 대한 심각한 위협으로 경험되어 감정적 방어와 행동적 방어를 모두 자극한다. 일반적인 방어는 회피이다. 왜냐하면 위협을 느끼기 때문에 부진한 독자는 가능한 한 독서에 대한 평가와 독해 자체를 피하는 경향이 있다. 물론 읽기에서조차 훨씬 진척을 이루지 못한다.[127] 리 홀(Leigh Hall)은 부진한 중학생 독자의 경우 다른 사람들이 자신을 형편없는 사람으로 볼 수도 있다는 우려 때문에 독해 비계 사용이나 질문 및 토론 참여 등 독해력 향상 행동에 관여하는 것을 자제한다는 사실을 발견했다.[128] 존스턴은 읽기 향상을 위해 자발적으로 대학 읽기 클리닉에 찾아온 성인에게서도 유사한 효과를 확인했다.[129]

부진한 독자는 또한 독서의 중요성이나 읽기 욕망을 평가절하하거나 '읽기는 어리석다'고 선언하거나, 어쩌면 읽기가 '따분한 사람들'만을 위한 것이라고 결정 내림으로써 자긍심을 보호하려 할 수 있다. 그리고 나서 그들은 음악이나 운동과 같은 다른 분야로 노력을 돌릴지 모른다. 그것이 성공할 가능성이 더 높다고 느끼기 때문이다. 그러나 독서는 학교에서 성공의 중심이기 때문에 이러한 평가절하는 전반적인 학업 활동에 영향을 미칠 수 있고, 무관심이나 학교에 대한 불만을 낳을 수 있다.[130]

그런데 현재 학교에서의 평가를 강조하는 것은 이 문제를 더 악화시킬 가능성이 높다.[131] 남학생이 읽기와 기타 인정받는 남성적인 관심사 사이에서 특정한 갈등을 느낄 수 있다는 연구도 있다. 여기서 한 가지 문제는 학교에서 남자아이들은 종종 자신의 성(gender)에 어울리지 않는 주인공과 주제가 있는 책을 읽으라고 요구받는다는 것이다. 비록 아동 도서에서 남자 주인공이 1.6 : 1의 비율로 여자 주인공보다 많지만,[132] 학교에서는 대부분의 여성 초등 교사와 국어 교사가 남자아이들에게 더 많은 호감을 주는 논픽션이나 액션 관련 책을 할당하지 않는 경향이 있다.[133]

소수 문화와 소수 언어에 속한 학생도 비슷한 문제에 직면할 수 있다. 그들은 종종 학교에서 흔히 읽히는 책에서 자기 자신을 발견하는 데에 어려움을 겪는다.[134] 이 문제에 대한 수십 년 동안의 관심에도 불구하고, 소수 민족 사람들을 정형화하지 않고 긍정적인 방식으로 묘사하는 아동 문학은 여전히 부족하다.[135] 2014년 미국에서 출판된 아동 도서 중 아프리카계 미국인이 등장한 경우가 3% 미만이었고, 아시아계, 히스패닉계 또는 아메리칸인디언이 등장하는 비율은 훨씬 낮았다.[136] 결과적으로, 소수 민족 학생은 사실 자신들의 문화유산을 반영하는 인물과 주제가 담긴 텍스트를 읽기를 열망할지라도 종종 '마지못해 읽는 독자(reluctant readers)'[137]로 인식되기도 한다.[138]

보다 근본적인 문제는 남학생과 소수 집단 학생 모두 읽기를 배우고 독서를 즐기는 것이 가치 있는 성 역할이나 민족적 역할과 직접적으로 충돌한다고 느낄 수 있다는 것이다. 여러 연구에서 많은 남학생이 독서를 본질적으로 여성적인 활동으로 여긴다는 것이 밝혀졌다.[139] 아마도 미국 초등학교 교사의 압도적 다수가 여성이며, 이러한 불균형은 아동이 처음 읽기를 배우는 가장 낮은 학년 수준에서 가장 크다. 아버지가 자신도 덜 읽고[140] 아들에게도 덜 읽어 준다[141]는 사실은 어린 소년들에게 남성 독자 모델이 거의 없다는 것을 보여 준다.

소수 문화에 속한 학생의 경우, 학교에서는 모두 성공의 조건으로 백인의 문화 규범에 동화될 것을 종종 요구받는다.[142] 이들 학생은 백인처럼 행동하여 읽기에 성공할 수도 있고, 따라서 학교에서 성공하기 위해 자신의 문화유산을 배신해야 할 수도 있다.[143] 허버트 콜(Herbert Kohl)은 그러한 딜레마에 직면해 있는 소수 민족 학생의 사례 두 가지를 말한다.[144] 한 학생은 남미 출신 이민자로서 자신의 문화와 언어가 다음 세대에서 사라질까 봐 두려워 영어 배우기를 거부하였다. 다른 한 명은 영어 수업 시간에 조셉 콘래드(Joseph Conrad)의 『암흑의 핵심(Heart of Earkness)』 읽기를 거부한 아프리카계 미국인 대학생이었다. 인종 차별적인 주제와 이미지, 역사적인 요소를 근거로 거부했는데, 교사인 콜조차도 학생이 지적하기 전까지는 인식하지 못하고 있었다. 아메리칸인디언 학생도 마찬가지로 민족 정체성과 학교에서 요구하는 독서 사이에서 갈등을 경험한다. 아메리칸인디언 학생을 교육하려는 정부의 노력에는 문화적 억압과 때로는 길고도 폭력적인 역사가 놓여 있었는데, 이는 많은 학생의 읽기 성취도를 낮추고 영어 읽기 및 쓰기를 배우는 것이 백인에게만 해당된다는 확신을 갖게 했다.[145] 여기에 기술된 모든 소외된 집단의 읽기 동기는 문화와 성 정체성 그리고 저항에 관한 문제로부터 부정적인 영향을 받는다. 즉, 학교와 교사가 그들이 성공적으로 헤쳐 나가도록 거의 돕지 않는 것처럼 보인다는 것이다.

3.4. 관계적 가치

관심 있는 사람과 관계를 향상시키는 활동이나 과제에 참여하려는 동기는 앞서 몇 가지 예에서 분명하게 드러난 동기의 또 다른 측면이다. 이를 관계적 가치(relational value)라고 부른다. 오래전부터 많은 분야에서 관계가 동기 부여에 강력하게 영향을 미치는 것으로 알려졌다. 동기 부여에 대한 자기 결정 이론에서 디시, 로버트 밸러런드(Robert Vallerand), 뤽 펠르티에(Luc Pelletier) 및 라이언은 모든 인간이 공유하는 세 가지 기본적인 심리적 욕구 중 하나로 관계성의 욕구를 들었다.[146] 위그필드와 에클스는 사회화가 동기 부여에 미치는 영향을 인정하고,[147] 거스리와 위그필드는 독서에서 이러한 사회적 동기의 중요성에 대해 구체적으로 썼다.[148] 연구에 따르면 학생의 독서 동기에 영향을 미치는 적어도 세 그룹의 사람들을 확인했다. 가족, 교사, 그리고 또래이다.[149]

2장에서 어린 아동의 깊이 읽으려는 욕구에 대한 가족의 영향에 대해 논의했지만, 가족이 청소년기 내내 동기 부여에 영향을 미친다는 좋은 증거가 있다. 초등학교 고학년 아동은 부모, 특히 어머니가 소리 높여 책을 읽어 주고, 자주 읽어 주고, 독서에 대해 함께 이야기하고, 읽을 것을 제안해 주고, 책을 선물로 주는 등 여러 가지 방법으로 독서를 지원하고 장려한다고 보고했다. 가족의 지원을 종합한 이 척도는 수전 클라우다의 연구에서 아동의 읽기 동기를 가장 잘 예측하는 예측 요인이었으며,[150] 읽기 능력 다음으로 두 번째로 강력하게 읽기 빈도를 예측하는 요인이었다. 린다 스트롬멘(Linda Strommen)과 바버라 메이츠(Barbara Mates)는 6학년에서 9학년까지를 대상으로 한 연구에서 비슷한 결과를 발견했다.[151] 즉, 비관여적 독자와 달리 열렬한 독자는 부모가 즐거움을 위해 스스로 책을 읽고, 토론하고 책을 제안해 준다고 보고했다. 호주 전역의 청소년을 대상으로 한 설문 조사 결과도 마찬가지로 청소년의 독서 동기에 가족의 지속적인 지원이 미치는 영향을 강조하면서, "자녀가 독립적인 독서 능력을 습득하는 것을 넘어 계속 격려하는 부모는 자녀가 평생 독자가 되는 데 영향을 줄 수 있다."라고 결론 내렸다.[152]

고학년 청소년을 대상으로 한 질적 연구와 혼합 연구 결과에 따르면 부모가 책을 읽고 토론하거나 추천하는지는 십 대들이 책을 읽는지, 그리고 무엇을 읽는지에 영향을 미친다고 한다.[153] 특히 열렬한 독자는 부모가 읽은 책을 읽거나, 부모가 젊은 시절에 읽었던 책을 읽게 되었다고 말한다.[154] 이러한 연구 중 몇몇에서 어머니는 여전히 독서에 더 자주 더 강한 영향을 미친다고 언급되기도 하지만, 줄리 햄스턴(Julie Hamston)과 크리스티나 러브(Kristina Love)는 11~17세의 의식 있는 남자 독자는 나이가 들면서 아버지와 함께하면서 정보 및 인터넷 기반의 독서를 포함한 여러 종류의 독서를 공유하고 토론을 경험하고 있으며, 특히 이를 중요하게 평가한다는 것을 발견했다.[155] 이 소년들은 또한 엄마, 조부모, 이모, 삼촌을 포함해서 자신의 독서 습관에 영향을 준다고 생각되는 다른 가족 구성원에 대해서도 언급했다. 분명히 독서 동기에서 가족 관계와 상호작용의 역할은 어린 시절이 지나도 강하게 남는다.

알렉산더는 아동이 평생 독자가 되기 위해서는 독서 습관과 독서의 즐거움을 소개할 성인이 필요하다고 주장한다.[156] 교사는 종종 이 역할을 수행하도록 요구받으며, 특히 자주 읽지 않는 부모를 둔 아동을 위해서 그러하다. 84개의 잠재적 읽기 관련 주제를 다루는 국가 조사에서 교사는 독서에 대한 흥미 유발을 자신들의 가장 중요한 관심사로 인식했다.[157] 교사가 독서 동기에 영향을 미칠 수 있는 가장 중요한 방법 중 하나는 우리가 이미 논의한 동기 부여 요인이 두드러지는 교실을 만드는 것이다. 즉, 학생들이 다양한 주제와 다양한 수준의 흥미로운 책에 접근할 수 있도록 하고, 스스로 읽을 책을 자주 선택하게 하고, 학교 수업 시간에 상당한 독서 시간을 할당하는 것이다.[158] 샤론 맥쿨(Sharon McKool)과 수잰 제스파스(Suzanne Gespass)는 열렬한 독자인 교사가 수업 중에 지속적인 독서 시간을 제공하고, 학생이 읽고 있는 책에 대해 토론하고, 학생에게 소리 내어 읽도록 하는 가능성이 훨씬 더 높다는 것을 발견했다.[159] 또한 독서를 잘하지 않는 교사보다 학생에게 즐거움을 위한 책을 추천할 가능성이 세 배나 더 높았다. 유감스럽게도 65명의 교사 중 거의 절반이 즐거움을 위한 독서는 평균 10분 미만이라고 보고했는데, 이는 앤서니 애플게이트(Anthony Applegate)와 매리 애플게이트(Mary Applegate)가 예비 교사를 대상으로 진행한 연구 결과와도 일치하였다.[160]

이와 같은 연구는 교사가 갖고 있는 독서에 대한 자신의 감정과 그 감정을 공유하고자 하는 의지가 학생의 독서 동기를 촉진하는 데 보다 개인적이며 관계적인 역할을 할 수 있음을 시사한다. 갬브렐은 교사가 "학생과 자신의 독서 경험을 공유하고 독서가 어떻게 그들의 삶을 향상시키고 풍요롭게 하는지를 강조할 때 독서의 모델이 될 것"이라고 제안하고 있으며,[161] 그녀의 주장은 연구에서 입증된다. 냅은 초등학교 2학년 때 대부분의 아동이 교사가 독서를 즐기는지 알고 있고, 그들이 그것을 어떻게 알고 있는지에 대해 구체적인 예를 제시할 수 있다는 것을 발견했다.[162] 캐스린 에드먼즈(Kathryn Edmunds)와 캐스린 바우저만(Kathryn Bauserman)이 인터뷰한 4학년 학생들은 개인적으로 마음에 드는 책, 특히 서사 소설을 소개해 준 사람으로 빈번하게 교사를 꼽았으며, 또한 교사를 '읽는 데에 신이 난 사람'으로 자주 지목했다.[163] 교사가 모든 연령대의 학생에게 소리 내어 읽어 주는 것은 독서 동기뿐 아니라 독해 및 비판적 읽기 능력에 영향을 미치는 것으로 나타났다.[164] 낸시 앳웰(Nancy Atwell)이 강조했듯이, 교사와 학생이 서로 책을 공유하고, 권하고, 말하고, 서로 책에 관한 글쓰기를 하는 것은 큰 힘이 있다.[165] 왜냐하면 많은 학생에게 이것이 '독서 클럽'으로 들어가는 유일한 관문이기 때문이다.[166]

아동이 나이가 들면서, 친구는 독서 동기에 점점 더 중요한 역할을 하기 시작한다. 동기 부여된 독자인 청소년은 마찬가지로 독서를 즐기는 친구를 사귀기 쉬운데, 그들은 책에 대해 토론하고 추천을 공유한다.[167] 친구의 지원은 초등학교 4학년에서 고등학교까지 읽기 동기에 영향을 주는 것으로 밝혀졌다.[168] 하지만 대부분의 청소년에게는 친구의 독서 권유가 거의 없었다. 평균적으로 십 대는 친구 중 10~20%만이 즐거움을 위해 책을 많이 읽는다고 보고하는데,[169] 그들이 책에 대해 자주 이야기하지 않기 때문에, 많은 십 대는 친구가 많이 읽는지 안 읽는지 모른다고 말한다.[170] 여학생은 남학생보다 자신이 읽고 있는 것에 대해 친구들과 함께 읽거나 이야기를 나눌 가능성이 훨씬 더 높다.[171] 그러나 여학생 중 약 4분의 1에서 3분의 1만이 그러한 상호작용을 보고한다. 그럼에도 불구하고, 친구는 초등학교 후반부터 고등학교 때까지 부모나 교사를 능가하는, 소년 소녀 모두에게 책 추천의 중요한 원천으로 보인다.[172]

전반적인 또래 집단의 독서 태도에 대한 청소년의 인식 또한 독서 동기에 긍정적 또는 부정적 영향을 미칠 수 있다. 최근 호주에서 십 대 500명 이상을 대상으로 한 조사에서, 독서를 좋아하지 않고 책을 거의 읽지 않는다고 보고한 학생은 "책을 읽는 것은 멋지지 않다."는 말에 더 동의하는 것으로 나타났으며,[173] 응답자 중 77%가 자신의 급우가 여가적 독서에 대해 부정적이거나 중립적인 태도를 가지고 있다고 느꼈다. 두 질문 모두 남학생이 여학생보다 부정적인 반응을 나타낼 가능성이 약간 더 높았다.

그러나 도시 지역 중학교 세 곳의 주로 히스패닉계 학생을 대상으로 한 혼합 연구에서, 엘리자베스 모지(Elizabeth Moje) 외는 독서가 어떤 경우에는 사회적 자본의 원천이 될 수 있으며, 심지어 남학생 또래 집단도 게임 설명서나 자동차와 자전거 잡지 같은 비전통적인 문서를 둘러싸고 상호 작용을 한다는 것을 발견했다. 그들은 많은 청소년이 학교에서 읽기 동기 부여가 되지 않는 이유 중 하나가 "그들의 삶과 관련된 사회적 네트워크에 연결된" 텍스트를 선호하기 때문이라고 제시한다.[174] 독서 동기 부여의 많은 다른 측면에서와 같이, 아동 및 청소년의 독서 동기에서 또래의 다양한 영향에 대해 아직도 이해할 것이 많다.

3.5. 비용과 위험

비용은 작업을 수행하는 데 걸리는 시간과 노력, 그리고 포기해야 하는 경쟁 가치와 관련이 있다. **위험**은 가능한 미래 비용에 대한 예상이다. 비용이나 위험에 대한 평가는 종종 하나의 가치를 다른 가치와 비교하며 이루어진다. 예를 들어, 만약 당신이 오래된 차를 가지고 있다면, 당신은 새로운 차를 살 동기 부여를 받을 수도 있다. 하지만 여러분이 여러 모델을 연구하고 시험 운전하는 데 드는 시간이나 노력과 자동차 지불 비용을 고려할 때, 여러분은 휴가를 위해 돈을 절약하기로 결정할 수 있을 것이다. 그러나 만약 당신의 낡은 차가 고장 나기 시작하면, 당신은 낡은 차를 수리하는 비용과 교통수단 없이 발이 묶일 위험이 새 차 구입 비용보다 더 크다고 결정하면서 생각을 바꿀지도 모른다.

인지된 비용과 가능한 비용을 따져보는 것은 동기 부여적 선택에서 필수적인 요소지만, 가치와 관련된 요소 중 가장 연구가 덜 된 요소일 것이다.[175] 예를 들어, 앞의 예에서 만약 당신이 부자라면 새 차에 드는 금전적 비용은 당신에게 훨씬 의미가 적고, 만약 당신이 임대료를 지불하는 것에 어려움을 겪는다면 훨씬 더 많은 의미가 있을 것이다. 만약 여러분이 대중교통이 발달한 도시에 살았을 때보다 출근하기 위해 차가 필요한 상황이라면 오도 가도 못할 위험이 다르게 여겨질 것이다. 당신의 개인적인 호불호 또한 비용에 대한 인식에 영향을 미칠 수 있다. 만약 당신이 진정한 자동차광이라면, 새 차를 사는 것은 고생이 아니라 재미로 느껴질 것이다. 또한 대부분의 사람에게 가까운 이익은 먼 비용이나 심지어 먼 이익을 능가하는 경향이 있다.[176] 이 효과는 더 어리거나, 더 피곤하거나, 더 많은 스트레스를 받는 사람에게 더 강하다. 그래서 여러분이 주차장에서 보는 새 차의 매력은 때때로 내년에 휴가를 보내기 위해 저축하는 것이나 심지어 다음 달에 집세를 내는 것보다 더 대단할 수 있다.

우리는 독서에 대한 결정을 내릴 때 동일한 유형의 복잡한 비용과 위험을 감수해야 하며, 비용은 독서 맥락과 개별 독자에 달려 있다. 부진한 독자의 경우, 특히 그 실패가 남의 눈에 드러나게 될 경우, 실패의 위험은 독서의 이득에 매우 불리한 영향을 미친다. 남의 눈에 드러나는 실패의 위험은 많은 사람, 심지어 지금은 훌륭한 독자조차도 수업 시간에 큰 소리로 읽도록 강요당하는 고통스러운 기억을 가지고 있다. 실제로 한 연구에서 실험실에서조차 성인에게 소리 내어 읽으라고 요청했을 때 조용히 읽을 때에 비해 심장 박동 수와 혈압이 증가했다는 것을 발견했다.[177] 비록 실패가 즉시 공개되지 않더라도, 실패가 부진 독자의 자기 개념에 미치는 영향은 종종 너무 고통스럽기 때문에, 읽으려고 노력하는 것은 비용의 가치가 없다고 할 수 있다.[178] 독서를 '멋지지 않다'고 믿는 친구가 있는 학생[179]은 책 읽는 모습을 들켜서 친구 관계를 위태롭게 하고 싶어 하지 않는다. 외부의 통제와 제재가 강한 교실이나 학교의 학생은 자율성에 대한 인간의 욕구를 충족시키고, 하수인이 아니라 주인처럼 느끼기 위해 자신에게 부여된 책 읽기를 노골적으로 혹은 은밀하게 거부할 수도 있다.[180]

독서 동기의 주요 비용 요소는 대안적인 활동에 참여하려는 욕망이다. 만약 여러분이 방과 후에 운동을 하고, 저녁 식사 후에 친구들에게 휴대 전화로 대화하고 문자 메시지를 보낸다면 여러분은 아마도 여가적인 독서를 많이 하지 않을 것이다. 여가적인 독서와 기타 가치 있는 활동 사이에서 이러한 갈등은 특히 오늘날 청소년의 소셜 미디어와 컴퓨터 게임 이용이 증가함에 따라 빈번한 것으로 보인다.[181] 아이러니하게도 모지 외는 이러한 대안적인 활동의 상당수가 실제로 상당한 양의 읽기(예: 페이스북의 읽기 및 쓰기, 인터넷 서핑, 컴퓨터 게임 설명서와 도움말 읽기)를 수반한다는 것을 발견했다.[182] 하지만 유감스럽게도 청소년, 그들의 부모, 교사 모두 이러한 활동을 진정한 독서로 보는 경우는 없었다. 게다가 이 대안적인 텍스트를 읽는 것이 책을 읽는 것만큼 기능 발달에 도움이 되는지는 아직 확실하지 않다.

3.6. 독서 가치에 영향을 미치는 요인 요약

성공에 대한 기대와 마찬가지로, 다양한 요소들이 사람들의 독서에 대한 가치에 영향을 준다는 것이 연구를 통해 입증되었다. 독서 가치에 영향을 주는 요소들은 각각의 요소가 개별적으로 작용하기보다는 함께 작용하여 학생들에게 특정한 맥락에서 특정한 책을 읽는 것에 관해 전반적으로 더 높거나 혹은 더 낮은 독서 가치를 형성하도록 한다. 같은 교실에 있는 세 명의 학생들을 생각해 보자. 남부 지역의 인종 관계에 대해 잘 아는 한 학생은 수업 시간에 종종 읽게 되는 『앵무새 죽이기(To Kill a Mock-ingbird)』를 읽는 데 내재적으로 흥미가 있을 것이다. 이 학생은 또한 이 책을 제시한 교사를 좋아할 수도 있고, 몇몇 등장인물과 자신을 동일시할 수도 있기 때문에 관계적 가치와 자기 개념 가치가 모두 나타날 수도 있다. 이 학생은 필요한 읽기 능력을 갖추고 있기 때문에, 그 책을 읽는 데 드는 노력이 너무 큰 비용이 되지는 않을 것이다. 이 간단한 설명은 대체로 읽을 책을 지정해 주는 학교 독서 상황에서 거의 이상적인 동기 부여 시나리오를 보여 준다. 그러나 남부의 인종 문제 역사에 관심이 없고 알지도 못하는 또 다른 학생은 이 책 전체에 고조되어 있는 긴장감을 이해할 사전지식이 부족해서 이 책이 흥미롭지도 않고, 심지어 자신이 이해할 수 있다고 생각하지 않을 것이다. 만약 이 학생이 본문을 읽는 데에 어려움을 겪고 따라서 상당히 낮은 점수가 예상된다면, 과제를 완성하는 데 유용 가치가 손상된다. 이 학생은 시간과 노력, 자기 개념에 대한 위험 측면에서 비용이 훨씬 더 많이 들어, 책을 읽어도 동기 부여가 되지 않을 것이다. 세 번째 학생은 공상과학 소설을 선호해서 개인적으로 이 책이 흥미롭다는 것을 발견하지 못할 수도 있다. 만약 이 학생이 필요한 배경지식과 읽기 능력이 있고, 이 과제를 수행하는 데에 상당히 강한 유용 가치를 지닌다면, 책을 읽을지 말지에 대한 최종 선택은 대안적인 활동이 얼마나 매력적인지에 달려 있을 수 있다. 비가 오는 주말이라면 책을 읽는 것이 좋은 생각처럼 보일지 모르지만, 학생이 방금 새 컴퓨터 게임을 샀다면 그 새 게임을 미루는 비용이 너무 많이 들어 책을 읽지 않을 수도 있다. 같은 영어 수업을 들은 여러 학생의 사례는 독서 동기의 다양한 가치 관련 요인이 어떻게 서로 영향을 주어 서로 다른 유형과 수준의 주관적인 가치를 창출하여 동일한 책을 읽는지를 보여 준다. 이러한 요소는 왜 학생이 적극적인 동기를 갖고 읽을 만한 책 한 권을 결코 발견하지 못하는지를 설명해 주며, 동일한 맥락에서 다른 학생이 읽기에서 어떻게 매우 다른 목표를 갖게 되는지를 제시하는 데 도움이 된다.

4. 독서에서 목표 지향

기대와 가치 요소는 특정한 맥락에서 함께 작용하여 사람들에게 서로 다른 독서 목표를 갖도록 한다. 교육 목표 이론가들은 학생들이 학교 상황에서 채택하는 네 가지 다른 유형의 지향에 대해 **숙달**(mastery), **수행**(performance), **사회적**(social), 또는 **회피적**(work-avoidant) 목표로 나누어 상세히 설명한다. 이러한 유형의 목표는 모두 기원과 효과가 다르며, 모두 평균적인 읽기 교실에서 쉽게 볼 수 있다. 이 장을 시작한 사례 연구에서 우리가 관찰한 많은 것을 토대로 가상의 중학교 국어 교실에 있는 다섯 명의 소녀를 생각해 보자. 우리가 논의한 다양한 동기 요인이 어떻게 상호 작용하고 결합하여 각 소녀가 강 교사가 그들에게 준 읽기 과제에 어떻게 다른 목표 지향을 채택하게 하는지를 주목하라.

4.1. 숙달 목표 지향

학습(learning) 또는 **과제에 수반되는**(task-involved) 목표라고도 불리는 **숙달 목표**(mastery goal)를 채택하는 학생[183]은 주로 그들이 읽고 있는 것으로부터 배우거나 즐기는 데 초점을 맞춘다. 그들은 다른 사람과 자신을 비교하는 경향이 없으며 외적인 칭찬이나 보상보다는 오히려 내적인 동기와 관련된 이유로 자주 읽는다. 그들은 능력에 대한 증진성 관점을 갖는 경향이 있으며, 따라서 필요하다면 기꺼이 도움을 요청하고 역량 개발에 필요한 노력을 기울인다.[184] 이 장에서 소개한 사례에서 소라는 독자에게 숙달된 목표 지향성을 보여 준다. 소라는 민경이나 은영이보다 이 상황에서 숙달된 목표를 채택하기가 더 쉽다. 소라는 독서를 잘하고 따라서 독서의 자기 효능감이 높기 때문에 상당한 성공을 기대할 수 있다. 또한 글을 읽을 시간이 충분하고 필요한 모든 지원이나 자원을 가질 것이라고 확신한다. 마지막으로, 읽는 것을 좋아하고 이야기를 흥미롭게 생각하기 때문에, 학습 활동지에서 좋은 점수를 받을 수 있을 만큼 잘하는 것은 물론, 독서에 내재적 흥미를 가지고 있다. 독서에 대해 숙달 목표 지향성을 보이는 소라와 같은 학생은 독서를 더 즐길 뿐만 아니라 읽으면서 더 많이 배울 수 있기 때문에 훨씬 더 좋은 독자가 될 수 있다.[185]

4.2. 수행적 목표 지향

자아 관련 목표(ego-involved goal)[186]라고도 불리는 수행적 목표(performance goal)를 채택한 학생은 종종 능력에 대한 항상성 관점을 유지한다.[187] 그들은 읽기 자체에 초점을 맞추지 않고, 주로 읽기 상황에서 다른 사람들이 어떻게 판단하거나 평가할지에 관심을 갖는다. 그들은 좋든 나쁘든 독서 수행이란 것은 지금까지 독서를 통해 배운 것뿐만 아니라 궁극적으로 자신이 얼마나 좋은 혹은 얼마나 나쁜 독자가 될지, 항상 그럴지, 따라서 자기 개념과 자긍심에 영향을 미칠지를 생각한다.

진아와 민경이는 둘 다 이 상황에서 수행 지향성을 보여 주지만, 그들은 주어진 읽기 과제에서 성공에 대한 기대치가 다르기 때문에 다양한 유형의 수행 목표를 채택했다. 진아의 행동은 일부 재능 있는 독자의 전형적인 수행적 목표 지향성을 보여 준다. 그녀의 목표는 다른 학생과 비교할 때 잘해서 똑똑해 보이는 것이며, 외부 인식과 칭찬, 또는 보상(즉, 성적)을 얻는 것이다. 그녀는 좀 더 어려운 일에 더 심층적인 전략을 쓸 수도 있지만, 표층 수준의 읽기만으로 이 상황에서 목표를 달성할 수 있기 때문에 그것만 사용한다. 따라서 진아는 읽기에서 얻을 수 있는 어떤 능력 향상이나 이해도 놓친다. 이런 식으로, 비록 지금은 좋은 성적을 올릴 수 있지만, 성적에 대한 진아의 관심은 실제로 미래에 불리할 수 있다.

민경이는 사람들이 자신을 교실에서 독자로 보는 것에 대해 걱정하면서 수행 회피(때로는 실패 회피라고 불림) 목표를 가지고 있다. 부진한 많은 독자처럼, 민경이는 자신이 읽기 과제를 잘 수행할 수 있다고 믿지 않는다. 민경이의 목표는 실패의 위험이 높아 보여서 다른 사람들이 자신의 읽기를 나쁘게 판단하는 상황을 피하는 것이다. 일부 학생은 책 읽기를 거부하거나 곤경에 빠짐으로써 수행을 포기하기 때문에 교실을 떠날 수 있지만, 민경이는 당장 자신을 위해 대안적 전략을 발견했다. 특히 이야기에 관심이 생겼으므로 지원과 충분한 시간이 생기는 집에서 읽기로 하면서 이 독서 과제에 더 숙달된 지향을 채택할 가능성이 있다. 만약 민경이가 그렇게 한다면 민경이의 바뀐 목표는 소라처럼 독서를 배우고 발전시키는 데 도움이 될 것이다. 그러나 수업 시간에 수행 상황을 피하는 독자는 집에서 이런 식의 흥미나 지원이 없으면 단순히 독서를 기피하게 되고, 따라서 독자로 발전하기 어렵다.

이런 가능성이 있는 독자는 은영이인데, 그녀는 회피에서 학습된 무기력(learned helplessness)이라고 불리는 수행 관련 지향으로 진행되고 있는 독자이다.[188] 학습된 무기력을 경험하는 사람은 자신이 자신의 상황을 통제할 수 없다고 느낀다. 그들이 더 좋은 성과를 내거나 실패를 피하기 위해 할 수 있는 일은 아무것도 없기 때문에 그들은 그냥 포기한다. 학습된 무기력에 빠진 독자는 독서에서 자기 효능감이 거의 없거나 전혀 없으며, 또 어떤 노력도 자신을 향상시키는 데 도움이 되지 않을 것이라고 믿으면서 능력에 대한 항상성 관점을 갖는 경향이 있다. 오랜 시간 동안 독서 실패를 경험한 학생은 종종 학습된 무기력의 특성을 보인다.[189] 은영이가 작년에 받은 학습 장애 진단이 우연히 이 문제의 원인이 되었을지도 모른다. 은영이에게 추가 도움을 받을 자격이 주어졌고 그것은 좋았지만, 은영이가 더 잘 읽기를 배우려고 노력하는 것은 별로 소용이 없다는 것을 은영이와 은영이의 교사에게 전달하는 결과를 낳았을지 모른다.[190]

지원이는 이 교실 상황에서 사회적 목표 지향성(social goal orientation)을 보여 준다. 아주 간단히 말해서, 친구와 교류하는 관계적 가치는 지원이가 그 이야기를 읽을 때 보는 어떤 가치보다 더 크다. 지원이와 진아는 둘 다 과업 회피 지향(work avoidance orientation)을 가지고 있다고도 할 수 있다.[191] 그들의 관점에서 보면, 이야기를 실제로 읽고 이해하는 데 필요한 시간과 노력은 그것과 경쟁적인 다른 욕구와 비교할 때 너무 많이 소요되므로, 부분적으로 그들의 목표는 과제 요건을 충족시키는 데 필요한 최소한의 시간과 노력을 투입하는 것으로 보인다.

이 학생들은 각각 동일한 교실 독서 과제에 참여하거나 참여를 이탈하게 하는 다른 목표를 가지고 있었지만 이러한 목표는 수정되지 않았다. 강 교사가 이러한 상황에서 그들의 동기에 영향을 미치는 다양한 요인을 이해하면, 비관여적 독자를 돕기 위해 할 수 있는 일이 많아져서 더 생산적인 독서 목표로 나아갈 수 있다.

5. 우리가 할 수 있는 일: 읽기 동기를 향상시키는 교실 수업

5.1. 학생들에게 좋은 읽을거리가 많은지 확인하기

읽을 수 있는 많은 좋은 것들을 쉽게 접하도록 하는 것은 독자들을 동기 부여가 된 독자로 양성하는 열쇠이다.[192] 2장에서 논의했듯이, 집에서 많은 책과 여러 텍스트를 접하며 자랄 만큼 운이 좋은 아동은 열렬한 독자가 될 가능성이 훨씬 더 높으며, 연구는 더 큰 학교 도서관을 접하는 학생이 더 나은 독자가 된다는 것을 반복적으로 보여 주었다.[193] 그러나 학교 도서관이 항상 이용 가능한 것은 아니며 부진한 독자를 위협할 수도 있기 때문에 학급 문고 또한 필수적이다.[194] 두 도서관은 모두 그래픽 소설, 잡지, 전자 교과서를 포함한 다양한 읽기 수준의 다양한 주제에 대한 광범위한 텍스트, 소설, 논픽션을 제공할 필요가 있다. 독자는 누구나 자신의 흥미와 관련된 많은 '흥미로운 텍스트', 즉 자신의 읽기 수준에 맞는 텍스트를 찾을 수 있어야 한다.[195] 또한 교사는 중고 거래, 공공 도서관 등을 통해 비교적 적은 비용으로 교실 도서관을 만들 수 있다. 친구, 성장한 자녀를 둔 부모, 지역 사업체, 그리고 크레이그리스트(Craiglist) 같은 안내 광고 사이트와 도너스 추스(Donors Choose) 같은 학교 지원 사이트에 기부를 요청하면 된다. 학교 도서관에서 추려 낸 책과 잡지도 교실에 가져 갈 수 있고 결국 학생들에게 전해진다. 사실, 학생에게 책을 소유할 기회를 주는 것은 매우 동기 부여가 될 수 있다.[196] 이를 위한 전략으로는 학생에게 책과 잡지를 선물이나 보상으로 주거나 학생이 처음 몇 권의 책을 골라서 다른 책과 교환할 수 있는 '바꿔보기(swap) 책꽂이'를 활용할 수도 있다. 이는 혜택을 받지 못하고 실패한 학생들의 읽기를 증가시키는 것으로 밝혀진 전략이다.[197]

5.2. 읽을 책을 학생 스스로 선택하게 하기

학생들에게 교과서나 참고 서적만을 읽도록 제한한다면, 많은 독서 자료들은 그다지 유용하지 않다. 학생에게 읽을 것에 대한 선택권을 자주 주는 것은 **자율성 지원**(autonomy support)의 한 형태다. "학생에게 통제적인 압박을 최소화하면서 선택이나 자기 주도의 기회를 제공하는 것"[198]은 학교에서 학습 목표와 참여를 증가시키는 것으로 입증된 수업 전략이다.[199] 이는 복합적인 동기 요소에 대한 영향 때문이다. 선택은 독자가 읽으려는 것의 난이도 및 길이를 통제할 수 있게 해 주기 때문에 성공에 대한 독자의 기대를 증가시킨다. 이러한 개인적인 통제의 소재는 부진하거나 저항하는 독자에게 특히 중요할 수 있다.[200] 선택권은 가치를 높인다. 왜냐하면 학생은 자신에게 흥미롭거나 유용할 것이라고 믿는 정보 제공을 선택할 수 있기 때문이다. 자율성의 증가는 또한 자기 이미지에 긍정적인 영향을 미친다. 이러한 여러 가지 효과를 고려할 때, 읽기 선택권을 허용하는 것이 읽기 동기를 향상시키기 위한 가장 잘 입증된 전략 중 하나이며,[201] 자주 언급되는 전략은 아동 스스로에게 높은 동기를 부여하는 것이다.[202] 유치원부터 고등학교까지 1,000여 명의 학생을 대상으로 한 조사에서 학생 90% 이상이 "내가 가장 좋아하는 책은 내가 직접 고른 책"이라며 "우리 자신을 위해 고른 책은 끝까지 다 읽는 것 같다."라고 답했다.[203]

많은 학생은 선택권이 주어진다면 책을 찾는 데 어려움을 겪지 않을 것이지만, 부진 독자와 스스로 읽기를 선택하는 것에 익숙하지 않은 사람들은 반드시 독서 선택권이나 자신의 취향을 인식하지 못할 수도 있기 때문에, 처음에는 읽고 즐길 수 있는 책을 찾는 데 도움이 필요할 수도 있다. 이러한 도움은 학교 도서관 사서[204]나 그들을 잘 아는 교사, 또는 친구들과 급우들에게서 받을 수 있다. 특정 주제를 다루어야 하거나 교사가 학급 전체가 읽기 경험의 공유를 원할 때, 완전한 선택권이 아니라, 제한된 선택권이 좋은 대안이 될 수 있다.[205] 예를 들어, 한 학급이 화산을 공부하고 있다면 과학 교과서는 학생에게 그 자료를 배우기 위해 제공되는 몇 가지 선택사항 중 하나이다. 나머지는 각기 수준이 다른 화산에 관한 일반 도서 두세 권과 웹사이트가 포함될 수도 있다(예: 디스커버리의 '화산 탐험가'[206]와 심플 잉글리시 위키피디아 같은 온라인 백과사전의 내용[207]). 또는 물건 찾기 루브릭(scavenger hunt-type rubric)*을 통해 각 학생이 배우는 데 필요한 필수 정보를 찾을 수 있도록 하고, 학생이 각기 다른 출처에서 읽은 여러 정보를 가져와 수업 토론과 활동을 풍부하게 할 수 있다. 문학을 읽는다면 학생은 같은 주제의 책이나 같은 작가가 쓴 책 또는 같은 소설의 다른 버전(예: 그래픽 소설, 요약본 또는 소설 전체) 등 몇 권의 책을 선택할 수 있다. 이처럼 그리 크지 않은 선택도 학생의 동기 부여와 독서 참여에 유의하고

....

* 일종의 보물찾기처럼 물건을 찾는 놀이 방식으로, 여러 가지 질문이 있는 종이를 가지고 지시사항에 따라 특정 지점을 찾아다니며 질문에 대한 답을 찾는 놀이로 변형되기도 한다.

긍정적으로 영향을 미칠 수 있다.[208]

5.3. 학생들에게 읽을 시간 주기

학생들은 숙제가 있다. 많은 학생이 방과 후 활동에 참여하거나, 형제자매를 돌보거나 방과 후에 가족과 관련된 일을 한다. 많은 가정에는 여가 독서의 전통이 없으며, 텔레비전, 야외 놀이, 그리고 디지털 게임은 독서를 못하게 하는 강력한 원천이다. 아동이 독서 습관을 기르려면 학교에서 쉬지 않고 독서할 시간이 필요하다.[209] 그러나 앞에서 지적한 바와 같이, 보통 학교에서 어떤 텍스트든 자신이 선택해서 읽을 수 있는 시간이 하루에 20분이 채 안 된다.

학생들이 스스로 읽고 있을 때에는 직접적인 지도를 하지 않지만, 그것은 결코 시간 낭비가 아니다. 연구자들은 지속적이고 독립적인 읽기에 할당된 시간이 학생의 읽기 동기 부여와 시험 성취도 모두에 직접적인 이득이 된다는 것을 반복적으로 밝혀냈다.[210] 물론, 가장 생산적이고 지속적인 묵독을 하기 위해서는 학교생활의 다른 부분처럼 잘 계획되어야 한다. 독서 자료를 폭넓고 다양하게 선택할 필요가 있고, 일부 학생의 선택에 대해서는 초기 지원이 필요하다는 것이 이미 논의되었다. 오랜 시간 집중하며 책을 읽은 경험이 없는 아동과 학생은 처음에는 책을 읽는 데 20~30분도 온전히 집중할 수 없다. 갬브렐은 하루에 10분 정도의 짧은 시간으로 시작해서 점차 늘려 가라고 제안한다.[211] 앞에서 논의한 바와 같이, 독서에 크게 어려움을 겪는 학생의 경우 지속적인 독서 시간으로부터 혜택을 얻기 위해서는 처음에는 읽기 짝이나 오디오북 또는 디지털 장치와 같은 추가적인 도움이 필요할 수도 있다. 마지막으로, 교사는 이 시간을 과제물 점수를 매기거나 다른 방법으로 활용해서 업무를 처리하는 유혹을 느낄 수 있지만, 지속적인 묵독은 교사가 참여할 때 가장 효과적인데, 읽기의 가치와 즐거움의 가시적 모델 역할을 하면서[212] 적극적으로 학생과 즐거움을 공유하기 때문이다.

5.4. 독서를 사회적 활동으로 만들기

사실, 공유는 모든 교실에서 독서의 일부가 되어야 한다. 열렬한 독자는 거의 항상 자신이 읽고 있는 것에 대해 말하기 좋아한다. 그들은 북클럽의 회원이고, 친구들과 책을 공유하고, 종종 읽고 있는 책에 있는 '좋은 구절'을 들어 줄 사람에게 읽어 보라고 한다. 독서의 이러한 사회적 측면은, 특히 아동이 나이가 들고 또래 관계가 점점 더 중요해지므로 학교에서 더 중요하게 인식할 필요가 있다. 학교나 교실에서의 독서 문화를 만드는 것은 학생들 서로가 읽기를 공유할 여러 방법과 기회를 만드는 것을 포함한다. 이것은 단지 독서 시간이 끝나고 학생에게 무엇을 읽고 있고 지금까지 그것에 대해 어떻게 생각하는지 물어보는 것처럼 격식에 얽매이지 않아도 된다. 또한 직접 비디오로 '책 광고'를 만들어서 반 친구들에게 자신이 좋아하는 책을 추천해도 된다. 멀티미디어 도구를 활용하여 흥미롭거나 재미있거나 무서운 책 '예고편'을 만들어 학급 웹사이트에 게시하고 학교나 일반 대중과 공유할 수도 있다. 학교에 기반을 둔 웹사이트나 보호받는 독서클럽, 또는 스파게티 북클럽[213]이나 틴 잉크[214]와 같은 어린이 책 리뷰 전용 사이트, 심지어 아마존에 "실제 세계"에 있는 책에 대한 짧은 리뷰를 쓸 수 있다. 앳웰은 학생들이 대화 일지를 가지고 서로 읽고 있는 것을 적어서 주고받는 것을 즐긴다는 것을 발견했다.[215] 이러한 모든 상호작용적인 대안은 기존에 학생의 읽기 동기를 감소시키는 경향이 있는 전통적인 퀴즈나 독후감보다 텍스트에 대한 이해와 비판적 사고를 장려한다.[216] 마지막으로, 학생이 수업 시간에 책에 대해 이야기할 수 있는 문학 서클은 수십 년 동안 교실에서 효과적으로 이용되어 왔으며,[217] 특히 남학

생,[218] 부진 독자,[219] 십 대 자녀를 둔 엄마에게 효과적이었다.[220]

5.5. 학생들의 성공적인 독서를 지원하기

때때로 수년 동안 독서 실패를 경험한 학생은 읽기를 싫어하거나 최악의 경우 학습된 무기력을 느낄 수 있다.[221] 단순히 실제적인 읽기 기능을 향상시키는 것은, 필요는 하지만 읽기 동기를 회복하는 데는 충분치 않다.[222] 이들 학생은 읽기 성공이나 즐거움을 기대하기 전에 자신이 좋아하는 텍스트를 읽으면서 성공을 경험할 필요가 있다. 지금까지 논의된 몇 가지 아이디어는 부진 독자가 성공을 경험하는 데 도움이 될 수 있다. 종종 하이-로 북스(Hi-Lo books, 매우 흥미롭지만 읽기 수준은 낮은 책)로 알려진, 독해 수준이 낮은 흥미 위주의 책을 제공하는 것은 여가 독서와 교육적 독서의 대안으로 모두 유용하다.[223] 한 교사는 부진 독자에게 킨들(Kindle)을 빌려주어 큰 성공을 거두었다. 그는 텍스트를 자유롭게 확대하면서 더 쉬운 수준에서 개별적으로 책을 읽을 수 있도록 하는 킨들의 '멋진 요소'가 9학년 '킨들 사용자'들이 평균보다 더 많은 수의 책을 읽도록 기여했다고 믿는다.[224]

흥미로운 텍스트를 찾는 것을 돕고 9장에서 논한 것과 같은 독해 전략과 비계를 제공하면 학생의 자신감과 독서 성공을 높일 수 있다. 책을 얼마만큼 읽었는지를 알아보기 위한 목적으로 독서 일지를 작성하는 것과 같은 강제성이 낮은 피드백 메커니즘은 부진 독자가 자신의 독서 상황을 인식하도록 돕는다. 그러나 거스리와 위그필드는 그 메커니즘을 의무화하거나 학생들 사이에서 경쟁하게 하는 것은 역효과를 가져올 수 있다고 경고한다.[225] 영화를 보거나 교사가 소리 내어 읽으면 학생의 흥미를 불러일으킬 수 있고, 부진 독자를 이해의 출발점에 서게 한다. 독자 극장(Reader's Theatre) 활동도 같은 역할을 하며 동시에 학생들에게 텍스트 음독을 연습하고 숙달할 기회를 줄 수 있다.[226] 짝 읽기 또는 컴퓨터를 따라서 읽기를 통해, 해독과 어휘 학습에 대해 이미 논의한 더 집중적인 형식의 비계를 제공하면 읽기 장애로 어려움을 겪는 학생들 대부분도 초기 성과를 경험하고 혼자서 읽을 수 없던 그들 연령에 맞는 텍스트를 이해하는 경험을 하도록 도울 수 있다.[227]

6. 읽기 동기 측정하기

이 장에서 알 수 있듯이 동기는 읽기 기능의 발달과 책을 얼마만큼 읽었는지를 알아보기 위한 목적으로 독서 일지를 작성하는 것과 같은 독서의 양과 질에 강력한 영향을 미친다는 점에서 독서심리학에서 중요한 요소이다. 그러나 종종 학생들의 독서 동기를 신장하는 것의 중요성은 다양한 교육 위원회[228]들이 채택한 공식적인 정의와 성취기준에서는 간과되기도 한다. 이는 수업에서도 마찬가지다. 성취기준을 규정하는 위원회들은 측정 가능한 목표에 가장 관심을 두며, 성취기준의 달성 여부를 평가하는 시험이 점점 더 강조됨에 따라 학교와 교실은 이 시험 목표에만 제한적으로 초점을 맞추는 경향이 있다.[229] 여러 이유로, 읽기 동기는 측정하기가 다소 어렵다.

우리가 설명했듯이, 첫 번째 이유는 읽기 동기는 하나의 구인으로 이루어진 것이 아니라 많은 상호 관련된 구인들을 포함하기 때문이다. 불행하게도, 이 중 얼마나 많이 그리고 어느 것을 측정해야 하는지에 대해서는 학자들 사이에 별다른 합의가 이루어지지 않고 있다. 초등학교 읽기 태도 조사(ERAS, Elementary Reading Attitude Survey)[230]는 이 분야에서 가장 오래되고 여전히 가장 잘 알려진 평가 중의 하나로, 독서 동기의 전체 구인보다는 읽기 태도, 즉 독서에 대한 학생들의 감정(아마 우리가 설명한 독서에 대한 내재적 흥미에 가장 가까운 것)을 측정한다. 마이클 맥케나(Michael McKenna)와 데니스 키어(Dennis Kear)는 평가를 공부를 위한(학교 관련) 읽기와 여가를 위한 읽기라는 두 개의 항목으로 나누었다.[231] 잘 알려져 있고 자주 사용되는 또 다른 평가인 읽기 동기 질문지(MRQ, Motivation for Reading Questionnaire)[232]는 대조적으로 열한 개의 서로 다른 하위 척도로 이루어져 있고, 순응(compliance), 경쟁(competition), 인지(recognition) 및 호기심(curiosity)과 읽기 효능감(reading efficacy) 및 사회적(social, 관계적) 측면과 같이 보다 일반적인 인식 요소를 포함한다. 읽기 동기 프로파일(MRP, Motivation to Read Profile)[233]은 읽기 동기 질문지와 거의 동시에 개발되었으며, 독자로서의 자기 개념과 독서 가치라는 두 가지 요소만을 측정한다. 개발 이후 수많은 연구에서 사용된 이 세 가지 대중적인 검사 도구는 읽기 동기를 매우 다르게 측정한다. 드 내그헬(De Naeghel) 외는 디시와 라이언의 자기 결정 이론[234]에 근거한 새로운 검사 도구인 자기 조절 질문-읽기 동기(SRQ-RM, Self-Regulation Questionnaire—Reading Motivation)를 개발했다.[235] 자기 조절 질문-읽기 동기는 학술적 및 여가적 독서 둘 다에서 네 가지 유형의 동기[내재적(intrinsic), 확인된(identified), 내사된(introjected), 외적(external)]를 측정하여 여덟 가지 요소를 산출한다. 레인 스펄링(Rayne Sperling)과 토머스 셔우드(Thomas Sherwood), 어맨더 호드(Amanda Hood)는 읽기 동기 프로그램과 읽기 동기 질문지(MRQ)의 질문들을 가지고 유치원 이전 아동과 유치원 아동을 대상으로 한 발생적 독자 동기 및 읽기 척도(ERMAS, Emergent Readers Motivation and Reading Scale)를 만들었다.[236] 분명한 것은 우리가 '읽기 동기'를 측정한다고 할 때 무엇이 측정되어야 하는지는 앞으로 해결되어야 하는 문제란 것이다.

독서 동기를 측정하기 어려운 두 번째 이유는 이러한 모든 도구가 동기에 대한 아동의 자기 보고에 기초하기 때문이다. 물론, 학생의 읽기 동기에 대해 알고 싶다면 직접 묻는 것이 합리적이지만, 동기를 측정하기 위해 자기 보고에만 전적으로 의존하는 것은 몇 가지 문제를 야기한다. 첫째, 자기 보고식 측정은 **사회적 바람직성 편향**(social desirability bias)이 나타난다. 즉, 사람들은 질문하는 사람을 기쁘게 하거나 자신을 더 좋게 생각하게 하는 방식으로 질문에 대답하는 경향이 있다.[237] 이 효과는 의식적이거나 심지어 무의식적일 수 있으며, 특히 사회가 행동을 명확하게 승인하거나 승인하지 않는 분야에서 강하게 나타난다. 예를 들어, 영양에 대한 자기 보고식 연구에서 사람들은 지속적으로 건강식품의 양을 과대평가하고, 실제로 자신이 먹는 정크 푸드의 양을 과소평가하는 것으로 나타났다.[238] 사회적 바람직성 편향이 나타날 수 있는 질문의 예로는 아래와 같은 읽기 동기 선다형 질문이 있다.[239]

16. 나는 크면, 책 읽기에 _____ .

　　□ 전혀 시간을 쓰지 않을 거야.

　　□ 거의 시간을 쓰지 않을 거야.

　　□ 조금 시간을 쓸 거야.

　　□ 많은 시간을 쓸 거야.

부진 독자를 위한 프로그램에 참여하고 있는 아동에 대한 인터뷰에서, 냅은 사실 2학년 정도의 어린 아동이 비슷한 질문에 대해 사회적으로 바람직한 방식으로 반응한다는 것을 발견했다.[240] 읽기를 좋아하냐고 직접 물었을 때 대부분의 사람은 그렇다고 대답한다. 심지어 교사 보고서나 다른 증거에서 실제로 많은 사람들이 정기적으로 읽는 것을 즐기지 않는다고 나타나는데도 말이다. 이들 학생은 또한 종종 자신의 부모가 '많이' 혹은 '언제나' 읽는다고 주장했는데, '어른들은 자주 읽느냐'고 물었을 때, 어른들이 읽는 것을 거의 보지 못했다고(모순을 눈치채지 못하고) 대답할 만큼 세련되지 못했다. 쿼크 외에서도 마찬가지로 읽기 동기 질문지의 가치 관련 질문에 긍정적으로 답변하여 크게 왜곡시킨 2학년 학생의 응답을 지적하였다.[241] 이 연구 외에도 우리 사회에서 강력하고 일찍이 전해진 독서 가치가 비교적 어린 아이들조차도 독서 동기에 관한 자기 보고를 편향되게 하며, 이 문제는 아마 아동이 나이가 들수록 커질 것이라는 것을 시사했다.

이 분야의 자기 보고식 측정에 대한 또 다른 문제는 어린 아동이 그다지 상위인지적이지 않다는 것이다. 즉, 아동은 자신의 지속적인 감정이나 생각을 평가하는 데 능숙하지 않다.[242] 대신, 그들은 시간이 지남에 따라 그들이 보통 어떻게 느끼거나 수행해 왔는지를 상기하고 평가할 수 있는 관점이 부족하여 가장 최근의 사건이나 감정에 근거하여 반응하는 경향이 있다. 예를 들어, 초등학교 읽기 태도 조사의 질문 하나는 다음과 같다.[243]

[그림 10-2] 문항 예시: 20. 읽기 시험을 치는 것에 대해 어떻게 느끼나요?

특히 어린 아동은 대개 읽기 시험에 대한 느낌보다는 가장 최근의 시험 경험에 대한 느낌을 토대로 위의 문항에 반응할 가능성이 높다.

실제로 동기화된 읽기 행동(예: 자발적으로 읽는 시간, 텍스트 토론에 대한 열정)을 교사나 부모의 관찰을 통해 삼각 측정하는 것은 읽기 동기에 대한 학생의 자기 평가의 신뢰성과 타당성을 확장하는 데 유용할 수 있지만, 아직 이러한 연구는 거의 없다. 몇몇 연구[244]는 읽기 동기에 대한 아동의 점수와 아동의 읽기 동기에 대한 부모나 교사의 등급 간의 상관관계를 조사했지만, 불행하게도 아동이 보고하는 것과 성인이 생각하는 것 간에는 중간 정도의 상관관계만이 있었다. 물론 디지털 시대의 진보와 함께 급변하는 독서 성질 자체는 우리가 어떻게 독서를 개념화하고 독서 동기를 측정하느냐에 대한 새로운 문제를 제기한다. 실제로 초등학교 읽기 태도 조사와 읽기 동기 프로파일 개발자들은 최근 학생들이 지금 읽고 있는 방법과 내용의 변화를 반영하기 위해 요소를 재설계하거나 수정했다.[245] 그래서 독서에서 동기의 중요성은 분명하지만, 독서 동기를 측정하는 것은 여전히 '개발 중'인 과제라고 할 수 있다.

7. 공통 핵심 성취기준과의 연계

이러한 모든 교실 전략은 교사가 학생의 읽기 동기에 유의하고 긍정적으로 영향을 미치는 데 도움이 될 수 있다. 공통 핵심 성취기준 중 특별히 학생의 읽기 동기를 측정하도록 요구하는 것은 없지만, 이러한 누락은 읽기 동기의 중요성보다 읽기 동기 평가의 어려움을 더 많이 반영한 것이다. 대학 진학 및 취업 준비 핵심 성취기준은 학생이 '점점 더 높은 수준의 도전적인 문학 및 정보 텍스트를 광범위한 범위 내에서 깊이 읽게' 하고 '미래 성공에 필수적인 독립적이고 꼼꼼한 읽기 습관을 갖게' 하는 것을 목표로 한다.[246] 이 두 가지 목표 중 어느 것도 학생들의 읽기 동기가 없다면 달성되지 않을 것이다.

반면 한국의 교육과정의 경우 [표 10-2]에서 볼 수 있는 것처럼, 읽기 동기에 대한 내용을 '읽기의 가치·태도' 영역에서 다루고 있다. 초등학교 저학년에서는 '읽기에 대한 흥미'를, 초등학교 중학년에서는 '읽기 효

[표 10-2] 2022 개정 국어과 교육과정: 읽기 태도 및 동기(교육부, 2022)

학년	영역	성취기준
		2022 개정 국어과 교육과정
초 1~2학년	읽기	[2국02-05] 읽기에 흥미를 가지고 즐겨 읽는 태도를 지닌다.
	문학	[2국05-04] 시나 노래, 이야기에 흥미를 가진다.
초 3~4학년	읽기	[4국02-06] 바람직한 읽기 습관을 형성하고 읽기에 대한 자신감을 기른다.
	문학	[4국05-05] 재미나 감동을 느끼며 작품을 즐겨 감상하는 태도를 지닌다.
초 5~6학년	읽기	[6국02-05] 긍정적인 읽기 동기를 형성하고 적극적으로 읽기에 참여하는 태도를 기른다.
	문학	[6국05-06] 작품을 읽고 자신의 삶과 연관 지어 성찰하는 태도를 지닌다.
중 1~3학년	읽기	[9국02-07] 진로나 관심 분야에 대한 다양한 책이나 자료를 스스로 찾아 읽는다.
	문학	[9국05-03] 인간의 성장을 다룬 작품을 읽으며 문학의 가치를 내면화한다.
고 1학년	읽기	[10공국2-02-03] 의미 있는 사회적 독서 활동에 참여함으로써 타인과 교류하고 다양한 지식이나 정보, 삶에 대한 가치관 등을 이해하는 태도를 지닌다.
	문학	[10공국2-05-02] 주체적인 관점에서 작품을 해석하고 평가하며 문학을 생활화하는 태도를 지닌다.
고 2~3학년	독서와 작문	[12독작01-15] 독서와 작문의 관습과 소통 문화를 이해하고 공동체의 소통 문화 및 담론 형성에 책임감 있게 참여한다.
	문학	[12문학01-12] 주체적인 문학 활동을 생활화하여 지속적으로 문학을 즐기는 태도를 지닌다.

능감'을 내용 요소로 제시하여 초등학교 고학년에서 '긍정적 읽기 동기의 형성'을 다룰 수 있도록 하였다. 더불어 진로나 관심 분야에 대한 읽기를 통해 '읽기에 대한 적극적 참여'를 장려하고 있으며, 이를 통해 이후 중·고등학교 시기에 '읽기를 통한 성찰'과 '사회적 독서 문화의 형성'을 도모 하여 자신의 읽기를 주도적으로 이끌어 나가는 평생 독자로서 성장할 수 있도록 하는 내용을 담고 있다.

1 기대×가치 모형에서 어떤 요인들이 다른 요인들보다 읽기 동기에 더 중요한가? 이러한 요인들은 독자의 유형이나 연령에 따라 다를 수 있는가?

2 여러분은 독서와 관련하여 가장 동기화된 때는 언제인가? 동기화되지 않은 때는 언제인가? 기대×가치 모형의 다양한 요소들이 당신의 읽기 동기에 어떤 영향을 미쳤는가? 당신에게도 영향을 준 다른 요인이 있었는가? 만약 할 수 있다면, 자신의 이야기와 다른 사람들의 이야기를 비교해 보자.

3 이 장을 여는 사례 연구에 소개된 독자들 중에서 한 명을 선택하라. 강 교사가 그 학생의 읽기 동기를 북돋기 위해 사용할 수 있는 전략들은 무엇인가?

4 많은 학교에서 단계별 독해력 프로그램과 같은 읽기 장려 프로그램을 채택하는 이유는 많은 학생들이 읽기에 관한 내재적인 동기가 거의 없기 때문이다. 그러나 이러한 프로그램은 비용이 많이 들 수 있으며, 연구 결과에 따르면 가능한 한 잘해 냈을 때에도 외적인 보상은 독자에게 동기를 부여하는 최선의 방법이 아닐 수 있다. 이 장의 내용을 고려해 볼 때, 교실 수준에서보다는 학교 수준에서 학생들의 독서 동기에 긍정적으로 영향을 줄 수 있는 방법에는 무엇이 있겠는가?

Conradi, K., Jang, B. G., & McKenna, M. C. (2014). Motivation terminology in reading research: A conceptual review. *Educational Psychology Review, 26*, 127-164.

Gambrell, L. (2011). Seven rules of engagement: What's most important to know about motivation to read. *The Reading Teacher, 65*(3), 172-178.

Guthrie, J. T., & Wigfield, A. (2000). Engagement and motivation in reading. In M. L.Kamil, P. B. Mosenthal, P. D. Pearson, & R. Barr (Eds.), *Handbook of reading research*(Vol. 3, pp. 403-422). Mahwah, NJ: Erlbaum.

언어적 차이와
읽기 학습

11

사례 연구

미국의 학교 4학년 학급에 중국에서 이민 온 '이와'가 전학을 왔다. 그런데 그의 부모가 학교에 학생생활기록부를 제출하지 않아서, 교육지원청은 이와가 또래보다 나이가 많기는 하지만 그를 4학년에 배정했다. 이와의 부모는 그가 중국에서 품행이 바르고 학업에 충실한 우수한 학생이었으며, 2년 전인 3학년 때부터 중국의 모든 학생들이 받는 정규 영어 수업을 받았다고 설명했다. 그렇지만 안타깝게도 그는 다른 아이들과 소통할 만큼 영어를 잘하지 못했다. 알파벳 지식은 있었지만 읽기 수업을 따라갈 만큼으로 보이지 않았다. 담임 교사인 가르시아는 이와에게 어떻게 영어 읽기를 가르칠지 고민하고 있다.

약간의 예외가 있기는 하지만, 이 책에서 우리는 여러 언어들에 보편적으로 적용할 수 있는 읽기와 읽기 학습에 대한 복잡한 심리 과정을 설명하고자 하였다. 앞의 사례는 중국어가 모어인 이와 학생이 제2 언어로 영어를 학습해야 하는 상황에서 담임 교사가 적절한 교육적 지원을 하기 위해 고민하는 내용이다. 우리는 이 교사에게 어떠한 조언을 해 줄 수 있을까? 이번 장에서는 제2 언어를 배우고자 할 때 모어의 특징이 제2 언어 읽기 학습에 어떤 영향을 미치는지, 그리고 그에 대한 교육적 지원 방법은 무엇이 있는지 다루고자 한다. 먼저 문자 체계(writing system)의 차이에 따른 읽기와 읽기 학습에 대해 살펴본 후, 제2 언어 또는 방언을 사용하는 경우를 중심으로 언어(권) 차이에 따른 읽기 학습에 대해 다룰 것이다.

1. 문자 체계와 읽기 학습

1.1. 문자 체계의 차이

영어가 아닌 언어에서의 읽기 학습에 대해 논의하기 전에, 읽기 과정에 영향을 줄 수 있는 문자 체계의 차이에 대해 이해하는 것이 중요하다. 문자 체계는 평평한 면이나 종이에 구어를 기록하거나 소통하는 체계적인 상징 수단이다. 최근에는 여기에 디지털 자료와 신호 체계까지도 포함된다.

말이 글로 적히는 순간 그 메시지는 곧 분리되어 영구적이게 되며, 눈으로 볼 수 있고, 결국은 그 메시지들이 기록된 맥락으로부터 단절된다. 이러한 점에서 글(문자)은 말을 시각적인 형태로 완벽히 번역해 내지는 못한다.[1]

문자 체계는 기본적으로 세 가지 유형, 즉 음소(alphabetic) 문자, 음절(syllabic) 문자, 표어(단어, logographic) 문자로 구분된다.* 이 문자 체계는 우리가 말한 '소리'를 적는 것인지, 아니면 말한 '의미'를 문자로 부호화하는 것인지에 따라 본질적인 차이를 지닌다.[2] 즉, 어떤 문자 체계는 발화의 발음(음성)을 종이에 옮기는 것을 강조하는 반면, 또 다른 문자 체계는 발화의 의미를 보다 직접적으로, 도식적으로 옮기는 것을 강조한다. 이번 절에서는 문자 체계의 세 가지 유형과 그에 따른 읽기 학습을 다루고자 한다.

....

* 문자 체계에서 개별 글자가 나타내는 것이 소리 단위인지 의미 단위인지에 따라 일차적으로 '표음 문자', '표의 문자'로 구분할 수 있다. 이차적으로 개별 글자가 나타내는 음성이 무엇인지에 따라, 단위 문자가 단어(또는 형태소)의 음성을 대표하는 문자를 표어(단어) 문자, 음절음을 대표하는 문자를 음절 문자, 음소음을 대표하는 문자를 음소 문자라고 한다[배보은. (2009). 문자론 용어 문제에 대하여. 배달말, 45, 175-216]. 이러한 측면에서 원저자는 문자의 유형을 2차 층위에서 다룬 것으로, 개별 글자의 음성 표기 단위를 고려하여 음소 문자, 음절 문자, 표어(단어) 문자로 구분하여 제시하고 있다. 대표적인 사례로 음소 문자는 영어, 음절 문자는 일본어, 표어 문자는 중국어이다.

1.1.1. 음소 문자 체계[*]

음소 문자 체계를 지닌 언어로는 영어가 있고, 로마자를 사용하는 대부분의 서유럽 국가들의 문자 체계도 이에 속한다.[**] 음소(phoneme)는 한 단어와 다른 단어를 구분하는, 언어 음성 체계에서 가장 작은 단위이다. 음소 문자는 매우 경제적인 방식으로 언어의 소리를 표현한다. 예를 들어, 음소 문자는 모든 음운 변화(변이)를 표현하려 시도하지 않고 때로는 영어의 sh, th, ch와 같이 다중 철자를 사용하여 특정 음소를 나타낸다. 반대로 하나의 글자가 하나 이상의 음소를 표현하기도 한다. 예를 들어, 같은 글자라도 그것이 나타나는 언어적 맥락에 따라 다르게 발음되기도 한다.[***]

앞서 언급한 것과 같이, 영어에서는 표기(철자법)에 대한 규칙성과 명료성 문제가 있는데, 이는 아동 독자가 읽기 학습을 하는 동안 반드시 극복해야 할 문제이다. 이러한 명료성의 부재는 특히 시각 단어들에서 나타나지만, 그밖의 다른 단어들에서도 나타난다. 이에 비하면 알바니아어, 스페인어, 이탈리아어, 독일어, 네덜란드어, 핀란드어는 상대적으로 철자법이 명료해서, 철자를 소리로 바꿀 때나 소리를 철자로 바꿀 때 철자와 소리의 관계가 매우 일관된다. 음소 문자 체계의 한 유형으로 **자음 문자 체계**(consonantal writing system)가 있다. 자음 음소로만 이루어져 있고, 모음은 단지 자음의 위 또는 아래에서 발음 구별 부호로 나타난다. 아랍어와 히브리어가 자음 문제 체계의 사례이다. 이처럼 음소 문자 체계는 발화된 음성(소리)을 종이에 옮기는 데 중점을 둔다는 점에서 공통점이 있다.

....

[*] 독자의 편의를 위하여 소제목을 옮긴이가 추가했다.

[**] 한글도 한 낱자가 음소를 대표하는 음소 문자의 특성을 지닌다.

[***] 한국어로 /ㄱ/라는 소리는 /가구/에서와 같이 음운론적 환경에 따라 각각 /k/, /g/ 등으로 달리 실현된다. 영어에서 /k/의 경우도, 'kangaroo[kæŋgəˈruː]'와 'keyboard[ˈkiːbɔːrd]'에서 엄밀하게는 다른 소리로 실현된다. 다만 이러한 차이는 음향 분석기를 이용해야 알 수 있는 정도로 그 소리는 매우 유사하여, 이를 변별함으로써 대립되는 다른 단어가 없어 하나의 음소로 인식된다.

1.1.2. 음절 문자 체계

음절 문자 체계는 음소 문자 체계의 자음과 모음, 또는 모음만으로 음절을 표현한다. 벵골어, 칸나다어(인도 카르나타카 지방의 방언), 버마어, 체로키어, 라오어, 타이어 등이 음절 문자 체계를 지닌다. 일본어에서 사용하는 히라가나 또한 음절 문자의 대표적인 예이다. 대부분의 음절 문자는 음소 문자와 음절 문자 체계의 요소로 결합되어 있거나(예: 힌두어, 타밀어, 칸나다어), 표어 문자 체계와 음절 문자 체계의 요소로 결합되어 있다(예: 일본어).

지금까지 다양한 문자 체계의 설명을 통해 살펴본 바와 같이, 음성으로 발화된 언어가 글로 적히는 방법은 문자 체계에 따라 다르다. 특정 문자 체계는 글 읽기 학습에 어떠한 영향을 미칠까? 이 질문은 최근 문자 체계에 따른 읽기 학습의 특수성을 밝히려는 연구 혹은 읽기 학습의 보편성을 주장하는 연구 등을 통해 제기되었다. 그중 독자가 특정 철자법(문자 체계)의 요구에 따라 읽기 과정 전략을 조정하는 것이 문자 체계의 특성에 기인하는지를 밝히려는 연구가 활발히 수행되고 있다. 이와 관련하여 다음 절에서는 음소 문자, 음절 문자, 표어 문자 체계에서의 읽기 학습을 살펴보고자 한다.

1.1.3. 표어 문자 체계

표어 문자 체계에서는 하나의 문자가 한 단어나 형태소의 음성을 대표하는 단위가 된다. 중국의 문자인 한자가 표어 문자의 사례이다. 하지만 모든 한자가 독자적인 형태소로 되어 있는 것은 아니고, 일부 형태소는 한자와 한자의 결합으로 이루어져 있다. 음소 문자와 달리, 표어 문자 체계에서는 단어의 발음이 문자(기호)와 직접적으로 연결되지 않는다. 즉, 문자의 구성 성분을 보고 문자를 발음하는 방법을 알기 어렵다. 그렇기 때문에 한자를 통해 읽기를 학습하는 데에는 수년 이상의 많은 시간이 필요하다.

중국어에서는 대개 3,500~4,000개의 한자를 이용하는데, 이것들을 조합하여 사용하면 대략 6만 단어가 된다.[3]

반면, 표어 문자 체계의 장점은, 같은 문자 체계를 공유한다면 서로의 언어나 방언이 다르더라도 소통이 가능하다는 점이다. 예를 들어 서로 다른 중국어 방언을 쓰는 사람들도 문자를 통해 의사소통할 수 있다. 이는 발화의 의미(메시지)가 언어의 음운(소리)이 아닌 문자(기호)에 연관되어 있기 때문이다. 몇몇 한자는 의미 대상을 그린 듯 묘사함으로써 다소 상징적인 방식으로 의미와 문자를 관련짓는다. 예를 들어 사람을 뜻하는 한자는 어렴풋이 사람(人)의 모습처럼 보인다.* 그러나 대부분의 한자가 상형(象形)만으로 의미를 전달하지는 않아서 대부분의 서양인은 다양한 한자의 형태만을 보고 그 의미를 추론하기는 어려울 것이다.

현대 중국어(또는 한자)는 음성(발음) 요소를 지니고 있기도 하다.** 예를 들어, 한자의 많은 단어는 두 개의 한자가 조합되어 있는데, 이때 첫째(대체로 왼쪽) 부분의 한자는 의미를, 둘째(대체로 오른쪽) 부분의 한자는 발음에 대한 단서를 제공한다. 예를 들어, '빤히 쳐다보다(stare)'라는 의미를 지닌 '盯(똑바로 볼, 정)'이라는 한자의 경우, 왼쪽에 있는 한자 '目'은 '눈(目)'과 관련된 의미를 나타내고, 오른쪽에 있는 한자 '丁'은 '정'이라는 이 한자의 소리와 관련이 있다.[4] 이때 오른쪽 한자는 해당 한자의 소리에 대해 음소 수준이 아닌 음절 수준의 단서를 준다. 같은 한자라도, 함께 쓰이는 한자에 따라 그 의미나 소리에 대한 단서가 달라지는 경우가 많다. 한자어 말뭉치의 80~90%가 이러한 '형성(形聲)'***의 원리로 이루어져 있다.[5]

....

*   사람 인(人)은 팔을 지긋이 내리고 있는 사람의 옆모습을 본떠 만든 글자이다.

**   이는 한국인들이 사용하는 한자의 경우도 마찬가지다.

***   각각 뜻과 음을 나타내는 둘 이상의 한자를 합하여 새 글자(한자)를 만드는 방법으로, 한자의 구조와 사용에 관한 여섯 가지 원리인 상형(象形), 지사(指事), 회의(會意), 형성(形聲), 전주(轉注), 가차(假借) 중 하나이다.

따라서, 일반적이고 간단한 단어를 제외하고는 대부분의 한자어는 의미부(훈)와 소리부(음)를 모두 지닌다. 이러한 점에서 중국어는 완벽한 표어 문자 체계는 아니지만, 표어 문자 체계를 이해하는 데 가장 좋은 문자이다.

1.2 음소 문자 체계에서 읽기 학습

음소 문자 체계에서의 읽기 발달 연구에서 '철자법의 명료함이 읽기 학습에 미치는 영향'에 관한 연구 문제가 제기되었다. 앞서 언급한 것처럼, 표기(철자법)의 명료성은 다른 문자 체계와 음소 문자 체계를 구별하는 주요 특징이다. 철자법의 명료성은 아동 독자가 글을 소리 내어 읽는 데 사용하는 전략에 영향을 미친다. 핀란드어와 같이 음소 문자 체계에 충실한 경우, 모든 낱자의 이름이 그 낱자를 발음하는 소리와 같고, 그 낱자가 나타나는 언어적 환경에 관계없이 독립적인 발음을 낸다. 핀란드어를 배우는 아동은 21개의 낱자와 그 발음을 학습하고 나면 핀란드어를 읽는 데 필요한 도구를 모두 지니게 된다.[6] 이처럼 철자법의 명료성은 알파벳 언어에서의 읽기 학습에 큰 영향을 미친다. 음소 문자 체계가 읽기 학습에 미치는 영향에 관한 구체적인 논의는 다음과 같다.

1.2.1. 음소 문자와 단어 해독

단어 해독은 철자법이 명료한 언어에서 상대적으로 학습하기 쉽다. 음소 문자는 단지 글자를 각각의 소리로 변환하여 읽기만 하면 되기 때문이다. 실제로, 철자법이 명료한 언어에서의 읽기를 학습하는 아동이 그렇지 않은 언어에서 읽기를 학습하는 아동보다 정확하고 빠르게 읽을 수 있다는 연구 결과가 있다. 예를 들어 닉 엘리스(Nick Ellis) 외에 따르면, 철자법이 명료한 언어(예: 알바니아어)를 쓰는 아동은 실험 상황에서 제시된 단어의 80%를 읽은 반면, 철자법 체계가 불명료한 언어(예: 영어)를 쓰는 아동은 유사한 실험 상황에서 제시 단어의 60%밖에 정확하게 읽지 못했다.[7] 이와 유사하게, 타니아 패텔(Tanya Patel)과 스노울링, 피터 데용(Peter de-Jong)은 독일어권 독자가 비슷한 나이와 경험을 지닌 영어권 독자보다 단어의 이름을 더욱 정확하고 빠르게 읽는다고 보고하였다.[8]

1.2.2. 음소 문자와 음운론적 지식

철자법이 명료한 음소 문자 언어에서는 단어의 길이가 단어 읽기 시간에 미치는 영향이 더욱 큰 것으로 나타났다. 철자법이 대체로 명료한 언어에서 단어 해독은 낱자의 모양과 소리를 조합하여 읽는 과정이 요구된다. 따라서 긴 단어를 읽을 때에는 단어의 길이만큼 읽는 데 시간이 더 걸린다. 엘리스와 마리 후퍼(Mari Hooper)는 철자법이 명료한 언어에서 단어의 길이는 읽기 시간을 설명하는 큰 변수라고 주장하였다.[9]

엘리스 외의 연구에 따르면, 문자 체계에서 철자법이 명료하면, 아동 독자는 단어 읽기를 학습할 때 음운 체계에 의존한다.[10] 반대로, 철자법이 명료하지 않으면 독자가 단어를 확인하는 추가적인 절차로서 어휘집을 이용하게 된다(앞서 5장에서 이중 경로 모형으로 논의되었던 것과 관련된다).[11] 소리와 글자의 관계가 분명하지 않은 문자 체계에서는 철자를 소리로 전환하는 과정에서 단순히 자음과 모음의 낱자와 소리에 의존할 수 없다. 이는 아동 독자가 글을 음독하는 과정에서 드러내는 실수의 유형에도 영향을 미친다. 예를 들어, 독일어와 알바니아어처럼 철자법이 명료한 문자 체계에서의 아동 독자는 다른 유의미 단어로 대체해서 잘못 읽는 경우보다는 발음 실수를 하여 무의미 단어로 읽어 버리는 경향이 있다.[12] 이와는 대조적으로, 영어 화자인 독자는 다른 유의미 단어로 잘못 읽는 경우가 많다. 이들은 음소에 의존하여 읽기보다는 어휘집을 직접적으로 이용하며 읽기 때문이다.

철자법이 명료한 문자 체계에서 단어를 해독할 때 음운 인식은 그다지 중요하지 않다. 철자법의 명료성은 아동 독자에게 음운론적 지식에 대한 요구를 줄여 주기 때문이다. 반면, 영어에서는 영어 알파벳 자모의 기본적인 발음을 아는 것만으로는 글자를 읽는 데 필요한 충분한 지식을 갖추었다고 보기 어렵다. 철자법이 명료한 문자 체계에서 대부분의 아동은, 심지어 읽기에 고군분투하는 미숙한 독자라고 할지라도 1년 정도 내에 낱자와 소리 간의 필연적인 규칙에 대해 학습할 수 있다. 이와 달리, 영어처럼 철자법이 불명료한 경우, 아동 독자는 음운 체계에 대해 심도 있는 이해가 필요하며, 다양한 낱자의 조합과 그들 각각의 발음에 대해 알아야 한다. 또한 그들은 단일 자모 단위에서 다중 철자, 각운, 그리고 전체 단어 단위까지 다양한 크기의 의미를 나타내는 문자 단위를 인식하며 읽을 수 있어야 한다.[13] 철자법의 명료성에 따른 글자 해독을 비교한 수많은 연구에 따르면, 철자법이 명료한 문자 체계는 읽기 학습을 할 때 음운론적 지식을 중요하게 다루지 않는다.[14] 초기 음운 지식은 철자법이 불명료한 언어의 읽기 학습 초기 단계에서 특히 중요하다.[15] 철자법이 명료하지 않은 문자 체계에서의 아동 독자는 이러한 음운론적 지식에 대해 더 깊이 알아야 할 필요가 있다.

1.2.3. 음소 문자와 독해

음소 문자 표기의 명료성은 독해(읽기 이해)에 필요한 하위 능력들 간의 상대적인 중요도를 변화하도록 한다. 즉, 철자법이 명료한 음소 문자 체계는 해독 능력보다 언어 이해 능력의 상대적인 중요도가 높아진다. 문자 체계의 철자법 특성이 독자가 자신의 처리 전략을 조정하도록 촉진할 경우, 이러한 읽기 능력 간 상대적 중요도의 전환은 충분히 예상되는 것이다. 실제로 엘레나 플로리트(Elena Florit)와 케이트 케인(Kate Cain)이 철자법이 명료한 언어에서의 독해 예측 변수와, 영어와 같이 철자법이 불명료한 언어에서의 독해 예측 변수를 비교하는 메타분석 연구를 수행한 결과,

해독 능력과 언어 이해 능력과 같이 읽기에 필요한 능력의 유형을 전환하는 것은 읽기 학습에서 중요한 능력으로 나타났다.[16]

앞서 8장에서 논의된 읽기에 대한 단순 관점을 고려해 보자. 이 이론은 해독 능력과 언어 이해 능력이 모두 독해에 핵심적인 기여를 하는 요소라고 가정한다. 그러나 해독 능력을 습득하고 나면 읽기에는 특별한 어려움이 없다. 사실상 모든 아동이 해독 능력은 쉽게 습득하는 편이고, 특히 철자법이 명료한 문자 체계에서 읽기를 학습하는 아동에게는 더욱 그렇다. 이런 경우에 언어 이해 능력이 독해에 더 큰 기여를 하는 요소가 될 것이다. 반면 철자법이 불명료한 언어의 독자의 경우에는 기본적인 해독 능력이 읽기에 주요한 걸림돌이 될 수 있다. 철자법이 명료한 언어에서는 언어 이해 능력이 독해에 미치는 영향이 큰 반면, 철자법이 불명료한 영어와 같은 언어에서는 해독 능력이 독해에 미치는 영향이 더 크다.

1.3. 음절 문자 체계에서 읽기 학습

음절 문자 체계에서의 읽기 학습에 관한 연구는 비교적 드물다. 한 가지 예측 가능한 것은 음절 문자로 읽기를 학습하는 아동은 음소 인식이 부족할 것이라는 점이다.[17] 문자 체계 분석의 이용 가능한 단위가 음소가 아닌 음절이기 때문이다. 음절 문자 읽기는 음소에 대한 인식이 아니라, 음절에 대한 인식이 필요하다. 버지니아 만(Virginia Mann)은 일본 히라가나를 읽는 아동 독자에 대한 연구에서 이와 같은 결과를 밝힌 적이 있다.[18] 나아가 마야 시호 고바야시(Maya Shiho Kobayashi)와 찰스 하이네스(Charles Haynes), 폴 마카루소, 패멀라 훅(Pamela Hook), 준코 카토(Junko Kato)는 일본 히라가나 학습자의 '음절 삭제 기능(syllable deletion skill)'은 읽기 정확도와 관련이 있다고 하였다.[19]

음절 문자는 순수하게 음절 문자로만 된 경우는 드물다. 예를 들어 일본 히라가나 음절 문자 체계에는 일본 아동이 읽기 위해서 배워야 하는 히라가나 기본 71자 외에, 히라가나 요음(拗音)* 체계라 불리는 음운론적 요소를 나타내는 36자가 추가로 존재한다. 음운론적 지식이 있다면 일본어의 이러한 글자를 배우는 데 도움이 될 수도 있다. 클레어 플레처-플린(Claire Fletcher-Flinn)과 G. 브라이언 톰슨(G. Brian Thompson), 메구미 야마다(Megumi Yamada), 마키코 나카(Makiko Naka)는 히라가나 음절 읽기를 배우는 일본 아동 중 음운론적 지식을 가지고 있는 아동이 히라가나 요음 36자를 더 잘 읽을 수 있다고 보고하였다.[20] 그러나 기본적인 히라가나 글자 학습에서는 음운론적 지식의 유무가 해당 학습 결과를 구분하는 요소가 되지는 않았다.

앞서 언급한 바와 같이, 대부분의 음절 문자는 사실 순수한 음절 문자이기보다는 음소 문자와 음절 문자가 결합되었거나 표어 문자와 음절 문자가 결합되어 있다. 소널리 낵(Sonali Nag)은 인도 남서부의 5~10세 아동을 대상으로 칸나다어의 문자 체계 습득에 대해 연구하였다.[21] 이곳의 문자 체계는 자음과 모음으로 하나의 음절을 구성하는, 즉 음소를 기본 단위로 하는 음절 문자 체계이다. 음소-음절(alpha-syllabary) 문자 체계는 음절 수준의 소리를 나타내는 것이 가장 두드러진 음성 표기 방식이지만, 모음에 대한 음성적 정보를 부수적으로 추가하는 발음 구별 기호를 지닌다. 이 문자 체계를 학습하는 아동은 일찍부터 음절 수준의 음운론적 인식이 높게 나타난다. 음절 수준의 음운론적 인식은 성인과 아동 모두에게 중요한 읽기 기능이다. 다만 음운론적 수준의 지식은 매우 뒤늦게 나타난다. 칸나다어를 사용하는 청소년 화자는 칸나다 문자의 세부적인 부분까지

....

* 일본어에서 히라가나에 부족한 음을 보완하기 위해 기본 음절에 /-ya/(や), /-yu/(ゆ), /-yo/(よ)를 덧붙여 두 글자로 1음절을 나타내는 것이다. 예를 들어 '시(し)' 에 글자를 덧붙여 '샤(しゃ), 슈(しゅ), 쇼(しょ)'와 같이 표기하는 것을 말한다. 이는 규칙적으로 반복되기 때문에 기본 음절을 익히고 나면 요음 체계는 비교적 쉽게 익힐 수 있다.

학습한 후에야 영어권 아동의 일반적 수준인 음운론적 인식을 습득하게 된다. 즉, 음절 문자를 쓰는 칸나다어 화자는 음소 문자를 쓰는 영어권 화자보다 음운론적 인식 능력이 다소 부족하다.

사실 아동이 다양한 음절 문자 체계를 어떻게 배우는지에 대해서는 더 많은 연구가 필요하다. 이러한 지식은 문자 체계의 특성이 읽기 학습에서 필요한 주요 능력에 어떻게 영향을 미치는지에 대한 연구를 보완하는데 도움이 될 것이다.

1.4. 표어 문자 체계에서의 읽기 학습

심리언어학적 연구 방법론을 이용한 표어 문자 연구는 거의 대부분이 중국어를 대상으로 한 것이다. 앞에서 서술한 바와 같이 대부분의 중국어 단어는 의미부(훈)와 소리부(음)로 구성된 한자로 되어 있다. 아동이 특정 한자 단어를 이해하기 위해서는, 의미부와 소리부를 알고, 이들 요소의 글자 구성 등에 대해 알아야 한다.

이론적으로, 한자어와 같은 표어 문자의 철자법이 앞서 다룬 '단어 재인 이론'에서 밝혀진 의미-음운-철자(문자)의 삼각 연결망 모형으로 설명될 수 있는지는 명확하지 않다.[22] 그러나 우리는 중국어 단어를 음운, 의미, 철자의 요소로 분석함으로써 영어 단어 재인 과정을 설명하기 위한 모형과 이론들에 적용하여 기술해 볼 수 있을 것이다.

첫째, 중국 한자의 소리부는 삼각 연결망 모형에서 설명하는 음운론적 표상과 가장 밀접한 관련이 있는 것으로 보인다. 아울러 아동이 이를 잘 처리하기 위해서 요구되는 능력은 아마도 음운론적 지식일 것이다. 실제로, 음운론적 지식은 중국어 읽기를 학습할 때 중요하다. 특히 음절 인식과 성조 인식(중국어에서 음절 안의 소리 높낮이에 따라 단어의 뜻이 달라지는 것에 대한 인식)이 중요한데, 이는 중국어와 이것의 표기법과 관련이 있다.[23]

둘째, 중국어 한자의 의미부는 삼각 연결망 모형에서 의미 단위로 설명하는 것과 유사하게 볼 수 있다. 이때, 형태론적 지식은 한자의 의미부를 인식하는 중요한 능력과 관련이 된다. 즉, 형태론적 인식이 우수한 아동은 중국어 단어 읽기 능력이 우수한 것으로 나타났다.[24] 캐서린 맥브라이드-창(Catherine McBride-Chang)과 후아 슈(Hua Shu), 아이바오 저우(Ai-bao Zhou), 천 퐁 왓(Chun Pong Wat), 와그너도 아동이 형태소의 구성 요소를 다루는 능력에 기반하여, 새로운 합성어를 구성하는 능력에 따라 단어 읽기 능력에 특정한 차이가 있음을 확인하였다.[25] [예를 들어 "아침에 해(sun)가 떠오르는 것(rising)을 보고 해돋이(sunrise)라고 한다. 그렇다면 달(moon)이 떠오르는 것(rising)은 뭐라고 해야 할까?"[26]와 같은 질문을 통해 아동이 형태소를 인식하여 'moonrise(달돋이)'라는 복합어를 만들 수 있는지를 조사하였다.] 형태론적 지식을 확인하고자 한 다른 연구에서도 이러한 한자의 구성에 대한 이해가 중국어 단어 읽기 학습 초기에 중요한 기여를 한다고 밝혔다.[27]

셋째, 한자의 표기법 요소는 한자가 의미부와 소리부라는 하위 구성 요소로 이루어져 있음을 이해하는 것과 관련이 된다. 실제로, 이 체계를 이해하는 중국의 아동 독자는 보다 우수한 능력을 지닌 독자이다.[28] 즉, 한자 내의 구성 요소 및 그 위치와 기능을 아는 아동은 단어 읽기 정확도와 이해력 측면에서 더 나은 성취를 보여 준다. 나아가, 한자에서 철자가 잘못된 것과 같은 사소한 오류를 확인할 수 있는 중국의 유아는 단어 읽기에서 더 좋은 능력을 보이는 경향이 있다.[29]

1.5. 문자 체계와 읽기 학습에 대한 결론

이번 장을 시작하면서, 우리는 읽기 학습이 일반적이고 언어적으로 독립적이며 복잡한 심리학적 과정인지에 대한 논의를 하였다. 대부분의 문자 체계의 영향에 대한 연구는 이 책에서 논의하는 문식성에 관한 내용

보다는 단어 읽기 학습 과정에 초점이 있었다. 그렇기 때문에 우리의 논의는 문자 체계가 단어 재인에 대한 삼각 연결망 모형[30] 또는 이중 경로 모형[31]으로 논의된, 단어 재인을 위한 기저 능력에 관여하는지에 초점을 두었다.

　문자 체계에 관한 연구는 일반적으로 읽기 학습을 위한 하위 기능 간의 관련성을 고려하면서, 개별적인 접근을 통해 이루어졌다. 이는 읽기 능력에 중요한 예측 요인인 부분적인 읽기 기능(component skills)과 전체적인 단어 읽기 기능(overall word reading skills) 사이의 관계를 식별하기 위해 다양한 상관관계를 이용하는 것을 포함한다. 이처럼 한 언어와 다른 언어 간의 상관관계 강도를 비교함으로써 문자 체계 간의 차이를 추론해 내었다.

　우리는 문자 체계에 따라 읽기 학습에 필요한 하위 기능의 유사점과 차이점에 대해 살펴보았다. 예를 들어 철자법이 명료한 음소 문자 체계에서 음운론적 인식 능력은 좋은 독자와 그렇지 않은 독자 간에 차이를 만드는 요소가 아니었다. 음절 문자 체계에서 음운론적 인식은 중요해지기는 하지만 단지 음절 수준 정도의 인식이 요구된다. 표어 문자 체계에서는 음소 문자가 아니더라도, 음운론적, 형태론적, 철자법적 인식 능력이 중요하다는 것을 살펴보았다. 그러나 이미 많은 논문으로 입증된 영어권 읽기 학습에 필요한 하위 능력과 중국어권에서의 읽기 학습에서 필요한 하위 능력 간의 직접적인 상관관계를 이끌어 내기에 어려움이 있었다.

　이제 우리는 잠정적으로 다음과 같은 결론에 도달하게 된다. 삼각 연결망 모형과 이중경로 모형에서 설명한 기저 기능은 대부분의 문자 체계에서 읽기 학습을 설명하는 데 모두 필요할 수 있다. 여러 연구에서 밝혀진 바와 같이 문자 체계는 읽기에 필요한 특정 능력의 상대적 중요성과 특성에 영향을 줄 수 있다. 다만, 우리가 영어보다 중국어의 관점에서 논의를 시작했더라면 단어 읽기 기능의 발달에 대한 이론이 다른 방향으로 전개되었을 수도 있다는 점에 대한 문제 의식은 여전히 남아 있다.

2. 제2 언어에서의 읽기 학습

두 개 이상의 언어를 말할 수 있다는 것은 국가적으로나 세계적으로 매우 일반적인 능력이 되어 가고 있다. 2007년 인구 조사에 따르면 미국인 중 영어 이외의 언어로 말하는 5세 이상 인구의 비율은 약 20% 정도이다.[32] 영어가 모국어가 아닌 사람 중 약 76%가 영어를 잘할 수 있다고 한다. 미국 공립학교 학생 인구의 9.1%는 두 개 이상의 언어를 사용하며, 그 비율은 점차 증가하고 있다.

최근 몇 년 동안 국가 간 이민이 증가하였는데,[33] 이는 이중 언어 사용자의 수가 세계적으로 증가하고 있음을 시사한다. 전 세계 인구의 절반가량이 매일 두 개 이상의 언어 또는 방언을 사용하고 있는 것으로 추산된다.[34] 따라서 국제적으로, 이중 언어 사용은 희귀하거나 이상한 능력이 아니다. 실제로, 이중 언어의 사용이 개인적, 경제적 자원으로 작용하기 때문에 대부분의 이중 언어를 사용하는 개인들은 제2 언어를 배우며 이를 유지한다.[35]

2.1. 제2 언어 읽기 학습의 발달상의 문제

이 책 전반에 걸쳐 강조한 바와 같이, 읽기를 배우는 것은 언어적 능력에 큰 기반을 둔다. 그런데 이중 언어 아동의 경우 이러한 강력한 언어적 기반을 마련하는 것은 어려운 일이다.

한 아동이 출생 후 모국어로 언어를 접하게 되면 자연스럽게 거칠 것이라고 생각되는 일반적인 언어 발달 단계가 있다. 출생 후 1년 내에 처음으로 단어를 습득하고, 1년 반 정도가 지나면 50개 정도의 어휘와 두 단어 조합 능력을 습득한다.[36] 그리고 유치원 시기와 초등학교 시기 사이에 복잡한 문법에 대해 익힌다.[37] 주요한 학습은 뇌에서 언어를 다루는 반구의 발달과 전두엽의 성숙에 의해 결정된다고 알려져 있다.[38] 태어나면서부터 이중 언어에 노출된 아동은 두 언어에 대해 언어적 발달 및 언어 신경의 발달 패턴에서 모두 원어민과 같은 양상을 보인다.[39]

그런데 미국에 사는 대부분의 이민자 자녀는 출생 시부터 이중 언어적 자극을 받는 것이 아니다. 그들은 하나의 특정 언어가 주요한 언어적 자극이 된다. 이러한 이중 언어 아동의 경우, 유치원이나 유치원 입학 전까지 제2 언어 사용의 시기가 늦어지고, 상대적으로 제2 언어 노출이 지연된다. 언어적 발달의 결정적 시기가 있다는 결정적 시기 가설(sensitive period hypothesis)은 이중 언어 사용자에게도 적용되어,[40] 제2 언어의 일반적인 숙련도는 아동이 제2 언어에 노출되는 나이와 밀접하게 관련되어 있다. 모든 제2 언어 학습자에게 해당되는 것은 아니라는 의견도 있지만,[41] 아동 시기에 제2 언어에 노출되지 않았던 성인은 대체로 해당 언어에 전반적으로 더 낮은 숙련도를 보인다는 연구 결과가 있다.[42] 제2 언어의 언어 숙달도가 크게 낮아지는 것은 그 언어에 대한 읽기 학습에 영향을 준다.

제2 언어를 학교 입학할 때쯤에야 습득한 아동은 보통 원어민의 유창성이 나타나는 시기를 넘어 제2 언어 유창성을 갖추게 된다. 실제 연구에 따르면, 이민자 가족 출신의 이중 언어 아동은 단일 언어 아동보다 미국 국가 수준 읽기 평가에서 좋지 않은 수행 결과를 보였다.[43] 2011년 미국 교육성취도평가에서는 4학년 학생 중 영어 학습자의 경우에는 3%만이 능숙한 수준 혹은 그 이상에 해당한 반면, 영어가 모국어여서 영어 학습을 별도로 하지 않는 학습자는 능숙한 수준에 이르는 학생이 46%에 달했다. 이러한 차이는 8학년의 경우에도 유사한 결과를 보였다(3% vs. 39%). 영어 학습자와 비(非)영어 학습자의 차이는 단순히 단어를 읽을 수 있는 능력보다는 어휘력(어휘를 부려 쓸 수 있는 능력)의 영향이 크다.[44] 결과적으로, 이중 언어 사용은 장기적으로 단어 읽기 능력보다 독해 능력에 더 큰 영향을 미친다고 볼 수 있다.[45] 게다가 미국의 이중 언어 아동은 단일 언어를 사용하는 아동보다 상대적으로 가정 문식성 자원이 좋지 않으며, 가족과 함께하는 학습 활동이 적은 환경에 있다.[46] 따라서 이러한 낮은 읽기 점수의 원인은 언어적이거나 경험적일 수 있고, 혹은 그 두 가지가 모두 해당될 수 있다.

앞서 다룬 통계 및 연구 결과들은 이중 언어 상용(常用)의 효과를 부정적으로 그리고 있는데, 제2 언어에 노출되는 시기에 따라 두 언어 모두 능숙하게 사용할 수 있다는 것도 연구로 증명된 바 있다. 이중 언어에 이른 시기부터 노출된 아동이 기본적인 문식성을 습득하는 데 문제가 없다는 것은 연구로서 증명되었다. 이울리아 코벨만(Ioulia Kovelman) 외는 영어와 스페인어의 2개 국어를 사용하는 2학년과 3학년 아동을 대상으로 영어 조기 노출과 늦은 노출에 따른 문식성 수행을 비교했다.[47] 영어에 조기 노출된 이중 언어 사용 아동은 3세 이전에 두 언어를 모두 습득한 반면, 늦게 노출된 아동은 유치원이나 초등학교 입학 즈음에야 영어를 습득했다. 음운론적 인식과 비단어 명명하기(해독 능력의 지표) 측면에서 이중 언어 학생과 인구 통계학적으로 유사한 상황에서 영어만 사용하는 아동의 수행을 비교해 본 결과, 두 언어를 일찍 배운 2학년 및 3학년 학생은 영어만 사용하는 아동과 구별되지 않는 수행 능력을 보였다. 영어에 조기 노출된 이중 언어 아동은 영어에 늦게 노출된 아동보다 읽기 평가에서 더 나은 수행을 보였다. 다행히도, 많은 부모와 교사가 걱정하는 것과 달리 영어에 조기 노출된 스페인 아동이 영어로 읽기를 배우는 과정에서 스페인어 숙달에 손실을 나타내지 않았다. 영어에 조기 노출된 이중 언어 아동은 스페인어에 대한 음운론적 인식, 비단어 읽기, 스페인어 언어 능력 측정 측면에서 영어에 늦게 노출된 스페인어 이중 언어 학생과 유사한 수행을 보였다. 영어에 조기 노출된 아동은 짐 커민스(Jim Cummins)가 이야기한 바와 같이,[48] 제2 언어가 제1 언어 능력을 공제하는(subtractive) 패턴으로 발달하기보다는 제1 언어가 유지되고 발달하면서 제2 언어가 함께 발달하는 **첨가적(additive)** 패턴을 보였다. 이러한 결과는 이중 언어 상용 자체가 문제가 아니라, 이른 시기에 각 언어에 노출되는 것이 중요함을 시사한다.

하지만 특정 언어가 상대적으로 지배적인 사회적 환경에서는 공제적 이중 언어* 습득도 간과할 수 없는 문제이다. 언어적 소수 집단의 이중 언어 아동은 제1 언어의 능력이 차감되는 경우가 일반적이다.[49] 나아가, 제2 언어가 언어적으로 우세한 환경에서 교육을 받는 것은 제1 언어가 아직 완전히 습득되지 않은 아동의 제1 언어 능력의 감소를 가속화할 수 있다.[50] 이러한 환경에서 이중 언어를 사용하는 아동은 대부분 학교에서 사용하는 언어에 대한 어휘를 더 많이 습득한다. 이들의 일상 언어와 학교 언어의 차이는 5학년 정도가 될 때까지 좁혀지지 않는다.[51] 이러한 공제적 이중 언어 문제는 아동이 두 언어에서 모두 성장할 수 있도록 돕는 데 적극적인 노력이 필요함을 시사한다.

일부 연구는 이중 언어 아동의 낮은 문식성은 언어적 배경보다는 빈곤의 영향이 더 클 수 있다고 주장한다.[52] 유사한 사회경제적 지위를 지닌 영어 학습자와 비영어 학습자를 비교할 때, 두 집단 모두에서 발생적 문식성이 늦어질 위험이 비슷한 정도로 나타났다.[53] 따라서 이는 아동이 이중 언어 구사자인지 아닌지와 같은 언어적 배경과 별개로, 읽고 쓰는 언어의 구어 유창성이 중요함을 보여 준다.

....

* 모국어를 습득한 후에 추가적으로 다른 언어를 학습하는 경우, 제2 언어가 제1 언어에 첨가적인 영향 또는 공제적인 영향을 미칠 수 있다. 예를 들어 제2 언어가 제1 언어에 영향을 주지 않고 별도로 학습될 수도 있고, 반대로 제2 언어를 배우면서 제1 언어 능력 유창성이 떨어지거나 제1 언어를 잊는 수준이 될 수도 있다. 전자를 첨가적 이중 언어, 후자를 공제적(감산적) 이중 언어라고 한다.

2.2. 제2 언어 읽기 학습에의 기여 요인

앨런 비알리스토크(Ellen Bialystok)는 이중 언어를 사용하는 아동의 제2 언어 학습에서 읽고 쓰는 능력을 성취하는 데 있어 기본적인 전조(precursors) 현상을 확인하였다.[54] 관련 내용은 [그림 11-1]과 같다. [그림 11-1]의 좌측 부분에 초점을 맞추어 보면, 이중 언어를 사용하는 아동의 제1 언어 및 제2 언어의 구어 능력은 제2 언어로 읽고 쓰는 능력의 중요한 기초 기능이 된다고 가정된다. 이러한 기능을 조사하는 연구에서 구어 능력은 일반적으로 어휘력 및 문법의 지식을 이용하게 된다. 제1 언어와 제2 언어 구어 능력의 관계는 여러 연구 사이에 통계적으로 유의미한 결과를 보이지만, 그 영향 관계는 다소 미미하다.[55] 제1 언어 구어 능력이 좋은 아동이 대체로 제2 언어 능력이 좋기는 하지만, 제1 언어에서 좋은 구어 능력을 가진 아동이 제2 언어에서 항상 좋은 구어 능력을 가지는 것은 아니다. 따라서 우수한 제2 언어 이해력과 관련하여 작용하는 것은 제2 언어 구어 능력과 제2 언어로 읽고 쓰는 능력이다. 하지만 제2 언어 어휘 지식과 제2 언어 독해 능력 사이에는 강한 상관관계가 있다.[56] 다만, 어휘 지식과 이해력의 관계는 어린 아동보다 복잡한 텍스트를 읽는 좀 더 나이 있는 아동에게서 더 강하게 나타난다. 또한 제2 언어 문법 능력과 제2 언어 독해력 사이에도 강한 상관관계가 있다.[57] 나아가, 제2 언어 청해력과 제2 언어 독해력 사이에도 매우 강한 상관관계가 나타난다(읽기에 대한 단순 관점 참고).[58] 따라서, 아동의 제2 언어 구어 능력은 제2 언어에서의 글 이해 능력에 큰 영향을 미친다.

[그림 11-1]의 가운데를 보면, 우리는 특정 언어의 문자에 대한 개념과 제2 언어 문식성 사이의 가설적 연관성을 확인할 수 있다. 문자에 대한 개념은 일반적으로 두 가지 문자 체계의 철자법적 특성과 그것들 사이의 차이로부터 영향을 받으며 갖춰진다. 예상되는 바와 같이, 제1 언어와

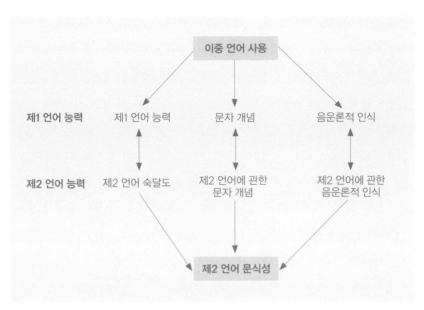

[그림 11-1] 이중 언어 사용과 제1 언어, 제2 언어 습득과의 관계[59]

제2 언어 사이로부터 철자법이 유사한 경우 아동은 제2 언어로 읽는 방법을 배울 때 어려움을 덜 겪게 된다. 예를 들어, 제1 언어 문자 체계와 제2 언어의 문자 체계로 글을 읽는 해독 능력 간에는 강한 상관관계가 있다.[60] 이는 아동이 기존 문자 체계에 대한 원리를 새로운 문자 체계에 전이할 수 있음을 시사한다. 영어나 프랑스어와 같이 불명료한 철자법을 지닌 두 언어가 포함된 경우에도 이러한 전이가 나타난다.[61] 하지만 음소 문자가 아닌 제1 언어 문자 체계에서 음소 문자 체계로의 전이는 거의 일어나지 않는다.[62] 다시 말해, 중국어의 한자를 해독하는 능력이 우수한 것은 영어의 알파벳으로 된 글을 읽는 해독 능력에 특별한 이점을 제공하지 않는다.[63] 따라서 아동의 제1 언어 문자에 대한 개념 지식은 문자 체계에 대한 특성을 공유하는 경우에만 제2 언어 읽기 학습에 도움을 줄 수 있다.

[그림 11-1]의 우측 부분에는 제1 언어의 음운론적 인식 능력이 제2 언어의 음운론적 인식 능력으로 전이가 되어 제2 언어의 단어 읽기 학습

을 도울 것이라는 아이디어가 제시되어 있다. 상당수의 연구에서 제1 언어와 제2 언어의 음운론적 인식 능력 사이에 강한 상관관계가 있음을 입증해 왔다.[64] 이러한 연구 결과는 아동 독자가 제1 언어에서의 음운론적 인식에 대한 이해를 새로운 언어로 옮길 수 있다는 것을 보여 준다. 그들이 제1 언어에서 음운론적 인식 능력이 좋은 것은 제2 언어에서 해독하는 법을 배우는 데 도움이 될 수 있다.[65] 그리고 제1 언어 읽기와 마찬가지로, 제2 언어로 해독하는 능력이 우수한 것은 제2 언어로 읽은 것을 이해하는 데 도움이 된다.[66] 제2 언어 읽기 학습에 관해 다룬 앞선 설명에서, 아동이 제2 언어로 해독하고 그것을 이해하는 과정을 지원하기 위해서는 제1 언어 능력이 견고하게 발달하는 것이 중요함을 언급한 바 있다. 이러한 주장을 뒷받침하기 위해, 본 절에서는 제1 언어의 구어 능력, 해독 능력, 그리고 음운론적 인식 능력 등이 어떻게 제2 언어로 읽고 이해하는 데 필요한 능력을 발달시키는 기반이 될 수 있는지에 대해 논의하였다.

대부분의 읽기 이론에서 언급하고 있는 능력을 고려하면, 이 주제와 관련된 연구에서 제2 언어 독해에 대한 제1 언어의 언어적 기여 요인에 대한 논의를 확장할 필요가 있다고 본다. 즉, 관련 연구들은 독해에 영향을 미치는 추론 능력이나 사전지식과 같은 주요 기여 요인에 대해서는 다루고 있지 않다. 물론, 검증이 필요한 논의이기는 하지만, 이들이 다루어지지 않는 이유는 아마도 추론 능력이나 사전지식과 같은 기여 요인은 제1 언어에서 다른 언어를 배워 나갈 때 변하지 않는다고 가정되기 때문일 것이다. 따라서 독해에 대한 이러한 기여 요인은 제2 언어로 읽기를 학습하는 동안 수반될 수 있는 언어적 요인으로 고려되어야만 할 것이다.

2.3. 제2 언어 및 상이한 문자 체계에서의
읽기 교수-학습에 관한 시사점

제2 언어 읽기 학습과 서로 다른 문자 체계에서의 읽기 학습에 관한 연구에서는 아동이 음운론적 인식에 대한 경험을 갖도록 하는 것의 중요성을 언급한다. 여기서 우리가 음소 인식이라는 표현보다는 음운 인식이라고 표현한 것을 주목할 필요가 있다. 음운 인식은 알파벳 언어의 분석 단위 중 가장 작은 단위[67]이며, 이는 소리를 글로 표기하는 철자법과 큰 관련이 있다. 제1 언어에서 비롯되는 읽기와 관련된 음운 인식의 문제(심리언어학적 구성소의 크기 문제)가 제2 언어에서의 음운 인식이 전환되는 데 영향을 미친다.[68] 이는 아동에게 다양한 수준의 음운 인식(음소, 음절, 단어)을 가르치는 것이 음운의 단위를 인식할 수 있도록 함으로써 그들이 제2 언어로 읽기를 배우는 데 큰 도움이 될 수 있음을 시사한다.

다양한 수준의 음운 인식이 아동의 제2 언어 읽기 학습에 도움이 된다는 연구는 제1 언어가 제2 언어를 읽는 방법과 비슷한 경우라면 교사가 아동의 철자법적 지식을 활용하도록 하는 교수-학습 방법을 지지한다. 예를 들어, 제1 언어가 스페인어인 아동에게는 영어로 적힌 인쇄물에 대한 번역이 제공되지 않을 것이라는 것을 깨닫게 하는 것이 필요하다.[69] 영어역시 알파벳 언어이기 때문에, 아동이 영어와 스페인어 사이에서 자음에 대한 지식을 활용하여 자신이 충분히 번역하여 읽을 수 있음을 알도록 해야 한다. 다만 모음 규칙에 관한 것은 별도로 다루어야 할 것이다.

마지막으로, 이 연구는 아동이 두 언어에서, 특히 글 읽기를 배우는 언어에서 언어 능력이 충분히 발달되도록 하는 교육적 지침을 수행하는 데 도움이 된다. 그렇지 않으면 아동이 독해에서 어떠한 성공을 거둘지 알기 어렵다. 우리는 제2 언어가 유창해지기까지는 몇 년 이상이 걸리며 원어민처럼 말하기까지는 더 오랜 기간이 걸린다는 사실을 유념할 필요가 있다. 교사는 원어민과 같은 유창성과 이중 언어에서의 유창성의 성취를 혼동해서는 안 된다. 교사는 인쇄물뿐만 아니라 다른 학생이나 유창한 성인과 함께 언어를 사용할 수 있는 기회 등 언어가 풍부한 환경을 제공하여야 한다.[70]

미국 공통 핵심 성취기준에서는 "모든 학생은 성취기준에서 설정한 성취 수준에 모두 도달할 것으로 기대되어야 한다. 여기에는 제2 언어로서의 영어 학습자도 포함된다. 그러나 이 학생들은 영어 능력을 숙달해야 함과 동시에 내용교과 학습을 병행해야 하기 때문에, 영어 학습에 대한 추가적인 시간 및 적절한 교수-학습 지원이 필요하며, 이들의 수준에 맞추어 조정된 평가가 요구된다."라는 내용을 강조하고 있다. 따라서 영어 학습자만을 위해 별도로 설계된 표준 교육과정은 없다. 이는 교사에게 "영어 학습자가 어휘 및 사회문화적 관습 측면에서 원어민과 같은 수준을 나타내지 않더라도 읽기와 문학, 글쓰기와 조사 연구, 언어 발달, 말하기·듣기에 대한 성취기준을 달성하는 것이 가능하다."라는 점을 인식하도록 한다. 이와 관련하여 교사는 다음과 같은 교수-학습 내용을 제공해야 한다.[71]

- 다양한 언어적 경험 속에서 언어 학습에 몰두할 수 있는 풍부한 문식 환경
- 영어의 기초 능력 및 학년 수준의 수업에 온전히 참여할 수 있는 능력을 향상시키는 지도
- 영어 학습자가 중등 교육 이후나 직업 환경을 준비할 수 있도록 하는 수업 활동이되, 이는 특별한 교육적 기술과 추가적인 자료를 통해 제2 언어로도 학습 내용을 이해할 수 있어야 함
- 영어 학습자가 의사소통적 강점을 계발할 수 있도록 잘 설계된 교실 담화나 상호 작용에 대한 기회
- 상시적이며 지속적인 평가와 학습에 도움이 될 피드백

• 영어 학습자에게 좋은 본보기가 되고 지원을 제공하기에 충분할 만큼 언어(영어)를 잘 아는 영어 화자

3. 방언과 읽기 학습

미국의 경우, 아동은 학교를 다니게 되면서, 표준 영어 또는 그것의 가까운 변이형이 자신들의 학교에서 지배적인 언어라는 것을 알게 된다. 학교의 언어는 그들이 가장 친숙한 것이거나 일상생활에서 사용하는 영어의 변이형일 수도 있고 아닐 수도 있다. 혹은 그들은 자신의 교사 또는 학급 친구들과는 다른, 영어의 방언을 쓸 수도 있다. 방언이란 특정 지역이나 사회적 양식을 지닌 화자 집단과 연계된 언어의 변이형을 말한다. 언어의 방언은 운율을 포함한 음운론, 어휘 및 통사형태론적 특징의 측면에서, 표준어로 인정받을 수 있는 다양성의 범주로부터 구분된다.

일반적으로 표준어의 변이형을 사용하는 화자와 방언 화자 사이에 상호 이해성이 있는 경우에 그것은 별개의 언어로 구별되지 않고 방언으로 간주된다. 다만, 어떤 언어가 표준어 또는 방언으로 분류되는 것은 대체로 언어의 특징 때문이라기보다 힘(권력)의 문제이다. 사회언어학에서 말하기를, "언어는 곧 모두 방언인데, (비유하자면) 마치 육군, 해군처럼 군대의 관계와 같다."[72]라고 하였다.* 이 말은 방언의 개념을 힘의 관점에서 바라본 것으로서 표준어와 방언을 결정짓는 데 사회적·정치적 상황이 영향을 준다는 것이다. 모든 언어 체계는 관점에 따라 모두 방언이지만, 그들 중 힘이 있는 일부 언어만이 학교 교육의 언어 역할을 한다. 대부분의 언어학자들은 방언이 표준 언어의 수준 낮은 버전이 아님을 주장하며, 방

....

* 다양한 언어(방언)가 갖는 힘의 관계를 비유하는 말이다.

언이라고 이름 붙여지는 것은 언어 사용자들 사이의 힘의 차이에서 비롯된 결과라고 본다.

우리가 여기서 주요하게 살펴보아야 할 방언은 역사적으로 여러 가지 이름[흑인 영어, 에보닉스(Ebonics),* 아프리카계 미국인 방언 영어(African American vernacular English)]으로 불리는 영어 방언이다. 미국 남부에서는 아프리카계 미국인이 아닌 성인도 당시의 역사적 맥락을 공유하기 때문에, 아프리카계 미국인 영어와 많은 특징을 공유하는 방언을 사용한다.[73] 아프리카계 미국인 영어는 읽기 학습에 대한 방언의 영향에 관한 가장 많은 정보를 담고 있는 방언이다.

3.1. 아프리카계 미국인 영어의 주요 특징

읽기 학습에 관한 '아프리카계 미국인 영어'의 시사점에 대해 다루기 전에, 이 언어의 주된 특징에 대해 이해하는 것이 필요하다. 어린 아동이 사용하는 아프리카계 미국인 영어에서 일반적으로 나타나는 음운론적 특징과 통사형태론적 특징이 있다. 그 특징과 예는 다음과 같다.

아프리카계 미국인 화자 사이에 나타날 수 있는 언어적 특징의 수와 정도는 저마다 다르다. 방언의 화자는 방언의 특징을 많게 또는 적게 사용할 수 있고, 화자가 상황 맥락에 따라 이러한 언어적 특성을 자체적으로 이용할 수도 있다. 특정 화자들은 때때로 관사(articles), 복수형 '-s' 또는 과거 시제를 생략하기도 하고 생략하지 않기도 한다. 이처럼 아프리카계 미국인 영어를 쓰는 사람들 사이에도 그 언어 사용의 특징과 사용 정도에서 매우 다양한 차이를 보인다.

....

* 　미국의 많은 흑인이 사용하는 영어를 이르는 말로, 일부 사람은 이것을 별개의 언어로 보기도 하지만 여기서는 영어의 방언으로 다룬다.

[표 11-1] 아프리카계 미국인 영어에 자주 나타나는 음운론적 및 통사형태론적 특징[74]

	특징	예
음운론적 특징	이중 모음의 중성화	Our → /ɑr/
	대용(대체)	This → /ʤɪs/
	자음군에서의 음절 삭제	World → /wyl/
	모음 뒤에 오는 자음의 삭제	Mouth → /mau/
	자음군 내 음소의 순서 바꿈	Escape → /ɛkskep/
	다음절 단어의 강세 없는 음절 축약	Became → /kem/
	단어 끝부분의 /ŋ/ 발음을 /n/으로 대체	Waiting → /wetn/
	음절 첨가	Forests → /foristsiz/
통사형태론적 특징	동사의 과거 시제 '−ed' 생략, (불규칙 동사의 경우 현재형 사용)	"As soon as she open her mouth, she fall straight..."
	관사의 생략	"This cake is best present of all."
	모음으로 시작하는 단어 앞에서도 부정관사 a 사용	"One day she met a eagle traveling to..."
	복수 표시의 '−s' 생략	"Father went to buy some pretty flower."
	전치사의 생략	"She sits and looks birds."
	조동사의 생략	"She always comes down when it time to eat."

　　홀리 크레이그(Holly Craig) 외는 저소득층 아프리카계 미국인 아동이 소리 내어 읽는 과정에서 보여 주는 아프리카계 미국인 영어의 음운학 및 형태학 특성의 빈도(비중)를 분석했다.[75] 그들은 실험에 참여한 아프리카계 미국인 아동 중 94%가 소리 내어 읽을 때 아프리카계 미국인 영어의 특성을 일부 나타내는 것을 확인했는데, 나이 있는 초등학생은 어린 아동보다 방언의 특성을 덜 보이는 경향이 있었다. 이러한 연구 결과는 미국

전역의 다양한 지역 출신의 다른 아프리카계 미국인 아동 집단에서도 반복되어 나타난다.[76] 음운론적 특징은 통사형태론적 특징보다 더 자주 나타났고, 소리 내어 읽기에서 드러나는 아프리카계 미국인 영어의 특성 대부분은 이전 연구들에서 보여 주었던 것과 동일한 것으로, 자유 놀이 시간에 아프리카계 미국인 아동이 자발적으로 만들어 낸 것들이다.[77] 다만, 소리 내어 이야기하기, 소리 내어 읽기, 글로 이야기 쓰기 장면에서 드러나는 아프리카계 미국인 영어 비율의 차이가 있는데,[78] 이는 특정 문식성 맥락에서 아프리카계 미국인 영어가 더 많이 사용된다는 점을 시사한다. 여전히 문식성 과제에서 아프리카계 미국인 영어가 존재한다는 것은, 표준 영어 화자들이 그러하듯이, 이들이 학습 활동 시 아프리카계 미국인 영어의 언어지식에 의존하고 있음을 시사한다.

3.2. 읽기 학습에 아프리카계 미국인 영어가 주는 시사점

아프리카계 미국인 영어와 읽기 학습의 관계에 대해서는 그간 많은 연구가 수행되어 왔는데, 그중 일부는 방언이 읽기 학습에 미치는 영향을 방언 간섭(dialect interference)이라는 '우려'의 관점에서 다루고 있다.[79] 즉, 표준 영어를 사용하지 않고 소수가 사용하는 방언을 사용하는 것이 아동의 낮은 읽기 성취를 야기하는 것은 아닐지 우려한 것이다. 이 지점에서 분명히 강조할 것은, 아프리카계 미국인 영어와 표준 영어 사이에 매우 강력한 유사성이 있다는 점이다. 그러므로 아프리카계 미국인 영어를 쓰는 아동이 자신의 방대한 양의 언어적 지식을 읽기 학습의 과정에 옮기도록 한다면 읽기 학습에 긍정적이고 유익할 것이다.

그러나 미국 교육성취도평가 분석에 따르면, 아프리카계 미국인과 유럽계 미국인 아동은 미국 국가 수준 읽기 평가에서 지속적인 결과 차이를 보이고 있다. 2013년 4학년이 치른 교육성취도평가에서, 아프리카계 미국인 아동은 절반가량, 유럽계 미국 아동은 21%가량이 기본 읽기 수준에 미치지 못했다.[80] 이러한 읽기 능력의 인종별 격차는 아마도 사람들이 읽기 성과를 추적해 온 이래로 다루기 힘든 문제 중 하나이다. 이 문제는 각 주(state)에서 인종에 따른 읽기 능력 격차를 해소하려는 강력한 노력을 추진하고 있음에도 불구하고 발생하고 있다.[81] 하지만 이 같은 의무적인 교육적 조치가 학생의 성취에 일말의 이점이 있다 하더라도, 결국에는 아프리카계 미국인 아동이 많이 다니는 학교에 대한 차별 및 격리 역시 심화하여 그 이점을 잠식할 가능성이 크다.[82]

인종 간의 읽기 능력의 격차가 나타나는 원인은 여러 각도로 이야기할 수 있겠지만, 그중에는 아프리카계 미국인 아동이 상대적으로 표준 영어에 익숙하지 않기 때문이라고 보는 관점이 있다. 이 가설을 검증하기 위해, 앤 채리티(Anne Charity) 외는 아프리카계 미국인 아동에게 아프리카계 미국인 영어의 언어적 특징이 나타나지 않도록 설계된 문장을 반복적으로 따라 읽도록 했다.[83] 만약 아동이 이 과제를 어려워하고, 아프리카계 미국인 영어의 특징적인 방식으로밖에 문장을 읽을 수 없었다면, 이는 아동이 표준 영어에 친숙하지 않음을 의미한다. 실제로 사회경제적 지위 변수가 통제된 상황에서도, 이 과제를 수행할 수 있었던 아동은 그렇지 못했던 아동보다 더 좋은 읽기 성취도를 나타냈다. 이 결과는 표준 영어에 대한 기본적인 이해를 가진 아동이 그렇지 않은 아동보다 더 높은 읽기 성취를 얻을 수 있음을 보여 준다.

사회언어학자 존 오그부(John Ogbu)와 허버트 사이먼스(Herbert Simons)는 아프리카계 미국인 영어를 사용하는 아동이 겪는 어려움이 방언을 사용하는 것 자체에서 오는 문제가 아니라, 단지 이것이 소수의 언어이기 때문이라고 주장한다.[84] 즉, 아동은 언어로 인한 정체성의 문제나 비언어적인 측면의 문제를 겪는데, 이는 자신의 언어(아프리카계 미국인 영어)를 언제 어디에서 얼마만큼 노출하여 사용할지를 이해하는 것과 같은 문제이다. 아동은 자신의 공동체 구성원에게 말할 때는 아프리카계 미국인 영어를 사용하도록 요구받고, 그렇게 하지 않는 것은 무례한 것으로 받아들여진다. 반대로 공동체 구성원에게 아프리카계 미국인 영어를 사용하지 않는 것은 그 공동체로부터 거리두기를 하고자 하는 시도로 보일 수 있다. 아동은 학교에 있을 때는 표준 영어를 쓰도록 요구받고, 집에 돌아와서는 아프리카계 미국인 영어를 사용하는 모드로 전환된다. 아동은 자라면서 이러한 기대를 이해하게 된다. 이민자 아동처럼 아프리카계 미국인 아동 대부분의 제1 언어는 표준 영어가 아닌 아프리카계 미국인 영어이다. 아동은 대체로 학교에 들어갈 때쯤 표준 영어 방언(standard English dialect)을 배운다. 갓 학교에 입학하는 아프리카계 미국인 아동에게 집에서의 언어와 학교에서의 언어가 다른 것은 학교생활 적응뿐 아니라, 읽기 학습에 대한 노력에 영향을 미칠 수 있다.[85] 이에 대해 어떤 사람들은 아동이 이 새로운 방언의 복잡성을 이해하기까지 몇 해 이상이 걸릴 것으로 보기도 한다.

아프리카계 미국인 아동은 코드 전환(code-switch, 코드 스위칭, 코드 바꾸기)*을 학습한다. 다시 말해, 이중 언어 사용자가 상황과 맥락에 따라 사용하는 언어를 교체한다면, 아프리카계 미국인 아동은 방언에서 방언으로 전환하는 방법을 익히는 것이다. 이처럼 방언 사이에서 코드 전환이 이루어지는 것을 방언 전환(dialect shifting)이라고 한다. 유치원 시기의 아프리카계 미국인 아동 몇몇에게서 글 없는 이야기책을 읽을 때 방언 전환을 하는 양상이 관찰되었다. 이는 어린 아동이 학교 과제를 수행할 때는 표준 영어를 사용해야 한다는 사회언어학적 규범을 이미 이해하고 있음을 시사한다.[86] 실제로, 채리티 외에 따르면[87] 방언 전환을 하지 못하는 것은 읽고 쓰는 능력을 학습하는 데 지속적으로 부정적인 영향을 미칠 수 있다.[88]

....
* 언어학적으로 대화에서 하나 이상의 언어 혹은 방언을 사용할 때 그것을 교체하여 사용하는 행위.

반대로 방언 전환에 능숙하다는 것은 우수한 언어적 유연성 및 언어적 능력을 지닌 지표로 볼 수 있다.

이러한 의견을 뒷받침하는 것으로, 크레이그, 링링 장(Lingling Zhang), 스테퍼니 헨셀(Stephanie Hensel) 및 에린 퀸(Erin Quinn)은 초등학교 아동의 구어 생산물과 문어 생산물을 조사한 바 있다.[89] 이들은 아동의 문어 생산물에서 아프리카계 미국인 영어의 특성이 상대적으로 덜 드러날 것이라는 관점을 가지고, 이 둘을 비교함으로써 아동의 방언 전환 능력을 살펴볼 수 있을 것으로 가정하였다. 연구 결과, 이야기 말하기에서 아프리카계 미국인 영어가 나타나는 정도는 읽기 평가 점수와 관련성이 없는 것으로 나타났지만, 이야기 글쓰기의 점수에는 관련이 있는 것으로 밝혀졌다. 이는 아프리카계 미국인 아동의 방언 전환 능력은 그들의 읽기 능력 발달과 관련이 된다는 가설을 지지해 준다.

방언이 읽기 능력의 저성취에 영향을 미치는지, 또는 다른 요인의 영향을 받는지는 명료하지 않다. 아프리카계 미국 학생 사이의 읽기 능력 저하에 방언이 미치는 인과적 영향은 보편적으로 받아들여지지 않는다. 예를 들어 니콜 패튼 테리(Nicole Patton Terry)는 어린 아동의 방언 사용은 일단 읽고 쓰는 능력이 발현된 이후로는 상대적으로 덜 중요해 보인다고 했다.[90] 다른 연구자는 읽고 쓰는 맥락에서의 방언 전환 능력이 보다 나은 읽고 쓰는 능력을 예측하는 언어적 성과라고 주장한다.[91] 여기서 분명한 것은 방언의 간섭이 보다 큰 사회학적 영향에 비해 상대적으로 읽기 능력에 미치는 영향이 미미하다는 것이다.

지금까지 다룬 연구 결과들은, 단지 아프리카계 미국인 영어 화자라는 것 자체가 읽고 쓰는 능력의 결과에 큰 문제를 가져오지 않는다는 것을 지지한다. 다만 상황과 맥락에 따라 방언을 전환하는 능력이 중요하다고 강조한다. 방언 전환은 메타언어적 능력으로서, 이는 아프리카계 미국인 영어 화자에게 긍정적으로 작용한다. 언어 사용에서 유연성을 학습하는 것은 교육의 중요한 목표가 될 수 있다. 교사는 맥락의 요구에 따라 표준 언어를 사용하도록 하면서 일상적인 말하기에서는 아프리카계 미국인 영어의 사용을 장려한다면, 학습자들의 언어적 유연성을 길러 줄 수 있다.

4. 공통 핵심 성취기준과의 연계

공통 핵심 성취기준에서는 5학년 때까지 방언에 관한 이슈를 명시적으로 다루지 않는다. 5학년 때 "과제와 상황에 따라 공식적인 영어를 사용하여, 다양한 맥락과 과제의 다양성을 고려한 말하기 적용하기(CCSS. ELA-Literacy. SL.5.6)"라는 성취기준이 제시된다. 또한 "이야기, 드라마, 시에서 사용되는 영어의 다양성(예: 방언, 언어 사용역) 비교 · 대조(CCSS.ELA-Literacy.l.5.3.B)하기"와 같은 능력을 성취기준으로 삼고 있다. 이처럼 교육과정 전반에서 아동이 표준 영어를 습득하고 이를 숙련해야 한다는 것을 강조하고 있다.

장고 패리스(Django Paris)와 같은 연구자는 방언 화자 및 이중 언어 아동에게 유사한 기준과 정책을 적용하는 것에 대해 반대한다.[92] 그 기준이 단일 문화, 단일 언어 사회를 만들고자 하는 목표를 가지고 있기 때문이다. 대신에 "교육의 민주적 과제의 일환으로 언어적, 문학적, 문화적 다원주의를 지속할 수 있도록 하는 교육을 개발해야 한다."[93]라고 촉구한다. 다른 이들은 방언 교육이 미국 공통 핵심 성취기준에서 훨씬 더 일찍 다루어져야 하며, 긍정적인 분위기에서 수행되어야 하며, 언어적으로 좀 더 체계적인 내용을 다루어야 한다고 생각한다.[94]

아프리카계 미국인 영어의 중요성을 어떻게 생각하는지는, 특정 언어 내 언어적 차이를 유지하는 것을 사회적으로 가치 있다고 여기는지의 여부에 따라 달라질 수 있다. 독서심리학 외에도, 우리는 아프리카계 미국인 영어의 사용이 가족, 공동체, 그리고 민족적 특성의 중요한 측면임을 나타내는 연구를 살펴볼 수 있다. 민족적 정체성을 포함한 긍정적인 정체성의 발달은 일반적으로 학교 성적에 긍정적인 영향을 미치는 것으로 나타났다.[95]

제프 시걸(Jeff Siegel)에 따르면, 교실에는 아프리카계 미국인 영어(방언)를 고려하는 세 가지 교육적 접근법이 있다.[96] 방언 → 표준어 프로그램은 아동에게 먼저 아프리카계 미국인 영어에서 읽고 쓰기를 하도록 가르친 다음, 점차적으로 표준 방언을 사용하도록 한다. 표준어 → 방언 프로그램은 읽고 쓰는 데 방언을 사용하지 않지만, 아동이 원하면 교실에서 자신의 개인적인 상호 작용을 위해 방언을 사용하도록 허용한다. 표준어·방언 비교·대조 프로그램은 표준 영어와 아프리카계 미국인 영어의 차이점을 확인하게 하는 명시적인 훈련을 통해, 언어적 변이가 언어의 자연스럽고 흥미로운 특성임을 인식하도록 한다. 이러한 인식 프로그램에서는 종종 방언이 포함된 텍스트를 사용하고, 그에 대해 교실에서 공개 토론을 하며, 코드 전환의 효용성에 초점을 맞춘다. 이러한 방법은 방언에 대한 긍정적 관심이 제공되지 않는 프로그램보다 더 성공적이다. 효과의 구체적인 이유는 명료히 밝혀지지 않았지만,[97] 그럼에도 불구하고 분명한 것은 방언 사용에 대한 긍정적인 동기 부여와 문화적으로 용인되는 경험이 아동에게는 매우 중요하다는 것이다.

미국의 교육과정에서는 다문화적 특성을 반영하여 영어의 다양성과 표준 영어의 습득 및 사용을 강조하고 있다. 2022 개정 국어 교육과정에서도 우리 사회가 다문화 사회로 진입하고 있음을 고려한 변화를 살펴볼 수 있다. [표 11-1]에 제시된 바와 같이 초등학교 고학년에서 '지역에 따른 언어와 표준어'를, 중학교에서 '국어의 음운 체계와 문자 체계', '다양한 집단·사회의 언어에 대한 언어적 관용'을, 고등학교에서 '언어 공동체의 다변화에 따른 언어' 등을 학습 내용 요소로 다루고 있다. 이를 통해 점차 다원화되는 사회에서 다양한 언어 공동체에 대한 이해 및 책임감 있는

[표 11-2] 2022 개정 국어과 교육과정: 언어적 차이와 사용 양상 이해(교육부, 2022)

2022 개정 국어과 교육과정		
학년	영역	성취기준
초 1~2학년	문법	[2국04-01] 한글 자모의 이름과 소릿값을 알고 정확하게 　　　　　 발음하고 쓴다. [2국04-02] 소리와 표기가 다를 수 있음을 알고 단어를 바르게 　　　　　 읽고 쓴다.
초 5~6학년	문법	[6국04-02] 표준어와 방언의 기능을 파악하고 언어 공동체와 　　　　　 국어생활과의 관계를 이해한다.
중 1~3학년	문법	[9국04-01] 국어의 음운 체계와 문자 체계를 이해하고 　　　　　 국어생활에 활용한다. [9국04-06] 한글 맞춤법의 기본 원리와 내용을 이해하고 　　　　　 국어생활에 적용한다. [9국04-07] 세대·분야·매체에 따른 어휘의 양상과 쓰임을 　　　　　 분석하고 다양한 집단과 사회의 언어에 관용적 　　　　　 태도를 지닌다. [9국04-08] 자신과 주변의 다양한 국어 실천 양상을 비판적으로 　　　　　 분석하여 언어와 자아 및 세계 사이의 관계를 인식한다.
고 1학년	문법	[10공국1-04-01] 언어 공동체가 다변화함에 따라 다양해진 언어 　　　　　　　실천 양상을 분석하고 언어 주체로서 책임감을 　　　　　　　가지며 국어생활을 한다. [10공국1-04-02] 음운 변동을 탐구하여 발음과 표기에 올바르게 　　　　　　　적용한다. [10공국2-04-02] 한글 맞춤법의 원리를 적용하여 국어생활을 　　　　　　　성찰하고 문제를 해결한다.
고 2~3학년	화법과 언어	[12화언01-02] 표준 발음을 이해하고 정확하게 발음하는 　　　　　　국어생활을 한다. [12화언01-05] 담화의 맥락에 적절한 어휘와 문법 요소를 　　　　　　선택하여 화자의 태도를 드러낸다. [12화언01-07] 다양한 유형의 담화와 매체를 대상으로 언어의 　　　　　　공공성을 이해하고 평가한다. [12화언01-15] 언어 공동체의 담화 관습을 이해하고, 다양성을 　　　　　　존중하는 의사소통 문화 형성에 기여하는 태도를 　　　　　　지닌다.

언어 실천이 강조되고 있음을 확인할 수 있다.

5. 결론

이번 장에서는 한 개인이 얼마나 글을 잘 읽게 되는지는 그들이 말하는 언어와, 읽고 있는 대상 언어로 쓰인 형식에 따라 달라질 수 있다는 점을 강조하였다. 문자 체계와 그 특성, 우리가 읽고 있는 언어에 대한 숙련도, 그리고 우리가 읽기를 학습하는 데 필요한 언어적 기반의 세부 사항은 모두 읽기에 영향을 미치는 요인들이다.

토론거리

1 다양한 문자 체계 중 읽기를 학습하는 데 가장 적합한 문자 체계는 무엇이라고 생각하는가? 또한 문자 체계는 인지적 처리에 어떠한 영향을 미친다고 생각하는가?

2 아동이 두 가지 언어로 말하고 듣고 읽고 쓰기가 가능한 이중 언어 능력을 갖출 수 있도록 극대화해 주기 위해서, 가정에서 사용할 수 있는 전략에는 어떤 것이 있는가?

3 교실 내에서 방언 관련 문제를 다루기에 가장 적절한 접근법은 무엇인가?

4 이 장의 처음에서 다룬 사례에서 담당 교사의 상황을 고려할 때, '이와'의 읽기를 가르치는 방법에 관하여 담당 교사 가르시아에게 어떤 조언을 할 수 있는가?

Bialystok, E. (2007). Acquisition of literacy in bilingual children: A framework for research. *Language learning, 57*(1), 45-77.

Rayner, K., Pollatsek, A., Ashby, J., & Clifton, C. (2012). *The psychology of reading*, New York: Psychology Press.

Thompson, C. A., Craig, H. K., & Washington, J. A. (2004). Variable production of African American English across oral and literacy contexts. *Language, Speech, and Hearing Services in Schools, 35*(3), 269-282.

독서의 이유:
독서의 심리사회적 혜택

현재 70세인 배 교사는 지방의 작은 도시에서 즉석 요리 전문 요리사인 아버지와 식당 종업원인 어머니의 딸로 성장했다. 가족을 부양하기 위해 고등학교를 중퇴한 배 교사의 부모는, 딸만큼은 반드시 학업을 마무리하도록 해야겠다고 결심했다. 그래서 배 교사가 학교에 입학하기 전부터, 버스를 몇 번이나 갈아타야 함에도 불구하고, 어머니는 매주 그녀를 공립 도서관으로 데리고 다녔다. 그들은 많은 여가 시간을 책을 읽으며 보냈기 때문에, 배 교사는 초등학교에 입학한 후에도 독서가 꽤 쉽고 편안하게 느껴졌다. 이후 그녀는 독서를 열심히 하고 좋아하는 아이로 자라서 청소년 시기에는 책벌레로 알려지기도 하였다. 배 교사는 늘 학교생활을 충분히 잘했고 시험도 잘 보았다. 그래서 배 교사는 그 지역 대학을 장학금을 받으며 다닐 수 있었고, 그러한 지원 덕분에 교사가 될 수 있었다. 그녀에게 독서는 평생 끊임없는 본업이자 취미였다. 그녀는 교사로서 언어에 대한 사랑과 아동 문학을 학생들에게 전수했다. 재직하고 있는 학교에서는 최근 교육 동향에 대해 잘 알고 있는 교사들의 지도자였고, 학교의 아이들, 부모, 행정가, 정치 지도자들과 잘 소통하는 탁월한 능력을 가지고 있었다. 그녀는 어린 시절 그다지 대단하지 않은 집안에서 태어나 자랐음에도 불구하고 자신의 힘으로 성공적인 삶을 살았다. 이제 은퇴 후 그녀는 독서 모임을 이끌고, 정치 및 사회 활동에 적극적으로 참여하고, 나아가 아이들의 읽기 학습을 도와주는 일을 할 수 있기를 기대하고 있다.

이번 장에서는 글을 읽고 쓸 수 있는 능력의 이점에 대해 다룰 것이다. 지금까지 이 책을 읽어 온 독자라면 독서를 통해 얻을 수 있는 심리·사회적 혜택이 무수히 많다는 것을 분명히 이해할 것이다. 우리는 앞서 문식성, 즉 글을 읽고 쓸 수 있다는 것이 우리가 알고 있는 단어의 수와 종류, 앎의 깊이, 그리고 세상에 대한 우리의 일반적인 지식을 어떻게 변화시키는지 설명했다. 또한 10장에서는, 읽기 동기를 계발하는 것과 실제로 열성적으로 읽기를 행하는 것은 그 자체로 더 나은 독자가 되도록 한다는 것을 보여 주는 연구를 소개하기도 하였다. 우리가 이 장에서 설명하고자 하는 것은 독서를 통한 심리·사회적 이점이 단순히 즐거움을 얻는 것을 넘어 어떻게 확장될 수 있는지에 관한 것이다.

최근 몇 년 동안, 미국에서는 즐거움을 위해 독서를 하는 성인의 수가 현저하게 감소했다.[1] 퓨 리서치 센터(Pew Research Center)의 최근 조사에 따르면, 성인의 4분의 1 정도가 지난 1년 동안 전자 기기, 종이, 심지어 오디오 형식으로도 책을 한 권도 읽지 않았다.[2] 독서에 즐거움을 느끼지 못하는 독자가 1978년에 8%로 조사된 이후로 이 수치는 지난 수십 년간 증가해 왔다. 이러한 수치는 미국 가정에서 그 어느 때보다도 책을 읽는 데에 시간을 덜 쓰고 있는 것을 보여 준다.[3] 특히 즐거움을 위해 책을 '거의 또는 전혀' 읽지 않는다고 보고하는 십 대들의 비율이 높아지는 것이 문제가 되고 있다. 이 수치는 1980년대 중반에는 9% 정도였으나 현재는 약 27%로 증가했다.[4] 청소년의 독서량이 가장 크게 감소한 영역은 소설 읽기 영역이다.[5]

책을 즐겨 읽지 않는 이 연령대의 독자들에게 전자책과 태블릿은 전통적인 인쇄 매체 읽기를 대신할 수 있는 매력적인 대안으로 보이기도 한다. 하지만, 실제로 책을 읽는 십 대들은 대부분 전자 기기로 책을 읽기보다는 인쇄물로 된 책으로 독서를 한다.[6] 이러한 결과는 독서 매체의 변화가 책을 읽지 않는 청소년들을 책을 읽도록 유도하는 데 거의 도움이 되지 않는 것을 보여 준다.

이러한 자발적인 독서의 감소로 인한 영향이 직장에서 감지되고 있어 문제가 되고 있다. 고등학교를 졸업하고 갓 입사한 신입사원들에게 요구되는 최고의 직업적 요건 중 하나는 읽기 및 쓰기 기능이다.[7] 그런데 미국 근로자들의 기본 읽기 기능이 부족하다고 평가하는 고용주의 비율은 38%이고, 쓰기 기능이 부족하다고 평가하는 비율은 72%이다.[8] 실제로, OECD가 밝힌 바에 따르면, 미국 근로자는 고용주가 원하는 문식성 능력 측면에서 선진국의 하위 3위에 속한다.[9] 이러한 미국인의 문식성 능력의 결핍이 영어의 철자법, 어휘 등 언어적 특성에 기인한다고 변명하기는 어렵다. 캐나다인과 호주인과 같이 역시 영어를 사용하는 근로자는 국제적으로 더 나은 능력을 보여 주기 때문이다.

이 장의 목적은 "왜 책을 읽는가?"라는 몇 가지 기본적인 질문에 대한 답을 제시하는 것과 같다. 독서가 우리에게 이토록 중요한 이유는 무엇인가? 독자들이 즐거움을 위해 책을 읽지 않는다는 것이 문제가 되는가? 아동이 확고한 읽기 기능을 달성하지 못하거나 혹은 그들이 독서에 대한 애정을 갖지 않는다면 정말 문제가 되는가? 이 장에서는 읽기 능력과 독서가 삶을 변화시키는 여러 가지 방법에 대해 배우게 될 것이다.

1. 독서가 주는 인지적 혜택

책을 많이 읽는 사람에게 인지적 이점이 많다는 것은 명백하다. 우리가 이 책 전반에 걸쳐 인용한 여러 연구에서도 독서의 이점 중 하나로 기본적인 읽기 능력의 지속적인 성장을 다루고 있다. 기본적인 읽기 능력이란 간단한 텍스트를 유창하게 해독하고 이해하는 능력과 같은 것을 말한다. 그런데 심리학자들은 이러한 기본적인 이점 이외에, 독자가 인쇄물에 노출되는 정도에 따라 독해력에 미치는 이점이 어떠한지를 포착하는 데에도 관심을 두어 왔다. 이때 인쇄물에 노출된다는 것은 기본적인 읽기 능력이 있다는 것과는 별개로, 자발적인 읽기의 양이 어떠한지와 관련된다. 성인이 책, 신문, 잡지를 통해 다양한 방식으로 인쇄물 읽기에 참여할수록 그들은 더 많은 인쇄물을 접하게 된다. 인쇄물에 대한 노출은 책 읽기에 대해 매튜 효과(Matthew effects)를 지닌다.[10] 즉, 인쇄물에 더 자주 노출되어 많이 읽을수록 읽기에 점점 더 능숙해진다. 나아가 독서는 인지적 측면에서 다양한 이점의 근원이 된다.

키스 스타노비치(Keith Stanovich)와 동료 연구자들은 일부 성인의 인지적 발달을 설명하는 데 인쇄물에의 노출이 어떤 역할을 하는지, 그 잠재적인 역할에 대해 관심을 가져 왔다. 이와 관련된 연구를 하기 위해서는 평소 독서 시간을 정확히 측정해야 하는데, 사람들은 대체로 자신이 읽는 시간에 대해 과대평가하는 경향이 있기 때문에, 정확한 읽기 시간을 측정하는 것은 쉽지 않다. 보다 객관적으로 읽기에 노출되는 시간을 측정하기 위해 스타노비치와 동료 연구자들은 연구 대상자들이 인쇄물에 얼마나 노출되는지를 측정할 수 있는 객관적 척도를 개발하여, 성인, 대학생 또는

[표 12-1] 인쇄물 노출 실험 목록의 예[11]

작가 인식 (성인 대상)	제목 인식 (아동 대상)
• 스티븐 굴드	• 다락방의 불빛
• 앤드루 그릴리	• 지렁이를 먹겠다고?
• 프랭크 허버트	• 야성의 부름
• 에리카 종	• 수납장 속의 인디언
• 주디스 크란츠	• 폴라 익스프레스
• 스티븐 킹	• 하이디
• 로버트 러들럼	• 제임스와 슈퍼 복숭아
• 제임스 미치너	• 둘리틀 박사
• 스터즈 터클	• 라모나 시리즈
• 앨빈 토플러	• 탐정 해리엇
• J. R. R. 톨킨	• 사자와 마녀와 옷장
• 앨리스 워커	• 자유의 열차
• 톰 울프	• 푸른 돌고래 섬

아동에게 그들이 시간을 보내는 방법에 관한 체크리스트를 작성하도록 했다. 체크리스트의 내용 중 일부는 읽기와 관련된 것으로서, 독서 습관에 관한 질문(예: 즐거움을 위해 책을 읽는지, 작년에 몇 권의 책을 읽었는지, 읽기를 얼마만큼 좋아하는지), 작가 인식 테스트, 잡지(책) 인식 테스트 등으로 구성하였다. 이를 통해 인쇄물에의 노출을 확인할 수 있도록 하였다. [표 12-1]은 스타노비치와 커닝햄이 성인과 아동의 인쇄물에 대한 노출을 측정하기 위해 구성한 내용[12] 중 일부를 제시한 것이다. 여기에 제시된 작가나 책은 유명하지 않거나 까다로운 것이 아니고, 대부분의 교사에게 상당히 친숙한 것들이다.

　우리는 일반적으로 책을 많이 읽는 사람이 학문적 세계에서나 가치 있는 지식, 즉 책으로 배운 지식만 많고 실제적 지식은 부족할 것이라 생각하는 경향이 있다. 그러나 인쇄물 노출 정도를 측정한 것을 바탕으로 연구한 결과, 책을 많이 읽은 사람이 실용적 지식 수준도 더 높은 것으로 나타났다. 즉, 책을 많이 읽는 것의 이점 중 하나가 실용적 지식을 쌓을 수 있다는 것이다. 실용적 지식이란 복잡하고 기술적인 사회 속에서 살아가는 데 직접적으로 관련되는 지식을 말한다. 예를 들어, 기화기(카뷰레터)가 무엇인지, 어떤 물질이 암을 유발하는지, 돈을 대출 받을 때의 기준 금리(우대 금리)와 소비자가 지불하는 이율 간의 관계는 무엇이고, 어떤 과일에 비타민C가 가장 많은지에 대한 지식이 실용적 지식에 속한다. 이러한 종류의 지식은 매체에 노출되거나 직접적인 경험 및 정보 교류를 통해 얻어지는 것이지만, 우리는 독서를 통해 이러한 정보를 훨씬 빨리 얻을 수 있다. 스타노비치와 커닝햄의 연구는 책을 많이 읽는 성인이 이런 종류의 실용적 지식을 더 많이 가지는 경향이 있음을 보여 준다.[13]

실용적인 지식은 **결정화된 지능**(crystallized intelligence)*이라고 불리는 일반적인 인지 능력의 한 측면이다. 결정화된 지능은 개인의 경험의 역사와 관련된 인지 능력으로 어휘, 일반적인 지식, 경험을 통해 얻은 기술 등과 같은 것을 포함한다.[14] 결정화된 지능은 또한 다양한 문화적 문식성 요소들을 포함한다.[15] 즉, 과학, 역사, 지리, 경제, 문학, 철학 그리고 심리학에 대한 일반적인 문화적 지식이 포함되며, 이러한 종류의 지식은 성인기에 비교적 일정한 수준으로 유지되거나 증가하기도 한다. 예를 들어, 스타노비치와 리처드 웨스트(Richard West), 미셸 해리슨(Michele Harrison)은 대학생과 나이 든 성인을 대상으로 문화적 문식성 및 어휘에 관련된 몇 가지 테스트를 했는데, 일반적으로 나이가 많은 성인이 대학생보다 더 강한 결정화된 지능을 나타냈다.[16]

스타노비치 외는 선천적인 뇌 기능과 관련된 유동적 지능(fluid intelligence)**이 형성된 이후에도, 교육을 받은 시기와 나이라는 변수가 통제된

....

*   학습과 관찰을 통해 습득 및 축적되는 사물에 대한 이해, 다양한 정보나 지식, 인지적 기술이나 능력 등과 관련되는 것으로, 흔히 연령이 증가함에 따라, 삶에 대한 경험이 풍부할수록 높아지는 것으로 알려져 있다.

**   결정화된 지능과 구분되어 사용되는 개념으로, 선천적인 생리학적 뇌 기능과 그 성숙에

상황에서 인쇄물에의 노출이 결정화된 지능을 예견하는 중요한 영향 요인임을 밝혀냈다. 실제로 인쇄물에의 노출은 성인기의 개인적 지능의 차이를 12.5~15.4%를 설명한다.[17] 다른 연구자 역시 자신의 읽기 습관의 유형을 밝히는 간단한 척도를 활용하여 지능과 읽기 습관 간의 관계를 살펴본 결과, 이 둘 사이에는 상관관계가 있는 것으로 나타났다.[18] 이러한 연구들의 결론은 읽기(독서)가 사람들을 더 똑똑하게 만드는 방법 중의 하나라는 것이다.

스타노비치와 그의 동료들은 앞서 언급한 지능과 읽기에 관한 기본 원칙이 아동에게도 적용된다는 것을 보여 주었다. 로라 에콜스(Laura Echols)와 웨스트, 스타노비치, 캐슬린 제어(Kathleen Zehr)는 4학년에서 6학년까지의 아동에게 그들이 읽었던 실제 책 제목과 연구자가 임의로 만든 가짜 책 제목을 주고, 자신이 읽은 책 제목을 선택하도록 하는 테스트를 수행했다.[19] 이와 같은 인쇄물 노출 정도에 대한 평가는 어휘와 일반적인 지식 기반에 대한 표준화된 평가 두 가지와 모두 상관이 있었다. 연구자들은 4학년 때 인쇄물 노출에 대한 평가 점수가 향후 2년 동안 이러한 두 가지 형태의 결정화된 지능의 발달에 개별적인 차이를 예측한다는 것을 발견했다(2년 후 읽기 능력의 성장은 말할 것도 없다). 커닝햄과 스타노비치는 인쇄물에의 노출은 아동이 초등학교 시기에 이미 보여 주는 읽기 및 어휘 능력을 넘어 10년 정도 후의 어휘 능력까지도 예측한다고 하였다.[20]

인쇄물 노출 정도를 스펙트럼으로 상정했을 때 왼쪽 낮은 끝에는 읽기 학습이 어려운 난독증을 앓고 있는 사람이 있다. 이들은 인쇄물에 노출되는 것을 피할 것이다. 이와 관련하여, 난독증을 가진 모든 아동에게 해당되는 이야기는 아니지만, 난독증을 앓고 있는 아동은 나이가 들면서 IQ

....

의해 규정되며, 어떤 교육이나 사전 연습 없이 새로운 장면에 적용이 요구되는 과제를 독립적으로 해결하는 것과 관련된다.

가 감소하는 경향을 보인다는 연구 결과가 나왔다.[21] 이처럼 난독증이 있는 아동은 어린 시절 내내 지속적으로 미숙한 독자로 남는 반면, 난독증이 있지만 노력과 연습을 통해 어느 정도 읽을 수 있었던 아동은 아동기에 IQ가 증가하는 패턴이 나타났다.[22]

인쇄물에의 노출은 신경학적으로도 영향을 미친다. 제이슨 골드만(Jason Goldman)과 프랭크 매니스(Frank Manis)는 인쇄물에의 노출 정도에 차이가 있는 성인을 대상으로 읽기와 관련된 뇌 영역의 피질 두께를 조사했다.[23] 일반적으로 인쇄물에 노출되는 것은 피질 두께에 누적된 영향을 준다. 연구자들은 인쇄물 노출이 읽기와 관련된 뇌 영역의 피질 두께와 상관관계가 있다는 것을 발견했다.* 인쇄물 노출은 독해(읽기 이해)나 일견 단어 읽기와 같은 표준화된 평가의 결과보다 피질 두께를 더 섬세하게 설명하였다.

우리가 이 책에서 언급했듯이, 읽기를 배우는 것은 우리의 뇌에도 영향을 미친다. 이러한 영향에 대한 증거는 글을 늦게 배운, 즉 이전에 문맹이었던 성인의 뇌에서 일어나는 신경학적 변화에서 찾을 수 있다. 스타니슬라 드한(Stanislas Dehaene) 외는 현재 문맹인 성인과 문맹이었다가 성인이 되어서 읽는 법을 배운 사람들을 비교했다.[24] 그들은 성인기에 읽고 쓰는 능력을 갖추게 되면서 철자법 패턴에 대한 시각적인 단어 형태의 반응이 증가했다. 읽는 것을 배우면서 시각 피질 네트워크가 재편성되어 인쇄물에 대한 반응성이 향상되었다. 또한, 이전에 문맹이었던 성인은 그들이 읽을 때 더 넓은 뇌 활동을 하는 것으로 나타난다. 성인기에 읽는 것을 배

....

* 최근 인간 두뇌 연구 결과에 따르면, 인간의 노화에 따라 대뇌 피질의 두께는 얇아진다. 또한 알츠하이머병 환자의 경우 정상인에 비해 상대적으로 대뇌 피질의 두께가 얇다. 또한 학습 기간과 대뇌 피질의 두께는 비례한다[Kim, J. P. et al. (2015). Effects of education on aging-related cortical thinning among cognitively normal individuals. Neurology, September 2015, 85(9), 806-812].

우면 좌뇌의 전체 '구어 네트워크(spoken language network)'가 인쇄물 읽기에 관여할 수 있다.

책을 많이 읽는 것은 두뇌를 보호하는 일종의 인지적 보호 장치를 만드는 일이다. 따라서 책을 많이 읽는 것은 나이가 들면서 발생하는 인지적 능력의 쇠퇴를 미연에 방지하는 데 도움이 될 수 있다. 읽고 쓰는 능력의 결여와 70세 이상 노인의 알츠하이머병(치매) 위험성은 관련이 있다. 실제로 읽고 쓰는 능력의 결여는 교육적 수준보다 알츠하이머병의 초기 발병을 더 잘 예측한 것으로 밝혀졌다.[25]

지금까지는 책 읽기, 인쇄물 노출에 관해 다루었는데, 그렇다면 인터넷에서 활자에 노출되는 것은 어떤 영향이 있는가? 지금까지 설명했던 것과 유사한 인지적 이점이 있는지에 대해 살펴보면, 그에 대한 대답은 '그럴 것'이다. 린다 잭슨(Linda Jackson) 외는 컴퓨터를 가지고 있지 않았던 아동들에게 컴퓨터를 제공하고 인터넷을 연결해 주었다.[26] 아동들은 인터넷에 접속한 지 16개월 만에 성적이 향상되었다. 인터넷상에는 다양한 텍스트가 제시되기 때문에 상당한 양의 활자가 아동들에게 노출되었고, 이러한 환경이 읽기 및 학업 성취 향상에 큰 영향을 주었을 가능성이 있다. 도널드 루(Donald Leu) 외는 온라인 독서가 문서 전반에서 필요한 정보를 찾아 종합할 뿐만 아니라 비판적 독서와 같은 높은 수준의 지능과 관련된 기능을 향상시킨다는 점을 강조한다.[27] 또한 아동은 인터넷상에서 읽기를 하며 그들 자신이 가지고 있는 질문에 답하고 호기심을 키우며 읽는 수준 높은 사고 과정을 행한다.

지금까지 살펴본 모든 연구는 독서가 지능과 일반적인 인지 기능에 긍정적인 영향을 미친다는 종합적인 결론을 내려 준다. 이 영향은 어린 아동, 젊은 성인뿐만 아니라 나이 든 성인에게도 적용된다는 것도 확인하였다. 글을 많이 읽는 사람은 지능이 정체되거나 쇠퇴하지 않고 그 지능이 계속해서 높아진다.

2. 문식성이 주는 사회·정서적 혜택

본 절에서는 문식성을 지님으로써 얻는 사회·정서적 이점에 대해 다룬다. 대부분의 사람은 읽고 쓰는 능력이 사회·정서적 측면에서 혜택이 있다는 것을 직관적으로 아는 듯하다. 다시 말해, 많은 사람은 힘들고 스트레스가 많은 하루를 보낸 후에 휴식을 취하는 한 방법으로 독서를 한다. 그런데 의아하게도, 스트레스를 감소시키거나 편안한 기분을 만드는 데 독서가 어떤 역할을 하는지, 독서의 효능에 관해 구체적으로 다룬 연구는 거의 없다. 다만, 푸타이 진(Putai Jin)의 소규모 연구에 따르면, 휴식을 원할 때나 정서적 안정을 위해 책을 읽는 우리의 습관이 어느 정도 효과가 있는 것으로 나타났다.[28] 이 연구에서는 실험 참가자들의 스트레스를 유발한 뒤, 스트레스를 줄이기 위해 태극권, 빨리 걷기, 명상, 또는 독서를 각 한 시간씩 수행한 효과를 비교했다. 독서를 포함하여 이러한 처치 이후에 실험 참가자들의 코티솔 호르몬 수치가 크게 낮아졌다. 코티솔은 심리적 스트레스가 높을 때 그 수치가 높아지는 체내 호르몬이다. 따라서 실험 참가자들이 독서 등을 통한 스트레스 해소 노력 후에 코티솔 수치가 낮아진 것은 그들의 긴장이 완화되고 마음이 안정되었다고 해석할 수 있는 객관적인 지표가 된다. 또한, 참가자 역시 자신의 기분이 나아졌다고 보고했다. 이처럼, 독서를 포함하여 네 가지 치료법은 정신적, 혹은 정서적 스트레스 요인으로 인한 감정 문제를 줄이는 데 효과가 있었다. 이러한 연구는 잠정적이나마 독서가 개인의 정신적·정서적 측면에서 혜택을 지닌다는 견해를 뒷받침하는 근거가 된다.

독서의 사회·정서적 혜택 중 하나는 개인이 독서를 통해 얻는 사회적 인지 능력의 성장이다. **공감**(Empathy, 감정이입) 능력은 독서와 관련하여 가장 많이 연구된 능력 중 하나이다. **공감**은 우리가 우리 자신의 관점이 아닌 다른 사람의 상황에 대한 이해를 경험할 때 나타난다. 공감은 사회적 관계의 어려움을 잘 다루어 유지할 수 있도록 도와주는 핵심 인지 능력이다.[29] 공감은 우리가 다른 사람의 감정에 주의를 기울여, 상대방의 상태에 더욱 민감하게 대처할 수 있게 해 준다.

특히 소설 읽기는 공감과 관련이 있다. 우리는 소설을 읽으면서 종종 소설 속 주인공의 상황에서 겪을 수 있는 감정을 경험한다. 소설 읽기는 우리가 다른 사람의 삶과 감정을 가정하고 다루는 것이므로, 소설을 많이 읽으면 다른 사람의 감정적 상태에 대한 사회적 이해 능력을 향상시키는 데 도움이 된다고 가정해 볼 수 있다. 이와 관련하여 일련의 연구에서, 소설을 많이 읽는 독자가 그렇지 않은 독자보다 공감 능력 테스트에서 더 좋은 성과를 낸다는 것을 보여 주었다. 여기서 주목할 것은, 단순히 독서를 많이 한다고 해서 감정이입, 공감 능력이 높은 것이 아니라는 점이다. 예를 들어 정보적 글을 자주 읽는 성인은 공감 능력에서 이와 같은 혜택을 보여 주지 않았다.[30]

레이먼드 마(Raymond Mar)와 동료들은 소설 읽기의 잠재적 혜택을 확인하고자, 인쇄물 노출 평가[31]를 실시할 때 정보적 글 읽기와 문학(소설) 글 읽기를 구별하였다.[32] 실험 참여자들은 배우가 묘사하는 감정을 가장 잘 나타내는 동사를 고르는 활동을 통해 공감 테스트를 수행하였다.[33] 이런 유형의 테스트에서 자폐증이나 알츠하이머병과 같이 공감을 하는 데 어려움을 겪는 사람은 그렇지 않은 사람과 공감 능력 면에서 차이를 나타낸다. 마 외는 다양한 성격과 지능적 요인이 통제된 상황에서 소설을 많이 읽은 사람이 훨씬 더 높은 공감 능력을 보인다는 사실을 밝혔다.[34]

문예 소설(Literary fiction)은 액션/스릴러, 로맨스 소설과 같은 대중 소설보다 공감 효과를 내는 데 더 영향력이 있을 것이다. 문예 소설은 독자의 생각이나 기대에 도전하는 능력이 크다는 점에서 다른 소설과 차이점이 있다. 문예 소설은 독자가 작품을 이해하고 의미를 찾도록 자극함으로써 인지적·감정적 성장을 촉진한다. 데이비드 키드(David Kidd)와 에마누

엘레 카스타노(Emanuele Castano)는 문예 소설, 대중 소설, 논픽션 등의 서로 다른 종류의 텍스트를 통해 각 텍스트가 공감적 이해에 미치는 영향을 실험하였다.[35] 문예 소설을 읽은 독자는 대중 소설이나 논픽션을 읽은 독자보다 공감과 관련된 몇 가지 측정에서 더 나은 수행 결과를 보였다.

이러한 연구에서 흥미로운 점은 소설 작품을 읽는 경험이 공감 능력을 향상시키는 데 영향을 준다는 것이다. 즉, 특정 장르에 대한 개인의 사전 선호도가 이러한 결과에 영향을 준 것이 아니라 소설을 읽는 경험 자체가 공감 및 감정 이입 능력 계발에 영향을 준다. 개인의 공감 능력을 향상시키고자 한다면, 소설 작품을 읽는 것은 하나의 전략으로 활용될 수 있다. 실제로 조하나 셔피로(Johanna Shapiro)와 엘리자베스 모리슨(Elizabeth Morrison), 존 보커(John Boker)는 의대생들의 환자에 대한 공감 능력을 향상시키기 위해 질병과 관련된 드라마, 소설, 시 낭독 등을 활용한 사례를 보여 주었다.[36]

이와 마찬가지로, 주디스 라이세이커(Judith Lysaker)와 클레어 톤지(Clare Tonge), 대런 가우슨(Darren Gauson), 앤절라 밀러(Angela Miller)는 초등학교 2학년과 3학년 아동을 대상으로 다른 이들의 생각과 감정을 추론하고 상상하는 능력을 향상시키기 위해 이른바 관계지향적 독서 교육(relationally oriented reading instruction)을 했는데[37] 그 방법은 다음과 같다. 실험 속 교사는 사회적 관계에 어려움을 겪는 아동에게, 사회·정서적 문제를 겪고 있는 성인이나 아동을 묘사하는 내용이 담긴 책을 읽도록 하였다. 이후 교사는 책의 등장인물의 생각, 기분, 의도, 감정과 관련하여 아동이 토론하도록 하였다. 또한 교사는 등장인물에 대한 공감을 표현하고, 교사가 등장인물의 감정을 추론해 내는 사고 과정을 시범 보였다. 아동은 교사가 한 대로 연습을 했으며, 책의 내용이나 등장인물에 대한 자신들의 반응을 기록해 나갔다. 8주간의 활동 이후 아동은 공감 능력에 관한 평가 점수에서 유의미한 향상을 보였다.

셔피로 외[38]와 라이세이커 외[39]는 문학 작품을 통해 공감 능력의 향상을 확인하였는데, 다만 이 효과는 단기적인 상황에서 검토된 것이다. 아마도 문예 소설을 오랜 기간 읽는다면 궁극적으로 공감 능력에 더 지속적인 영향을 미칠 것으로 추론할 수 있지만, 이에 대해서는 후속 연구가 필요하다.

읽고 쓰는 능력의 또 다른 사회·정서적 혜택은 읽기를 학습하면서 얻는 자존감과 자기 효능감의 향상이다. 이러한 결과는 학교에 다닐 수 없었거나 읽기 쓰기에 능숙하지 못한 성인에게 기본적인 문해 교육을 제공하는 성인 문해 교육 분야에서 주로 확인되었다.[40] 예를 들어, 성인 문해 교육 프로그램에 참여한 여성이 읽기 학습을 한 지 4개월 뒤 자존감과 자기 효능감이 높아졌다는 결과가 있다.[41] [표 12-2]는 연구에 사용된 자기 개념과 자기 효능감을 측정하는 질문의 예를 제시한 것이다. 이들 질문은 읽고 쓰는 능력에 대해 직접적으로 묻고 있는 것이 아니기 때문에 연구 참가자가 자기 개념과 자기 효능감에 대해 평가한 결과의 변화는 문해 교육에 따른 것으로 볼 수 있다.

[표 12-2] 자기 개념과 자기 효능감 평가 항목[42]

자기 개념 (0—전혀 그렇지 않다. 1—다소 그렇다, 2—매우 그렇다)	자기 효능감 (0—전혀 그렇지 않다. 1—다소 그렇다, 2—매우 그렇다)
당신은 가정주부로서 잘하는가? 당신은 자신이 똑똑하다고 생각하는가? 당신은 자기 자신에 대해 잘 안다고 여기는가? 당신은 자기 스스로에 대해 얼마나 만족하는가?	혼자 슈퍼마켓에서 장을 본 적이 있는가? 혼자 버스를 타고 이동해 본 적이 있는가? 은행에서 혼자 거래 업무를 해 본 적이 있는가? 상점에서 혼자 계산해 본 적이 있는가? 혼자 긴 다리를 건너 본 적이 있는가?

3. 문식성이 주는 사회적 혜택

읽고 쓰는 능력(문식성)은 이제 우리의 삶에 너무도 당연하고 흔해서 우리의 사고, 세계에 대한 이해, 사회 구조, 그리고 시민으로서의 활동에 미치는 영향 요인으로 논의되지 않을 정도이다. 이렇게 많은 사람이 글을 읽고 쓸 수 있는 사회가 되기까지 주요한 역사적 변화가 있었기 때문이다. 역사학자들은 읽고 쓰는 능력의 보편화가 인간 사회의 발전에 미친 영향을 이론화하면서 이는 마치 혁명과 같은 것이라고 표현하였다. 마셜 매클루언(Marshall McLuhan) 역시 글을 읽을 수 있는 문해자가 보편화된 것이 우리가 현재 알고 있는 현대성을 이끌어 낸 원인이라고 주장하였다.[43]

데이비드 올슨(David Olson)에 따르면, 점점 더 많은 사람들이 글을 읽게 되면서, 다양한 주제에 대해 구어로 소통하는 데 의존해 오던 방식에서 벗어나 글로써 논증하는 방식을 이용하기 시작했다.[44] 그러면서 사람들은 정보를 구두로 전달하는 것보다 문어로 소통하는 것을 더 우선적으로 생각하게 되었다. 텍스트는 객관적으로 놓인 대상으로 인식되는 반면에 해석은 개인적이고 주관적인 것으로 인식되기 시작했다. 텍스트와 글을 읽고 쓰는 능력을 통해 글에 쓰인 축어적 메시지와 그것을 읽고 이해하는 개인의 해석을 구분하게 되었다.

해럴드 이니스(Harold Innis)와 같은 역사학자들에 따르면,[45] 문어적 의사소통과 구어적 의사소통의 구별은 문서로 된 증거들을 중시하는 학문의 실천 측면에서 역사적 변화를 일으키는 데 기여했다. 읽고 쓰는 능력을 통해 텍스트에 무엇이 쓰여 있는지, 그리고 텍스트에 쓰인 것이 진정 무엇을 의미하는지 등에 대해 토론할 수 있었다. 예를 들어, 문식성은 사실과 과학자의 가설을 구별할 수 있게 해 주었고, 법률 체계에서도 성문법과 그것에 대한 해석을 구별할 수 있게 했다. 특히 법률의 성문화(成文化)는 종교 개혁과 같은 종교적 사건을 만들기도 하였다. 이처럼 올슨은 문식성을 습득함으로써 텍스트의 내용과 텍스트의 의미를 구분하는 것이 읽기 발달의 중요한 지표라고 보았다.[46]

하지만, 문식성의 사회적 이점에 대해 역사적으로 살펴볼 때 모든 사회가 읽고 쓰는 능력으로부터 같은 정도의 혜택을 받은 것은 아니다. UN-ESCO(유네스코)는 2014년 현재 전 세계 성인 중 15.7%가 비문해 상태이고, 가장 많은 수의 비문해자가 남아시아와 서아시아, 그리고 사하라 이남 아프리카 지역에 있다고 보고했다. 서아프리카에서는 비문해율(문맹률)이 증가하고 있고, 비문해자의 3분의 2가량이 여성이다.[47] 비문해자들이 기본적인 읽기 교육 프로그램을 통해 읽는 것을 배울 때 그들에게 일어나는 변화를 추적한 연구에서 사회적 변화에 대해 살펴볼 수 있다. 글을 읽고 쓸 수 있는 능력이 가져오는 변화는 정치·경제, 교육, 건강을 포함한 많은 분야를 넘나든다.

첫째, 성인 기본 문해 교육 프로그램에 참여하는 것은 정치적 측면의 혜택과 관련이 있다.[48] 예를 들어, 문해 교육 프로그램에 참여한 여성은 정치 지식이 증가하고, 선거 및 지역사회 활동에 참여하는 비율이 높아졌다.[49] 읽고 쓰는 능력을 갖춘 여성은 자신이 정치에 참여할 자격이 있다고 생각하며 투표권을 행사하는 경향이 더 높다. 그뿐 아니라 시민으로서의 자신의 권리에 대해 더 잘 알고 있고 지역사회 단체 활동에 더 많이 참여한다. 이러한 연구 결과는 연구가 수행된 세계적 정치 상황(예: 터키, 네팔, 볼리비아, 미국)에 관계없이 다소 일관성이 있는 것으로 나타났다. 그러므로 글을 읽고 쓰는 능력은 여성이 시민으로서의 그들의 권리에 접근하도록 격려하는 매우 강력한 힘이다.

둘째, 가정 내 어머니가 성인 문해 교육 프로그램을 통해 기본적인 문식성을 얻으면 그들의 자녀도 교육적 측면에서 혜택을 받는다. 특히 기본적인 문식성을 갖추는 것은 자녀의 학교 교육에 대한 참여도를 높인다. 물론 비문해자인 어머니와 문식성이 있는 어머니 모두 교육의 중요성을 인식하지만, 문식성이 있는 어머니는 자신이 새로이 습득한 읽고 쓰는 능력을 통해 교육 분야에서 자녀를 지원해야 한다는 인식이 더 강한 듯하다. 그들은 자녀의 교사를 만나고 자녀와 학교생활을 논의하는 등의 방식으로 자녀의 학교 교육을 지원할 가능성이 더 높다.[50] 로이 카-힐(Roy Carr-Hill) 외는 문해 교육에 참여한 어머니와 그렇지 않은 어머니 간에 자녀의 학교생활에 대한 교육적 지원(학교생활에 대한 토론 및 과제 점검 등) 정도를 비교한 결과, 문해 교육에 참여한 어머니들의 교육적 지원 양상이 두 배 정도 높다고 보고했다.[51]

셋째, 관련 연구에 따르면 읽기를 배우는 것은 건강에 관련된 실천에 상당한 영향을 미칠 수 있다. 특히, 여성을 대상으로 하는 성인 문해 교육은 건강한 삶을 실천하는 것이 문해 교육의 직접적인 교육 내용이 아니었음에도 불구하고, 건강과 관련한 분야에 행동 변화를 가져왔다. 예를 들어, 셜리 버치필드(Shirley Burchfield) 외는 기초 문해 교육 프로그램에 참가한 여성은 자신과 가족을 위해 치료를 받거나 예방 접종을 받을 가능성이 더 높으며, 그러한 프로그램에 참여하지 않은 여성보다 가족계획(산아제한)에 대해 더 많이 알고 있다는 것을 발견했다.[52] 여기서 주목해야 할 것은 기본적인 문해 교육을 받는 여성은 단순히 읽고 쓰는 능력 이상의 많은 이점을 얻고 있다는 점이다.

마지막으로, 읽고 쓰는 능력은 경제 성장과도 밀접한 관련이 있다. 성인 문해 교육 프로그램을 통해 습득한 매우 기본적인 문해 능력은 개인 및 가정의 경제적 사정에 어느 정도 도움이 되기는 하지만, 경제적 지위의 현격한 변화를 일으키기에는 충분하지 않을 수 있다. 게다가 여기에는 남편이 아내의 직장 생활과 같은 경제적 활동을 허용하지 않는 경우와 같이 문화적인 원인이 개입되기도 한다. 이러한 경우 문해 교육 프로그램이 가계 소득에 미치는 영향은 제한적일 수밖에 없다.[53] 그러나 모잠비크의 농부들은 읽고 쓸 줄 아는 능력이 있는 경우가 그렇지 않은 경우보다 환금

성 작물*을 재배할 가능성이 더 높은 것으로 나타났다.[54]

　　하지만 사회 전반에 걸쳐 읽고 쓰는 능력과 경제 성장의 관계는 그다지 단순하지 않으며, 직접적인 관계로 나타나지 않는다. 예를 들어, 세르주 쿨럼(Serge Coulombe)과 장-프랑수아 트람블레이(Jean-François Trem-blay), 실비 머천드(Sylvie Marchand)는 국제 성인 문해력 조사(IALS, Inter-national Adult Literacy Survey)의 데이터를 통해 OECD 국가의 평균 수준을 비교한 결과, 1960년과 1994년 사이의 문해력 격차가 경제 성장 격차의 55%를 설명한다는 것을 발견했다.[55] 그러나 제프리 삭스(Jeffrey Sachs)와 앤드루 워너(Andrew Warner)는 읽고 쓰는 능력 비율이 매우 높거나 매우 낮은 지역은 읽고 쓰는 능력의 작은 증가로는 경제 성장에 관한 이득을 거의 얻지 못하지만, 개발도상국에서는 읽고 쓰는 능력의 비중이 높아지는 것이 경제 발전과 관련이 된다는 사실을 밝혔다.[56]

4. 결론

　　이 장에서 다룬 읽고 쓰는 능력의 이점이 읽기와 읽기 학습으로부터 나타나는 혜택과 잠재적인 혜택을 모두 다루었다고 보아서는 안 된다. 다만, 이 장에서는 읽기를 배우는 것이 개인과 그들이 사는 사회 모두에게 많은 근본적인 혜택이 있다는 것을 입증하는 몇몇 연구를 중심으로 읽기의 혜택에 대해 설명하였다. 예를 들어, 개인으로서 독자가 얻는 기본적인 이점은 글을 읽음으로써 지식을 더 얻는 것이다. 하지만 거시적인 관점에서 보면, 독서 과정은 독자의 지능을 계발하고 두뇌를 향상시킨다. 이러한 발

....
* 　팔아서 돈을 얻기 위하여 재배한 작물로, 예를 들어 밀·인삼 등과 같이 쉽게 현금화할 수 있는 농작물을 말한다.

전이 노령 시기까지 지속된다면 사람들은 스트레스의 감소와 공감 능력, 자존감, 자기 효능감의 긍정적 발달을 경험하게 된다. 이러한 사람들은 그들의 전반적인 행복뿐 아니라 사회적 관계에 영향을 미칠 가능성이 크다.

읽고 쓰는 능력이 발달하면 사회도 변화한다. 문식성을 갖춘 사람은 사실과 해석의 차이를 이해하고 그에 따라 제도와 법률을 체계화한다. 읽기를 배우는 성인은 시민으로서 사회적 활동에 적극적으로 참여하고, 다양한 정보에 기반하여 건강에 관한 행동을 실천한다. 이는 그들의 지역사회와 국가에 도움이 된다. 문식성 수준을 높이는 데 목표를 두고 있는 국가들은 경제 성장의 향상을 기대해 볼 수도 있다. 이처럼 읽고 쓰는 것과 읽기 학습의 심리적·사회적 이익은 매우 다양하며 강력하므로 우리는 읽기 및 독서에 대한 관심과 애정을 갖는 일의 중요성을 알고 이를 실천해야 한다.

5. 교육과정과의 연계

한국의 교육과정에서는 [표 12-3]에서 제시된 바와 같이 주로 '읽기' 및 '문학' 영역의 '가치·태도' 범주에서 읽기의 혜택과 관련된 성취기준을 확인할 수 있다. 이를 구체적으로 살펴보면, 초등학교 고학년 시기에는 '읽기를 통한 삶의 성찰'을, 중학교 시기에는 '주제 통합적 읽기를 통한 진로의 탐색', '작품에 대한 주체적 해석', '사회적 독서 활동의 참여를 통한 타인에 대한 이해'를 제시하여 읽기를 통한 자신과 타인에 대한 이해를 다루고 있다. 더 나아가 고등학교 시기에는 '읽기를 통한 자아의 성찰과 타인에 대한 이해', 그리고 '읽기를 통한 공동체의 문제 해결'과 '공동체의 소통 문화 및 담론 형성에의 참여' 등을 다룸으로써 읽기의 인지적·정서적·사회적 혜택을 모두 강조하고 있다.

[표 12-3] 2022 개정 국어과 교육과정: 읽기의 가치(교육부, 2022)

2022 개정 국어과 교육과정		
학년	영역	성취기준
초 5~6학년	문학	[6국05-06] 작품을 읽고 자신의 삶과 연관 지어 성찰하는 태도를 지닌다.
중 1~3학년	읽기	[9국02-01] 읽기는 사회·문화적 맥락에서 의미를 구성하는 과정임을 이해하며 사회적 독서에 참여하고 사회적 독서 문화 형성에 기여한다. [9국02-07] 진로나 관심 분야에 대한 다양한 책이나 자료를 스스로 찾아 읽는다.
중 1~3학년	문학	[9국05-09] 문학을 통해 타자를 이해하고 공동체의 문제에 참여하는 태도를 지닌다.
고 1학년	읽기	[10공국1-02-02] 자신의 진로나 관심 분야와 관련한 다양한 글이나 자료를 찾아 주제 통합적으로 읽고 읽은 결과를 공유한다. [10공국2-02-03] 의미 있는 사회적 독서 활동에 참여함으로써 타인과 교류하고 다양한 지식이나 정보, 삶에 대한 가치관 등을 이해하는 태도를 지닌다.
고 1학년	문학	[10공국2-05-02] 주체적인 관점에서 작품을 해석하고 평가하며 문학을 생활화하는 태도를 지닌다.
고 2~3학년	독서와 작문	[12독작01-01] 독서와 작문의 의사소통 방법과 특성을 이해하고 문어 의사소통 생활을 주도적으로 실천하고 성찰한다. [12독작01-02] 독서의 목적과 작문의 맥락을 고려하여 가치 있는 글이나 자료를 탐색하고 선별한다. [12독작01-10] 글이나 자료에서 가치 있는 정보를 수집하고 효과적으로 조직하면서 정보를 전달하는 글을 쓴다. [12독작01-12] 정서 표현과 자기 성찰의 글을 읽고 자신의 정서를 진솔하게 표현하거나 자신의 삶을 성찰하는 글을 쓴다. [12독작01-15] 독서와 작문의 관습과 소통 문화를 이해하고 공동체의 소통 문화 및 담론 형성에 책임감 있게 참여한다.
고 2~3학년	문학	[12문학01-10] 문학을 통하여 자아를 성찰하고, 타자를 이해하며 상호 소통한다. [12문학01-11] 문학을 통해 공동체가 처한 여러 문제들을 이해하고 문제 해결에 참여하는 태도를 지닌다. [12문학01-12] 주체적인 문학 활동을 생활화하여 지속적으로 문학을 즐기는 태도를 지닌다.

1 사람들이 인터넷으로 글과 정보를 접하는 시대가 되면서 즐거움을 위해 책을 읽는 사람들이 감소하고 있다. 이는 어떠한 문제를 가져올 수 있는가? 사람들이 읽기 매체로 인터넷을 주로 이용하는 것은 개인이 평생 동안 읽음으로써 얻는 인지적 혜택에 어떤 영향을 미칠 수 있는가?

2 공감 능력의 향상은 소설을 읽음으로써 얻어지는 혜택 중 하나라고 소개되고 있다. 소설 읽기의 혜택으로는 또 어떤 것이 있을까?

3 정보적 글을 주로 읽는 사람은 소설을 주로 읽는 사람보다 다소 공감 능력이 떨어질 것이라는 연구가 있다. 정보적 글을 주로 읽는 사람들에게서 찾아볼 수 있는 사회적 또는 인지적 혜택은 무엇이 있을까?

4 이 장의 서두에 소개된 배 교사 사례 연구를 생각해 보자. 이번 장에서 배운 내용을 바탕으로 배 교사가 열렬한 독자였던 것과 그녀의 삶의 성과를 관련지어 설명해 보자.

더 읽을거리

Burchfield, S., Hua, H., Iturry, T., & Rocha, V. (2002). A longitudinal study of the effect of integrated literacy and basic education programs on the participation of women in social and economic development in Bolivia. USAID, Office of Women in Development. *http://datatopics.worldbank.org/hnp/files/edstats/BOLdprep02.pdf*.

Stanovich, K. E., West, R. F., & Harrison, M. R. (1995). Knowledge growth and main-
tenance across the life span: The role of print exposure. *Developmental Psychology,
31*(5), 811.

읽기 평가

* 이 글은 '류덕제·황미향·윤준채·진선희·이수진·박창균(2017). 초등 국어교육의 이론과 실제, 제6장 국어과 평가, 189-209, 제8장 읽기 교육론, 240-287, 서울: 보고사' 및 '윤준채(2006). 교육과정, 수업, 평가에 대한 새로운 이해. 국어교육, 제121권, 1-24, 한국어교육학회'를 토대로 새롭게 구성한 것이다.

1학년 여름 방학이 마치고 교실로 돌아온 동수는 여전히 씩씩하고 건강해 보였다. 박 교사는 동수가 입학했을 때 박 교사가 들려주는 이야기에 주의를 기울이고, 또 묻는 질문에도 대답을 잘하는 것을 보면서 그의 학교생활에 문제가 없을 것이라고 생각했다. 박 교사가 예상한 대로 동수의 1학기 학교생활에는 별다른 문제가 없었을 뿐만 아니라 오히려 국어 시간에는 발표도 잘하는 학생이었다. 그런데 2학기가 시작되자마자 치른 읽기 선다형 시험에서 동수는 거의 낙제 점수를 받았다. 박 교사는 들려주는 이야기에 대답을 아주 잘했던 동수를 떠올리면 그가 받은 점수를 이해할 수 없었다. 그래서 박 교사는 동수에게 글을 이해하는 데 필요한 몇 가지의 읽기 전략을 지도했지만 그리 만족할 만한 성과를 얻지 못했다. 박 교사는 동수가 글을 조금 천천히 읽는다는 것을 제외하면 다른 학생들과 별다른 차이가 없어서 읽기 전략을 가르치면 문제가 해결될 것이라고 생각했다. 그러나 읽기 선다형 시험에서 동수의 점수는 의미 있는 변화를 보이지 않았다. 박 교사는 동수에게 또 다른 어떤 지도가 필요한지에 대해 깊은 고민에 빠졌다.

1. 읽기 평가의 개념과 읽기 평가 관점의 변화

1.1. 읽기 평가의 개념

평가란 무엇인가? 먼저 '평가'라는 단어에 대한 사전적 풀이를 토대로 평가의 뜻을 살펴보자. 평가는 '評'과 '價'로 구성된 단어인데, 새한한사전[1]은 '評'을 '좋고 나쁨이나 잘 되고 못 됨, 또는 옳고 그름 따위를 분석하여 논하는 일'로, '價'는 '값이나 가격'으로, 그리고 '評價'를 '① 물품의 가격을 평정함. 또는, 그 가격, ② 사람이나 사물의 가치를 판단함'으로 설명하고 있다. 국립국어원 표준국어대사전은 '평가'를 '① 물건 값을 헤아려 매김. 또는 그 값, ② 사물의 가치나 수준 따위를 평함. 또는 그 가치나 수준'으로 풀이하고 있다. 그리고 보다 학술적으로 교육학 대백과 사전[2]은 평가를 '교육의 목표는 올바르게 설정되었는지, 목표 실현을 위한 교육의 계획과 과정은 적절한지, 그리고 궁극적으로 교육의 목표가 제대로 성취되었는지를 확인·판단하는 일련의 과정'으로 설명하고 있다.

평가에 대한 뜻풀이는 영어권의 경우도 크게 다르지 않다. 우리말의 평가에 해당하는 영어 단어로는 'evaluation'과 'assessment'를 꼽을 수 있다. 흔히 '평가'로 번역되는 'evaluation'은 프랑스어 'évaluer'에서 왔는데, '밖으로'라는 의미를 가진 'é'와 '가치'라는 의미를 가진 'valuer'가 결합된 말로서 '어떤 대상에 대한 가치를 결정하는 행동'을 의미한다. '사정(査定)'으로 번역되는 'assessment'는 라틴어 'assessare'에서 왔다. 이것은 판사 옆에 앉은 조수가 판사의 판결에 따라 세금이나 벌금의 액수를 결정하는 풍습에서 유래했는데, '어떤 대상이나 상황 혹은 사건에 대하여 가치를 판단하는 행위'를 가리킨다.

이처럼 일반적인 의미로 보면 'evaluation'과 'assessment'는 서로 호환하여 사용할 수도 있을 듯하다. 하지만 대니얼 애플(Daniel Apple)과 카를 크럼지그(Karl Krumsieg)는 전자가 학습자의 학습 결과에 대한 판단 과정에 초점이 맞추어져 있는 반면에 후자는 학습자의 학습 과정에 대한 판단 과정에 초점이 맞추어져 있다고 주장한다.[3] 그리고 'evaluation'과 'assessment'의 차이를 평가 시기, 평가 초점, 평가 기준, 수업 특성, 평가 결과의 활용 측면에서 대조하고 있다.*

[표 13-1] 평가와 사정의 차이점

	평가(evaluation)	사정(assessment)
평가 시기	수업이 종료되는 시점(총괄 평가)	수업이 진행되는 동안(형성 평가)
평가 초점	학습자가 무엇을 학습했는가 (결과 중심)	학습자의 학습이 어떻게 진행되고 있는가(과정 중심)
평가 기준	상대 평가	절대 평가
수업 특성	학습에서 경쟁 강조	학습에서 협동 강조
평가 결과 활용	학습 결과의 판단(선발 및 분류)	학습 과정과 결과의 진단(교정과 발달)

....

* 한편 'test'는 '검사', 'measurement'는 '측정'이라고 불린다.

이러한 상황을 종합해 보면, 우리말의 '평가'란 '① 어떤 대상의 가치를 판별하여 값을 매기는 과정, ② 어떤 대상의 질을 제고하기 위하여 관련 정보를 수집하고 판단하는 과정' 모두를 포함하는 개념이라 할 수 있다. 그리고 이러한 평가의 개념을 감안하면, 읽기 평가는 학습자의 읽기 활동에 대한 가치를 판별하여 값을 매기거나 관련 정보를 수집하여 판단하는 일련의 과정, 즉 학습자의 읽기 능력을 신장시키기 위하여 학습자의 읽기 학습 과정과 결과에 대한 정보를 수집하고 판단하여 송환하는(feedback) 일련의 과정이라 하겠다.

1.2. 읽기 평가 관점의 변화

지식에 대한 관점의 변화는 교육과정의 변화를 초래하고, 교육과정에 대한 새로운 이해는 교수-학습의 변화를 이끈다. 그리고 지식, 교육과정 및 교수-학습에 대한 관점의 변화는 평가에서의 변화를 요청한다. 유사하게 읽기 지식, 읽기 교육과정, 읽기 교수-학습에 대한 관점의 변화는 필연적으로 읽기 평가에서의 변화를 추동한다. 여기에서 프랭크 세라피니(Frank Serafini)의 평가에 대한 관점[4]을 토대로 읽기 평가의 관점이 어떻게 변화되어 왔는가를 살펴보자.

세라피니는 평가를 세 가지의 패러다임으로 구분했는데 측정으로서의 평가, 절차로서의 평가, 탐구로서의 평가가 그것이다. 측정으로서의 평가(assessment of measurement)는 지식에 대한 객관주의 관점을 취하고 있다. 지식은 학습자와 독립적으로 존재하며 그것은 교사에 의해 학습자에게 직접적으로 전달되어 학습자의 머릿속에 채워질 수 있고, 따라서 학습의 결과는 표준화된 양적 평가 방법에 의해 가장 잘 평가될 수 있다고 간주한다. 이러한 평가의 관점은 읽기 기능보다는 읽기 지식을 강조하고, 학습의 질적인 과정보다는 학습의 양적 결과를 중시하며, 학생의 발달보다는 학생의 분류와 선발을 목적으로 했던 전통적인 선다형(객관식) 위주의 읽기 평가에서 쉽게 찾아볼 수 있다.

절차로서의 평가(assessment of procedure)는 지식에 대한 관점뿐만 아니라 학습 및 평가에 대한 관점도 '측정으로서의 평가' 관점과 유사하다. 다만 전자가 학습자의 학습에 대한 정보를 수집하는 방법과 절차를 강조한다는 점에서 후자와 차이가 있다. 절차로서의 평가에서 학습자의 학습 과정에 대한 정보를 모으는 방법과 절차는 질적인 자료를 수집하는 과정(예: 관찰, 면접, 일지 쓰기 등)과 비슷하며, 따라서 하나의 표준화된 평가 방법에 의존하기보다는 보다 다양한 질적·양적 방법을 사용하는 특징이 있다. 그러나 이것 또한 평가의 초점이 학생 발달보다는 학생을 분류하고 선발하는 평가 과정 자체에 있기 때문에 학생의 읽기 능력 발달에 대한 통찰을 제시해 주거나 수업을 질적으로 개선시키는 데에는 한계를 가지고 있다. 이러한 평가의 관점은 학습자의 직접적인 활동 및 활동의 과정(예: 실기평가, 수행평가)과 결과에 대한 절차를 강조하는 현행 읽기 평가에서 쉽게 찾아볼 수 있다.

탐구로서의 평가(assessment of inquiry)는 지식과 학습에 대한 사회적 구성주의 관점을 취하고 있다. 지식은 사회적 상황에서 개인과 개인의 상호작용에 의해 구성되며, 학습은 학생과 교사의 언어적 상호작용을 토대로 한 직접적인 읽기 활동을 토대로 일어난다고 생각한다. 따라서 평가는 한두 개의 특정한 방법에 의존하기보다는 학생에게 의미 있는 상황에서 다양한 양적·질적 평가 방법을 사용하여 학습자의 학습 과정과 결과에 대한 정보를 수집하여 학생의 발달과 수업 개선에 사용할 수 있어야 한다. 이러한 탐구로서의 평가 관점을 잘 반영하고 있는 평가가 실제적 평가(authentic assessment)이며, 최근에 주목을 받고 있는 생태적 평가(ecological assessment)[5]와도 맥을 같이한다.

2. 읽기 평가의 목적

왜 학습자는 읽기 교과를 배우면서 '중간고사, 기말고사, 설명문 쓰기 수행평가, 읽기 진단평가, 자기소개 말하기 평가' 등과 같은 다양한 읽기 평가에 참여하는가? 왜 학교와 교사는 학습자에게 끊임없이 평가를 부과하는가? 아마도 나름의 목적이 있기 때문일 것이다.

기본적으로 학습자의 읽기 교육에 관여하는 교육 당사자들은 학교에서 이루어지는 읽기 평가가 이들의 읽기 능력을 발달시키는 데 있다고 생각한다. 즉, 학습자를 다양한 읽기 평가에 참여시킴으로써 그들이 성취해야 하는 읽기 교육 목표를 잘 성취했는지, 제대로 성취하지 못했다면 무엇이 부족한지 등에 관한 유용한 정보를 얻을 수 있다고 생각한다. 그리고 이러한 정보는 학습자의 차후 학습 계획을 세우는 데에도 중요한 토대가 된다고 믿는다. 더 나아가, 최근에는 학습자에 대한 읽기 평가가 학습자의 읽기 능력 발달에 적절한 수업을 마련하는 데에도 활용되어야 한다고 생각한다. 왜냐하면 교사의 읽기 수업은 학습자에 대한 읽기 평가가 제공하는 정보에 따라 조정되어야 그들의 발달을 촉진시킬 수 있다고 믿기 때문이다.

이를 정리하면, 읽기 평가의 목적은 학습자의 학습 과정과 결과에 대한 정보를 수집하여 그들의 읽기 능력을 판단할 뿐만 아니라 학습 과정에 송환하여 읽기 능력을 신장시키는 데 있다. 또한 학습자의 학습 과정과 결과에 대한 정보를 토대로 교사의 수업, 교재, 평가도구를 개선시키는 데에도 있다.

3. 읽기 평가의 원리

　읽기 교육의 목표가 학생들의 창의적이고 비판적인 읽기 능력과 긍정적인 읽기 태도를 발달시키는 데 있다면 교실에서 구현되는 읽기 평가의 모습은 어떠해야 하는가? 아마도 이것은 문서화된 읽기 평가 방법이나 절차를 강조하는 평가가 아닌 학생들의 읽기 행동을 탐구하는 과정을 강조하는 역동적인 읽기 평가일 것이다. 그러나 이러한 평가는 진공 상태에서는 일어날 수 없다. 읽기 평가를 보다 역동적으로 이끄는 데 필요한 평가 원리가 필요한데 이것을 제시하면 다음과 같다.

　첫째, 읽기 평가는 지속적인 탐구 과정이어야 한다. 읽기 평가는 한 단원이 종료된 후에, 한 학기가 마무리된 시점에 한두 번 이루어지는 분절적인 과정이 아니다. 읽기 평가는 수업이 진행되기 전에, 진행되는 동안에, 그리고 진행된 다음에도 지속적으로 수행되는 과정이어야 한다. 특히, 읽기 평가는 학생들의 읽기 행동과 읽기 태도를 끊임없이 관찰하는 탐구 과정이어야 한다. 그래야만 학생들의 필요에 민감하게 반응할 수 있다.

　둘째, 읽기 평가는 학교 내의 읽기 상황뿐만 아니라 학교 밖의 읽기 상황을 지향하면서 실제적인 문제 상황에서 학생들의 직접적인 읽기 행위를 진정으로 드러내야 한다. 따라서 학생들에게 의미 있는 상황과 과제가 제시되며 그러한 상황과 과제에서 학생들이 실제로 읽기를 사용하는 과정과 결과가 평가된다. 또한 학습자 자신의 과제를 포함한 복잡한 지적 도전이 평가되며, 그러한 과정에서 동원되는 다양한 지식과 기능, 전략, 상위인지, 태도나 동기 등도 평가된다.

　셋째, 읽기 평가에서의 평가 기준은 교사와 학생 간의 합의에 의해 구성되고 공유되어야 한다. 이것은 과거의 평가 기준이 외부에서 주어져 경직되었던 것에 반하여, 학습자와 학습 공동체의 다른 구성원에 의해 협상되고 공유되기 때문에 교실의 맥락을 유연하게 반영할 수 있을 뿐만 아니라 책임감과 주인 의식을 불러일으킬 수 있다.

넷째, 읽기 평가에는 반드시 자기 평가가 포함되어야 한다. 평가의 중요한 목적은 학습자가 공유된 기준을 토대로 자신의 발달 과정을 객관적으로 바라볼 수 있는 능력을 개발하도록 하는 데 있다. 이러한 점에서, 자기 평가는 자신의 인지적·정의적 변화 과정에 대해 책임감과 주인 의식을 갖고 반성적으로 되돌아 볼 수 있는 기회를 제공한다. 이것은 자기 주도적인 학습의 중요한 측면이며 자기 동기화된 학습은 실제 세계의 모든 상황에서 필수적으로 요구되는 것이다.

다섯째, 읽기 평가는 긴 호흡으로 진행되어야 한다. 그 까닭을 하레 (Harré)의 비고츠키 공간(Vygotsky space),[6] 즉 학교 교실에서 이루어지는 학생들의 지식 습득, 지식 변형, 지식 창출의 과정을 통해 살펴보자. [그림 13-1]에 나타나듯이, 이 모형은 학생들이 사회적 지식을 수용하고 변형하여 창출하는 지식 생산의 과정을 명료하게 보여 준다. 즉, 교실에서 학생들은 교과서나 그 밖의 자료로 제공되는 기존의 사회적 지식을 학습한다(① 구역). 그런 다음에, 학생들은 자신들이 학습한 지식에 대해 의문을 제기하고 새로운 관점을 탐색하여 새로운 해석을 시도함으로써 기존의 사회적 지식을 변형시킨다(② 구역). 학생들은 이렇게 변형된 지식을 학습 공동체로부터 평가받기 위하여 공개적으로 드러낸다(③ 구역). 최종적으로 학습 공동체의 평가 과정을 성공적으로 통과한 지식은 새로운 사회적 지식으로서의 지위를 얻게 된다(④ 구역). 그리고 학생들은 이와 같은 지식 습득, 지식 변형, 지식 창출의 과정을 통해 이전에 가지고 있던 것보다 질적·양적으로 더욱 진전된 사고 기능을 발달시킨다. 그런데 여기에서 중요한 것은 교실에서 학생들이 수행하는 새로운 지식의 창출 과정은 오랜 시간을 필요로 한다는 것이다. 단기간 동안에만 진행되는 한두 차시의 수업으로는 결코 가능하지 않다. 따라서 학생들이 수행하는 새로운 지식의 창출 과정, 즉 지식을 수용하고 변형하여 창출하는 지식 생산의 과정을 온

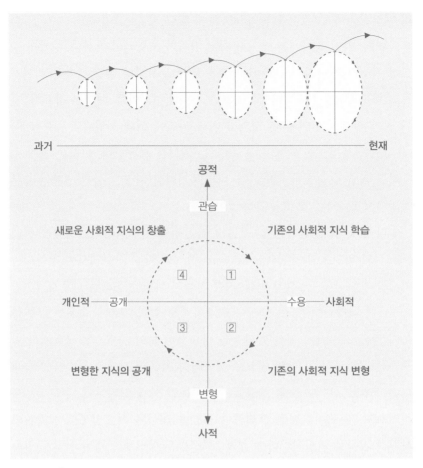

[그림 13-1] 비고츠키 공간

전히 평가하고 환송하기 위해서는 읽기 평가는 장기간 동안의 지속적인 과정으로 자리매김해야 한다.

　마지막으로, 읽기 평가는 교실의 문화적 다양성에 민감해야 한다. 전통적으로 읽기 평가에서 학생들의 문화적 다양성은 배제되어야 하고 읽기 평가는 문화적 차이를 넘어 동일하게 비교되어야 한다고 생각했다. 그 결과 모든 학생에게 평가 문항에 대해 동일하게 반응하기를 기대하고 동일한 기준으로 판단되었다. 그러나 다른 문화로부터 온 학생은 다른 언어적·문화적 기반을 가지고 있고, 그것은 읽기를 사용하는 과정에 많은 영향을 준다. 따라서 학생들의 문화에 민감하지 않고서는 학생들의 읽기 행동과 태도를 충분히 이해할 수 없다.

4. 읽기 평가의 내용

학습자가 글을 잘 읽고 글을 즐겨 읽는 독자로 성장하고 있다는 것을 무엇으로 알 수 있는가? 읽기 평가적 관점에서 말하면, 학습자가 읽기 교육의 목표를 제대로 성취하고 있는가를 알기 위하여 무엇을 평가해야 하는가? 이와 관련하여, 2015 개정 국어과 교육과정의 읽기 영역 '내용 체계'는 읽기 영역에서 평가해야 하는 구체적인 내용을 제시하고 있다. 이것은 학습자가 다양한 형식과 목적으로 제시되는 글을 비판적·창의적으로 수용하고 있는지를 확인하기 위하여, 읽기 지식으로서 '읽기의 본질, 글의 유형, 매체'를, 읽기 기능으로서 '읽기의 구성 요소, 읽기의 과정, 읽기의 방법'을, 그리고 읽기 태도로서 '읽기 태도(읽기 흥미, 읽기의 생활화)'를 평가할 것을 제안하고 있다. '읽기 영역'에서 평가해야 하는 내용을 보다 구체적으로 살펴보면 다음과 같다.

- 읽기 지식: 이것은 학습자의 읽기 과정에 관여하는 명제적 지식으로 읽기의 본질과 특성, 글의 유형, 읽기 맥락에 대한 지식을 포함한다. 예를 들어, 읽기의 본질과 관련하여 읽기는 '읽기 과정에서의 문제를 해결하며 의미를 구성하고 사회적으로 소통하는 행위'라는 것을 아는 것이 이에 해당한다. 또한 설명문에 대한 갈래적 지식, 즉 '설명문이 정보 전달을 목적으로 하는 글'이라는 것을 이해하는 것도 이에 해당하며, 설명문이 사용되는 맥락에 대한 지식도 이에

해당한다.

- 해독, 낱말, 문장 이해: 이것은 읽기의 기본적인 과정으로 초등학교에 입학하기 전에 발달하여 고학년으로 올라가면서 보다 정교해지는 절차적 지식이다. 해독은 문자 언어를 음성 언어로 전환하는 과정인데, 글을 이해하기 위해서는 반드시 습득해야 하는 지식이다. 해독에 문제가 없는 학습자의 경우, 낱말의 뜻, 낱말 간의 관계, 낱말의 비유적 의미를 이해할 필요가 있으며, 새로운 낱말을 이해하기 위해 사용할 수 있는 다양한 전략(예: 접두사, 접미사, 한자, 전후 맥락 등)도 습득해야 한다. 또한 글을 적절하게 띄우면서 감정을 실어 읽을 수 있는 능력과 단어를 좀 더 큰 단위인 구나 문장으로 통합하여 의미를 만드는 능력도 습득해야 한다.
- 글의 이해: 이것은 읽기의 핵심적인 과정으로 내용 확인, 추론, 평가와 감상 등과 같은 절차적 지식을 포함한다. 내용 확인은 글에 나타나 있는 세부적인 정보를 찾는 것에서부터 글 전체에 나타나 있는 정보를 통합하여 글의 전반적인 의미를 구성하는 과정을 의미한다. 추론은 글에 나타나 있는 정보를 토대로 글에 나타나 있지 않은 정보를 찾아내는 과정이며, 평가는 객관적 혹은 주관적 관점으로 글의 내용 및 형식에 대한 판단을 통해 의미를 구성하는 과정이다. 감상은 글에 대한 독자의 인지적·정서적 반응을 의미한다. 이와 같은 학습자의 의미 구성 과정에 대한 점검은 학습자의 발달과 교사의 수업에 필수적이다.
- 읽기 과정의 점검과 조정: 이것은 읽기의 과정을 메타적으로 통제하고 조절하는 과정을 의미한다. 능숙한 독자는 글을 읽으면서 자신이 제대로 이해하고 있는가를 지속적으로 점검한다. 이해되지 않는 부분은 다시 읽거나 그 부분에 더욱 세심한 주의를 기울인다. 또한 능숙한 독자는 글을 읽으면서 글을 이해하는 데 필요한 중요한

내용에 대해서는 머릿속에 넣어 두고 그렇지 않은 정보는 버린다. 그리고 계속적인 읽기 과정에서 그러한 정보를 점검·평가하면서 글 이해에 중요한 핵심 정보만을 머릿속에 저장하여 둔다.

- 읽기 태도: 이것은 학습자의 읽기 과정에 관여하는 정의적 요소로서 읽기의 가치와 중요성, 동기와 흥미, 읽기의 생활화 등을 포함한다. 읽기 과정에 개입하는 읽기 기능과 같은 절차적 지식이 읽기를 가능케 하는 요소라면, 태도와 같은 정의적 특성은 읽기를 현실화시키는 요소이다. 학습자를 평생 독자로 성장시키기 위해서는 태도나 동기와 같은 정의적 특성에 대한 점검과 평가가 필요하다.

아울러, 2015 개정 읽기 교육과정이 직접적으로 평가 내용으로 설정하고 있지는 않지만 교사가 학습자의 발달에 알맞은 수업을 마련하기 위하여 반드시 평가해야 하는 요소가 있다. 학습자가 글을 읽는 데 필요한 적절한 배경지식을 갖고 있는지, 적절한 읽기 목적을 설정하는지, 질문과 예측을 하는지, 글의 내용을 잘 조직하는지 등과 같은 것들이 이에 해당한다.

- 배경지식: 능숙한 독자는 글을 읽을 때마다 그것의 내용과 관련하여 자신이 가지고 있는 지식과 경험을 지속적으로 활성화시킨다. 이와 같은 배경지식의 활성화 과정은 새로운 정보와 기존의 정보를 연결시켜 글에 대한 이해를 촉진시킨다.
- 읽기 목적 설정: 능숙한 독자는 글을 읽기 전에 그것으로부터 무엇을 얻을 것인가를 설정한다. 왜냐하면 읽기의 목적에 따라 독자는 읽기의 방법을 조정할 수 있기 때문이다. 학습자로 하여금 읽기의 목적을 설정하게 도움으로써 글과 성공적으로 상호작용할 수 있도록 안내할 수 있다.
- 읽기 전략: 글을 효과적으로 이해하기 위해서는 글을 단순히 읽는

것만으로는 부족하다. 독자가 글에 대한 의미를 구성하기 위해서는 글을 읽어 가면서 글을 이해하는 데 도움이 되는 의도적인 행위를 해야 하는데, 이것이 읽기 전략이다. 예를 들면, 예측하기, 시각화하기, 질문하기, 요약하기 등이 이에 해당한다. 그러므로 독자가 전략적인 독자로 성장하고 있는가를 파악하기 위해서는 독자가 글을 읽으면서 다양한 읽기 전략을 사용하고 있는지에 대한 점검과 평가가 필요하다.

5. 읽기 평가의 방법

읽기 평가의 목적은 학습자의 학습 과정과 결과에 대한 정보를 수집하여 그들의 읽기 능력을 판단하고, 그들의 읽기 능력 신장을 위하여 교사의 교수-학습 방법 및 평가 도구를 개선하는 데 두고 있다. 이를 위하여 평가자는 평가 목적, 평가 내용, 평가 상황, 평가 대상 등을 고려하여 다양한 읽기 평가 방식(예: 양적 평가, 질적 평가, 지필 평가, 수행평가)과 평가 방법(예: 지필검사, 구술검사, 서술형 평가, 연구 보고서 평가, 중요도 평정법, 빈칸메우기 검사, 단어 선택형 빈칸메우기 검사, 녹화 기록법, 프로토콜 분석법)을 적절하게 활용할 수 있어야 한다. 다음에서는 읽기 평가에서 두루 활용되고 있는 선다형 검사, 수행평가, 포트폴리오 평가에 대해 설명하였다. 또한 단어 선택 평가라는 새로운 평가 방법도 살펴보았다.

5.1. 선다형 검사

선다형 검사는 대체로 질문에 대한 선지를 4~5개 제공하여 응답자가 정답을 선택할 수 있도록 제작된 검사를 말한다. 이것은 읽기 기능(즉, 절차적 지식)보다는 읽기 지식(즉, 명제적 지식)을 강조하고, 학습의 질적 과정보다는 양적 결과를 중시하며, 학습자의 발달보다는 분류와 선발을 목적으로 하는 평가 관점을 반영하고 있다.

선다형 검사는 문항 형식의 융통성이 커서 기억이나 이해와 같은 낮은 수준의 읽기 능력뿐만 아니라 추론이나 판단과 같은 수준의 읽기 능력도 평가할 수 있다. 또한 채점이 객관적이며 쉽고, 많은 학습자를 대상으로 빠르게 검사하고 채점할 수 있다는 장점을 갖는다. 하지만 이 검사는 높은 수준의 읽기 능력보다는 낮은 수준의 읽기 능력을 평가할 가능성이 높아 학습자의 비판적·창의적인 읽기 능력을 평가하기 어렵다. 학습자의 학습 과정도 평가하기 힘들어 교사의 교수-학습 방법 및 평가 도구를 개선하는 데 제한적이라는 단점을 갖는다. 다음은 읽기 영역에서 많이 활용되고 있는 선다형 검사의 예인데 학습자의 추론 능력을 평가하고 있다.

※ 다음 글을 읽고, 물음에 답하십시오.

(가) 물질이 액체에 녹아 골고루 퍼져 투명하게 되는 현상을 '용해'라고 합니다. 그리고 물질이 액체에 녹아 있는 것을 '용액'이라고 합니다.

용액을 구성하는 물질 중에, 녹아 있는 물질을 '용질', 녹이고 있는 액체를 '용매'라고 합니다. 용매의 양이 많을수록 용질이 많이 녹습니다. 즉 물에 소금을 녹일 경우 물이 많아야 많은 소금을 녹일 수 있습니다.

또 용액은 온도에 따라 용질의 농도, 즉 용해도가 달라집니다. 어떤 물질이 어떤 온도의 액체에서 녹을 수 있을 때까지 녹은 상태를 '포화용액'이라고 합니다.

(나) 점심때쯤 이르러 당나귀와 주인은 바닷가 마을에 닿았습니다. 주인은 '제일소금'이라는 간판이 붙은 집 앞에 멈췄습니다.

'소금을 사려는구나!'

당나귀는 조금 들뜬 기분이 되었습니다.

'좋아, 좋아. 오늘은 물에 몽땅 녹여 버릴 거야!'

당나귀는 커다란 소금자루를 네 개나 짊어졌습니다.

'이렇게 많은 소금을 녹이려면 물속에 오래 있어야겠는걸. 아무리 때려도 안 일어날 거야.'

조금만 참으면 된다는 생각에, 당나귀는 낑낑대면서도 짜증 나지 않았습니다. 당나귀는 오직 물을 찾아 두리번거렸습니다. 그때 얕긴 하지만, 물이 고여 있는 곳이 눈에 들어왔습니다.

'그래, 저기를 지날 때 슬쩍 넘어져 버리자.'

계획대로 당나귀는 그곳에서 비틀대며 넘어져 버렸습니다. 그리고 오래오래 뒹굴었습니다. 주인이 어서 일어나라고 발길질을 해도 꾹 참았습니다.

'이제 다 녹았을 거야.'

천천히 몸을 일으키려던 당나귀는 털썩 주저앉고 말았습니다.

'어, 소금이 물에 녹지 않네.'

주인의 도움으로 겨우 몸을 일으킨 당나귀는, 그제서 '염전'이라고 쓰인 팻말을 보았습니다. 당나귀가 넘어진 곳은 다름 아닌 소금을 만드는 '염전'이었던 것입니다.

[문제] 글 (가)와 (나)를 읽고 난 후, 생각할 수 있는 내용으로 알맞지 <u>않은</u> 것은?

① 당나귀는 포화용액을 잘 모르고 있었을 거야.
② 당나귀는 염전이라는 곳을 잘 알지 못했을 거야.
③ 당나귀는 물이 많은 곳에 넘어졌어야 좋았을 거야.
④ 당나귀가 넘어진 까닭을 주인이 이미 알고 있었을까?
⑤ 당나귀가 온도에 따라 녹는 소금의 양이 다름을 알았을 거야.

5.2. 단어 선택형 빈칸메우기 검사

어린 학생들의 읽기 유창성과 독해(읽기 이해)를 평가할 수 있는 읽기 평가 방법에는 단어 선택형 빈칸메우기 검사가 있다. 이것은 어린 학생들에게, 특히 읽기에 어려움을 경험하고 있는 학생들에게 단어가 가진 의미적 정보와 통사적 정보를 활용하여 문맥에 어울리는 단어를 선택하도록 하는 검사이다. 이 검사는 대체로 3분 동안 주어진 글을 읽으면서 일곱 번째 단어마다 제시되어 있는 빈칸과 그 빈칸에 들어 있는 세 개의 선지로부터 문맥에 알맞은 답지 한 개를 선택하는 읽기 검사이다. 검사 점수는 3분 동안 학생들이 응답한 빈칸의 총 개수에서 틀린 빈칸의 개수를 빼서 얻어진다. 이것은 빈칸 안에 선택형 선지가 주어져 있다는 점을 제외하면 빈칸에 알맞은 단어를 직접 채우는 빈칸메우기 검사와 유사하다.

단어 선택형 빈칸메우기 검사는 학교 현장에서 어린 학생들의 읽기 유창성과 독해 능력의 발달 과정을 점검할 수 있을 뿐만 아니라 그 결과를 수업 계획에 활용할 수 있다는 장점을 가지고 있다. 또한 이것은 학생들이 배우고 있는 교과서를 토대로 제작되기 때문에 교사들의 안면 타당도가 높고, 손쉽게 만들어 간편하게 사용할 수 있으며, 그리고 컴퓨터를 활용하여 집단으로 검사를 실시할 수 있다는 장점도 지니고 있다. 다음은 영어권 국가에서 어린 학생들의 읽기 발달 과정을 평가하기 위해 널리 사용되고 있는 단어 선택형 빈칸메우기 검사의 예이다.

이름: 날짜:

어리석은 당나귀

점심때쯤 이르러 당나귀와 주인은 바닷가 마을에 닿았습니다. 주인은 '제일소금'이라는 간판이 붙은 집 앞에 (**떠났습니다, 멈췄습니다, 도망갔습니다**).
'소금을 사려는구나!'
당나귀는 조금 들뜬 (**기분이, 가슴이, 나무가**) 되었습니다.
'좋아, 좋아. 오늘은 물에 몽땅 (**끓여, 녹여, 심어**) 버릴 거야!'
당나귀는 커다란 소금자루를 네 (**개나, 가지나, 번이나**) 짊어졌습니다.
'이렇게 많은 소금을 녹이려면 물속에 (**잠시, 오래, 멀리**) 있어야겠는걸. 아무리 때려도 안 일어날 거야.'
(**조금만, 많이, 빨리**) 참으면 된다는 생각에, 당나귀는 낑낑대면서도 짜증나지 (**않았습니다, 좋았습니다, 싫었습니다**). 당나귀는 오직 물을 찾아 두리번거렸습니다. (**그때, 지금, 어때**) 얕긴 하지만, 물이 고여 있는 곳이 (**귀에, 눈에, 입에**) 들어왔습니다.

정확하게 답한 개수 _____
틀리게 답한 개수 _____
총 반응한 개수 _____

5.3. 수행평가

많은 연구자는 선다형 검사가 학습자의 수준 높은 읽기 능력을 평가하기 힘들 뿐만 아니라 읽기 교육과정, 읽기 수업 및 학습자의 읽기 학습에도 부정적인 영향을 준다고 주장한다. 선다형 검사는 학습자를 평가 과정에 능동적으로 참여시키기보다는 평가 대상으로 전락시켜 학습자의 선택과 목소리를 제한한다고 지적한다. 또한 단일한 양적 결과로만 학습자의 읽기 성취를 판단하기 때문에 학습자의 발달 가능성을 간과할 수 있다고 말한다.[7]

이와 같은 선다형 검사가 가지고 있는 여러 문제점을 극복하기 위하여 많은 교사와 연구자는 학습자의 실제적인 과제 수행 과정을 직접적으로 들여다볼 수 있는 평가 방법을 모색해 왔는데, 그것이 **수행평가**(performance assessment)이다. 이것은 학습자로 하여금 자신의 지식이나 기능을 행동으로 드러내거나 문제 해결 과정을 직접적으로 나타내도록 요구하는 평가 방법이다. 이 평가 방법은 읽기 지식(즉, 명제적 지식)보다는 읽기 기능(즉, 절차적 지식)을, 학습의 양적 결과보다는 질적 과정을, 학습자의 분류나 선발보다는 발달을 강조하는 평가 관점을 반영하고 있다. 또한 이 평가 방법은 실제 상황에서 학습자가 직접적으로 과제를 수행하는 과정을 관찰함으로써 평가가 이루어지기 때문에 교사와 학습자 간의 의사소통을 가능케 하여 학습자의 읽기 능력 발달과 교사의 읽기 수업 개선에 많은 도움을 준다.

다음은 읽기 영역에서 많이 활용되고 있는 수행평가의 예이다. 이것은 학습자의 배경지식에 대한 점검에서부터 읽기 유창성 및 독해에 이르는 학습자의 전반적인 읽기 과정을 여러 검사 방법을 활용하여 종합적으로 평가하고 있다.[8]

1. 사람들은 생쥐에 대해 어떤 기분이 드나요? (3점/2점/1점/0점)

더럽고 사람에게 해로운 병균을 옮긴다고 생각함 (3점)

(중략)

점수 : _____ /9점 = _____%

_____ 익숙함 _____ 익숙하지 않음

〈채점 기준〉

3점: 개념에 대해 정확하게 말함.

2점: 개념에 대한 예를 제시함. 구체적인 특성이나 특성의 내용을 말함.

1점: 경험을 말하거나 일반적인 수준으로 반응함.

0점: 엉뚱한 반응을 하거나 모른다고 반응함.

집 안의 생쥐

옛날에 생쥐 한 마리가 있었어요. 생쥐는 오래된 집의 벽장 속에 살고 있었지요. 생쥐는 먹을 것을 찾으러 매일 밤 부엌으로 갔지요. 그 집에 살고 있는 사람은 생쥐가 돌아다니는 소리를 들었지요. 그 사람은 생쥐가 벽장 속에 살고 있다는 것을 알게 되었지요. 그러나 신경 쓰지 않았어요.

(중략)

"우리는 이 집이 매우 마음에 듭니다. 우리가 이 집을 사겠어요. 생쥐도 함께 말이에요."라고 말했지요. (196개 단어)

읽기 유창성 평가표

• 틀리게 읽은 단어 수(정확성): _____

• 틀리게 읽었으나 의미에는 변화가 없는 단어 수(용인성): _____

• 채점 기준

〈정확성〉		〈용인성〉
0~6개 _____	독립적 수준 _____	0~6개
7~26개 _____	지도 수준 _____	7~13개
27개 이상 _____	조절 수준 _____	14개 이상

• 1분 동안 읽은 단어 수 : _____ 잘못 읽은 단어 수 : _____

• 1분 동안 정확하게 읽은 단어 수 _____

다시 이야기하기(retelling) 평가표

배경

- ✓ 한 마리 생쥐가 있다.
- ✓ 한 사람이 산다.
- ✓ 벽장 속에
- ✓ 집에
- ✓ 매일 밤
- ✓ 쥐가 간다.
- ✓ 부엌으로
- ✓ 먹을 것을 찾으러
- ___ 집에 남자가 산다.
- ✓ 생쥐 소리를 들었다.
- ✓ 그는 알았다.
- ✓ 쥐가 살고 있다.
- ___ 그 벽장 속에
- ✓ 그는 신경 쓰지 않았다.

해결

- ✓ 한 가족이 왔다.
- ✓ 집을 보러
- ✓ 그 집은 딱 맞았다.
- ✓ 그들에게
- ✓ 그들은 말했다.
- ✓ "생쥐가 사는군요."
- ✓ 집이 마음에 듭니다.
- ✓ 집을 사겠어요.
- ___ 생쥐도 함께

44개 아이디어
- 회상한 아이디어 수: _____
- 추론한 것을 포함하여 회상한 다른
  아이디어 수: _____

(중략)

독해 평가표

1. 생쥐는 어디에 살고 있었나요? (정답: 벽장 속에)

   벽장 속에 살고 있음

2. 그 사람이 결심한 것은 무엇인가요? (정답: 집을 팔기로)

   이사 가기로 함

(중략)

- 정확하게 맞힌 답의 개수: _____
- 비슷하게 맞힌 답의 개수: _____
- 맞은 전체 개수: _____

〈학습자 수준〉

- _____ 독립 수준: 6개 맞힘
- _____ 지도 수준: 4-5개
- _____ 좌절 수준: 0-3개

[그림 13-1] 읽기 영역 수행평가 사례 [수준: 1학년, 갈래: 이야기]

5.4. 포트폴리오 평가

선다형 검사는 학습자가 무엇을 알고 있는가를 확인하고자 할 때 유용하게 활용될 수 있다. 그러나 이것은 학습자가 무엇을 할 수 있는가를 평가하기 쉽지 않다. 유사한 관점에서, 수행평가는 학습자가 무엇을 할 수 있는가를 파악하고자 할 때 적절하게 사용될 수 있다. 그러나 이것은 학습자의 학습 능력이 발달해 가는 과정을 제대로 담아내기 쉽지 않다.

그렇다면 학습자의 학습이 어떻게 진행되어 왔으며, 어떻게 진행되고 있는가를 알고자 할 때 사용할 수 있는 유용한 평가 방법은 무엇인가? 그것은 포트폴리오 평가(portfolio assessment)이다. 포트폴리오 평가란 '일정한 영역에서 학습자의 학습 경험을 잘 드러내는 학습 결과물을 목적적으로 모음으로써 학습자의 학습 과정을 잘 이해하고 학습 발달을 도모하고자 하는 평가 방법'[19]이다. 이것은 학습자의 학습 과정과 결과를 잘 드러낼 수 있는 평가 방법으로 알려져 있는데, 특히 학습자의 내면화 과정을 잘 파악할 수 있는 평가 방법이기도 하다. 왜냐하면 포트폴리오 평가를 수행하는 과정에서 이루어지는 학습자에 대한 세밀한 관찰, 학습 결과물의 목적적인 수집, 협력적인 학습 목표와 평가 기준의 설정, 그리고 학습 과정과 결과에 대한 반성적 성찰 과정을 담아낼 수 있기 때문이다.

포트폴리오 평가는 포트폴리오 과정(portfolio process)을 통해 구체화된다. 포트폴리오 과정에는 학습자의 읽기 능력을 잘 보여 줄 수 있는 다양한 활동을 선택하고 활동의 목적과 필요성을 공유하는 것에서부터 학습자 및 교사의 포트폴리오를 구성하고 통합하는 모든 과정이 포함된다. 구체적으로 읽기 포트폴리오 과정의 첫 번째 단계에서는 학습자의 읽기 환경, 흥미, 및 읽기 능력 등과 같은 기초적인 정보가 파악되고, 이것을 바탕으로 초기의 목적과 구체적인 읽기 활동이 설정된다. 두 번째 단계인 학습자 포트폴리오 및 교사 포트폴리오 구성 단계에서는 학습자의 성취를

[표 13-2] 포트폴리오 과정

기초선 포트폴리오	형성적 포트폴리오 →	총합적 포트폴리오
교사 포트폴리오	교사 포트폴리오	학습자/교사 포트폴리오 통합
• 학습자 기본 정보 → • 읽기 능력 진단 결과 • 관찰지 및 협의록	• 수업 관찰지 → • 학습자와의 협의록	• 읽기 활동 결과물 • 학습자 성찰 기록 • 교사의 요약
학습자 포트폴리오	학습자 포트폴리오	
• 읽기 활동 결과물 → • 교사와의 협의록 • 가족의 피드백	• 읽기활동 결과물 → • 교사와의 협의록 • 자기 성찰 기록	

뒷받침할 수 있는 증거를 수집하고 분석하여 새로운 학습 목표와 학습 활동을 설정한다. 그리고 마지막 과정인 학습자의 포트폴리오와 교사의 포트폴리오를 통합하는 단계에서는 학습자 자신의 학습 과정에 대한 성찰을 포함한 학습자의 읽기 능력 발달 과정과 교사의 성찰 과정을 종합하여 학습자의 성취를 판단하고 앞으로의 학습 목표를 수립한다. [표 13-2]는 앞에서 설명한 포트폴리오 과정을 보여 주고 있다.

포트폴리오 평가의 핵심적인 특성은 학습 과정과 결과에 대한 학습자의 깊이 있고 진지한 성찰을 담을 수 있다는 데 있다. 그런데 이러한 성찰은 학습자가 주체적으로 학습과 평가의 과정에 적극적으로 참여할 수 있는 기회가 주어질 때에만 가능하기 때문에 교사 중심의 일방적인 수업과 평가로는 그 효과를 드러낼 수 없다. 따라서 포트폴리오 평가를 수행하는 데 필요한 물리적 환경이 완벽하게 구비되었다 하더라도 교사 자신의 수업과 평가에 대한 인식의 전환 없이는 결실을 맺을 수 없다. 포트폴리오 평가는 교사의 안내를 발판으로 학습자가 주체적으로 지식을 구성해 갈 수 있는 학습자 중심의 수업에서만 가능하기 때문이다.

현실적으로 포트폴리오 평가를 수행할 수 없는 다양한 어려움에도 불구하고 분명한 것은 이것을 효율적으로 활용한다면 표준화 검사로는 평가할 수 없는 복잡한 학습자의 읽기 과정을 담아낼 수 있다는 것이다. 21세기 정보화 사회에서 읽기 평가가 온전히 자리매김하기 위해서는 읽기 평가는 학습자의 읽기 발달 과정을 긴 호흡을 가지고 탐구해 가는 과정이 되어야 한다. 이러한 지난한 과정에서 포트폴리오 평가는 더없이 소중한 친구가 될 수 있다.

6. 읽기 평가 결과의 활용

　학습자를 다양한 읽기 평가에 참여하게 하여 수집한 그들의 읽기 능력에 대한 평가 결과는 여러 목적으로 활용된다. 학습자가 도달해야 하는 읽기 교육 목표를 제대로 성취했는지, 그렇지 않은지를 확인하기 위해 사용될 수도 있다. 이를 토대로, 학습자의 읽기 능력 발달에 적절한 수업을 마련하는 데에도 사용될 수 있다. 또한 학습자의 읽기 능력 향상을 위해 학교, 교육청, 국가가 어떤 노력을 해야 하는지를 결정하는 데 필요한 자료로도 활용할 수 있다. 이러한 읽기 평가 결과의 활용 방안을 구체적으로 제시하면 다음과 같다.[10]

　첫째, 학습자의 개인차를 고려하여 평가 결과를 해석하고 활용한다.
　둘째, 평가 결과는 교수-학습 방법이나 평가 방법, 평가 도구를 개선하기 위한 자료로 활용한다.
　셋째, 평가 결과를 누적하여 학습자의 성장과 발달을 파악하거나 학습자에게 피드백을 할 수 있는 근거로 활용한다.
　넷째, 학습자, 학부모 및 교육 관련자가 이해하기 쉽도록 읽기 교육이 목표로 하는 세부 능력과 성취 수준을 중심으로 평가 결과를 상세히 제공한다.

토론거리

1 애플과 크럼지그는 학생들의 읽기 행동에 평가를 평가(evaluation)와 사정(assessment)으로 대비하였다. 이러한 대비가 타당하다고 생각하는가? 그 이유는 무엇인가?

2 앞에서 읽기 평가의 관점이 어떻게 변화되어 왔는가를 설명하였다. 이것을 토대로 할 때 현재 여러분이 가지고 있는 읽기 평가 관점은 무엇인가?

3 앞에서 읽기 평가의 원리들을 제시하였다. 그 밖에 여러분이 추가하고 싶은 읽기 평가의 원리가 있다면 제시해 보자.

4 여러분이 학생들을 가르치고 있는 교실 상황을 생각해 보자. 학생들의 읽기 평가에 포트폴리오 평가를 적용하려 할 때 유의해야 할 사항은 무엇이라고 생각하는가?

5 이 장의 첫 부분에 있는 동수의 사례를 고려할 때 그의 읽기 능력 발달 과정을 점검하는 데 활용할 수 있는 읽기 평가 방법에는 어떤 것이 있는가? 그것을 사

용하는 이유는 무엇인가?

더 읽을거리

Cohen J. H., & Wiener, R. B. (2003). *Literacy portfolios: Improving assessment., teaching and learning*. Upper Saddle River, NJ: Merrill Prentice Hall.

Leslie, L., & Caldwell, J. S. (2011). *Qualitative Reading Inventory-6*. New York: Pearson.

Serafini, F. (2000). Three Paradigms of Assessment: Measurement, Procedure, and Inquiry. *The Reading Teacher 54*(4), 384-393.

1장

1 Thorndike(1917: 323).
2 Thorndike(1917: 331).
3 Berliner(1992).
4 Thorndike(1973: 136).
5 Stroop(1935).
6 Baddeley, Thomson & Buchanan(1975).
7 Hart(1967).
8 Eysenck(1974).
9 Sandelands, Brockner & Glynn(1988).
10 Heath(1989).
11 예: Kidd & Castano(2013); Berns, Blaine, Prietula & Pye(2013).
12 Thorndike(1973: 147).
13 Stanovich(1986).
14 Andrus & Roth(2002).
15 Kutner, Greenberg, Jin, Boyle, Hsu & Dunleavy (2007).
16 Daniel et al.(2006).
17 Stipek(2006: 741).
18 Cole(2008).
19 Chomsky(1959).
20 Piaget(1970).
21 Piaget(1970).
22 Chi & Bassock(1989).
23 Vygotsky(1978).
24 Vygotsky(1978).
25 Levinson(2001).
26 Collins, Brown & Newman (1989); Rogoff & Chavajay (1995).
27 Gergen(1985).
28 von Glaserfeld(1989).
29 Vacca(1996).

2장

1 Reisner(2010).
2 Baker, Scher & Mackler (1997: 78).
3 Purcell-Gates(1996); Taylor & Dorsey-Gaines(1988); Teale(1986).
4 O'Mara & Laidlaw(2011).

5 Snow(1983).
6 Dickinson & Snow(1987).
7 Roth, Speece & Cooper (2002).
8 National Institute of Child Health and Human Development(2005).
9 Durham, Farkas, Hammer, Tomblin & Catts(2007).
10 Heath(1989).
11 Heath(1989: 370).
12 Hart & Risley(1995).
13 Hart & Risley(2003).
14 Hart & Risley(2003: 112).
15 Weisleder & Fernald(2013).
16 Weisleder & Fernald(2013: 2146).
17 Hart & Risley(1995).
18 Whitehurst & DeBaryshe (1989).
19 Weisleder & Fernald(2013).
20 DeBaryshe(1995); de Jong & Leseman(2001); Hill(2001).
21 Dewey(1938); Hunt(1961); Piaget(1970); Vygotsky (1934/1986).
22 Rogoff & Lave(1984); Walberg & Marjoribanks (1973).
23 Caldwell & Bradley(1984).
24 Bradley(1994); Totsika & Sylva(2004).
25 Bradley, Caldwell, Rock & Harris(1986); Roberts, Jurgens & Burchinal(2005).
26 Neuman(1991).
27 Clarke & Kurtz-Costes (1997); Neuman(1988).
28 Wright, Huston, Murphy, St. Peters, Pinon, Scantlin et al.(2001).
29 Mabie(2002).
30 Caldwell, Heider & Kaplan (1966).
31 Caldwell & Bradley(1984,

2003).
32 Gee(1992).
33 예: Moll, Amanti, Neff & Gonzalez(1992); Taylor & Dorsey-Gaines(1988); Teale(1986).
34 Paratore(2002: 57).
35 Heath(1983); Heath(1982b, 1989).
36 Philips(1972).
37 Au(1980).
38 Moll et al.(1992).
39 DeBaryshe, Binder & Buell(2000: 119-120).
40 Evans, Kelly & Sikora(2014).
41 Taylor & Dorsey-Gaines (1988); Teale(1986).
42 Purcell-Gates(1996: 423).
43 Burgess, Hecht & Lonigan (2002).
44 Sulzby & Teale(2003).
45 Anderson, Hiebert, Scott & Wilkinson(1985: 23).
46 특히 Scarborough & Dobrich(1994).
47 Bus, van IJzendoorn & Pellegrini(1995).
48 Bus, van IJzendoorn & Pellegrini(1995: 15).
49 Lonigan & Whitehurst(1998); National Early Literacy Panel(2008); van Kleeck (2006).
50 Baker et al.(1997); Bus & van IJzendoorn(1995).
51 Taylor(1986).
52 Bus & van IJzendoorn(1995).
53 Mol, Bus, de Jong & Smeets (2008); Sénéchal, LeFevre, Thomas & Daley(1998).
54 Raikes et al.(2006).
55 Sénéchal & LeFevre(2002).
56 Purcell-Gates & Dahl(1991).
57 Clay(1979).
58 Clay(1979).
59 Chafe & Tannen(1987).

60 Chafe(1982); Chafe & Danielewicz(1986).
61 Purcell-Gates(1988).
62 Bus et al.(1995).
63 Lever & Sénéchal(2011).
64 Zevenbergen, Whitehurst & Zevenbergen(2003).
65 DeBaryshe(1995).
66 Baker et al.(1997).
67 Baker et al.(1997: 75).
68 Greenfield(2014).
69 Parish-Morris, Mahajan, Hirsh-Pasek, Golinkoff & Collins(2013).
70 Segal-Drori, Korat, Shamir & Klein(2010).
71 Segal-Drori, Korat, Shamir & Klein(2010: 921).
72 Segal-Drori, Korat, Shamir & Klein(2010: 924).
73 http://en.childrenslibrary.org.
74 www.storybird.com.
75 www.storyjumper.com.
76 Sulzby & Teale(2003).
77 Sulzby(1985).
78 Sulzby & Teale(2003); Whitehuest & Lonigan(1998).
79 De Temple & Tabors(1996).
80 De Temple & Tabors(1996); Garvin & Walter(1991).
81 van Kleeck & Schuele(2010).
82 Sénéchal & LeFevre(2002).
83 Fernandez-Fein & Baker (1997).
84 Phillips & Lonigan(2009).
85 Curenton & Justice(2008); Phillips & Lonigan(2009).
86 Gallimore & Goldenberg (1993); Purcell-Gates(1996).
87 Baker et al.(1997).
88 Baker et al.(1997: 1).
89 Phillips & Lonigan(2009).
90 Yarosz & Barnett(2001).
91 예: Downey(1995); Marks (2006).
92 Downey(2001).
93 Gregory(2001).
94 Rodriguez(2000).
95 Sokal & Piotrowski(2011).
96 Gregory(2001).
97 Baker et al.(1997).

98 Farver, Xu, Lonigan & Eppe (2013).
99 2010년과 2012년 수치에 기초한 미국 인구 통계국(U.S. Census Bureau) 보고서의 데이터를 기반으로 함.
100 Kenner, Ruby, Jessel, Gregory & Arju(2007).
101 Dunifon & Kowaleski-Jones (2007).
102 Kids Count(n. d.).
103 Krashen, Lee & McQuillan (2010: 26).
104 Krashen(2011: 19).
105 Coleman et al.(1966); White (1982).
106 Phillips & Lonigan(2009).
107 Evans et al.(2014).
108 Duncan & Murnane(2014).
109 Phillips & Lonigan(2009).
110 Coleman-Jensen, Gregory & Singh(2014).
111 DeNavas-Walt, Proctor & Smith(2013).
112 Pew Charitable Trusts(2011).
113 Brooks-Gunn & Duncan (1997).
114 Roberts, Povich & Mather (2013).
115 Ben-Ishai, Matthews & Levin-Epstein(2014).
116 Wadsworth & Rienks(2012: 1).
117 Conger & Elder(1994); Conger et al.(2002).
118 Hart & Risley(1995, 2003).
119 Hart & Risley(2003)
120 Hart & Risley(2003: 117).
121 Phillips & Lonigan(2009).
122 Purcell-Gates(1996).
123 Purcell-Gates(1996: 425).
124 예: Heath(1983); Phillips & Lonigan(2009); Raikes et al.(2006); Taylor & Dorsey-Gaines(1988); Teale(1986).
125 Duncan & Murnane(2014).
126 Norton & Ariely(2011).
127 Reardon & Bischoff(2011).
128 Kozol(1996).
129 U. S. Department of Housing and Urban Development(n.

d.).
130 Lott(1990); Western(2007).
131 Fullilove & Wallace(2011).
132 Houston, Wu, Ong & Winer(2004); Males(2009).
133 Kay & Katz(2012).
134 Gaitens et al.(2009); Jacobs, Kelly & Sobolewski(2007).
135 Neuman & Celano(2001).
136 Neuman & Celano(2001: 22).
137 Neuman & Celano(2012).
138 Kozol(1991).
139 Kozol(1996, 2000).
140 The White House, Office of the Press Secretary(2014).
141 Kohn(2014).
142 National Association for the Education of Young Children(2002).
143 First Book(n. d.).
144 First Book(n.d.)
145 Zuckerman(2009).
146 Golova, Alario, Vivier, Rodriguez & High(1999).
147 Zuckerman(2009).
148 Lance & Russell(2004).
149 Achterman(2009).
150 Krashen et al.(2010).
151 Zeece & Wallace(2009).
152 McNicol & Dalton(2002).
153 Edwards(1992).
154 Edwards(1992).
155 Edwards(1992: 352).
156 Edwards(1995).
157 Edwards(1992: 356-357).
158 Paratore(2002).
159 Shanahan, Mulhern & Rodriguez-Brown(1995).
160 Paratore & Dougherty(2011).
161 Heath(1982b).
162 McCarthey(1999: 103).
163 Moll, Amanti, Neff & Gonzalez(1992); Gonzalez, Moll & Amanti(2005).
164 Moll et al.(1992: 139).
165 NAEYC(2014).
166 National Association for the Education of Young Children(2014).

3장

1 van den Broek & Gustafson(1999).
2 예: Lee, Clark & Lee(1934).
3 예: Clymer & Barrett(1966); Harrison & Stroud(1950); Hildreth, Griffths & McGauvran(1965).
4 예: Piaget & Inhelder(1969); Gesell(1925).
5 Rude(1973).
6 Moll et al.(1992).
7 Rude(1973).
8 Hildreth, Griffiths & McGauvran(1965).
9 Clymer & Barrett(1966).
10 Gates & MacGinitie(1968).
11 Hymes(1958).
12 Carducci-Bolchazy(1979).
13 Pikulski(1988).
14 Johnson(1969).
15 예: MacGinitie(1969).
16 Whitehurst & Lonigan(1998, 2001).
17 Whitehurst & Lonigan(1998).
18 Razfar & Gutierrez(2003).
19 Gee(2003).
20 Vygotsky(1978).
21 Heath(1983).
22 Braunger & Lewis(1998).
23 Michaels & Collins(1984).
24 Clay(1975).
25 Heath(1983); Michaels (1981).
26 Moll(1992)
27 Neumann, Hood & Ford(2013a), Neumann, Hood, Ford & Neumann (2013b)
28 Neuman & Celano(2001).
29 Horner(2005).
30 Korat(2005).
31 Levin & Bus(2003); Yamagata(2007).
32 예: Lass(1982).
33 Purcell-Gates(1996).
34 Neumann, Hood, Ford & Neumann(2011).
35 Ehri(1991).
36 Masonheimer, Drum &

Ehri(1984).
37 Cardoso-Martins, Rodrigues & Ehri(2003).
38 Newmann et al. 2011.
39 Cardoso-Martins et al.(2003); Lonigan, Burgess & Anthony(2000); Reutzel(2003).
40 Blair & Savage(2006); Korat (2005).
41 예: Goodman(1986).
42 Cronin, Farrell & Delaney (1999).
43 Neumann et al.(2013a).
44 Drouin, Horner & Sondergeld(2012).
45 Worden & Boettcher(1990).
46 Worden & Boettcher(1990).
47 Piasta(2006); Worden & Boettcher(1990).
48 Norwalk, DiPerna, Lei & Wu(2012).
49 Worden & Boettcher(1990).
50 Piasta(2006).
51 ECLS; Denton & West(2002).
52 National Early Literacy Panel (2008).
53 Piasta, Petscher & Justice (2012).
54 Smith & Dixon(1995).
55 Philips, Piasta, Anthony, Lonigan & Francis(2012).
56 Sanocki & Dyson(2012: 132).
57 예: Lockhead & Crist(1980); Nelson & Wein(1974); Williams & Ackerman(1971).
58 Treiman & Kessler(2004).
59 Turnbull, Bowles, Skibbe, Justice & Wiggins(2010).
60 Smythe, Stennett, Hardy & Wilson(1970).
61 Jones & Mewhort(2004).
62 McBride-Chang(1999); Phillips et al.(2010).
63 Justice, Pence, Bowles & Wiggins(2006); Treiman & Broderick(1998).
64 Turnbull et al.(2010).
65 Treiman, Tincoff, Rodriguez, Mouzaki & Francis(1998).
66 Treiman, Pennington,

Shriberg & Boada(2008).
67 Treiman, Weatherston & Berch(1994).
68 Brem et al.(2010).
69 Puranik, Lonigan & Kim (2011).
70 Villaume & Wilson(1989).
71 Puranik & Lonigan(2010).
72 James, James, Jobard, Wong & Gauthier(2005).
73 James(2010).
74 National Early Literacy Panel (2008).
75 Piasta & Wagner(2010b), Jones, Clark & Reutzel(2013).
76 Bradley & Jones(2007).
77 Bredekamp & Copple(1997); Reutzel(1992); Wasik(2001); Wuori(1999).
78 Schwanenflugel et al.(2010).
79 Jones & Reutzel(2012).
80 Kuhl(2004).
81 Anthony & Lonigan(2004).
82 Denes(1963).
83 Adams, Foreman, Lundberg & Beeler(1998); Hoien, Lundberg, Stanovich & Bjaalid(1995); Webb, Schwanenflugel & Kim (2004).
84 Lundberg, Frost & Peterson (1998).
85 Phillips, Clancy-Manchetti & Lonigan(2008).
86 Phillips et al.(2012).
87 Webb et al.(2004).
88 Melby-Lervåg, Lyser & Hulme(2012).
89 Wagner, Torgesen & Rashotte(1994).
90 Melby-Lervåg et al.(2012).
91 Anthony & Lonigan(2004).
92 Goswami & Bryant(1990); Ziegler & Goswami(2005).
93 Melby-Lervåg et al.(2012).
94 Webb et al.(2004).
95 Perfetti, Beck, Bell & Hughes(1987).
96 Byrne & Fielding-Barnsley (1991); Lindberg et al.(1988).
97 National Early Literacy

Panel(2008).

98 National Center for Early Development and Learning (2005).
99 예: Adams et al.(1998).
100 예: Macaruso & Rodman (2011).
101 Ehri et al.(2001).
102 Gillon(2004).
103 Carson, Gillon & Boustead (2013).
104 Lexia Learning System(2003).
105 Macaruso & Rodman(2011).
106 National Early Literacy Panel (2008).
107 Clymer(1963).
108 National Early Literacy Panel (2008).
109 Lynch et al.(2008).
110 Paris(2005).
111 Stahl(2007: 56).
112 Metsala(1997).
113 Stadler, Watson & Skahan (2007).
114 Whitehurst & Lonigan(1998: 849).
115 Nation & Snowling(2004); Carlson, Jenkins, Li & Brownell(2013).
116 Carlson et al.(2013); Stahl (1999).
117 Muter, Hulme, Snowling & Stevenson(2004).
118 Early Child Care Research Network(2005).
119 Bracken(2005); Metsala (1999).
120 NICHD Early Child Care Research Network(2005); Storch & Whitehurst(2002).
121 National Association for the Education of Young Children(2014).

4장

1 Ehri(2005: 168).
2 Adams(1990); Ehri et al. (2001).
3 Bradley & Bryant(1983).
4 Hanna, Hanna, Hodges & Rudorf(1966).

5 Berndt, Reggia & Mitchum (1987).
6 Fry(2004).
7 Waters, Seidenberg & Bruck (1984).
8 Fry(2000).
9 Vousden, Ellefson, Solity & Chater(2011).
10 Torgesen, Wagner & Rashotte(1999).
11 Ehri(1991, 2005); Ehri & McCormick(1998).
12 Ehri et al.(2001).
13 Ehri & Wilce(1985).
14 Vousden(2008).
15 Reitsma(1983).
16 Nation, Angell & Castles (2007).
17 Carlisle & Stone(2005); Nunes, Bryant & Barros (2012).
18 Harn, Stoolmiller & Chard (2008); March, Desberg & Cooper(1977).
19 Coltheart & Leahy(1992).
20 Nunes et al.(2012).
21 Bergen, Grimes & Potter (2005).
22 Stroop(1935).
23 Ehri & Wilce(1979); Guttentag & Haith(1978).
24 Schadler & Thissen(1981).
25 Schwanenflugel, Morris, Kuhn, Strauss & Sieczko (2008).
26 Castles & Nation(2006); Harn et al.(2008); Share (1995).
27 Harn et al.(2008).
28 Duff & Holme(2012).
29 Vellutino, Scanlon & Tanzman(1994: 314).
30 Castles & Coltheart(1996) 참고.
31 Cunningham & Stanovich (1998).
32 Share(1995).
33 Share(2004).
34 Pacton, Perruchet, Fayol & Cleeremans(2001).
35 Cassar & Treiman(1997);

Olson, Gilis, Rack, DeFries & Fulker(1991).
36 Pacton et al.(2001).
37 Cassar & Treiman(1997).
38 Schwanenflugel et al.(2006).
39 Olson et al.(1991); Cassar & Treiman(1997).
40 Schwanenflugel & Akin (1994); Laing & Hulme(1999); McFalls, Schwanenflugel & Stahl(1996).
41 Nilsen & Bourassa(2008).
42 Duff & Hulme(2012).
43 Ehri(2005).
44 What Works Clearinghouse(2007).
45 Englemann & Bruner(1969).
46 Adams(1990).
47 Lovett et al.(2000).
48 Gaskins(2005).
49 Johnston, Invernizzi & Bear(2004).
50 Ehri & Wilce(1987); Sénéchal, Oullette, Pagan & Lever(2012).
51 Stahl, Duffy-Hester & Stahl(1998).
52 National Institute of Child Health and Human Development(2000).
53 National Institute of Child Health and Human Development(2000: 92).
54 Torgerson, Brooks & Hall(2006).
55 Camilli, Wolfe & Smith (2006); Stuebing, Barth, Cirino, Francis & Fletcher (2008).
56 Torgerson et al.(2000).
57 Suggate(2010).
58 Di Stasio, Savage & Abrami (2012); Johnston, McGeown & Watson(2012).
59 Hiebert & Fisher(2007).
60 uel & Roper/Schneider (1985).
61 Cheatham & Allor(2012).
62 Jenkins, Peyton, Sanders & Vadasy(2004).

63 Goodman, Goodman & Martens(2002).
64 Torgerson et al.(2006: 12).
65 Cheatham & Allor(2012); National Institute of Child Health and Human Development(2000); Suggate(2010).
66 Campuzano, Dynarski, Agodini & Rall(2009); Cheung & Slavin(2013); What Works Clearinghouse(2007).
67 Cheung & Slavin(2012).
68 Cheung & Slavin(2012).
69 Schuler(2009).
70 Goodwin & Highfield(2012).
71 Duff et al.(2008).
72 Bowers, Kirby & Deacon (2010).
73 Berninger et al.(2003).
74 Apel & Diehm(2014).
75 Bowers et al.(2010); Goodwin & Ahn(2013).
76 Kuhn, Schwanenflugel & Meisinger(2010).
77 National Governors Association Center for Best Practices and the Council of Chief State School Officers (2010). All rights reserved.

5장

1 Gibson & Gibson(1955); Neisser(1967).
2 Pelli, Burns, Farell & Moore-Page(2006).
3 Cheng(2005).
4 Marr(1982).
5 Dehaene, Cohen, Sigman & Vinckier(2005).
6 Dunabeitia, Dimitropoulou, Grainger, Hernandez & Carreiras(2012).
7 Grainger, Rey & Dufau (2008).
8 Gilmore, Hersh, Caramazza & Griffin(1979).
9 Fiset et al.(2008).
10 Sanocki & Dyson(2012).
11 Treisman(1996).

12 Reicher(1969).
13 Juola, Schadler, Chabot & McCaughey(1978).
14 Chase & Tallal(1990); Hildebrandt(1994).
15 Chase & Tallal(1990); Coch, Mitra & George(2012).
16 McClelland & Rumelhart(1981).
17 Kessler & Treiman(2003).
18 Coltheart, Rastle, Perry, Langdon & Ziegler(2001).
19 Coltheart et al.(2001).
20 Seidenberg, Waters, Barnes & Tanenhaus(1984).
21 Shallice, Warrington & McCarthy(1983); Shallice & Warrington(1980).
22 Seidenberg & McCleland(1989).
23 Seidenberg & McClelland(1989).
24 Balota, Yap & Cortese(2006).
25 Besner(1990).
26 Careiras, Armstrong, Perea & Frost(2014).
27 Hutzler, Ziegler, Perry, Wimmer & Zorzi(2004).
28 National Institute of Child Health and Human Development(2000).
29 Chard & Osborn(1999).
30 Dolch(1936).
31 Hutzler et al.(2004).
32 Jackendoff(2002).
33 Coltheart(2004).
34 Evans, Ralph & Woollams(2012).
35 Fujimaki et al.(2009).
36 Pinker & Ullman(2002).
37 Meyer & Schvaneveldt(1971).
38 Shelley-Tremblay(2010) 참조.
39 Collins & Loftus(1975).
40 Anderson(1983).
41 Anderson(1983).
42 Collins & Loftus(1975).
43 McNamara(2005: 15).
44 Neely(1991).
45 Neely(1991).

46 McRae, de Sa & Seidenberg(1997).
47 Paivio(1968).
48 Gilhooly & Gilhooly(1979); Schwanenflugel(1991).
49 Gernsbacher(1984).
50 Schwanenflugel, Harnishfeger & Stowe(1988).
51 Strain, Patterson & Seidenberg(1995).
52 Schwanenflugel & Akin (1994); Schwanenflguel & Noyes(1996).
53 Bleasdale(1987); Schwanenflugel & Stowe(1989).
54 Schwanenflugel et al.(1988).
55 Juhasz & Rayner(2003).
56 Newcombe, Campbell, Siakaluk & Pexman(2012); Schwannflman & Stowe(1989).
57 Zdrazilova & Pexman(2013).
58 Cortese, Simpson & Woolsey(1997); Cortese & Schock(2013).
59 Strain et al.(1995).
60 Brysbaert et al.(2011).
61 Inhoff & Rayner(1986); Joseph, Nation & Liversedge(2013).
62 Hart(2004).
63 Coltheart et al.(2001).
64 Plaut & Booth(2000).
65 Brysbaert et al.(2011).
66 Brysbaert et al.(2011).
67 예: Kucera & Francis(1967).
68 Brysbaert & New(2009).
69 Adams(2010-2011).
70 Hayes, Wolfer & Wolfe(1996).
71 Hiebert & Fisher(2007) 참조.
72 Fry(2000).
73 Lambon Ralph, Graham, Ellis & Hodges(1998).
74 Silveri, Cappa, Mariotti & Puopolo(2002).
75 Carroll & White(1973).
76 Hodgson & Elis(1998: 146).

77 Gilhooly & Gilhooly(1980); Morrison, Chappell & Ellis(1997).

78 Morrison & Ellis(1995); Gerhand & Barry(1998).

79 Johnston & Barry(2006).

80 Zevin & Seidenberg(2002).

81 Johnston & Barry(2006).

82 Zevin & Seidenberg(2004) 참조.

83 Coltheart et al.(2001).

84 Ellis & Lambon Ralph(2000).

85 Adorni, Manfredi & Proverbio(2013).

86 Hernandez & Fiebach(2006).

87 Fiebach, Friederici, Muller, von Cramon & Hernandez(2003).

88 Kellas, Paul, Martin & Simpson(1991).

89 Rayner & Duffy(1986).

90 van der Schoot, Vasbinder, Horsley, Reijntjes & van Lieshout(2009); Stites, Federmeier & Stine-Morrow(2013).

91 Seidenberg, Tanenhaus, Leiman & Bienkowski(1982: 504).

92 Lucas(1999).

93 Kellas et al.(1991).

94 Sereno, O'Donnell & Rayner(2006).

95 Burgess & Simpson(1988).

96 Hargreaves, Pexman, Pittman & Goodyear(2011).

97 Giora(2007).

98 Hargreaves et al.(2011).

99 Harpaz & Lavidor(2012).

100 Taft(2004).

101 Taft & Ardasinski(2006).

102 Solomyak & Marantz(2010).

103 Amenta & Crepaldi(2012).

104 Bar-Ilan & Berman(2007).

105 Goodwin, Gilbert & Cho (2013).

106 Rastle & Davis(2008).

107 Schreuder & Baayen(1995).

108 Burani, Marcolini, De Luca & Zoccolotti(2008).

109 Quemart, Casalis & Cole(2011).

110 Carlisle & Stone(2005).

111 Goodwin et al.(2013).

112 Yap, Balota, Sibley & Ratcliff(2012).

113 Schwanenflugel & Shoben (1983).

114 Meyer & Schvaneveldt (1971).

115 Hutchison(2003).

116 Smith, Shoben & Rips(1974).

117 Balota et al.(2006).

118 McNamara(1992).

119 McNamara(2005).

120 Jones(2012).

121 Fischler(1977).

122 Hirshman & Durante(1992).

123 Chiarello(2003).

124 Rissman, Elliassen & Blumstein(2003); Wible et al.(2006).

125 Matsumoto, Iidaka, Haneda, Okada & Sadato(2005); Wible et al.(2006).

126 Kamide(2008).

127 Schwanenflugel & LaCount(1988); Stanovich, West & Feeman(1981).

128 Taylor(1957); Schwanenflugel(1986).

129 Kutas, Lindamood & Hilliard(1984).

130 Rayner & Well(1996).

131 Fischler & Bloom(1979); McClelland & O'Regan(1981); Schwanenflugel & LaCount(1988).

132 Rayner, Ashby, Pollatsek & Reichle(2004).

133 Smith & Levy(2013).

134 McDonald & Shillock(2003).

135 Wang, Pomplun, Chen, Ko & Rayner(2010).

136 Schwanenflugel & White(1991).

137 Jarmulowicz, Taran & Seek(2012).

138 Greene(2001); Deno(1985); Taylor(1957).

139 National Governors Association Center for Best Practices and the Council of Chief State School Officers(2010). All rights reserved.

6장

1 Wolf & Katzir-Cohen(2001: 220).

2 Hudson, Pullen, Lane & Torgesen(2009).

3 Samuels(2006).

4 Paris(2005).

5 Paris(2005).

6 Hasbrouck & Tindal(2006).

7 Daane, Campbell, Grigg, Goodman & Oranje(2005); Rasinski, Rikli & Johnston(2009).

8 Kuhn et al.(2010).

9 Kuhn et al.(2010: 242).

10 Hudson, Isakson, Richman, Lane & Arriaza-Allen(2011).

11 Ehri(1976); Schadler & Thissen(1981); Schwanenflugel et al.(2008).

12 Logan(1997).

13 Nunes et al.(2012).

14 Harn et al.(2008).

15 Klauda & Guthrie(2008); Mokhtari & Thompson(2006).

16 Logan(1997).

17 Hasbrouck & Tindal(2006).

18 Good & Kaminski(2010).

19 Shinn & Shinn(2002); Deno, Fuchs, Martson & Shin(2001).

20 Kuhn et al.(2010).

21 Pinheiro, Vasconcelos, Dias, Arrais & Gonclaves(2015).

22 Patel, Peretez, Tramo & Labreque(1998).

23 Ramus, Hauser, Miller, Morris & Mehler(2000).

24 Frazier, Carlson & Clifton(2006); Koriat, Greenberg & Kreiner(2002);

Swets, Desmet, Hambrick & Ferreira(2007).

25 Carlson, Dickey, Frazier & Clifton(2009); Juslin & Laukka(2003).

26 Noordman, Dassen, Swerts & Terken(1999); Smith(2004); Wennerstrom(2001).

27 Miller & Schwanenflugel(2006).

28 Benjamin et al.(2013).

29 Miller & Schwanenflugel(2006).

30 Benjamin & Schwanenflugel(2010).

31 Herman(1985); Miller & Schwanenflugel(2008).

32 Gutierrez-Palma & Palma-Reyes(2007).

33 Schwanenflugel, Westmoreland & Benjamin(2013).

34 Miller & Schwanenflugel(2008).

35 Schwanenflugel, Hamilton, Kuhn, Wisenbaker & Stahl(2004).

36 Taylor, Meisinger & Floyd(2013).

37 Daane et al.(2005).

38 Benjamin et al.(2013).

39 Paige, Rasinski & Magpuri-Lavell(2012).

40 Benjamin et al.(2013: 131).

41 Binder et al.(2013); Paige et al.(2012).

42 Benjamin et al.(2013); Deno, Fuchs, Marston & Shin(2001); Reschly, Busch, Betts, Deno & Long(2009).

43 Kim, Petscher, Schatschneider & Foorman(2010).

44 Denton et al.(2011); Silberglitt, Burns, Madyun & Lail(2006).

45 Brasseur-Hock, Hock, Kieffer, Biancarosa & Deshler(2011); Rasinski et al.(2009).

46 Meisinger, Bradley, Schwanenflugel & Kuhn(2010).

47 Mesinger et al.(2010).

48 Meisinger, Bradley, Schwanenflugel & Kuhn(2009).

49 Hamilton & Shinn(2003).

50 Quirk & Beem(2012).

51 Meisinger et al.(2010).

52 Deno et al.(2001).

53 Klauda & Guthrie(2008); Priebe, Keenan & Miller(2012).

54 Klauda & Guthrie(2008).

55 Lai, Benjamin, Schwanenflugel & Kuhn(2014).

56 Priebe et al.(2012).

57 Priebe et al.(2012).

58 Chall(1996).

59 Chall & Jacobs(2003: 15).

60 Harlaar, Dale & Plomin(2007).

61 Compton, Fuchs, Fuchs, Elleman & Gilbert(2008).

62 Chall & Jacobs(2003).

63 Best, Floyd & McNamara(2004).

64 Houck & Ross(2012).

65 Sonnenschein, Stapleton & Benson(2010).

66 Stahl(2007).

67 Hiebert(2005); Cervetti, Bravo, Hiebert, Pearson & Jaynes(2009).

68 Hiebert(2002).

69 National Institute of Child Health and Human Development(2000).

70 National Institute of Child Health and Human Development(2000: 3-4).

71 Hiebert & Reutzel(2010).

72 Bryan, Fawson & Reutzel(2003).

73 Donovan, Smolkin & Lomax(2000).

74 Krashen(2005); Garan & DeVoogd(2008).

75 National Reading Panel

Report(2000: Chapter 3, 21).

76 Stahl(2004: 206).

77 Holmes & Allison(1985); Miller & Smith(1985).

78 Prior et al.(2011).

79 Kim, Wagner & Lopez(2011).

80 Kim et al.(2011).

81 Prior & Welling(2001).

82 Bus & van IJendoorn(1995).

83 Schwanenflugel & Ruston(2007: 11).

84 Hardyck & Petrinovich(1970).

85 Prior et al.(2011).

86 Kragler(1995).

87 Reutzel, Spichtig & Petscher(2012).

88 Crosson & Lesaux(2010); Quirk & Beem(2012).

89 Crosson & Lesaux(2010).

90 Quirk & Beem(2012).

91 Al Otaiba et al.(2009).

92 Linan-Thompson, Cirino & Vaughn(2007).

93 Kuhn & Stahl(2003).

94 Sthal & Heubach(2005).

95 Kuhn(2005).

96 Stahl & Heuback(2005).

97 Kuhn et al.(2006).

98 Kuhn(2005); Kuhn et al.(2006); Schwanenflugel et al.(2009).

99 Schwanenflugel et al.(2009).

100 Chard(2011).

101 Donahue, Finnegan, Lutkus, Allen & Campbell(2001).

102 Brenner, Hiebert & Thomkins(2009).

103 Anderson, Wilson & Fielding(1988).

104 National Governors Association Center for Best Practices and the Council of Chief State School Officers(2010). All rights reserved.

7장

1 National Institute of Child Health and Human

Development(2000: 34).
2 Whitehurst &
 Lonigan(2001).
3 Metsala(1997).
4 Duff & Hulme(2012).
5 Yap et al.(2012).
6 National Institute of
 Child Health and Human
 Development(2000).
7 Nation(2001).
8 Zareva(2012).
9 Shore & Durso(1990).
10 Zareva(2012).
11 Yurovsky, Fricker, Yu &
 Smith(2014).
12 Yurovsky et al.(2014).
13 Thom & Sandhofer(2009).
14 Quian(1999).
15 Oullette(2006).
16 U.S. Department of Health
 and Human Services,
 Administration for Children
 and Families(2005).
17 Dunn & Dunn(1981).
18 K. T. Williams(2007).
19 Restrepo et al.(2006); Pae,
 Greenburg & Morris(2012).
20 Malvern, Richards, Chipere
 & Durán(2004).
21 Malvern & Richards(2002).
22 Malvern et al.(2004);
 Silverman & Ratner(1997).
23 Lai(2014).
24 Meara & Olmos
 Alcoy(2010).
25 Johnson & Anglin(1995).
26 Frishkoff, Collins-
 Thompson, Perfetti &
 Calan(2008).
27 Frishkoff, Perfetti & Collins-
 Thompson(2011).
28 Ordóñez, Carlo, Snow &
 McLaughlin(2002).
29 Snow(1990).
30 Wilks & Meara(2002).
31 Schmidt(1998).
32 Zareva, Schwanenflugel &
 Nikolova(2005).
33 Meara(1981).
34 Wolter(2006).
35 Hart & Risley(1995, 2003).

36 Dudley-Marling &
 Lucas(2009).
37 Mayor & Plunket(2011).
38 Fenson et al.(2007).
39 예: Robinson &
 Mervis(1999).
40 Mayor & Plunket(2011:
 784).
41 Anglin(1993).
42 Nagy & Herman(1987).
43 Beck & McKeown(1990).
44 Biemiller & Slonim(2001).
45 Anglin(1993).
46 Dale & O'Rourke(1981).
47 Biemiller & Slonim(2001).
48 Sameroff & Haith(1996).
49 Hart & Risley(1995).
50 Biemiller(2003).
51 Verhaeghen(2003).
52 Wechsler(1939).
53 Clark & Paivio(2004);
 Di Vesta & Walls(1970);
 Rubin(1980).
54 Gentner(1982);
 Nelson(1973).
55 Brown(1957).
56 Rinsland(1945).
57 Schwanenflugel(1991).
58 Schwanenflugel(1991).
59 Shatz, Wellman &
 Silber(1983).
60 Moore & Furrow(1991).
61 Schwanenflugel, Henderson
 & Fabricius(1998).
62 Wing & Scholnick(1986);
 Astington & Olson(1990).
63 Dyer, Shatz &
 Wellman(2000).
64 Ornaghi, Brockmeier &
 Gavazzi(2011).
65 Adrián, Clemente &
 Villanueva(2007).
66 Nagy & Townsend(2012:
 92).
67 Bar-llan & Berman(2007).
68 Nippold & Sun(2008).
69 Fang, Scheppegrell &
 Cox(2006).
70 Nagy & Townsend(2012).
71 Brown, Ryoo &
 Rodriguez(2010);

 Lesaux, Kieffer, Faller &
 Kelley(2010).
72 Bedard & Chi(1992).
73 Nesbit & Adesope(2006).
74 Berlin, Breedlove
 & Raven(1973);
 D'Andrade(1995).
75 Dougherty(1978).
76 Sternberg(1987).
77 Sternberg(1987: 90).
78 Dumont & Willis(2007).
79 K. T. Williams(2007).
80 Dumont & Willis(2007).
81 Campbell, Bell &
 Keith(2001).
82 Marchman & Fernald(2008).
83 Sternberg(1987).
84 Marchman & Fernald(2008).
85 Edwards, Beckman &
 Munson(2004).
86 Muter et al.(2004);
 Ouellette(2006); Share &
 Leiken(2003).
87 Ouellette(2006).
88 Perfetti(2007).
89 Hamilton, Freed &
 Long(2013).
90 Anderson &
 Freebody(1981).
91 Stahl & Fairbanks(1986).
92 Elleman, Lindo, Morphy &
 Compton(2009).
93 Anderson &
 Freebody(1981).
94 Sattler(1988).
95 Hecht, Burgess, Torgesen,
 Wagner & Rashotte(2000).
96 Anderson &
 Freebody(1981).
97 De Marie, Aloise-Young,
 Prideaux, Muransky-Doran
 & Gerda(2004).
98 Golinkoff, Hirsh-Pasek,
 Mervis, Frawley &
 Parillo(1995).
99 Mervis & Bertrand(1995).
100 Ganger & Brent(2004).
101 Dandurand & Shultz(2011).
102 Markman, Wasow &
 Hansen(2003).
103 Mervis & Bertrand(1994,

1995).
104 Casenhiser(2005).
105 Davidson & Tell(2005);
　　Houston-Price, Caloghiris &
　　Raviglione(2010).
106 Hamilton &
　　Schwanenflugel(2011).
107 Tomasello(1995).
108 Farrant & Zubrick(2012).
109 Brooks & Meltzoff(2008);
　　Farrant & Zubrick(2012).
110 Clark(2010).
111 Clark(2007).
112 Biemiller & Slonim(2001).
113 Swanborn &
　　deGlopper(1999).
114 McKeown(1985).
115 Swanborn &
　　deGlopper(1999).
116 Schwanenflugel, Stahl &
　　McFalls(1997).
117 Beck, McKeown &
　　McCaslin(1983).
118 Parault Dowds et al.(2014:
　　9).
119 Ames(1966).
120 Parault Dowds et al.(2014).
121 Parault Dowds, Haverback,
　　& Parkinson(2014: 22).
122 Fukkink &
　　deGlopper(1998).
123 Hairrell, Rupley &
　　Simmons(2011).
124 Baumann, Edwards, Boland,
　　Olejnik & Kame'enui(2003).
125 Miller & Gildea(1987).
126 Dalton & Grisham(2011);
　　Dang, Chen, Dang, Li &
　　Nurkhamid(2013).
127 McKeown(1993).
128 Gardner(2007: 368).
129 McKeown(1993).
130 Gardner(2007); Nist &
　　Olejnik(1995).
131 Wilkinson & Houston-
　　Price(2013).
132 Nagy & Anderson(1984);
　　Bar-Ilan & Berman(2007).
133 White, Sowell &
　　Yanagihara(1989).
134 White et al.(1989).

135 White et al.(1989).
136 Bowers et al.(2010);
　　Goodwin & Ahn(2013).
137 Goodwin & Ahn(2010).
138 Wasik, Bond &
　　Hindman(2006).
139 Whitehurst et al.(1994).
140 Mol, Bus & de Jong(2009).
141 Wasik & Hindman(2014).
142 Rosin(2013).
143 Smeets & Bus(2012).
144 Beals & Tabors(1995).
145 Evans, Reynolds, Shaw &
　　Pursoo(2011).
146 Evans & Saint-Aubin(2013);
　　Sénéchal(1997).
147 Snow & Blum-Kulka(2002).
148 Kontos & Wilcox-
　　Herzog(1997).
149 Layzer, Goodson &
　　Moss(1993).
150 Wilcox-Herzog &
　　Kontos(1998).
151 Dunn, Beach &
　　Kontos(1994).
152 Schwanenflugel et al.(2009).
153 Ruston &
　　Schwanenflugel(2010).
154 Scott & Nagy(2004: 201).
155 Graves & Watts-Taffe(2008).
156 National Governors
　　Association Center for Best
　　Practices and the Council of
　　Chief State School Officers
　　(2010). All rights reserved.

8장
1　Kuhn et al.(2006).
2　Durkin(1978).
3　Kintsch(1998: 2).
4　National Institute of
　　Child Health and Human
　　Development(2000).
5　National Institute of
　　Child Health and Human
　　Development(2000: 4-39).
6　Rupp, Ferne & Choi(2006).
7　Svetina, Gorin & Tatsuoka
　　(2011).
8　Buck, Tatsuoka & Kostin
　　(1997).

9　Spooner, Baddeley &
　　Gathercole(2004); Cain &
　　Oakhill(2006).
10　Shanahan, Kamil & Tobin
　　(1982).
11　Keenan, Betjemann & Olson
　　(2008).
12　Kintsch(1998: 163).
13　Hoover & Gough(1990:
　　128).
14　Hoover & Gough(1990).
15　Worthy & Invernizzi(1995).
16　Nation & Snowling(1997).
17　Catts, Adlof &
　　Weismer(2006).
18　Tilstra, McMaster, van
　　den Broek, Kendeou &
　　Rapp(2009).
19　Carver(2000); Muter et
　　al.(2004); Protopapas,
　　Simos, Sideridis &
　　Mouzaki(2012).
20　Joshi & Aaron(2000).
21　Johnston & Kirby(2006).
22　Tilstra et al.(2009); Adolf,
　　Catts & Little(2006) 참고.
23　Connors(2009).
24　Ouellette & Beers(2010).
25　Kirby & Savage(2008).
26　Hoover & Gough(1990).
27　Stuart, Stainthorp &
　　Snowling(2008).
28　Pressley et al.(2009).
29　Goodman &
　　Goodman(1979);
　　Stanovich(1994).
30　Hoffman(2009).
31　Harrison(2010: 207).
32　Anderson & Pearson(1984:
　　259).
33　Piaget(1970).
34　Anderson & Pearson(1984).
35　예: Adams & Collins(1977);
　　Rumelhart(1980).
36　Anderson & Pearson(1984).
37　Lieff(2012).
38　Adams & Collins(1977).
39　Anderson & Pearson(1984);
　　Piaget(1970); Sharps &
　　Wertheimer(2000) 참고.
40　Vygotksy(1978).

41 Schank & Abelson(1975: 151).
42 Schank & Abelson(1975).
43 Adams & Collins(1977).
44 Anderson(1994: 473).
45 Bransford & Johnson(1972).
46 Bransford & Johnson(1972: 722).
47 Anderson(1994: 472).
48 Anderson, Reynolds, Shallert & Goetz(1977).
49 예: Rothkoph & Billington(1979).
50 Pichert & Anderson(1977).
51 Anderson(1994).
52 Greenberg, Westcott & Bailey(1998).
53 Anderson & Pichert(1978).
54 Anderson & Pearson(1984).
55 Mandler & Johnson(1977); Rumelhart(1980); Stein & Glenn(1979).
56 Dimino, Taylor & Gersten(1995).
57 Stetter & Hughes(2010b).
58 Meyer, Brandt & Bluth(1980); Meyer(1985).
59 Akhondi, Malayeri & Samad(2011); Meyer & Ray(2011); Williams et al.(2014).
60 Kintsch(1988, 2004).
61 Kintsch(1988, 2004: 163).
62 Bovair & Kieras(1985).
63 Kintsch(1988).
64 Kintsch(2010).
65 Kintsch & van Dijk(1978).
66 Dooling & Christiaansen(1977); Rawson & Kintsch(2004).
67 Rawson & Kintsch(2004).
68 Kintsch & Keenan(1973).
69 Radvansky, Gerard, Zacks & Hasher(1990); Mulder & Sanders(2012).
70 Radvansky, Zwaan, Curiel & Copeland(2001).
71 Till, Mross & Kintsch(1988).
72 Tanenhaus et al.(1979) 참고.
73 Huang & Gordon(2011).
74 Fletcher & Bloom(1988).

75 Graesser, Millis & Zwaan(1997).
76 Graesser & McNamara(2011).
77 Williams et al.(2005).
78 Gibbs(1994).
79 Caccamise & Snyder(2005).
80 Britton & Gülgöz(1991).
81 McNamara, Kintsch, Songer & Kintsch(1996).
82 Armbruster, Osborn & Davidson(1985).
83 Armbruster et al.(1985: 20).
84 Kintsch(1998).
85 http://ail.ai.uga.edu/caspr.
86 Brown, Snodgrass, Kemper, Herman & Covington(2008).
87 www.cohmetrix.com.
88 Graesser & McNamara(2011).
89 Graesser, McNamara & Kulikowich(2011); McNamara, Graesser, McCarthy & Cai(2014).
90 Kintsch(2010).
91 Winograd(1984).
92 Brainerd & Reyna(1990).
93 Franzke, Kintsch, Caccamise, Johnson & Dooley(2005).
94 Cromley & Azevedo(2007).
95 Dole, Valencia, Greer & Wardrop(1991).
96 Miyake & Norman(1979).
97 Tarchi(2010).
98 Priebe et al.(2012).
99 León & Carretero(1995).
100 Gambrell & Koskinen(2002).
101 White, Graves & Slater(1990).
102 Cromley & Azevedo(2007).
103 Smith(2014); Cromley & Azevedo(2007); Cremoley, Snyder-Hogan & Luciw-Dubas(2010).
104 Cromley et al.(2010).

9장
1 Nagy & Herman(1987).
2 Hoover & Gough(1990).

3 Anderson & Pearson(1984).
4 Kintsch(1988).
5 Kintsch(2010).
6 Dochy, Segars & Buehl(1999).
7 Allington & Cunningham(2006: 52).
8 Kaakinen, Hyönä & Keenan(2003).
9 Recht & Leslie(1988).
10 Willingham(2006).
11 Willingham(2006: 34).
12 Lipson(1982).
13 Alvermann, Smith & Readance(1985: 429).
14 Kendeou & van den Broek(2007).
15 Beaver(1996).
16 Johnston(1984).
17 Keenan & Betjemann(2006).
18 Shapiro(2004).
19 Paris, Lindauer & Cox(1977).
20 Säily, Nevalainen & Siirtola(2011).
21 Arnold, Eisenband, Brown-Schmidt & Trueswell(2000).
22 Arnold et al.(2000).
23 Foraker& McElree(2007).
24 Grosz, Joshi & Weinstein(1995).
25 Garrod & Sanford(1994); Foraker & McElree(2007).
26 Foraker & McElree(2007: 361).
27 Hobbs(1979).
28 Arnold et al.(2000).
29 Cozijn, Commandeur, Vonk & Noordman(2011).
30 Long & De Ley(2000).
31 Gerrig, Horton & Stent(2011).
32 Gerrig(1986).
33 Gerrig, Horton & Stent(2011).
34 Sanford, Filik, Emmott & Morrow(2008).
35 Greene, Gerrig, MeKoon & Ratcliff(1994).
36 Burgess(1920: 1-2).
37 Gordon, Grosz &

Gilliom(1993).
38 Arnold(1998).
39 Arnold, Brown-Schmidt & Trueswell(2007).
40 Arnold et al.(2007).
41 Graesser, Singer & Trabasso(1994).
42 Magliano, Baggett, Johnson & Graesser(1993).
43 Ritchey(2011); Zhang(2005).
44 Gernsbacher, Goldsmith & Robertson(1992); Long & Golding(1993).
45 Chiesi, Spilich & Voss(1979).
46 Magliano & Millis(2003); Oakhill(1984).
47 McNamara & Kendeou(2011).
48 Beck, McKown, Sinatra & Loxterman(1991).
49 Pike, Barnes & Barron(2010).
50 Barnes, Dennis & Haefele-Kalvaitis(1996.
51 Anderson & Pearson(1984).
52 Kendeou, Bohn-Gettler, White & van den Broek(2008).
53 Cain & Oakhill(1999).
54 Duke & Pearson(2002).
55 McKoon & Ratcliff(1986).
56 Cook, Limber & O'Brien(2001).
57 Cook, Limber & O'Brien(2001: 232).
58 Lassonde and O'Brien(2009).
59 Linderholm(2002).
60 Allbritton(2004).
61 Clinton & van den Broek(2012: 651).
62 van den Broek, Bohn-Gettler, Kendeou, Carlson & White(2011).
63 Clinton & van den Broek(2012).
64 Clinton & van den Broek(2012).
65 van den Broek,

Lorch, Linderholm & Gustafson(2001).
66 Bookheimer(2002); Maguire, Frith & Morris(1999); Robertson et al.(2000).
67 Buchweitz, Mason, Tomitch & Just(2009); Jobard, Vigneau, Mazoyer & Tzourio-Mazoyer(2007).
68 Berl et al.(2010).
69 Ferstl, Neumann, Bogler & von Cramon(2008).
70 예: Yarkoni, Speer & Zacks(2008).
71 Yarkoni, Speer & Zacks(2008).
72 예: Robertson et al.(2000).
73 Ferstl et al.(2008); Yarkoni et al.(2008).
74 Zwaan, Radvansky, Hilliard & Curiel(1998).
75 Speer, Zachs & Reynolds(2007).
76 Virtue, Haberman, Clancy, Parrish & Jung Beeman(2006).
77 Virtue et al.(2006).
78 Brown(2008); Duke & Pearson(2002); Pressley, Johnson, Symons, McGoldrick & Kurita(1989).
79 예: Robinson(1961).
80 Afflerbach, Pearson & Paris(2008).
81 Afflerbach et al.(2008: 371).
82 Dole, Duffy, Roehler & Pearson(1991).
83 Robinson(1961).
84 Palincsar & Brown(1984).
85 Pressley, Johnson, Symons, McGoldrick & Kurita(1989).
86 Dole, Duffy, Roehler & Pearson(1991).
87 Duke & Pearson(2002).
88 Guthrie, Wigfield, Barbosa et al.(2004).
89 Brown(2008).
90 Duke & Pearson(2002).
91 Duke & Pearson(2002); Hansen & Pearson(1983).

92 Ausabel(1978: 253).
93 Ogle(2009).
94 Gurlitt & Renkl(2010).
95 Lloyd(2004: 115).
96 Keene & Zimmerman(1997: 6).
97 Alexander(2005).
98 Dole, Duffy et al.(1991); Brown(2008).
99 Dole et al.(1991); Singer & Donlan(1982).
100 Lloyd(2004); Palincsar & Brown(1984).
101 예: Pressley et al.(1989); Raphael & Au(2005).
102 Lloyd(2004); McDaniel(2004).
103 예: Beck, McKeown, Sandora, Kucan & Worthy(1996); Beck & McKeown(2001); McKeown & Beck(2004).
104 McKeown, Beck & Worthy(1993: 562).
105 National Institute of Child Health and Human Development(2000).
106 Graham & Hebert(2010).
107 Gajria, Jitendra, Sood & Sacks(2007).
108 Brown, Day & Jones(1983).
109 Kintsch(1990).
110 Hill(1991).
111 Dole, Duffy et al.(1991).
112 Oakhill & Patel(1991).
113 Gambrell & Jaywitz(1993).
114 Pressley et al.(1989).
115 Pressley(1976).
116 Gambrell & Bales(1986).
117 Pressley et al.(1989).
118 Levin, Shriberg & Berry(1983).
119 Peters & Levin(1986).
120 Mandler & Johnson(1977); Stein & Glenn(1979).
121 Meyer(1985); Meyer & Ray(2011).
122 Beck & McKeown(1981).
123 Idol(1987); Davis & McPherson(1989).
124 Dimino et al.(1995);

Duke & Pearson(2002);
Hagood(1997); Stetter &
Hughes(2010b).
125 Xin, Wiles & Lin(2008).
126 Williams et al.(2014).
127 Dole, Duffy et al.(1991);
Duke & Pearson(2002).
128 Slater, Graves &
Piché(1985).
129 Robinson(1961).
130 Taylor & Beach(1984).
131 Meyer & Wijekumar(2007).
132 예: Armbruster, Anderson
& Meyer(1991);
Defelice(2010); Gersten,
Fuchs, Williams &
Baker(2001); Oliver(2009).
133 Marée, van Bruggen &
Jochems(2013); Wijekumar
et al.(2014).
134 Duke & Pearson(2002: 217).
135 J. P. Williams(2007).
136 Duke & Pearson(2002).
137 Anderson(1994).
138 Reynolds, Taylor, Steffenson,
Shirey & Anderson(1982:
358).
139 Urbach(2010: 399).
140 Stein & Glenn(1979: 400).
141 McCabe(1997).
142 Paris, Lipson &
Wixson(1983); Yang(2006).
143 Baker(1984); Garner(1980);
Ehrlich, Remond &
Tardieu(1999).
144 Brown, Campione &
Barclay(1979); Oakhill, Hartt
& Samols(2005).
145 Kucan & Beck(1997).
146 Oakhill et al.(2005).
147 Oakhill et al.(2005: 665).
148 Oakhill et al.(2005: 677).
149 Dole, Duffy et al.(1991).
150 Kucan & Beck(1997).
151 Guthrie et al.(1988);
Guthrie, Wigfield, Barbosa
et al.(2004).
152 Lloyd(2004).
153 Palincsar & Brown(1984).
154 Choo, Eng & Ahmad(2011);
Gruenbaum(2012);

Klingner & Vaughn(1996);
Rosenshine &
Meister(1994); Reichenberg
& Kent(2014); Slater
& Horstman(2002);
Spörer, Brunstein &
Kieschke(2009).
155 Duffy(1993).
156 Paris et al.(1983).
157 Taraban, Rynearson &
Kerr(2000).
158 Cain, Oakhill, Barnes &
Bryant(2001).
159 Alexander(2005: 422).
160 Pressley et al.(1992) 참고.
161 Wolfe(2002: 8).
162 Coerr(1977).
163 www.wikiforkids.ws.
164 www.ducksters.com/
history/world_war_ii/
ww2_atomic_bomb.php.
165 http://teacher.scholastic.
com/activities/wwii/
interview/trans.htm.
166 Raphael & Au(2005);
Raphael & Pearson(1985).
167 Duffy(1993).
168 Pearson & Gallagher(1983).
169 Pressley et al.(1992).
170 Pressley et al.(1992: 523).
171 Brown(2008); Casteel, Isom
& Jordan(2000); Hilden &
Pressley(2007).
172 National Governors
Association Center for Best
Practices and the Council of
Chief State School Officers
(2010). All rights reserved.

10장
1 Huey(1908: 305-306).
2 Afflerbach, Cho, Kim,
Crassas & Doyle(2013);
Conradi, Jang &
McKenna(2014).
3 Krashen(2009);
Allington(2014).
4 Anderson et al.(1988);
Alexander(2005);
Cipielewski &
Stanovich(1992); Garan &

DeVoogd(2008).
5 National Endowment for
the Arts(2007); National
Center for Education
Statistics(2013).
6 Clark & De Zoysa(2011);
Organization for Economic
Cooperation and
Development(2010).
7 NEA(National
Endowment for the Arts,
미국 국립예술기금),
NCES(National Center
for Education Statistics,
국립교육통계센터),
OECD(Organization for
Economic Cooperation
and Development,
경제협력개발기구).
8 Krashen(2009).
9 Howard(2011).
10 Paulson(2006).
11 Parault & Williams(2010).
12 Mol & Bus(2011).
13 Guthrie, Wigfield, Metsala &
Cox(2004).
14 Krashen(2006).
15 Schwanenflugel et al.(2009);
Shany & Biemiller(1995);
Shin(2001).
16 Lewis & Samuels(2005: 12).
17 Lewis & Samuels(2005: 21).
18 Debaryshe et al.(2000).
19 Evans et al.(2014); Krashen
et al.(2012).
20 Retelsdorf, Köller &
Möller(2011).
21 Blunsdon, Reed &
McNeil(2003).
22 Morgan & Fuchs(2007).
23 Guthrie & Wigfield(2000);
Morgan & Fuchs,
Stanovich(1986).
24 Guthrie & Wigfield(2000).
25 Alexander(2005);
Willingham(2003).
26 Anmarkrud & Bräten(2009);
Clark & De Zoysa(2011);
Guthrie et al.(2007);
Guthrie, Klauda &
Ho(2013); Park(2011).

27 McKenna, Kear & Ellsworth(1995); Scholastic(2015); Wigfield et al.(1997).

28 McKenna, Conradi, Lawrence, Jang & Meyer(2001); Oldfather & Dahl(1994); Gottfried, Fleming & Gottfired(2001).

29 Paris & McNaughton(2010).

30 Guthrie & Wigfield(2000); Conradi et al.(2014).

31 Eccles(2005); Wigfield & Eccles(2000); Wigfield, Tonks & Klauda(2009).

32 Lewin(1938).

33 Atkinson(1964).

34 Williams(2008).

35 예: Atkinson(1964); Feather(1959).

36 Nagengast et al.(2011).

37 Guthrie & Wigfield(2000).

38 Wigfield & Eccles(2000)에 기초한 Knapp(2015)을 참고함.

39 Wigfield & Eccles(2000, 2002).

40 Bandura(1994).

41 Becker, McElvany & Kortenbruck(2010).

42 Morgan, Fuchs, Compton, Cordray & Fuchs(2008).

43 Chapman & Tunmer(2003).

44 Quirk, Schwanenflugel & Webb(2009).

45 Guthrie et al.(2007); Knapp(1999).

46 Shell, Colvin & Bruning(1995).

47 Durik, Vida & Eccles(2006).

48 Guthrie & Wigfield(2000).

49 Quirk et al.(2009).

50 Durik et al.(2006); Guthrie & Wigfield(2000); Schunk & Zimmerman(1997).

51 Dweck & Leggett(1988); Dweck & Master(2009).

52 Stipek(1993).

53 Rattan, Good & Dweck(2012).

54 Baird, Scot, Dearing & Hamill(2009).

55 Pepi, Alesi & Geraci(2004).

56 Berkeley, Mastropieri & Scruggs(2011).

57 Weiner(1985).

58 Deci & Ryan(1987); Guthrie & Wigfield(2000).

59 deCharms(1977).

60 deCharms(1977: 297).

61 Gambrell(2011).

62 deCharms(1977: 297).

63 deCharms, Ryan & Grolnick(1986).

64 Turner(1995); Turner & Paris(1995).

65 Grolnick & Ryan(1987).

66 Wigfield, Guthrie, Tonks & Perencevich(2004).

67 Cappella & Weinstein(2001).

68 Gambrell(2011); Krashen(2006).

69 Wigfield & Eccles(2000).

70 Krashen(2009).

71 Allington & Johnston(2000).

72 Foorman et al.(2006).

73 Hiebert(2009).

74 Brenner et al.(2009).

75 Gambrell(1984).

76 Foertsch(1992).

77 Donahue et al.(2001).

78 Krashen(2011).

79 Csikszentmihalyi(1990: 4).

80 Fuchs, Fuchs, Mathes, Lipsey & Roberts(2001).

81 Perlman, Borger, Collins, Elenbogan & Wood(1996).

82 Alexander(2005).

83 Alexander(2005: 428).

84 Guthrie et al.(2013).

85 Applebee & Langer(1983: 169, 171); Wood, Bruner & Ross(1976) 참조.

86 Knapp & Winsor(1998).

87 Knapp(2013b).

88 Stetter & Hughes(2010a).

89 Morgan(2013).

90 Higgins & Raskind(2005).

91 Young(2013).

92 Fletcher & Speirs Neumeister(2012); Roberts & Lovett(1994).

93 Guthrie et al.(2007).

94 Anderson & Pearson(1984).

95 Kintsch(2004).

96 Guthrie & Cox(2001); Guthrie & Wigfield(2000).

97 Cramer & Castle(1994).

98 Asselin(2004).

99 National Endowments for the Arts(2007).

100 Applegate & Applegate(2004); Nathanson, Pruslow & Levitt(2008).

101 Ryan & Deci(2000: 55-56).

102 Sanacore(2000).

103 Guthrie et al.(2006).

104 Schneider(2014).

105 Jones & Brown(2011).

106 Gambrell(2011).

107 Guthrie & Wigfield(2000); Ivey & Johnston(2013) 참조.

108 Guthrie et al.(2007).

109 Logan, Medford & Hughes(2011).

110 Alexander(2005).

111 Corpus, McClintic-Gilbert & Hayenga(2009).

112 Ryan & Deci(2000).

113 Guthrie et al.(2007).

114 Becker et al.(2010).

115 Becker et al.(2010); De Naeghel, Van Keer, Vansteenkiste & Rosseel(2012); Guthrie & Wigfield(2000); Paris & McNaughton(2010).

116 Deci, Koestner & Ryan(1999); Kohn(1993).

117 Marinak & Gambrell(2008).

118 Berridge & Goebel(2013); Pavonetti, Brimmer & Cipielewski(2002); Thompson, Madhuri & Taylor(2008).

119 Harter, Whitesell & Junkin(1998).

120 Rogers(1959).

121 Harter et al.(1998); James(1890).

122 Conradi et al.(2014).

123 Harter(2008); Stipek(1981).
124 Stipek & Daniels(1988); Wigfield, Eccles & Pintrich(1996).
125 Chapman, Tunmer & Prochnow(2000).
126 Chapman & Tunmer(2003).
127 Stanovich(1986).
128 Hall(2010).
129 Johnston(1985).
130 Covington(1992); Weinstein, Gregory & Strambler(2004).
131 Wigfield & Cambria(2010).
132 McCabe, Fairchild, Grauerholz, Pescosolido & Tope(2011).
133 Smith & Wilhelm(2002); Taylor(2004).
134 Sciurba(2014).
135 Brooks & McNair(2009); Nilsson(2005); Sabis-Burns(2011).
136 Cooperative Children's Book Center(2014).
137 Greenleaf & Hinchman(2009).
138 Fader & McNeil(1968); Moje, Overby, Tysvaer & Morris(2008).
139 Smith & Wilhelm(2002); Watson, Kehler & Martino(2010); Young(2000).
140 National Endowment for the Arts(2015).
141 Leavell, Tamis-LeMonda, Rubel, Zosuls & Cabrera(2012).
142 Ogbu(2003).
143 Fordham & Ogbu(1986).
144 Kohl(1992).
145 Reyhner & Jacobs(2002).
146 Deci, Vallerand, Pelletier & Ryan(1991).
147 Wigfield & Eccles(2000).
148 Guthrie & Wigfield(2000).
149 Klauda & Wigfield(2012).
150 Klauda(2009).
151 Strommen & Mates(2004).
152 Merga(2014: 160).
153 Klauda(2009).

154 Chandler(1999); Cherland(1994).
155 Hamston & Love(2003); Merga(2014a) 참조.
156 Alexander(2005).
157 O'Flahavan et al.(1992).
158 Gambrell(1996).
159 McKool & Gespass(2009).
160 Applegate & Applegate(2004).
161 Gambrell(1996: 20).
162 Knapp(1998).
163 Edmunds & Bauserman(2006: 420).
164 Ivey & Broaddus(2001); Trelease(2013).
165 Atwell(2007).
166 Smith(1988).
167 Hughes-Hassell & Rodge(2007); Partin & Hendricks(2002).
168 Klauda(2009); Klauda & Wigfield(2012); Partin & Hendricks(2002).
169 Hughes-Hassell & Rodge(2007); Merga(2014b).
170 Clark, Osborne & Akerman(2008).
171 Baker & Wigfield(1999); Klauda & Wigfield(2012); Merga(2014b), Moje et al.(2008).
172 Cherland(1994); Edmunds & Bauserman(2006); Moje et al.(2008); Smith & Wilhelm(2002).
173 Merga(2014b: 475-476).
174 Moje et al.(2008: 146).
175 Wigfield et al.(2009).
176 Mischel, Ebbesen & Raskoff Zeiss(1972).
177 Ogawa & Shodo(2001).
178 Johnston(1985).
179 Merga(2014b).
180 Deci & Ryan(1987).
181 Scholastic(2015).
182 Moje et al.(2008).
183 Murphy & Alexander(2000).
184 Dweck(1986).
185 Stanovich(1986).

186 Murphy & Alexander(2000).
187 Dweck(1986).
188 Dweck(1975).
189 Chapman & Tunmer(2003).
190 Osterholm, Nash & Kritsonis(2007).
191 Nicholls & Miller(1984).
192 Gambrell(2011).
193 Achterman(2009); Krashen, Lee & McQuillan(2012); Lance & Russell(2004).
194 Chamblis & McKillop(2000); Pachtman & Wilson(2006).
195 Guthrie & Wigfield(2000).
196 Klauda & Wigfield(2012).
197 Fader & McNeil(1968); Knapp(2013b).
198 Guthrie et al.(2013: 10).
199 Shih(2008); Ryan & Deci(2009).
200 Alexander(2005); deCharms(1977).
201 Gambrell(2011); Krashen(2006).
202 Knapp & Grattan(2001); Pachtman & Wilson(2006).
203 Scholastic(2015: 56).
204 Chelton(2003).
205 Gambrell(2011).
206 http://discoverykids.com/games/volcano-explorer.
207 http://simple.wikipedia.org/wiki/Main_Page.
208 Guthrie & Wigfield(2000).
209 Krashen(2009).
210 Allington & Johnston(2000); Foorman et al.(2006); Garan & DeVoogd(2008); Hiebert(2009); Krashen(2011); Yoon(2002).
211 Gambrell(2011).
212 Methe & Hintze(2003).
213 www.spaghettibookclub.org.
214 www.teenink.com/reviews/book_reviews.
215 Atwell(2007).
216 Pachtman & Wilson(2006).
217 Daniels(1994); Raphael &

McMahon(1994).
218 Scieszka(2008); Young(2000).
219 Stevenson(2009).
220 Klor & Nordhausen(2011).
221 Alexander(2005); Chapman & Tunmer(2003).
222 Morgan et al.(2008); Quirk & Schwanenflugel(2004).
223 Guthrie & Cox(2001); Wigfield et al.(2009).
224 Isero(2014: 63).
225 Guthrie & Wigfield(2000).
226 Buehl(2000).
227 Buehl(2000); Knapp(2013a), Park, Roberts, Takahashi & Stodden(2014).
228 National Institute of Child Health and Human Development(2000); www.corestandards.org/ELA-Literacy.
229 Ravitch(2011).
230 McKenna & Kear(1990).
231 McKenna & Kear(1990).
232 Wigfield & Guthrie(1997).
233 Gambell, Palmer, Codling & Mazzoni(1996).
234 Deci & Ryan(1987).
235 De Naeghel at al.(2012).
236 Sperling, Sherwood & Hood(2013).
237 Crowne & Marlowe(1960); van de Mortel(2008).
238 Worsley, Baghurst & Leitch(1984).
239 Gambrell et al.(1996: 522).
240 Knapp(1998).
241 Quirk et al.(2009).
242 Flavell, Green, Flavell, Harris & Astington(1995).
243 McKenna & Kear(1990: 634).
244 예: Jakobsons(2005); Sperling et al.(2013).
245 McKenna et al.(2012); Malloy, Marinak, Gambrell & Mazzoni(2013).
246 www.corestandards.org/ELA-Literacy/CCRA/R.

11장
1 Coulmas(2003: 11).
2 Ellis et al.(2004).
3 DeFrancis(1986).
4 Tong & McBride-Chang(2010).
5 Rayner, Pollatsek, Ashby & Clifton(2012: 39); Tong & McBride-Chang(2010).
6 Aro & Wimmer(2003).
7 Ellis et al.(2004).
8 Patel, Snowling & deJong(2004).
9 Ellis & Hooper(2001).
10 Ellis et al.(2004).
11 Coltheart(2004) 참조.
12 Wimmer & Hummer(1990); Ellis et al.(2004).
13 Goswami(2002); Ziegler & Goswami(2005).
14 Georgiou, Parilla & Papadopolous(2008); Georgiou, Torppa, Manolitsis, Lyytinen & Parilla(2012); Ziegler et al.(2010).
15 Vaessen et al.(2010).
16 Florit & Cain(2011).
17 Share(1995).
18 Mann(1986).
19 Kobayashi, Haynes, Macaruso, Hook & Kato(2005).
20 Fletcher-Flinn, Thompson, Yamada & Naka(2011).
21 Nag(2007).
22 예: Seidenberg & McClelland(1989).
23 Ho & Bryant(1997); He, Wang & Anderson(2005).
24 Kuo & Anderson(2006).
25 McBride-Chang, Shu, Zhou, Wat & Wagner(2003).
26 McBride-Chang et al.(2003: 746).
27 Tong & McBride-Chang(2010).
28 Cheung, Chan & Chong(2007).
29 Tong & McBride-Chang(2010).
30 Seidenberg & McClelland(1989).
31 Coltheart(2004).
32 Shin & Kominski(2010).
33 Connor, Cohn & Gonzalez-Barrera(2013).
34 Grosjean(2010).
35 Ruiz(1984).
36 Brown(1973); Nelson(1973).
37 Chomsky(1969).
38 Diamond(2002); Kovelman, Baker & Petitto(2008).
39 Pearson, Fernandez & Oller(1993).
40 Johnson & Newport(1989).
41 White & Genesee(1996).
42 Johnson & Newport(1989).
43 Cheung & Slavin(2013).
44 Mancilla-Martinez & Lesaux(2011).
45 Kieffer(2010).
46 Feng, Gai & Chen(2014).
47 Kovelman et al.(2008).
48 Cummins(1994).
49 Mancilla-Martinez & Lesaux(2011).
50 Restrepo et al.(2010).
51 Oller & Eilers(2002).
52 Lesaux(2012).
53 Kieffer(2010).
54 Bialystok(2007).
55 Melby-Lervåg & Lervåg(2011).
56 Jeon & Yamashita(2014).
57 Jeon & Yamashita(2014).
58 Jeon & Yamashita(2014).
59 Bialystok(2007).
60 Melby-Lervåg & Lervåg(2011).
61 Commissaire, Duncan & Casalis(2011); Deacon, Wade-Woolley & Kirby(2009).
62 Melby-Lervåg & Lervåg(2011).
63 Bialystok, Luk & Kwan(2005).
64 Melby-Lervåg & Lervåg(2011).
65 Bialstok(2007); Melby-

Verlåg & Lervåg(2011).
66 Melby-Lervåg &
    Lervåg(2011).
67 Ziegler & Goswami(2005).
68 Branum-Martin, Tao,
    Garnaat, Bunta &
    Francis(2012).
69 Sun-Alperin & Wang(2011).
70 Lesaux(2012).
71 www.corestandards.
    org/assets/application-for-
    english-learners.pdf.
72 Bright(1997: 469).
73 Wolfram(1974).
74 Craig, Thompson,
    Washington & Potter(2003).
75 Craig et al.(2003).
76 Charity, Scarborough &
    Griffin(2004).
77 Washington & Craig(1994).
78 Thompson, Craig &
    Washington(2004).
79 Goodman(1965).
80 Nations Report Card(2013).
81 Nichols, Glass &
    Berliner(2012).
82 Condron, Tope, Steidl &
    Freeman(2013).
83 Charity et al.(2004).
84 Ogbu & Simons(1998).
85 LeMoine(2001).
86 Connor & Craig(2006).
87 Charity et al. (2004)
88 Ogbu & Simons(1998).
89 Craig, Zhang, Hensel &
    Quinn(2009).
90 Terry(2012).
91 Craig, Kolenic &
    Hensel(2014).
92 Paris(2012).
93 Paris(2012: 93).
94 Terry(2008).
95 Altschul, Oyserman &
    Bybee(2006).
96 Siegel(1999).
97 Terry(2008).

12장
1   National Endowment for the
    Arts(2007).
2   Weissmann(2014).

3   National Endowment for the
    Arts(2007).
4   National Center for
    Education Statistics(2013).
5   National Endowment for the
    Arts(2007).
6   Common Sense
    Media(2014).
7   National Endowment for the
    Arts(2007).
8   Casner-Lotto &
    Barrington(2006).
9   OECD Statistics
    Canada(2011).
10 Stanovich(1986);
    Cunningham &
    Stanovich(1998).
11 Stanovich &
    Cunningham(1992).
12 Stanovich &
    Cunningham(2012);
    Cunningham and
    Stanovich(1992).
13 Stanovich &
    Cunningham(1993).
14 Salthouse(1988).
15 Hirsch(1987).
16 Stanovich, West &
    Harrison(1995).
17 Stanovich et al.(1995).
18 Acheson et al.(2008).
19 Echols, West, Stanovich &
    Zehr(1996).
20 Cunningham &
    Stanovich1998).
21 Shaywitz et al.(1995).
22 Ferrer, Shaywitz,
    Holahan, Marchione &
    Shaywitz(2009).
23 Goldman & Manis(2013).
24 Dehaene et al.(2010).
25 Kaup et al.(2013).
26 Jackson et al.(2006).
27 Leu et al.(2007).
28 Jin(1992).
29 Saxe, Carey &
    Kanwisher(2004).
30 Mar, Oatley &
    Peterson(2009).
31 West, Stanovich &
    Mitchell(1993).

32 Mar et al.(2009).
33 Baron-Cohen, Wheelwright,
    Hill, Raste & Plumb(2001).
34 Mar et al.(2009).
35 Kidd & Castano(2013).
36 Shapiro, Morrison &
    Boker(2004).
37 Lysaker, Tonge, Gauson &
    Miller(2011).
38 Shapiro et al.(2004).
39 Lysaker et al.(2011).
40 Burchfield, Hua, Baral &
    Rocha(2002); Kagitcibashi,
    Goksen & Gülgöz(2005).
41 Kagitcibashi et al.(2005).
42 Kagitcibasi, Goksen &
    Gülgöz(2005).
43 McLuhan(1963).
44 Olson(1986).
45 Innis(1951); Olson(1986)
    참조.
46 Olson(1986).
47 UNESCO(2014a).
48 Stromquist(2008).
49 Boggs, Buss &
    Yarnell(1979); Burchfield
    et al.(2002); Kagitcibasi et
    al.(2005).
50 Burchfield et al.(2002).
51 Carr-Hill et al.(2001).
52 Burchfield et al.(2002).
53 Kagitcibasi et al.(2005).
54 UNESCO(2014).
55 Coulombe, Tremblay &
    Marchand(2004).
56 Sachs & Warner(2001).

13장
1   동아출판사(1990).
2   서울대교육연구소(1988: 70).
3   Apple & Krumsieg(1998).
4   Serafini(2000/2001).
5   Jett-Simpson & Leslie(1997).
6   Raphael & Hiebert(1996).
7   Darling-Hammond, Ancess
    & Falk(1995).
8   Leslie & Caldwell(2006: 45-
    48).
9   Cohen & Wiener(2003: 46).
10 교육부(2015: 71).

Acheson, D. J., Wells, J. B., & MacDonald, M. C. (2008). New and updated tests of print exposure and reading abilities in college students. *Behavior Research Methods, 40*(1), 278-289.

Achterman, D. (2009). A new California study: School libraries give students a better chance at success. *CSLA Journal, 33*(1), 26-27.

Adams, M. J. (1990). *Beginning to read: Thinking and learning about print.* Cambridge, MA: MIT Press.

Adams, M. J. (2010-2011, Winter). Advancing our students' language and literacy: The challenge of complex texts. *American Educator,* 3-11.

Adams, M. J., & Collins, A. (1977). *A schema-theoretic view of reading* (Technical Report No. 32). Champaign University of Illinois at Urbana-Champaign, Center for the Study of Reading.

Adams, M. J., Foorman, B. R., Lundberg, I., & Beeler, T. (1998). *Phonemic awareness in young children: A classroom curriculum.* Baltimore, MD: Brookes.

Adolf, S. M., Catts, H. W., & Little, T. D. (2006). Should the simple view of reading include a fluency component? *Reading and Writing, 19,* 933-958.

Adorni, R., Manfredi, M., & Proverbio, A. M. (2013). Since when or how often?: Dissociating the roles of age of acquisition (AoA) and lexical frequency in early visual word processing. *Brain and Language, 124,* 132-141.

Adrián, J. E., Clemente, R. A., & Villanueva, L. (2007). Mothers' use of cognitive state verbs in picture-book reading and the development of children's understanding of mind: A longitudinal study. *Child Development, 78*(4), 1052-1067.

Afflerbach, P., Cho, B. Y., Kim, J. Y., Crassas, M. E., & Doyle, B. (2013). Reading: What else matters besides strategies and skills? *The Reading Teacher, 66*(6), 440-448.

Afflerbach, P., Pearson, P. D., & Paris, S. G. (2008). Clarifying differences between reading skills and reading strategies. *The Reading Teacher, 61*(5), 364-373.

Akhondi, M., Malayeri, F. A., & Samad, A. A. (2011). How to teach expository text structure to facilitate reading comprehension. *The Reading Teacher, 64*(5), 368-372.

Alexander, P. A. (2005). The path to competence: A lifespan developmental perspective on reading. *Journal of Literacy Research, 37*(4), 413.

Allbritton, D. (2004). Strategic production of predictive inferences during comprehension. *Discourse Processes, 38*(3), 309-322.

Allington, R. L. (1977). If they don't read much, how they ever gonna get good? *Journal of Reading, 21,* 57-61.

Allington, R. L. (2014). How reading volume affects both reading fluency and reading achievement. *International Electronic Journal of Elementary Education, 7*(1), 13-26.

Allington, R. L., & Cunningham, P. M. (2006). *Schools that work: Where all children read and write.* Boston: Allyn & Bacon.

Allington, R. L., & Johnston, P. H. (2000). *What do we know about effective fourth-grade teachers and their classrooms?* Report Series 13010. Albany, NY: National Research Center on English Learning and Achievement.

Al Otaiba, S., & Petscher, Y., Pappamihiel, N. E., Williams, R. S., Dyrlund, A. K., & Connor, C. (2009). Modeling oral reading fluency and development in Latino students: A longitudinal study across second and third grade. *Journal of Educational Psychology, 101*(2), 315-329.

Altschul, A., Oyserman, D., & Bybee, D. (2006). Racial-ethnic identity in mid-adolescence: Content and change as predictors of academic achievement. *Child Development, 77*(5), 1155-1169.

Alvermann, D. E., Smith, L. C., & Readence, J. E. (1985). Prior knowledge activation and the comprehension of compatible and incompatible text. *Reading Research Quarterly, 20*(4), 420-436.

Amenta, S., & Crepaldi, D. (2012). Morphological processing as we know it: An analytical review of morphological effects in visual word identification. *Frontiers in Psychology, 3*, 1-12.

Ames, W. S. (1966). The development of a classification scheme of contextual aids. *Reading Research Quarterly, 2*, 57-82.

Anderson, J. R. (1983). A spreading activation theory of memory. *Journal of Verbal Learning and Verbal Behavior, 22*, 261-295.

Anderson, R. C. (1994). Role of the reader's schema in comprehension, learning, and memory. In R. B. Ruddell & H. Singer (Eds.), *Theoretical models and processes of reading* (pp. 469-482). Newark, DE: International Reading Association.

Anderson, R. C., & Freebody, P. (1981). Vocabulary knowledge. In J. T. Guthrie (Ed.), *Comprehension and teaching: Research reviews* (pp. 77-117). Newark, DE: International Reading Association.

Anderson, R. C., Hiebert, E. H., Scott, J. A., & Wilkinson, I. (1985). *Becoming a nation of readers*. Washington, DC: National Institute of Education.

Anderson, R. C., & Pearson, P. D. (1984). A schema-theoretic view of basic processes in reading comprehension. In P. D. Pearson, R. Barr, M. L. Kamil, & P. Mosenthal (Eds.), *Handbook of reading research* (pp. 255-291). New York: Longman.

Anderson, R. C., & Pichert, J. W. (1978). Recall of previously unrecallable information following a shift in perspective. *Journal of Verbal Learning and Verbal Behavior, 17*, 1-12.

Anderson, R. C., Reynolds, R. E., Schallert, D. L., & Goetz, E. T. (1977). Frameworks for comprehending discourse. *American Educational Research Journal, 14*(4), 367-381.

Anderson, R. C., Wilson, P. T., & Fielding, L. G. (1988). Growth in reading and how children spend their time outside of school. *Reading Research Quarterly, 23*, 285-303.

Andrus, M. R., & Roth, M. T. (2002). Health literacy: A review. *Pharmacotherapy: The Journal of Human Pharmacology and Drug Therapy, 22*(3), 282-302.

Anglin, J. M. (1993). Vocabulary development: A morphological analysis. *Monographs of the Society for Research in Child Development, 58*(10).

Anmarkrud, Ø., & Bräten, I. (2009). Motivation for reading comprehension. *Learning and Individual Differences, 19*(2), 252-256.

Anthony, J. L., & Lonigan, C. J. (2004). The nature of phonological awareness: Converging evidence from four studies of preschool and early grade school children. *Journal of Educational Psychology, 96*, 43-55.

Apel, K., & Diehm, M. S. (2014). Morphological awareness intervention with kindergarteners, first, and second grade students from low SES homes: A small efficacy study. *Journal of Learning Disabilities, 47*(1), 65-75.

Applebee, A. N., & Langer, J. A. (1983). Instructional scaffolding: Reading and writing as natural language activities. *Language Arts, 60*(2), 168-175.

Applegate, A. J., & Applegate, M. D. (2004). The Peter effect: Reading habits and attitudes of preservice teachers. *The Reading Teacher, 57*(6), 554-563.

Armbruster, B. B., Anderson, T. H., & Meyer, J. L. (1991). Improving content-area reading using instructional graphics. *Reading Research Quarterly, 26*(4), 393-416.

Armbruster, B. B., Osborn, J. H., & Davidson, A. L. (1985). Readability formulas may be dangerous to your textbooks. *Educational Leadership, 42*, 18-20.

Arnold, J. E. (1998). Reference form and discourse patterns. Doctoral dissertation, Stanford University, Stanford, CA.

Arnold, J. E., Brown-Schmidt, S., & Trueswell, J. (2007). Children's use of gender and order-of-mention during pronoun comprehension. *Language and Cognitive Processes, 22*(4), 527-565.

Arnold, J. E., Eisenband, J. G., Brown-Schmidt, S., & Trueswell, J. C. (2000). The rapid use of gender information: Evidence of the time course of pronoun resolution from eye tracking. *Cognition, 76*, B13-B26.

Aro, M., & Wimmer, H. (2003). Learning to read: English in comparison to six more regular orthographies. *Applied Psycholinguistics, 24*(4), 621-635.

Asselin, M. (2004). Supporting sustained engagements with texts. *Teacher Librarian,*

31(3), 51-52.

Astington, J. W., & Olson, D. R. (1990). Metacognitive and metalinguistic language: Learning to talk about thought. *Applied Psychology: An International Review, 39*, 71-87.

Atkinson, J. W. (1964). An introduction to motivation. Princeton, NJ: Van Nostrand.

Atkinson, R. C., & Shiffrin, R. M. (1968). Human memory: A proposed system and its control processes. In K. W. Spence & J. T. Spence (Eds.), *The psychology of learning and motivation* (Vol. 2, pp. 89-195). London: Academic Press.

Atwell, N. (2007). *The reading zone: How to help kids become skilled, passionate, habitual, critical readers*. New York: Scholastic.

Au, K. H. P. (1980). Participation structures in a reading lesson with Hawaiian children: Analysis of a culturally appropriate instructional event. *Anthropology and Education Quarterly, 11*(2), 91-115.

Ausabel, D. P. (1978). In defense of advance organizers: A reply to the critics. *Review of Educational Research, 48*, 251-257.

Baddeley, A. D., Thomson, N., & Buchanan, M. (1975). Word length and the structure of shortterm memory. *Journal of Verbal Learning and Verbal Behavior, 14*(6), 575-589.

Baird, G. L., Scott, W. D., Dearing, E., & Hamill, S. K. (2009). Cognitive self-regulation in youth with and without learning disabilities: Academic self-efficacy, theories of intelligence, learning vs. performance goal preferences, and effort attributions. *Journal of Social and Clinical Psychology, 28*(7), 881-908.

Baker, L. (1984). Spontaneous versus instructed use of multiple standards for evaluating comprehension: Effects of age, reading proficiency and type of standard. *Journal of Experimental Child Psychology, 38*, 289-311.

Baker, L., Scher, D., & Mackler, K. (1997). Home and family influences on motivations for reading. *Educational Psychologist, 32*(2), 69-82.

Baker, L., & Wigfield, A. (1999). Dimensions of children's motivation for reading and their relations to reading activity and reading achievement. *Reading Research Quarterly,*

34(4), 452-477.

Balota, D. A., Yap, M. J., & Cortese, M. J. (2006). Visual word recognition: The journey from features to meaning (a travel update). In M. Traxler & M. A. Gernsbacher (Eds.), *Handbook of psycholinguistics* (2nd ed., pp. 285-375). London: Academic Press.

Bandura, A. (1994). Self-efficacy. In V. S. Ramachaudran (Ed.), *Encyclopedia of human behavior* (Vol. 4, pp. 71-81). New York: Academic Press.

Bar-Ilan, L., & Berman, R. A. (2007). Developing register differentiation: The Latinate-Germanic divide in English. *Linguistics, 45*(1), 1-35.

Barnes, M. A., Dennis, M., & Haefele-Kalvaitis, J. (1996). The effects of knowledge availability and knowledge accessibility on coherence and elaborative inferencing in children from six to fifteen years of age. *Journal of Experimental Child Psychology, 61*, 216-241.

Baron-Cohen, S., Wheelwright, S., Hill, J., Raste, J., & Plumb, I. (2001). The "Reading the Mind in the Eyes" test revised version: A study with normal adults, and adults with Asperger syndrome or high-functioning autism. *Journal of Child Psychology and Psychiatry, 42*, 241-251.

Baumann, J. F., Edwards, E. C., Boland, E. M., Olejnik, S., & Kame'enui, E. J. (2003). Vocabulary tricks: Effects of instruction in morphology and context on fifth-grade students' ability to derive and infer word meanings. *American Educational Research Journal, 40*(2), 447-494.

Beals, D., & Tabors, P. O. (1995). Arboretum, bureaucratic, and carbohydrates: Preschoolers' exposure to rare vocabulary at home. *First Language, 15*, 57-76.

Beaver, W. (1996). Is it time to replace the SAT? *Academe, 82*(3), 37-39.

Beck, I. L., & McKeown, M. G. (1981). Developing questions that promote comprehension: The story map. *Language Arts, 58*, 913-918.

Beck, I. L., & McKeown, M. (1990). Conditions of vocabulary acquisition. In R. Barr, M. L. Kamil, P. B. Mosenthal, & P. D. Pearson, (Eds.), *Handbook of reading research* (Vol. 2, pp.789-814). New York: Longman.

Beck, I. L., & McKeown, M. G. (2001). Inviting

students into the pursuit of meaning. *Educational Psychology Review, 13*(3), 225-241.

Beck, I. L., McKeown, M. G., & McCaslin, E. S. (1983). Vocabulary development: All contexts are not created equal. *The Elementary School Journal, 83*(3), 177-181.

Beck, I. L., McKeown, M. G., Sandora, C., Kucan, L., & Worthy, J. (1996). Questioning the author: A yearlong classroom implementation to engage students with text. *Elementary School Journal, 96*(4), 385-414.

Beck, I. L., McKeown, M. G., Sinatra, G. M., & Loxterman, J. A. (1991). Revising social studies text from a text-processing perspective: Evidence of improved comprehensibility. *Reading Research Quarterly, 26*(3), 251-276.

Becker, M., McElvany, N., & Kortenbruck, M. (2010). Intrinsic and extrinsic reading motivation as predictors of reading literacy: A longitudinal study. *Journal of Educational Psychology, 102*(4), 773.

Bedard J., & Chi, M. T. H. (1992). Expertise. Current Directions in *Psychological Science, 1*, 135-139.

Ben-Ishai, L., Matthews, H., & Levin-Epstein, J. (2014). *Scrambling for stability: The challenges of job schedule volatility and child care.* Washington, DC: Center for Law and Social Policy.

Benjamin, R. G., & Schwanenflugel, P. J. (2010). Text complexity and oral reading prosody in young readers. *Reading Research Quarterly, 45*(4), 388-404.

Benjamin, R. G., Schwanenflugel, P. J., Meisinger, E. B., Groff, C., Kuhn, M. R., & Steiner, L. (2013). A spectrographically grounded scale for evaluating reading expressiveness. *Reading Research Quarterly, 48*(2), 105-133.

Bergen, L., Grimes, T., & Potter, D. (2005). How attention partitions itself during simultaneous message presentations. *Human Communication Research, 31*, 311-336.

Berkeley, S., Mastropieri, M. A., & Scruggs, T. E. (2011). Reading comprehension strategy instruction and attribution retraining for secondary students with learning and other mild disabilities. *Journal of Learning Disabilities, 44*(1), 18-32.

Berl, M. M., Duke, E. S., Mayo, J., Rosenberger, L. R., Moore, E. N., VanMeter, J., et al. (2010). Functional anatomy of listening and reading comprehension during development. *Brain and Language, 114*(2), 115-125.

Berlin, B., Breedlove, D. E., & Raven, P. H. (1973). General principles of classification and nomenclature in folk biology. *American Anthropologist, 75*(1), 214-242.

Berliner, D. C. (1992). Telling the stories of educational psychology. *Educational Psychologist, 27*(2), 13-161.

Berndt, R. S., Reggia, J. A., & Mitchum, C. C. (1987). Empirically derived probabilities for grapheme-to-phoneme correspondences in English. *Behavior Research Methods, Instrumentation, and Computers, 19*, 1-9.

Berninger, V., Nagy, W., Carlisle, J., Thomson, J., Hoffer, D., Abbott, S., et al. (2003). Effective treatment for dyslexics in grades 4 to 6. In B. Foorman (Ed.), *Preventing and remediating reading difficulties: Bringing science to scale* (pp. 382-417). Timonium, MD: York Press.

Berns, G. S., Blaine, K., Prietula, M. J., & Pye, B. E. (2013). Short-and long-term effects of a novel on connectivity in the brain. *Brain Connectivity, 3*(6), 590-600.

Berridge, G., & Goebel, V. (2013). Examining the effectiveness of the accelerated reader program in college students enrolled in a teacher education program. *International Research in Education, 1*(1), 116-128.

Besner, D. (1990). Does the reading system need a lexicon? In D. A. Balota, G. B. Flores d'Arcaise, & K. Rayner (Eds.), *Comprehension processes in reading* (pp. 73-99). Hillsdale, NJ: Erlbaum.

Best, R., Floyd, R. G., & McNamara, D. S. (2004, April). *Understanding the fourth-grade slump: Comprehension difficulties as a function of reader aptitudes and text genre.* Paper presented at 85th annual meeting of the American Educational Research Association, Newport Beach, CA.

Bialystok, E. (2007). Acquisition of literacy in bilingual children: A framework for research. *Language Learning, 57*, 45-77.

Bialystok, E., Luk, G., & Kwan, E. (2005). Bilingualism, biliteracy, and learning to read: Interactions among languages and writing systems. *Scientific Studies of Reading, 9*, 43-61.

Biemiller, A. (2003). Vocabulary: Needed if more children are to read well. *Reading Psychology, 24*, 323-335.

Biemiller, A., & Slonim, N. (2001). Estimating root word vocabulary growth in normative and advantaged populations: Evidence for a common sequence of vocabulary acquisition. *Journal of Educational Psychology, 93*(3), 498-520.

Binder, K. S., Tighe, E., Jiang, Y., Kaftanski, K., Qi, C., & Ardoin, S. P. (2013). Reading expressively and understanding thoroughly: An examination of prosody in adults with low literacy skills. *Reading and Writing, 26*(5), 665-680.

Blair, R., & Savage, R. (2006). Name writing but not environmental print recognition is related to letter-sound knowledge and phonological awareness in pre-readers. *Reading and Writing, 19*(9), 991-1016.

Bleasdale, F. A. (1987). Concreteness dependent associative priming: Separate lexical organization for concrete and abstract words. *Journal of Experimental Psychology: Learning, Memory, and Cognition, 13*, 582-594.

Blunsdon, B., Reed, K., & McNeil, N. (2003). Experiential learning in social science theory: An investigation of the relationship between student enjoyment and learning. *Journal of Further and Higher Education, 27*(1), 3-14.

Boggs, D., Buss, F., & Yarnell, S. (1979). Adult basic education in Ohio: Program impact evaluation. *Adult Education, 29*(2), 123-140.

Bookheimer, S. (2002). Functional MRI of language: New approaches to understanding the cortical organization of semantic processing. *Annual Review of Neuroscience, 25*(1), 151-188.

Bovair, S., & Kieras, D. (1985). A guide to propositional analysis for research on technical prose. In B. K. Britton & J. B. Black (Eds.), *Understanding expository text* (pp. 315-362). Hillsdale, NJ: Erlbaum.

Bowers, P. N., Kirby, J. R., & Deacon, S. H. (2010). The effects of morphological instruction on literacy skills: A systematic review of the literature. *Review of Educational Research, 80*(2), 144-179.

Bracken, S. S. (2005). Oral language and reading: Reply to Bracken. *Developmental Psychology,* *41*(6), 1000-1002.

Bradley, B. A., & Jones, J. (2007). Sharing alphabet books in early childhood classrooms. *The Reading Teacher, 60*(5), 452-463.

Bradley, L., & Bryant, P. E. (1983). Categorizing sounds and learning to read: A causal connection. *Nature, 301*, 419-521.

Bradley, R. H. (1994). The HOME inventory: Review and reflections. In H. W. Ree (Ed.), *Advances in child development and behavior* (Vol. 25, pp. 241-288). San Diego, CA: Academic Press.

Bradley, R. H., Caldwell, B. M., Rock, S. L., & Harris, P. T. (1986). Early home environment and the development of competence: Findings from the Little Rock longitudinal study. *Children's Environments Quarterly, 3*(1), 10-22.

Brainerd, C. J., & Reyna, V. F. (1990). Gist is the grist: Fuzzy trace theory and the new intuitionism. *Developmental Review, 10*(1), 3-47.

Bransford, J. D., & Johnson, M. K. (1972). Contextual prerequisites for understanding: Some investigations of comprehension and recall. *Journal of Verbal Learning and Verbal Behavior, 11*(6), 717-726.

Branum-Martin, L., Tao, S., Garnaat, S., Bunta, F., & Francis, D. J. (2012). Meta-analysis of bilingual phonological awareness: Language, age, and psycholinguistic grain size. *Journal of Educational Psychology, 104*(4), 932.

Brasseur-Hock, I. F., Hock, M. F., Kieffer, M. J., Biancarosa, G., & Deshler, D. D. (2011). Adolescent struggling readers in urban schools: Results of a latent class analysis. *Learning and Individual Differences, 21*, 438-452.

Braunger, J., & Lewis, J. P. (1998). *Building a knowledge base in reading*. Newark, DE: International Reading Association.

Bredekamp, S., & Copple, C. (1997). *Developmentally appropriate practice in early childhood programs* (rev. ed.). Washington, DC: National Association for the Education of Young Children.

Brem, S., Bach, S., Kucian, K., Guttorm, T. K., Martin, E., Lyytinen, H., et al. (2010). Brain sensitivity to print emerges when children learn letter-speech sound correspondences.

Proceedings of the National Academy of Sciences, 107(17), 7939-7944.

Brenner, D., Hiebert, E. H., & Tompkins, R. (2009). How much and what are third graders reading? In E. H. Hiebert (Ed.), *Reading more, reading better* (pp. 118-140). New York: Guilford Press.

Bridwell, N. (1988). *Clifford's birthday party*. New York: Scholastic.

Bright, W. (1997). A language is a dialect with an Army and a Navy. *Language in Society, 26*(3), 469.

Britton, B. K., & Gülgöz, S. (1991). Using Kintsch's computational model to improve instructional text: Effects of repairing inference calls on recall and cognitive structures. *Journal of Educational Psychology, 83*(3), 329.

Brooks, R., & Meltzoff, A. N. (2008). Infant gaze following and pointing predict accelerated vocabulary growth through two years of age: A longitudinal, growth curve modeling study. *Journal of Child Language, 35*(1), 207-220.

Brooks, W., & McNair, J. C. (2009). "But this story of mine is not unique": A review of research on African American children's literature. *Review of Educational Research, 79*(1), 125-162.

Brooks-Gunn, J., & Duncan, G. J. (1997). The effects of poverty on children. *The Future of Children, 7*(2), 55-71.

Brown, A. L., Campione, J. C., & Barclay, C. R. (1979). Training self-checking routines for estimating test readiness: Generalization from list learning to prose recall. *Child Development, 30*, 501-512.

Brown, A. L., Day, J. D., & Jones, R. S. (1983). The development of plans for summarizing texts. *Child Development, 54*(4), 968-979.

Brown, B. A., Ryoo, K., & Rodriguez, J. (2010). Pathway towards fluency: Using "disaggregate instruction" to promote science literacy. *International Journal of Science Education, 32*(11), 1465-1493.

Brown, C., Snodgrass, T., Kemper, S. J., Herman, R., & Covington, M. A. (2008). Automatic measurement of propositional idea density from part-of-speech tagging. *Behavior Research Methods, 40*(2), 540-545.

Brown, R. (1957). Linguistic determinism and the part of speech. *Journal of Abnormal and Social Psychology, 55*, 1-5.

Brown, R. (1973). *A first language: The early stages*. Cambridge, MA: Harvard University Press.

Brown, R. (2008). The road not yet taken: A transactional strategies approach to comprehension instruction. *The Reading Teacher, 61*(7), 538-547.

Bryan, G., Fawson, P. C., & Reutzel, D. R. (2003). Sustained silent reading: Exploring the value of literature discussion with three non-engaged readers. *Reading Research and Instruction, 43*(1), 47-73.

Brysbaert, M., Buchmeier, M., Conrad, M., Jacobs, A. M., Bölte, J., & Böhl, A. (2011). The word frequency effect: A review of recent developments and implications for the choice of frequency estimates in German. *Experimental Psychology, 58*(5), 412-424.

Brysbaert, M., & New, B. (2009). Moving beyond Kucera and Francis: A critical evaluation of current word frequency norms and the introduction of a new and improved word frequency measure for American English. *Behavior Research Methods, Instruments, and Computers, 30*, 272-277.

Buchweitz, A., Mason, R. A., Tomitch, L. M. B., & Just, M. A. (2009). Brain activation for reading and listening comprehension: An fMRI study of modality effects and individual differences in language comprehension. *Psychology and Neuroscience, 2*(2), 111-123.

Buck, G., Tatsuoka, K., & Kostin, I. (1997). The subskills of reading: Rule-space analysis of a multiple-choice test of second language reading comprehension. *Language Learning, 47*(3), 423-466.

Buehl, D. (2000). *Classroom strategies for interactive learning*. Newark, DE: International Reading Association.

Burani, C., Marcolini, S., De Luca, M., & Zoccolotti, P. (2008). Morpheme-based reading aloud: Evidence from dyslexic and skilled Italian readers. *Cognition, 108*(1), 243-262.

Burchfield, S. H., Hua, H., Baral, D., & Rocha, V. (2002). A longitudinal study of the effect of integrated literacy and basic education programs on women's participation in social and economic development in Nepal. Washington, DC: Office for Women in Development, Agency for International Development. Retrieved from *http://datatopics.worldbank.org/hnp/files/edstats/BOLdprep02.pdf*.

Burchfield, S. H., Hua, H., Iturry, T., & Rocha, V. (2002). A longitudinal study of the effect of integrated literacy and basic education programs on the participation of women in social and economic development in Bolivia. USAID, Office of Women in Development. Retrieved from *http://datatopics.worldbank.org/hnp/files/edstats/BOLdprep02.pdf*.

Burgess, S. R., Hecht, S. A., & Lonigan, C. J. (2002). Relations of the home literacy environment (HLE) to the development of reading related abilities: A one-year longitudinal study. Reading *Research Quarterly, 37*(4), 408-426.

Burgess, T. W. (1920). *Mrs. Peter Rabbit*. Boston: Little, Brown & Co.

Burgess, C., & Simpson, G. B. (1988). Neuropsychology of lexical ambiguity resolution: The contribution of divided visual field studies.. In G. Adriaens, S. L. Small, G. W. Cottrell, & M. K. Tanenhaus (Eds.), *Lexical ambiguity resolution: Perspectives from psycholinguistics, neuropsychology, and artificial intelligence* (pp. 411-430). San Mateo, CA: Morgan Kaufmann Publishers.

Bus, A. G., & van IJzendoorn, M. H. (1995). Mothers reading to their 3-year-olds: The role of mother-child attachment security in becoming literate. *Reading Research Quarterly, 30*(4), 998-1015.

Bus, A. G., van IJzendoorn, M. H., & Pellegrini, A. D. (1995). Joint book reading makes for success in learning to read: A meta-analysis on intergenerational transmission of literacy. *Review of Educational Research, 65*(1), 1-21.

Byrne, B., & Fielding-Barnsley, R. (1991). Evaluation of a program to teach phonemic awareness to young children. *Journal of Educational Psychology, 83*, 451-455.

Caccamise, D., & Snyder, L. (2005). Theory and pedagogical practices of text comprehension. *Topics in Language Disorders, 25*(1), 5-20.

Cain, K., & Oakhill, J. V. (1999). Inference making ability and its relation to comprehension failure in young children. *Reading and writing, 11*(5-6), 489-503.

Cain, K., & Oakhill, J. (2006). Assessment matters: Issues in the measurement of reading comprehension. *British Journal of Educational Psychology, 76*, 697-708.

Cain, K., Oakhill, J. V., Barnes, M. A., & Bryant, P. E. (2001). Comprehension skill, inference-making ability, and their relation to knowledge. *Memory and Cognition, 29*(6), 850-859.

Caldwell, B. M., & Bradley, R. H. (1984). *Home observation for measurement of the environment*. Little Rock: Center for Applied Studies in Education, University of Arkansas at Little Rock.

Caldwell, B. M., & Bradley, R. H. (2003). *Home inventory administration manual*. Tempe: Family & Human Dynamics Research Institute, University of Arizona.

Caldwell, B. M., Heider, J., & Kaplan, B. (1966, September). *The inventory of home stimulation*. Paper presented at the annual meeting of the American Psychological Association, New York.

Camilli, G., Wolfe, P. M., & Smith M. L. (2006). Meta-analysis and reading policy: Perspectives on teaching children to read. *Elementary School Journal, 107*, 27-36.

Campbell, J. M., Bell, S. K., & Keith, L. K. (2001). Concurrent validity of the Peabody Picture Vocabulary Test—Third Edition as an intelligence and achievement screener for low SES African American children. *Assessment, 8*(1), 85-94.

Campuzano, L., Dynarski, M., Agodini, R., & Rall, K. (2009). *Effectiveness of reading and mathematics software products: Findings from two student cohorts*. Washington, DC: Institute of Education Sciences.

Cappella, E., & Weinstein, R. S. (2001). Turning around reading achievement: Predictors of high school students' academic resilience. *Journal of Educational Psychology, 93*(4), 758.

Cardoso-Martins, C., Rodrigues, L. A., & Ehri, L. C. (2003). Place of environmental print in reading development: Evidence from nonliterate adults. *Scientific Studies of Reading, 7*(4), 335-355.

Carducci-Bolchazy, M. (1978). A survey of the use of reading readiness tests. *Reading Horizons, 18*(3), 209-212.

Carlisle, J. F., & Stone, C. A. (2005). Exploring the

role of morphemes in word reading. Reading Research Quarterly, 40, 428-449.

Carlson, E., Jenkins, F., Li, T., & Brownell, M. (2013). The interactions of vocabulary, phonemic awareness, decoding, and reading comprehension. *Journal of Educational Research, 106*, 120-131.

Carlson, K., Dickey, M. W., Frazier, L., & Clifton, C. (2009). Information structure expectations in sentence comprehension. *Quarterly Journal of Experimental Psychology, 62*, 114-139.

Carreiras, M., Armstrong, B. C., Perea, M., & Frost, R. (2014). The what, when, where, and how of visual word recognition. *Trends in Cognitive Sciences, 18*(2), 90-98.

Carr-Hill, R., Okech, A., Katahoire, A., Kakooza, T., Ndidde, A., & Oxenham, J. (2001). *Adult literacy programs in Uganda.* Washington, DC: Human Development Africa Region, The World Bank.

Carroll, J. B., & White, M. N. (1973). Word frequency and age of acquisition as determiners of picture naming latency. *Quarterly Journal of Experimental Psychology, 12*, 85-95.

Carson, K. L., Gillon, G. T., & Boustead, T. M. (2013). Classroom phonological awareness instruction and literacy outcomes in the first year of school. *Language, Speech, and Hearing Services in the Schools, 44*, 147-160.

Carver, R. P. (2000). *The causes of high and low reading achievement.* Mahwah, NJ: Erlbaum.

Casenhiser, D. M. (2005). Children's resistance to homonymy: An experimental study of pseudohomonyms. *Journal of Child Language, 32*(2), 319-343.

Casner-Lotto, J., & Barrington, L. (2006). *Are they really ready to work?* Washington, DC: The Conference Board, Corporate Voices for Working Families, Partnership for 21st Century Skills and Society for 32 Human Resource Management.

Cassar, M., & Treiman, R. (1997). The beginnings of orthographic knowledge: Children's knowledge of double letters in words. *Journal of Educational Psychology, 89*, 631-644.

Casteel, C. P., Isom, B. A., & Jordan, K. F. (2000). Creating confident and competent readers: Transactional strategies instruction.

Intervention in School and Clinic, 36(2), 67-74.

Castles, A., & Coltheart, M. (1996). Cognitive correlates of developmental surface dyslexia: A single case study. *Cognitive Neuropsychology, 13*, 25-50.

Castles, A., & Nation, K. (2006). How does orthographic learning happen? In S. Andrews (Ed.), *From inkmarks to ideas: Challenges and controversies about word recognition and reading* (pp. 151-179). London: Psychology Press.

Cattell, R. B. (1941). Some theoretical issues in adult intelligence testng. *Psychological Bulletin, 38*, 592.

Catts, H. W., Adlof, S. M., & Weismer, S. E. (2006). Language deficits in poor comprehenders: A case for the simple view of reading. *Journal of Speech, Language, and Hearing Research, 49*, 278-293.

Cervetti, G. N., Bravo, M. A., Hiebert, E. H., Pearson, P. D., & Jaynes, C. A. (2009). Text genre and science content: Ease of reading, comprehension, and reader preference. *Reading Psychology, 30*, 487-511.

Chafe, W. (1982). Integration and involvement in speaking, writing, and oral literature. In D. Tannen (Ed.), *Spoken and written language: Exploring orality and literacy* (Vol. 9, pp. 35-53). Norwood, NJ: Ablex.

Chafe, W., & Danielewicz, J. (1986). Properties of spoken and written language. In R. Horowitz & S. J. Samuels (Eds.), *Comprehending oral and written language* (pp. 81-113). New York: Academic Press.

Chafe, W., & Tannen, D. (1987). The relation between written and spoken language. *Annual Review of Anthropology, 16*, 383-407.

Chall, J. S. (1996). *Stages of reading development* (2nd ed.). Fort Worth, TX: Harcourt-Brace.

Chall, J. S., & Jacobs, V. A. (2003). The classic study on poor children's fourth grade slump. *American Educator, 27*(1), 14-15.

Chambliss, M. J., & McKillop, A. M. (2000). Creating a print- and technology-rich classroom library to entice children to read. In L. Baker, M. J. Dreher, & J. T. Guthrie (Eds.), *Engaging young readers* (pp. 94-118). New York: Guilford Press.

Chandler, K. (1999). Reading relationships: Parents, adolescents, and popular fiction by

Stephen King. *Journal of Adolescent and Adult Literacy, 43*, 228-239.

Chapman, J. W., & Tunmer, W. E. (2003). Reading difficulties, reading-related self-perceptions, and strategies for overcoming negative self-beliefs. *Reading and Writing Quarterly, 19*(1), 5-24.

Chapman, J. W., Tunmer, W. E., & Prochnow, J. E. (2000). Early reading-related skills and performance, reading self-concept, and the development of academic self-concept: A longitudinal study. *Journal of Educational Psychology, 92*(4), 703.

Chard, D. J. (2011). 6 minutes of "eyes-on-text" can make a difference: Whole-class choral reading as an adolescent fluency strategy. *Reading Horizons, 51*(1), 1-20.

Chard, D. J., & Osbórn, J. (1999). Phonics and word-recognition instruction in early reading programs: Guidelines for accessibility. *Learning Disabilities Research and Practice, 14*(2), 107-117.

Charity, A. H., Scarborough, H. S., & Griffin, D. M. (2004). Familiarity with school English in African American children and its relation to early reading achievement. *Child Development, 75*(5), 1340-1356.

Chase, C. H., & Tallal, P. (1990). A developmental, interactive activation model of the word superiority effect. *Journal of Experimental Child Psychology, 49*, 448-487.

Cheatham, J. P., & Allor, J. H. (2012). The influence of decodabilty in early reading text on reading achievement: A review of the evidence. *Reading and Writing, 25*, 2223-2246.

Chelton, M. K. (2003). Readers' advisory services 101. *Library Journal, 128*, 18.

Cheng, K. (2005). *Designing type.* New Haven, CT: Yale University Press.

Cherland, M. R. (1994). *Private practices: Girls reading fiction and constructing identity.* London: Taylor & Francis.

Cheung, A. C. K., & Slavin, R. E. (2012). How features of educational technology applications affect student reading outcomes: A meta-analysis. *Educational Research Review, 7*, 198-215.

Cheung, A. C. K., & Slavin, R. E. (2013). Effects of educational technology applications on reading outcomes for struggling readers: A best-evidence synthesis. *Reading Research Quarterly, 48*(3), 277-299.

Cheung, H., Chan, M., & Chong, K. (2007). Use of orthographic knowledge in reading by Chinese-English bi-scriptal children. *Language Learning, 57*(3), 469-505.

Chi, M. T. H., & Bassock, M. (1989). Learning from examples via self-explanations. In L. B. Resnick (Ed.), *Knowing, learning, and instruction: Essays in honor of Robert Glaser* (pp. 251-282). Hillsdale, NJ: Erlbaum.

Chiarello, C. (2003). Parallel systems for processing language: Hemispheric complementarity in the normal brain. In M. T. Banich & M. Mack (Eds.), *Mind, brain, and language: Multidisciplinary perspectives* (pp. 229-247). Hillsdale, NJ: Erlbaum.

Chiesi, H. L., Spilich, G. J., & Voss, J. F. (1979). Acquisition of domain-related information in relation to high and low domain knowledge. *Journal of Verbal Learning and Verbal Behavior, 18*, 257-273.

Chomsky, C. (1969). *The acquisition of syntax in children from 5 to 10.* Cambridge, MA: MIT Press.

Chomsky, N. (1959). A review of B. F. Skinner's *Verbal Behavior. Language, 35*(1), 26-58.

Choo, T. O. L., Eng, T. K., & Ahmad, N. (2011). Effects of reciprocal teaching strategies on reading comprehension. *Reading Matrix: An International Online Journal, 11*(2).

Cipielewski, J., & Stanovich, K. E. (1992). Predicting growth in reading ability from children's exposure to print. *Journal of Experimental Child Psychology, 54*(1), 74-89.

Clark, C., & De Zoysa, S. (2011). *Mapping the interrelationships of reading enjoyment, attitudes, behaviour and attainment: An exploratory investigation.* London: National Literacy Trust.

Clark, C., Osborne, S., & Akerman, R. (2008). *Young people's self-perception as readers.* London: National Literacy Trust.

Clark, E. V. (2007). Young children's uptake of new words in conversation. *Language in Society, 36*, 157-182.

Clark, E. V. (2010). Adult offer, word-class, and child uptake in early lexical acquisition. *First Language, 30*(3-4), 250-269.

Clark, J. M., & Paivio, A. (2004). Extensions of the Paivio, Yuille, and Madigan (1968) norms. *Behavior Research Methods, Instruments, and Computers, 36*(3), 371-383.

Clarke, A. T., & Kurtz-Costes, B. (1997). Television viewing, educational quality of the home environment, and school readiness. *Journal of Educational Research, 90*(5), 279-285.

Clay, M. M. (1975). *What did I write?* Aucklund, New Zealand: Heinemann.

Clay, M. M. (1979). *Early detection of reading difficulties.* Portsmouth, NH: Heinemann.

Clinton, V., & van den Broek, P. (2012). Interest, inferences, and learning from texts. *Learning and Individual Differences, 22*(6), 650-663.

Clymer, T. L. (1963). The utility of phonic generalizations in the primary grades. *The Reading Teacher, 16*, 252-258.

Clymer, T. L., & Barrett, T. (1966). *Clymer-Barrett Prereading Battery.* Princeton, NJ: Personnel Press.

Coch, D., Mitra, P., & George, E. (2012). Behavioral and ERP evidence of word and pseudoword superiority effects in 7- and 11-year-olds. *Brain Research*, 1486, 68-81.

Coerr, E. (1977). *Sadako and the thousand paper cranes.* London: Puffin Books.

Cole, R. W. (2008). *Educating everybody's children: Diverse teaching strategies for diverse learners.* Alexandria, VA: Association for Supervision and Curriculum Development.

Coleman, J. S., Campbell, E. Q., Hobson, C. J., McPartland, J., Mood, A. M., Weinfeld, F. D., et al. (1966). *Equality of educational opportunity.* Washington, DC: U.S. Government Printing Office.

Coleman-Jensen, A., Gregory, C., & Singh, A. (2014). Household food security in the United States in 2013. Retrieved November 10, 2014, from *www.ers.usda.gov/media/1565410/err173_summary.pdf*.

Collins, A., Brown, J. S., & Newman, S. E. (1989). Cognitive apprenticeship: Teaching the craft of reading, writing and mathematics. In L. B. Resnick (Ed.), *Knowing, learning, and instruction: Essays in honor of Robert Glaser* (pp. 453-494). Hillsdale, NJ: Erlbaum.

Collins, A. M., & Loftus, E. F. (1975). A spreading-activation theory of semantic processing. *Psychological Review, 82*, 407-428.

Coltheart, M. (2004). Are there lexicons?

Quarterly Journal of Experimental Psychology Section A, 57(7), 1153-1171.

Coltheart, M., Rastle, K., Perry, C., Langdon, R., & Ziegler, J. (2001). DRC: A dual route cascaded model of visual word recognition and reading aloud. *Psychological Review, 108*, 204-256.

Coltheart, V., & Leahy, J. (1992). Children's and adults' reading of nonwords: Effects of regularity and consistency. *Journal of Experimental Psychology: Learning, Memory, and Cognition, 18*, 718-729.

Commissaire, E., Duncan, L. G., & Casalis, S. (2011). Cross-language transfer of orthographic processing skills: A study of French children who learn English at school. *Journal of Research in Reading, 34*(1), 59-76.

Common Sense Media. (2014). *Children, teens, and reading: A Common Sense Media brief.* Washington, DC: Author.

Compton, D. L., Fuchs, D., Fuchs, L. S., Elleman, A. M., & Gilbert, J. K. (2008). Tracking children who fly below the radar: Latent transition modeling of students with late-emerging reading disability. *Learning and Individual Differences, 18*(3), 329-337.

Condron, D. J., Tope, D., Steidl, C. R., & Freeman, K. J. (2013). Racial segregation and the black/white achievement gap, 1992 to 2009. *Sociological Quarterly, 54*(1), 130-157.

Conger, R. D., & Elder, G. H., Jr. (1994). *Families in troubled times: Adapting to change in rural America.* Hillsdale, NJ: Aldine.

Conger, R. D., Wallace, L. E., Sun, Y., Simons, R. L., McLoyd, V. C., & Brody, G. H. (2002). Economic pressure in African American families: A replication and extension of the family stress model. *Developmental Psychology, 38*(2), 179.

Connor, C. M., & Craig, H. K. (2006). African American preschoolers' language, emergent literacy skills, and use of African American English: A complex relation. *Journal of Speech, Language, and Hearing Research, 49*(4), 771-792.

Connor, P., Cohn, D., & Gonzalez-Barrera, A. (2013). Changing patterns of global migration and remittances. Retrieved from *www.pewresearch.org*.

Connors, F. A. (2009). Attentional control and

the simple view of reading. *Reading and Writing, 22*, 591-613.

Conradi, K., Jang, B. G., & McKenna, M. C. (2014). Motivation terminology in reading research: A conceptual review. *Educational Psychology Review, 26*, 127-164.

Cook, A. E., Limber, J. E., & O'Brien, E. J. (2001). Situation-based context and the availability of predictive inferences. *Journal of Memory and Language, 44*, 220-234.

Cooperative Children's Book Center. (2014). *Children's books by and about people of color published in the United States.* Retrieved January 19, 2015, from http://ccbc. education.wisc.edu/books/pcstats.asp.

Corpus, J. H., McClintic-Gilbert, M. S., & Hayenga, A. O. (2009). Within-year changes in children's intrinsic and extrinsic motivational orientations: Contextual predictors and academic outcomes. *Contemporary Educational Psychology, 34*(2), 154-166.

Cortese, M. J., & Schock, J. (2013). Imageability and age of acquisition effects in disyllabic word recognition. *Quarterly Journal of Experimental Psychology, 66*(5), 946-972.

Cortese, M. J., Simpson, G. B., & Woolsey, S. (1997). Effects of association and imageability on phonological mapping. *Psychonomic Bulletin and Review, 4*(2), 226-231.

Coulmas, F. (2003). *Writing systems: An introduction to their linguistic analysis.* Boston: Cambridge University Press.

Coulombe, S., Tremblay, J. F., & Marchand, S. (2004). *International Adult Literacy Survey.* Literacy Scores Human Capital and Growth Across 14 OECD Countries. Report No. 89552. Ottawa, Ontario, Canada: Statistics Canada.

Covington, M. V. (1992). *Making the grade: A selfworth perspective on motivation and school reform.* New York: Cambridge University Press.

Cozijn, R., Commandeur, E., Vonk, W., & Noordman, L. G. (2011). The time course of the use of implicit causality information in the processing of pronouns: A visual world paradigm study. *Journal of Memory and Language, 64*(4), 381-403.

Craig, H. K., Kolenic, G. E., & Hensel, S. L. (2014). African American English-speaking students: A longitudinal examination of style shifting from kindergarten through second grade. Journal of Speech, *Language, and Hearing Research, 57*(1), 143-157.

Craig, H. K., Thompson, C. A., Washington, J. A., & Potter, S. L. (2003). Phonological features of child African American English. *Journal of Speech, Language, and Hearing Research, 46*(3), 623-635.

Craig, H. K., Zhang, L., Hensel, S. L., & Quinn, E. J. (2009). African American English-speaking students: An examination of the relationship between dialect shifting and reading outcomes. *Journal of Speech, Language, and Hearing Research, 52*, 839-855.

Cramer, E. H., & Castle, M. (1994). *Fostering the love of reading.* Newark, DE: International Reading Association.

Cromley, J. G., & Azevedo, R. (2007). Testing and refining the direct and inferential mediation model of reading comprehension. *Journal of Educational Psychology, 99*(2), 311-325.

Cromley, J. G., Snyder-Hogan, L. E., & Luciw-Dubas, U. A. (2010). Reading comprehension of scientific text: A domain-specific test of the direct and inferential mediation model of reading comprehension. *Journal of Educational Psychology, 102*(3), 687-700.

Cronin, V., Farrell, D., & Delaney, M. (1999). Environmental print and word reading. *Journal of Research in Reading, 22*(3), 271-282.

Crosson, A. C., & Lesaux, N. K. (2010). Revisiting assumptions about the relationship of fluent reading to comprehension: Spanish-speakers' text-reading fluency in English. *Reading and Writing, 23*, 475-494.

Crowne, D. P., & Marlowe, D. (1960). A new scale of social desirability independent of psychopathology. *Journal of Consulting Psychology, 24*(4), 349-354.

Csikszentmihalyi, M. (1990). *Flow: The psychology of optimal experience.* New York: Harper Perennial.

Cummins, J. (1994). The acquisition of English as a second language. In K. Spangenberg-Urbschat & R. Pritchard (Eds.), *Kids come in all languages: Reading instruction for ESL students* (pp. 36-62). Newark, DE: International Reading Association.

Cunningham, A. E., & Stanovich, K. E. (1992).

Tracking the unique effects of print exposure: Associations with vocabulary, general knowledge, and spelling. *Journal of Educational Psychology, 83(2)*, 264-274.

Cunningham, A. E., & Stanovich, K. E. (1998). The impact of print exposure on word recognition. In J. Metsala & L. Ehri (Eds.), *Word recognition in beginning literacy* (pp. 235-262). Mahwah, NJ: Erlbaum.

Curenton, S. M., & Justice, L. M. (2008). Children's preliteracy skills: Influence of mothers' education and beliefs about shared-reading interactions. *Early Education and Development, 19(2)*, 261-283.

Daane, M. C., Campbell, J. R., Grigg, W. S., Goodman, M. J., & Oranje, A. (2005). *Fourth-grade students reading aloud: NAEP 2002 special study of oral reading*. The nation's report card (NCES 2006469). Washington, DC: U.S. Department of Education, Institute of Education Sciences.

Dale, E., & O'Rourke, J. (1981). *The living word vocabulary*. Chicago: World Book/Childcraft International.

Dalton, B., & Grisham, D. L. (2011). eVoc strategies: 10 ways to use technology to build vocabulary. The Reading Teacher, 64(5), 306-317.

D'Andrade, R. G. (1995). The development of cognitive anthropology. Cambridge, UK: Cambridge University Press.

Dandurand, F., & Shultz, T. R. (2011). A fresh look at vocabulary spurts. Available at *http://mindmodeling.org/cogsci2011/papers/0268/paper0268.pdf*.

Dang, T.-D., Chen, G.-D., Dang, G., Li, L.-Y., & Nurkhamid (2013). RoLo: A dictionary interface that minimizes extraneous cognitive load of lookup and supports incidental and incremental learning of vocabulary. *Computers and Education, 61*, 251-260.

Daniel, S. S., Walsh, A. K., Goldston, D. B., Arnold, E. M., Reboussin, B. A., & Wood, F. B. (2006). Suicidality, school dropout, and reading problems among adolescents. *Journal of Learning Disabilities, 39(6)*, 507-514.

Daniels, H. (1994). *Literature circles: Voice and choice in the student-centered classroom*. York, ME: Stenhouse.

Davidson, D., & Tell, D. (2005). Monolingual and bilingual children's use of mutual exclusivity in the naming of whole objects. *Journal of Experimental Child Psychology, 92(1)*, 25-45.

Davis, Z. T., & McPherson, M. D. (1989). Story map instruction: A road map for reading comprehension. *The Reading Teacher, 43(3)*, 232-240.

Deacon, S. H., Wade-Woolley, L., & Kirby, J. R. (2009). Flexibility in young second-language learners: Examining the language specificity of orthographic processing. *Journal of Research in Reading, 32(2)*, 215-229.

DeBaryshe, B. D. (1995). Maternal belief systems: Linchpin in the home reading process. *Journal of Applied Developmental Psychology, 16(1)*, 1-20.

DeBaryshe, B. D., Binder, J. C., & Buell, M. J. (2000). Mothers' implicit theories of early literacy instruction: Implications for children's reading and writing. *Early Child Development and Care, 160(1)*, 119-131.

deCharms, R. (1977). Pawn or origin?: Enhancing motivation in disaffected youth. *Educational Leadership, 34(6)*, 444-448.

Deci, E. L., Koestner, R., & Ryan, R. M. (1999). A meta-analytic review of experiments examining the effects of extrinsic rewards on intrinsic motivation. *Psychological Bulletin, 125(6)*, 627.

Deci, E. L., & Ryan, R. M. (1987). The support of autonomy and the control of behavior. *Journal of Personality and Social Psychology, 53(6)*, 1024.

Deci, E. L., Vallerand, R. J., Pelletier, L. G., & Ryan, R. M. (1991). Motivation and education: The self-determination perspective. *Educational Psychologist, 26(3-4)*, 325-346.

DeFelice, C. L. (2010). Mapping the chapter: One way to tackle the CTE textbook. *Techniques: Connecting Education and Careers, 85(4)*, 40-45.

DeFrancis, J. (1986). *The Chinese language: Fact and fantasy*. Honolulu: University of Hawaii Press.

Dehaene, S., Cohen, L., Sigman, M., & Vinckier, F. (2005). The neural code for written words: A proposal. *Trends in Cognitive Sciences, 9(7)*, 335-341.

Dehaene, S., Pegado, F., Braga, L. W., Ventura, P., Filho, G. N., Jobert, A., et al. (2010).

How learning to read changes the cortical networks for vision and language. *Science, 330*, 1359-1364.

de Jong, P. F., & Leseman, P. P. (2001). Lasting effects of home literacy on reading achievement in school. *Journal of School Psychology, 39*(5), 389-414.

De Marie, D., Aloise-Young, P., Prideaux, C., Muransky-Doran, J., & Gerda, J. H. (2004). College students' memory for vocabulary in their majors: Evidence for a nonlinear relation between knowledge and memory. *Canadian Journal of Experimental Psychology, 58*, 181-195.

De Naeghel, J., Van Keer, H., Vansteenkiste, M., & Rosseel, Y. (2012). The relation between elementary students' recreational and academic reading motivation, reading frequency, engagement, and comprehension: A self-determination theory perspective. *Journal of Educational Psychology, 104*(4), 1006.

DeNavas-Walt, C., Proctor, B. D., & Smith, J. C. (2013). *Income, poverty, and health insurance coverage in the United States: 2012.* Washington, DC: U.S. Census Bureau.

Denes, P. B. (1963). On the statistics of spoken English. *Journal of the Acoustic Society of America, 35*(6), 892-904.

Deno, S. L. (1985). Curriculum-based measurement: The emerging alternative. *Exceptional Children, 52*, 219-232.

Deno, S. L., Fuchs, L. S., Martson, D. B., & Shin, J. (2001). Using curriculum-based measurement to establish growth standards for students with learning disabilities. *School Psychology Review, 30*, 507-524.

Denton, C. A., Barth, A. E., Fletcher, A. E., Wexler, J., Vaughn, S., Cirino, P. T., et al. (2011). The relations among oral and silent reading fluency and comprehension in middle school: Implications for identification and instruction of students with reading difficulties. *Scientific Studies of Reading, 15*(2), 109-135.

Denton, K., & West, J. (2002). *Children's reading and mathematics achievement in kindergarten and first grade* (NCES 2002-125). Washington, DC: U.S. Government Printing Office.

De Temple, J. M., & Tabors, P. O. (1996, August). *Children's story re-telling as a predictor of early reading achievement.* Paper presented at the biennial meeting of the International Society for the Study of Behavioral Development, Quebec City, Quebec, Canada.

Dewey, J. (1938). *Experience and education.* New York: McMillan.

Diamond, A. (2002). Normal development of prefrontal cortex from birth to young adulthood: Cognitive functions, anatomy, and biochemistry. In D. Stuss & R. Knight (Eds.), *Principles of frontal lobe function* (pp. 466-503). New York: Oxford University Press.

Dickinson, D. K., & Snow, C. E. (1987). Interrelationships among prereading and oral language skills in kindergarteners from two social classes. *Early Childhood Research Quarterly, 2*, 1-25.

Dimino, J. A., Taylor, R. M., & Gersten, R. M. (1995). Synthesis of the research on story grammar as a means to increase comprehension. *Reading and Writing Quarterly: Overcoming Learning Difficulties, 11*(1), 53-72.

Di Stasio, M. R., Savage, R., & Abrami, P. C. (2012). A follow-through study of the ABRACADABRA web-based literacy intervention in grade 1. *Journal of Research in Reading, 35*(1), 69-86.

Di Vesta, F. J., & Walls, R. T. (1970). Factor analysis of the semantic attributes of 487 words and some relationships to the conceptual behavior of fifthgrade children. *Journal of Educational Psychology, 61*(62), 1-15.

Dochy, F., Segers, M., & Buehl, M. M. (1999). The relation between assessment practices and outcomes of studies: The case of research on prior knowledge. *Review of Educational Research, 69*(2), 145-186.

Dolch, E. W. (1936). A basic sight vocabulary. Elementary School Journal, 36, 456-460.

Dole, J. A., Duffy, G. G., Roehler, L. R., & Pearson, P. D. (1991). Moving from the old to the new: Research on reading comprehension instruction. *Review of Educational Research, 61*, 239-264.

Dole, J. A., Valencia, S. W., Greer, E. A., & Wardrop, J. L. (1991). Effects of two types of prereading instruction on the comprehension of narrative and expository text. *Reading

Research Quarterly, 26, 142-159.

Donahue, P. L., Finnegan, R. J., Lutkus, A. D., Allen, N. L., & Campbell, J. R. (2001). *The nation's report card: Fourth grade reading, 2000* (NCES 2001-499). Washington, DC: U.S. Department of Education, Institute of Education Sciences.

Donovan, C. A., Smolkin, L. B., & Lomax, R. G. (2000). Beyond the independent-level text: Considering the reader-text match in first graders' self-selections during recreational reading. *Reading Psychology, 21*, 309-333.

Dooling, D. J., & Christiaansen, R. E. (1977). Episodic and semantic aspects of memory for prose. *Journal of Experimental Psychology: Human Learning and Memory, 3*(4), 428-436.

Dougherty, J. W. D. (1978). Salience and relativity in classification. *American Ethnologist, 5*, 66-80.

Downey, D. B. (1995). When bigger is not better: Family size, parental resources, and children's educational performance. *American Sociological Review, 60*(5), 746-761.

Downey, D. B. (2001). Number of siblings and intellectual development: The resource dilution explanation. *American Psychologist, 56*(6-7), 497.

Drouin, M., Horner, S. L., & Sondergeld, T. A. (2012). Alphabet knowledge in preschool: A Rasch model analysis. *Early Childhood Research Quarterly, 27*(3), 543-554.

Dudley-Marling, C., & Lucas, K. (2009). Pathologizing the language and culture of poor children. *Language Arts, 86*(5), 362-370.

Duff, F. J., Fieldsend, E., Bowyer-Crane, C., Hulme, C., Smith, G., Gibbs, S., et al. (2008). Reading with vocabulary intervention: Evaluation of an instruction for children with poor response to reading intervention. *Journal of Research in Reading, 31*(3), 319-336.

Duff, F. J., & Hulme, C. (2012). The role of children's phonological and semantic knowledge in learning to read words. *Scientific Studies of Reading, 16*(6), 504-525.

Duffy, G. G. (1993). Rethinking strategy instruction: Four teachers' development and their low achievers' understandings.

Elementary School Journal, 93(3) 231-247.

Duke, N. K., & Pearson, P. D. (2002). Effective practices for developing reading comprehension. In A. E. Farstrup & S. J. Samuels (Eds.), *What research has to say about reading instruction* (Vol. 3, pp. 205-242). Newark, DE: International Reading Association.

Dumont, R., & Willis, J. O. (2007). Peabody Picture Vocabulary Test—Third Edition. In C. R. Reynolds & E. Fletcher-Janzen (Eds.), *Encyclopedia of special education* (p. 1522). New York: Wiley.

Dunabeitia, J. A., Dimitropoulou, M., Grainger, J., Hernandez, J. A., & Carreiras, M. (2012). Differential sensitivity of letters, numbers, and symbols to character transpositions. *Journal of Cognitive Neuroscience, 24*(7), 1610-1624.

Duncan, G. J., & Murnane, R. J. (2014). *Restoring opportunity: The crisis of inequality and the challenge for American education.* Cambridge, MA: Harvard Education Press.

Dunifon, R., & Kowaleski-Jones, L. (2007). The influence of grandparents in single-mother families. *Journal of Marriage and Family, 69*(2), 465-481.

Dunn, L., Beach, S. A., & Kontos, S. (1994). Quality of the literacy environment in day care and children's development. *Journal of Research in Childhood Education, 9*(1), 24-34.

Dunn, L. M., & Dunn, L. M. (1981). *Manual for the Peabody Picture Vocabulary Test—Revised.* Circle Pines, MN: American Guidance Service.

Durham, R. E., Farkas, G., Hammer, C. S., Tomblin, J. B., & Catts, H. W. (2007). Kindergarten oral language skill: A key variable in the intergenerational transmission of socioeconomic status. *Research in Social Stratification and Mobility, 25*(4), 294-305.

Durik, A. M., Vida, M., & Eccles, J. S. (2006). Task values and ability beliefs as predictors of high school literacy choices: A developmental analysis. *Journal of Educational Psychology, 98*(2), 382.

Durkin, D. (1978). What classroom observations reveal about reading comprehension instruction. *Reading Research Quarterly, 14*(4), 481-533.

Durkin, D. (1993). *Teaching them to read*. Boston: Allyn & Bacon.

Dweck, C. S. (1975). The role of expectations and attributions in the alleviation of learned helplessness. *Journal of Personality and Social Psychology, 31*(4), 674.

Dweck, C. S. (1986). Motivational processes affecting learning. *American Psychologist, 41*(10), 1040.

Dweck, C. S., & Leggett, E. L. (1988). A social-cognitive approach to motivation and personality. *Psychological Review, 95*(2), 256.

Dweck, C. S., & Master, A. (2009). Self-theories and motivation: Students' beliefs about intelligence. In K. R. Wentzel & A. Wigfield (Eds.), *Handbook of motivation in school* (pp. 123-140). New York: Taylor & Francis.

Dyer, J. R., Shatz, M., & Wellman, H. M. (2000). Young children's storybooks as a source of mental state information. *Cognitive Development, 15*(1), 17-37.

Eccles, J. S. (2005). Subjective task value and the Eccles et al. model of achievement-related choices. In A. J. Elliot & C. S. Dweck (Eds.), *Handbook of competence and motivation* (pp. 105-121). New York: Guilford Press.

Echols, L. D., West, R. F., Stanovich, K. E., & Zehr, K. S. (1996). Using children's literacy activities to predict growth in verbal cognitive skills: A longitudinal investigation. *Journal of Educational Psychology, 88*(2), 296-304.

Edmunds, K. M., & Bauserman, K. L. (2006). What teachers can learn about reading motivation through conversations with children. *The Reading Teacher, 59*(5), 414-424.

Edwards, J., Beckman, M. E., & Munson, B. (2004). The interaction between vocabulary size and phonotactic probability effects on children's production accuracy and fluency in nonword repetition. *Journal of Speech, Language, and Hearing Research, 47,* 421-436.

Edwards, P. A. (1992). Involving parents in building reading instruction for African-American children. *Theory into Practice, 31*(4), 350-359.

Edwards, P. A. (1995). Empowering low-income mothers and fathers to share books with young children. *The Reading Teacher, 48*(7), 558-564.

Ehri, L. C. (1976). Do words really interfere in naming pictures? *Child Development, 47,* 502-505.

Ehri, L. C. (1991). Phases in learning to read words by sight. *Journal of Research in Reading, 18*(2), 116-125.

Ehri, L. C. (2005). Learning to read words: Theory, findings, and issues. *Scientific Studies of Reading, 9*(2), 167-188.

Ehri, L. C., & McCormick, S. (1998). Phases of word learning: Implications for instruction with delayed and disabled readers. Reading and Writing *Quarterly: Overcoming Learning Difficulties, 14*(2), 135-163.

Ehri, L. C., Nunes, S. R., Willows, D. M., Schuster, B. V., Yaghoub-Zadeh, Z., & Shanahan, T. (2001). Phonemic awareness instruction helps children learn to read: Evidence from the National Reading Panel's meta-analysis. *Reading Research Quarterly, 36,* 250-287.

Ehri, L. C., & Wilce, L. S. (1979). Does word training increase or decrease interference in a Stroop task? *Journal of Experimental Child Psychology, 27,* 352-364.

Ehri, L. C., & Wilce, L. S. (1985). Movement into reading: Is the first stage of printed word learning visual or phonetic? *Reading Research Quarterly, 20*(2), 163-179.

Ehri, L. C., & Wilce, L. S. (1987). Does learning to spell help beginners learn to read words? *Reading Research Quarterly, 22,* 47-65.

Ehrlich, M. F., Remond, M., & Tardieu, H. (1999). Processing of anaphoric devices in young skilled and less skilled comprehenders: Differences in metacognitive monitoring. *Reading and Writing, 11,* 29-63.

Elleman, A. M., Lindo, E., Morphy, P., & Compton, D. L. (2009). The impact of vocabulary instruction on passage-level comprehension of school-age children: A meta-analysis. *Journal of Research on Educational Effectiveness, 2,* 1-44.

Ellis, A. W., & Lambon Ralph, M. A. (2000). Age of acquisition effects in adult lexical processing reflect loss of plasticity in maturing systems: Insights from connectionist networks. *Journal of Experimental Psychology: Learning, Memory, and Cognition, 26,* 1103-1123.

Ellis, N. C., & Hooper, A. (2001). Why learning to read is easier in Welsh than in English:

Orthographic transparency effects evinced with frequency-matched tests. *Applied Psycholinguistics, 22*(4), 571-599.

Ellis, N. C., Natsume, M., Stavropoulou, K., Hoxhallari, L., van Daal, V. H., Polyzoe, N., et al. (2004). The effects of orthographic depth on learning to read alphabetic, syllabic, and logographic scripts. *Reading Research Quarterly, 39*(4), 438-468.

Englemann, S., & Bruner, E. (1969). *Distar reading program*. Chicago: SRA.

Evans, G. A. L., Ralph, M. A. L., & Woollams, A. M. (2012). What's in a word?: A parametric study of semantic influences on visual word recognition. *Psychonomic Bulletin and Review, 19*, 325-331.

Evans, M. A., Reynolds, K., Shaw, D., & Pursoo, T. (2011). Parental explanations of vocabulary during shared book reading: A missed opportunity. *First Language, 31*, 195-213.

Evans, M. A., & Saint-Aubin, J. (2013). Addressing the effects of reciprocal teaching on the receptive and expressive vocabulary of 1st-grade students. *Journal of Educational Psychology, 105*(3), 596-608.

Evans, M. D. R., Kelly, J., & Sikora, J. (2014). Scholarly culture and academic performance in 42 nations. *Social Forces, 92*(4), 1573-1605.

Eysenck, M. W. (1974). Age differences in incidental learning. *Developmental Psychology, 10*(6), 936-941.

Fader, D. N., & McNeil, E. B. (1968). *Hooked on books: Program and proof*. New York: Berkley Books.

Fang, Z., Schleppegrell, M. J., & Cox, B. E. (2006). Understanding the language demands of schooling: Nouns in academic registers. *Journal of Literacy Research, 38*(3), 247-273.

Farrant, B. M., & Zubrick, S. R. (2012). Early vocabulary development: The importance of joint attention and parent-child book reading. *First Language, 32*(3), 343-364.

Farver, J. A. M., Xu, Y., Lonigan, C. J., & Eppe, S. (2013). The home literacy environment and Latino Head Start children's emergent literacy skills. *Developmental Psychology, 49*(4), 775.

Feather, N. T. (1959). Subjective probability and decision under uncertainty. *Psychological Review, 66*, 150-164.

Feng, L., Gai, Y., & Chen, X. (2014). Family learning environment and early literacy: A comparison of bilingual and monolingual children. *Economics of Education Review, 39*, 110-130.

Fenson, L., Marchman, V. A., Thal, D., Dale, P., Reznick, S., & Bates, E. (2007). *MacArthur-Bates Communicative Development Inventories: User's guide and technical manual* (2nd ed.). Baltimore, MD: Brookes.

Fernandez-Fein, S., & Baker, L. (1997). Rhyme and alliteration sensitivity and relevant experiences among preschoolers from diverse backgrounds. *Journal of Literacy Research, 29*(3), 433-459.

Ferrer, E., Shaywitz, B. A., Holahan, J. M., Marchione, K., & Shaywitz, S. E. (2009). Uncoupling of reading and IQ over time: Empirical evidence for a definition of dyslexia. *Psychological Science, 21*(1), 93-101.

Ferstl, E. C., Neumann, J., Bogler, C., & von Cramon, D. Y. (2008). The extended language network: A meta-analysis of neuroimaging studies on text comprehension. *Human Brain Mapping, 29*(5), 581-593.

Fiebach, C. J., Friederici, A. D., Muller, K., von Cramon, D. Y., & Hernandez, A. E. (2003). Distinct brain representations for early and late learned words. *NeuroImage, 19*, 1627-1637.

First Book. (n.d.). The impact of First Book. Retrieved November 30, 2014, from *http://aborc.firstbook.org/images/stories/orc_doc/impact_of_first_book.pdf*.

Fischler, I. (1977). Semantic facilitation without association in a lexical decision task. *Memory and Cognition, 5*(3), 335-339.

Fischler, I., & Bloom, P. A. (1979). Automatic and attentional processes in the effects of sentence contexts on word recognition. *Journal of Verbal Learning and Verbal Behavior, 18*, 1-20.

Fiset, D., Blais, C., Ethier-Majcher, C., Arguin, M., Bub, D., & Gosselin, F. (2008). Features for identification of uppercase and lowercase letters. *Psychological Science, 19*(11), 1161-1168.

Flavell, J. H., Green, F. L., Flavell, E. R., Harris, P. L., & Astington, J. W. (1995). Young children's knowledge about thinking.

Monographs of the Society for Research in Child Development, 60(1), i-113.

Fletcher, C. R., & Bloom, C. P. (1988). Causal reasoning in the comprehension of simple narrative texts. Journal of Memory and Language, 27, 235-244.

Fletcher, K. L., & Speirs Neumeister, K. L. (2012). Research on perfectionism and achievement motivation: Implications for gifted students. Psychology in the Schools, 49(7), 668-677.

Fletcher-Flinn, C. M., Thompson, G. B., Yamada, M., & Naka, M. (2011). The acquisition of phoneme awareness in children learning the Hiragana syllabary. Reading and Writing, 24(6), 623-633.

Florit, E., & Cain, K. (2011). The simple view of reading: Is it valid for different types of alphabetic orthographies? Educational Psychology Review, 23(4), 553-576.

Foertsch, M. A. (1992). Reading in and out of school. Darby, PA: Diane Publishing.

Foorman, B. R., Schatschneider, C., Eakin, M. N., Fletcher, J. M., Moats, L. C., & Francis, D. J. (2006). The impact of instructional practices in grades 1 and 2 on reading and spelling achievement in high poverty schools. Contemporary Educational Psychology, 31(1), 1-29.

Foraker, S., & McElree, B. (2007). The role of prominence in pronoun resolution: Availability versus accessibility. Journal of Memory and Language, 56, 357-383.

Fordham, S., & Ogbu, J. U. (1986). Black students' school success: Coping with the "burden of 'acting white.'" Urban Review, 18(3), 176-206.

Franzke, M., Kintsch, E., Caccamise, D., Johnson, N., & Dooley, S. (2005). Summary Street®: Computer support for comprehension and writing. Journal of Educational Computing Research, 33(1), 53-80.

Frazier, L., Carlson, K., & Clifton, C. (2006). Prosodic phrasing is central to language comprehension. Trends in Cognitive Sciences, 10(6), 244-249.

Frishkoff, G. A., Collins-Thompson, K., Perfetti, C. A., & Callan, J. (2008). Measuring incremental changes in word knowledge: Experimental validation and implications for learning and assessment. Behavior Research Methods, 40(4), 907-925.

Frishkoff, G. A., Perfetti, C. A., Collins-Thompson, K. (2011). Predicting robust vocabulary growth from measures of incremental learning. Scientific Studies of Reading, 15(1), 71-91.

Fry, E. (2000). 1,000 instant words. Westminster, CA: Teacher Created Resources.

Fry, E. (2004). Phonics: A large phoneme-grapheme frequency count revisited. Journal of Literacy Research, 36(1), 85-98.

Fuchs, D., Fuchs, L. S., Mathes, P. G., Lipsey, M. W., & Roberts, P. H. (2001). Is "learning disabilities" just a fancy term for low achievement?: A meta-analysis of reading differences between low achievers with and without the label. Retrieved February 1, 2015, from www.ldaofky.org/LD/Is%20LD%20just%20another%20term%20for%20low%20achievement.pdf.

Fujimaki, N., Hayakawa, T., Ihara, A., Wei, Q., Montezuma, S., Terazono, Y., et al. (2009). Early neuronal activation for lexico-semantic access in the left anterior temporal area analyzed by an fMRIassisted MEG multidipole method. NeuroImage, 44, 1093-1102.

Fukkink, R. G., & deGlopper, K. (1998). Effects of instruction on deriving word meaning from context: A meta-analysis. Review of Educational Research, 68(4), 450-469.

Fullilove, M. T., & Wallace, R. (2011). Serial forced displacement in American cities, 1916-2010. Journal of Urban Health, 88(3), 381-389.

Gaitens, J. M., Dixon, S. L., Jacobs, D. E., Nagaraja, J., Strauss, W., Wilson, J. W., et al. (2009). Exposure of U.S. children to residential dust lead, 1999-2004: I. Housing and demographic factors. Environmental Health Perspectives, 117(3), 461-467.

Gajria, M., Jitendra, A. K., Sood, S., & Sacks, G. (2007). Improving comprehension of expository text in students with LD: A research synthesis. Journal of Learning Disabilities, 40(3), 210-225.

Gallimore, R., & Goldenberg, C. (1993). Activity settings of early literacy: Home and school factors in children's emergent literacy. In E. Forman, N. Minick, & A. Stone (Eds.), Education and mind: The integration of institutional, social, and developmental processes (pp. 315-335). New York: Oxford

University Press.

Gambrell, L. B. (1984). How much time do children spend reading during teacher-directed reading instruction. In J. Niles & L. Harris (Eds.), *Changing perspectives on research in reading/language processing and instruction. Thirty-third yearbook of the National Reading Conference* (pp. 193-198). New York: National Reading Conference.

Gambrell, L. B. (1996). Creating classroom cultures that foster reading motivation. *The Reading Teacher, 50*, 14-25.

Gambrell, L. B. (2011). Seven rules of engagement: What's most important to know about motivation to read. *The Reading Teacher, 65*(3), 172-178.

Gambrell, L. B., & Bales, R. J. (1986). Mental imagery and the comprehension-monitoring performance of fourth- and fifth-grade poor readers. *Reading Research Quarterly, 21*, 454-464.

Gambrell, L. B., & Jaywitz, P. B. (1993). Mental imagery, text illustrations and children's story comprehension and recall. *Reading Research Quarterly, 28*, 265-273.

Gambrell, L. B., & Koskinen, P. S. (2002). Imagery: A strategy for enhancing comprehension. In C. C. Block & M. Pressley (Eds.), *Comprehension instruction: Research-based best practices* (pp. 305-318). New York: Guilford Press.

Gambrell, L. B., Palmer, B. M., Codling, R. M., & Mazzoni, S. A. (1996). *Assessing motivation to read. The Reading Teacher, 49*(7), 518-533

Ganger, J., & Brent, M. (2004). Reexamining the vocabulary spurt. *Developmental Psychology, 40*, 621-632.

Garan, E. M., & DeVoogd, G. (2008). The benefits of sustained silent reading: Scientific research and common sense converge. *The Reading Teacher, 62*(4), 336-344.

Gardner, D. (2007). Children's immediate understanding of vocabulary: Contexts and dictionary definition. *Reading Psychology, 28*, 331-373.

Garner, R. (1980). Monitoring of understanding: An investigation of good and poor readers' awareness of induced miscomprehension of text. *Journal of Reading Behavior, 12*, 55-63.

Garrod, S. C., & Sanford, A. J. (1994). Resolving sentences in a discourse context: How discourse representation affects language understanding. In M. A. Gernsbacher (Ed.), *Handbook of psycholinguistics* (pp. 675-698). San Diego, CA: Academic Press.

Garvin, A., & Walter, E. (1991). *The relationships among children's storybook reading behavior and knowledge about print concepts in kindergarten and their reading ability in first grade*. Available from ERIC (ED380795).

Gaskins, I. (2005). *Success with struggling readers: The benchmark school approach*. New York: Guilford Press.

Gates, A. I., & MacGinitie, W. H. (1968). *Gates-MacGinitie Reading Tests: Readiness skills*. New York: Teachers College Press.

Gathercole, S. E., & Baddeley, A. D. (1993). Phonological working memory: A critical building block for reading development and vocabulary acquisition? *European Journal of Psychology of Education, 8*, 259-272.

Gee, J. P. (1992). *The social mind: Language, ideology, and social practice*. New York: Bergin & Garvey.

Gee, J. P. (2003). A sociocultural perspective on early literacy development. In S. B. Neumann & D. K. Dickinson (Eds.), *Handbook of early literacy research* (Vol. 1, pp. 30-42). New York: Guilford Press.

Gentner, D. (1982). *Why nouns are learned before verbs: Linguistic relativity versus natural partitioning*. Center for the Study of Reading Technical Report; No. 257.

Georgiou, G. K., Parrila, R., & Papadopoulos, T. C. (2008). Predictors of word decoding and reading fluency across languages varying in orthographic consistency. *Journal of Educational Psychology, 100*(3), 566-580.

Georgiou, G. K., Torppa, M., Manolitsis, G., Lyytinen, H., & Parrila, R. (2012). Longitudinal predictors of reading and spelling across languages varying in orthographic consistency. *Reading and Writing, 25*(2), 321-346.

Gergen, K. J. (1985). The social constructionist movement in modern psychology. *American Psychologist, 40*(3), 266-275.

Gerhand, S., & Barry, C. (1998). Word frequency effects in oral reading are not merely age-of-acquisition effects in disguise. *Journal of Experimental Psychology: Learning, Memory, and Cognition, 24*, 267-283.

Gernsbacher, M. A. (1984). Resolving 20 years of inconsistent interactions between lexial familiarity and orthography, concreteness, and polysemy. *Journal of Experimental Psychology: General, 113,* 256-281.

Gernsbacher, M. A., Goldsmith, H. H., & Robertson, R. R. (1992). Do readers mentally represent characters' emotional states? *Cognition and Emotion, 6*(2), 89-111.

Gerrig, R. J. (1986). Process models and pragmatics. *Advances in Cognitive Science, 1,* 23-42.

Gerrig, R. J., Horton, W. S., & Stent, A. (2011). Production and comprehension of unheralded pronouns: A corpus analysis. *Discourse Processes, 48*(3), 161-182.

Gersten, R., Fuchs, L. S., Williams, J. P., & Baker, S. (2001). Teaching reading comprehension strategies to students with learning disabilities: A review of research. *Review of Educational Research, 71,* 279-230.

Gesell, A. L. (1925). *The mental growth of the preschool child.* New York: Macmillan.

Gibbs, R. W. (1994). Figurative thought and figurative language. In M. A. Gernsbacher (Ed.), *Handbook of psycholinguistics* (pp. 411-446). San Diego, CA: Academic Press.

Gibson, J. J., & Gibson, E. (1955). Perceptual learning: Differentiation or enrichment? *Psychological Review, 62,* 32-41.

Gilhooly, K. J., & Gilhooly, M. L. M. (1979). Age-of-acquisition effects in lexical decision and episodic memory tasks. *Memory and Cognition, 7,* 214-223.

Gilhooly, K. J., & Gilhooly, M. L. M. (1980). The validity of age-of-acquisition ratings. *British Journal of Psychology, 71,* 105-110.

Gillon, G. T. (2004). *Phonological awareness: From research to practice.* New York: Guilford Press.

Gilmore, G. C., Hersh, H., Caramazza, A., & Griffin, J. (1979). Multidimensional letter similarity derived from recognition errors. *Perception and Psychophysics, 25*(5), 425-431.

Giora, R. (2007). Is metaphor special? *Brain and Language, 100*(2), 111-114.

Goldman, J. G., & Manis, F. R. (2013). Relationships among cortical thickness, reading skill, and print exposure in adult readers. *Scientific Studies of Reading, 17*(3), 163-176.

Golinkoff, R. M., Hirsh-Pasek, K., Mervis, C. B., Frawley, W. B., & Parillo, M. (1995). Lexical principles can be extended to the acquisition of verbs. In M. Tomasello & W. E. Merriman (Eds.), *Beyond names for things: Young children's acquisition of verbs* (pp. 185-221). Hillsdale, NJ: Erlbaum.

Golova, N., Alario, A. J., Vivier, P. M., Rodriguez, M., & High, P. C. (1999). Literacy promotion for Hispanic families in a primary care setting: A randomized, controlled trial. *Pediatrics, 103*(5), 993-997.

Gonzalez, N., Moll, L. C., & Amanti, C. (2005). *Funds of knowledge: Theorizing practices in households, communities, and classrooms.* Mahwah, NJ: Erlbaum.

Good, R. H., III, & Kaminski, R. A. (2010). *Dynamic Indicators of Basic Early Literacy Skills* (6th ed.). Eugene, OR: Dynamic Measurement Group.

Goodman, K. S. (1965). Dialect barriers to reading comprehension. *Elementary English, 42*(8), 6-12.

Goodman, K. S., & Goodman, Y. M. (1979). Learning to read is natural. In L. B. Resnick & P. A. Waver (Eds.), *Theory and practice of early reading* (Vol. 1, pp. 137-154). Hillsdale, NJ: Erlbaum.

Goodman, Y. M. (1986). Children coming to know literacy. In W. H. Teale & E. Sulzby (Ed.), *Emergent literacy: Writing and reading* (pp. 1-14). Norward, NJ: Ablex.

Goodman, Y. M., Goodman, K. S., & Martens, P. (2002). Text matters: Readers who learn with decodable texts. In D. L. Schalbert, C. M. Fairbanks, J. Orthy, B. Maloch, & J. V. Hoffman(Eds.), *51st yearbook of the National Reading Conference* (pp. 186-203). Oak Creek, WI: National Reading Conference.

Goodwin, A. P., & Ahn, S. (2010). A meta-analysis of morphological interventions: Effects on literacy achievement of children with literacy difficulties. *Annals of Dyslexia, 60,* 183-208.

Goodwin, A. P., & Ahn, S. (2013). A meta-analysis of morphological interventions in English: Effects on literacy outcomes for school-age children. *Scientific Studies of Reading, 17*(4), 257-285.

Goodwin, A. P., Gilbert, J. K., & Cho, S.-J. (2013).

Morphological contributions to adolescent word reading: An item response approach. *Reading Research Quarterly, 48*(1), 39-60.

Goodwin, K., & Highfield, K. (2012, March). *iTouch and iLearn: An examination of "educational" apps.* Paper presented at the Early Education and Technology for Children conference, Salt Lake City, UT.

Gordon, P. C., Grosz, B. J., & Gilliom, L. A. (1993). Pronouns, names, and the centering of attention in discourse. *Cognitive Science, 17*, 311-347.

Goswami, U. (2002). Phonology, reading development, and dyslexia: A cross-linguistic perspective. *Annals of Dyslexia, 52*, 141-163.

Goswami, U., & Bryant, P. (1989). The interpretation of studies using the reading level design. *Journal of Reading Behavior, 21*, 413-424.

Goswami, U., & Bryant, P. (1990). *Phonological skills and learning to read.* Hove, UK: Erlbaum.

Gottfried, A. E., Fleming, J. S., & Gottfried, A. W. (2001). Continuity of academic intrinsic motivation from childhood through late adolescence: A longitudinal study. *Journal of Educational Psychology, 93*(1), 3.

Graesser, A. C., & McNamara, D. S. (2011). Computational analyses of multilevel discourse comprehension. *Topics in Cognitive Science, 3*, 371-398.

Graesser, A. C., McNamara, D. S., & Kulikowich, J. M. (2011). Coh-Metrix: Providing multi-level analyses of text characteristics. *Educational Researcher, 40*, 223-234.

Graesser, A. C., Millis, K. K., & Zwaan, R. A. (1997). Discourse comprehension. *Annual Review of Psychology, 48*, 163-189.

Graesser, A. C., Singer, M., & Trabasso, T. (1994). Constructing inferences during narrative text comprehension. *Psychological Review, 101*(3), 371-395.

Graham, S., & Hebert, M. (2010). Writing to read: *Evidence for how writing can improve reading.* New York: Carnegie Corporation.

Grainger, J., Rey, A., & Dufau, S. (2008). Letter perception: From pixels to pandemonium. Trends in *Cognitive Sciences, 12*(10), 381-387.

Graves, M. F., & Watts-Taffe, S. (2008). For the love of words: Fostering word consciousness in young readers. *The Reading Teacher, 62*(3), 185-193.

Greenberg, M. S., Westcott, D. R., & Bailey, S. E. (1998). When believing is seeing: The effect of scripts on eyewitness memory. *Law and Human Behavior, 22*(6), 685-694.

Greene, B. B. (2001). Testing reading comprehension of theoretical discourse with cloze. *Journal of Research in Reading, 24*(1), 82-98.

Greene, S. B., Gerrig, R. J., McKoon, G., & Ratcliff, R. (1994). Unheralded pronouns and management by common ground. *Journal of Memory and Language, 33*(4), 511-526.

Greenfield, J. (2014). E-book growth slows to single digits in U.S. in 2013. Retrieved December 10, 2014, from *www.digitalbookworld.com/2014/ebook-growth-slows-to-single-digits-in-u-s-in-2013.*

Greenleaf, C. L., & Hinchman, K. (2009). Reimagining our inexperienced adolescent readers: From struggling, striving, marginalized, and reluctant to thriving. *Journal of Adolescent and Adult Literacy, 53*(1), 4-13.

Gregory, E. (2001). Sisters and brothers as language and literacy teachers: Synergy between siblings playing and working together. *Journal of Early Childhood Literacy, 1*(3), 301-322.

Grolnick, W. S., & Ryan, R. M. (1987). Autonomy in children's learning: An experimental and individual difference investigation. *Journal of Personality and Social Psychology, 52*(5), 890.

Grosjean, F. (2010). Bilingualism's best kept secret. Available at *www.psychologytoday.com/blog/life-bilingual/201011/bilingualisms-best-kept-secret.*

Grosz, B. J., Weinstein, S., & Joshi, A. K. (1995). Centering: A framework for modeling the local coherence of discourse. *Computational Linguistics, 21*(2), 203-225.

Gruenbaum, E. A. (2012). Common literacy struggles with college students: Using the reciprocal teaching technique. *Journal of College Reading and Learning, 42*(2), 109-116.

Gurlitt, J., & Renkl, A. (2010). Prior knowledge activation: How different concept mapping tasks lead to substantial differences in cognitive processes, learning outcomes, and perceived self-efficacy. *Instructional Science, 38*(4), 417-433.

Guthrie, J. T., & Cox, K. E. (2001). Classroom conditions for motivation and engagement in reading. *Educational Psychology Review, 13*(3), 283-302.

Guthrie, J. T., Hoa, A. L. W., Wigfield, A., Tonks, S. M., Humenick, N. M., & Littles, E. (2007). Reading motivation and reading comprehension growth in the later elementary years. *Contemporary Educational Psychology, 32*(3), 282-313.

Guthrie, J. T., Klauda, S. L., & Ho, A. N. (2013). Modeling the relationships among reading instruction, motivation, engagement, and achievement for adolescents. *Reading Research Quarterly, 48*(1), 9-26.

Guthrie, J. T., Van Meter, P., Hancock, G. R., Alao, S., Anderson, E., & McCann, A. (1998). Does concept-oriented reading instruction increase strategy use and conceptual learning from text? *Journal of Educational Psychology, 90*(2), 261.

Guthrie, J. T., & Wigfield, A. (2000). Engagement and motivation in reading. In M. L. Kamil, P. B. Mosenthal, P. D. Pearson, & R. Barr (Eds.), *Handbook of reading research* (Vol. 3, pp. 403-422). Mahwah, NJ: Erlbaum.

Guthrie, J. T., Wigfield, A., Barbosa, P., Perencevich, K. C., Taboada, A., Davis, M. H., et al. (2004). Increasing reading comprehension and engagement through concept-oriented reading instruction. *Journal of Educational Psychology, 96*(3), 403.

Guthrie, J. T., Wigfield, A., Humenick, N. M., Perencevich, K. C., Taboada, A., & Barbosa, P. (2006). Influences of stimulating tasks on reading motivation and comprehension. *Journal of Educational Research, 99*(4), 232-246.

Guthrie, J. T., Wigfield, A., Metsala, J., & Cox, K. (2004). Motivational and cognitive predictors of text comprehension and reading amount. In R. B. Ruddell & N. Unrau (Eds.), *Theoretical models and processes of reading* (Vol. 5, pp. 929-953). Newark, DE: International Reading Association.

Gutierrez-Palma, N., & Palma-Reyes, A. (2007). Stress sensitivity and reading performance in Spanish: A study with children. *Journal of Research in Reading, 30*(2), 157-168.

Guttentag, R. E., & Haith, M. M. (1978). Automatic processing as a function of age and reading ability. *Child Development, 49,* 707-716.

Hagood, B. F. (1997). Reading and writing with help from story grammar. *Teaching Exceptional Children, 29*(4), 10-14.

Hairrell, A., Rupley, W., & Simmons, D. (2011). The state of vocabulary research. *Literacy Research and Instruction, 50,* 253-271.

Hall, L. A. (2010). The negative consequences of becoming a good reader: Identity theory as a lens for understanding struggling readers, teachers, and reading instruction. *Teachers College Record, 112*(7), 1792-1829.

Hamilton, C. E., & Schwanenflugel, P. J. (2011). *PAVEd for Success: Building vocabulary and language development in young learners.* Baltimore, MD: Brookes.

Hamilton, C. E., & Shinn, M. R. (2003). Characteristics of word callers: An investigation of the accuracy of teachers' judgments of reading comprehension and oral reading skills. *School Psychology Review, 32*(2), 228-240.

Hamilton, S. T., Freed, E. M., & Long, D. L. (2013). Modeling reader and text interactions during narrative comprehension: A test of the lexical quality hypothesis. *Discourse Processes, 50,* 139-163.

Hamston, J., & Love, K. (2003). "Reading relationships": Parents, boys, and reading as cultural practice. *Australian Journal of Language and Literacy, 26,* 44-57.

Hanna, P. R., Hanna, J. S., Hodges, R. E., & Rudorf, E. H. (1966). *Phoneme-grapheme correspondences as cues to spelling improvement.* Washington, DC: U.S. Department of Health, Education, and Welfare.

Hansen, J., & Pearson, P. D. (1983). An instructional study: Improving the inferential comprehension of good and poor fourth-grade readers. *Journal of Educational Psychology, 75,* 821-829.

Hardyck, C. D., & Petrinovich, L. F. (1970). Subvocal speech and comprehension level as a function of the difficulty level of reading material. *Journal of Verbal Learning and Verbal Behavior, 9,* 647-652.

Hargreaves, I. S., Pexman, P. M., Pittman, D. J., & Goodyear, B. G. (2011). Tolerating ambiguity: Ambiguous words recruit the left inferior frontal gyrus in the absence of a behavioral effect. *Experimental Psychology, 58*(1), 19-30.

Harlaar, N., Dale, P. S., & Plomin, R. (2007). From learning to read to reading to learn: Substantial and stable genetic influence. *Child Development, 78*(1), 116-131.

Harn, B. A., Stoolmiller, M., & Chard, D. J. (2008). Measuring dimensions of the alphabetic principle on the reading development of first graders. *Journal of Learning Disabilities, 41*(2), 143-157.

Harpaz, Y., & Lavidor, M. (2012). Context modulates hemispheric asymmetries in the resolution of lexical ambiguity. *Journal of Cognitive Psychology, 24*(4), 428-440.

Harrison, C. (2010). Why do policy-makers find the "simple view of reading" so attractive, and why do I find it so morally repugnant? In K. Hall, U. Goswami, C. Harrison, S. Ellis, & J. Soler (Eds.), *Interdisciplinary perspectives on learning to read: Culture, cognition, and pedagogy* (pp. 207-218). New York: Routledge.

Harrison, M. L., & Stroud, J. B. (1950). *The Harrison-Stroud Reading Readiness Profiles.* Boston: Houghton Mifflin.

Hart, B., & Risley, T. R. (1995). *Meaningful differences in the everyday experience of young American children.* Baltimore, MD: Brookes.

Hart, B., & Risley, T. R. (2003). The early catastrophe: The 30-million word gap by age 3. *American Educator, 27*, 4-9.

Hart, J. T. (1967). Memory and the memory-monitoring process. *Journal of Verbal Learning and Verbal Behavior, 6*, 685-691.

Hart, M. S. (2004). Gutenberg mission statement. Available at *www.gutenberg.org.* Harter, S. (2008). The developing self. In W. Damon, R. M. Lerner, D. Kuhn, R. S. Siegler, & N. Eisenberg (Eds.), *Child and adolescent development: An advanced course* (pp. 216-261). Hoboken, NJ: Wiley.

Harter, S., Whitesell, N. R., & Junkin, L. J. (1998). Similarities and differences in domain-specific and global self-evaluations of learning-disabled, behaviorally disordered, and normally achieving adolescents. *American Educational Research Journal, 35*(4), 653-680.

Hasbrouck, J., & Tindal, G. A. (2006). Oral reading fluency norms: A valuable assessment tool for reading teachers. *The Reading Teacher, 59*, 636-644.

Hayes, D. P., Wolfer, L. T., & Wolfe, M. F. (1996). Schoolbook simplification and its relation to the decline in SAT—Verbal Scores. *American Educational Research Journal, 33*(2), 489-508.

He, Y., Wang, Q., & Anderson, R. C. (2005). Chinese children's use of subcharacter information about pronunciation. *Journal of Educational Psychology, 97*(4), 572.

Heath, S. B. (1982a). Questioning at home and at school: A comparative study. In G. Spindler (Ed.), *Doing the ethnography of schooling* (pp. 102-131). New York: Holt, Rinehart & Winston.

Heath, S. B. (1982b). What no bedtime story means: Narrative skills at home and school. *Language in Society, 11*(2), 49-76.

Heath, S. B. (1983). *Ways with words: Language, life, and work in communities and classrooms.* Cambridge, UK: Cambridge University Press.

Heath, S. B. (1989). Oral and literate traditions among black Americans living in poverty. *American Psychologist, 44*(2), 367.

Hecht, S. A., Burgess, S. R., Torgesen, J. K., Wagner, R. K., & Rashotte, C. A. (2000). Explaining social class differences in growth of reading skills from beginning kindergarten through fourth-grade: The role of phonological awareness, rate of access, and print knowledge. *Reading and Writing: An Interdisciplinary Journal, 12*, 99-127.

Herman, P. A. (1985). The effect of repeated readings on reading rate, speech pauses, and word recognition accuracy. *Reading Research Quarterly, 20*(5), 553-565.

Hernandez, A. E., & Fiebach, C. J. (2006). The brain bases of reading late learned words: Evidence from functional MRI. *Visual Cognition, 13*, 1027-1043.

Hiebert, E. H. (2002). *Quick reads.* Upper Saddle River, NJ: Modern Curriculum Press.

Hiebert, E. H. (2005). The effects of text difficulty on second graders' fluency development.

Reading Psychology, 26, 183-209.

Hiebert, E. H. (2009). *Reading more, reading better*. New York: Guilford Press.

Hiebert, E. H., & Fisher, C. W. (2007). Critical word factor in texts for beginning readers. *Journal of Educational Research, 101*, 3-11.

Hiebert, E. H., & Reutzel, R. (2010). Revisiting silent reading in 2020 and beyond. In E. H. Hiebert & D. R. Reutzel (Eds.), *Revisiting silent reading: New directions for teachers and researchers* (pp. 290-299). Newark, DE: International Reading Association.

Higgins, E. L., & Raskind, M. H. (2005). The compensatory effectiveness of the Quicktionary Reading Pen II on the reading comprehension of students with learning disabilities. *Journal of Special Education Technology, 20*(1), 31.

Hildebrandt, N. (1994). The Reicher-Wheeler effect and models of deep and phonological dyslexia. *Journal of Neurolinguistics, 8*(1), 1-18.

Hilden, K. R., & Pressley, M. (2007). Self-regulation through transactional strategies instruction. *Reading and Writing Quarterly, 23*(1), 51-75.

Hildreth, G., Griffiths, N., & McGauvran, M. (1965). *Metropolitan Readiness Tests*. New York: Harcourt, Brace & World.

Hill, M. (1991). Writing summaries promotes thinking and learning across the curriculum: But why are they so difficult to write? *Journal of Reading, 34*(7), 536-539.

Hill, N. E. (2001). Parenting and academic socialization as they relate to school readiness: The roles of ethnicity and family income. *Journal of Educational Psychology, 93*(4), 686-697.

Hirsch, E. D. (1987). *Cultural literacy: What every American needs to know*. Boston: Houghton Mifflin.

Hirshman, E., & Durante, R. (1992). Prime identification and semantic priming. *Journal of Experimental Psychology: Learning, Memory, and Cognition, 18*(2), 255-265.

Ho, C. S. H., & Bryant, P. (1997). Phonological skills are important in learning to read Chinese. *Developmental Psychology, 33*(6), 946.

Hobbs, J. R. (1979). Coherence and coreference. *Cognitive Science, 3*, 67-90.

Hodgson, C., & Ellis, A. W. (1998). Last in, first to go: Age of acquisition and naming in the elderly. *Brain and Language, 64*(1), 146-163.

Hoffman, J. V. (2009). In search of the "simple view" of reading comprehension. In S. E. Israel & G. G. Duffy (Eds.), *Handbook of research on reading comprehension* (pp. 54-66). New York: Routledge.

Hoien, T., Lundberg, I., Stanovich, K. E., & Bjaalid, I.-K. (1995). Components of phonological awareness. *Reading and Writing, 7*, 171-188.

Holmes, B. C., & Allison, R. W. (1985). The effect of four modes of reading on children's reading comprehension. *Reading Research and Instruction, 25*, 9-20.

Hoover, W., & Gough, P. (1990). The simple view of reading. *Reading and Writing: An Interdisciplinary Journal, 2*, 127-160.

Horner, S. L. (2005). Categories of environmental print: All logos are not created equal. *Early Childhood Education Journal, 33*(2), 113-119.

Houck, B. D., & Ross, K. (2012). Dismantling the myth of learning to read and reading to learn. *ASCD Express, 7*(11). Retrieved from *www.ascd.org/ascd-express/vol7/711-houck. aspx*.

Houston, D., Wu, J., Ong, P., & Winer, A. (2004). Structural disparities of urban traffic in Southern California: Implications for vehicle-related air pollution exposure in minority and high-poverty neighborhoods. *Journal of Urban Affairs, 26*, 565-592.

Houston-Price, C., Caloghiris, Z., & Raviglione, E. (2010). Language experience shapes the development of the mutual exclusivity bias. *Infancy, 15*(2), 125-150.

Howard, V. (2011). The importance of pleasure reading in the lives of young teens: Self-identification, self-construction and self-awareness. *Journal of Librarianship and Information Science, 43*(1), 46-55.

Huang, Y. T., & Gordon, P. C. (2011). Distinguishing the time course of lexical and discourse processes through context, coherence, and quantified expressions. *Journal of Experimental Psychology: Learning, Memory, and Cognition, 37*(4), 966-978.

Hudson, R. F., Isakson, C., Richman, T., Lane, H. B., & Arriaza-Allen, S. (2011). An examination of a small-group decoding intervention for struggling readers: Comparing accuracy and automaticity criteria. *Learning Disabilities Research and Practice, 26*(1), 15-27.

Hudson, R. F., Lane, H. B., & Pullen, P. C. (2008). Introduction: Understanding theory and practice in reading fluency instruction. *Reading and Writing Quarterly, 25*(1), 1-3.

Hudson, R. F., Pullen, P. C., Lane, H. B., & Torgesen, J. K. (2009). The complex nature of reading fluency: A multidimensional view. *Reading and Writing Quarterly, 25*, 4-32.

Huey, E. B. (1908). *The history and pedagogy of reading: With a review of the history of reading and writing and of methods, texts and hygiene in reading.* New York: Macmillan.

Hughes-Hassell, S., & Rodge, P. (2007). The leisure reading habits of urban adolescents. *Journal of Adolescent and Adult Literacy, 51*(1), 22-33.

Hunt, J. M. (1961). *Intelligence and experience.* New York: Wiley.

Hutchison, K. A. (2003). Is semantic priming due to association strength or feature overlap? A microanalytic review. *Psychonomic Bulletin and Review, 10*(4), 785-813.

Hutzler, F., Ziegler, J. C., Perry, C., Wimmer, H., & Zorzi, M. (2004). Do current connectionist learning models account for reading development in different languages? *Cognition, 91*, 273-296.

Hymes, J. L. (1958). *Before the child reads.* New York: Harper & Row.

Idol, L. (1987). Group story mapping: A comprehension strategy for both skilled and unskilled readers. *Journal of Learning Disabilities, 20*, 196-205.

Inhoff, A. W., & Rayner, K. (1986). Parafoveal word processing during eye fixations in reading: Effects of word frequency. *Perception and Psychophysics, 40*(6), 431-439.

Innis, H. (1951). *The bias of communication.* Toronto, Ontario, Canada: University of Toronto Press.

Isero, M. (2014). Rekindle the love of reading: Giving students Kindles reinvigorates young readers and improves their reading achievement. *Phi Delta Kappan, 95*(7), 61.

Ivey, G., & Broaddus, K. (2001). "Just plain reading": A survey of what makes students want to read in middle school classrooms. *Reading Research Quarterly, 36*, 350-377.

Ivey, G., & Johnston, P. H. (2013). Engagement with young adult literature: Outcomes and processes. *Reading Research Quarterly, 48*(3), 255-275.

Jackendoff, R. (2002). *Foundations of language: Brain, meaning, grammar, evolution.* New York: Oxford University Press.

Jackson, L. A., Von Eye, A., Biocca, F. A., Barbatsis, G., Zhao, Y., & Fitzgerald, H. E. (2006). Does home Internet use influence the academic performance of low-income children? *Developmental Psychology, 42*(3), 429.

Jacobs, D. E., Kelly, T., & Sobolewski, J. (2007). Linking public health, housing, and indoor environmental policy: Successes and challenges at local and federal agencies in the United States. *Environmental Health Perspectives, 115*(6), 976-982.

Jakobsons, L. J. (2005). Child, teacher, and parent reports of motivation and their predictive relations to reading achievement and reading quantity. Unpublished thesis. Available at *http://diginole.lib.fsu.edu/etd/3665.*

James, K. H. (2010). Sensori-motor experience leads to changes in visual processing in the developing brain. *Developmental Science, 13*(2), 279-288.

James, K. H., James, T. W., Jobard, G., Wong, A. C., & Gauthier, I. (2005). Letter processing in the visual system: Different activation patterns for single letters and strings. *Cognitive, Affective, and Behavioral Neuroscience, 5*(4), 452-466.

James, W. (1890). *Principles of psychology* (Vols. 1-2). New York: Holt.

Jarmulowicz, L., Taran, V. L., & Seek, J. (2012). Metalinguistics, stress accuracy, and word reading: Does dialect matter? *Language, Speech, and Hearing Services in Schools, 43*(4), 410-423.

Jenkins, J. R., Peyton, J. A., Sanders, E. A., & Vadasy, P. F. (2004). Effects of reading decodable texts in supplemental first-grade tutoring. Scientific Studies of Reading, 8, 53-85.

Jeon, E. H., & Yamashita, J. (2014). L2 reading comprehension and its correlates: A meta-analysis. *Language Learning, 64*(1), 160-212.

Jin, P. (1992). Efficacy of Tai Chi, brisk walking, meditation, and reading in reducing mental and emotional stress. *Journal of Psychosomatic Research, 36*(4), 361-370.

Jobard, G., Vigneau, M., Mazoyer, B., & Tzourio-Mazoyer, N. (2007). Impact of modality and linguistic complexity during reading and listening tasks. *NeuroImage, 34*, 784-800.

Johnson, C. J., & Anglin, J. M. (1995). Qualitative developments in the content and form of children's definitions. *Journal of Speech and Hearing Research, 38*(3), 612-629.

Johnson, J. S., & Newport, E. L. (1989). Critical period effects in second language learning: The influence of maturational state on the acquisition of English as a second language. *Cognitive Psychology, 21*(1), 60-99.

Johnson, R. E. (1969). The validity of the Clymer-Barrett Prereading Battery. *The Reading Teacher, 22*(7), 609-614.

Johnston, F., Invernizzi, M., & Bear, D. R. (2004). *Words their way: Word sorts for letter name-alphabetic spellers.* Upper Saddle River, NJ: Pearson.

Johnston, P. H. (1984). Prior knowledge and reading comprehension test bias. *Reading Research Quarterly, 19*(2), 219-239.

Johnston, P. H. (1985). Understanding reading disability: A case study approach. *Harvard Educational Review, 55*(2), 153-178.

Johnston, R. A., & Barry, C. (2006). Age of acquisition and lexical processing. *Visual Cognition, 13*, 789-845.

Johnston, R. S., McGeown, S., & Watson, J. E. (2012). Long-term effects of synthetic versus analytic phonics teaching on the reading and spelling ability of 10-year-old boys and girls. *Reading and Writing, 25*, 1365-1384.

Johnston, T. C., & Kirby, J. R. (2006). The contribution of naming speed to the simple view of reading. *Reading and Writing, 19*, 339-361.

Jones, C. D., Clark, S. K., & Reutzel, D. R. (2013). Enhancing alphabet knowledge instruction: Research implications and practical strategies for early childhood educators. *Early Childhood Education Journal, 41*, 81-89.

Jones, C. D., & Reutzel, D. R. (2012). Enhanced alphabet knowledge instruction: Exploring a change of frequency, focus, and distributed cycles of review. *Reading Psychology, 33*, 448-464.

Jones, L. L. (2012). Prospective and retrospective processing in associative mediated priming. *Journal of Memory and Language, 66*, 52-67.

Jones, M. N., & Mewhort, D. J. K. (2004). Case-sensitive letter and bigram frequency counts from large-scale English corpora. *Behavior Research Methods, Instruments, and Computers, 36*, 388-396.

Jones, T., & Brown, C. (2011). Reading engagement: A comparison between e-books and traditional print books in an elementary classroom. *Online Submission, 4*(2), 5-22.

Joseph, H. S. S. L., Nation, K., & Liversedge, S. P. (2013). Using eye movements to investigate word frequency effects in children's sentence reading. *School Psychology Review, 42*(2), 207-222.

Joshi, R. M., & Aaron, P. G. (2000). The component model of reading: Simple view of reading made a little more complex. *Reading Psychology, 21*(2), 85-97.

Juel, C., & Roper/Schneider, D. (1985). The influence of basal readers on first grade reading. Reading *Research Quarterly, 20*, 134-152.

Juhasz, B. J., & Rayner, K. (2006). The role of age of acquisition and word frequency in reading: Evidence from eye fixation durations. *Visual Cognition, 13*(7/8), 846-863.

Juola, J. F., Schadler, M., Chabot, R. J., & McCaughey, M. W. (1978). The development of visual information processing skills related to reading. *Journal of Experimental Child Psychology, 25*, 459-476.

Juslin, P. N., & Laukka, P. (2003). Communication of emotions in vocal expression and music performance: Different channels, same code? *Psychological Bulletin, 129*(5), 770-814.

Justice, L. M., Pence, K., Bowles, R. P., & Wiggins, A. (2006). An investigation of four hypotheses concerning the order by which 4-year-old children learn the alphabet letters. *Early Childhood Research Quarterly, 21*, 374-389.

Kaakinen, J. K., Hyönä, J., & Keenan, J. M. (2003). How prior knowledge, WMC, and relevance of information affect eye fixations in expository text. *Journal of Experimental Psychology: Learning, Memory, and Cognition, 29*(3), 447.

Kagitcibasi, C., Goksen, F., & Gülgöz, S. (2005). Functional adult literacy and empowerment of women: Impact of a functional literacy program in Turkey. *Journal of Adolescent and Adult Literacy, 48*(6), 472-489.

Kamide, Y. (2008). Anticipatory processes in sentence processing. *Language and Linguistic Compass, 2*(4), 647-670.

Kaup, A., Simonsick, E., Harris, T., Satterfield, S., Metti, A., Ayonayon, H., et al. (2013). Limited literacy predicts dementia incidence among older adults. *Alzheimer's and Dementia, 9*(4), 628.

Kay, J., & Katz, C. (2012). Pollution, poverty, and people of color. Retrieved November 25, 2014, from *www.environmentalhealthnews. org/ehs/news/2012/pollution-poverty-and-people-of-color-richmond-day-1/pollution-poverty-people-of-color-series-summary.*

Keenan, J. M., & Betjemann, R. S. (2006). Comprehending the Gray Oral Reading Test without reading it: Why comprehension tests should not include passage-independent items. *Scientific Studies of Reading, 10*(4), 363-380.

Keenan, J. M., Betjemann, R. S., & Olson, R. K. (2008). Reading comprehension tests vary in the skills they assess: Differential dependence on decoding and oral comprehension. *Scientific Studies of Reading, 12*, 281-300.

Keene, E., & Zimmerman, S. (1997). *Mosaic of thought*. Portsmouth, NH: Heinemann.

Kellas, G., Paul, S. T., Martin, M., & Simpson, G. B. (1991). Contexual feature activation and meaning activation. In G. B. Simpson (Ed.), *Understanding word and sentence* (pp. 47-71). New York: North-Holland.

Kendeou, P., Bohn-Gettler, C., White, M. J., & Van Den Broek, P. (2008). Children's inference generation across different media. *Journal of Research in Reading, 31*(3), 259-272.

Kendeou, P., & van den Broek, P. (2007). The effects of prior knowledge and text structure on comprehension processes during reading of scientific texts. *Memory and Cognition, 35*(7), 1567-1577.

Kenner, C., Ruby, M., Jessel, J., Gregory, E., &

Arju, T. (2007). Intergenerational learning between children and grandparents in East London. *Journal of Early Childhood Research, 5*(3), 219-243.

Kessler, B., & Treiman, R. (2003). Is English spelling chaotic?: Misconceptions concerning its irregularity. *Reading Psychology, 24*, 267-289.

Kidd, D. C., & Castano, E. (2013). Reading literary fiction improves theory of mind. *Science, 342*, 377-380.

Kids Count. (n.d.). Data retrieved November 11, 2014, from *http:// datacenter.kidscount.org/data/tables/43-children-in-poverty#detailed/1/any/ false/36,868,867,133,38/any/321,322.*

Kieffer, M. J. (2010). Socioeconomic status, English proficiency, and late emerging reading difficulties. *Educational Researcher, 39*, 484-486.

Kim, Y.-S., Petscher, Y., Schatschneider, C., & Foorman, B. (2010). Does growth rate in oral reading fluency matter in predicting reading comprehension achievement? *Journal of Educational Psychology, 102*(3), 652-667.

Kim, Y.-S., Wagner, R. K., & Lopez, D. (2011). Developmental relations between reading fluency and reading comprehension: A longitudinal study from grade 1 to grade 2. *Journal of Experimental Child Psychology, 113*, 93-111.

Kintsch, E. (1990). Macroprocesses and microprocesses in the development of summarization skill. *Cognition and Instruction, 7*(3), 161-195.

Kintsch, W. (1988). The use of knowledge in discourse processing. *Psychological Review, 95*, 163-218.

Kintsch, W. (1998). *Comprehension: A paradigm for comprehension*. Cambridge, UK: Cambridge University Press.

Kintsch, W. (2004). The construction-integration model of text comprehension and its implications for instruction. In N. Onrau & R. B. Ruddell (Eds.), *Theoretical models and processes of reading* (Vol. 5, pp. 1270-1328). Newark, DE: International Reading Association.

Kintsch, W. (2010). Comprehension: Standards for grades 4 and 5. Available at *www.reading. org/Libraries/book-supplements/bk767Supp-*

Kintsch.pdf.

Kintsch, W., & Keenan, J. (1973). Reading rate and retention as a function of the number of propositions in the base structure of sentences. *Cognitive Psychology, 5,* 257-274.

Kintsch, W., & van Dijk, T. A. (1978). Toward a model of text comprehension and production. *Psychological review, 85*(5), 363-394.

Kirby, J. R., & Savage, R. S. (2008). Can the simple view deal with the complexities of reading? Literacy, 42(2), 75-82.

Klauda, S. L. (2009). The role of parents in adolescents' reading motivation and activity. *Educational Psychology Review, 21*(4), 325-363.

Klauda, S. L., & Guthrie, J. T. (2008). Relationships of three components of reading fluency to reading comprehension. *Journal of Educational Psychology, 100*(2), 310-321.

Klauda, S. L., & Wigfield, A. (2012). Relations of perceived parent and friend support for recreational reading with children's reading motivations. *Journal of Literacy Research, 44*(1), 3-44.

Klingner, J. K., & Vaughn, S. (1996). Reciprocal teaching of reading comprehension strategies for students with learning disabilities who use English as a second language. *Elementary School Journal, 96*(3), 275-293.

Klor, E., & Nordhausen, S. (2011). *Serving teen parents: From literacy to life skills.* Santa Barbara, CA: ABC-CLIO.

Knapp, N. F. (1998, April). *The child's conception of reading interview: A concretized, qualitative instrument for investigating children's concepts of reading.* Paper presented at the annual meeting of the American Educational Research Association, San Diego, CA.

Knapp, N. F. (1999, December). *"Reading the words" vs. "reading for meaning": An old debate from a younger perspective.* Paper presented at the annual meeting of the National Reading Conference, Orlando, FL.

Knapp, N. F. (2013a, May). *Teacher-centered professional development: Five years of progress.* Paper presented at the annual conference of the American Educational Research Association, San Francisco, CA.

Knapp, N. F. (2013b, December). *The reading apprenticeship: A pattern of success with struggling readers.* Paper presented at the annual conference of the Literacy Research Association, Dallas, TX.

Knapp, N. F. (2015, December). *Expectancy × value in reading motivation: A framework for research and practice.* Paper for presentation at the Annual Meeting of the Literacy Research Association, Carlsbad, CA.

Knapp, N. F., & Grattan, K. W. (2001). Learning from students about learning to read. *Language and Literacy Spectrum, 11,* 40-51.

Knapp, N. F., & Winsor, A. P. (1998). A reading apprenticeship for delayed primary readers. *Reading Research and Instruction, 38*(1), 13-29.

Kobayashi, M. S., Haynes, C. W., Macaruso, P., Hook, P. E., & Kato, J. (2005). Effects of mora deletion, nonword repetition, rapid naming, and visual search performance on beginning reading in Japanese. *Annals of Dyslexia, 55*(1), 105-128.

Kohl, H. (1992). I won't learn from you!: Thoughts on the role of assent in learning. *Rethinking Schools, 7*(1), 16-17, 19.

Kohn, A. (1993). Why incentive plans cannot work. *Harvard Business Review, 71*(5), 2-7.

Kohn, A. (2014). The trouble with calls for universal high-quality pre-K. Retrieved November 30, 2014, from *www.washingtonpost.com/blogs/answer-sheet/wp/2014/02/01/the-trouble-with-calls-for-universal-high-quality-pre-k.*

Kontos, S., & Wilcox-Herzog, A. (1997). Teachers' interactions with children: Why are they so important? Research in review. *Young Children, 52*(2), 4-12.

Korat, O. (2005). Contextual and non-contextual knowledge in emergent literacy development: A comparison between children from low SES and middle SES communities. *Early Childhood Research Quarterly, 20,* 220-238.

Koriat, A., Greenberg, S. N., & Kreiner, H. (2002). The extraction of structure during reading: Evidence from reading prosody. *Memory and Cognition, 30*(2), 270-280.

Kovelman, I., Baker, S. A., & Petitto, L. A. (2008). Age of first bilingual language exposure as a new window into bilingual reading development. *Bilingualism: Language and*

Cognition, 11(2), 203-223.

Kozol, J. (1991). *Savage inequalities: Children in America's schools.* New York: Crown.

Kozol, J. (1996). *Amazing grace: The lives of children and the conscience of a nation.* New York: Harper Perennial.

Kozol, J. (2000). *Ordinary resurrections: Children in the years of hope.* New York: Crown.

Kragler, S. (1995). The transition from oral to silent reading. *Reading Psychology, 16,* 395-408.

Krashen, S. D. (2005). Is in-school free reading good for children?: Why the National Reading Panel Report is (still) wrong. *Phi Delta Kappan, 86*(6), 444-447.

Krashen, S. D. (2006). Free reading. *School Library Journal, 52*(9), 42-45.

Krashen, S. D. (2009). Anything but reading. *Knowledge Quest, 37*(5), 18-25.

Krashen, S. D. (2011). *Free voluntary reading.* Englewood, CO: Libraries Unlimited.

Krashen, S. D., Lee, S., & McQuillan, J. (2010). An analysis of the PIRLS (2006) data: Can the school library reduce the effect of poverty on reading achievement? *CSLA (California School Library Association) Journal, 34*(1), 26-28.

Krashen, S. D., Lee, S., & McQuillan, J. (2012). Is the library important?: Multivariate studies at the national and international level. *Journal of Language and Literacy Education, 8*(1), 26-36.

Kucan, L., & Beck, I. L. (1997). Thinking aloud and reading comprehension research: Inquiry, instruction, and social interaction. *Review of Educational Research, 67*(3), 271-299.

Kucera, H., & Francis, W. (1967). *Computational analysis of present day American English.* Providence, RI: Brown University Press.

Kuhl, P. K. (2004). Early language acquisition: Cracking the speech code. *Nature Reviews Neuroscience, 5,* 831-843.

Kuhn, M. R. (2005). A comparative study of small group fluency instruction. *Reading Psychology, 26,* 127-146.

Kuhn, M. R., Schwanenflugel, P. J., & Meisinger, E. B. (2010). Aligning theory and assessment of reading fluency: Automaticity, prosody, and definitions of fluency. *Reading Research Quarterly, 45*(2), 232-253.

Kuhn, M. R., Schwanenflugel, P. J., Morris, R. D., Morrow, L. M., Bradley, B. A., Meisinger, E., et al. (2006). Teaching children to become fluent and automatic readers. *Journal of Literacy Research, 38,* 357-387.

Kuhn, M. R., & Stahl, S. A. (2003). Fluency: A review of developmental and remedial practices. Journal of Educational Psychology. 95(1), 3-21.

Kuo, L. J., & Anderson, R. C. (2006). Morphological awareness and learning to read: A cross-language perspective. *Educational Psychologist, 41*(3), 161-180.

Kutas, M., Lindamood, T. E., & Hilliard, S. A. (1984). Word expectancy and event-related potentials during sentence processing. In S. Kornblum & J. Requin (Eds.), *Preparatory states and processes* (pp. 217-234). Hillsdale, NJ: Erlbaum.

Kutner, M., Greenberg, E., Jin, Y., Boyle, B., Hsu, Y., & Dunleavy, E. (2007). *Literacy in Everyday Life: Results From the 2003 National Assessment of Adult Literacy* (NCES 2007-08). Washington, DC: National Center for Education Statistics.

Lai, S. A. (2014). *Validating the use of D.* Unpublished dissertation, University of Georgia, Athens, GA.

Lai, S. A., Benjamin, R. G., Schwanenflugel, P. J., & Kuhn, M. R. (2014). The longitudinal relationship between reading fluency and reading comprehension skills in second grade children. *Reading and Writing Quarterly, 30*(2), 116-138.

Laing, E., & Hulme, C. (1999). Phonological and semantic processes influence beginning readers' ability to learn to read words. *Journal of Experimental Child Psychology, 73,* 183-207.

Lambon Ralph, M. A., Graham, K. S., Ellis, A. W., & Hodges, J. R. (1998). Naming in semantic dementia—what matters? *Neuropsychologia, 36,* 775-784.

Lance, K. C., & Russell, B. (2004). Scientifically based research on school libraries and academic achievement: What is it? How much of it do we have? How can we do it better? *Knowledge Quest, 32*(5), 13-17.

Lass, B. (1982). Portrait of my son as an early reader. *The Reading Teacher, 36,* 20-28.

Lassonde, K. A., & O'Brien, E. J. (2009). Contextual specificity in the activation of predictive inferences. *Discourse Processes, 46*(5), 426-438.

Layzer, J. I., Goodson, B. D., & Moss, M. (1993). *Observational study of early childhood programs, final report, volume I: Life in preschool.* Cambridge, MA: Abt Associates.

Leavell, A. S., Tamis-LeMonda, C. S., Ruble, D. N., Zosuls, K. M., & Cabrera, N. J. (2012). African American, white and Latino fathers' activities with their sons and daughters in early childhood. *Sex Roles, 66*(1-2), 53-65.

Lee, J. M., Clark, W. W., & Lee, D. M. (1934). Measuring reading readiness. *Elementary School Journal, 34*(9), 656-666.

LeMoine, N. R. (2001). Language variation and literacy acquisition in African American students. In J. L. Harris, A. G. Kamhi, & K. E. Pollock (Eds.), *Literacy in African American communities* (pp. 169-94). Mahwah, NJ: Erlbaum.

León, J. A., & Carretero, M. (1995). Intervention in comprehension and memory strategies: Knowledge and use of text structure. *Learning and Instruction, 5*(3), 203-220.

Lesaux, N. K. (2012). Reading and reading instruction for children from low-income and non-English-speaking households. *The Future of Children, 22*(2), 73-88.

Lesaux, N. K., Kieffer, M. J., Faller, S. E., & Kelley, J. G. (2010). The effectiveness and ease of implementation of an academic vocabulary intervention for linguistically diverse students in urban middle schools. *Reading Research Quarterly, 45*(2), 196-228.

Leu, D. J., Zawilinski, L., Castek, J., Banerjee, M., Housand, B., Liu, Y., et al. (2007). What is new about the new literacies of online reading comprehension? In L. S. Rush, J. Eakle, & A. Berger (Eds.), *Secondary school literacy: What research reveals for classroom practices* (pp. 37-68). Urbana, IL: National Council of Teachers of English.

Lever, R., & Sénéchal, M. (2011). Discussing stories: On how a dialogic reading intervention improves kindergartners' oral narrative construction. *Journal of Experimental Child Psychology, 108*(1), 1-24.

Levin, I., & Bus, A. G. (2003). How is emergent writing based on drawing?: An analyses of children's products and their sorting by children and mothers. *Developmental Psychology, 39*, 891-905.

Levin, J. R., Shriberg, L. K., & Berry, J. K. (1983). A concrete strategy for remembering abstract prose. *American Educational Research Journal, 20*, 277-290.

Levinson, S. (2001). Covariation between spatial language and cognition, and its implications for language learning. In M. Bowerman & S. Levinson (Eds.), *Language acquisition and conceptual development* (pp. 566-588). New York: Cambridge University Press.

Lewin, K. (1938). *The conceptual representation and the measurement of psychological forces.* Durham, NC: Duke University Press.

Lewis, M., & Samuels, S. J. (2005). Read more, read better?: A meta-analysis of the literature on the relationship between exposure to reading and reading achievement. Retrieved December 10, 2014, from *www.tc.umn.edu/samue001/final%20version.pdf.*

Lexia Learning Systems. (2003). *Early reading.* Concord, MA: Author.

Lieff, J. (2012). Neuronal connections and the mind: The Connectome. Retrieved February 8, 2015, from *http://jonlieffmd.com/blog/neuronal-connections-and-the-mind-the-connectome.*

Linan-Thompson, S., Cirino, P. T., & Vaughn, S. (2007). Determining English language learners' response to intervention: Questions and some answers. *Learning Disability Quarterly, 30*, 185-195.

Linderholm, T. (2002). Predictive inference generation as a function of working memory capacity and causal text constraints. *Discourse Processes, 34*(3), 259-280.

Lipson, M. Y. (1982). Learning new information from text: The role of prior knowledge and reading ability. *Journal of Literacy Research, 14*(3), 243-261.

Lloyd, S. L. (2004). Using comprehension strategies as a springboard for student talk. *Journal of Adolescent and Adult Literacy, 48*(2), 114-124.

Lockhead, G., & Crist, W. B. (1980). Making letters distinctive. *Journal of Educational Psychology, 72*(4), 483-493.

Logan, G. D. (1997). Automaticity and reading: Perspectives from the instance theory of automatization. *Reading and Writing Quarterly, 13*(2), 123-146.

Logan, S., Medford, E., & Hughes, N. (2011). The importance of intrinsic motivation for high and low ability readers' reading comprehension performance. *Learning and Individual Differences, 21*(1), 124-128.

Long, D. L., & De Ley, L. (2000). Implicit causality and discourse focus: The interaction of text and reader characteristics in pronoun resolution. *Journal of Memory and Language, 42*(4), 545-570.

Long, D. L., & Golding, J. M. (1993). Superordinate goal inferences: Are they automatically generated during comprehension? *Discourse Processes, 16*(1-2), 55-73.

Lonigan, C. J., Burgess, S. R., & Anthony, J. L. (2000). Development of emergent literacy and early reading skills in preschool children: Evidence from a latent-variable longitudinal study. *Developmental Psychology, 36*, 596-613.

Lonigan, C. J., & Whitehurst, G. J. (1998). Relative efficacy of parent and teacher involvement in a shared-reading intervention for preschool children from low-income backgrounds. *Early Childhood Research Quarterly, 13*, 263-290.

Lott, J. R. (1990). The effect of conviction on the legitimate income of criminals. *Economics Letters, 34*(4), 381-385.

Lovett, M. W., Lacerenza, L., Borden, S. L., Frijters, J. C., Steinback, K. A., & De Palma, M. (2000). Components of effective remediation for developmental reading disabilities: Combining phonological and strategy-based instruction to improve outcomes. *Journal of Educational Psychology, 92*, 263-283.

Lucas, M. (1999). Context effects in lexical access: A meta-analysis. *Memory and Cognition, 27*(3), 385-398.

Lundberg, I., Frost, J., & Peterson, O. (1988). Effects of an extensive program for stimulating phonological awareness in preschool children. *Reading Research Quarterly, 23*, 263-284.

Lynch, J. S., van den Broek, P., Kremer, K. E., Kendeou, P., White, M., & Lorch, E. P. (2008). The development of narrative comprehension in its relation to other early reading skills.

Reading Psychology, 29, 327-365.

Lysaker, J. T., Tonge, C., Gauson, D., & Miller, A. (2011). Reading and social imagination: What relationally oriented reading instruction can do for children. *Reading Psychology, 32*, 520-566.

Mabie, G. E. (2002, March). A life with young learners: An interview with Bettye M. Caldwell. *Educational Forum, 66*(1), 40-49.

Macaruso, P., & Rodman, A. (2011). Efficacy of computer-assisted instruction for the development of early literacy skills in young children. *Reading Psychology, 32*, 172-196.

MacGinitie, W. H. (1969). Evaluating readiness for learning to read: A critical review and evaluation of research. *Reading Research Quarterly, 4*(3), 396-410.

Magliano, J. P., Baggett, W. B., Johnson, B. K., & Graesser, A. C. (1993). The time course of generating causal antecedent and causal consequence inferences. *Discourse Processes, 16*(1-2), 35-53.

Magliano, J. P., & Millis, K. K. (2003). Assessing reading skill with a think-aloud procedure and latent semantic analysis. *Cognition and Instruction, 21*(3), 251-283.

Maguire, E. A., Frith, C. D., & Morris, R. G. M. (1999). The functional neuroanatomy of comprehension and memory: The importance of prior knowledge. *Brain, 122*(10), 1839-1850.

Males, M. (2009). The role of poverty in California teenagers' fatal traffic crash risk. *Californian Journal of Health Promotion, 7*(1), 1-13.

Malloy, J. A., Marinak, B. A., Gambrell, L. B., & Mazzoni, S. A. (2013). Assessing motivation to read. *The Reading Teacher, 67*(4), 273-282.

Malvern, D. D., & Richards, B. J. (2002). Investigating accommodation in language proficiency interviews using a new measure of lexical diversity. *Language Testing, 19*(1), 85-104.

Malvern, D. D., Richards, B. J., Chipere, N., & Durán, P. (2004). *Lexical diversity and language development: Quantification and assessment.* Basingstoke, UK: Palgrave.

Mancilla-Martinez, J., & Lesaux, N. K. (2011). The gap between Spanish speakers' word reading and word knowledge: A longitudinal study.

Child Development, 82(5), 1544-1560.

Mandler, J. M., & Johnson, N. S. (1977). Remembrance of things parsed: Story structure and recall. Cognitive Psychology, 9, 111-151.

Mann, V. (1986). Phonological awareness: The role of reading experience. Cognition, 24, 65-92.

Mar, R. A., Oatley, K., Hirsh, J., dela Paz, J., & Peterson, J. B. (2006). Bookworms versus nerds: Exposure to fiction versus non-fiction, divergent associations with social ability, and the simulation of fictional social worlds. Journal of Research in Personality, 40, 694-712.

Mar, R. A., Oatley, K., & Peterson, J. B. (2009). Exploring the link between reading fiction and empathy: Ruling out individual differences and examining outcomes. Communications, 34, 407-429.

Marchman, V. A., & Fernald, A. (2008). Speed of word recognition and vocabulary knowledge in infancy predict cognitive and language outcomes in later childhood. Developmental Science, 11(3), F9-F16.

Marée, T. J., van Bruggen, J. M., & Jochems, W. M. (2013). Effective self-regulated science learning through multimedia-enriched skeleton concept maps. Research in Science and Technological Education, 31(1), 16-30.

Marinak, B. A., & Gambrell, L. B. (2008). Intrinsic motivation and rewards: What sustains young children's engagement with text? Literacy Research and Instruction, 47(1), 9-26.

Markman, E. M., Wasow, J. L., & Hansen, M. B. (2003). Use of the mutual exclusivity assumption by young word learners. Cognitive Psychology, 47(3), 241-275.

Marks, G. N. (2006). Family size, family type, and student achievement: Cross-national differences and the role of socioeconomic and school factors. Journal of Comparative Family Studies, 37(1), 1-24.

Marr, D. (1982). Vision: A computational investigation into the human representation and processing of visual information. San Francisco: Freeman.

Marsh, G., Desberg, P., & Cooper, J. (1977). Developmental strategies in reading. Journal of Reading Behavior, 9, 391-394.

Masonheimer, P. E., Drum, P. A., & Ehri,

L. C. (1984). Does environmental print identification lead children into word reading? Journal of Literacy Research, 16(4), 257-271.

Matsumoto, A., Iidaka, T., Haneda, K., Okada, T., & Sadato, N. (2005). Linking semantic priming effect in functional MRI and event-related potentials. Neuroimage, 24(3), 624-634.

Mayor, J., & Plunkett, K. (2011). A statistical estimate of infant and toddler vocabulary size from CDI analysis. Developmental Science, 14(4), 769-785.

McBride-Chang, C. (1999). The ABCs of the ABCs: The development of letter-name and letter-sound knowledge. Merrill-Palmer Quarterly, 45, 285-308.

McBride-Chang, C., Shu, H., Zhou, A., Wat, C. P., & Wagner, R. K. (2003). Morphological awareness uniquely predicts young children's Chinese character recognition. Journal of Educational Psychology, 95(4), 743.

McCabe, A. (1997). Cultural background and storytelling: A review and implications for schooling. Elementary School Journal, 97(5), 453-473.

McCabe, J., Fairchild, E., Grauerholz, L., Pescosolido, B. A., & Tope, D. (2011). Gender in twentieth-century children's books: Patterns of disparity in titles and central characters. Gender and Society, 25(2), 197-226.

McCarthey, S. (1999). Identifying teacher practices that connect home and school. Education and Urban Society, 32, 83-107.

McClelland, J. L., & O'Regan, J. K. (1981). Expectations increase the benefit derived from parafoveal information in reading words aloud. Journal of Experimental Psychology: Human Perception and Performance, 7, 634-644.

McClelland, J. L., & Rumelhart, D. E. (1981). An interactive activation model of context effects in letter perception: Part 1. An account of basic findings. Psychological Review, 88, 375-407.

McDaniel, C. (2004). Critical literacy: A questioning stance and the possibility for change. The Reading Teacher, 570(5), 472-481.

McDonald, S. A., & Shillock, R. C. (2003). Low-level predictive inference in reading: The influence of transitional probabilities on eye movements. *Vision Research, 43*, 1735-1751.

McFalls, E. M., Schwanenflugel, P. J., & Stahl, S. (1996). Influence of word meaning on the acquisition of a reading vocabulary in second-grade children. *Reading and Writing: An Interdisciplinary Journal, 8*, 235-250.

McKenna, M. C., Conradi, K., Lawrence, C., Jang, B. G., & Meyer, J. P. (2012). Reading attitudes of middle school students: Results of a U.S. survey. *Reading Research Quarterly, 47*(3), 283-306.

McKenna, M. C., & Kear, D. J. (1990). Measuring attitude toward reading: A new tool for teachers. *The Reading Teacher, 43*(9), 626-639.

McKenna, M. C., Kear, D. J., & Ellsworth, R. A. (1995). Children's attitudes toward reading: A national survey. *Reading Research Quarterly, 30*(4), 934-956.

McKeown, M. G. (1985). The acquisition of word meaning from context by children of high and low ability. *Reading Research Quarterly, 20*, 482-496.

McKeown, M. G. (1993). Creating effective definitions for young word learners. *Reading Research Quarterly, 28*(1), 16-31.

McKeown, M. G., & Beck, I. L. (1990). The assessment and characterization of young learners' knowledge of a topic in history. American Educational *Research Journal, 27*(4), 688-726.

McKeown, M. G., & Beck, I. L. (2004). Transforming knowledge into professional development resources: Six teachers implement a model of teaching for understanding text. *Elementary School Journal, 104*(5), 391-408.

McKeown, M. G., Beck, I. L., & Worthy, M. J. (1993). Grappling with text ideas: Questioning the author. *The Reading Teacher, 46*(7), 560-566.

McKool, S. S., & Gespass, S. (2009). Does Johnny's reading teacher love to read?: How teachers' personal reading habits affect instructional practices. *Literacy Research and Instruction, 48*(3), 264-276.

McKoon, G., & Ratcliff, R. (1986). Inferences about predictable events. Journal of Experimental Psychology: *Learning, Memory,*

and Cognition, 12(1), 82-91.

McLuhan, M. (1963). *The Gutenberg galaxy.* Toronto, Ontario, Canada: University of Toronto.

McNamara, D. S., Graesser, A. C., McCarthy, P. M., & Cai, Z. (2014). *Automated evaluation of text and discourse with Coh-Metrix.* New York: Cambridge University Press.

McNamara, D. S., & Kendeou, P. (2011). Translating advances in reading comprehension research to educational practice. International Electronic *Journal of Elementary Education, 4*(1), 33-46.

McNamara, D. S., Kintsch, E., Songer, N. B., & Kintsch, W. (1996). Are good texts always better?: Interactions of text coherence, background knowledge, and levels of understanding in learning from text. *Cognition and Instruction, 14*(1), 1-43.

McNamara, T. P. (1992). Theories of priming: I. Associative distance and lag. *Journal of Experimental Psychology: Learning, Memory, and Cognition, 18*(6), 1173-1190.

McNamara, T. P. (2005). *Semantic priming: Perspectives from memory and word recognition.* New York: Psychology Press.

McNicol, S. J., & Dalton, P. (2002). "The best way is always through the children": The impact of family reading. *Journal of Adolescent and Adult Literacy, 46*(3), 248-253.

McRae, K., de Sa, V. R., & Seidenberg, M. S. (1997). On the nature and scope of featural representations of word meaning. *Journal of Experimental Psychology: General, 126*, 99-130.

Meara, P. M. (1981). Vocabulary acquisition: A neglected aspect of language learning. Language *Teaching and Linguistics Abstracts, 14*, 221-246.

Meara, P. M., & Olmos Alcoy, J. C. (2010). Words as species: An alternative approach to estimating productive vocabulary size. *Reading in a Foreign Language, 22*(1), 222-236.

Meisinger, E. B., Bradley, B. A., Schwanenflugel, P. J., & Kuhn, M. R. (2009). Myth and reality of the word caller: The relationship between teacher nominations and prevalence among elementary school children. *School Psychology Quarterly, 24*, 147-159.

Meisinger, E. B., Bradley, B. A., Schwanenflugel,

P. J., & Kuhn, M. R. (2010). Teachers' perception of word callers and related literacy concepts. *School Psychology Review, 39*(1), 54-68.

Melby-Lervåg, M., & Lervåg, A. (2011). Cross-linguistic transfer of oral language, decoding, phonological awareness, and reading comprehension: A meta-analysis of the correlational evidence. *Journal of Research in Reading, 34*(1), 114-135.

Melby-Lervåg, M., Lyser, S.-A., & Hulme, C. (2012). Phonological skills and their role in learning to read: A meta-analytic review. *Psychological Review, 138*(2), 322-352.

Merga, M. K. (2014a). Exploring the role of parents in supporting recreational book reading beyond primary school. *English in Education, 48*(2), 149-163.

Merga, M. K. (2014b). Peer group and friend influences on the social acceptability of adolescent book reading. *Journal of Adolescent and Adult Literacy, 57*(6), 472-482.

Mervis, C. B., & Bertrand, J. (1994). Acquisition of the novel name-nameless category (N3C) principle. *Child Development, 65*(6), 1646-1662.

Mervis, C. B., & Bertrand, J. (1995). Early lexical acquisition and the vocabulary spurt: A response to Goldfield and Reznick. *Journal of Child Language, 22*, 461-468.

Methe, S. A., & Hintze, J. M. (2003). Evaluating teacher modeling as a strategy to increase student reading behavior. *School Psychology Review, 32*(4), 617-622.

Metsala, J. L. (1997). An examination of word frequency and neighborhood density in the development of spoken-word recognition. *Memory and Cognition, 25*(1), 47-56.

Metsala, J. L. (1999). The development of phonemic awareness in reading-disabled children. *Applied Psycholinguistics, 20*(1), 149-158.

Meyer, B. J. F. (1985). Prose analysis: Purposes, procedures, and problems. In B. K. Britten & J. B. Black (Eds.), *Understanding expository text: A theoretical and practical handbook for analyzing explanatory text* (pp. 11-64). Hillsdale, NJ: Erlbaum.

Meyer, B. J. F., Brandt, D. M., & Bluth, G. J. (1980). Use of top-level structure in text: Key for reading comprehension of ninth-grade students. *Reading Research Quarterly, 16*, 72-103.

Meyer, B. J. F., & Ray, M. N. (2011). Structure strategy interventions: Increasing reading comprehension of expository text. *International Electronic Journal of Elementary Education, 4*(1), 127-152.

Meyer, B. J. F., & Wijekumar, K. (2007). A webbased tutoring system for the structure strategy: Theoretical background, design, and findings. In D. S. McNamara (Ed.), *Reading comprehension strategies: Theories, interventions, and technologies* (pp. 347-375). Mahwah, NJ: Erlbaum.

Meyer, D. E., & Schvaneveldt, R. W. (1971). Facilitation in recognizing pairs of words: Evidence of a dependence between retrieval operations. *Journal of Experimental Psychology, 90*, 227-234.

Michaels, S. (1981). "Sharing time": Children's narrative styles and differential access to literacy. *Language in Society, 10*(3), 423-442.

Michaels, S., & Collins, J. (1984). Oral discourse styles: Classroom interaction and the acquisition of literacy. In D. Tannen (Ed.), *Coherence in spoken and written discourse* (pp. 219-244). Norwood, NJ: Ablex.

Miller, G. A., & Gildea, P. M. (1987). How children learn words. *Scientific American, 257*(3), 94-99.

Miller, J., & Schwanenflugel, P. J. (2006). Prosody of syntactically complex sentences in the oral reading of young children. *Journal of Educational Psychology, 98*(4), 839-853.

Miller, J., & Schwanenflugel, P. J. (2008). A longitudinal study of the development of reading prosody as a dimension of oral reading fluency in early elementary school children. *Reading Research Quarterly, 43*, 336-354.

Miller, S. D., & Smith, D. E. (1985). Differences in literal and inferential comprehension after reading orally and silently. *Journal of Educational Psychology, 77*, 341-348.

Mischel, W., Ebbesen, E. B., & Raskoff Zeiss, A. (1972). Cognitive and attentional mechanisms in delay of gratification. *Journal of Personality and Social Psychology, 21*(2), 204.

Miyake, N., & Norman, D. A. (1979). To ask

a question, one must know enough to know what is not known. *Journal of Verbal Learning and Verbal Behavior, 18*, 357-364.

Moje, E. B., Overby, M., Tysvaer, N., & Morris, K. (2008). The complex world of adolescent literacy: Myths, motivations, and mysteries. *Harvard Educational Review, 78*(1), 107-154.

Mokhtari, K., & Thompson, H. B. (2006). How problems of reading fluency and comprehension are related to difficulties in syntactic awareness skills in fifth graders. *Reading Research and Instruction, 46*(1), 73-94.

Mol, S. E., & Bus, A. G. (2011). To read or not to read: A meta-analysis of print exposure from infancy to early adulthood. *Psychological Bulletin, 137*(2), 267-296.

Mol, S. E., Bus, A. G., & de Jong, M. T. (2009). Interactive book reading in early education: A tool to stimulate print knowledge as well as oral language. *Review of Educational Research, 79*(2), 979-1007.

Mol, S. E., Bus, A. G., de Jong, M. T., & Smeets, D. J. (2008). Added value of dialogic parent-child book readings: A meta-analysis. *Early Education and Development, 19*(1), 7-26.

Moll, L. C. (Ed.). (1992). *Vygotsky and education: Instructional implications and applications of sociohistorical psychology.* New York: Cambridge University Press.

Moll, L. C., Amanti, C., Neff, D., & Gonzalez, N. (1992). Funds of knowledge for teaching: Using a qualitative approach to connect homes and classrooms. *Theory into Practice, 31*(2), 132-141.

Moore, C., & Furrow, D. (1991). The development of language of belief: The expression of relative certainty. In D. Frye & C. Moore (Eds.), *Children's theories of mind: Mental states and social understanding* (pp. 173-193). Hillsdale, NJ: Erlbaum.

Morgan, H. (2013). Multimodal children's e-books help young learners in reading. *Early Childhood Education Journal, 41*(6), 477-483.

Morgan, P. L., & Fuchs, D. (2007). Is there a bidirectional relationship between children's reading skills and reading motivation? *Exceptional Children, 73*(2), 165-183.

Morgan, P. L., Fuchs, D., Compton, D. L., Cordray, D. S., & Fuchs, L. S. (2008). Does early reading failure decrease children's reading motivation? *Journal of Learning Disabilities, 41*(5), 387-404.

Morrison, C. M., Chappell, T. D., & Ellis, A. W. (1997). Age of acquisition norms for a large set of object names and their relation to adult estimates and other variables. *Quarterly Journal of Experimental Psychology, 50A*, 528-559.

Morrison, C. M., & Ellis, A. W. (1995). The role of word frequency and age of acquisition in word naming and lexical decision. *Journal of Experimental Psychology: Learning, Memory, and Cognition, 21*, 116-133.

Mulder, G., & Sanders, T. J. M. (2012). Causal coherence relations and levels of discourse representation. *Discourse Processes, 49*(6), 501-522.

Murphy, P. K., & Alexander, P. A. (2000). A motivated exploration of motivation terminology. *Contemporary Educational Psychology, 25*(1), 3-53.

Muter, V., Hulme, C., Snowling, M. J., & Stevenson, J. (2004). Phonemes, rimes, vocabulary, and grammatical skills as foundations of early reading development: Evidence from a longitudinal study. *Developmental Psychology, 40*, 665-681.

Nag, S. (2007). Early reading in Kannada: The pace of acquisition of orthographic knowledge and phonemic awareness. *Journal of Research in Reading, 30*(1), 7-22.

Nagengast, B., Marsh, H. W., Scalas, L. F., Xu, M. K., Hau, K. T., & Trautwein, U. (2011). Who took the "x" out of expectancy-value theory?: A psychological mystery, a substantive-methodological synergy, and a cross-national generalization. *Psychological Science, 22*(8), 1058-1066.

Nagy, W. E., & Anderson, R. C. (1984). How many words are there in printed school English? *Reading Research Quarterly, 19*(3), 304-330.

Nagy, W. E., & Herman, P. (1987). Depth and breadth of vocabulary knowledge: Implications for acquisition and instruction. In M. G. McKeown & M. E. Curtis (Eds.), *The nature of vocabulary acquisition* (pp. 19-35). Hillsdale, NJ: Erlbaum.

Nagy, W. E., & Townsend, D. (2012). Words

as tools: Learning academic vocabulary as language acquisition. *Reading Research Quarterly, 47*(1), 91-108.

Nathanson, S., Pruslow, J., & Levitt, R. (2008). The reading habits and literacy attitudes of inservice and prospective teachers: Results of a questionnaire survey. *Journal of Teacher Education, 59*(4), 313-321.

Nation, I. S. P. (2001). *Learning vocabulary in another language.* New York: Cambridge University Press.

Nation, K., Angell, P., & Castles, A. (2007). Orthographic learning via self-teaching in children learning to read English: Effects of exposure, durability, and context. *Journal of Experimental Child Psychology, 96*, 71-84.

Nation, K., & Snowling, M. (1997). Assessing reading difficulties: The validity and utility of current measures of reading skill. *British Journal of Educational Psychology, 67*(3), 359-370.

Nation, K., & Snowling, M. J. (2004). Beyond phonological skills: Broader language skills contribute to the development of reading. *Journal of Research in Reading, 27*, 342-356.

National Assessment of Educational Progress. (2011). The nation's report card. Retrieved from *http://nationsreportcard.gov/ reading_/nat_g4.asp?tab_idtab2&subtab_ id=Tab_7#chart.*

National Association for the Education of Young Children. (2002). *Early learning standards: Creating the conditions for success.* Washington, DC: Author.

National Association for the Education of Young Children. (2014). *NAEYC early childhood program standards and accreditation criteria and guidance for assessment.* Washington, DC: Author. Retrieved November 30, 2014, from www.naeyc.org/academy/ files/academy/file/AllCriteriaDocument.pdf.

National Center for Early Development and Learning. (2005). Prekindergarten in eleven states: NCEDL's multi-state study of prekindergarten and study of state-wide early education programs (SWEEP). Preliminary descriptive report. Available at *www.fpg.unc. edu/ncedl/pdfs/SWEEP_MS_summary_final. pdf.*

National Center for Education Statistics. (2013). *The nation's report card: Trends in academic progress 2012* (NCES 2013-456). Washington, DC: Author. Available at http://nces.ed.gov/ nationsreportcard.

National Early Literacy Panel. (2008). *Developing early literacy.* Washington, DC: National Institute for Literacy.

National Endowment for the Arts. (2007). *To read or not to read: A question of national consequence* (Research Report #47). Washington, DC: Author.

National Endowment for the Arts. (2015). How a nation engages with art: Highlights from the survey of public participation in the arts (rev.). Retrieved January 16, 2015, from *http:// arts.gov/sites/default/files/highlights-from- 2012-sppa-revised-jan2015.pdf.*

National Governors Association Center for Best Practices & Council of Chief State School Officers. (2010). *Common Core State Standards for English language arts and literacy in history/social studies, science, and technical subjects.* Washington, DC: Author.

National Institute of Child Health and Human Development. (2000). *Report of the National Reading Panel. Teaching children to read: An evidence-based assessment of the scientific research literature on reading and its implications for reading instruction: Reports of the subgroups* (NIH Publication No. 00- 4754). Washington, DC: U.S. Government Printing Office.

National Institute of Child Health and Human Development Early Child Care Research Network. (2005). Pathways to reading: The role of oral language in the transition to reading. *Developmental Psychology, 41*(2), 428-444.

Nation's Report Card. (2013). What poportions of student groups are reaching proficient? Retrieved from *www.nationsreportcard.gov/ reading_math_2013/#/student-groups.*

Neely, J. H. (1991). Semantic priming effects in visual word recognition: A selective review of current findings and theories. In D. Besner & G. W. Humphreys (Eds.), *Basic processes in reading: Visual word recognition* (pp. 264-336). Hillsdale, NJ: Erlbaum.

Neisser, U. (1967). *Cognitive psychology.* New York: Appleton, Century, Crofts.

Nelson, K. (1973). Structure and strategy in learning to talk. *Monographs of the Society* for Research in Child Development, 38, 1-135.

Nelson, R. O., & Wein, K. S. (1974). Training letter discrimination by presentation of high-confusion versus low-confusion alternative. *Journal of Educational Psychology, 66*(6), 926-931.

Nesbit, J. C., & Adesope, O. O. (2006). Learning with concept and knowledge maps: A meta-analysis. *Review of Educational Research, 76*(3), 413-448.

Neuman, S. B. (1988). The displacement effect: Assessing the relation between television viewing and reading performance. *Reading Research Quarterly, 23*(4), 414-440.

Neuman, S. B. (1991). *Literacy in the television age.* Norwood, NJ: Ablex.

Neuman, S. B., & Celano, D. (2001). Access to print in low-income and middle-income communities: An ecological study of four neighborhoods. *Reading Research Quarterly, 36*(1), 8-26.

Neuman, S. B., & Celano, D. (2012). *Giving our children a fighting chance: Affluence, literacy, and the development of information capital.* New York: Teachers College Press.

Neumann, M. M., Hood, M., & Ford, R. M. (2013a). Using environmental print to enhance emergent literacy and print motivation. *Reading and Writing, 26*(5), 771-793.

Neumann, M. M., Hood, M., Ford, R. M., & Neumann, D. L. (2011). The role of environmental print in emergent literacy. *Journal of Early Childhood Literacy, 12*(3), 231-258.

Neumann, M. M., Hood, M., Ford, R. M., & Neumann, D. L. (2013b). Letter and numeral identification: Their relationship with early literacy and numeracy skills. *European Early Childhood Education Research Journal, 21*(4), 489-501.

Newcombe, P. I., Campbell, C., Siakaluk, P. D., & Pexman, P. M. (2012). Effects of emotional and sensorimotor knowledge in semantic processing of concrete and abstract nouns. *Frontiers in Human Neuroscience, 6,* article #275.

Nicholls, J. G., & Miller, A. (1984). Conceptions of ability and achievement motivation. In R. Ames & C. Ames (Eds.), *Research on motivation in education: Student motivation* (Vol. 1, pp. 39-73). New York: Academic Press.

Nichols, S. L., Glass, G. V., & Berliner, D. C. (2012). High-stakes testing and student achievement: Updated analyses with NAEP data. *Education Policy Analysis Archives, 20*(20).

Nilsen, E., & Bourassa, D. (2008). Word-learning performance in beginning readers. *Canadian Journal of Experimental Psychology, 62*(2), 110-116.

Nilsson, N. L. (2005). How does Hispanic portrayal in children's books measure up after 40 years?: The answer is "It depends." *The Reading Teacher, 58*(6), 534-548.

Nippold, M. A., & Sun, L. (2008). Knowledge of morphologically complex words: A developmental study of older children and young adolescents. *Language, Speech, and Hearing Services in the Schools, 39,* 365-373.

Nist, S. L., & Olejnik, S. (1995). The role of context and dictionary definition on varying levels of word knowledge. *Reading Research Quarterly, 30*(2), 172-193.

Noordman, L., Dassen, I., Swerts, M., & Terken, J. (1999). Prosodic markers of text structure. In K. van Hoek, A. Kibrik, & L. Noordman (Eds.), *Discourse studies in cognitive linguistics: Selected papers from the 5th international cognitive linguistics conference* (pp. 133-148). Amsterdam, The Netherlands: Benjamins.

Norton, M. I., & Ariely, D. (2011). Building a better America: One wealth quintile at a time. *Perspectives on Psychological Science, 6*(1), 9-12.

Norwalk, K. E., DiPerna, J. C., Lei, P.-W., & Wu, Q. (2012). Examining early literacy skill differences among children in Head Start via latent profile analysis. *School Psychology Quarterly, 27,* 170-183.

Nunes, T., Bryant, P., & Barros, R. (2012). The development of word recognition and its significance for comprehension and fluency. *Journal of Educational Psychology, 104*(4), 959-973.

Oakhill, J. (1984). Inferential and memory skills in children's comprehension of stories. *British Journal of Educational Psychology, 54,* 31-39.

Oakhill, J., Hartt, J., & Samols, D. (2005). Levels

of comprehension monitoring and working memory in good and poor comprehenders. *Reading and Writing, 18*(7-9), 657-686.

Oakhill, J., & Patel, S. (1991). Can imagery training help children who have comprehension problems? *Journal of Research in Reading, 12*, 106-115.

OECD Statistics Canada. (2011). *Literacy for life: Further results from the Adult Literacy and Life Skills Survey.* Ottawa: OECD Publishing.

O'Flahavan, J., Gambrell, L. B., Guthrie, J., Stahl, S., Baumann, J. F., & Alvermann, D. E. (1992). Poll results guide activities of research center. *Reading Today, 10*(1), 12.

Ogawa, E., & Shodo, H. (2001). Effects of aloud/silent reading, reading speed, Type A behavior pattern, and preference of material on the cardiovascular reactivity during reading tasks. *Japanese Journal of Physiological Psychology and Psychophysiology, 19*(1), 25-32.

Ogbu, J. U. (2003). *Black students in an affluent suburb: A study of academic disengagement.* Mahwah, NJ: Erlbaum.

Ogbu, J. U. (2004). Collective identity and the burden of "acting White" in Black history, community, and education. *Urban Review, 36*(1), 1-35.

Ogbu, J. U., & Simons, H. D. (1998). Voluntary and involuntary minorities: Acultural-ecological theory of school performance with some implications for education. *Anthropology and Education Quarterly, 29*(2), 155-188.

Ogle, D. (2009). Creating contexts for inquiry: From KWL to PRC2. Knowledge Quest, 38(1), 56-61.

Oldfather, P., & Dahl, K. (1994). Toward a social constructivist reconceptualization of intrinsic motivation for literacy learning. *Journal of Literacy Research, 26*(2), 139-158.

Oliver, K. (2009). An investigation of concept mapping to improve the reading comprehension of science texts. *Journal of Science Education and Technology, 18*(5), 402-414.

Oller, D. K., & Eilers, R. E. (Eds.). (2002). *Language and literacy in bilingual children* (Vol. 2). Clevedon, UK: Multilingual Matters.

Olson, D. R. (1986). The cognitive consequences of literacy. *Canadian Psychology, 27*(2), 109-121.

Olson, R. K., Gillis, J. J., Rack, J. P., DeFries, J. C., & Fulker, D. W. (1991). Confirmatory factor analysis of word recognition and process measures in the Colorado Reading Project. *Reading and Writing, 3*, 235-248.

O'Mara, J., & Laidlaw, L. (2011). Living in the iWorld: Two literacy researchers reflect on the changing texts and literacy practices of childhood. *English Teaching: Practice and Critique, 10*(4), 149-159.

Ordóñez, C. L., Carlo, M. S., Snow, C., & McLaughlin, B. (2002). Depth and breadth of vocabulary in two languages: Which vocabulary skills transfer? *Journal of Educational Psychology, 94*(4), 719-728.

Ornaghi, V., Brockmeier, J., & Gavazzi, I. G. (2011). The role of language games in children's understanding of mental states: A training study. *Journal of Cognition and Development, 12*(2), 239-259.

Osterholm, K., Nash, W. R., & Kritsonis, W. A. (2007). Effects of labeling students "learning disabled": Emergent themes in the research literature 1970 through 2000. *Focus on Colleges, Universities, and Schools, 1*(1), 1-11.

Ouellette, G. P. (2006). What's meaning got to do with it?: The role of vocabulary in word reading and reading comprehension. *Journal of Educational Psychology, 98*(3), 554-566.

Ouellette, G. P., & Beers, A. (2010). A not-so-simple view of reading: How oral vocabulary and visual-word recognition complicate the story. *Reading and Writing, 23*(2), 189-208.

Pachtman, A. B., & Wilson, K. A. (2006). What do the kids think? *The Reading Teacher, 59*(7), 680-684.

Pacton, S., Perruchet, P., Fayol, M., & Cleeremans, A. (2001). Implicit learning in real world context: The case of orthographic regularities. *Journal of Experimental Psychology: General, 130*, 401-426.

Pae, H. K., Greenburg, D., & Morris, R. D. (2012). Construct validity and measurement invariance of the Peabody Picture Vocabulary Test-III Form A. *Language Assessment Quarterly, 9*(2), 152-171.

Paige, D. D., Rasinski, T. B., & Magpuri-Lavell, T. (2012). Is fluent, expressive reading important for high school readers? *Journal of Adolescent and Adult Literacy, 56*(1), 67-76.

Paivio, A. (1968). A factor-analytic study of word attributes and verbal learning. *Journal of Verbal Learning and Verbal Behavior, 7*, 41-49.

Palincsar, A. S., & Brown, A. L. (1984). Reciprocal teaching of comprehension-fostering and comprehension-monitoring activities. *Cognition and Instruction, 1*, 117-175.

Paratore, J. R. (2002). Home and school together: Helping beginning readers succeed. In S. J. Samuels & A. Farstrup (Eds.), *What research has to say about reading instruction* (pp. 48-68). Newark, DE: International Reading Association.

Paratore, J. R., & Dougherty, S. (2011). Home differences and reading difficulty. In A. McGill-Franzen& Allington, R. L. (Eds.), *Handbook of reading disability research* (pp. 93-109). New York: Routledge.

Parault, S. J., & Williams, H. M. (2010). Reading motivation, reading amount, and text comprehension in deaf and hearing adults. *Journal of Deaf Studies and Deaf Education, 15*(2), 120-135.

Parault Dowds, S. J., Haverback, H. R., & Parkinson, M. M. (2014). Classifying the context clues in children's text. *Journal of Experimental Education.* Paris, D. (2012). Culturally sustaining pedagogy: A needed change in stance, terminology, and practice. *Educational Researcher, 41*(3), 93-97.

Paris, S. G. (2005). Reinterpreting the development of reading skills. *Reading Research Quarterly, 40*(2), 184-202.

Paris, S. G., Lindauer, B. K., & Cox, G. L. (1977). The development of inferential comprehension. *Child Development, 48*(4), 1728-1733.

Paris, S. G., Lipson, M. Y., & Wixson, K. K. (1983). Becoming a strategic reader. *Contemporary Educational Psychology, 8*(3), 293-316.

Paris, S. G., & McNaughton, S. (2010). Social and cultural influences on children's motivation for reading. In D. Wise, R. Andrews, & J. Hoffman (Eds.), *The Routledge international handbook of English language and literacy teaching* (pp. 11-21). New York: Routledge.

Parish-Morris, J., Mahajan, N., Hirsh-Pasek, K., Golinkoff, R. M., & Collins, M. F. (2013). Once upon a time: Parent-child dialogue and storybook reading in the electronic era. *Mind, Brain, and Education, 7*(3), 200-211.

Park, H. J., Roberts, K. D., Takahashi, K., & Stodden, R. (2014). Using Kurzweil 3000 as a reading intervention for high school struggling readers: Results of a research study. Retrieved January 20, 2015, from *http://scholarworks.calstate. edu/bitstream/handle/10211.3/121970/ JTPD201406-p105-113.pdf?sequence=1.*

Park, Y. (2011). How motivational constructs interact to predict elementary students' reading performance: Examples from attitudes and self-concept in reading. *Learning and Individual Differences, 21*(4), 347-358.

Partin, K., & Hendricks, C. G. (2002). The relationship between positive adolescent attitudes toward reading and home literary environment. *Reading Horizons, 43*(1), 8.

Patel, A. D., Peretz, I., Tramo, M., & Labreque, R. (1998). Processing prosody and musical patterns: A neuropsychological investigation. *Brain and Language, 61*, 123-144.

Patel, T. K., Snowling, M. J., & deJong, P. F. (2004). A cross-linguistic comparison of children learning to read in English and Dutch. *Journal of Educational Psychology, 96*(4), 785-797.

Paulson, E. J. (2006). Self-selected reading for enjoyment as a college developmental reading approach. *Journal of College Reading and Learning, 36*(2), 51-58.

Pavonetti, L. M., Brimmer, K. M., & Cipielewski, J. F. (2002). Accelerated Reader: What are the lasting effects on the reading habits of middle school students exposed to Accelerated Reader in elementary grades? *Journal of Adolescent and Adult Literacy, 46*(4), 300-311.

Pearson, B. Z., Fernandez, S. C., & Oller, D. K. (1993). Lexical development in bilingual infants and toddlers: Comparison to monolingual norms. *Language Learning, 43*(1), 93-120.

Pearson, P. D., & Gallagher, M. C. (1983). The instruction of reading comprehension. *Contemporary Educational Psychology, 8*, 317-344.

Pelli, D. G., Burns, C. W., Farell, B., Moore-Page, D. C. (2006). Feature detection and letter identification. *Vision Research, 46,* 4646-4674.

Pepi, A., Alesi, M., & Geraci, M. (2004). Theories of intelligence in children with reading disabilities: A training proposal. *Psychological Reports, 95*(3), 949-952.

Perfetti, C. A. (2007). Reading ability: Lexical quality to comprehension. *Scientific Studies of Reading, 11*(4), 357-383.

Perfetti, C. A., Beck, I., Bell, L. C., & Hughes, C. (1987). Phonemic knowledge and learning to read are reciprocal: A longitudinal study of first grade children. *Merrill-Palmer Quarterly, 33,* 283-319.

Perlman, C. L., Borger, J., Collins, C. B., Elenbogan, J. C., & Wood, J. (1996, April). *The effect of time limits on learning disabled students' scores on standardized tests.* Paper presented at the annual meeting of the National Council on Measurement in Education, New York.

Peters, E. E., & Levin, J. R. (1986). Effects of a mnemonic imagery strategy on good and poor readers' prose recall. *Reading Research Quarterly, 21*(2), 179-192.

Pew Charitable Trusts. (2011). The state of children's dental health. Retrieved November 21, 2014, from *www.pewtrusts.org/en/research-and-analysis/reports/0001/01/01/the-state-of-childrens-dental-health.*

Philips, S. U. (1972). Participant structures and communicative competence: Warm Springs children in community and classroom. In C. B. Cazden, V. P. John, & D. Hymes (Eds.), *Functions of language in the classroom* (pp. 370-394). New York: Teachers College Press.

Phillips, B. M., Clancy-Menchetti, J., & Lonigan, C. J. (2008). Successful phonological awareness instruction with preschool children: Lessons from the classroom. *Topics in Early Childhood Special Education, 28*(1), 3-17.

Phillips, B. M., & Lonigan, C. J. (2009). Variations in the home literacy environment of preschool children: A cluster analytic approach. *Scientific Studies of Reading, 13*(2), 146-174.

Phillips, B. M., Piasta, S. B., Anthony, J. L., Lonigan, C. J., & Francis, D. J. (2012). IRTs of the ABCs: Children's letter name acquisition. *Journal of School Psychology, 50,* 461-481.

Piaget, J. (1970). Piaget's theory. In P. H. Mussen (Ed.), *Carmichael's handbook of child psychology* (Vol. 1, pp. 703-733). New York: Wiley.

Piaget, J., & Inhelder, B. (1969). *The psychology of the child.* New York: Basic Books.

Piasta, S. B. (2006). Acquisition of alphabetic knowledge: Examining letter- and child-level factors in a single comprehensive model. *Electronic Theses, Treatises and Dissertations,* paper 931, Florida State University.

Piasta, S. B., Petscher, Y., & Justice, L. M. (2012). How many letters should preschoolers in public programs know?: The diagnostic efficiency of various preschool letter-naming benchmarks for predicting first-grade literacy achievement. *Journal of Educational Psychology, 104*(4), 945-958.

Piasta, S. B., & Wagner, R. K. (2010a). Developing early literacy skills: A meta-analysis of alphabet learning and instruction. *Reading Research Quarterly, 45*(1), 8-38.

Piasta, S. B., & Wagner, R. K. (2010b). Learning letter names and sounds: Effects of instruction, letter type, and phonological processing skill. *Journal of Experimental Child Psychology, 105,* 324-344.

Pichert, J. A., & Anderson, R. C. (1977). Taking different perspectives on a story. *Journal of Educational Psychology, 69,* 309-315.

Pike, M. M., Barnes, M. A., & Barron, R. W. (2010). The role of illustrations in children's inferential comprehension. *Journal of Experimental Child Psychology, 105*(3), 243-255.

Pikulski, J. J. (1988). Questions and answers. *The Reading Teacher, 42*(1), 76.

Pinheiro, A. P., Vasconcelos, M., Dias, M., Arrais, N., & Gonclaves, O. F. (2015). The music of language: An ERP investigation of the effects of musical training on emotional prosody processing. *Brain and Language, 140,* 24-34.

Pinker, S., & Ullman, M. T. (2002). The past and future of the past tense. *Trends in Cognitive Science, 6,* 456-463.

Plaut, D. C., & Booth, J. R. (2000). Individual and developmental differences in semantic priming: Empirical and computational support for a single-mechanism account of lexical processing. *Psychological Review, 107*(4), 786-823.

Pressley, G. M. (1976). Mental imagery helps

eightyear-olds remember what they read. *Journal of Educational Psychology, 68*, 355-359.

Pressley, M., Duke, N. K., Gaskins, I. W., Fingeret, L., Halladay, J., Hilden, K., et al. (2009). Working with struggling readers: Why we must get beyond the simple view of reading and visions of how it might be done. In T. Gutkin & C. R. Reynolds (Eds.), *The handbook of school psychology* (4th ed., pp. 522-546). New York: Wiley.

Pressley, M., El-Dinary, P. B., Gaskins, I., Schuder, T., Bergman, J. L., Almasi, J., et al. (1992). Beyond direct explanation: Transactional instruction of reading comprehension strategies. *Elementary School Journal, 92*, 513-555.

Pressley, M., Johnson, C. J., Symons, S., McGoldrick, J. A., & Kurita, J. A. (1989). Strategies that improve children's memory and comprehension of text. *Elementary School Journal, 90*(1), 3-32.

Priebe, S. J., Keenan, J. M., & Miller, A. C. (2012). How prior knowledge affects word identification and comprehension. *Reading and Writing, 25*, 131-149.

Prior, S. M., Fenwick, K. D., Saunders, K. S., Ouellette, R., O'Quinn, C., & Harvey, S. (2011). Comprehension after oral and silent reading: Does grade level matter? *Literacy Research and Instruction, 50*, 183-194.

Prior, S. M., & Welling, K. A. (2001). "Read in your head": A Vygotskian analysis of the transition from oral to silent reading. *Reading Psychology, 22*, 1-15.

Protopapas, A., Simos, P. G., Sideridis, G. D., & Mouzaki, A. (2012). The components of the simple view of reading: A confirmatory factor analysis. *Reading Psychology, 33*(3), 217-240.

Puranik, C. S., & Lonigan, C. J. (2012). Name-writing proficiency, not length of name, is associated with preschool children's emergent literacy skills. *Early Childhood Research Quarterly, 27*, 284-294.

Puranik, C. S., Lonigan, C. J., & Kim, Y.-S. (2011). Contributions of emergent literacy skills to name writing, letter writing, and spelling in preschool children. *Early Childhood Research Quarterly, 26*, 465-474.

Purcell-Gates, V. (1988). Lexical and syntactic knowledge of written narrative held by well-readto kindergartners and second graders. *Research in the Teaching of English, 22*(2), 128-160.

Purcell-Gates, V. (1996). Stories, coupons, and the TV Guide: Relationships between home literacy experiences and emergent literacy knowledge. *Reading Research Quarterly, 31*(4), 406-428.

Purcell-Gates, V., & Dahl, K. (1991). Low-SES children's success and failure at early literacy learning in skills-based classrooms. *Journal of Reading Behavior, 23*, 1-34.

Quemart, P., Casalis, S., & Cole, P. (2011). The role of form and meaning in the processing of written morphology: A priming study in French developing readers. *Journal of Experimental Child Psychology, 109*, 478-496.

Quian, D. (1999). Assessing the roles of depth and breadth of vocabulary knowledge in reading comprehension. *Canadian Modern Language Review, 56*(2), 282-307.

Quirk, M. P., & Beem, S. (2012). Examining the relations between reading fluency and reading comprehension for English Language learners. *Psychology in the Schools, 49*(6), 539-553.

Quirk, M. P., & Schwanenflugel, P. J. (2004). Do supplemental remedial reading programs address the motivational issues of struggling readers?: An analysis of five popular programs. *Literacy Research and Instruction, 43*(3), 1-19

Quirk, M. P., Schwanenflugel, P. J., & Webb, M. Y. (2009). A short-term longitudinal study of the relationship between motivation to read and reading fluency skill in second grade. *Journal of Literacy Research, 41*(2), 196-227.

Radvansky, G. A., Gerard, L. D., Zacks, R. T., & Hasher, L. (1990). Younger and older adults' use of mental models as representations for text materials. *Psychology and Aging, 5*, 209-214.

Radvansky, G. A., Zwaan, R. A., Curiel, J. M., & Copeland, D. E. (2001). Situation models and aging. *Psychology and Aging, 16*, 145-160.

Raikes, H., Alexander Pan, B., Luze, G., Tamis-LeMonda, C. S., Brooks-Gunn, J., Constantine, J., et al. (2006). Mother-child bookreading in low-income families: Correlates and outcomes during the first three years of life. *Child Development, 77*(4), 924-953.

Ramus, F., Hauser, M. D., Miller, C., Morris, D., & Mehler, J. (2000). Language discrimination by human newborns and by cotton-top tamarin monkeys. *Science, 288*, 349-351.

Raphael, T. E., & Au, K. H. (2005). QAR: Enhancing comprehension and test taking across grades and content areas. *The Reading Teacher, 59*(3), 206-221.

Raphael, T. E., & McMahon, S. I. (1994). Book club: An alternative framework for reading instruction. *The Reading Teacher, 48*(2), 102-116.

Raphael, T. E., & Pearson, P. D. (1985). Increasing students' awareness of sources of information for answering questions. *American Educational Research Journal, 22*, 217-236.

Rasinski, T. V., Rikli, A., & Johnston, S. (2009). Reading fluency: More than automaticity?: More than a concern for the primary grades? *Reading Research and Instruction, 48*(4), 350-361.

Rastle, K., & Davis, M. H. (2008). Morphological decomposition based on the analysis of orthography. *Language and Cognitive Processes, 23*(7-8), 942-971.

Rattan, A., Good, C., & Dweck, C. S. (2012). "It's OK—not everyone can be good at math": Instructors with an entity theory comfort (and demotivate) students. *Journal of Experimental Social Psychology, 48*(3), 731-737.

Ravitch, D. (2011). *The death and life of the great American school system: How testing and choice are undermining education.* New York: Basic Books.

Rawson, K. A., & Kintsch, W. (2004). Exploring encoding and retrieval effects of background information on text memory. *Discourse Processes, 38*, 323-344.

Rayner, K., Ashby, J., Pollatsek, A., & Reichle, E. D. (2004). The effects of frequency and predictability on eye fixations in reading: Implications for the E-Z Reader model. *Journal of Experimental Psychology: Human Perception and Performance, 30*, 720-732.

Rayner, K., & Duffy, S. A. (1986). Lexical complexity and fixation times in reading: Effects of word frequency, verb complexity, and lexical ambiguity. *Memory and Cognition, 14*, 191-201.

Rayner, K., Pollatsek, A., Ashby, J., & Clifton, C. (2012). *Psychology of reading.* New York: Psychology Press.

Rayner, K., & Well, A. D. (1996). Effects of contextual constraint on eye movements in reading: A further examination. *Psychonomic Bulletin and Review, 3*, 504-509.

Razfar, A., & Gutierrez, K. (2003). Reconceptualizing early childhood literacy: The sociocultural influence. In N. Hall, J. Larson, & J. Marsh (Eds.), *Handbook of early childhood literacy* (pp. 34-47). New York: Sage.

Reardon, S. F., & Bischoff, K. (2011). Income inequality and income segregation. *American Journal of Sociology, 116*(4), 1092-1153.

Recht, D. R., & Leslie, L. (1988). Effect of prior knowledge on good and poor readers' memory of text. *Journal of Educational Psychology, 80*, 16-20.

Reichenberg, M., & Kent, L. Ã. (2014). An intervention study in grade 3 based upon reciprocal teaching. *Journal of Education and Learning (Edu-Learn), 8*(2), 122-131.

Reicher, G. M. (1969). Perceptual recognition as a function of meaningfulness of stimulus material. *Journal of Experimental Psychology, 81*(2), 275-280.

Reisner, M. (2010). *Dora's birthday surprise.* New York: Random House (Golden Books).

Reitsma, P. (1983). Printed word learning in beginning readers. *Journal of Experimental Child Psychology, 75*, 321-339.

Reschly, A. L., Busch, T. W., Betts, J., Deno, S. L., & Long, J. D. (2009). Curriculum-based measurement of oral reading as an indicator of reading achievement: A meta-analysis of the correlational evidence. *Journal of School Psychology, 47*, 427-469.

Restrepo, M. A., Castilla, A. P., Schwanenflugel, P. J., Neuharth-Pritchett, S., Hamilton, C. E., & Arboleda, A. (2010). Effects of an add-on Spanish program on sentence length, complexity, and grammaticality growth in Spanish-speaking children attending English-only preschools. *Language, Speech, and Hearing Services in Schools, 41*, 3-13.

Restrepo, M. A., Schwanenflugel, P. J., Blake, J., Neuharth-Pritchett, S., Cramer, S., & Ruston, H. (2006). Performance on the PPVT-III and the EVT: Applicability of the measures with

African-American and European-American preschool children. *Language, Hearing, and Speech Services in the Schools, 37,* 17-27.

Retelsdorf, J., Köller, O., & Möller, J. (2011). On the effects of motivation on reading performance growth in secondary school. *Learning and Instruction, 21*(4), 550-559.

Reutzel, D. R. (1992). Breaking the letter-a-week tradition. *Childhood Education, 69*(1), 20-23.

Reutzel, D. R. (2003). Reading environmental print: What is the role of concepts about print in discriminating young readers' responses? *Reading Psychology, 24*(2), 123-162.

Reutzel, D. R., Spichtig, A. N., & Petscher, Y. (2012). Exploring the value added of a guided, silent reading intervention: Effects on struggling thirdgrade readers' achievement. *Journal of Educational Research, 105,* 404-415.

Reyhner, J., & Jacobs, D. T. (2002). Preparing teachers of American Indian and Alaska native students. *Action in Teacher Education, 24*(2), 85-93.

Reynolds, R., Taylor, M., Steffenson, M. S., Shirey, L. L., & Anderson, R. C. (1982) Cultural schemata and reading comprehension. *Reading Research Quarterly, 17*(3), 353-366.

Rinsland, H. D. (1945). *A basic vocabulary of elementary school children.* New York: Macmillan.

Rissman, J., Eliassen, J. C., & Blumstein, S. E. (2003). An event-related fMRI investigation of implicit semantic priming. *Cognitive Neuroscience, 15*(8), 1160-1175.

Ritchey, K. A. (2011). How generalization inferences are constructed in expository text comprehension. *Contemporary Educational Psychology, 36,* 280-288.

Roberts, B., Povich, D., & Mather, M. (2013). Low-income working families. Retrieved November 29, 2014, from *www.workingpoorfamilies.org/wp-content/uploads/2013/01/Winter-2012_2013-WPFP-Data-Brief.pdf.*

Roberts, J., Jurgens, J., & Burchinal, M. (2005). The role of home literacy practices in preschool children's language and emergent literacy skills. Journal of Speech, *Language, and Hearing Research, 48,* 345-359.

Roberts, S. M., & Lovett, S. B. (1994). Examining the "F" in gifted: Academically gifted adolescents' physiological and affective responses to scholastic failure. *Journal for the Education of the Gifted, 17*(3), 241-259.

Robertson, D. A., Gernsbacher, M. A., Guidotti, S. J., Robertson, R. R., Irwin, W., Mock, B. J., et al. (2000). Functional neuroanatomy of the cognitive process of mapping during discourse comprehension. *Psychological Science, 11*(3), 255-260.

Robinson, B., & Mervis, C. (1999). Comparing productive vocabulary measures from the CDI and a systematic diary study. *Journal of Child Language, 26*(1), 177-185.

Robinson, F. P. (1961). Study skills for superior students in secondary school. *The Reading Teacher, 15*(1), 29-37.

Rochford, G., & Williams, M. (1962). Studies in the development and breakdown of the use of names: Part I. The relation between norminal dysphasia and the acquisition of vocabulary in childhood. *Journal of Neurology, Neurosurgery, and Psychiatry, 25,* 222-233.

Rodriguez, M. (2000, April). *Home literacy in the everyday life of three Dominican families.* Presentation at the annual conference of the American Educational Research Association, New Orleans, LA.

Rogers, C. (1959). A theory of therapy: Personality relationships as developed in the client-centered framework. In S. Koch (Ed.), *Psychology: A study of a science: Vol. 3. Formulations of the person and the social context* (pp. 184-256). New York: McGraw Hill.

Rogoff, B., & Chavajay, P. (1995). What's become of research on the cultural basis of cognitive development? *American Psychologist, 50*(10), 859-877.

Rogoff, B., & Lave, J. E. (1984). *Everyday cognition: Its development in social context.* Cambridge, MA: Harvard University Press.

Rosenshine, B., & Meister, C. (1994). Reciprocal teaching: A review of the research. *Review of Educational Research, 64*(4), 479-530.

Rosin, H. (2013). The touch-screen generation. *The Atlantic, 311*(3), 356-365.

Roth, F. P., Speece, D. L., & Cooper, D. H. (2002). A longitudinal analysis of the connection between oral language and early reading.

Journal of Educational Research, 95(5), 259-272.

Rothkopf, E. Z., & Billington, M. J. (1979). Goal-guided learning from text: Inferring a descriptive processing model from inspection times and eye movements. *Journal of Educational Psychology, 71*(3), 310-327.

Rubin, D. C. (1980). 51 properties of 125 words: A unit analysis of verbal behavior. *Journal of Verbal Learning and Verbal Behavior, 19*(6), 736-755.

Rude, R. T. (1973). Readiness tests: Implications for early childhood education. *The Reading Teacher, 26*, 572-580.

Ruiz, R. (1984). Orientations in language planning. *NABE Journal of Research and Practice, 8*(2), 15-34.

Rumelhart, D. E. (1980). Schemata: The building blocks of cognition. In R. J. Spiro, B. C. Bruce, & W. F. Brewer (Eds.), *Theoretical issues in reading comprehension* (pp. 35-58). Mahwah, NJ: Erlbaum.

Rupp, A. A., Ferne, T., & Choi, H. (2006). How assessing reading comprehension with multiple-choice questions shapes the construct: A cognitive processing perspective. *Language Testing, 23*(4), 441-474.

Ruston, H. P., & Schwanenflugel, P. J. (2010). Effects of a conversation intervention on the expressive vocabulary development of prekindergarten children. Language, *Speech, and Hearing Services in Schools, 41*(3), 303-313.

Ryan, R. M., & Deci, E. L. (2000). Intrinsic and extrinsic motivations: Classic definitions and new directions. *Contemporary Educational Psychology, 25*(1), 54-67.

Ryan, R. M., & Deci, E. L. (2009). Promoting self-determined school engagement: Motivation, learning, and well-being. In K. R. Wenzel & A. Wigfield (Eds.), *Handbook of motivation at school* (pp. 171-195). New York: Routledge.

Ryan, R. M., & Grolnick, W. S. (1986). Origins and pawns in the classroom: Self-report and projective assessments of individual differences in children's perceptions. *Journal of Personality and Social Psychology, 50*(3), 550.

Sabis-Burns, D. (2011). Taking a critical look at Native Americans in children's literature.

In L. A. Smolen & R. A. Oswald (Eds.), *Multicultural literature and response: Affirming diverse voices* (pp. 131-152). Santa Barbara, CA: Libraries Unlimited.

Sachs, J. D., & Warner, A. M. (2001). The curse of natural resources. *European Economic Review, 45*(4), 827-838.

Säily, T., Nevalainen, T., & Siirtola, H. (2011). Variation in noun and pronoun frequencies in a sociohistorical corpus of English. *Literary and Linguistic Computing*.

Salthouse, T. A. (1988). Resource-reduction interpretations of cognitive aging. *Developmental Review, 8*(3), 238-272.

Sameroff, A. J., & Haith, M. M. (1996). The five to seven year shift: The age of reason and responsibility. Chicago: University of Chicago Press.

Samuels, S. J. (2006). Reading fluency: Its past, present, and future. In T. Rasinski, C. Blachowicz, & K. Lems (Eds.), *Fluency instruction: Research-based best practices* (pp. 7-20). New York: Guilford Press.

Sanacore, J. (2000). Promoting the lifetime reading habit in middle school students. *The Clearing House, 73*(3), 157-161.

Sandelands, L. E., Brockner, J., & Glynn, M. A. (1988). If at first you don't succeed, try, try again: Effects of persistence-performance contingencies, ego involvement, and self-esteem on task persistence. *Journal of Applied Psychology, 73*(2), 208-216.

Sanford, A. J., Filik, R., Emmott, C., & Morrow, L. (2008). They're digging up the road again: The processing cost of institutional they. *Quarterly Journal of Experimental Psychology, 61*(3), 372-380.

Sanocki, T., & Dyson, M. C. (2012). Letter processing and font information during reading: Beyond distinctiveness, where vision meets design. *Attention, Perception, and Psychophysics, 74*(1), 132-145.

Sattler, J. M. (1988). *Assessment of children* (3rd ed.). San Diego, CA: Author.

Saxe, R., Carey, S., & Kanwisher, N. (2004). Understanding other minds: Linking developmental psychology and functional neuroimaging. *Annual Review of Psychology, 55*, 87-124.

Scarborough, H. S., & Dobrich, W. (1994). On the efficacy of reading to preschoolers.

Developmental Review, 14(3), 245-302.

Schadler, M., & Thissen, D. M. (1981). The development of automatic word recognition and reading skill. *Memory and Cognition, 9*, 132-141.

Schank, R. C., & Abelson, R. P. (1975, September). Scripts, plans, and knowledge. In *Proceedings of the 4th International Joint Conference on Artificial Intelligence* (Vol. 1, pp. 151-157). San Francisco: Morgan Kaufmann.

Schmidt, N. (1998). Quantifying word association responses: What is native-like? *System, 26*, 389-401.

Schneider, E. F. (2014). A survey of graphic novel collection and use in American public libraries. *Evidence Based Library and Information Practice, 9*(3), 68-79.

Scholastic. (2015). Kids and families reading report (5th ed.). Retrieved January 10, 2015, from *www.scholastic.com/readingreport*.

Schreuder, R., & Baayen, H. (1995). Modeling morphological processing. In L. B. Feldman (Ed.), *Morphological aspects of language processing* (pp. 131-154). Hillsdale, NJ: Erlbaum.

Schunk, D. H., & Zimmerman, B. J. (1997). Developing self-efficacious readers and writers: The role of social and self-regulatory processes. *Reading Engagement: Motivating Readers through Integrated Instruction, 34*, 50.

Schwanenflugel, P. J. (1986). Completion norms for final words of sentences using a multiple production measure. *Behavior Research Methods, Instrumentation, and Computers, 18*, 363-371.

Schwanenflugel, P. J. (1991). Why are abstract concepts hard to understand? In P. J. Schwanenflugel (Ed.), *The psychology of word meanings* (pp. 223-250). Hillsdale, NJ: Erlbaum.

Schwanenflugel, P. J., & Akin, C. E. (1994). Developmental trends in lexical decisions for abstract and concrete words. *Reading Research Quarterly, 29*, 251-263.

Schwanenflugel, P. J., Hamilton, A. M., Kuhn, M. R., Wisenbaker, J., & Stahl, S. A. (2004). Becoming a fluent reader: Reading skill and prosodic features in the oral reading of young readers. *Journal of Educational Psychology, 96*, 119-129.

Schwanenflugel, P. J., Hamilton, C. E., Neuharth-Pritchett, S., Restrepo, M. A., Bradley, B. A., & Webb, M.-Y. (2010). PAVEd for Success: An evaluation of a comprehensive literacy program for 4-year-old children. *Journal of Literacy Research, 42*, 227-275.

Schwanenflugel, P. J., Harnishfeger, K. K., & Stowe, R. W. (1988). Context availability and lexical decisions for abstract and concrete words. *Journal of Memory and Language, 27*, 499-520.

Schwanenflugel, P. J., Henderson, R., & Fabricius, W. V. (1998). Developing theory of mind in older childhood: Evidence from verb extensions. *Developmental Psychology, 34*, 512-524.

Schwanenflugel, P. J., Kuhn, M. R., Morris, R. D., Morrow, L. M., Meisinger, E. B., & Woo, D. G. (2009). Insights into fluency instruction: Shortand long-term effects of two reading programs. *Literacy Research and Instruction, 48*, 318-336.

Schwanenflugel, P. J., & LaCount, K. (1988). Semantic relatedness and the scope of facilitation for upcoming words in sentences. *Journal of Experimental Psychology: Learning, Memory, and Cognition, 14*, 344-354.

Schwanenflugel, P. J., Meisinger, E., Wisenbaker, J. M., Kuhn, M. R., Strauss, G. P., & Morris, R. D. (2006). Becoming a fluent and automatic reader in the early elementary school years. *Reading Research Quarterly, 41*, 496-522.

Schwanenflugel, P. J., Morris, R. K., Kuhn, M. R., Strauss, G. P., & Sieczko, J. M. (2008). The influence of word unit size on the development of Stroop interference in early word decoding. *Reading and Writing: An Interdisciplinary Journal, 21*, 177-203.

Schwanenflugel, P. J., & Noyes, C. R. (1996). Context availability and the development of word reading skill. *Journal of Literacy Research, 28*, 35-54.

Schwanenflugel, P. J., & Ruston, H. P. (2007). The process of becoming a fluent reader: From theory to practice. In M. R. Kuhn & P. J. Schwanenflugel (Eds.), *Fluency in the classroom* (pp. 1-16). New York: Guilford Press.

Schwanenflugel, P. J., & Shoben, E. J.

(1983). Differential context effects in the comprehension of abstract and concrete verbal materials. *Journal of Experimental Psychology: Learning, Memory, and Cognition, 9*, 82-102.

Schwanenflugel, P. J., Stahl, S. A., & McFalls, E. L. (1997). Partial word knowledge and vocabulary growth during reading comprehension. *Journal of Literacy Research, 29*, 531-553.

Schwanenflugel, P. J., & Stowe, R. W. (1989). Context availability and the processing of abstract and concrete words in sentences. *Reading Research Quarterly, 24*, 114-126.

Schwanenflugel, P. J., Westmoreland, M. R., & Benjamin, R. G. (2015). Reading fluency skill and the prosodic marking of linguistic focus. *Reading and Writing, 29*, 9-30.

Schwanenflugel, P. J., & White, C. R. (1991). The influence of paragraph information on the processing of upcoming words. *Reading Research Quarterly, 26*, 160-177.

Scieszka, J. (2008). *Guys write for guys read.* New York: Viking.

Sciurba, K. (2014). Texts as mirrors, texts as windows. *Journal of Adolescent and Adult Literacy, 58*(4), 308-316.

Scott, J. A., & Nagy, W. E.(2004). Developing word consciousness. In J. F. Bauman & E. J. Kame'enui (Eds.), *Vocabulary instruction: Research to practice* (pp. 201-217). New York: Guilford Press.

Segal-Drori, O., Korat, O., Shamir, A., & Klein, P. S. (2010). Reading electronic and printed books with and without adult instruction: Effects on emergent reading. *Reading and Writing, 23*(8), 913-930.

Seidenberg, M. S., & McClelland, J. L. (1989). A distributed developmental model of word recognition and naming. *Psychological Review, 96*, 523-568.

Seidenberg, M. S., Tanenhaus, M. K., Leiman, J. M., & Bienkowski, M. (1982). Automatic access of the meanings of ambiguous words in context: Some limitations of knowledge-based processing. *Cognitive Psychology, 14*(4), 489-537.

Seidenberg, M. S., Waters, G. S., Barnes, M. A., & Tanenhaus, M. K. (1984). When does irregular spelling or pronunciation influence word recognition? *Journal of Verbal*

Learning and Verbal Behavior, 23, 383-404.

Sénéchal, M. (1997). The differential effect of storybook reading on preschoolers' acquisition of expressive and receptive vocabulary. *Journal of Child Language, 24*(1), 123-138.

Sénéchal, M., & LeFevre, J. A. (2002). Parental involvement in the development of children's reading skill: A five-year longitudinal study. *Child development, 73*(2), 445-460.

Sénéchal, M., LeFevre, J. A., Thomas, E. M., & Daley, K. E. (1998). Differential effects of home literacy experiences on the development of oral and written language. *Reading Research Quarterly, 33*(1), 96-116.

Sénéchal, M., Ouellette, G., Pagan, S., & Lever, R. (2012). The role of invented spelling on learning to read in low-phoneme awareness kindergarteners: A randomized-control-trial study. *Reading and Writing, 25*, 917-934.

Sereno, S. C., O'Donnell, P. J., & Rayner, K. (2006). Eye movements and lexical ambiguity resolution: Investigating the subordinate-bias effect. *Journal of Experimental Psychology: Human Perception and Performance, 32*(2), 335-350.

Shallice, T., & Warrington, E. K. (1980). Single and multiple component central dyslexic syndromes. In M. Coltheart, K. Patterson, & J. C. Marshall (Eds.), *Deep dyslexia* (pp. 119-145). London: Routledge & Kegan Paul.

Shallice, T., Warrington, E. K., & McCarthy, R. (1983). Reading without semantics. *Quarterly Journal of Experimental Psychology, 35A*, 111-138.

Shanahan, T., Kamil, M. L., & Tobin, A. W. (1982). Cloze as a measure of intersentential comprehension. *Reading Research Quarterly, 17*(2), 229-255.

Shanahan, T., Mulhern, M., & Rodriguez-Brown, F. (1995). Project FLAME: Lessons learned from a family literacy program for linguistic minority families. *The Reading Teacher, 48*(7), 586-593.

Shany, M. T., & Biemiller, A. (1995). Assisted reading practice: Effects on performance for poor readers in grades 3 and 4. *Reading Research Quarterly, 30*(3), 382-395.

Shapiro, A. M. (2004). How including prior knowledge as a subject variable may change outcomes of learning research. *American*

Educational Research Journal, 41(1), 159-189.

Shapiro, J., Morrison, E., & Boker, J. (2004). Teaching empathy to first year medical students: Evaluation of an elective literature and medicine course. *Education Health, 17*, 73-84.

Share, D. L. (1995). Phonological recoding and self-teaching: Sine qua non of reading acquisition. *Cognition, 55*, 151-218.

Share, D. L. (2004). Knowing letter names and learning letter sounds: A causal connection. *Journal of Experimental Child Psychology, 88*, 213-233.

Share, D. L., & Leikin, M. (2003). Language impairment at school entry and later reading disability: Connections at lexical and supra-lexical levels of reading. *Scientific Studies of Reading, 8*, 87-110.

Sharps, M. J., & Wertheimer, M. (2000). Gestalt perspectives on cognitive science and on experimental psychology. *Review of General Psychology, 4*(4), 315.

Shatz, M., Wellman, H. M., & Silber, S. (1983). The acquisition of mental verbs: A systematic investigation of the first reference to mental state. *Cognition, 14*, 301-321.

Shaywitz, B. A., Holford, T. R., Holahan, J. M., Fletcher, J. M., Stuebing, K. K., Francis, D. J., et al. (1995). A Matthew effect for IQ but not for reading: Results from a longitudinal study. *Reading Research Quarterly, 30* (4), 894-906.

Shell, D. F., Colvin, C., & Bruning, R. H. (1995). Self-efficacy, attribution, and outcome expectancy mechanisms in reading and writing achievement: Grade-level and achievement-level differences. *Journal of Educational Psychology, 87*(3), 386.

Shelley-Tremblay, J. F. (2010). Theories of semantics. In J. Guendouzi, F. Loncke, & M. Williams (Eds.), *The handbook of psycholinguistic and cognitive processes: Perspectives in communication disorders* (pp. 209-225). New York: Taylor & Francis.

Shih, S. (2008). The relation of self-determination and achievement goals to Taiwanese eighth graders' behavioral and emotional engagement in schoolwork. *Elementary School Journal, 108*(4), 313-334.

Shin, F. (2001). Motivating students with Goosebumps and other popular books.

CSLA Journal (California School Library Association), 25(1), 15-19.

Shin, H. B., & Kominski, R. A. (2010). *Language use in the United States: 2007* (American Community Survey Reports [ACS-12]). Washington, DC: U.S. Census Bureau.

Shinn, M. R., & Shinn, M. M. (2002). *AIMSweb training workbook: Administration and scoring of reading maze for use in general outcome measurement*. Eden Prairie, MN: Edformation.

Shore, W. J., & Durso, F. T. (1990). Partial knowledge in vocabulary acquisition: General constraints and specific detail. *Journal of Educational Psychology, 82*(2), 315-318.

Shuler, C. (2009). *iLearn; A content analysis of the iTunes app store's education section*, New York: Joan Ganz Cooney Center at Sesame Workshop.

Siegel, J. (1999). Stigmatized and standardized varieties in the classroom: Interference or separation? *TESOL Quarterly, 33*, 701-728.

Silberglitt, B., Burns, M. K., Madyun, N. H., & Lail, K. E. (2006). Relationship of reading fluency assessment data with state accountability test scores: A longitudinal comparison of grade levels. *Psychology in the Schools, 43*, 527-535.

Silveri, M. C., Cappa, A., Mariotti, P., & Puopolo, M. (2002). Naming in patients with Alzheimer's disease: Influence of age of acquisition and categorical effects. *Journal of Clinical and Experimental Neuropsychology, 24*, 755-764.

Silverman, S. W., & Ratner, N. B. (1997). Syntactic complexity, fluency, and accuracy of sentence imitation in adolescents. *Journal of Speech, Language, and Hearing Research, 40*(1), 95-106.

Singer, H., & Donlan, D. (1982). Active comprehension: Problem-solving schema with question generation for comprehension of complex short stories. *Reading Research Quarterly, 17*(2), 166-186.

Slater, W. H., Graves, M. F., & Piché, G. L. (1985). Effects of structural organizers on ninth-grade students' comprehension and recall of four patterns of expository text. *Reading Research Quarterly, 20*(2), 189-202.

Slater, W. H., & Horstman, F. R. (2002). Teaching reading and writing to struggling middle school and high school students: The case for reciprocal teaching. *Preventing School Failure: Alternative Education for Children and Youth, 46*(4), 163-166.

Smeets, D. J. H., & Bus, A. G. (2012). Interactive electronic storybooks for kindergarteners to promote vocabulary growth. *Journal of Experimental Child Psychology, 112*, 36-55.

Smith, C. L. (2004). Topic transitions and durational prosody in reading aloud: Production and modeling. *Speech Communication, 42*(3-4), 247-270.

Smith, E. E., Shoben, E. J., & Rips, L. J. (1974). Structure and process in semantic memory: A featural model for semantic decisions. *Psychological Review, 81*(3), 214-241.

Smith, F. (1988). *Joining the literacy club: Further essays into education.* Portsmouth, NH: Heinemann.

Smith, M., & Wilhelm, J. (2002). *"Reading don't fix no Chevys": Literacy in the lives of young men.* Portsmouth, NH: Heinemann.

Smith, N. J., & Levy, R. (2013). The effect of word predictability on reading time is logarithmic. *Cognition, 128*, 302-319.

Smith, S. F. (2014). Testing a multicomponent model of reading comprehension for seventhand eighth-grade students. *Dissertation Abstracts International Section A: Humanities and Social Sciences, 74*(11-A)(E).

Smith, S. S., & Dixon, R. G. (1995). Literacy concepts of low- and middle-class four-year-olds entering preschool. *Journal of Educational Research, 88*, 243-253.

Smythe, P. C., Stennett, R. G., Hardy, M., & Wilson, H. R. (1970). Developmental patterns in elemental skills: Knowledge of upper-case and lowercase letter names. *Journal of Literacy Research, 3*, 24-33.

Snow, C. E. (1983). Literacy and language: Relationships during the preschool years. *Harvard Educational Review, 53*(2), 165-189.

Snow, C. E. (1990). The development of definitional skill. *Journal of Child Language, 17* (3), 697-710.

Snow, C. E., & Blum-Kulka, S. (2002). From home to school: School-age children talking with adults. In S. Blum-Kulba & C. E. Snow (Eds.), *Talking to adults: The contribution of multiparty discourse to language acquisition* (pp. 327-341). Mahwah, NJ: Erlbaum.

Sokal, L., & Piotrowski, C. (2011). My brother's teacher?: Siblings and literacy development in the home. *Education Research International.* DOI: 10.1155/2011/253896.

Solomyak, O., & Marantz, A. (2010). Evidence for early morphological decomposition in visual word recognition. *Journal of Cognitive Neuroscience, 22*(9), 2042-2057.

Sonnenschein, S., Stapleton, L. M., & Benson, A. (2010). The relation between the type and amount of instruction and growth in children's reading competencies. *American Educational Research Journal, 47*(2), 358-389.

Speer, N. K., Zacks, J. M., & Reynolds, J. R. (2007). Human brain activity time-locked to narrative event boundaries. *Psychological Science, 18*(5), 449-455.

Sperling, R. A., Sherwood, T. P., & Hood, A. M. (2013). Relating motivation to read and emergent reading skills: A measurement validation study. *Reading Psychology, 34*(5), 461-485.

Spooner, A. L. R., Baddeley, A. D., & Gathercole, S. E. (2004). Can reading accuracy and comprehension be separated in the Neale Analysis of Reading Ability? *British Journal of Educational Psychology, 74*, 187-204.

Spörer, N., Brunstein, J. C., & Kieschke, U. L. F. (2009). Improving students' reading comprehension skills: Effects of strategy instruction and reciprocal teaching. *Learning and Instruction, 19*(3), 272-286.

Stadler, M. A., Watson, M., & Skahan, S. (2007). Rhyming and vocabulary: Effects of lexical restructuring. *Communication Disorders Quarterly, 28*(4), 197-205.

Stahl, K. A. D. (2007). Creating opportunities for comprehension instruction within fluency-oriented reading. In M. Kuhn & P. J. Schwanenflugel (Eds.), *Fluency in the classroom* (pp. 55-74). New York: Guilford Press.

Stahl, S. A. (1999). *Vocabulary development.* Cambridge, MA: Brookline Books.

Stahl, S. A. (2004). What do we know about fluency?: Findings of the National Reading Panel. In P. McCardle & V. Chhabra (Eds.), *The voice of evidence in reading research* (pp. 187-211). Baltimore, MD: Brookes.

Stahl, S. A., Duffy-Hester, A. M., & Stahl, K. A. D. (1998). Everything you wanted to know about phonics (but were afraid to ask). *Reading Research Quarterly, 33*(3), 338-355.

Stahl, S. A., & Fairbanks, M. M. (1986). The effects of vocabulary instruction: A model-based meta-analysis. *Review of Educational Research, 56*(1), 72-110.

Stahl, S. A., & Heubach, K. (2005). Fluency-oriented reading instruction. *Journal of Literacy Research, 37*, 25-60.

Stanovich, K. E. (1986). Matthew effects in reading: Some consequences of individual differences in the acquisition of literacy. *Reading Research Quarterly, 21*(4), 360-407.

Stanovich, K. E. (1994). Romance and reality. *The Reading Teacher, 47*, 280-291.

Stanovich, K. E., & Cunningham, A. E. (1992). Studying the consequences of literacy within a literate society: The cognitive correlates of print exposure. *Memory and Cognition, 20*(1), 51-68.

Stanovich, K. E., & Cunningham, A. E. (1993). Where does knowledge come from?: Specific associations between print exposure and information acquisition. *Journal of Educational Psychology, 85*(2), 211.

Stanovich, K. E., West, R. F., & Feeman, D. J. (1981). A longitudinal study of sentence context effects in second grade children: Tests of the interactive-compensatory model. *Journal of Experimental Child Psychology, 32*, 185-199.

Stanovich, K. E., West, R. F., & Harrison, M. R. (1995). Knowledge growth and maintenance across the life span: The role of print exposure. *Developmental Psychology, 31*(5), 811.

Stein, N. L., & Glenn, C. G. (1979). An analysis of story comprehension in elementary school children. In R. Freedle (Ed.), *Discourse processing: Multidisciplinary perspectives* (pp. 137-181). Norwood, NJ: Ablex.

Sternberg, R. J. (1987). Most vocabulary is learned from context. In M. G. McKeown & M. E. Curtis (Eds.), *The nature of vocabulary acquisition* (pp. 89-105). Hillsdale, NJ: Erlbaum.

Stetter, M. E., & Hughes, M. T. (2010a). Computer-assisted instruction to enhance the reading comprehension of struggling readers: A review of the literature. *Journal of Special Education Technology, 25*(4), 1-16.

Stetter, M. E., & Hughes, M. T. (2010b). Using story grammar to assist students with learning disabilities and reading difficulties improves their comprehension. *Education and Treatment of Children, 33*(1), 115-151.

Steubing, K. K., Barth, A. E., Cirino, P. T., Francis, D. J., & Fletcher, J. M. (2008). A response to recent reanalyses of the National Reading Panel Report: Effects of systematic phonics instruction are practically significant. *Journal of Educational Psychology, 100*(1), 123-134.

Stevenson, S. (2009). My Bluford High boys: How a book club for reluctant readers proved the naysayers wrong. *School Library Journal, 55*(5), 34-36.

Stipek, D. J. (1981). Children's perceptions of their own and their classmates' ability. *Journal of Educational Psychology, 73*, 404-410.

Stipek, D. J. (1993). *Motivation to learn: From theory to practice.* Boston: Allyn & Bacon.

Stipek, D. J. (2006). Accountability comes to preschool: Can we make it work for young children? *Phi Delta Kappan, 87*(10), 741.

Stipek, D. J., & Daniels, D. H. (1988). Declining perceptions of competence: A consequence of changes in the child or in the educational environment? *Journal of Educational Psychology, 80*(3), 352.

Stites, M. C., Federmeier, K. D., & Stine-Morrow, E. A. L. (2013). Cross-age comparisons reveal multiple strategies for lexical ambiguity resolution during natural reading. *Journal of Experimental Psychology: Learning, Memory, and Cognition, 39*(6), 1823-1841.

Storch, S. A., & Whitehurst, G. J. (2002). Oral language and code-related precursors to reading: Evidence from a longitudinal structural model. *Developmental Psychology, 38*, 934-947.

Strain, E., Patterson, K., & Seidenberg, M. S. (1995). Semantic effects in single-word naming. *Journal of Experimental Psychology: Learning, Memory, and Cognition, 21*, 1140-1154.

Strommen, L. T., & Mates, B. F. (2004). Learning to love reading: Interviews with older children and teens. *Journal of Adolescent and Adult Literacy, 48*(3), 188-200.

Stromquist, N. P. (2008). The political benefits of adult literacy: Presumed and real effects. *International Multilingual Research Journal, 2*(1-2), 88-101.

Stroop, J. R. (1935). Studies of interference in serial verbal reactions. *Journal of Experimental Psychology, 18*(6), 643-662.

Stuart, M., Stainthorp, R., & Snowling, M. (2008). Literacy as a complex activity: Deconstructing the simple view of reading. *Literacy, 42*(2), 59-66.

Suggate, S. P. (2010). Why what we teach depends on when: Grade and reading intervention modality moderate effect size. *Developmental Psychology, 46*(6), 1556-1579.

Sulzby, E. (1985). Children's emergent reading of favorite storybooks: A developmental study. *Reading Research Quarterly, 20*(4), 458-481.

Sulzby, E., & Teale, W. H. (1991). Emergent literacy. In R. Barr, M. L. Kamil, P. B. Mosenthal, & P. D. Pearson (Eds.), *Handbook of reading research* (Vol. 2, pp. 727-757). New York: Longman.

Sulzby, E., & Teale, W. H. (2003). The development of the young child and the emergence of literacy. In S. B. Neuman & D. K. Dickinson (Eds.), *Handbook of early literacy research* (pp. 727-757). New York: Longman.

Sun-Alperin, M. K., & Wang, M. (2011). Cross-language transfer of phonological and orthographic processing skills from Spanish L1 to English L2. *Reading and Writing, 24*(5), 591-614.

Svetina, D., Gorin, J. S., & Tatsuoka, K. K. (2011). Defining and comparing the reading comprehension construct: A cognitive-psychometric modeling approach. *International Journal of Testing, 11*, 1-23.

Swanborn, M. S. L., & deGlopper, K. (1999). Incidental word learning while reading: A meta-analysis. *Review of Educational Research, 69*, 261-285.

Swets, B., Desmet, T., Hambrick, D. Z., & Ferreira, F. (2007). The role of working memory in syntactic ambiguity resolution: A psychometric approach. *Journal of Experimental Psychology: General, 136*(1), 64-81.

Taft, M. (2004). Morphological decomposition and the reverse base frequency effect. *Quarterly Journal of Experimental Psychology Section A, 57* (4), 745-765.

Taft, M., & Ardasinski, S. (2006). Obligatory decomposition in reading prefixed words. *The Mental Lexicon, 1*(2), 183-199.

Tanenhaus, M. K., Leiman, J. M., & Seidenberg, M. S. (1979). Evidence for multiple stages in the processing of ambiguous words in syntactic contexts. *Journal of Verbal Learning and Verbal Behavior, 18*, 427-440.

Taraban, R., Rynearson, K., & Kerr, M. (2000). College students' academic performance and self-reports of comprehension strategy use. *Reading Psychology, 21*(4), 283-308.

Tarchi, C. (2010). Reading comprehension of informative texts in secondary school: A focus on direct and indirect effects of reader's prior knowledge. *Learning and Individual Differences, 20*, 415-420.

Taylor, B. M., & Beach, R. W. (1984). The effects of text structure instruction on middle grade students' comprehension and production of expository text. *Reading Research Quarterly, 19*, 134-146.

Taylor, C. D., Meisinger, E. B., & Floyd, R. G. (2013). Variations in directions and overt timing on oral reading accuracy, fluency, and prosody. *School Psychology Review, 42*(4), 437-447.

Taylor, D. L. (2004). "Not just boring stories": Reconsidering the gender gap for boys. *Journal of Adolescent and Adult Literacy, 48*(4), 290-298.

Taylor, D. L., & Dorsey-Gaines, C. (1988). *Growing up literate*. Portsmouth, NH: Heinemann.

Taylor, J. (1986). *Dudley and the strawberry shake*. New York: Putnam Juveniles.

Tayor, W. L. (1957). "Cloze" readability scores as indices of individual differences in comprehension and aptitude. *Journal of Applied Psychology, 41*, 19-26.

Teale, W. H. (1986). Home background and young children's literacy development. In W. H. Teale & E. Sulzby (Eds.), *Emergent literacy: Writing and reading* (pp. 173-206). Norwood, NJ: Ablex

Terry, N. P. (2008). Addressing African American English in early literacy assessment and instruction. *Perspectives on Communication*

Disorders and Sciences in Culturally and *Linguistically Diverse Populations, 15*(2), 54-61.

Terry, N. P. (2012). Examining relationships among dialect variation and emergent literacy skills. *Communication Disorders Quarterly, 33*(2), 67-77.

Thom, E. E., & Sandhofer, C. M. (2009). More is more: The relationship between vocabulary size and word extension. *Journal of Experimental Child Psychology, 104,* 466-473.

Thompson, C. A., Craig, H. K., & Washington, J. A. (2004). Variable production of African American English across oral and literacy contexts. *Language, Speech, and Hearing Services in Schools, 35*(3), 269-282.

Thompson, G., Madhuri, M., & Taylor, D. (2008). How the Accelerated Reader program can become counterproductive for high school students. *Journal of Adolescent and Adult Literacy, 51*(7), 550-560.

Thorndike, E. L. (1917). Reading as reasoning: A study of mistakes in paragraph reading. *Journal of Educational Psychology, 8,* 323-332.

Thorndike, R. L. (1973). Reading as reasoning. *Reading Research Quarterly, 9*(2), 135-147.

Till, R. E., Mross, E., & Kintsch, W. (1988). Time course of priming for associate and inference words in a discourse context. *Memory and Cognition, 16,* 283-298.

Tilstra, J., McMaster, K., van den Broek, P., Kendeou, P., & Rapp, D. (2009). Simple but complex: Components of the simple view of reading across grade levels. *Journal of Reseaerch in Reading, 32,* 383-401.

Tomasello, M. (1995). Joint attention as social cognition. In C. Moore & P. Dunham (Eds.), *Joint attention: Its origins and role in development* (pp. 103-130). Hillsdale, NJ: Erlbaum.

Tong, X., & McBride-Chang, C. (2010). Developmental models of learning to read Chinese words. *Developmental Psychology, 46*(6), 1662.

Torgesen, J. K., Wagner, R., & Rashotte, C. (1999). *TOWRE-2: Test of Word Reading Efficiency.* Austin, TX: PRO-ED.

Torgerson, C. J., Brooks, G., & Hall, J. (2006). *A systematic review of the research literature on the use of phonics in the teaching of reading and spelling.* London: Department for Education and Skills (DfES).

Totsika, V., & Sylva, K. (2004). The home observation for measurement of the environment revisited. *Child and Adolescent Mental Health, 9*(1), 25-35.

Treiman, R., & Broderick, V. (1998). What's in a name: Children's knowledge about the letters in their own names. *Journal of Experimental Child Psychology, 70*(2), 97-116.

Treiman, R., & Kessler, B. (2004). The case of case: Children's knowledge and use of upper- and lowercase letters. *Applied Psycholinguistics, 25,* 413-428.

Treiman, R., Pennington, B. F., Shriberg, L. D., & Boada, R. (2008). Which children benefit from letter names in learning letter sounds? *Cognition, 106*(3), 1322-1338.

Treiman, R., Tincoff, R., Rodriguez, K., Mouzaki, A., & Francis, D. J. (1998). The foundations of literacy: Learning the sounds of letters. *Child Development, 69,* 1524-1540.

Treiman, R., Weatherston, S., & Berch, D. (1994). The role of letter names in children's learning of phoneme-grapheme relations. *Applied Psycholinguistics, 15,* 97-122.

Treisman, A. (1996). The binding problem. *Current Opinion in Neurobiology, 6*(2), 171-178.

Trelease, J. (2013). *The read-aloud handbook* (7th ed.). East Rutherford, NJ: Penguin.

Turnbull, K. L. P., Bowles, R. P., Skibbe, L. E., Justice, L. M., & Wiggins, A. K. (2010). Theoretical explanations for preschoolers' lower case alphabet knowledge. *Journal of Speech, Language, and Hearing Research, 53,* 1757-1768.

Turner, J. C. (1995). The influence of classroom contexts on young children's motivation for literacy. *Reading Research Quarterly, 30*(3), 410-441.

Turner, J. C., & Paris, S. G. (1995). How literacy tasks influence children's motivation for literacy. *The Reading Teacher, 48*(8), 662-673.

Urbach, J. (2010). Beyond story grammar: Looking at stories through cultural lenses. *Education and Urban Society, 44*(4), 392-411.

UNESCO. (2014). Education for All Global Monitoring Report: Teaching and learning—achieving quality for all. Available at *http://unesdoc.unesco.org/ images/0022/002256/225660e.pdf*.

U.S. Department of Health and Human Services, Administration for Children and Families. (2005). *Head Start impact study: First year findings*. Washington, DC: Author.

U.S. Department of Housing and Urban Development. (n.d.). Understanding neighborhood effects of concentrated poverty. Retrieved November 30, 2014, from *www.huduser.org/portal/periodicals/em/ winter11/highlight2.html*.

Vacca, R. T. (1996). The reading wars: Who will be the winners, who will be the losers? *Reading Today, 14*(2), 3.

Vaessen, A., Bertrand, D., Tóth, D., Csépe, V., Faísca, L., Reis, A., et al. (2010). Cognitive development of fluent word reading does not qualitatively differ between transparent and opaque orthographies. *Journal of Educational Psychology, 102*(4), 827-842.

Van de Mortel, T. F. (2008). Faking it: Social desirability response bias in self-report research. Downloaded from *http:// epubs.scu.edu.au/cgi/viewcontent. cgi?article=1001&context=babs_pubs*.

van den Broek, P., Bohn-Gettler, C., Kendeou, P., Carlson, S., & White, M. J. (2011). When a reader meets a text: The role of standards of coherence in reading comprehension. In T. M. McCrudden, J. Magliano, & G. Schraw (Eds.), *Text relevance and learning from text* (pp. 123-140). Greenwich, CT: Information Age Publishing.

van den Broek, P., & Gustafson, M. (1999). Comprehension and memory for texts: Three generations of reading research. In S. R. Goldman, A. C. Graesser, & P. van den Broek (Eds.), *Narrative comprehension, causality, and coherence* (pp. 15-34). Mahwah, NJ: Erlbaum.

van den Broek, P., Lorch, R. F., Linderholm, T., & Gustafson, M. (2001). The effects of readers' goals on inference generation and memory for texts. *Memory and Cognition, 29*(8), 1081-1087.

Van der Schoot, M., Vasbinder, A. L., Horsley, T. M., Reijntjes, A., & van Lieshout, E. C. D. M. (2009). Lexical ambiguity resolution in good and poor comprehenders: An eye fixation and self-paced reading study in primary school children. *Journal of Educational Psychology, 101*(1), 21-36.

van Kleeck, A. (2006). Fostering inferential language during book sharing with preschoolers: A foundation for later text comprehension strategies. In A. van Kleeck (Ed.), *Sharing books and stories to promote language and literacy* (pp. 269-318). San Diego, CA: Plural Publishing.

van Kleeck, A., & Schuele, C. M. (2010). Historical perspectives on literacy in early childhood. *American Journal of Speech-Language Pathology, 19*(4), 341-355.

Vellutino, F. R., Scanlon, D. M., & Tanzman, M. S. (1994). Components in reading ability: Issues and problems in operationalizing word identification, phonological coding, and orthographic coding. In G. R. Lyon (Ed.), *Frames of reference for the assessment of learning disabilities: New views on measurement issues* (pp. 279-329). Baltimore, MD: Brookes.

Verhaeghen, P. (2003). Aging and vocabulary scores: A meta-analysis. *Psychology and Aging, 18*(2), 332-339.

Villaume, S., & Wilson, L. (1989). Preschool children's explorations of letters in their own names. *Applied Psycholinguistics, 10*, 283-300.

Virtue, S., Haberman, J., Clancy, Z., Parrish, T., & Jung Beeman, M. (2006). Neural activity of inferences during story comprehension. *Brain Research, 1084*(1), 104-114.

von Glasersfeld, E. (1989). Cognition, construction of knowledge and teaching. *Synthese, 80*, 121-141.

Vousden, J. I. (2008). Units of English spelling-tosound mapping: A rational approach to reading instruction. *Applied Cognitive Psychology, 22*, 247-272.

Vousden, J. I., Ellefson, M. R., Solity, J., & Chater, N. (2011). Simplifying reading: Applying the simplicity principle to reading. *Cognitive Science, 35*, 34-78.

Vygotsky, L. S. (1978). *Mind in society: The development of higher psychological processes*. Cambridge, MA: Harvard University Press.

Vygotsky, L. S. (1986). *Thought and language* (A. Kozulin, Ed.). Cambridge, MA: MIT Press.

(Original work published 1934)

Wadsworth, M. E., & Rienks, S. L. (2012). Stress as a mechanism of poverty's ill-effects on children. Retrieved November 29, 2014, from *www.apa.org/pi/families/resources/newsletter/2012/07/stress-mechanism.aspx.*

Wagner, R. K., Torgesen, J. K., & Rashotte, C. A. (1994). The development of reading-related phonological processing abilities: New evidence of bidirectional causality from a latent variable longitudinal study. *Developmental Psychology, 30*, 73-87.

Walberg, H., & Marjoribanks, K. (1973). Differential mental abilities and home environment: A canonical analysis. *Developmental Psychology, 9*, 363-368.

Wang, H.-C., Pomplun, M., Chen, M., Ko, H., & Rayner, K. (2010). Estimating the effect of word predictability on eye movements in Chinese reading using latent semantic analysis and transitional probability. *Quarterly Journal of Experimental Psychology, 63*(7), 1374-1386.

Washington, J. A., & Craig, H. K. (1994). Dialectal forms during discourse of poor, urban, African American preschoolers. *Journal of Speech, Language, and Hearing Research, 37*(4), 816-823.

Wasik, B. A. (2001). Teaching the alphabet to young children. *Young Children, 56*, 34-40.

Wasik, B. A., Bond, M. A., & Hindman, A. (2006). The effects of a language and literacy intervention on Head Start children and teachers. *Journal of Educational Psychology, 98*(1), 63-74.

Wasik, B. A., & Hindman, A. H. (2014). Understanding the active ingredients in effective preschool vocabulary intervention: An exploratory study of teacher and child talk during book reading. *Early Education and Development, 25*(7), 1035-1056.

Waters, G. S., Seidenberg, M. S., & Bruck, M. (1984). Children's and adults' use of spelling-sound information in three reading tasks. *Memory and Cognition, 12*(3), 293-305.

Watson, A., Kehler, M., & Martino, W. (2010). The problem of boys' literacy underachievement: Raising some questions. *Journal of Adolescent and Adult Literacy, 53*(5), 356-361.

Webb, M.-Y., Schwanenflugel, P. J., & Kim, S. (2004). A construct validation study of phonological awareness for children entering pre-kindergarten. *Journal of Psychoeducational Assessment, 22*, 304-319.

Wechsler, D. (1939). The measurement of adult intelligence. Baltimore, MD: Williams & Witkins. Weiner, B. (1985). An attributional theory of achievement motivation and emotion. *Psychological Review, 92*(4), 548.

Weinstein, R. S., Gregory, A., & Strambler, M. J. (2004). Intractable self-fulfilling prophecies fifty years after Brown v. Board of Education. *American Psychologist, 59*(6), 511.

Weisleder, A., & Fernald, A. (2013). Talking to children matters: Early language experience strengthens processing and builds vocabulary. *Psychological Science, 24*(11), 2143-2152.

Weissmann, J. (2014, January). The decline of the American book lover. Available at *www.theatlantic.com/business/archive/2014/01/the-decline-of-the-american-book-lover/283222.*

Wennerstrom, A. (2001). *The music of everyday speech: Prosody and discourse analysis.* London: Oxford University Press.

West, R. F., Stanovich, K. E., & Mitchell, H. R. (1993). Reading in the real world and its correlates. *Reading Research Quarterly, 28*, 34-50.

Western, B. (2007). Mass imprisonment and economic inequality. *Social Research, 74*(2), 509-532.

What Works Clearinghouse. (2007). *WWC intervention report: Waterford early reading program.* Washington, DC: U.S. Department of Education, Institute of Education Sciences.

White House, Office of the Press Secretary, The. (2014). Invest in US: The White House summit on early childhood education. Retrieved December 1, 2014, from *www.whitehouse.gov/the-press-office/2014/12/10/fact-sheet-invest-us-white-house-summit-early-childhood-education.*

White, K. (1982). The relation between socioeconomic status and academic achievement. *Psychological Bulletin, 9*, 461-481.

White, L., & Genesee, F. (1996). How native is near-native?: The issue of ultimate attainment in adult second language acquisition. *Second*

Language Research, 12, 238-265.

White, T. G., Graves, M. F., & Slater, W. H. (1990). Growth of reading vocabulary in diverse elementary schools: Decoding and word meaning. *Journal of Educational Psychology, 82*, 281-290.

White, T. G., Sowell, J., & Yanagihara, A. (1989). Teaching elementary students to use word-part clues. *The Reading Teacher, 42*(4), 302-308.

Whitehurst, G. J., Arnold, D. S., Epstein, J. N., Angell, A. L., Smith, M., & Fischel, J. E. (1994). A picture book reading intervention in day care and home for children from low-income families. *Developmental Psychology, 30*, 679-689.

Whitehurst, G. J., & DeBaryshe, B. D. (1989). Observational learning and language acquisition: Principles of learning, systems, and tasks. In G. E. Speidel & K. E. Nelson (Eds.), *The many faces of imitation in language learning* (pp. 251-276). New York: Springer.

Whitehurst, G. J., & Lonigan, C. J. (1998). Child development and emergent literacy. *Child Development, 69*, 848-872.

Whitehurst, G. J., & Lonigan, C. J. (2001). Emergent literacy: Development from prereaders to readers. In S. B. Neuman & D. K. Dickinson (Eds.), *Handbook of early literacy research* (pp. 11-29). New York: Guilford Press.

Wible, C. G., Han, S. D., Spencer, M. H., Kubicki, M., Niznikiewicz, M. H., Jolesz, F. A., et al. (2006). Connectivity among semantic associates: An fMRI study of semantic priming. *Brain and Language, 97*(3), 294-305.

Wigfield, A., & Cambria, J. (2010). Students' achievement values, goal orientations, and interest: Definitions, development, and relations to achievement outcomes. *Developmental Review, 30*(1), 1-35.

Wigfield, A., & Eccles, J. S. (2000). Expectancy-value theory of achievement motivation. *Contemporary Educational Psychology, 25*(1), 68-81.

Wigfield, A., & Eccles, J. S. (2002). The development of competence beliefs, expectancies for success, and achievement values from childhood through adolescence. In A. Wigfield & J. S. Eccles (Eds.) *Development of achievement motivation* (pp. 91-120). New York: Academic Press.

Wigfield, A., Eccles, J. S., & Pintrich, P. R. (1996). Development between the ages of 11 and 25. In D. C. Berliner & R. C. Calfee (Eds.), *Handbook of educational psychology* (pp. 148-185). Mahwah, NJ: Erlbaum.

Wigfield, A., Eccles, J. S., Yoon, K. S., Harold, R. D., Arbreton, A. J., Freedman-Doan, C., et al. (1997). Change in children's competence beliefs and subjective task values across the elementary school years: A 3-year study. *Journal of Educational Psychology, 89*(3), 451.

Wigfield, A., & Guthrie, J. T. (1995). *Dimensions of children's motivations for reading: An initial study.* Reading Research Report No. 34.

Wigfield, A., & Guthrie, J. T. (1997). Relations of children's motivation for reading to the amount and breadth of their reading. *Journal of Educational Psychology, 89*, 420-432.

Wigfield, A., Guthrie, J. T., Tonks, S., & Perencevich, K. C. (2004). Children's motivation for reading: Domain specificity and instructional influences. *Journal of Educational Research, 97*(6), 299-310.

Wigfield, A., Tonks, S., & Klauda, S. L. (2009). Expectancy-value theory. In K. R. Wentzel & A. Wigfield (Eds.), *Handbook of motivation at school* (pp. 55-75). New York: Routledge.

Wijekumar, K., Meyer, B. J. F., Lei, P., Lin, Y., Johnson, L. A., Spielvogel, J. A., et al. (2014). Multisite randomized controlled trial examining intelligent tutoring of structure strategy for fifth-grade readers. *Journal of Research on Educational Effectiveness, 7*(4), 331-357.

Wilkinson, K. S., & Houston-Price, C. (2013). Once upon a time, there was a pulchritudinous princess... : The role of word definitions and multiple story contexts in children's learning of difficult vocabulary. *Applied Psycholinguistics, 34*, 591-613.

Wilks, C., & Meara, P. (2002). Understanding word webs: Graph theory and the notion of density in second language word association networks. *Second Language Research, 18*, 303-324.

Williams, J. P. (2007). Literacy in the curriculum:

Integrating text structure and content area instruction. In D. S. McNamara (Ed.), *Reading comprehension strategies: Theories, interventions, and technologies* (pp. 199-219). New York: Taylor & Francis.

Williams, J. P., & Ackerman, M. D. (1971). Simultaneous and successive discrimination of similar letters. *Journal of Educational Psychology, 62*(2), 132-137.

Williams, J. P., Hall, K. M., Lauer, K. D., Stafford, K. B., DeSisto, L. A., & deCani, J. S. (2005). Expository text comprehension in the primary grade classroom. *Journal of Educational Psychology, 97*(4), 538.

Williams, J. P., Pollini, S., Nubla-Kung, A. M., Snyder, A. E., Garcia, A., Ordynans, J. G., et al. (2014). An intervention to improve comprehension of cause/effect through expository text structure instruction. *Journal of Educational Psychology, 106*(1), 1-17.

Williams, K. T. (2007). *Expressive Vocabulary Test, Second Edition.* Circle Pines, MN: AGS.

Williams, L. M. (2008). Book selections of economically disadvantaged black elementary students. *Journal of Educational Research, 102*(1), 51-64.

Willingham, D. T. (2003). Students remember what they think about. *American Educator, 27*(2), 37-41.

Willingham, D. T. (2006). How knowledge helps. *American Educator, 30*(1), 30-37.

Wimmer, H., & Hummer, P. (1990). How German-speaking first graders read and spell: Doubts on the importance of the logographic stage. *Applied Psycholinguistics, 11*(4), 349-368.

Wing, C. S., & Scholnick, E. K. (1986). Understanding the language of reasoning: Cognitive, linguistic, and developmental influences. *Journal of Psycholinguistic Research, 15*, 383-401.

Winograd, P. N. (1984). Strategic difficulties in summarizing texts. *Reading Research Quarterly, 19*(4), 404-425.

Wolf, M., & Katzir-Cohen, T. (2001). Reading fluency and its intervention. *Scientific Studies of Reading, 5*(3), 211-239.

Wolfe, A. (2002). Confessions of a just-in-time reader: Reflections on the development of strategic competence in reading. *Language Learning Journal, 26*(1), 4-10.

Wolfram, W. (1974). The relationship of white southern speech to vernacular black English. *Language, 50*, 498-527.

Wolter, B. (2006). Lexical network structures and L2 vocabulary acquisition: The role of L1 lexical/conceptual knowledge. *Applied Linguistics, 27*(4), 741-747.

Wood, D., Bruner, J. S., & Ross, G. (1976). The role of tutoring in problem solving. *Journal of Child Psychology and Psychiatry, 17*(2), 89-100.

Worden, P. E., & Boettcher, W. (1990). Young children's acquisition of alphabet knowledge. *Journal of Reading Behavior, 22*(3), 277-295.

Worsley, A., Baghurst, K. I., & Leitch, D. R. (1984). Social desirability response bias and dietary inventory responses. Human Nutrition. *Applied Nutrition, 38* (1), 29-35.

Worthy, J., & Invernizzi, M. A. (1995). Linking reading with meaning: A case study of a hyperlexic reader. *Journal of Literacy Research, 27*(4), 585-603.

Wright, J. C., Huston, A. C., Murphy, K. C., St. Peters, M., Pinon, M., Scantlin, R., et al. (2001). The relations of early television viewing to school readiness and vocabulary of children from low-income families: The early window project. *Child Development, 72*(5), 1347-1366.

Wuori, D. (1999). Beyond letter of the week: Authentic literacy comes to kindergarten. *Young Children, 54*, 24-25.

Xin, Y. P., Wiles, B., & Lin, Y. Y. (2008). Teaching conceptual model-based word problem story grammar to enhance mathematics problem solving. *Journal of Special Education, 42*(3), 163-178.

Yamagata, K. (2007). Differential emergence of representational systems: Drawings, letters, and numerals. *Cognitive Development, 22*(2), 244-257.

Yang, Y. F. (2006). Reading strategies or comprehension monitoring strategies? *Reading Psychology, 27*(4), 313-343.

Yap, M. J., Balota, D. A., Sibley, D. E., & Ratcliff, R. (2012). Individual differences in visual word recognition: Insights from the English Lexicon Project. *Journal of Experimental Psychology: Human Perception and Performance, 38*(1), 53-79.

Yarkoni, T., Speer, N. K., & Zacks, J. M. (2008).

Neural substrates of narrative comprehension and memory. *NeuroImage, 41*(4), 1408-1425.

Yarosz, D. J., & Barnett, W. S. (2001). Who reads to young children?: Identifying predictors of family reading activities. *Reading Psychology, 22*(1), 67-81.

Yoon, J. C. (2002). Three decades of sustained silent reading: A meta-analytic review of the effects of SSR on attitude toward reading. *Reading Improvement, 39*(4), 186-195.

Young, G. (2013). Assistive technology for students with learning disabilities: Perceptions of students and their parents. *Technology-Mediated Learning*, 77-83.

Young, J. (2000). Boy talk: Critical literacy and masculinities. *Reading Research Quarterly, 35*(3), 312.

Yurovsky, D., Fricker, D. C., Yu, C., & Smith, L. B. (2014). The role of partial knowledge in statistical word learning. *Psychonomic Bulletin and Review, 21*, 1-22.

Zareva, A. (2012). Partial word knowledge: Frontier words in the L2 lexicon. *International Review of Applied Linguistics in Language Teaching, 50*, 277-301.

Zareva, A., Schwanenflugel, P., & Nikolova, Y. (2005). Relationship between lexical competence and language proficiency: Variable sensitivity. *Studies in Second Language Acquisition, 27*(4), 567-595.

Zdrazilova, L., & Pexman, P. M. (2013). Grasping the invisible: Semantic processing of abstract words. *Psychonomic Bulletin and Review, 20*, 1312-1318.

Zeece, P. D., & Wallace, B. M. (2009). Books and good stuff: A strategy for building school to home literacy connections. *Early Childhood Education Journal, 37*(1), 35-42.

Zevenbergen, A. A., Whitehurst, G. J., & Zevenbergen, J. A. (2003). Effects of a shared-reading intervention on the inclusion of evaluative devices in narratives of children from low-income families. *Journal of Applied Developmental Psychology, 24*(1), 1-15.

Zevin, J. D., & Seidenberg, M. S. (2002). Age of acquisition effects in word reading and other tasks. *Journal of Memory and Language, 47*, 1-29.

Zevin, J. D., & Seidenberg, M. S. (2004). Age-of-acquisition effects in reading aloud: Tests of cumulative frequency and frequency trajectory. *Memory and Cognition, 32*, 31-38.

Zhang, H. (2005). Activation of themes during narrative reading. *Discourse Processes, 40*(1), 57-82.

Ziegler, J. C., Bertrand, D., Tóth, D., Csépe, V., Reis, A., Faísca, L., et al. (2010). Orthographic depth and its impact on universal predictors of reading a cross-language investigation. *Psychological Science, 21*(4), 551-559.

Ziegler, J. C., & Goswami, U. (2005). Reading acquisition, developmental dyslexia, and skilled reading across languages: A psycholinguistic grain size theory. *Psychological Bulletin, 131*, 3-29.

Zuckerman, B. (2009). Promoting early literacy in pediatric practice: Twenty years of Reach Out and Read. *Pediatrics, 124*, 1660-1665.

Zwaan, R. A., Radvansky, G. A., Hilliard, A. E., & Curiel, J. M. (1998). Constructing multidimensional situation models during reading. *Scientific Studies of Reading, 2*(3), 199-220.

찾아보기

옮긴이 소개

서혁

이화여자대학교 국어교육과 교수. 한국독서학회 및 국어교육학회 회장 역임. 주요 공저로
『독서교육론』, 『국어교육학과 사고』, 『언어와 교육』, 『어휘교육론』, 『국어과 교수학습
방법』 등이 있고, '시선추적장치(아이트래커)를 이용한 읽기 과정 연구', '텍스트 복잡도
연구', '복합양식 텍스트성 연구'에 관한 논문 등 다수가 있다.

윤준채

대구교육대학교 국어교육과 교수. 대구교육대학교 난독증연구소장. 주요 공저로 『초등
국어교육의 이론과 실제』, 『독서교육의 이해—독서의 개념·지도·평가』, 『비판적 사고와
교실 수업』 등이 있고, 역서로 『읽기 능력 향상을 위한 어휘 지도』, 『읽기 전략과 읽기
수업』(공역) 등이 있다.

이소라

한국교육과정평가원 부연구위원. 주요 논문으로 「청소년 독자의 인터넷 글 읽기와 눈동자
움직임 특성 분석」, 「인식론적 신념이 독자 신념과 다문서 읽기 전략에 미치는 영향」,
「인식론적 신념, 읽기 전략에 대한 상위인지 및 다중관점 읽기의 구조적 관계 분석」 등이
있다.

류수경

한국교육과정평가원 부연구위원. 주요 논문으로 「내재적 독서 동기 촉진 교수 전략에
대한 이론적 탐색: 외적 보상이 내재적 독서 동기에 미치는 영향을 중심으로」, 「교사의
이독성 평가 전문성 신장을 위한 평가자 훈련 워크숍 사례연구」, 「제2언어 동기적 자아
체계 이론에 기반한 해외 중등학교 과제 중심 한국어 교수·학습 방안 연구: 태국 중등학교
한국어 의사소통 과제 활동을 중심으로」 등이 있다.

오은하

이화여자대학교 국어교육과 강사. 주요 논문으로 「다문서의 텍스트성에 대한 교육적
고찰」과 「디지털 텍스트 탐색 과정에서 나타나는 고등학생 독자들의 읽기 행동 분석」,
「통합적 국어교육의 내용 마련을 위한 예비 교사의 언어 활동 인식 분석: 듣기·말하기,
읽기, 쓰기에 대한 은유 분석을 중심으로」(공동) 등이 있다.

편지윤

청주교육대학교 국어교육과 조교수. 주요 논문으로 「행위주도적 독자(Agent Reader) 형성을 위한 읽기교육 연구」, 「학문 문식성 교육 내용으로서 지식에 대한 시론」, 「AI 알고리즘 기반 텍스트 환경에서 비판적 리터러시에 대한 단상」, 「청소년 독자의 읽기 활동체제(activity system) 분석」, 「읽기 관여(reading engagement) 개념 정립을 위한 시론」 등이 있다.

윤희성

이화여자대학교 국어교육학과 박사과정 수료. 주요 논문(공동)으로 「읽기(독서) 교육 체계화를 위한 텍스트 복잡도(Degree of Text Complexity) 상세화 연구 (2)」, 「다문화 교육지원 전달체계 연구」가 있고, 「이주배경청소년 진로탄력성 프로그램 '진로탄탄' 프로그램 개발」, 「탈북학생을 위한 표준 보충교재 '돋움 국어' 및 진단 도구 개발」 등의 프로그램 개발에 참여했다.

변은지

이화여자대학교 국어교육학과 박사과정 수료. 주요 논문(공동)으로 「복합양식 텍스트가 학습 목적 읽기에 미치는 영향에 대한 연구」, 「문자 텍스트 읽기와 복합양식 텍스트 읽기 능력의 관계에 대한 연구」 등이 있다.

한지수

이화여자대학교 국어교육학과 박사과정 수료. 주요 논문(공동)으로 「복합양식 텍스트성으로서의 영상성의 의미 고찰」, "How is culture represented in textbooks? – 'marriage' in Korean language textbooks used in English-speaking countries, Cogent Education" 등이 있다.

국어교육학회
국어교육번역총서 4

독서 교육의 이론과 실제를 위한

독서심리학

2021년 8월 31일 초판 1쇄 펴냄
2023년 9월 30일 초판 2쇄 펴냄

지은이 폴라 J. 슈와넨플루겔 · 낸시 플래너건 냅
옮긴이 서혁 · 윤준채 · 이소라 · 류수경 · 오은하 · 편지윤 · 윤희성 · 변은지 · 한지수

펴낸이 권현준
책임편집 이소영
편집 김혜림 · 조유리
디자인 김진운
본문조판 민들레
마케팅 김현주

펴낸곳 ㈜사회평론아카데미
등록번호 2013-000247(2013년 8월 23일)
전화 02-326-1545
팩스 02-326-1626
주소 03993 서울특별시 마포구 월드컵북로6길 56
이메일 academy@sapyoung.com
홈페이지 www.sapyoung.com

ISBN 979-11-6707-022-7 93700

이 책은 국어교육학회 번역총서 지원을 받아 발간되었습니다.